Das Konzept Integriertes Management

St. Galler Management-Konzept
Band 1

Knut Bleicher, geb. 1929, ist Professor, Präsident des Geschäftsleitenden Ausschusses und Direktor des Instituts für Betriebswirtschaftslehre der Hochschule St. Gallen für Wirtschafts-, Rechts- und Sozialwissenschaften. Zuvor lehrte er 18 Jahre an der Justus-Liebig-Universität in Gießen und als Gastprofessor an verschiedenen amerikanischen Universitäten. Er ist weiterhin als Direktor des Instituts für Unternehmensplanung Gießen verbunden geblieben. 15 Jahre lang betreute er als Hauptschriftleiter die Management-Zeitschrift Führung + Organisation (zfo). Autor zahlreicher Veröffentlichungen, darunter *Chancen für Europas Zukunft. Führung als Internationaler Wettbewerbsfaktor (1989)* und *Unternehmungsverfassung und Spitzenorganisation (1989)*.

Knut Bleicher

Das Konzept
Integriertes Management

Campus Verlag
Frankfurt/New York

Die Deutsche Bibliothek – CIP-Einheitsaufnahme

Bleicher, Knut:
Das Konzept integriertes Management / Knut Bleicher. –
Frankfurt/Main ; New York : Campus Verlag, 1991
(St. Galler Management-Konzept ; Bd. 1)
ISBN 3-593-34480-7
NE: GT

Das Werk einschließlich aller seiner Teile ist urheberrechtlich geschützt.
Jede Verwertung ist ohne Zustimmung des Verlags unzulässig. Das gilt
insbesondere für Vervielfältigungen, Übersetzungen, Mikroverfilmungen
und die Einspeicherung und Verarbeitung in elektronischen Systemen.
Copyright © 1991. Campus Verlag GmbH, Franfurt/Main
Umschlaggestaltung: Atelier Warminski, Büdingen
Satz: Typo Forum Gröger, Büdingen
Druck und Bindung: Friedrich Pustet, Regensburg
Printed in Germany

INHALT

Vorwort 1

1. Paradigmenwechsel im Management? 5

  1.1 Paradigmenwechsel – Wandel in den Anschauungen
von Problemen und ihrer Beherrschung 5

      1.1.1 Paradigma – akzeptierter Satz von Kriterien, der
die Wahl von Problemen und Methoden zu ihrer
Lösung in einer Fachgemeinschaft prägt 6

      1.1.2 Paradigmatische Dynamik eines Faches 7

  1.2 Paradigmenwechsel im Management –
Anlässe und Bewegung 8

      1.2.1 Von einer »Wendezeit« der Entwicklung
hin zum Chaos? 9

      1.2.2 Der Umgang mit Komplexität muss
überdacht werden 12
Krisenhafte Entwicklungen stellen unsere Denkmuster
in Frage 12 · Die Handhabung von Komplexität als Kern
der Managementaufgabe 13 · Komplexitätsbewältigung
im Wechselspiel von Stabilisierung und Veränderung 16

      1.2.3 Die Dynamik des Wandels verlangt Offenheit
und Flexibilität 17
Vor dem Öffnen der Zeitschere? 17 · Der instrumentale
Umgang des Managements mit der Zeit 20

  1.3 Auf der Suche nach neuen Denkansätzen 25

      1.3.1 Ganzheitliches Denken zur Bewältigung gestiegener
Komplexität 26

    1.3.2 Prinzipien des Umgangs mit Komplexität 30
    1.3.3 Vom Lenken zum Gestalten der Unternehmungs-
         entwicklung – die evolutorische Perspektive zur
         Bewältigung von Dynamik 34
1.4 Megatrends des Managements 39
1.5 Vor einem Paradigmenwechsel im Management 43

2. Dimensionen integrierten Managements 49

2.1 Ein Management-Konzept für Sinnvolles und Ganzheitliches . . 51
2.2 Normatives und strategisches Management gestaltet,
    operatives Management lenkt die Unternehmungs-
    entwicklung 52
    2.2.1 Normatives Management 53
    2.2.2 Strategisches Management 54
    2.2.3 Operatives Management 55
2.3 Aktivitäten, Strukturen und Verhalten wirken auf die
    Unternehmungsentwicklung ein 55
    2.3.1 Integration durch Aktivitäten 57
    2.3.2 Integration durch Strukturen 57
    2.3.3 Integration durch Verhalten 57
2.4 Konkretisierung des Integrationsprofils durch den Ausgleich
    von Um- und Inweltforderungen in der Unternehmungs-
    entwicklung 59
2.5 Die integrierende Kraft einer Management-Philosophie 60
    2.5.1 Metaintegration durch eine Management-Philosophie . . . 61
    2.5.2 Wesen und Elemente einer Management-Philosophie . . 62
         Grundlegende Annahmen über Werte und ein ihnen
         entsprechendes Verhalten 63 · Werterhellung und
         Wertentwicklung 66

3. Normatives Management: Die Konstitution einer Unter-
nehmung muss ihre Entwicklung ermöglichen und fördern . . 73

3.1 Die unternehmerische Vision: Leitstern für das normative
    Management 75

3.2 Unternehmungspolitik – Sicherung der Entwicklungsfähigkeit durch »politics« und »policies« 79
   3.2.1 »Politics« – der Ausgleich von Umwelt- und Inwelt-Interessen in der Unternehmungspolitik 80
   3.2.2 Der Ausgleich des Spannungsverhältnisses von Vergangenheit und Zukunft in der Gegenwart verlangt eine Harmonisation der Perspektiven von Mitgliedern und Teilnehmern 86
      Notwendigkeit der Normierung der Entwicklungsrichtung der Unternehmung aus vergangenheitsgeprägten Erfahrungen heraus 87 · Die Definition eines Entwicklungspfades in die Zukunft als Aufgabe der Unternehmungspolitik 88 · Unternehmungspolitik: Definition von Nutzenpotentialen für die Zukunft 90 · Autonomie als Voraussetzung für die Entwicklungsfähigkeit der Unternehmung 91
   3.2.3 »Policies« – Missionen als Vorgabe für strategisches und operatives Verhalten 93
      Dimensionen genereller Zielausrichtung durch die Unternehmungspolitik 94 · Gesamtzusammenhang der unternehmungspolitischen Dimensionierung im Spannungsfeld von Opportunität und Verpflichtung 108 · Differenzierung und Konkretisierung unternehmungspolitischer Missionen in Teilpolitiken 110

3.3 Unternehmungsverfassung – Einbindung von Interessen . . . 116
   3.3.1 Wesen und Elemente der Unternehmungsverfassung . . . 116
   3.3.2 Unternehmungsverfassung – Einbindung von Interessen in einen konstitutiven Rahmen und Gestaltung der Spitzenstruktur 119
      Gesellschaftliche Verantwortung als Problemfeld einer Gestaltung der Unternehmungsverfassung 119 · Flexibilisierung von Strukturen als Problemfeld einer Gestaltung der Spitzenverfassung 125
   3.3.3 Dimensionen der Unternehmungsverfassung 131
   3.3.4 Die Unternehmungsverfassung im Spannungsfeld von Opportunität und Verpflichtung 143
   3.3.5 Differenzierung und Konkretisierung der Unternehmungsverfassung in Teilsystemen 144

3.4 Unternehmungskulturen tragen kognitiv und affektiv die Unternehmungspolitik 147

3.4.1 Wesen und Elemente von Unternehmungskulturen . . . 147
3.4.2 Unternehmungskultur – Soziale Traditionen tragen gegenwärtiges unternehmungspolitisches Verhalten . . . 148
3.4.3 Dimensionen der Unternehmungskultur 157
3.4.4 Dimensionierung der Unternehmungskultur im Spannungsfeld von Opportunismus und Verpflichtung . 167
3.4.5 Differenzierung und Konkretisierung der Unternehmungskultur 170

3.5 Fusion normativer Tatbestände in der Unternehmungspolitik . 174
3.5.1 Beziehungen zwischen normativen Tatbeständen in der Unternehmungspolitik 174
3.5.2 Die Kommunikation der Normen von Politik, Verfassung und Kultur der Unternehmung 177
Leitbilder dienen als Orientierungsgrundlage 179 · Die Kommunikation unternehmungspolitischer Missionen 181 · Die Kommunikation von Regelungen der Unternehmungsverfassung 186 · Die Kommunikation unternehmungskultureller Werte und Normen 187

3.6 Verkoppelung der normativen und der strategischen Dimension des Managements 188

4. Stosskraft durch strategisches Management 191

4.1 Wesen und Elemente strategischen Managements 191
4.1.1 Die Suche nach zweckgerechten Strategien 193
4.1.2 Die relative Positionierung der eigenen Aktivitäten gegenüber dem Wettbewerb 195
4.1.3 Die Konzentration der Kräfte 196

4.2 Strategische Programme führen über Aktivitäten und Ressourcen zur Entwicklung von Erfolgspotentialen 199
4.2.1 Dimensionen strategischer Programme 201
4.2.2 Die Dimensionierung strategischer Programme im Spannungsfeld von Stabilisierung und Veränderung . . . 215
4.2.3 Differenzierung und Konkretisierung der Unternehmungs- und Geschäftsfeldstrategien 216

4.3 Strategien bedürfen zu ihrer Durchsetzung der Einbindung in Organisationsstrukturen und Managementsysteme 219

4.3.1 Organisationsstrukturen bilden den Rahmen für
strategische Programme und das Mitarbeiterverhalten .. 219
Wesen und Elemente von Organisationsstrukturen 219 ·
Dimensionen der Organisationsstruktur 226 · Die Dimensionierung der Organisationsstruktur im Spannungsfeld
von Stabilisierung und Veränderung 236 · Differenzierung
und Konkretisierung der Organisationsstruktur in
Bereichsstrukturen 238

4.3.2 Managementsysteme tragen die Kommunikation und
Kooperation organisatorischer Einheiten 238
Wesen und Elemente von Managementsystemen 239 ·
Dimensionen von Managementsystemen 243 · Die strategische Dimensionierung von Managementsystemen im
Spannungsfeld von Stabilisierung und Veränderung 252 ·
Differenzierung und Konkretisierung der Managementsysteme 254

4.4 Strategisch intendiertes Problemverhalten 261
   4.4.1 Wesen und Elemente strategisch intendierten
Problemverhaltens 263
   4.4.2 Dimensionen strategisch intendierten Problemverhaltens 268
   4.4.3 Die Dimensionierung strategisch intendierten
Problemverhaltens im Spannungsfeld von Stabilisierung
und Veränderung 280
   4.4.4 Differenzierung und Konkretisierung des Problemverhaltens in Kooperationsfeldern 281

4.5 Alternative Integrationsmöglichkeiten des strategischen
Managements 283

4.6 Kommunikation von strategischen Programmen,
Organisationsstrukturen, Managementsystemen und
strategischem Verhalten 283
   4.6.1 Leitbilder strategischer Programme 285
   4.6.2 Leitbilder für die Gestaltung von Organisationsstrukturen und von Managementsystemen 290
   4.6.3 Leitbilder für eine Entwicklung des Problemverhaltens: Personal- und Führungsgrundsätze 295

5. Umsetzung normativer und strategischer Konzepte durch das operative Management 302

5.1 Die Problematik der operativen Umsetzung der konzeptionell erarbeiteten normativen und strategischen Vorgaben 302

5.2 Konkretisierung des Gestaltungskonzepts durch operative Lenkung 304

5.3 Operatives Management als einzelfallspezifischer Problemlösungsprozess 306
5.3.1 Die Problemlösung durch das operative Management erfolgt in Prozessen der Willensbildung, -durchsetzung und -sicherung 306
5.3.2 Der Problembezug operativen Managements 307
5.3.3 Der Verhaltensbezug operativen Managements 309
5.3.4 Der Zeitbezug operativen Managements 312

5.4 Aufträge, Strukturen und Verhalten als Objekte operativen Managements 313

5.5 Methodische Ausrichtung operativen Managements 313

5.6 Integration betont die Einbindung des operativen in das normative und strategische Management 315

6. Unternehmungsentwicklung als Regulativ und Objekt integrierter Führung 319

6.1 Unternehmungspolitik und Unternehmungsentwicklung: Qualifizierung der Positionierung der Unternehmung im Zeitablauf über die Generierung von Nutzenpotentialen und strategischen Erfolgspotentialen 319

6.2 Unternehmungsentwicklung verlangt unternehmerische Dynamik 324

6.3 Prinzipien einer Bewältigung der Unternehmungsentwicklung 325
6.3.1 Prinzipien unternehmerischer Dynamik 326

6.3.2 Dimension der Entwicklungsdynamik von
Unternehmungen 329

6.4 Verläufe der Unternehmungsentwicklung 332
6.4.1 Konzept eines idealtypischen Verlaufs der Unternehmungsentwicklung 332
6.4.2 Probleme der Bewertung der Unternehmungsentwicklung 332
6.4.3 Krisenanfällige Schwellenübergänge von Phasen der Unternehmungsentwicklung 335
6.4.4 Äussere Krisen können die Unternehmungsentwicklung stören 338
6.4.5 Differenzierte Umweltanalysen zur Krisendiagnose ... 339

6.5 Phasen einer idealtypologischen Unternehmungsentwicklung 340

6.6 Der Einfluss des normativen, strategischen und operativen Managements auf die Unternehmungsentwicklung 365

6.7 Der Einfluss von Aktivitäten, Strukturen und Verhalten des Managements auf die Unternehmungsentwicklung 369

6.8 Träger der Unternehmungsentwicklung und ihr Verhalten zwischen Evolution und revolutionärem Austausch 370

6.9 Die Unternehmungsentwicklung wird von Bereichsentwicklungen getragen 373

6.10 Alternativen zu einer wachstumsorientierten Unternehmungsentwicklung 373

7. Integriertes Management – Harmonisation eines hochkomplexen Netzwerks auf der Grundlage einer Management-Philosophie 376

7.1 Notwendige Stärkung integrativen Denkens und Handelns im Management 376

7.2 Integriertes Management: Die sach-logische Verknüpfung von Problemdimensionen 378

7.3 Integriertes Management: Die sozio-kulturelle Verknüpfung
der Problemlösung 404
    7.3.1 Die Entwicklung von Managementkonzepten –
ein Entwicklungsprozess 404
    7.3.2 Grundsätze für die Entwicklung und Einführung
eines Managementkonzeptes 405
    7.3.3 Formen des Umgangs mit dem Managementkonzept . . 408
    7.3.4 Die Entwicklung eines Managementkonzeptes ist
ein gemeinschaftlich vollzogener Lernprozess 412
    7.3.5 Integrale Steuerung von Management-Entwicklungs-
prozessen 416

7.4 Konsistente Management-Philosophie – das integrative Band
des Managements 416

8. **Innovationsmanagement – Bewältigung des Übergangs
von einer obsoleten zu einer zukunftsweisenden
Management-Philosophie** 422

8.1 Innovationsmanagement – Kern eines
»Management of Change« 423

8.2 Sachliche Aspekte eines Innovationsmanagements:
Promotion von Veränderungen und Stabilisierung ihrer
Ergebnisse 426
    8.2.1 Schaffen der kulturellen Voraussetzungen für eine
Promotion der Innovation 427
        Die Überwindung tradierter Verhaltensweisen als Voraus-
setzung für Innovationen 427 · Voraussetzungen für eine
Kulturveränderung 430 · Ansatzpunkte für eine Förderung
innovationsfreundlicher Unternehmungskulturen 431
    8.2.2 Strategische Promotion der Innovation 434
        Strategische Programme zur Promotion der Innovation 435 ·
Promotion der Innovation durch Organisationsstrukturen
und Managementsysteme 435 · Promotion der Innovation
durch das Problemverhalten 441
    8.2.3 Stabilisierung der erreichten Veränderung 444

8.3 Zeitliche Aspekte eines Innovationsmanagements 445

8.3.1 »Kairos« oder das »window of opportunity« –
Die zeitliche Wahl von Handlungsanlässen 446
Die Bewältigung des »Kairos« in einer sich vernetzenden
Welt 446 · Zeitlicher Opportunismus des Operativen gegenüber Normativem und Strategischem unter dem Einfluss
zunehmender Dynamik 448 · Zeitliche Entlastung des
operativen Managements durch normatives und strategisches
Management 451

8.3.2 »Chronos« – Die zeitliche Gestaltung von
Handlungsfolgen 454

8.3.3 Die Harmonisation individuellen Zeitbewußtseins zur
Zeitkonzeption des Managements 457

9. Management-Philosophien im globalen Wettbewerb 462

9.1 Paradigmenwechsel im Management – Versuch einer
Standortbestimmung 462

9.1.1 Management-Philosophien als Wettbewerbsfaktor 463

9.1.2 Vor einer globalen Arbitrage der Management-Philosophien? 464

9.1.3 Konsequenzen für Management-Philosophien im
Wettbewerb 468

9.2 Paradigmenwechsel – eine Transformation birgt Chancen
und Risiken in sich 470

VERZEICHNIS DER ABBILDUNGEN

1.1:	Teller-Kurve der Wissensentwicklung in der Zeit	18
1.2:	Die Zeitschere	20
1.3:	Entwicklung von Management-Instrumenten vor dem Hintergrund der Zeitschere	21
1.4:	Das »7-S«-Konzept von Peters und Waterman	22
1.5:	Das Spannungsfeld von »harten« und »weichen« Faktoren des Managements	23
1.6:	Orientierungsmuster des Managements	24
1.7:	Kreisförmige statt linear-verkürzter Denkvorstellungen im Management	30
1.8:	Funktionen des Managements	35
2.1:	Zusammenhang von normativem, strategischem und operativem Management in horizontaler Sicht	56
2.2:	Zusammenhang von normativem, strategischem und operativem Management in vertikaler Sicht	58
3.1:	Fünf Komponenten einer Vision	77
3.2:	Grundmodell eines politischen Systems nach David Easton	82
3.3:	Arten der Umwandlung von Forderungen in Outputs nach David Easton	83
3.4:	Harmonisation von Interessen zu »Policies« im politischen Prozess der Unternehmung	85
3.5:	Definition des unternehmerisch anvisierten Zukunftskurses der Unternehmungsentwicklung	89
3.6:	Prinzipieller Zusammenhang von genereller Zielausrichtung und Grundorientierung für die Zielverwirklichung	95
3.7:	Zielausrichtung der Unternehmungspolitik auf Anspruchsgruppen	99
3.8:	Entwicklungsorientierung der Unternehmungspolitik	102
3.9:	Ökonomische Zielausrichtung der Unternehmungspolitik	105
3.10:	Gesellschaftliche Zielausrichtung der Unternehmungspolitik . . .	108

3.11:	Gesamtzusammenhang einer Opportunitäts- und Verpflichtungspolitik	110
3.12:	Differenzierungs- und Harmonisations-Tensor	111
3.13:	Dimensionen der Unternehmungsverfassung: prinzipieller Zusammenhang	132
3.14:	Einbindung von Interessen und Art der Konfliktlösung	135
3.15:	Interne Strukturierung der Interessen	137
3.16:	Kompetenzordnung der Spitzenorgane	140
3.17:	Verantwortung und Selbstverständnis der Spitzenorgane	141
3.18:	Profil der Unternehmungsverfassung	143
3.19:	Dimensionen der Unternehmungskultur: Prinzipieller Zusammenhang	157
3.20:	Die Offenheit der Unternehmungskultur	160
3.21:	Die Differenziertheit der Unternehmungskultur	163
3.22:	Die kulturprägende Rolle der Führung	165
3.23:	Die kulturprägende Rolle der Mitarbeiter	166
3.24:	Gesamtzusammenhang der unternehmungskulturellen Grundorientierung	169
3.25:	Fusion konstitutiver Tatbestände im normativen Management	176
4.1:	Konzept kritischer Massen des Ressourceneinsatzes zur Erzielung von Wettbewerbsstärke	197
4.2:	Muster einer Dimensionierung strategischer Programme	201
4.3:	Dynamisches Portfolio Marktentwicklung und Unternehmungsposition	204
4.4:	Produktprogrammstrategien	206
4.5:	Wettbewerbsstrategien	208
4.6:	Die Wertschöpfungskette	210
4.7:	Aktivitätsstrategien	212
4.8:	Ressourcenstrategien	214
4.9:	Profil der strategischen Programme	216
4.10:	Zentralisation und Dezentralisation	223
4.11:	Zentrale und dezentrale Organisationskonfigurationen	224
4.12:	Muster einer Dimensionierung der Organisationsstruktur	227
4.13:	Element- und Beziehungsorientierung der Organisationsstruktur	229
4.14:	Regelungscharakter der Organisationsstruktur	231
4.15:	Konfiguration der Organisationsstruktur	233
4.16:	Strukturierungsrichtung der Organisationsstruktur	235
4.17:	Organisationsstrukturelles Profil	237
4.18:	Muster einer Dimensionierung von Managementsystemen	244
4.19:	Methoden der Informationsgewinnung und -verarbeitung	246
4.20:	Anwenderorientierung von Informationen	247
4.21:	Kommunikative Verfügbarkeit von Informationen	249

4.22:	Informationsverarbeitung durch das Management	251
4.23:	Profil der Managementsysteme	253
4.24:	Muster einer Dimensionierung strategisch intendierten Problemverhaltens	269
4.25:	Strategisch intendiertes Führungsverhalten	271
4.26:	Rollenverhalten	274
4.27:	Verhaltensbegründung	276
4.28:	Verhaltensentwicklung	279
4.29:	Profil strategisch intendierten Problemverhaltens	281
4.30:	Strategisches Management: Integration von strategischen Programmen, Organisationsstrukturen, Managementsystemen und strategischem Problemverhalten	284
5.1:	Das Verhaltensgitter der Führung nach Blake/Mouton	309
6.1:	Potentialzusammenhang der Unternehmungsentwicklung	322
6.2:	Der Lebenszyklus von Nutzenpotentialen	326
6.3:	Phasen der Unternehmungsentwicklung	333
6.4:	Entwicklungsschema des zeitlichen Fortschritts der Unternehmungsentwicklung	334
6.5:	Quantensprünge einer Unternehmungsentwicklung im Zuge einer rückwärts gerichteten Restrukturierung	364
6.6:	Zyklische Wiederkehr der Problemerkennung und -lösung	371
7.1:	Gesamtzusammenhang der Interdependenzen im Konzept	379
7.2:	Beziehungsnetzwerk im Interdependenzen-Zusammenhang des Konzepts	380
7.3:	Skalierung der Ist-Situation	383
7.4:	Skalierung der Soll-Situation	384
7.5:	Konzept-Profilierung	386
7.6:	Harmonisation einzelner Dimensionen	388
7.7:	Harmonisation im Basis-»Fit«	389
7.8:	Harmonisation zum »horizontalen Fit«	390
7.9:	Harmonisation zum »vertikalen Fit«	392
7.10:	Erfolgspotentiale in der zeitlichen Entwicklungsperspektive	402
7.11:	Lebenszyklus-Verlauf bei der Entwicklung von Erfolgspotentialen	403
7.12:	Vernetztheit von langfristig sowie kurz- und mittelfristig erschliessbaren Erfolgspotentialen	405
7.13:	Entwicklung einer Management-Philosophie aus ihren paradigmatischen Grundlagen	419
8.1:	Änderungshemmende und -fördernde Kräfte	428
8.2:	Phasen und Strukturen des Innovationsprozesses	437
8.3:	Unterschiedliche Gestaltung des Handlungsanlasses	453
9.1:	Amerikanische, japanische und europäische Management-Philosophien im Wettbewerb	467

VERZEICHNIS DER TABELLEN

1.1:	Megatrends in Wirtschaft und Gesellschaft	9
2.1:	Ziele des St. Galler Management-Konzeptes	51
2.2:	Forderungen nach einer Management-Philosophie	63
2.3:	Beispiele für Grundsätze einer Management-Philosophie	68
3.1:	Positive Leitsätze der Visionsfindung	77
3.2:	Negative Leitsätze der Visionsfindung	78
3.3:	Beispiele für Möglichkeiten zur Erhöhung der Handlungsautonomie	93
3.4:	Profilierung der generellen Zielausrichtung durch unternehmungspolitische Missionen	94
3.5:	Vorteile einer Holding-Struktur	127
3.6:	Formen von Holding-Strukturen	128
3.7:	Aufgabenverteilung auf Holding und Geschäftsbereiche	130
3.8:	Dimensionen der Unternehmungsverfassung	132
3.9:	Primäre Elemente der Kulturprägung	152
3.10:	Sekundäre Elemente der Kulturprägung	152
3.11:	Kulturveränderung	153
3.12:	Dimensionen der Unternehmungskultur	158
3.13:	Rahmengebende Massnahmen zur Förderung einer gesamthaften Unternehmungskultur	171
3.14:	Erstellung und Umsetzung unternehmungspolitischer Grundsätze	179
3.15:	Anforderungen an die Unternehmungspolitik	181
3.16:	Leitbild bei einer Opportunitätspolitik	183
3.17:	Leitbild einer Verpflichtungspolitik	184
3.18:	Verfassungsdokumente der Unternehmung	186
3.19:	Unternehmungskultur-Leitlinie	187
4.1:	Langfristiges vs. strategisches Denken	192
4.2:	Dimensionen strategischer Programme	202
4.3:	Dimensionen der Organisationsstruktur	228

4.4:	Informationsspezifikation nach Managementebenen	242
4.5:	Dimensionen von Managementsystemen	243
4.6:	Ursachen einer Unterdimensionierung der Managementkapazität	266
4.7:	Dimensionen des strategisch intendierten Problemverhaltens	268
4.8:	Beispiel für ein Programm-Leitbild einer Stabilisierungsstrategie	286
4.9:	Beispiel für ein Programm-Leitbild einer Veränderungsstrategie	288
4.10:	Beispiel eines Organisations- und Systemleitbildes für eine Stabilisierungsstrategie	290
4.11:	Beispiel eines Organisations- und Systemleitbildes für eine Veränderungsstrategie	293
4.12:	Beispiel von Personal- und Führungsgrundsätzen bei einer Stabilisierungsstrategie	296
4.13:	Beispiel von Personal- und Führungsgrundsätzen bei einer Veränderungsstrategie	298
5.1:	Zuordnungsmuster des Managements	305
5.2:	Problembezüge operativen Managements	308
5.3:	Führungsformen nach Blake/Mouton	310
5.4:	Beispiele für Führungstechniken nach Objekten operativen Managements	314
6.1:	Zum Wesen der Unternehmungsentwicklung	323
6.2:	Krisenursachen nach Hauschildt	336
6.3:	Der Übergang von der Pionier- zur Markterschliessungsphase	342
6.4:	Der Übergang von der Markterschliessungs- zur Diversifikationsphase	346
6.5:	Der Übergang von der Diversifikations- in die Akquisitionsphase	352
6.6:	Der Übergang von der Akquisitions- in die Kooperationsphase	357
6.7:	Der Übergang von der Kooperations- in die Restrukturierungsphase	361
7.1:	Skalierung von Ist- und Sollsituation der Unternehmung	385
7.2:	Profilierung der Ist- und Sollsituation der Unternehmung	386
7.3:	Grundsätze für die Entwicklung und Einführung eines Managementkonzeptes nach Malik	406
7.4:	Inhalte von Management-Philosophien	417
8.1:	Verhaltenswiderstand bei Veränderungen	428
8.2:	Verhaltensträgheit bei Veränderungen	429
8.3:	Systemwiderstand bei Veränderungen	429
8.4:	Systemträgheit bei Veränderungen	430
8.5:	Voraussetzungen für eine Kulturveränderung	430
8.6:	Signale des Managements zur Schaffung von Veränderungsbereitschaft	434
8.7:	Managementsystemische Voraussetzungen für ein erfolgreiches Innovationsmanagement	440

8.8: Gefahr einer Zeitbewältigung durch Rückfälle in autoritäres Management und zentralistisch-bürokratische Organisationsstrukturen und Managementsysteme unter dem Primat der Zeit . . 450
9.1: Management-Philosophien im Wettbewerb 464

VORWORT

Es ist unübersehbar, dass uns in den letzten Jahren dieses Jahrhunderts Veränderungen bevorstehen, die sich derzeit kaum abschätzen lassen. Die wichtigste Ressource zu ihrer Bewältigung ist das *Management*, denn es hat die Aufgabe, unsere sozialen Systeme den sich wandelnden, neuen Bedingungen anzupassen. Die Herausforderungen hierfür sind äusserst vielfältig. Sie reichen von einer Neuorientierung in einem sich restrukturierenden geopolitischen Feld mit neuen Chancen und Risiken bis zu einer Positionierung im transnationalen Wettbewerb der sich herausbildenden Wirtschaftsräume in der Triade Nordamerikas, des Fernen Ostens und Europas. Hinzu tritt ein zunehmendes Bewusstsein für ökologische Zusammenhänge und Grenzen unseres Wirtschaftens. Dies erfolgt vor dem Hintergrund eines Strukturwandels von Unternehmungen auf dem Wege zur Informationsgesellschaft. Alle diese Entwicklungen lassen die Frage danach stellen, ob unsere etablierten Anschauungen, Konzepte und Vorgehensweisen noch ausreichend in der Lage sind, mit diesen Veränderungen zweck- und sinnvoll umzugehen. Verlangt nicht eine weltweite Restrukturierung von Politik, Wirtschaft und Gesellschaft auch eine Veränderung unseres Denkens im Management?

Der Wandel allein wäre nicht ausreichend, um auf die Suche nach einer Veränderung der grundsätzlichen Prämissen unseres Führungsverständnisses beim Management sozio-ökonomischer Systeme zu gehen, wenn unsere Führungsphilosophie und die bereitstehenden Managementmethoden in ausreichender Weise in der Lage wären, sich schnell wandelnden Verhältnissen anzupassen. Verdichtet sich jedoch die Veränderung von wesentlichen Parametern in derartig kritischem Masse, dass nicht nur Diskontinuitäten, sondern auch Turbulenzen bewältigt werden müssen, sind Führungsphilosophien und Managementmethoden von gestern einer kritischen Beurteilung zu unterziehen. Dies scheint derzeit vollumfänglich der Fall zu sein. *Theoretisch* mag von einem Paradigmenwechsel in der Betriebswirtschafts-, Organisations- und Managementlehre gesprochen werden. In der *Wirtschaftspraxis* ist eine gleichgerichtete Verunsicherung bemerkbar, die zu einem »boom« im Beratungs- und Veranstaltungswesen geführt hat. Sie wird getragen von der Suche nach einer *Neuorientierung*, die durch eine sich verändernde wirtschaftlich-soziale Umwelt bedingt ist. Dieses Buch will einige zukunftsweisende Gedanken zu einer Neuorientierung des Denkens und Handelns in der Führung von Unternehmungen vermitteln.

Es knüpft dabei an grundsätzliche Überlegungen an, wie sie von Hans Ulrich und seinen Mitarbeitern in seinem Lebenswerk der *systemorientierten Managementlehre* erarbeitet und kürzlich in einer »*Anleitung zum ganzheitlichen Denken*« (Ulrich/Probst = Anleitung =) weiterentwickelt wurden. Das besondere Anliegen dieser Schrift ist die Fortschreibung der Idee, dass dem Manager ein Konzept als Leitfaden für seine Überlegungen an die Hand zu geben sei, um wesentliche Probleme des Managements strukturiert durchdenken und zu einem integrativen Gesamtkonzept zusammenfügen zu können. Die 1971 erstmals von Hans Ulrich und Walter Krieg veröffentlichte Schrift »Das St. Galler Management Modell« versuchte diesem Auftrag gerecht zu werden, ohne präskriptive Lösungen vorzuzeichnen. Sie stellte ein »*Leerstellengerüst für Sinnvolles*« bereit. Seit dieser Veröffentlichung haben sich nicht nur das unternehmerische Umfeld, sondern auch die Theorie und Praxis des Managements erheblich verändert. Beide verlangen eine *Neukonzipierung*: Nicht im Sinne eines grundsätzlichen »Auf-den-Kopfstellen-wollens« der einmal eingeschlagenen Denk- und Vorgehensrichtung; sondern vielmehr in einer *konsequenten Weiterverfolgung* der damaligen grundlegenden Gedanken und ihrer weiteren Ausgestaltung im Hinblick auf die erkennbaren Veränderungen in der Theorie und Praxis des Managements. Dies betrifft vor allem die veränderte Positionierung von heute deutlicher erkennbaren Inhalten des *normativen und strategischen Managements* und der Neigung zu verstärkt *integrativen Ansätzen* im Management.

Ziel dieser Schrift kann es nicht sein, dem Manager in seinem konkreten Umfeld spezifische Lösungen für seine Probleme anzubieten. Diese muss er in erfahrener Abschätzung aller Bedingtheiten, welche die Struktur und Situation seiner Entscheidungen beeinflussen, selbst finden. Was diese Schrift ihm dagegen an die Hand geben will, ist eine *Systematik* für seine Gedankenführung, die es ihm erleichtert, von isolierten Teillösungen Abstand zu nehmen. Anhand einer vorgegebenen Struktur für seinen

Denk- und Dialogprozess lässt sie ihn *Gesamtzusammenhänge erkennen* und *Interdependenzen von Entscheidungen* in seine Überlegungen einbeziehen. Diese Einsicht in die *ganzheitlichen* Auswirkungen auch isolierter Entscheidungen möge den Manager zu Korrekturen bei seinem Vorgehen veranlassen, um damit einen konkreten Beitrag zur *Entwicklung eines integrierten Managements* leisten zu können, das letztlich als der eigentliche, Stosskraft verleihende Wettbewerbsfaktor gelten kann.

Zu Beginn der Schrift wird die Frage aufgeworfen, ob die veränderten Herausforderungen an das Management dazu geführt haben, dass wir uns inmitten einer *Zeit des Umbruchs* befinden, die unsere herkömmlichen Konzepte einer erfolgreichen Unternehmungsführung »über den Haufen wirft« und uns gleichzeitig neue und noch nicht vertraute Wege einzuschlagen zwingt. Um es wissenschaftlich auszudrücken: Befinden wir uns inmitten eines *Paradigmenwechsels im Management*? Diese Frage lässt sich zwar relativ schnell und pauschal positiv beantworten, dennoch bleibt eine derartige Anwort ohne praxisrelevante Kontur. Die Weiterentwicklung des St. Galler Management-Konzeptes will einen *Bezugsrahmen* für eine konkrete *Profilierung der Veränderung* unseres Managementdenkens in den drei Dimensionen des Normativen, Strategischen und Operativen bereitstellen. Diese drei Dimensionen eines veränderten Managementdenkens und -handelns beziehen sich auf die intendierte Unternehmungsentwicklung in der Zeit, die zugleich die Rahmenbedingungen für die Handlungsfreiheit des Managements in konkreten Situationen definiert. Dieses Konzept wäre ein reines Bezugssystem für die gedankliche und dialogische Durchdringung wesentlicher Probleme eines integrierten Managements, würde es nicht durch ein *Vorgehensprogramm* unterstützt, das dem Management Wege des Umgangs mit dem vorgegebenen Konzept aufzeigt. Dieses benutzt eine Profilierungstechnik, die dazu zwingt, in polarisierten Spannungsreihen die eigene Situation wiederzuerkennen und wünschbare Veränderungen zu definieren. Jede Schwäche der Ist-Situation einer Unternehmung verlangt grundsätzliche programmatische und massnahmenbezogene Überlegungen, um zu einer erforderlichen Neuorientierung zu gelangen. Ein zukunftsweisendes Managementkonzept wäre unvollständig, würde es nicht Hinweise für ein erfolgversprechendes »*Management of Change*« vermitteln. Die abschliessenden Überlegungen knüpfen an die eingangs gestellte Frage nach dem Paradigmenwechsel im Management an und versuchen nicht nur diese zu bejahen, sondern auch die Bedeutung eines integrierten Managements als *Erfolgsfaktor im Wettbewerb* zu belegen.

Jedoch ist eine wesentliche Einschränkung dieser Schrift deutlich zu machen. Hans Ulrich hat auf die Dreiteilung der Aufgabenbereiche in der Unternehmung in einen Führungs-, Versorgungs- und Vollzugsbereich hingewiesen (Ulrich = Management = 38). In einer früheren Schrift hatte ich versucht, zusätzlich einen Innovationsbereich zu benennen (Bleicher = Perspektiven = 117). Die folgenden Ausführungen konzentrieren sich ausschliesslich auf das Führungssystem, das die Versorgungs- und Vollzugsbereiche überlagert. Sie heben damit im Rahmen eines umfassenderen St. Galler Management-*Modelles* auf die *konzeptionellen* Aspekte der normativen und strategischen Gestaltung einer Unternehmungsentwicklung ab.

Bei der Entwicklung des dieser Schrift zugrundeliegenden St. Galler Management-Konzeptes neuer Generation habe ich viele Impulse und Anregungen aus einem Arbeitskreis am *Institut für Betriebswirtschaft* erfahren, der die hier dargestellten grundsätzlichen Überlegungen weitertreibt, was zu einer Reihe von weiteren Veröffentlichungen sowohl für den Hochschul- als auch den Praxisgebrauch führen wird. Die Arbeit dieses Kreises, die anfänglich vom Forschungsfonds der Hochschule St. Gallen und weiterführend vom Schweizer Nationalfonds dankenswerterweise massgeblich finanziert wird, ist getragen von der Mitarbeit der Kollegen Peter Gomez, Walter Krieg, Cuno Pümpin, Markus Schwaninger und Hans Siegwart, die bei ihrer Tätigkeit unter meiner Federführung von den Herren Marc Bitzer, Michael Blankenagel, Joachim Hirt, Erich Ogilvie, Jürgen Prange und Tim Zimmermann unterstützt werden. Zu ganz besonderem Dank bin ich meinem langjährigen Mitarbeiter Herrn Volker Simon für seine Rolle als kritischer und anregender Gesprächspartner und Umsetzer des Konzeptes verpflichtet. In diesen Dank beziehe ich auch meine Sekretärin Frau Therese Krumnacker ein, die aus häufig kaum lesbaren Aufzeichnungen ein präsentables Buchmanuskript hergestellt hat.

Der Autor wird durch die ihn motivierende Hoffnung getragen, einen kleinen Beitrag dazu geleistet zu haben, dem angehenden oder praktizierenden Manager in einer Zeit des Paradigmenwechsels einen schliesslich von ihm selbst zu beschreitenden Weg durch das hoch-komplexe Labyrinth eines integrierten Managements zu weisen.

St. Gallen, im September 1990   Knut Bleicher

1
PARADIGMENWECHSEL IM MANAGEMENT?

Die wachsende *Komplexität* unserer Lebensverhältnisse, vor allem aber auch die fortschreitende *Dynamik* der Veränderung unseres Umfeldes lassen zum Ende dieses Jahrhunderts die Frage nach der *Beherrschbarkeit von Entwicklungsverläufen* durch den Menschen stellen. Sie ist nicht nur für unser ökologisches und gesellschaftliches Umfeld bedeutsam, sondern sie betrifft vor allem die instutionalisierten Systeme, die letztlich diese Entwicklung tragen.

Wenn für solche Systeme derzeit innovative Konzepte entwickelt werden, wie vor einem sich verändernden gesellschaftlichen Hintergrund deren *Überlebens- und Entwicklungsfähigkeit* gesichert werden kann, dann müssen Aufgaben, Rollen, Instrumente und Methoden des Managements als harmonisierende Kraft der Gestaltung und Lenkung der Entwicklung interaktiver Systeme zur Disposition gestellt werden. Hierzu gehört auch, dass die grundsätzlichen Prämissen und Aussagen – die »basic assumptions« (Schein = Awareness = 3f.) – unserer kulturell geprägten Anschauungen über soziale Systemgestaltung und ihre Lenkung durch das Management hinterfragt werden.

1.1 Paradigmenwechsel – Wandel in den Anschauungen von Problemen und ihrer Beherrschung

Der vielfach behauptete und als notwendig herausgestellte *Wandel in der Führung*, der von einem veränderten Satz grundlegender Annahmen ausgeht, macht einleitend eine kurze Auseinandersetzung mit dem sogenannten *Paradigmenwechsel* als Folge der veränderten *Anforderungen an das*

Management und erkennbaren, weiter auszuformenden *neuen Denkansätzen* erforderlich.

1.1.1 Paradigma – akzeptierter Satz von Kriterien, der die Wahl von Problemen und Methoden zu ihrer Lösung in einer Fachgemeinschaft prägt

> Unter einem *Paradigma* wird in der wissenschaftlichen Auseinandersetzung eine Art »Supertheorie« verstanden, die grundlegende Probleme und Methoden weiter Bereiche eines Faches definiert.

Hans Ulrich kennzeichnet diese grundlegende Position:

»*Unter einem Paradigma verstehe ich ... ein System von Normen, welche ein bestimmtes Wissenschaftsbild prägen; die Normen beziehen sich sowohl auf die Ziele wie auch auf die Methodik des Vorgehens und die Charakteristik der anzustrebenden Erkenntnisse einer Wissenschaft*« (Ulrich = Management = 155).

Wolfram Braun (= Betriebswirtschaftslehre =) sieht im Paradigma die formale Struktur ganzer Theoriesysteme verkörpert, während Günter Schanz (= Wissenschaftsprogramme = 43) auf die *Funktion* von Paradigmen hinweist, den Wissenschaftsbetrieb zu lenken. In dieser Weise wird mit Thomas Kuhn (= Revolutionen =) ein Paradigma zur Quelle von Methoden, Problemgebieten und Lösungsnormen zum Kriterium für ihre Wahl. Der sich daraus entwickelnde Satz von Begriffen, Gesetzen, Theorien und Perspektiven als *Inhalten* führt zu einem auch sozial zu interpretierenden, akzeptierten Netzwerk von Verpflichtungen einer *institutionell* zu betrachtenden »community of science«.

In einer anwendungsorientierten Wissenschaft, wie es die Managementlehre darstellt (Ulrich = Management = 169ff., Bleicher = Wissenschaft = 99ff.), greift der Bezug zur »community of *science*« allerdings zu kurz. Es ist gerade ihr wesentliches Kennzeichen, dass der Fortschritt aus einer gegenseitigen Durchdringung von Theorie- und Anwendungszusammenhang erwächst. Dies wird in der Managementlehre besonders deutlich, bei der viele der neueren Impulse zur fachlichen Weiterentwicklung nicht aus dem Bereich der »scientific community«, sondern vielmehr aus der Führungspraxis erwachsen sind. Es erscheint mir daher zweckmässiger, in der deutschsprachigen Terminologie vom Begriff einer umfassenderen »*Fachgemeinschaft*« auszugehen. Sie wird durch einen Satz gemeinsam anerkannter Kriterien getragen, der deren Wahl von Problemen und Methoden zu ihrer Beherrschung steuert.

1.1.2 Paradigmatische Dynamik eines Faches

Thomas Kuhn (= Revolutionen =) hat die für die Fachperspektive des Managements besonders interessante These aufgestellt, dass die wichtigsten wissenschaftlichen Fortschritte *nicht* durch eine fortlaufende *Akkumulation von Wissen* zustandekommen, die sich über eine Hypothesenbildung und Falsifikationsversuche entwickelt, sondern vielmehr durch einen *revolutionären Paradigmenwechsel*. In einer Art Lebenszyklus setzt sich ein neues Paradigma gegen den Widerstand langsam obsolet werdender Annahmen durch, die somit an den Rand der Überzeugungskraft geraten und schliesslich durch neue Annahmen und Denkweisen substituiert werden. Ähnlich kennzeichnet Helmut Spinner (= Pluralismus = 32) diese Entwicklungsdynamik im Spannungsverhältnis von *Bewahrung* und *Proliferation* und Imre Lakatos (= Falsifikation = 113ff.) als *progressive* und *degenerative* Problemverschiebung von Wissenschaftsprogrammen. Zwischen den *Transitionsperioden* des Ringens zweier Paradigmen um ihre Durchsetzung liegen jeweils Perioden der »normal science«. Während dieser Periode der Normalität wird das herrschende Paradigma ausgebaut und angewandt. Alle in ihm enthaltenen Implikationen werden ausgeschöpft. Nähert sich schliesslich ein Paradigma nach dieser »*Rationalisierungsperiode*« mit abnehmenden Beiträgen zum Erkenntnisfortschritt dem Ende seiner Brauchbarkeit, pflegt es sich in eine sich verfeinernde, aber auch *militante Dogmatik* zu flüchten, ohne die aufkeimende Ideenlandschaft des neuen Paradigmas hinreichend aufzugreifen und zu berücksichtigen. Da die Durchsetzung eines neuen Paradigmas nichts weniger verlangt als eine grundsätzliche Redefinition eines ganzen Wissenschafts- und Anwendungsbereiches, ist dieser schwierige Übergang nicht frei von Richtungskämpfen, die von unterschiedlichen »scientific communities«, von »Fachgemeinschaften« ausgetragen werden; denn »die normal-wissenschaftliche Tradition, die aus einer wissenschaftlichen Revolution hervorgeht, ist mit der vorausgehenden nicht nur unvereinbar, sondern oft auch tatsächlich nicht vergleichbar ... Revolutionen enden mit einem vollkommenen Sieg eines der beiden gegnerischen Lager« (Kuhn = Revolutionen = 218).

Für die Entwicklung der Betriebswirtschaftslehre im Übergang zu ihrem veränderten Verständnis einer Führungs- oder Managementlehre (Ulrich = Management =; Kirsch = Führungslehre =; Bleicher = Wissenschaft =) stellt sich unter Ansehung der gewachsenen Komplexität und Dynamik sowie ihres praktischen Anwendungszusammenhanges die bislang noch offene Frage, ob sich diese Fachgemeinschaft derzeit in einer Phase des Paradigmenwechsels befindet. Aus der theoretischen Perspektive fällt bei einer Bestandsaufnahme (Bleicher = Wissenschaft = 81 ff.) deren Beantwortung weniger eindeutig aus als bei einer Betrachtung der Veränderungen, welche die Wirtschaftspraxis derzeit unternimmt, um sich an eine schnell verändernde Landschaft gesellschaftlicher, ökonomischer und technologischer Bedingungen anzupassen.

1.2 Paradigmenwechsel im Management – Anlässe und Bewegung

> »Umfang und Geschwindigkeit der Veränderungen in Markt und Gesellschaft, insbesondere aber in der Technik haben Dimensionen erreicht, die mit dem traditionellen Denken und dem entsprechenden Instrumentarium vom Management nur noch unzureichend bewältigt werden können«.
>
> W. Pfeiffer und R. Dögl

Unsere Welt befindet sich in einem starken Fluss der *Veränderung*, und wir können uns von den vielfältigen Entwicklungen, die uns alle berühren, nicht frei machen. Dies betrifft in besonderem Masse Führungskräfte, die für soziale Systeme mit ökonomischen Zielen im Ganzen wie in ihren Teilen Verantwortung tragen. Gesellschaftlicher, ökonomischer und technologischer Wandel muss durch sie erkannt, verkraftet und im Miteinander in zukunftsweisende Aktionen umgesetzt werden, die nicht nur das Überleben, sondern auch die *Entwicklungsfähigkeit* einer Unternehmung sichern.

Die Einflüsse, die es zu verarbeiten gilt, sind vielfältig: sie reichen vom zunehmenden Bewusstsein für ökologische Zusammenhänge, über sich internationalisierende Markt- und Wettbewerbsbedingungen mit verminderten Wachstumserwartungen und technologischen Entwicklungen, die in die Richtung einer zukünftigen Informationsgesellschaft weisen, bis zum Wertewandel, der Mitarbeiter und Kunden gleichermassen erfasst.

1.2.1 Vor einer »Wendezeit« der Entwicklung hin zum Chaos?

Einer der erfolgreichen Buchtitel unserer Tage heisst »*Wendezeit*« (Capra = Wendezeit =). Mit diesem prägnanten Ausdruck wird in treffender Weise darauf aufmerksam gemacht, dass wir uns nicht nur in einer besonders interessanten Zeit des Wandels befinden, die alle unsere Lebensbereiche zu erfassen scheint, sondern auch, dass vielfältige Prämissen und Erfahrungen, die uns bislang geleitet haben, zur Überprüfung anstehen. Dies muss bei der zunehmenden gesellschaftlichen Vernetzung auch für das Wirtschaftsleben und hier für die Art und Weise gelten, wie wir unsere Unternehmungen im Wettbewerb führen. Eine nähere Betrachtung der Entwicklung, die eine Wende in unseren Anschauungen von der Funktion von Unternehmungen in der Gesellschaft und ihrer Führung signalisieren, liesse Bände füllen.

John Naisbitt (= Megatrends = 24ff.) beschreibt die folgenden zehn *Megatrends*, die das Umfeld, in dem sich das Management der Zukunft bewähren muss, massgeblich prägen:

Tabelle 1.1
Megatrends in Wirtschaft und Gesellschaft

1. Starke Wachstumsimpulse und rezessive Einflüsse lösen einander ab.
2. Beachtliche Schwankungen von monetären Grössen und wirtschaftlichen Werten.
3. Fortschreitende Internationalisierung und Globalisierung.
4. Rasanter Technischer Fortschritt.
5. Neue Informatik- und Kommunikationssysteme verändern Wirtschaftsprozesse.

> 6. Bedeutende demographische Veränderungen.
> 7. Neue Werthaltungen im sozialen Umfeld.
> 8. Erhaltung der Umwelt wird zum zentralen Anliegen.
> 9. Neue Ära der Ost-West-Beziehungen.
> 10. Das Pazifische Becken als zukünftiger Wirtschaftsraum.

Die Auswirkungen dieser Trends lassen sich an zwei eng miteinander verwobenen strukturellen Faktoren besonders deutlich erfassen: der Bewältigung einer stark gestiegenen *Komplexität* vor dem Hintergrund einer sich weiter beschleunigenden *Dynamik* der Veränderung.

Das sich neu herausbildende Gebiet einer »*Chaosforschung*« hoch-komplexer Systeme zeigt deutlich, dass relativ geordnete Strukturen unter dem Einfluss weiter steigender Komplexität und Dynamik dann, wenn sie gewisse Schwellenwerte erreichen, nur eines minimalen Anstosses (der sog. »Schmetterlingseffekt« einer minimalen Luftbewegung, der in Grosswetterlagen turbulente Veränderungen auslösen kann) bedürfen, um einen chaotischen, unberechenbaren und unbeherrschbaren Zustand anzunehmen. Wir wissen derzeit wenig darüber, wo derartige Schwellenwerte bei sozialen Systemen liegen. Dennoch indizieren – nach Ansicht des Verfassers – die vielfältig erkennbaren Veränderungen, die weitsichtige Unternehmer und Manager während der letzten Jahre in Unternehmungen vorgenommen haben, eine vielleicht einem chaotischen Zustand vorauseilende Betroffenheit. Sie zeugen von der Einsicht in die Tatsache, dass unsere Systeme, wenn sie nach den herkömmlichen Prinzipien gestaltet und geführt werden, einen weiteren Anstieg von Komplexität und Dynamik nicht mehr verkraften, ohne Gefahr zu laufen, in chaotische Zustände überzugehen. Die einen begeben sich gestalterisch und noch weitgehend tastend auf die Suche nach einem neuen Weg, während die anderen das Traditionsgut vorausgegangener Managementgenerationen liebevoll weiterpflegen und vor allem im Streben nach Verbesserungen im Detail weiter ausbauen. Die derzeitige Situation lässt sich als eine *Verunsicherung* in weiten Führungskreisen über den zweckmässigen Weg einer Zukunftsgestaltung kennzeichnen:

»Es gibt viele Anzeichen dafür, dass sich die Welt sowohl quantitativ als auch qualitativ in eine völlig andere Richtung entwickelt, als wir es bislang gewohnt waren. Es ist dies eine Periode des Übergangs, wenn nicht eine der ganz grossen Phasen der Transformation. Derartige Zeiten verlangen neue Philosophien, Sprachen und Praktiken der Organisation und des Managements« (DeGreene = Adaptive Organization = 2, Ü.d.V.).

Dabei zeigt sich, dass es weniger die deutlich *gestiegene Komplexität* unserer Verhältnisse ist, mit der wir uns im gesellschaftlichen, ökonomischen, technologischen, politisch-gesetzlichen und ökologischen Umfeld auseinandersetzen müssen. Es ist vielmehr die *Beschleunigung*, mit der sich unsere Grunddaten verändern, die zur kritischen Variablen im Führungsprozess wird. Beschleunigung hat aber immer etwas mit *Zeit* zu tun: die zeitliche Abfolge und ihr Erkennen und Beherrschen bereitet uns offensichtlich bei der *Verarbeitung wachsender Komplexität* zunehmend Schwierigkeiten.

Derzeit lässt sich die Verunsicherung, ja Verwirrung weiter Führungskreise darüber feststellen, wie Technologien, Märkte und innerbetriebliche Beziehungen zu gestalten seien. Vertrautes wird immer mehr verlassen und Ungewisses als bedrohlich empfunden. Der Philosoph Hermann Lübbe stellt fest, dass es noch nie eine kulturelle Gegenwart gegeben habe, die so vergangenheitsbezogen ist wie die unserige. Der »museale Trend« in der Gesellschaft signalisiert eine Abwendung von der ungewissen und als gefährlich empfundenen Zukunft und eine Hinwendung zur Vergangenheit:

»Die historisch beispiellose Vergangenheitsbewältigung erfüllt die Funktion einer Kompensation der raschen Zivilisationsdynamik. Im Kontext der Gegenwart sind wir auf der Suche nach dem Klassischen, das vom Innovationsschub nicht bedroht wird, denn das Klassische ist alterungsresistent« (Lübbe = Zivilisationsdynamik =).

Die Führungskraft, die Verantwortung für die Zukunftsgestaltung einer Unternehmung übernommen hat, darf sich jedoch diesem gesellschaftlichen Trend nicht unterwerfen. Sie muss vielmehr gegen die kulturelle Nostalgie im impliziten Wert- und Normengefüge angehen, indem sie vorwärts gerichtete Bereitschaft zur Meisterung von hochkomplexen Aufgaben der Zukunft erzeugt. Eine breit gefächerte Suche nach einer zukunftsweisenden Orientierung, nach neuen Strukturen und Systemen im Management, ja im Unternehmerischen hat bereits eingesetzt, wie der Absatz von Erfolgsbüchern und die beachtlich gestiegene Nachfrage nach Beratungsleistungen deutlich belegen. Bei allen diesen Versuchen, vorwärtsgerichtete neue Vorstellungen und Ansätze für Problemlösungen des Managements zu vermitteln, ist jedoch der gegensätzliche Trend einer sich nach rückwärts orientierenden Kulturentwicklung zu bedenken. Die Perzeptionen und Präferenzen der Mitarbeiter als Träger einer Unternehmungskultur sind geprägt durch die Ereignisse der Vergangenheit, das Vorbild und Vorleben von Führungskräften, die in Unternehmungen Managementsysteme geschaffen und in ihnen agiert haben, und den Organisationsstrukturen, die ihr Verhalten kanalisiert und gratifiziert haben.

In diesem Spannungsverhältnis stellt sich die Frage, ob unsere herkömmlichen Ansätze zur Problemerkenntnis und Problembewältigung ausreichend sind, um mit den neuartigen Herausforderungen fertig zu werden, oder ob ein *Wechsel im Paradigma* unseres gegenwärtigen Führungsverständnisses erforderlich wird.

1.2.2 Der Umgang mit Komplexität muss überdacht werden

Krisenhafte Entwicklungen stellen unsere Denkmuster in Frage

Der Zuwachs an Komplexität, dem sich ein Management in der Gegenwart gegenübersieht, beschränkt sich nicht auf die zunehmende Internationalisierung der Wettbewerbsverhältnisse bei der Deckung eines weltweiten Bedarfs. Hinzu sind soziale, technologische und ökologische Veränderungen getreten, welche die Komplexität der durch die Führung zu bewältigenden Aufgaben erhöhen. Themen wie Grosstechnologien, Umweltzerstörung u. ä. werden zu politischen und gesetzlichen Anliegen. Mit dem gesellschaftlichen und wirtschaftlichen Krisenmanagement, das als Folge dieser Entwicklung weiter vorzudringen scheint, erhebt sich die grundlegende Frage nach der Zeitgemässheit unserer Denkmuster, die vor dem Hintergrund relativ stabiler und kontinuierlicher Entwicklungen gewachsen sind:

»*Wer die Weltprobleme allein von einem wirtschaftlichen oder naturwissenschaftlichen Standpunkt aus betrachtet, der wird die heutige Krise nicht überwinden helfen. Er verschärft sie!*« *(Küng = Sinnfrage = 4).*

Ohne eine neuartige Sichtweise von Problemen und ihrer Lösung dürfte ein Management der sinnvollen Bewältigung von zukünftigen Herausforderungen kaum mehr gewachsen sein. Auf der Suche nach den Gründen für unsere mangelnde Kapazität zur Problembewältigung, welche die ideologische und geistige Krise heraufbeschworen hat, stösst man auf Vielfältiges. Hinter einem beobachtbaren Trend, der vom Materialismus zum Idealismus und vom Kollektivismus zum Individualismus weist, werden die Strukturen der Vergangenheit erkennbar, die von anderen Wertvorstellungen getragen waren und nunmehr in Widerspruch zu veränderten Erwartungen geraten. Dies wäre weniger tragisch, wenn sie sich nicht in den Strukturen und Kulturen unserer Systeme eingegraben hätten.

Die Handhabung von Komplexität als Kern der Managementaufgabe

Wenn an dieser Stelle von Komplexität gesprochen wird, dann ist damit mehr gemeint, als dass Probleme oder Strukturen in ihrem Aufbau einfach »kompliziert« seien.

> Unter Komplexität wird vielmehr diejenige Eigenschaft von Systemen verstanden, in einer gegebenen Zeitspanne eine grosse Anzahl von verschiedenen Zuständen annehmen zu können.

Daraus ergeben sich vielfältige, wenig voraussagbare, ungewisse Verhaltensmöglichkeiten.

Diese Eigenschaft steht dem einfachen *Ursache-Wirkungsdenken*, das dem Bestreben vieler Manager bei ihrem zweckgerichteten Denken und Handeln zugrunde liegt, entgegen: der Annahme, dass eine bestimmte Massnahme auch mit Sicherheit zu einem bestimmten Ergebnis führen werde.

»Wenn dies wider Erwarten nicht geschieht, ist die Versuchung gross, das System halt so lange zu analysieren, bis wir ganz genau wissen, wie es funktioniert. Aber auch dieser mühevolle Weg führt nicht zum Ziel ... Wenn alles ständig in Bewegung ist, können wir nie alles über den jeweiligen momentanen Zustand des Systems wissen, um mit Sicherheit voraussagen zu können, was ein bestimmter Eingriff genau bewirken wird« (Ulrich/Probst = Anleitung = 60).

Betrachten wir die Art und Weise kritisch, mit der wir bislang im sozialen System Komplexität zu beherrschen versucht haben, so werden Versuche einer vorgeblichen *Komplexitätsreduktion* auf ein für den Mitarbeiter tragbares Mass erkennbar. Sie wird erreicht durch eine *systemische Arbeitsteilung* und eine *persönlich-professionelle Spezialisierung*. Damit entsteht jedoch lediglich eine interne Reduktion der von der Umwelt aussen-induzierten

Komplexität. Das System selbst produziert in seinem Inneren eigene Komplexität (Bosetzky = Eigenkomplexität =) in Form standardisierter Richtlinien, um die Aktivitäten seiner Einheiten zu koordinieren. Hochgradige Arbeitsteilung und Spezialisierung fordern das Management damit in besonderer Weise zur Koordination und Integration heraus. Es entstehen lagenartige Schichten von Führung, die durch Stäbe und Zentraleinheiten unterstützt werden. Will man diese nicht zu Superhierarchien wuchern lassen, bedarf es *entpersönlichter und technokratischer Systeme und Strukturen*, um Arbeitsvollzüge zu koordinieren und die Führung zu entlasten (auf die interessante Betrachtung, inwieweit die Reduktion aussen-induzierter Komplexität durch Managementstrukturen und -systeme mit der durch sie erzeugten Innen-Komplexität überkompensiert werden kann, soll im folgenden verzichtet werden). Unter dem Einfluss der Beschleunigung, der schnelle Informations- und Entscheidungsprozesse erforderlich macht, stösst dieses Vorgehen jedoch an beachtliche Grenzen. Mit zunehmender (Aussen-)Komplexität steigt daher notgedrungen die Bedeutung sekundärer Kommunikations-, Führungs- und Verwaltungsleistungen im Vergleich zur originären Aufgabenerfüllung. Genau erstere aber sind die Resultate unserer bisherigen Gestaltung von Systemen, die uns den Umgang mit unserer Umwelt so nachhaltig erschweren.

Verengte Aufgabenzuschnitte und eine zunehmende Spezialisierung reduzieren aber auch das *Verständnis* der Mitarbeiter für die Gesamtbelange der Unternehmung. Ein eingeschränktes Verständnis führt leicht zu ihrer *Entfremdung* gegenüber Unternehmung, Aufgabe und Leistung. Damit stellt sich die grundsätzliche Frage, inwieweit eine Unternehmung noch in der Lage ist, von innen heraus eine Identität zu gewinnen und zu besitzen. Hochgradige Arbeitsteilung und Spezialisierung erweisen sich dann als eine Art *»Sinnbremse«* für Identifikation, Motivation und Kohäsion der Mitarbeiter im sozialen System der Unternehmung.

Hinsichtlich der Suche nach zukunftsweisenden Mustern einer Systemgestaltung durch das Management stellt sich die grundsätzliche Frage, ob die einseitige Suche nach Ansätzen einer Komplexitätsreduktion richtig ist. Die Tradition unserer *Organisationstheorie* hat die *Komplexitätsreduktion* im Gegensatz zu deren bewusster Erhöhung ins Auge gefasst. Durch bewusst formulierte, formal oder informal definierte Normen und Regelungen sollte eine verhaltensreduzierende Senkung von Systemkomplexität erreicht werden. Diese Denkweise hat zu den dargestellten Systemeigenschaften geführt, die zwar Stabilität suggerieren, jedoch in einer Zeit, die Wandel durch innovative Anpassung verlangt, überlebensgefährdend sein kann:

»*In einem detaillierten Regelnetz gefangen, kann die Unternehmung sich nicht mehr spontan andern Umständen anpassen, sie verliert die zum Leben in einer veränderlichen Umwelt notwendige Flexibilität*« *(Ulrich/Probst = Anleitung = 63).*

Es nimmt nicht Wunder, dass heute in verschiedener Weise versucht wird, den negativen Folgen übertriebener Arbeitsteilung und Spezialisierung entgegenzuwirken. Dies geschieht ebenso über Versuche, Aufgabenzuschnitte durch Arbeitserweiterung und -bereicherung zu vergrössern, Hierarchien abzubauen, wie durch Programme der Stärkung der »corporate identity«. In der Suche nach Führungspersönlichkeiten treten »weiche« Merkmale, wie »Visionen« und »Missionen«, vermehrt in den Mittelpunkt des Interesses:

> »Wenn du ein Schiff bauen willst, so trommle nicht Männer zusammen, um Holz zu beschaffen, Werkzeuge vorzubereiten, Aufgaben zu vergeben und die Arbeit zu erleichtern, sondern lehre die Männer die Sehnsucht nach dem endlosen weiten Meer«.
>
> Antoine de Saint-Exupéry

Neben einer Reduktion von Komplexität kann es daher zukunftsweisend sein, diese zeitweise eher zu *erhöhen*, um über neue Strukturen den Anschluss an grundsätzlich veränderte Umweltbedingungen zu finden. Die vorausgehend gezeigte Tendenz zu einer übersteuernden Komplexitätsreduktion hat weitgehend zu Erscheinungen der Überorganisation und Bürokratisierung geführt, die den Verhaltensspielraum der Systemmitglieder einschränkt: Dabei kommt es zu einem »gap« zwischen den Anforderungen der Umwelt nach Verhaltenswechsel und den eingeschränkten Möglichkeiten eines Systems, auf neue, andersartige Ansprüche reagieren zu können:

»*Komplexitätsreduzierende Massnahmen sind richtig, wenn es um die rationelle und sichere Erreichung bekannter Ziele auf bekannten Wegen geht, aber falsch, wenn es darum geht, nach neuen Zielen und Wegen zu suchen. Was uns noch nicht bekannt ist, können wir auch nicht vernünftig regeln!*« *(Ulrich/Probst = Anleitung = 63).*

Sich verändernde Umfeldbedingungen in Zeiten einer steigenden Dynamik verlangen daher weniger nach einer generellen Komplexitätsreduktion, als nach einer partiellen Erhöhung der Komplexität, der Produktion einer gesteigerten Verhaltensvarietät, um vielfältig sich neu bildenden Herausforderungen gerecht werden zu können. Das Management muss daher laufend überprüfen, ob es nicht Bereiche des Handelns in der Unternehmung gibt, bei denen eine derartige Kluft zwischen verhaltens-reduzierenden, damit entlastenden und zumeist auch kurzfristig effizienz-versprechenden Normen und Regelungen einerseits und Forderungen nach hoher Verhaltensvielfalt im Neuen andererseits vorliegt, die komplexitätserhöhende Massnahmen erforderlich macht.

Komplexitätsbewältigung im Wechselspiel von Stabilisierung und Veränderung

Komplexität lässt sich zunächst dadurch reduzieren, dass man eine möglichst grosse *Synergie* zwischen einzelnen Elementen oder Subsystemen einer Unternehmung erreicht. Über *Fremd*gestaltung entstehen vorprogrammierte Prozessstrukturen, die einen hohen Aufwand für ihre Entwicklung und eine entsprechende Investition in das Erlernen eines effizienten Umgangs mit dem System notwendig machen. Eine arbeitsteilige Struktur wird dabei tendenziell die Verhaltensvarietät auf die Befolgung bewährter Regeln reduzieren. Entsprechend schwer fällt eine Veränderung der Systemstruktur, da sie ein Entlernen bislang systemkompatibler und erfolgreicher, aber nicht mehr zukunftsträchtiger Verhaltensweisen bedingt. Ein derartiges Muster der *Fremd*gestaltung wird im folgenden als *Stabilisierung*shaltung bezeichnet. Ihm steht ein eher offen strukturiertes Entwicklungsmuster der *Selbst*gestaltung gegenüber, das die Verhaltensvarietät von vornherein nicht beschränkt, sondern der Kreativität des Übergangs zu einem neuen Systemzustand breiten Raum lässt. Da hierbei die Komplexität erhöht und nicht vermindert wird, bewegt sich das System im Vergleich zu einem Muster, das auf stabile Ordnung ausgerichtet ist, eher in Richtung einer labilen Entwicklung am Rande des Chaos. In schnell beweglichen, hoch-dynamischen Umfeldern ist jedoch dieses auf Dynamik ausgerichtete Strukturmuster eher in der Lage, die notwendige Flexibilität und Anpassungsfähigkeit bereitzustellen. Es verlangt eine entsprechende *Veränderungs*haltung.

Wenn es uns nicht gegeben ist, mit Hoch-Komplexem »machend« umzugehen, können wir dennoch versuchen, seine Entwicklung von einem Zustand in einen anderen vernünftig zu beeinflussen. Dies erreichen wir, indem wir die Komplexität eines Systems situativ verkleinern oder vergrössern. Die »Kunst« des Managements besteht gerade darin, rechtzeitig zu erkennen, wann das eine und wann das andere geboten erscheint. In der zeitlich verankerten Unternehmungsentwicklung gilt es, das Wechselspiel von *komplexitätsverkleinernder Stabilisierung* und *komplexitätserhöhender Veränderung* zu meistern. Ersteres verlangt den fremdgestaltenden Eingriff des Managements, letzteres eher eine Rahmengestaltung, die selbstorganisierende Prozesse möglich macht. Dabei spielt die wahrgenommene Dynamik die Rolle des Auslösers komplexitätsvermindernder oder -erhöhender Systemstrategien.

1.2.3 Die Dynamik des Wandels verlangt Offenheit und Flexibilität

Lag der bisherigen Vorstellung einer zweckgerechten Systemgestaltung eher das Muster einer Komplexitätsreduktion durch Arbeitsteilung und Spezialisierung im Sinne des von Max Weber idealtypisch beschriebenen Bürokratiemodells (Weber = Wirtschaft =) zugrunde, so ist dieser Ansatz unter dem Aspekt zunehmender zeitlicher Dynamik eher in Frage zu stellen. Die im Bürokratiemodell notwendige Integration arbeitsteiligen Vorgehens erfolgt über eine hierarchische Organisation, die eine Asymmetrie der Machtverteilung (Irle = Macht = 38f.) und damit der Möglichkeiten, zur Zukunftsgestaltung der Unternehmung beizutragen, bedingt. Dieser Ansatz ist – wie eine Fülle bürokratiekritischer Schriften inzwischen unter Beweis gestellt hat – im Hinblick auf die breite sozio-emotionale Aktivierung der Mitarbeitermotivation und intelligenter Beiträge zur Problemlösung nicht unbedenklich. Vor allem aber stösst die Anwendung dieses Modells unter dem Zeitaspekt zunehmender Beschleunigung an Grenzen.

Vor dem Öffnen der Zeitschere?

Edward Teller hat in seiner Darstellung der Wissensvermehrung des Menschen seit 1650 auf den nach wie vor progressiven Verlauf von Veränderungen des Wissens, der sich schliesslich in einem zu bewältigenden technischen, ökonomischen und gesellschaftlichen Wandel niederschlägt, aufmerksam gemacht. Wie Abb. 1.1 zeigt, steht dem jedoch – bei der in der

Menschheitsentwicklung »kurzfristig« angesetzten Periode von 1650 bis zum Ende dieses Jahrhunderts – keine wesentliche Veränderung der menschlichen Fähigkeit zur Perzeption und Problemlösung gegenüber.

Abbildung 1.1
Teller-Kurve der Wissensentwicklung in der Zeit

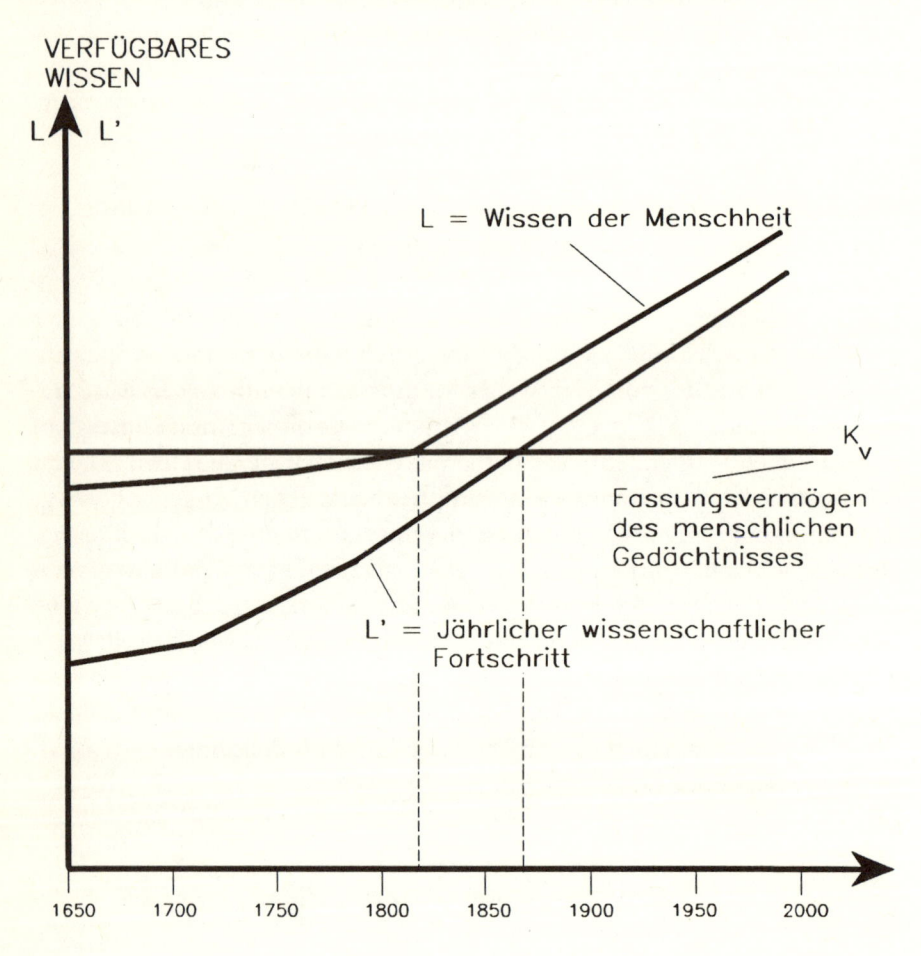

VERFÜGBARES WISSEN

L, L'

L = Wissen der Menschheit

K_v

Fassungsvermögen des menschlichen Gedächtnisses

L' = Jährlicher wissenschaftlicher Fortschritt

1650 1700 1750 1800 1850 1900 1950 2000

Fassungsvermögen K_v des menschlichen Gedächtnisses verglichen mit dem der Menschheit verfügbaren wissenschaftlichen Wissen L und dessen jährlichem Zuwachs L'.

Hier tut sich eine zunehmende Lücke in den menschlichen Möglichkeiten zur Bewältigung des Wandels auf. Diese war bislang noch tolerierbar, da sie mit den herkömmlichen Führungsmethoden einigermassen geschlossen werden konnte. Die gegenwärtigen Symptome gesellschaftlicher Instabilität indizieren jedoch, dass dies in der Zukunft nur noch mit verminderter Wirksamkeit der Fall sein dürfte. Die Signale, die zu dieser Deutung führen, werden dichter und deutlicher. Unsere gegenwärtige Zeit ist gekennzeichnet durch eine zunehmende Verunsicherung der ökonomischen und gesellschaftlichen Entwicklung. ›*Volatility*‹, die zunehmende Schwankungsbreite vor allem ökonomischer Grössen, und ›*Instability*‹ kennzeichnen schlagwortartig den kritischen Zustand unserer Umwelt, dem sich die Unternehmungsführung stellen muss. Hinzu tritt die erhöhte Wahrscheinlichkeit, dass sich *diskontinuierlich* verlaufende Entwicklungen gegenseitig aufschaukeln und zu *Turbulenzen* verdichten, die uns vor Herausforderungen stellen werden, auf die wir aufgrund der zahllosen interdependenten Verflechtungen unserer Welt nur mangelhaft vorbereitet sind.

Beziehen wir die Analyse auf die Unternehmung als ökonomisches Glied gesellschaftlicher Zusammenhänge, so zeigt Igor Ansoff (= Surprise =), dass Elemente eines »*Issue-*« und »*Surprise Managements*« Unternehmungen zunehmend herausfordern, präsituativ zu denken und zu handeln, um ihre Reaktionszeiten zu verkürzen. *Frühwarnsysteme* und Vorschläge zum präaktiven und aktiven *Krisenmanagement* (Gomez = Frühwarnung =, vgl. auch Krystek = Unternehmungskrisen =) sind während der letzten Jahre vermehrt diskutiert worden. Trotz aller dieser Bemühungen scheint sich jedoch zugleich eine Art *Zeitschere* geöffnet zu haben (s. Abb. 1.2).

Steht auf der einen Seite die Nachfrage nach einer sich laufend vermindernden *Reaktionsgeschwindigkeit* der Unternehmungen bei zunehmender Dynamik, so bewegt sich das Angebot an *Problembewältigungszeiten* insbesondere seitens grösserer und älterer Unternehmungen eher gegenläufig. Strukturelle und kulturelle Erstarrungstendenzen sind dafür genauso verantwortlich zu machen wie das Festhalten an bislang bewährten Führungsmethoden, die sich allerdings bei zunehmender Dynamik als zunehmend obsolet erweisen. Zukunftsweisende Strukturen und Kulturen, die geeignet sind, schnellen Wandel zu bewältigen, müssen vor allem den Kriterien der *Offenheit* und *Dynamik* genügen.

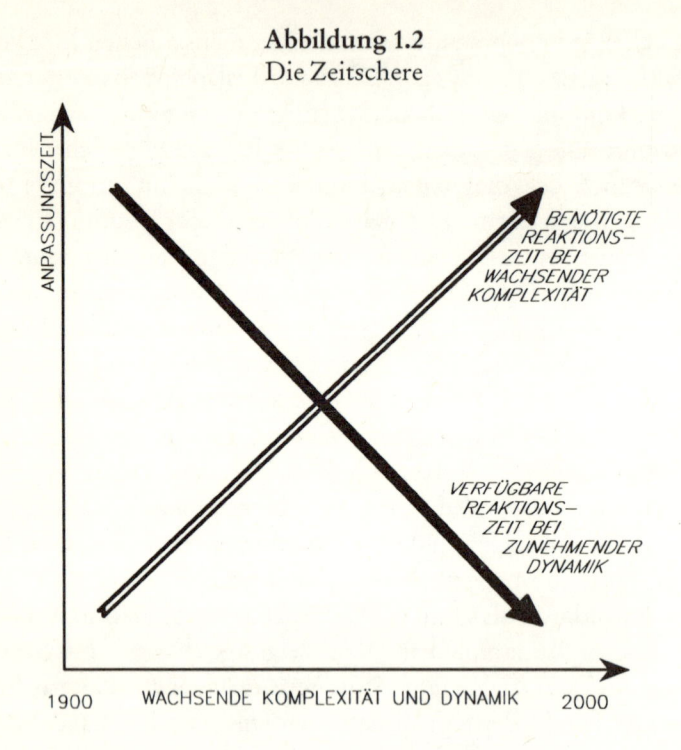

Abbildung 1.2
Die Zeitschere

ANPASSUNGSZEIT

BENÖTIGTE REAKTIONSZEIT BEI WACHSENDER KOMPLEXITÄT

VERFÜGBARE REAKTIONSZEIT BEI ZUNEHMENDER DYNAMIK

1900   WACHSENDE KOMPLEXITÄT UND DYNAMIK   2000

Der instrumentale Umgang des Managements mit der Zeit

Zu Beginn der betriebswirtschaftlichen Beschäftigung mit der Führung von Unternehmungen spielte der Zeitfaktor allenfalls bei der Periodisierung der Erfolgsmessung eine Rolle: Man hatte genügend Zeit für die Erstellung von Gewinn- und Verlustrechnungen sowie Bilanzen und konnte sich vielfach auch Zeit zum Erkennen ungünstiger Trends und zum Gegensteuern lassen. Mit zunehmend beschleunigter Veränderung ging man beispielsweise im Rechnungswesen zu kurzfristigeren Betrachtungen (Quartals- und Monatsergebnisse) in der Periodisierung der Kosten-/Leistungsrechnung über. Schliesslich gewannen zukunftsbezogene Plangrössen (Kostenplanung und [Grenz-] Plankostenrechnung) an Bedeutung. Die Jahresbudgetierung erfuhr eine Erweiterung um die langfristige – meist 5 Jahre umfassende »rollende« – Unternehmungsplanung. Da sie mit ihrer Unterstellung eines kontinuierlichen Entwicklungsverlaufs bei durch Krisen ausgelösten Turbulenzen auf Schwierigkeiten stiess, wurde sie schliesslich durch die Betrachtung zukünftiger strategischer Erfolgspositionen, die es im Rahmen der strategischen Unternehmungsführung retrograd zu entwickeln gilt, ergänzt und teilweise verdrängt. Ging es hierbei zunächst um die Analyse von Produkt-/Marktkombinationen strategischer Geschäftseinheiten im Rahmen von Portfolio-Matrizen, wurde dieses Konzept zunehmend um »weiche« Faktoren, die sich mit dem Sozialsystem Unternehmung verbinden, erweitert (s. Abb. 1.3).

Abbildung 1.3
Entwicklung von Management-Instrumenten vor dem Hintergrund der Zeitschere

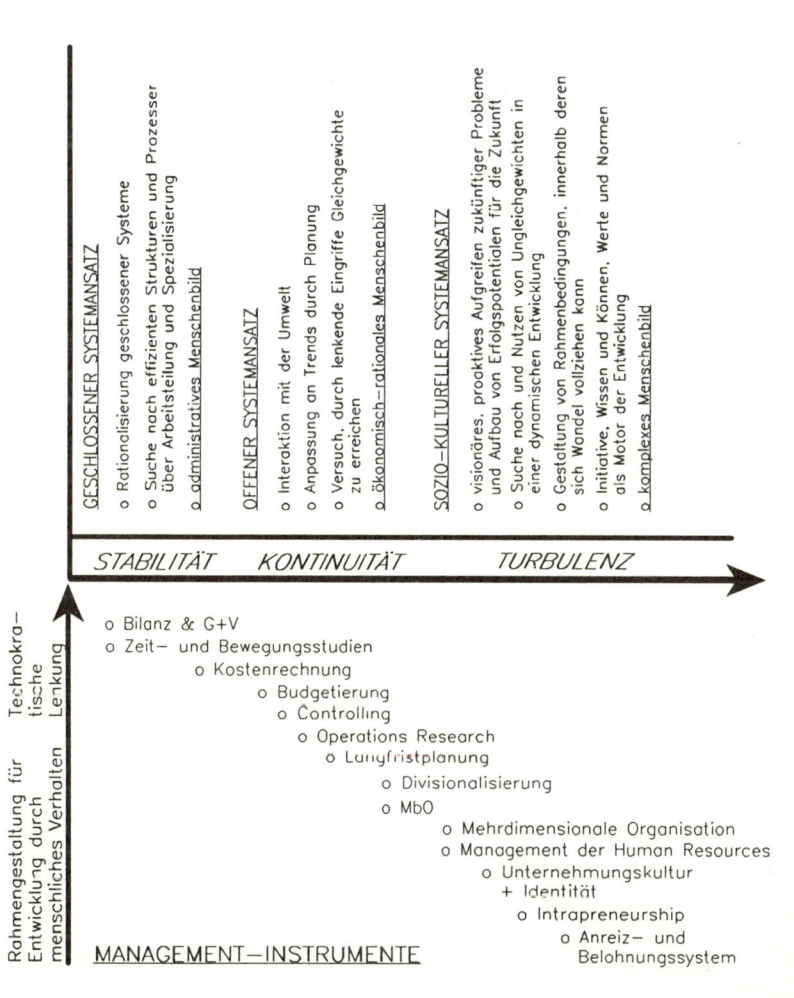

GESCHLOSSENER SYSTEMANSATZ
- Rationalisierung geschlossener Systeme
- Suche nach effizienten Strukturen und Prozessen über Arbeitsteilung und Spezialisierung
- administratives Menschenbild

OFFENER SYSTEMANSATZ
- Interaktion mit der Umwelt
- Anpassung an Trends durch Planung
- Versuch, durch lenkende Eingriffe Gleichgewichte zu erreichen
- ökonomisch-rationales Menschenbild

SOZIO-KULTURELLER SYSTEMANSATZ
- visionäres, proaktives Aufgreifen zukünftiger Probleme und Aufbau von Erfolgspotentialen für die Zukunft
- Suche nach und Nutzen von Ungleichgewichten in einer dynamischen Entwicklung
- Gestaltung von Rahmenbedingungen, innerhalb deren sich Wandel vollziehen kann
- Initiative, Wissen und Können, Werte und Normen als Motor der Entwicklung
- komplexes Menschenbild

STABILITÄT — KONTINUITÄT — TURBULENZ

Technokratische Lenkung / Rahmengestaltung für Entwicklung durch menschliches Verhalten

MANAGEMENT-INSTRUMENTE
- Bilanz & G+V
- Zeit- und Bewegungsstudien
- Kostenrechnung
- Budgetierung
- Controlling
- Operations Research
- Langfristplanung
- Divisionalisierung
- MbO
- Mehrdimensionale Organisation
- Management der Human Resources
- Unternehmungskultur + Identität
- Intrapreneurship
- Anreiz- und Belohnungssystem

Kennzeichnend für diese derzeit beobachtbare Entwicklung, die sich nicht allein auf das Bedienen »harter« Faktoren im Management verlassen will, sondern eine Ergänzung durch »weiche«Faktoren der Führung erstrebt, ist das derzeit populäre sogenannte *»7-S-Konzept«* von Peters/Waterman (= Spitzenleistungen = 32, zur Kritik daran s. Krüger = Hier irren =), die zu den drei »harten« S-Faktoren Strategien, Strukturen und Systeme vier »weiche« Faktoren – Stil, Stammpersonal, Spezialkenntnisse und sehr zentral das Selbstverständnis – stellen (s. Abb. 1.4).

Abbildung 1.4
Das »7-S«-Konzept von Peters und Waterman

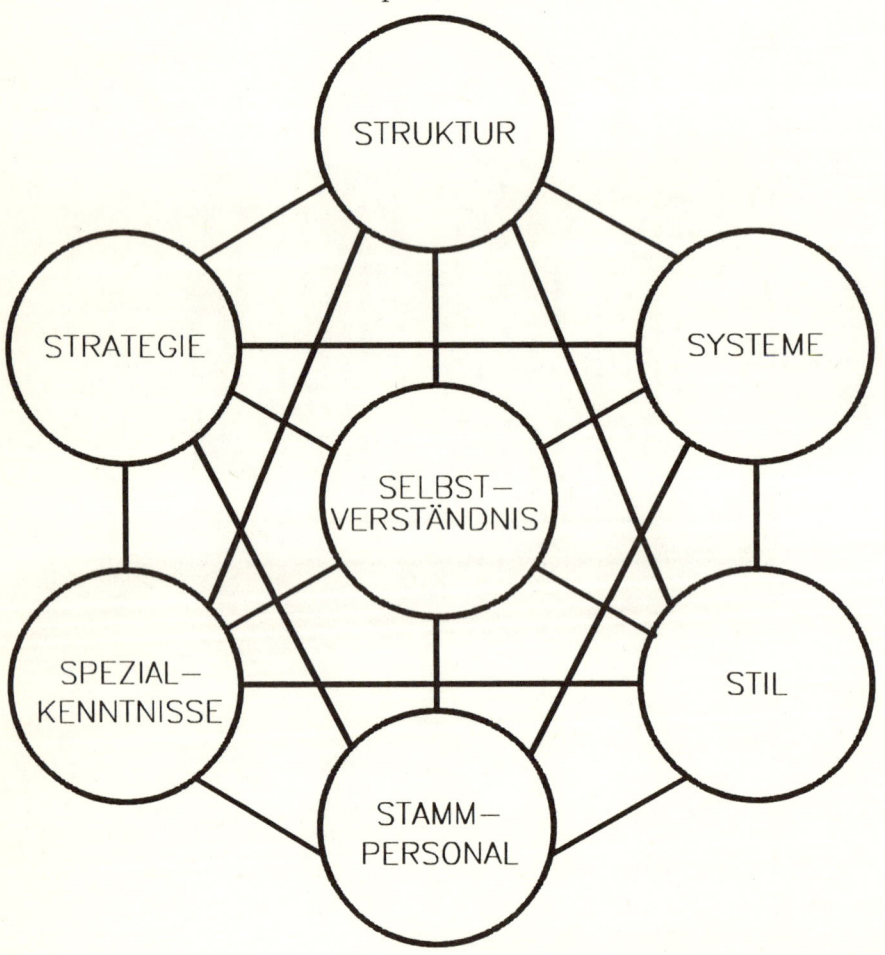

Hinter dieser veränderten Betonung einzelner Elemente eines Führungsportfolios verbirgt sich ein Trend weg von einer an technokratischen Vorstellungen des Managements orientierten Unternehmungsführung hin zu einer solchen, die eine *balancierte Synthese von »harten« und »weichen« Faktoren* erstrebt. Abb. 1.5 zeigt das grundsätzliche Spannungsfeld beider Grössen auf.

Abbildung 1.5
Das Spannungsfeld von »harten« und »weichen« Faktoren des Managements

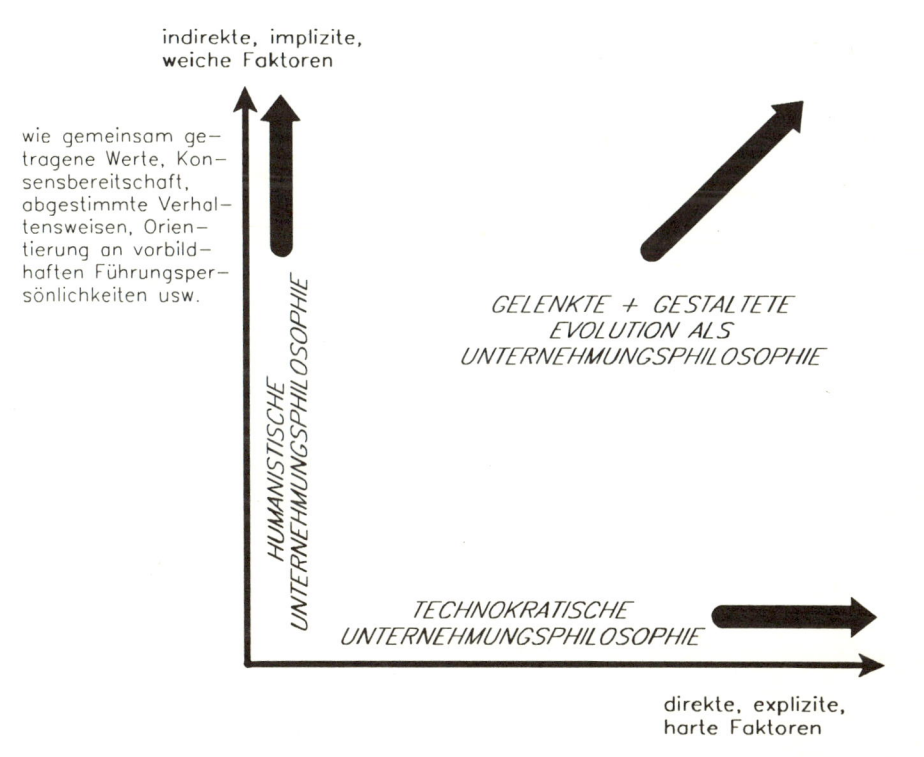

indirekte, implizite, weiche Faktoren

wie gemeinsam getragene Werte, Konsensbereitschaft, abgestimmte Verhaltensweisen, Orientierung an vorbildhaften Führungspersönlichkeiten usw.

HUMANISTISCHE UNTERNEHMUNGSPHILOSOPHIE

GELENKTE + GESTALTETE EVOLUTION ALS UNTERNEHMUNGSPHILOSOPHIE

TECHNOKRATISCHE UNTERNEHMUNGSPHILOSOPHIE

direkte, explizite, harte Faktoren

wie Befehle, Anweisungen, Geschäftsreglements, Organigramme, Stellenbeschreibungen, Handbücher usw.

In der Matrix muss jede Unternehmung vor dem Hintergrund ihrer historisch gewachsenen gesellschaftlichen Kultur ihre eigene Position und Entwicklungsrichtung bestimmen.

Dies verlangt jedoch insbesondere von älteren und grösseren Unternehmungen eine kritische Analyse des *Orientierungsmusters des Managements*. Im Spannungsfeld von Umwelt- und Inwelt-, wie von Vergangenheits- und Zukunftsorientierung sind viele Traditionsunternehmungen durch ihre besonders erfolgreich verlaufene Vergangenheit kritisch belastet: In der Wahrnehmung vieler Mitarbeiter wird die unsichere Zukunft durch die sichere Vergangenheit bewältigt, Tradition ersetzt Innovation (s. Abb. 1.6).

Abbildung 1.6
Orientierungsmuster des Managements

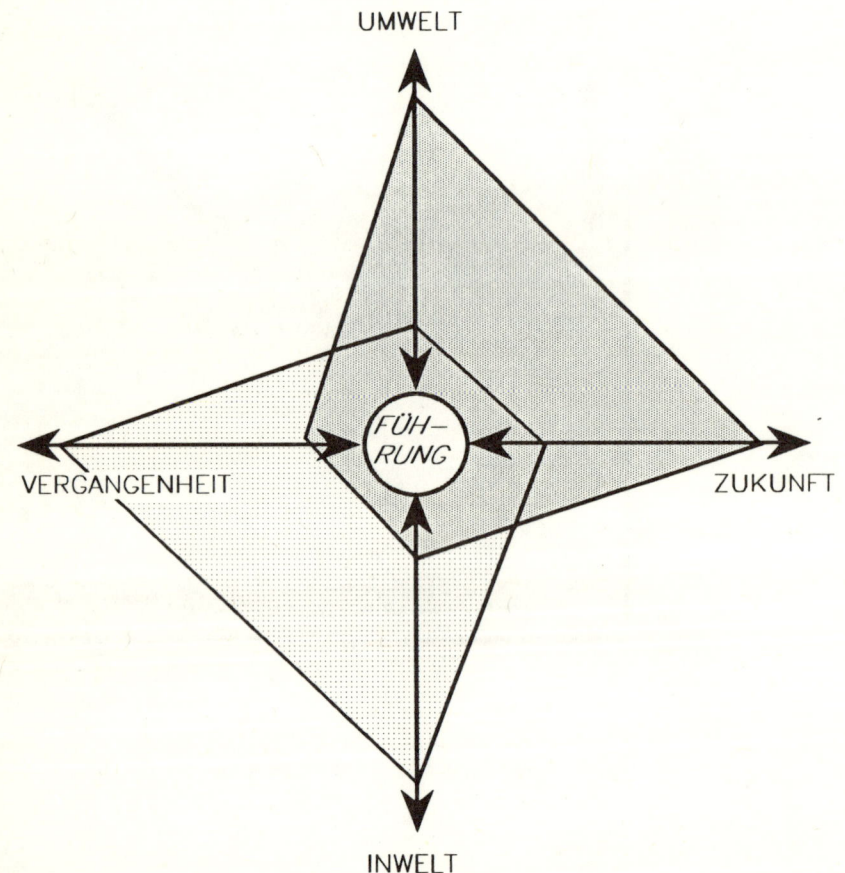

UMWELT

VERGANGENHEIT — FÜHRUNG — ZUKUNFT

INWELT

▲ Junge Innovationsunternehmung:
Kundennahe Zukunftsorientierung
(es gibt noch keine Vergangenheit)
bei informaler Teamarbeit

▽ Alte Traditionsunternehmung:
Politische Inwelt (Kundenferne)
bei ausgesprochener Vergangenheitsorientierung

Zudem hat im Wert- und Normenbildungsprozess eine Verdichtung von impliziten verhaltensbestimmenden Erwartungen und expliziten Regelungen stattgefunden, die sich am Bewährten der Vergangenheit und der internen Konsensbildung und Abstimmung mehr als am umweltorientierten Ausgleich gesellschaftlicher Forderungen ausrichtet. Derartige *Traditionsunternehmungen* haben es besonders schwer, dramatische Veränderungen im Spannungsfeld von Vergangenheit und Zukunft zu bewältigen.

Es überrascht nicht, dass beispielsweise bei einer Technologiesubstitution die meisten der grossen, alten, in der Vergangenheit besonders erfolgreichen Unternehmungen untergehen, während sich ein Feld völlig neuer *Pionierunternehmungen* bildet, die jedoch im Verlauf ihrer Geschichte den gleichen Alterungsprozess durchwandern (Foster = Innovation =). Sie beginnen mit einer betonten Umwelt- und Zukunftsorientierung; denn sie besitzen ja keine Vergangenheit und ihre Inwelt ist nicht selten improvisatorisch geprägt.

Nach erfolgreicher Bewältigung ihrer ersten Konsolidierungskrise allerdings beginnt sich das Bild mehr oder weniger schnell in Richtung auf vermehrte interne Regelhaftigkeit und eine Verdichtung erfahrungsgeprägter Einsichten zur Problembewältigung zu verändern. Auf diesen Zusammenhang wird im Abschnitt 6 dieser Schrift näher eingegangen, da er zu veränderten und relativierenden Einsichten der Handhabung von Komplexität durch das Management vor dem Hintergrund der zeitlichen Dynamik zwingt.

1.3 Auf der Suche nach neuen Denkansätzen

> Was muss und kann die Unternehmung tun, um ihre angefochtene Legitimität zu bewahren? – Ich persönlich komme mehr und mehr zu der Überzeugung, dass es für die Unternehmung vordringlich sein wird, einen Paradigmenwechsel einzuleiten. Darunter ist eine Änderung der Führungsgrundsätze, der Wertvorstellungen und Überzeugungen zu verstehen. Nur so wird auf lange Sicht Wachstum möglich bleiben. Es wird nicht mehr genügen, als alleinige Rechtfertigung für die Herstellung eines Produktes seine Renta-

> bilität oder gar die Tatsache anzusehen, dass es beim Kunden gut ankommt.
>
> Hugo Thiemann
> Gründungsmitglied des »Club of Rome«

Zunehmende Komplexität und Dynamik haben unsere bisherigen Ansätze zur systemischen Gestaltung von Unternehmungen an Grenzen herangeführt, die uns veranlassen sollten, nach neuen Denkansätzen zu suchen. Sie sollten wegführen von technokratischen Vorstellungen des »Konstruierens und Ölens« einer perfekt gestalteten Unternehmungsmaschinerie und hinführen zum Verständnis des selbstorganisatorischen Entwickelns einer sozialen Gemeinschaft als Folge humaner Interaktion, welche der Rahmengestaltung und Pflege bedarf. Der Schwerpunkt der Managementaufgabe verlagert sich damit vom Bemühen um *Ökonomisch-Technische* zur *Ökonomisch-Sozial-Humanen* Rationalität. Damit gewinnen die Human-Ressourcen als langfristig zu schaffendes und weiterzuentwickelndes Erfolgspotential einen zentralen Stellenwert für die Überlebens- und Entwicklungsfähigkeit einer Unternehmung.

1.3.1 Ganzheitliches Denken zur Bewältigung gestiegener Komplexität

> »Denn dafür, dass die Welt, wie sie ist, Einheits- und Systemcharakter hat, fehlt es im Erkennbaren an Hinweisen nicht. Man darf nur nicht erwarten, dass schon die ersten Schritte beginnenden Eindringens das Geheimnis offenbaren müssten.«
>
> Nicolai Hartmann

Die Zunahme an Komplexität und Dynamik in unseren Systemen drückt sich in der Notwendigkeit aus, Probleme zunehmender Vernetztheit und Schwierigkeit lösen zu müssen. Aber die Problemlandschaft ist nicht nur vielfältiger geworden, sondern die Einsicht ist auch gewachsen, dass unser *Wahrnehmungsapparat für Komplexität und Veränderung* an seine Grenze gestossen und durch die auf ihn zukommenden Probleme überfordert ist.

Biologen wie Konrad Lorenz (= Verhaltensforschung =) und Rupert Riedl (= Spaltung =), Ökologen wie Frederic Vester (= Neuland =) oder Kommunikationsforscher wie Paul Watzlawick (= Wirklichkeit =) haben nachgewiesen, dass das menschliche Hirn nur Anschauungsformen produziert, die *vereinfachte Anpassungen an die Struktur der Welt* zulassen. Wir besitzen nur schmale Fenster, aus denen heraus wir versuchen, das uns umgebende Geschehen zu interpretieren. Diese mögen zwar lebenswichtige Ausschnitte sein, dennoch gelingt es häufig auf diesem Wege nicht, wesentliche Zusammenhänge objektiv wiederzugeben.

Ansätze zur Milderung dysfunktionaler Folgen dieser Grenzen des Menschen, seine Umwelt zu beeinflussen, bestehen im Management sozialer Systeme in einer Veränderung der Vorhaben, der dafür eingesetzten Strukturen und des Verhaltens der Mitarbeiter. Wer selbstorganisatorische Anpassung aus dem System selbst heraus will, weist jedoch jenen Denkansätzen eine tragende Rolle zu, welche eine sich weitgehend evolutorisch vollziehende Unternehmungsentwicklung in den Mittelpunkt der Betrachtung stellen. Sie sind im Gegensatz zur Vorstellung vom lenkenden Machen der Ergebnisse durch die Anweisungen einiger Weniger zu sehen. Der erstrebenswerte Weg weist hier mit Hans Ulrich in die Richtung eines *ganzheitlichen Denkens*, das der Vernetztheit der Probleme und Beziehungen im sozialen System gerecht zu werden hat.

Wer eigenständige Ansätze sucht, die auf der Grundlage einer sich verändernden gesellschaftlichen Struktur und Kultur Zukunftsprobleme der Führung von sozio-ökonomischen Systemen zu lösen in der Lage sind, muss grundsätzliche Anforderungen an diese Ansätze formulieren. Dabei kann die Einsicht helfen, dass die äusserst komplexe und dynamische Problemlandschaft nicht mehr mit einem bislang erfolgreichen analytischen Denken allein lösbar ist. Es muss vielmehr ergänzt werden durch eine ganzheitliche und integrierende Betrachtungsweise. Notwendig wird ein umfassendes *systemisches Denken*, das ein gedankliches Wechselspiel zwischen Teil und Ganzheit, das Einordnen von Teilerkenntnissen in Gesamtkonzepte, sowie ein wechselseitiges Denken auf unterschiedlichen Abstraktionsebenen erlaubt. Ein Umdenken hin zu einer neuen Perspektive, die von der Idee der Ganzheitlichkeit getragen wird, wendet sich prozessualen Zusammenhängen in Systemen zu.

»*Gemeint ist damit ein integrierendes, zusammenfügendes Denken, das auf einem breiten Horizont beruht, von grösseren Zusammenhängen ausgeht und viele Einflussfaktoren berücksichtigt, das weniger isolierend und zerlegend ist als das übliche Vorgehen. Ein*

Denken also, das mehr demjenigen des viele Dinge zu einem Gesamtbild zusammenfügenden Generalisten als dem analytischen Vorgehen des auf ein enges Fachgebiet beschränkten Spezialisten entspricht« (Ulrich/Probst = Anleitung = 11).

Die Befürworter eines ganzheitlichen Denkens weisen darauf hin, dass Misserfolge bei der Lösung schwieriger Probleme heute dadurch vorprogrammiert seien, dass wir bislang Methoden anwendeten, die zwar in der Vergangenheit ausserordentlich erfolgreich waren, den heutigen und vor allem zukünftigen Problemsituationen aber nicht mehr gerecht werden. Schwierigkeiten, mit denen wir heute zu ringen haben, seien Ergebnisse des linearen, kausal-analytischen Denkens und Handelns, die nicht mit den Denk- und Handlungsweisen, die sie bewirkt haben, bewältigt werden können.

»Unsere ungelösten Probleme von heute sind sozusagen die Restposten unseres Problemlösens von gestern – nur dass dieser Rest immer grösser wird, je mehr wir versuchen, ihn mit einem Denken von gestern zu beseitigen« (Ulrich/Probst = Anleitung = 12).

Das neue Paradigma wird im notwendigen Wechsel vom bisherigen linearen, kausal-analytischen zu einem auf das *Ganze gerichteten synthetisch-vernetzten Denkens* erkannt:

»An die Stelle des analytischen, den Blick auf das einzelne richtenden Denkens auf der Suche nach den kleinsten Bauteilchen der Welt tritt ein auf das grössere Ganze gerichtetes, integrierendes Denken« (Ulrich/Probst = Anleitung = 18).

Ganzheitliche, systemische Betrachtungen zeichnen sich mit Hans Ulrich dadurch aus, dass

- in *offenen Systemen* soziale Systeme nicht isoliert in ihrer Binnenstruktur, sondern von vornherein in ihrer *Verflechtung* mit Wirtschaft und Gesellschaft betrachtet werden: »Unternehmungsführung vollzieht sich als ständiger Anpassungsprozess zwischen der Unternehmung und einer vielschichtigen und dynamischen Umwelt mit dem Ziel, dauernd in einem Fliessgleichgewicht mit der Gesellschaft zu stehen« (Ulrich/Probst = Management = 52).

- *analytisches und synthetisches Denken zugleich* praktiziert wird. Umweltabhängige Systeme stellen gegliederte Ganzheiten dar, die aus Elementen bestehen, die miteinander in Beziehungen stehen und auf Zwischenebenen Subsysteme bilden. Über eine wechselseitige Zuordnung der Betrachtung auf einzelne besonders interessierende Systemebenen lässt sich die Analyse nur dort und nur insoweit vorantreiben, als es dem Untersuchungszweck entspricht. Vertiefende Analysen stehen so im Zusammenhang mit der Kenntnis des Analysierten über sein systemisches Umfeld. Der Analysierende verbindet Detailkenntnisse mit Globalkenntnissen über »black boxes« anderer Systemteile.

- *kreisförmige Vorstellungen* vorherrschen, die sich vom linearen Denken in Ursache-Wirkungsketten abheben, die von der Vernetztheit sozialer Systeme weitgehend abstrahieren. »Hier hat der Regelkreis mit dem berühmten Feedback seinen Platz ... Die Führungsfunktionen sind Phasen in einem kreisförmigen Prozess, der mit den Ausführungsprozessen gekoppelt ist [s. Abb. 1.7]. Systemorientiertes Denken ist ein Denken in Verknüpfungen. Systemmodelle haben deshalb keinen Anfang und kein Ende, da alles von allem abhängig ist und irgendein Ende immer den Ausgangspunkt für einen neuen Anfang darstellt« (Ulrich = Management = 53). Es ist ein Denken in vielseitigen Interdependenzen und ersetzt monokausales Denken.

- Vorstellungen von *Strukturen und Prozessen* zur Erfassung der steigenden Bedeutung der *Information* für das Verhalten einzelner Menschen und sozialer Systeme zentralere Bedeutung erhalten. Das Verhalten eines Systems wird durch seine Struktur begrenzt. Informationen durchdringen alle Prozesse der Unternehmung und sind wesentliche Elemente ihrer Lenkung in kybernetischer Betrachtung von Prozessen: »Es ist ein Denken in zusammenhängenden Vorgängen, Abläufen oder Geschehnissen, ein dynamisches Denken im Gegensatz zu einem Betrachten statischer Zustände. Philosophisch gesehen, betrachtet die Kybernetik die Welt als etwas Werdendes, sich stets Veränderndes und nie Vollendetes...« (Ulrich = Management = 56f.).

- *Interdisziplinarität im Denken* wie in der *Zusammenarbeit* der humanen Träger des ökonomisch sozialen Systems Unternehmung erstrebt wird. »Systemorientiertes Management bedeutet ... ein bewusstes Unterscheiden, aber auch ein anschliessendes miteinander Verknüpfen verschiedener Betrachtungs- oder Gestaltungsebenen, ein mehrdimensionales Angehen der Probleme, so dass sukzessive technisch-naturwissenschaftliche, betriebs- und volkswirtschaftliche und gesellschaftlich soziale Erkenntnisse in der Problemlösung einbezogen werden« (Ulrich = Management = 57).

Abbildung 1.7
Kreisförmige statt linear-verkürzter Denkvorstellungen im Management

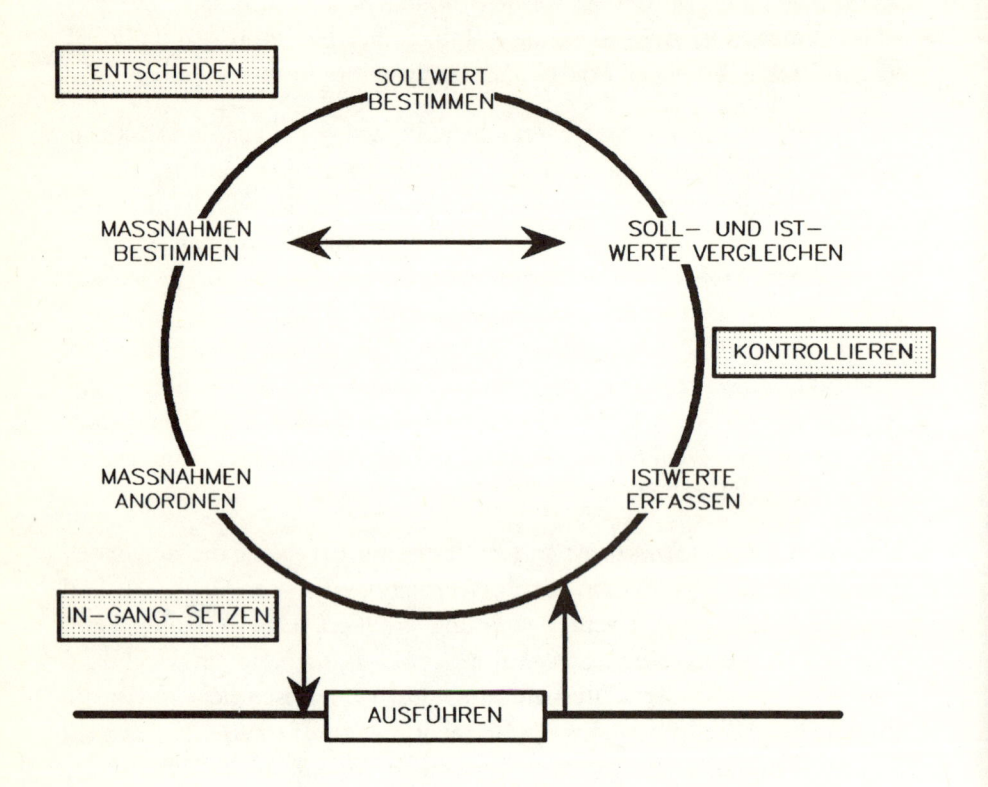

```
        ENTSCHEIDEN          SOLLWERT
                             BESTIMMEN

    MASSNAHMEN      ←——→        SOLL- UND IST-
    BESTIMMEN                   WERTE VERGLEICHEN

                                              KONTROLLIEREN

    MASSNAHMEN                  ISTWERTE
    ANORDNEN                    ERFASSEN

    IN-GANG-SETZEN

                    AUSFÜHREN
```

1.3.2 Prinzipien des Umgangs mit Komplexität

> Unter *Komplexität* wird im allgemeinen die Möglichkeit der geistigen Erfassung und Beherrschung eines Systems verstanden. Sie beruht auf dem »Reichtum der Beziehungen zwischen den Elementen und seiner Umwelt und äussert sich bei dynamischen Systemen in einer sehr hohen Anzahl möglicher Zustände, die das System annehmen kann«.
>
> Ulrich, H. = Unternehmung =

Komplexität wird mit Hilfe des Begriffs *Varietät* gemessen, d.h. der Anzahl unterscheidbarer Zustände eines Systems. Ein System muss »Mittel und Wege finden, seine eigene als Varietät ausgedrückte Komplexität in Einklang zu bringen mit der ebenfalls als Varietät ausgedrückten Komplexität seiner Umwelt« (Malik = Management = 170).

Wird die ganzheitliche systemische Betrachtung auf ein Management-Konzept angewendet, so ergeben sich einige prinzipielle Aspekte seines Aufbaus im Hinblick auf seine Funktion, den Umgang mit Komplexität zu erleichtern.

»Wie insbesondere den Arbeiten von Ashby und Beer zu entnehmen ist, besteht das Kernproblem eines jeden Organismus darin, die für sein Überleben relevante Komplexität unter Kontrolle zu bringen« (Malik = Management = 170).

Mit Komplexität geht man um durch entsprechende *Strukturen* und *Verhaltensweisen* bei der Problemlösung, die sich beide letztlich in *Aktivitäten* ausdrücken. Die dabei zum Ausdruck kommenden Prinzipien sind die der *Rekursion*, der *Autonomie* und der *Lebensfähigkeit* (Malik = Management =).

1. Rekursion

> »If a viable system contains a viable system then the organizational structure must be recursive«.
>
> Stafford Beer

Um Komplexität bewältigen zu können, weisen komplexe Systeme einen in sich gegliederten Aufbau auf, indem sie Sub-Ganzheiten umfassen, die wiederum aus Teileinheiten zusammengefasst und in Supersysteme eingebettet sind. In einer derartigen Konstellation von Systemen weist jedes System, gleichgültig auf welcher Ebene es sich befindet, grundsätzlich die gleiche Struktur auf.

»Der Grundaufbau einer Systemhierarchie, die gemäss dem Rekursionsprinzip strukturiert ist, entspricht ... nicht einer pyramidenartigen Struktur, wie sie etwa aus den Darstellungen der Organisationstheorie bekannt ist, sondern sie hat die Form von ineinandergeschachtelten Systemen, die bildhaft gesprochen vergleichbar ist den bekannten chinesischen Kästchen oder polnischen Puppen« (Malik = Management = 99).

»Komplexe Systeme entwickeln sich aus einfacheren Systemen wesentlich rascher, wenn es stabile Zwischenformen gibt, als wenn diese Voraussetzung nicht zutrifft« (Koestler = Evolution = 58)

Wird dieser Aufbau mit der Idee der Lebensfähigkeit nach Stafford Beer (= Science =) verknüpft, lässt sich feststellen:

»Jedes lebensfähige System enthält Sub-Ganzheiten, die wiederum lebensfähige Systeme darstellen und die alle Funktionen der Lebensfähigkeit einschliessen« (Probst = Gesetzeshypothesen = 217).

Das Rekursionsprinzip gewinnt für das St. Galler Management-Konzept tragende Bedeutung. Es geht von der Vorstellung der *Selbstähnlichkeit* in sich verschachtelter Systeme aus. Die grundsätzliche Frage, die sich dabei allerdings stellt, ist die nach dem *Grad* der Selbstähnlichkeit derartiger Systeme. Während die Rekursion bei naturwissenschaftlich zu untersuchenden Systemen einen relativ hohen Grad der Selbstähnlichkeit annehmen kann, ist dies bei einer Übertragung auf soziale Systeme in Frage zu stellen. Zwar finden sich auf der Metaebene prinzipielle Übereinstimmungen abstrakter Systemeigenschaften, dennoch schränkt die Unterschiedlichkeit der Kontexte, Aufgaben und Potentiale, vor allem die wenig limitierte Varietät menschlichen Verhaltens den Grad der Selbstähnlichkeit ein. Gerade im Spannungsfeld von Selbstähnlichkeit und kontextualer Differenzierung, die ein situationsspezifisches Verhalten der Systemmitglieder zulässt, liegt die Entwicklungschance sozialer Systeme begründet.

Mit dieser Einschränkung kehren die strukturellen, verhaltens- und aktivitätsbezogenen Dimensionen des Managements in ihren prinzipiellen Gestaltungs-, Lenkungs- und Entwicklungsaspekten »auf den verschiedensten Ebenen« in sich verschachtelt wieder auf. So ergibt sich z.B. die kulturelle Prägung einer Unternehmung über die verschiedensten Subkulturen unterschiedlichen Verdichtungs- und Überlappungsgrades von Wert- und Normengefügen, eine Unternehmungspolitik setzt sich aus verschiedenen Teilpolitiken produktspezifischer, regionaler und funktionaler Missionen und strategischer Programme, wie auch aus Zielsetzungen und Aktionen einzelner Arbeitsgruppen zusammen.

2. *Autonomie*

»Die heutige Unternehmungsführung steckt in einem grundlegenden Dilemma. Zum einen muss sie den zunehmenden Abhängigkeiten von ihrer Umwelt und den gestiegenen Ansprüchen ihrer Bezugsgruppen Rechnung tragen. Dies bedeutet eine immer stärkere Vernetzung und führt zu einem komplexen Bezie-

> hungsgeflecht. Zum anderen wird der Ruf nach Autonomie, nach Unternehmergeist und ›Intrapreneurship‹ immer lauter. Das bedeutet aber Abkoppelung, Schaffen von Freiräumen.«
>
> Peter Gomez

Mit der durch die Rekursion implizierten funktionalen Hierarchie von Systemen unterschiedlicher Ordnung ergibt sich die Frage nach der Autonomie eines jeden einzelnen (Teil-)Systems. Ausgehend vom Ansatz Stafford Beers ist diesen Sub-Ganzheiten eine selbstregulierende Funktion zuzuerkennen. Die damit gegebene Autonomie ist jedoch einzuschränken, denn gemäss dem Rekursionsprinzip sind diese »in ein umfassenderes System eingebettet, weshalb ihre Verhaltensfreiheit *nicht total und absolut* sein kann« (Malik = Management = 103). Die relative Autonomie eines jeden Subsystems ist damit zu begründen, dass es jeweils auf eine bestimmte Kategorie von Störimpulsen in systemerhaltender Weise reagieren kann, aber bei anderen – und in der funktionalen Hierarchie aufsteigend – in seiner Anpassungskapazität überfordert wird. Diese variable Beurteilung der Autonomiegrenzen von Subsystemen lässt sich besonders am Fall von Krisensituationen, die im Verlaufe einer Unternehmungsentwicklung auftreten, verdeutlichen:

»Die Bereitschaft, zentrale Anforderungen und Eingriffe in die Verhaltensfreiheit zu akzeptieren, ist in Krisensituationen erheblich grösser, als in Situationen, die nach aller Erfahrung als normal zu bezeichnen sind. In normalen Situationen ist die Forderung nach Autonomie seitens der divisionalen Subsysteme ein permanentes Problem, während in Krisen und Ausnahmesituationen die divisionale Freiheit mit grösserer Bereitschaft zugunsten des Überlebens des grösseren Ganzen geopfert wird« (Malik = Management = 106).

Mit der Autonomiefrage rekursiver Systemgestaltung verbinden sich also zwei grundlegende Fragen:

- Im Sinne der funktionalen Hierarchie die Frage nach den variabel zu haltenden *Autonomiegrenzen* einzelner Subsysteme (vgl. hierzu von Bülow = Systemgrenzen =).
- Die *Regelung der Art von Interventionen* zur Veränderung der Autonomiegrenzen im Verlauf der Unternehmungsentwicklung.

Drei Formen zur Einflussnahme lassen sich unterscheiden:

1. Allgemeine Verhaltensregelungen
2. Zuteilung von Ressourcen
3. Eingriffe in Detailoperationen

Im Sinne einer langfristigen Aufrechterhaltung der Subsystem-Autonomie gewähren die ersten beiden Arten Spielräume für die Selbstentwicklung der Subsysteme, während dies bei der letzten Art bestritten werden kann (Malik = Management = 107; Gomez = Modell = 111, vgl. auch Gomez = Autonomie = 111).

3. Lebensfähigkeit

»*Was mit »Lebensfähigkeit« tatsächlich gemeint ist, ist ... dass die spezifische Zustandskonfiguration, in welcher sich ein System faktisch befindet, auf unbestimmte Zeit aufrechterhalten werden kann*« *(Malik = Management = 112).*

Ein System lebt weitgehend durch seine (teil-)autonomen Teile. Die Lebensfähigkeit eines Systems wird von Stafford Beer auf vier Voraussetzungen zurückgeführt:

- »*they cohere within some frame experience;*
- *they survive through time within some appropriate definition of continued identity;*
- *because, to achieve these ends, they prescribe into themselves certain rules of equilibrial activity which are tolerable to their continued existence;*
- *and because they assimilate their unfolding experience into self-regulating processes of learning, adaptation and evolution*« *(Beer = Platform = 105).*

Aufgabe des normativen Managements ist es vor allem, im Rahmen der Unternehmungspolitik zu definieren, was im konkreten Fall einer Unternehmungspolitik unter Lebensfähigkeit zu verstehen ist (Gomez = Modelle = 111).

1.3.3 Vom Lenken zum Gestalten der Unternehmungsentwicklung – die evolutorische Perspektive zur Bewältigung von Dynamik

In Konkretisierung der veränderten Denkweisen, wie sie Probst/Gomez (= Vernetztes Denken =) für den Umgang mit komplexen und dynamischen Systemen vorgezeichnet haben, ergibt sich für die Unternehmungsführung eine beachtliche Verlagerung in ihrer Ausrichtung bei der *Lenkung, Gestaltung* und *Entwicklung* von Systemen (Ulrich = Management = 99ff.) (vgl. Abb. 1.8).

Abbildung 1.8
Funktionen des Managements

MANAGEMENT

GESTALTUNG
eines institutionellen Rahmens, der es ermöglicht, eine handlungsfähige Ganzheit über ihre Zweckerfüllung überlebens- und entwicklungsfähig zu erhalten.

LENKUNG
durch das Bestimmen von Zielen und das Festlegen, Auslösen und Kontrollieren von zielgerichteten Aktivitäten des Systems und seiner Elemente.

ENTWICKLUNG
ist teils das Ergebnis von Gestaltungs- und Lenkungsprozessen im Zeitablauf, teils erfolgt sie in sozialen Systemen eigenständig evolutorisch durch intergeneratives Erlernen von Wissen, Können und Einstellungen.

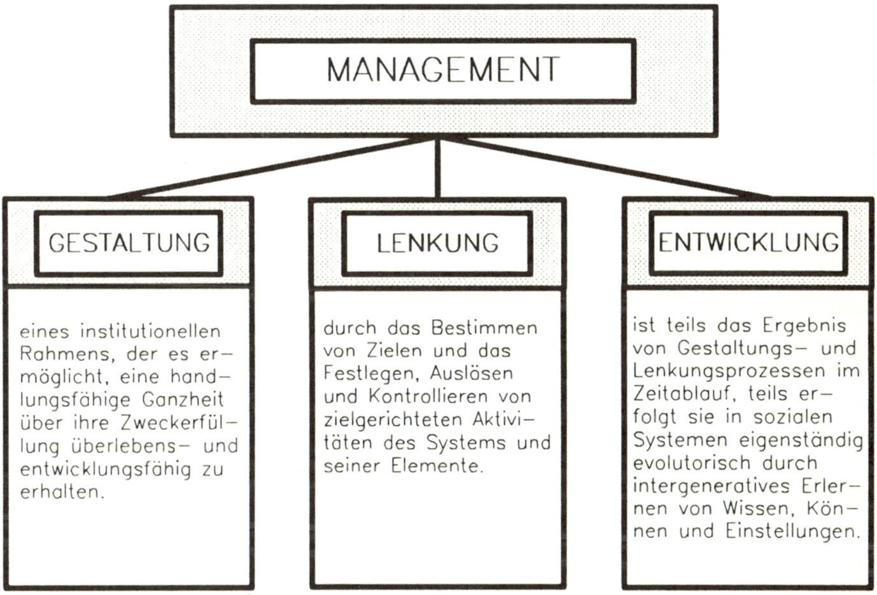

In neuerer Sichtweise sind von diesen drei Funktionen des Managements vor allem die der *Gestaltung* und *Entwicklung* zu betonen. Ein traditionell übertriebenes Hervorheben der *Lenkungs*funktion blendet das Verständnis für die tragende Rolle der Selbstgestaltung und Selbstentwicklung von sozialen Systemen aus den Perzeptionen und Präferenzen der Führungskräfte aus. Gerade sie aber werden für eine flexible Anpassung von Unternehmungen an veränderte Umweltbedingungen rational und im Hinblick auf die wachsenden Bedürfnisse der menschlichen Leistungsträger auch motivational wesentlich.

Die zunehmende Veränderungsgeschwindigkeit unserer Umwelt veranlasst uns, den Blick auf die *Veränderung der Unternehmung in der Zeit* zu richten. Das Gestrige ist die Wurzel des Heutigen und dieses wiederum entscheidet über das Morgen. Die Veränderung der Unternehmung im Laufe der Zeit wird in dieser Sichtweise zum zentralen Anliegen des Managements: die Gestaltung der Rahmenbedingungen, die eine Unternehmungsentwicklung erlaubt und die ein Überleben des Systems sicherstellt. Die Vorstellungen von Unternehmungsentwicklung bewegen sich zunehmend aus dem Bereich eher mechanistisch verstandener ökonomischer Überlegungen zur Änderung der Betriebsgrössen im Zeitablauf heraus. Dabei wird ein Brückenschlag versucht zu allgemeinen – nahezu metatheoretischen – Vorstellungen der stochastischen *Evolution biologischer Systeme*, deren Anpassung an komplexe Umweltbedingungen Mechanismen der Mutation, Selektion und Retention erfolgt, und zu einer im Sinne des *Voluntarismus* vollzogenen Entwicklung sozialer Systeme, deren Funktionalität im sinnhaften Lernen über den Umgang mit Komplexität gesehen werden kann:

»*Evolution wird ... als Ordnung von Prozessen verstanden, als Ordnung von sich in zeitlich gerichteter Ordnung abspielenden Wandel (Order of Change), als Entfaltung einer allem Leben (im weitesten Sinne) zugrundeliegenden Selbstorganisationsdynamik*« (Sprüngli = Evolution = 75 in Anlehnung an Laszlo = Philosophy =).

Zu der bisherigen stärker traditionell-betriebswirtschaftlich geprägten Betrachtung der Unternehmungsentwicklung als Grössenveränderung im Zeitablauf tritt dann eine wesentliche *Qualifizierung* der Perspektive: Zunächst dadurch, dass sich eine Unternehmung über das Erlernen von Problemlösungsfähigkeiten in ihrem »Milieu« – wie die Evolutionstheoretiker formulieren würden –, d.h. in Interaktion mit ihren relevanten Umsystemen, ihrer »Umwelt« qualifiziert. Dies impliziert einen *positiven Trend im Erkenntnisgewinn* über die Erfolgsfaktoren eines Umgangs mit dynamischen Entwicklungen, der auch dann gegeben sein kann, wenn eine Unternehmung im traditionell-betriebswirtschaftlichen Sinne grössenmässig schrumpft: Der erlernte Erkenntnisgewinn kann gerade darin bestehen, dass es zum langfristigen Überleben der Unternehmung wesentlich ist, diese von Zeit zu Zeit grössenmässig »abzuspecken«, um sich gegenüber dem Wettbewerb strategisch auf diejenigen Erfolgspotentiale stützen zu können, die für die Zukunftsbewältigung wesentlich sind, auch wenn dies, oder gerade weil dies einen geringeren Ressourceneinsatz notwendig macht.

Die so gesehene *Qualifizierung der Unternehmung in ihrem spezifischen Milieu* – ihrer Umwelt – umfasst jedoch eine weitere Frage: Qualifizierung muss nicht nur eine absolute Erhöhung der Problemlösungsfähigkeit im Zeitablauf durch Lernen bedeuten, sondern kann auch zusätzlich in einem *relativen* Erkenntnisgewinn gegenüber der Umwelt, repräsentiert durch relevante institutionelle Subsysteme (politisch-gesetzliche Instanzen, Kunden, Lieferanten und Wettbewerber, Forschungseinrichtungen usw.) bestehen. Der absolute Erkenntnisgewinn, der zur Erhöhung der Problemlösungsfähigkeit eines Systems in dynamischer Sicht führt, ist damit in Relation zur veränderten Komplexität zu sehen, die durch seine Umsysteme produziert wird. So kann eine Erhöhung der Problemlösungsfähigkeit im Zeitablauf dennoch hinter den Notwendigkeiten zurückbleiben, die sich aus der veränderten Problemlandschaft der Umwelt ergeben. Wird Entwicklung aus der Perspektive der Überlebens- *und* Entwicklungsfähigkeit einer Unternehmung betrachtet, kann nur eine derartige relative Beurteilung des erlernten Erkenntnisgewinnes, der in die Problemlösungsfähigkeit einer Unternehmung mündet, herangezogen werden; erst durch sie *qualifiziert sich eine Unternehmung gegenüber ihrer Umwelt* in einem dynamischen Kontext.

Eine in dieser Weise ansetzende *Weiterführung des Konzeptes der Unternehmungsentwicklung*, die den Vorstellungen von Konrad Lorenz, Rupert Riedl und anderen folgt, die sich allgemein um eine Erklärung des Wissensgewinns in der Evolution (»allgemeiner Algorithmus schöpferischen Lernens«) bemühen, wirft eine Reihe von Fragen nach der Definition von vergleichenden Referenzsystemen und von Kriterien der Qualifizierung auf. Diese können aus der Beurteilung der gewonnenen Problemlösungsfähigkeit in ihren Möglichkeiten für einen langfristigen Nutzenzuwachs, welcher der Gesellschaft als letzte sinngebende Kategorie dient, abgeleitet werden. Um »*Sinn*« zu machen (Hartfelder = Sinnfrage =), müssen zu diesem Aspekt der Funktionalität des Zweckbezuges und der darin enthaltenen Wertungsproblematik die intra- und intersubjektive Integrierbarkeit in einen ganzheitlichen Bezugsrahmen treten. Dies alles ist vor dem Hintergrund einer zeitvarianten Situationsbedingtheit zu sehen. Unser bisheriges Denken bei der Problemlösung im Management erscheint damit aber auch im Lichte des Zeitaspektes zunehmender Dynamik eher als kausalanalytisch linear: Ein gegenwärtiges Problem wird auf seine Ursachen in der Vergangenheit hin untersucht, um es in der Zukunft »abzuschaffen«. Bei dieser isolierten Betrachtung wird nicht selten die Dynamik sich gegenseitig aufhebender, unterstützender oder verstärkender Wirkungsketten im Zeitablauf übersehen. Ein heutiges Problem ist ja immer aus Entscheidungen vieler in der Vergangenheit entstanden, und die heute vollzogene Problemlösung ist wiederum Ursache von neuen Problemen in der Zukunft.

Wird unterstellt, dass sich eine Unternehmung im Laufe ihrer Geschichte weitgehend eigendynamisch entwickelt, so sind ihre in der Vergangenheit angelegten Stärken und Schwächen zu beachten, welche die heutige Problemlandschaft des Managements geschaffen haben und damit bestimmte Zukunftsentwicklungen möglich oder unmöglich machen. Die vergangene Unternehmungsentwicklung *qualifiziert* eine Unternehmung in sehr spezifischer Weise zur Sicherung ihres Überlebens und *prägt ihre Identität* gegenüber anderen Systemen. Im Laufe ihrer Geschichte haben sich bestimmte Potentiale, Strukturen und Verhaltensweisen als besonders erfolgsbestimmend erwiesen, sie wurden selektiert und retendiert, um leicht modifiziert von Generation zu Generation weitergegeben zu werden.

In einer Welt zunehmender Dynamik gilt es nicht nur, den damit akzentuierten Zeitaspekt bewusster in Überlegungen vor allem unternehmungspolitischer und strategischer Art einzubeziehen, sondern sich auch des *Wirkens von Veränderungsprozessen* bewusst zu sein. Jeder ökonomische Trend zur Anpassung in der Zeit trifft auf unterschiedlich schnell variierbare Grössen in einem System. Je *technischer* diese sind, um so variierbarer erweisen sie sich im allgemeinen in der Zeit, je *sozialer* sie dagegen sind, um so schwerer fällt ihre Veränderbarkeit.

Zuweilen bedarf es hier sogar eines *Generationenwechsels*, um nachhaltige Veränderungen des Verhaltens über andere Strukturen und Prozesse herbeiführen zu können, wobei auch diese Entwicklung keineswegs mit Sicherheit vorauszusehen ist. Gelingt der Austausch von obsolet gewordenen Sachpotentialen noch im Rahmen eines technokratisch verstandenen Managements, so ist das Entlernen lieb gewordener, aber nicht mehr zukunftsweisender Gewohnheiten und das Erlernen neuen Denkens und Handelns bei der Problemlösung durch Humanpotentiale schon eine sehr viel anspruchsvollere Aufgabe. In evolutorischer Perspektive ist unter dem Aspekt wachsender Dynamik daher die *Einleitung und Handhabung von Veränderungsprozessen* im Sozialsystem der Unternehmung eine zentrale Aufgabe des Managements, die es im Spannungsfeld von Vergangenheit und Zukunft, wie von Um- und Inwelt zu lösen gilt.

1.4 Megatrends des Managements

»Die grösste Entdeckung am Ende dieses Jahrhunderts ist die Erkenntnis:

– dass das Individuum wichtiger ist als das Kollektiv;
– dass die Vielfalt wichtiger ist als die Einheit;
– dass die Freiheit wichtiger ist als die Macht;
– dass der Mensch wichtiger ist als der Staat.«

Kurt A. Körber

Werden diese Tendenzen, die als Belege für eine Veränderung in den paradigmatischen Grundlagen unseres Denkens und gestaltenden Handelns im Management gelten können, zu Kernaussagen zusammengefasst, lassen sich folgende »Mega-Entwicklungstrends« für die Weiterentwicklung von Managementkonzepten (Bleicher = Chancen = 26 ff.) erkennen.

1. **Vom technokratischen Verständnis eines Managements mit Machbarkeitsansprüchen zu einer evolutorischen Unternehmungsphilosophie des Kultivierens einer »spontanen« sozialen Ordnung**

Unsere bisherige Unternehmungsphilosophie wird getragen von einem *technokratischen* Führungsverständnis, das sich am Bild des *entscheidungsfreudigen Machers* orientiert. Die feststellbare Trendwende in der Führungsdiskussion verweist auf ein mehr *evolutorisches Führungsverständnis*: Die Führungskraft wird eher in einer Rolle des *Kultivierens einer »spontanen Ordnung«* gesehen, um einen Begriff aufzugreifen, den der Nobel-Preisträger Friedrich August von Hayek (= Freiburger Studien =) bereits vor Jahrzehnten in die wirtschaftspolitische Ordnungsdebatte eingebracht hat.

Wir müssen einsehen, dass unsere Möglichkeiten zum Wahrnehmen und Verändern von komplexen sozialen Systemen ausserordentlich beschränkt sind. Wir sollten uns vielmehr auf das verlassen, was wir wirklich beherrschen können: nämlich die *Gestaltung von Rahmenbedingungen*, in denen sich eine Evolution auch in ökonomischen und sozialen Systemen vollzieht. Dies verlangt, dass wir *Eigengesetzlichkeiten* bei der ökonomischen und sozialen Entwicklung stärker *anerkennen*. Das Verhalten sollte weniger unmittelbar und direkt beeinflußt werden, als vielmehr *mittelbar* durch ein Organisieren des Dialogs über strategische Diskussions- und Definitionsprozesse.

2. Vom Investment in harte, materiell-physische Aktiva zur zunehmenden Fokussierung auf weiche, immaterielle und humane Aktiva als kritische Erfolgsfaktoren für Unternehmungen

Unser Instrumentenkasten war bislang vor allem mit *harten* Managementfaktoren, Methoden und Techniken ausgerüstet. Heute entdecken wir, dass die Bedeutung sogenannter *weicher* Faktoren im Management zunehmend kritischer wird, wie dies auf S. 21 ff. unter Einfluss zeitlicher Beschleunigung bereits herausgestellt wurde. Das Gewicht hat sich deutlich hin zur Bedeutung von weichen Faktoren der *»software«* statt der *»hardware«* und vor allem hin zur Problemlösungsqualität humaner Erfolgsfaktoren verschoben. Unsere Managementinstrumente und hier insbesondere das Rechnungswesen laufen dieser Entwicklung mit einer immer grösser werdenden Distanz hinterher und werden dabei zunehmend obsolet, indem sie eher ein Fehlverhalten begünstigen als eine Steuerung erleichtern.

Qualifizierte Mitarbeiter werden sich, wenn wir die Rahmenbedingungen richtig gestaltet haben, in Situationen, die sich heute kaum prognostisch vorstellen lassen, selbst geeignete Strategien suchen und schliesslich auch Strukturen und Systeme schaffen, die sie für situationsadäquat halten und in denen sie arbeiten und leben wollen. Die eigentliche Meta-Strategie einer Unternehmung ist daher das *Strategische Management des Humanpotentials*. Ein *Management der Human-Ressourcen*, der Gesamtheit des Wissens, Könnens und Verhaltens der Menschen in der Unternehmung, ist weiter eine Voraussetzung dafür, dass wir uns mit den vielen Aspekten des Wertewandels überhaupt auseinandersetzen können.

3. Vom Gleichgewichtsstreben rationaler Optimierung eines strukturellen und systemischen Managements zum visionären Entdecken und Produzieren von Ungleichgewichten im Unternehmerischen

Die bisherige Entwicklung des Managements war geprägt vom rationalen Suchen nach Gleichgewichten durch Strukturen und Systeme, die immer perfekter zu einer *Stabilisierung* von Unternehmungen in angestammten Bereichen und nicht selten zu einer fortschreitenden *Bürokratisierung* im Sinne des Reduktionismus geführt haben. Darunter haben *Flexibilität* und *Innovationsbereitschaft* in einem zunehmend von Strukturbrüchen und Turbulenzen geprägten Umfeld gelitten.

In den Rollentypen des mehr technokratisch geprägten *Managers* und des sozial-kompetenten *Menschenführers* ist als Gegenpol zum Verwaltertyp der *Unternehmer* wiederentdeckt worden, der seine Rolle im Erkennen und Bewältigen von Ungleichgewichten findet: »Entre«- und »Intrapreneurship« vollzieht sich auf der Makroebene einer Volkswirtschaft und der Mikroebene einer Unternehmung (Unternehmer in der Unternehmung) in kleinen Einheiten. In ihnen gedeihen Kreativität und Innovation. Damit begeben wir uns auf die Suche nach Systemen und Strukturen, die Unternehmertum auf breiterer Front auch in Grossunternehmungen wieder ermöglichen.

4. Von tiefgreifender Arbeitsteilung und Spezialisierung zur Generalisierung von Aufgaben und Verantwortung

Zunehmende Komplexität wurde – wie bereits auf S. 13 ff. gezeigt wurde – bislang durch eine tiefgreifende *Arbeitsteilung* und *Spezialisierung* in unseren Systemen abgebaut. *Standardisierung* und *Normierung* von Aufgaben, Beziehungen und Prozessen begleiteten diese Systemstrategie. Aufgabenzuschnitte wurden immer kleiner und die Koordinationsnotwendigkeiten in unserer vernetzten Welt damit immer grösser. Gleichzeitig wirken Arbeitsteilung und Spezialisierung als »*Sinnbremse*«, welche die Mitarbeiter verstärkt in eine *Sinnkrise* führt.

Vor zehn Jahren hat bei uns noch niemand von der Notwendigkeit gesprochen, »*Schnittstellen*« überwinden zu müssen. Heute ist das »Schnittstellen-Management« (vgl. z.B. Brockoff = Schnittstellen-Management =) zum hochaktuellen Thema vor allem in der Beratungspraxis geworden. Bei traditionellem Vorgehen werden hierzu immer mehr *Managementebenen* benötigt. Eine grundsätzlich andere Lösung dieser Problematik kann jedoch nur durch das Verlassen eines *mechanischen* und eine Hinwendung zu einem *organischen* Bild von der Unternehmung erreicht werden.

5. Rahmenbedingungen richten sich auf die Handhabung von Informationen aus

In einer Welt, die an Komplexität und Dynamik zunimmt, wird *Wissen* zur kritischen Grundlage jedes Managements. Dies »gründet sich auf eine simple Erkenntnis: dass technischer Wandel entscheidend für Wachstum ist und dass die entsprechende Bedingung für eine systematische Mobilisierung des technischen Wandels in strategisch bedrohenden Grössenordnungen die Beherrschung eines neuen Rohstoffes ist. Dieser Rohstoff heisst Information!« (Reuter = Geist = 144).

Zweckbezogenes Wissen ist Voraussetzung für das Entstehen von Information (Wittmann = Unternehmung = 128). Information selbst ist instrumental für das Entstehen eines integrierten unternehmungspolitischen Netzwerkes, das sich als *Intelligenz eines Systems* kennzeichnen lässt.

> Unter Intelligenz kann allgemein die »... menschliche Fähigkeit, sich in ungewohnten Situationen schnell zurechtzufinden, das Wesentliche eines Sachverhaltes oder eines Vorganges richtig und schnell zu erfassen, geistige Beweglichkeit, Anpassungsfähigkeit, Neugierde, die Fähigkeit raschen Denkens und Urteilens verstanden werden« (Schmidt = Intelligenz = 302). Übertragen auf soziale Systeme lässt sich Intelligenz als *Summe des Wissens- und Erfahrungsschatzes ihrer Mitglieder* sehen (Simon = Unternehmungsentwicklung = 349).

»Schnelligkeit und Qualität des Erkennens und Reagierens eines Systems kann man als seine Intelligenz bezeichnen. Das System ist um so intelligenter, je besser es laufend diese Aufgabe erfüllt« (Gälweiler = Unternehmungsplanung = 161).

Volker Simon sieht die Intelligenz eines Systems im Zusammenhang mit dem *Harmonisationsgrad einer integrativen Gesamtschau* der Strategie-Struktur-Kultur-Integration:

»Die Intelligenz *der Unternehmung bemisst sich dann in der Fähigkeit, eine überlebens- und entwicklungsgerechte* Vernetzung *dieses interdependenten Entscheidungsfeldes zu höherwertigen Lösungen zu ermöglichen. Damit wird jedoch auch deutlich, dass sich die Intelligenz der Unternehmung nicht allein auf ihre Kultur reduzieren lässt. Dennoch lassen sich einige Thesen zur Steigerung des Intelligenzgrades aus der sozialen Entwicklungsperspektive ... ableiten.*

Eine Unternehmung wird ihre überindividuell erworbene Intelligenz erhöhen, wenn:

- *eine gewisse* Bandbreite in der Non-Konformität der kulturellen Prägung *– und damit die Existenz von Subkulturen – für zulässig erachtet bzw. sogar gefördert wird;*
- *den* Selbstlenkungskräften *der Unternehmung Freiraum gewährt wird und gestalterische Eingriffe des Managements sich auf das Setzen von* entwicklungsleitenden Rahmenbedingungen *beschränken; dies zieht zugleich die Forderung nach dezentralen, autonomen Strukturen mit weitgehender Selbständigkeit und den Abschied von dem ›Genie‹ des zentralen Entwerfens nach sich;*

- *die* qualitative Managementkapazität *in ihrer sozialen, kulturellen – und damit symbolischen – Dimension gestärkt wird;*
- *individuelles und institutionelles Lernen gefördert und gratifiziert wird;*
- *die* evolutionären Kräfte eines Kulturwandels *durch die faktische – nicht nur formal gegebene – Offenheit des Systems Unternehmung unterstützt werden« (Simon = Unternehmungsentwicklung = 349f.).*

6. Von asymmetrischer Einflussgestaltung durch Führung zur symmetrischen (lateralen) Kooperation

Unser Führungsgedankengut beruhte bislang auf der Vorstellung eines asymmetrischen Einflusses, der von Führungskräften auf die Mitarbeiter ausstrahlt: Führung hat immer mehr zu sagen als Ausführung und braucht deshalb auch eine Legitimationsbasis. Weiter wurden Träger der Führung als eigentliche Quelle der Intelligenz des Managements und als treibende Kraft in der Unternehmung gesehen. Dieses Führungsverständnis geht mit Sicherheit seinem Ende entgegen. Die Rolle der Führung wird immer mehr ersetzt durch *laterale Kooperation* (Klimecki = Laterale Kooperation =).

Die *Kooperations- und Teamfähigkeit* hat sicherlich mit steigendem Bildungsniveau zugenommen, und neue Informationssysteme gehen heute schon vielfach informell am Vorgesetzten vorbei. Führung muss mit der Tatsache leben lernen, dass sie nicht mehr alleine steuert, sondern auch gesteuert wird. Als neuer Ausdruck wird der der *Paramacht*, die von unten, vom sachverständigen Mitarbeiter ausgeht, in die Diskussion eingebracht.

Bislang sind wir davon ausgegangen, dass in der Unternehmung das Soziale dem Ökonomischen zu dienen habe. Heute müssen wir erkennen, dass beide Dimensionen, die des Ökonomischen und die des Sozialen, bedeutend sind, wenn nicht die soziale Dimension längst wichtiger geworden ist: das *Ökonomische wird vom Sozialen getragen und bewegt.*

1.5 Vor einem Paradigmenwechsel im Management

Die hier nur skizzierten Herausforderungen, Zusammenhänge und erkennbaren Entwicklungstendenzen lassen im subjektiven Ermessen des Verfassers die Antwort auf die Frage zu, ob wir uns inmitten eines Paradigmenwechsels befinden. Je nach den Umfeldbedingungen und -entwicklungen, denen sich einzelne Unternehmungen gegenübersehen, sind wir teilweise bereits im oder kurz vor dem Übergang zu dem neuen Satz von verhaltensbestimmenden Annahmen und Ansätzen der Organisation und Führung. Die eingangs aufgeworfene Frage nach einem Paradigmenwechsel im Management ist daher an dieser Stelle bereits positiv zu beantworten. Hinter dieser prinzipiellen Aussage stehen jedoch beachtliche und äusserst praxisbezogene Implikationen, die dringend einer detaillierten Aufarbeitung bedürfen. Dieser Versuch wird mit der Neukonzipierung des von Hans Ulrich und Walter Krieg vor zwei Jahrzehnten entwickelten St. Galler Management-Modells unternommen, welcher die folgenden Ausführungen beherrscht. Damit soll herausgearbeitet werden, dass es zwei in sich konsistente Muster von Managementphilosophien gibt, die zum Ausdruck des bisherigen und eines neuen Paradigmas des Managements werden. Dabei wird ersichtlich, dass unsere gegenwärtige Verunsicherung über eine zweckmässige und zukunftsorientierte Art und Weise der Gestaltung und Lenkung von Unternehmungen weitgehend aus der Tatsache entspringt, dass wir uns derzeit in einer *Übergangsphase* befinden. Teilweise können wir noch vom alten Paradigma getragene Unternehmungsphilosophien mit Vorteil umsetzen. In anderen Bereichen, die sich einem veränderten Satz von Annahmen gegenübersehen, sollten wir jedoch mit einer neuen Managementphilosophie arbeiten. Dies stellt viele Unternehmungen vor eine Zerreissprobe, die für eine *paradigmatische Transitionsperiode* typisch ist.

Zitierte Literatur in Kapitel 1

Ansoff, H.I. – Surprise –
   Managing Surprise and Discontinuity – Strategic Response to Weak Signals. In: Zeitschrift für betriebswirtschaftliche Forschung 28 (1976), S. 129–152.
Beer, S.: – Science –
   On Heaping Our Science Together. Keynote Address to the Second Meeting on Cybernetics and Systems Research. Internes Papier, Wien 1974.
Beer, S.: – Platform –
   Platform for Change: A Message. Chichester u. a. 1978.
Bleicher, K.: – Perspektiven –
   Perspektiven für Organisation und Führung von Unternehmungen. Baden-Baden und Bad Homburg v.d.H. 1971.

Bleicher, K.: – Wissenschaft –
Betriebswirtschaftslehre als systemorientierte Wissenschaft vom Management. In: Integriertes Management – Bausteine des systemorientierten Managements. Festschrift zum 65. Geb. von H. Ulrich, hrsg. v. G. Probst und H. Siegwart. Bern und Stuttgart 1985, S. 65–91.

Bleicher, K.: – Chancen –
Chancen für Europas Zukunft. Frankfurt/M. und Wiesbaden 1989.

Bosetzky, H.: – Eigenkomplexität –
Zur Erzeugung von Eigenkomplexität in Grossorganisationen. In: Zeitschrift für Organisation 45 (1976), S. 279–285.

Braun, W.: – Betriebswirtschaftslehre –
Ökonomie, Geschichte und Betriebswirtschaftslehre. Studien zur klassischen Ökonomie und politischen Theorie der Unternehmung. Bern und Stuttgart 1982.

Brockoff, K.: – Schnittstellen-Management –
Schnittstellen-Management. Abstimmungsprobleme zwischen Marketing und Forschung und Innovation. Stuttgart 1989.

von Bülow, I.: – Systemgrenzen –
Systemgrenzen als Problem der Systemmethodik im Management von Institutionen. Diss. St. Gallen 1988.

Capra, F.: – Wendezeit –
Wendezeit – Bausteine für ein neues Weltbild. München 1988.

DeGreene, K.B.: – Adaptive Organization –
The Adaptive Organization – Anticipation and Management of Crisis. New York u. a. 1982.

Foster, R.N.: – Innovation –
Innovation – The Attacker's Advantage. New York 1986; dt. Übers.: Innovation: Die technologische Offensive, Wiesbaden 1986.

Gälweiler, A.: – Unternehmungsplanung –
Unternehmungsplanung. Grundlagen und Praxis. Frankfurt/New York 1986.

Gomez, P.: – Methoden –
Modelle und Methoden des systemorientierten Managements. Bern und Stuttgart 1981.

Gomez, P.: – Frühwarnung –
Frühwarnung in der Unternehmung. Bern 1983.

Gomez, P.: – Autonomie –
Autonomie durch Organisation. In: Zukunftsperspektiven der Organisation. Festschrift zum 65. Geb. v. R. Staerkle, hrsg. v. K. Bleicher u. P. Gomez. Bern 1990, S. 99–113.

Hartfelder, D.: – Sinnfrage –
Unternehmen und Management vor der Sinnfrage – Ursachen, Probleme und Gestaltungshinweise zu ihrer Bewältigung. Diss. St. Gallen 1989.

von Hayek, F.A.: – Freiburger Studien –
Freiburger Studien. Tübingen 1969.
Irle, M.: – Macht –
Macht und Entscheidungen in Organisationen. Frankfurt/M. 1977.
Kirsch, W.: – Führungslehre –
Die Betriebswirtschaftslehre als Führungslehre. Erkenntnisperspektiven, Aussagensysteme, wissenschaftlicher Standort. München 1977.
Klimecki, R.: – Laterale Kooperation –
Laterale Kooperation. Bern und Stuttgart 1985.
Koestler, A.: – Evolution –
Der Mensch – Irrläufer der Evolution. Bern 1978.
Krüger, W.: – Hier irren –
Hier irren Peters und Waterman. In: Harvard manager 11 (1/1989), S. 13–18.
Krystek, U.: – Unternehmungskrisen –
Unternehmungskrisen – Beschreibung, Vermeidung und Bewältigung überlebenskritischer Prozesse in Unternehmungen. Wiesbaden 1987.
Kuhn, Th.S.: – Revolutionen –
Die Struktur wissenschaftlicher Revolutionen. Frankfurt/M. 1967.
Küng, H.: – Sinnfrage –
Verdrängte Sinnfrage – das zentrale Problem. In: Innovatio 3–4/1987, S. 4–8.
Lakatos, I.: – Falsifikation –
Falsifikation und die Methodologie wissenschaftlicher Forschungsprogramme. In: Kritik und Erkenntnisfortschritt, hrsg. v. I. Lakatos u. A. Musgrave. Braunschweig 1974, S. 89–189.
Laszlo, E.: – Philosophy –
Introduction to Systems Philosophy: Toward a New Paradigm of Contemporary Thought. New York 1972.
Lorenz, K.: – Verhaltensforschung –
Vergleichende Verhaltensforschung – Grundlagen der Ethologie. Wien 1978.
Lübbe, H.: – Zivilisationsdynamik –
Bericht über einen Vortrag von H. Lübbe an der Hochschule St. Gallen im St. Galler Tagblatt vom 09.02.1990.
Malik, F.: – Management –
Strategie des Managements komplexer Systeme. Bern und Stuttgart 1984.
Naisbitt, J.: – Megatrends –
Megatrends – Ten New Directions Transforming Our Lives. 2. Aufl., New York 1984.
Peters, Th.J.; Waterman, R.H.: – Spitzenleistungen –
Auf der Suche nach Spitzenleistungen. Was man von den bestgeführten US-Unternehmen lernen kann. 10. Aufl., Landsberg/Lech 1984.
Probst, G.: – Gesetzeshypothesen –
Kybernetische Gesetzeshypothesen als Basis für Gestaltungs- und Lenkungs-

regeln im Management. Bern und Stuttgart 1981.
Probst, G.; Gomez, P.: – Vernetztes Denken –
Vernetztes Denken im Management – eine Methodik des ganzheitlichen Problemlösens. Die Orientierung, Schriftenreihe der Schweizerischen Volksbank Nr. 89. Bern 1987.
Reuter, E.: – Geist –
Vom Geist der Wirtschaft. Europa zwischen Technokraten und Mythokraten. Stuttgart 1986.
Riedl, R.: – Spaltung –
Die Spaltung des Weltbildes. Biologische Grundlagen des Erklärens und Verstehens. Berlin und Hamburg 1985.
Schanz, G.: – Wissenschaftsprogramme –
Wissenschaftsprogramme der Betriebswirtschaftslehre. In: Allgemeine Betriebswirtschaftslehre. Bd. 1: Grundfragen, hrsg. v. F.X. Bea, E. Dichtl u. M. Schweitzer. 3. Aufl., Stuttgart und New York 1985, S. 35–100.
Schein, E.: – Awareness –
Coming to a New Awareness of Organizational Culture. In: Sloan Management Review, Winter 1984, S. 3–16.
Schmidt, H. (Hrsg.): – Intelligenz –
Intelligenz. In: Philosophisches Wörterbuch, begründet von H. Schmidt. 19. Aufl., bearb. v. G. Schischoff, Stuttgart 1974.
Simon, V.: – Unternehmungsentwicklung –
Soziale Unternehmungsentwicklung. In: Organisation. Evolutionäre Interdependenzen von Kultur und Struktur der Unternehmung. Festschrift zum 60. Geb. von K. Bleicher, hrsg. v. E. Seidel u. D. Wagner. Wiesbaden 1989, S. 339–352.
Spinner, H.: – Pluralismus –
Theoretischer Pluralismus. Prolegomena zu einer kritizistischen Methodologie und Theorie des Erkenntnisfortschritts. In: Sozialtheorie und soziale Praxis. E. Baumgarten zum 70. Geb., hrsg. v. H. Albert. Meisenheim am Glan 1971, S. 17–41.
Sprüngli, K.: – Evolution –
Evolution und Management. Ansätze zu einer evolutionistischen Betrachtung sozialer Systeme. Bern und Stuttgart 1981.
Ulrich, H.: – Unternehmung –
Die Unternehmung als produktives soziales System. 2. Aufl., Bern und Stuttgart 1970.
Ulrich, H.: – Management –
Management – Gesammelte Beiträge. Bern und Stuttgart 1984.
Ulrich, H.; Krieg, W.: – Modell –
St. Galler Management-Modell. 3. Aufl., Bern und Stuttgart 1974.
Ulrich, H.; Probst, G.: – Anleitung –

Anleitung zum ganzheitlichen Denken und Handeln. Ein Brevier für Führungskräfte. Bern und Stuttgart 1988.
Vester, F.: – Neuland –
Neuland des Denkens. München und Zürich 1980.
Watzlawick, P. (Hrsg.): – Wirklichkeit –
Die erfundene Wirklichkeit. Wie wir wissen, was wir zu wissen glauben? Beiträge zum Konstruktivismus. München und Zürich 1981.
Weber, M.: – Wirtschaft –
Wirtschaft und Gesellschaft. Grundriss der verstehenden Soziologie. 5. Aufl., Tübingen 1976.
Wittmann, W.: – Unternehmung –
Unternehmung und unvollkommene Information. Köln und Opladen 1959.

2
DIMENSIONEN INTEGRIERTEN MANAGEMENTS

Das hiermit vorzustellende neue St. Galler Management-Konzept baut auf dem *Systemansatz* auf, wie er von Hans Ulrich und seinen Schülern an der Hochschule St. Gallen entwickelt wurde. Für die Bewältigung der vor uns liegenden Aufgaben verspricht gerade er einen *Bezugsrahmen*, der den Anforderungen eines Paradigmenwechsels hin zu einem Führungsverständnis, das sich mit der gestiegenen Komplexität und Dynamik bewusst auseinandersetzt, gerecht wird.

Es steht in der Tradition der in St. Gallen gepflegten Betrachtung von Konzepten des Managements, diese mit einer *Systemperspektive* anzugehen. Dies wird häufig als abweichend von der in der Betriebswirtschaftslehre weitgehend auseinanderlaufenden Diskussion eingestuft, die zwei unterschiedliche Perspektiven wählt: Einerseits werden Probleme der Unternehmungsführung aus Sicht vor allem der Leitungsprobleme von der Spitze einer Organisation her gleichsam »top down« untersucht. Diesen wird eine unter dem Einfluss verhaltenswissenschaftlicher Ansätze zustandekommende Führungsdiskussion gegenübergestellt, die »bottom up« vom Individuum ausgeht und mehr oder weniger die institutionellen Rahmenbedingungen als Kontext- oder Situationsfaktoren für das Verhalten von Individuen und Kollektiven betrachtet. Aus der fachlichen Entwicklung der betriebswirtschaftlichen Auseinandersetzung mit Führungsproblemen heraus ist es dann verständlich, dass die Systemperspektive des St. Galler Ansatzes vorschnell der ersten Perspektive zugeordnet wird. Hierbei wird jedoch das prinzipielle Anliegen des Systemansatzes übersehen, eine Integration von verschiedenen Betrachtungsebenen möglich zu machen. Ohne einen Ansatz zu wählen, der einen derartigen Wechsel der Betrachtungsebenen zum Ausgangspunkt nimmt, ist das Verhältnis von Individuum und System in seiner wechselseitigen Interaktion als Gegenstand eines integrierten

Managements kaum behandelbar. In diesem Ansatz treten menschliches Verhalten als Ausdruck der *human-sozialen* Dimension des Managements und funktionale Subsysteme als Ausdruck der *sach-rationalen* Dimension des Managements miteinander verbunden auf.

Die Kernelemente des Systemansatzes sind die *Ganzheitlichkeit* der Betrachtung bei einer *Integration* vielfältiger Einflüsse in einem *Netzwerk von Beziehungen*. Dabei wird ein *Denkmuster für den Umgang mit Systemen* bereitgestellt (Ulrich/Probst = Anleitung =), das es der Führungskraft erleichtern soll, den Weg zu einer veränderten Managementphilosophie zu finden und die vielfältigen Gestaltungsprobleme bei deren Umsetzung zu meistern. Da die ideelle Grundlage der abzuleitenden und zu konkretisierenden Dimensionen unauflöslich mit der Methode ganzheitlichen Denkens verbunden ist, wird bei der folgenden Darstellung ganzheitlichen Denkens direkt auf das Buch »*Anleitung zum ganzheitlichen Denken und Handeln*« von Hans Ulrich und Gilbert Probst Bezug genommen, das damit auch als eine Art Einführung in den Umgang mit der hier vorzustellenden Managementkonzeption gelten kann.

Auf der Suche nach neuen Denkansätzen, die es gestatten, *differenzierte Lösungen* für die dargestellten gewachsenen Herausforderungen an das Management zu erarbeiten, empfiehlt es sich, *drei Dimensionen* zu unterscheiden (Ulrich = Management = 329): eine normative, strategische und operative Dimension. Sie akzentuieren *logisch* voneinander abgrenzbare Problemfelder, die durch das Management zu bearbeiten sind. Eine derartige Unterscheidung wäre jedoch fehlverstanden, wollte man sie zur Grundlage arbeitsteiliger Zuständigkeitsverteilungen für unterschiedliche Kategorien des Managements machen. Im Sinne einer *integrierten* Managementbetrachtung ist daher von der *gegenseitigen Durchdringung* aller im folgenden zu differenzierenden Dimensionen auszugehen. Mag die vorgängige Strukturierung wesentlicher Sachverhalte zunächst einen skizzenhaften Eindruck erwecken, so akzentuiert sie doch die zu analysierende, zu beurteilende und zu gestaltende Interdependenz einzelner Sachverhalte im Rahmen vernetzter Beziehungen (Gomez = Methoden =).

Ziel des folgenden Abschnittes ist, dem Management einen *Bezugsrahmen für kontextual und situativ gebotene Veränderungen* an die Hand zu geben. In ihm soll sich der *Führungspraktiker in seiner jeweiligen Problemlage* wiedererkennen. Dieser Bezugsrahmen soll es ihm gestatten, Schlussfolgerungen für die zukünftige Richtung seines Handelns vor dem Hintergrund seiner eigenen Situation, Erfahrungen und Einschätzungen zu ziehen. Der

Zusammenhang und die Interdependenz aller zu beachtenden Grössen ist dem Manager zu verdeutlichen, um ihn auf diesem Wege an *integrative Denkweisen* heranzuführen.

2.1 Ein Management-Konzept für Sinnvolles und Ganzheitliches

Mit dem Bezugsrahmen zur Betrachtung, Diagnose und Lösung von Managementproblemen, der einen differenzierten Überblick über *Dimensionen* und *Module* eines integrierten Managements vermittelt, soll der Führungspraktiker auf die wesentlichen Probleme und ihre Interdependenzen sowie auf mögliche Inkonsistenzen hingewiesen werden, die er bei seinen grundlegenden Entscheidungen berücksichtigen muss. Methodisch eignet sich das Verfahren vor allem für eine *Selbstreflexion* und *Moderation* eines Dialogs unter den Beteiligten, die ihre eigene Sicht von Zielvorstellungen, Ist-Situation und Rahmenbedingungen einer Zielrealisation im Dialog einbringen. Insofern stellt es eine *Provokation zu einem strukturierten Dialog*, der auf der Selbstreflexion der Beteiligten beruht, über grundlegende Fragen des Managements dar.

Eine ganzheitliche Betrachtung, wie sie durch das im folgenden dargestellte Konzept induziert werden soll, hat vor allem wechselseitige Abhängigkeiten im Auge. Die einzelnen kontextspezifischen Anwendungen des Konzepts sind dagegen aus dem Erfahrungsschatz der Beteiligten selbst zu entwickeln. Es entspricht somit den Vorstellungen der bisherigen Entwicklung des St. Galler Managementmodells, das sich als *»Leerstellengerüst für Sinnvolles und Ganzheitliches«* charakterisieren lässt. Mit diesem Konzept verbinden sich die folgenden Zielvorstellungen:

Tabelle 2.1
Ziele des St. Galler Management-Konzeptes

1. Eine dimensionale Ordnung von Entscheidungsproblemen des Managements vorzunehmen

> 2. Die Bereitstellung eines
> - problembezogenen Ordnungsrahmens und eines
> - Vorgehensmusters zur integrativen Konzipierung von Problemlösungsrichtungen unter Beachtung kontextualer und situativer Bedingtheiten der Unternehmungsentwicklung,
>
> die als Konzeptionshilfen für die Eigenreflexion oder für den Dialog zur Positionierung von Lagen und Absichten dienen.

2.2 Normatives und strategisches Management gestaltet, operatives Management lenkt die Unternehmungsentwicklung

Normatives und strategisches Management einerseits und operatives Management andererseits bilden gleichsam die beiden Seiten einer Medaille. Auf *Konzeptionen* fussend sind erstere auf die Rahmengestaltung ausgerichtet, in denen sich der operative *Vollzug* des situativen Führungsgeschehens im »day to day business« abspielt. Während dem Normativen und Strategischen eher eine *Gestaltungs*funktion zukommt, ist es Aufgabe des operativen Managements, *lenkend* in die Unternehmungs*entwicklung* einzugreifen. Die Bezeichnung St. Galler Management-*Konzept* gilt im Grunde genommen nur für die normative und strategische Dimension, denn im *operativen* Management geht es um den *konzept-geleiteten Vollzug*. Entsprechend werden in dieser Schrift lediglich die Beziehungen des normativen und strategischen Managements zum Operativen betrachtet, ohne auf diese Vollzugsdimension selbst näher einzugehen.

Die Dimensionen des Konzeptes sind nicht unabhängig voneinander zu betrachten. Zwischen ihnen vollziehen sich vielfältige Vor- und Rückkoppelungsprozesse, indem einerseits konzeptionelle Vorgaben normativer und strategischer Art wegweisend für operative Dispositionen werden und andererseits unvorhergesehene Ereignisse der Realisierung von Vorgaben im Wege stehen sowie veränderter Zukunftsvorstellungen und Strategien zu ihrer Umsetzung bedürfen.

2.2.1 Normatives Management

> Die Ebene des normativen Managements beschäftigt sich mit den generellen Zielen der Unternehmung, mit Prinzipien, Normen und Spielregeln, die darauf ausgerichtet sind, die *Lebens- und Entwicklungsfähigkeit* der Unternehmung sicherzustellen.

»*Lebensfähigkeit und Entwicklung sind Erscheinungen, die eine Unternehmung als Ganzes betreffen*« (Schwaninger = Unternehmungsplanung = 191).

Für die Sicherung der Lebensfähigkeit einer Unternehmung ist es notwendig, dass sie in einer sich schnell wandelnden Umwelt eine eigene Identität gewinnt. Noch wichtiger ist es, die Voraussetzungen für die Entwicklungsfähigkeit der Unternehmung zu schaffen. Russel Ackoff (= Corporate Future =) sieht darin einen Prozess, in dem ein System seine Fähigkeit und seinen Wunsch erhöht, eigene und fremde Ansprüche zu befriedigen. Hierzu ist die Möglichkeit zur *Selbsttransformation* eine wesentliche Voraussetzung:

»*Soziale Systeme mit der Fähigkeit zur Selbsttransformation können sich*

a) *einer viel grösseren Zahl von Umweltveränderungen anpassen,*
b) *aktiv auf die Umweltveränderungen Einfluss nehmen und*
c) *mehr eigene Werte verwirklichen.*«

(Etzioni = Makrosoziologie = 155f.)

Entwicklungsfähigkeit umschliesst damit auch eine qualifizierte Veränderung in Richtung eines positiven, sinnvollen Wandels. Ausgehend von einer *unternehmerischen Vision* ist unternehmungspolitisches Handeln und Verhalten zentraler Inhalt des normativen Managements. Unternehmungspolitik wird durch die Unternehmungs*verfassung* wie durch die Unternehmungs*kultur* getragen. Die *Legitimität* der Unternehmung wird zum Massstab für das normative Management (Schwaninger = Unternehmungsplanung = 194).

Das normative Management richtet sich auf die *Nutzenstiftung* für Bezugsgruppen. Es definiert die Ziele der Unternehmung im Umfeld der Gesellschaft und Wirtschaft und vermittelt den Mitgliedern des sozialen Systems Sinn und Identität im Inneren und Äusseren. Das normative Management wirkt in seiner *konstitutiven* Rolle *begründend* für alle Handlungen des Managements.

2.2.2 Strategisches Management

> Strategisches Management ist auf den *Aufbau, die Pflege und die Ausbeutung von Erfolgspotentialen* gerichtet, für die Ressourcen eingesetzt werden müssen.

Aloys Gälweiler (= Unternehmungsführung = 6), auf den der Begriff des Erfolgspotentials zurückgeht, definierte *Erfolgspotentiale* als »das gesamte Gefüge aller jeweils produkt- und marktspezifischen erfolgsrelevanten Voraussetzungen, die spätestens dann bestehen müssen, wenn es um die Realisierung geht«. Diese Definition wurde durch Cuno Pümpin unter der Bezeichnung »*strategische Erfolgsposition SEP*« (Pümpin = Erfolgspositionen = 33 ff.) über die reine Betrachtung von produkt- und marktspezifischen Aspekten hinaus und in Beziehung zu wesentlichen wettbewerbsrelevanten Aspekten einer Unternehmung erweitert.

Bestehende Erfolgspotentiale drücken die im Zeitablauf gewonnenen Erfahrungen einer Unternehmung mit Märkten, Technologien und sozialen Strukturen sowie Prozessen aus. Sie schlagen sich in der realisierten strategischen Erfolgsposition am Markt relativ zu den Wettbewerbern nieder. *Neue Erfolgspotentiale* zielen auf die Entwicklung von zukünftigen Wettbewerbsvorteilen.

»Für den Aufbau von Erfolgspotentialen sind oft sehr lange Vorlaufzeiten einzuplanen, während derer ein Bedarf an personellen, geistigen, finanziellen und materiellen Ressourcen vorhanden ist, dem während dieser Zeit noch kein entsprechender Mittelrückfluss gegenübersteht« (Schwaninger = Unternehmungsplanung = 190).

Eine starke Prägung einer Unternehmung durch gegebene, herausragende Erfolgspotentiale und -positionen am Markt sagt damit noch nichts darüber aus, ob auch hinreichende Anstrengungen zum Aufbau neuer, zukunftsweisender Erfolgspotentiale unternommen werden.

Die Bezugsgrösse des strategischen Managements leitet sich von der des normativen Managements (Unternehmungspolitik) – also von der Vorstellung einer *Sicherung* (s. »*Sicherungshandeln*« bei Dlugos = Unternehmungspolitik = 46) von Entwicklungs- und Lebensfähigkeit – ab. Im Mittelpunkt strategischer Überlegungen steht neben *Programmen* die grundsätzliche Auslegung von *Strukturen und Systemen* des Managements sowie das *Problemlösungsverhalten* ihrer Träger.

Während das normative Management Aktivitäten begründet, ist es Aufgabe des strategischen Managements, *richtend* auf Aktivitäten einzuwirken.

2.2.3 Operatives Management

Normatives und strategisches Management finden ihre Umsetzung im operativen Vollzug, der im *Ökonomischen* auf leistungs-, finanz- und informationswirtschaftliche Prozesse ausgerichtet ist. Hinzu kommt die Effektivität des Mitarbeiterverhaltens im *sozialen* Zusammenhang. Diese drückt sich vor allem in der Kooperation und vertikalen wie horizontalen Kommunikation von sozial-relevanten Inhalten aus. Die Funktion des operativen Managements besteht darin, die normativen und strategischen Vorgaben praktisch in Operationen umzusetzen.

Abb. 2.1 (S. 56) fasst diesen grundsätzlichen Zusammenhang von normativem, strategischem und operativem Management zusammen.

2.3 Aktivitäten, Strukturen und Verhalten wirken auf die Unternehmungsentwicklung ein

Die dargestellten Dimensionen sind – wie ihre wechselseitige Vor- und Rückkoppelung andeutet – auch in vertikaler Sicht zu betrachten. Dabei durchziehen drei Aspekte die Dimensionen des Normativen, Strategischen und Operativen: Aktivitäten, Strukturen und Verhalten. Sie problematisieren die Integration zwischen konzeptionell-gestalterischem Wollen und Umsetzung des Erstrebten durch Leistung und Kooperation. *Aktivitäten* entstehen durch die Konkretisierung von Normen über Missionen zu Programmen, die schliesslich in Aufträge umgesetzt werden. *Strukturen* werden über alle drei Dimensionen in Form der Verfassung wie der Organisations- und Managementsysteme und Dispositionssysteme konkretisiert. Letztlich dienen beide Aspekte der Beeinflussung menschlichen *Verhaltens* im Wechselspiel von Wertvorstellungen, strategischem Denken und Lernen wie der Leistungsorientiertheit im operativen Sinne.

Abbildung 2.1
Zusammenhang von normativem, strategischem und operativem Management in horizontaler Sicht

HORIZONTALE INTEGRATION

NORMATIVES MANAGEMENT

| UNTERNEHMUNGS-VERFASSUNG | UNTERNEHMUNGS-POLITIK | UNTERNEHMUNGS-KULTUR |

↓

MISSIONEN

STRATEGISCHES MANAGEMENT

ORGANISATIONS-STRUKTUREN

MANAGEMENT-SYSTEME

PROGRAMME

PROBLEM-VERHALTEN

OPERATIVES MANAGEMENT

ORGANISATORISCHE PROZESSE

DISPOSITIONS-SYSTEME

AUFTRÄGE

LEISTUNGS- UND KOOPERATIONS-VERHALTEN

STRUKTUREN   *AKTIVITÄTEN*   *VERHALTEN*

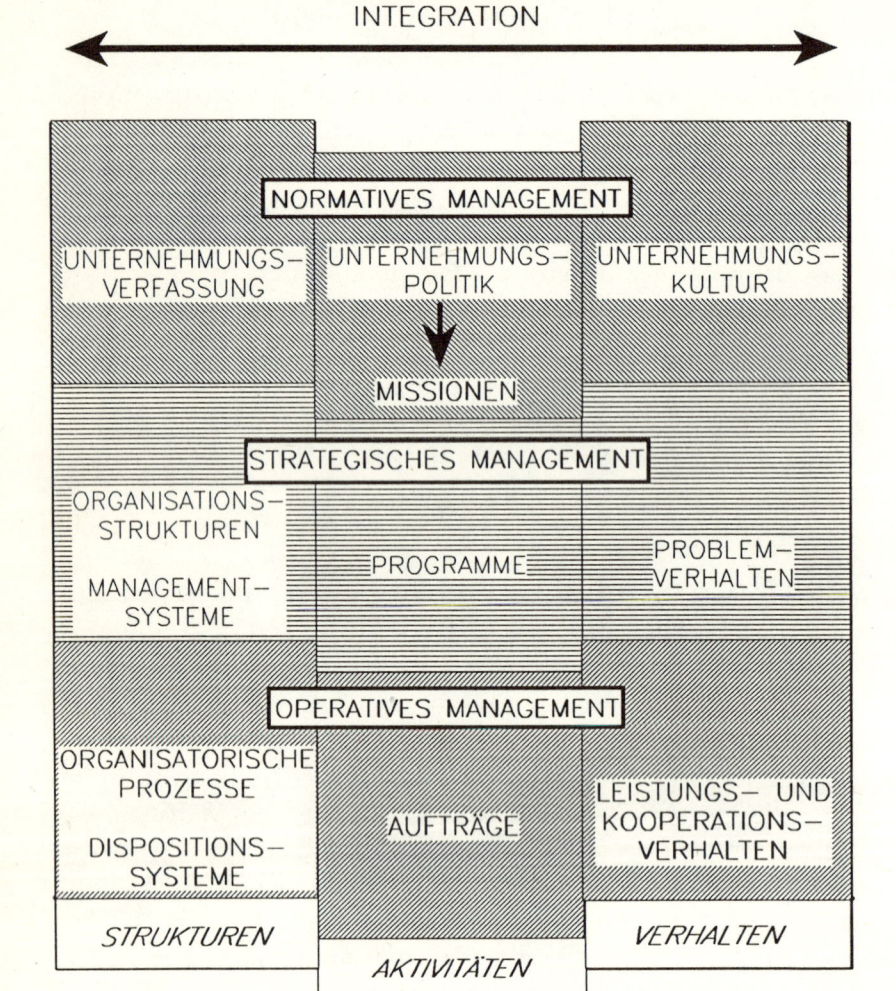

UNTERNEHMUNGSENTWICKLUNG

INNERE UE — ÄUSSERE UE — INNERE UND ÄUSSERE UE

2.3.1 Integration durch Aktivitäten

In der normativen Dimension werden unternehmungspolitische *Missionen* als *»policies«*, d.h. als Vorgaben für das strategische und operative Vorgehen der Unternehmung entwickelt. Derartige Missionen werden in der strategischen Dimension durch Programme konkretisiert, die Handlungsträgern zugeordnet werden. Sie gelten für längere Zeiträume und umfassen vielfältige Teilaspekte zum Aufbau, zur Nutzung und Pflege strategischer Erfolgspositionen. Die daraus ableitbaren Einzelhandlungen erfahren in der operativen Dimension in Form von *Aufträgen* eine weitere handlungsauffordernde Konkretisierung. Als Integrationsproblem stellt sich die gegenseitige Abstimmung von missionarischem unternehmungspolitischem Wollen, strategischen Programmen und operativen Aufträgen.

2.3.2 Integration durch Strukturen

Das Management wird in der normativen Dimension von der Unternehmungs*verfassung* legitimiert und kanalisiert. Dieser strukturelle Aspekt erfährt in der strategischen Dimension durch die Gestaltung von *Organisation* und *Managementsystemen* eine weitere Konkretisierung. Im Operativen drückt sich der strukturelle Aspekt im raum-zeitlich gebundenen *Ablauf von Prozessen* aus, die durch *Dispositionssysteme* gesteuert werden. Über eine wechselbezügliche Gestaltung von Normen der Unternehmungsverfassung, von Organisation und Managementsystemen, sowie der operativen Ausrichtung von Prozessorganisationen und Dispositionssystemen erfolgt eine strukturelle Integration.

2.3.3 Integration durch Verhalten

Die vergangenheitsgeprägten Unternehmungs*kulturen* bestimmen in der normativen Dimension das Zukunftsverhalten der Mitarbeiter einer Unternehmung im strategischen und operativen Handeln. Während in der normativen Dimension die Verhaltens*begründung* im Mittelpunkt des politischen Prozesses der Unternehmung steht, erfolgt in der strategischen Dimension deren Konkretisierung im Hinblick auf die *Rollen der Träger und ihres Problemverhaltens*. In dieser Weise ist es Aufgabe des strategischen Managements, verhaltens*leitend* zu wirken. Die operative Dimension zielt sodann auf das Leistungs- und Kooperationsverhalten im Arbeitsprozess, das durch die Führung zu fördern ist. Ihr kommt die Funktion zu, verhaltens-*realisierend* zu wirken. Insgesamt ist über alle drei Dimensionen hinweg eine Verhaltensintegration herbeizuführen.

Abb. 2.2 gibt diesen Zusammenhang von normativem, strategischem und operativem Management in vertikaler Sicht wieder.

Abbildung 2.2
Zusammenhang von normativem, strategischem und operativem Management in vertikaler Sicht

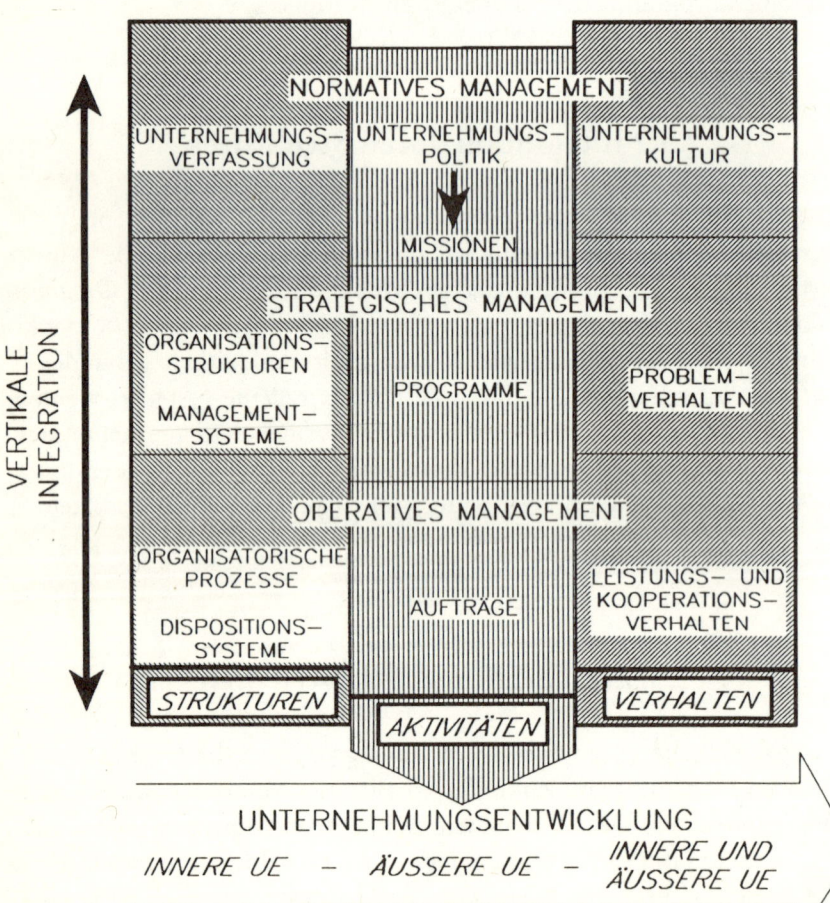

2.4 Konkretisierung des Integrationsprofils durch den Ausgleich von Um- und Inweltforderungen in der Unternehmungsentwicklung

Die Veränderung der Potentiale einer Unternehmung im Zeitablauf führt zur *Unternehmungsentwicklung*. Sie wird in ihrer zunehmenden *Qualifizierung* gesehen, die nicht absolut, sondern *relativ* verstanden wird: Nicht eine feststellbare absolute Zunahme der Potentiale ist entscheidend, sondern ihre Qualifizierung gegenüber den

- *Anforderungen der Umwelt*
  und den
- *Potentialen*, die der *Wettbewerb* zur Problemlösung einsetzen kann.

Ein derart qualifiziertes Verständnis der Unternehmungsentwicklung drückt sich in einer *Nutzenstiftung für relevante Bezugsgruppen* (Pümpin = Dynamikprinzip = 46 f.) im Zeitablauf aus.

Die *Intelligenz* eines Systems *und* das aus ihr erwachsende unternehmungspolitische Handeln bestimmen schliesslich die faktische *Unternehmungsentwicklung*. Diese befindet sich in einem sich ständig verändernden Fliessgleichgewicht zwischen Um- und Inwelt im *Strom der Zeit* zwischen Vergangenheit und Zukunft.

Normatives, strategisches und operatives Management haben eine janusköpfige Gestalt: Zum einen sind sie in der Vergangenheit angelegt und durch sie geprägt, zum anderen ist es jedoch ihre Funktion, die Zukunft zu beeinflussen. Erst aus dem Nutzen, den das Management durch den Einsatz knapper Ressourcen für Bezugsgruppen generiert, gewinnt es an Legitimität. Der Aufbau eines sozialen Beziehungsnetzes zur Nutzengenerierung in Form von Unternehmungen stellt eine gesellschaftliche Investition dar, die es zu erhalten und weiterzuentwickeln gilt.

In der Unternehmungsentwicklung werden die spezifischen *Kontexte und Situationen* deutlich, denen sich eine Unternehmung in einer ganz bestimmten Phase gegenübersieht, die vom Management eine spezifisch normative, strategische und operative Profilierung ihres Handelns verlangt. Unter Ansehung dieser spezifischen Anforderungen wird es hierbei sinnvoll, die eigentliche Integration der normativen, strategischen und operativen Dimensionen des Managements mit den jeweiligen Umweltsegmenten vorzunehmen. So werden in der *normativen* Dimension die funktionellen Aspekte der Unternehmungszwecke in der Unternehmungspolitik thematisiert, der Rahmen für eine Berücksichtigung einzelner Bezugsgruppen und ihrer Interessen wird in der Unternehmungsverfassung im Hinblick auf die politisch-rechtliche Umwelt gestaltet und die Werthaltungen der sozio-kulturellen Entwicklung in der Unternehmungskultur eingefangen. In der *strategischen* Dimension wird die Unernehmungsentwicklung dadurch mit den marktlichen und technologischen Umweltsegmenten verzahnt, dass man strategische Missionen und Programme formuliert und Organisationsstrukturen und Managementsysteme gemäss vielfältigen Umweltkontexten gestaltet. Wichtig ist auch die Entwicklung des Problemverhaltens der Mitarbeiter, das sich schliesslich im situativen Umgang mit neuen um- und inweltverbundenen Problemen der Realisierung von Strategien in *Operationen* niederschlägt. Ohne eine Verbindung mit den spezifischen Umwelt- und Inweltproblemen, die sich im Normativen, Strategischen und Operativen mit den einzelnen Etappen einer Unternehmung im Zeitablauf ergeben, wären Profilierungen nicht aussagekräftig.

Wie Larry Greiner (= Evolution =), Henry Mintzberg (= Power =) u.a. bislang eingeschränkt auf die Aspekte des Organisatorischen und der Machtveränderung gezeigt haben, lassen sich Problemlagen, denen sich Unternehmungen im Zeitablauf gegenübersehen, zu typischen Mustern verdichten. Diese rudimentären Ansätze werden über das Konzept eines gesamthaften Ansatzes der *lebenszyklus-abhängigen Integration von normativem, strategischem und operativem Management* erweitert. Damit wird es möglich, von der jeweiligen Entwicklungsphase einer Unternehmung aus, spezifische Profile des Vorgehens ihres Managements in allen drei Dimensionen zu finden.

2.5 Die integrierende Kraft einer Management-Philosophie

Eine Integration der einzelnen Dimensionen des Managements bedarf einer *paradigmatisch geprägten Leitidee*. Nach ihr richten sich die normativen, strategischen und operativen Ebenen, vermittelt über die Wahl von Aktivitäten, Strukturen und Verhalten. Für die hier verfolgten Zwecke eines Management-Konzeptes wird die Bezeichnung »*Management-Philosophie*« benutzt. Sie ist von dem Begriff der »*Unternehmungs-Philosophie*« abgeleitet, die die paradigmatisch geprägte Einstellung der Unternehmung zu ihrer Rolle und ihrem Verhalten in der Gesellschaft kennzeichnet.

2.5.1 Metaintegration durch eine Management-Philosophie

Die verschiedenen Phasen einer Unternehmungsentwicklung stellen das Management vor unterschiedliche Probleme. Für die Bandbreite von Möglichkeiten, die den Mitarbeitern zu deren Lösung zur Verfügung stehen, muss das Management eine konkrete Kursbestimmung vornehmen. Hierzu bedarf es einer Leitidee, welche die *Wahl unter alternativen Verhaltenskursen* erleichtert. Man geht sicherlich nicht fehl in der Annahme, dass sich jede Führungskraft von derartigen erziehungs- und erfahrungsmässig geprägten »Modell«vorstellungen über Zusammenhänge und Verhalten leiten lässt. Ob diese letztlich im Welt- und Menschenbild verwurzelten grundlegenden Annahmen reflektiert und schliesslich auch kommuniziert worden sind, darf bezweifelt werden. Mit Edgar Schein (= Awareness = 3 f.) gehört es gerade zum Wesensmerkmal derartiger »basic assumptions«, unreflektiert hintergründig und nur äusserst schwer erschliessbar unser Handeln zu leiten. Unreflektiert und nicht kommuniziert bilden gerade sie aber eine Quelle von Missverständnissen und Konflikten, deren grundlegende Ursachen kaum hinterfragt werden. Wesentliche Voraussetzungen einer Integration durch das Management ist daher die *Klärung von Wesen und Inhalten einer Management-Philosophie*. Sie hat zum Ziel, dass die an Management-Prozessen Beteiligten Klarheit über die paradigmatischen Grundlagen ihres Handelns gewinnen.

> »Ich glaube, dass jede Organisation, um zu überleben und Erfolg zu haben, in vieler Hinsicht über feste Grundsätze verfügen muss, die ihre Politik und ihr Handeln leiten. Ich glaube weiter, dass der bedeutendste Faktor für den Erfolg eines Unternehmens die Konsequenz ist, mit der es diesen Prinzipien entsprechend handelt ... Die grundlegende Philosophie, der Geist und der Schwung einer Organisation sind bei weitem bestimmender für ihren relativen Erfolg als technische und wirtschaftliche Kräfte, Organisationsstruktur, Neuerungen und Zeitwahl. Alle sind meiner Ansicht nach überlagert von der Stärke der Überzeugung, mit der die Menschen in der Organisation an deren Grundsätze glauben, und der Gewissenhaftigkeit, mit der sie nach ihnen handeln.«
>
> Thomas J. Watson, Jr.

2.5.2 Wesen und Elemente einer Management-Philosophie

> »Unter ›Management-Philosophie‹ werden ... die grundlegenden Einstellungen, Überzeugungen, Werthaltungen verstanden, welche das Denken und Handeln der massgeblichen Führungskräfte in einem Unternehmen beeinflussen. Bei diesen Grundhaltungen handelt es sich stets um Normen, um Werturteile, die aus den verschiedensten Quellen stammen und ebenso geprägt sein können durch ethische und religiöse Überzeugungen wie auch durch die Erfahrungen in der bisherigen Laufbahn einer Führungskraft«.
> (Ulrich = Management = 312)

Gilbert Probst weist auf die in unserer Zeit der Veränderung wachsende Notwendigkeit einer Management-Philosophie hin und deutet zugleich ihre Grenzen an (vgl. Tab. 2.2).

Eine Management-Philosophie hat zwei Bestandteile: Einen paradigmatischen Kern, der aus *grundlegenden Annahmen über Werte und ein ihnen entsprechendes Verhalten* besteht. Damit Erkenntnisse über diesen paradigmatischen Kern einer Management-Philosophie auch kommunizierbar werden und um Prozesse einer *Wertentwicklung* möglich zu machen, die letztlich eine *Wertintegration* und gemeinsame *Sinnfindung* gestatten, bedarf es der *Werterhellung* (vgl. S. 66).

In ihrem Ergebnis stellt eine Management-Philosphie eine alle Dimensionen der Unternehmung durchdringende Werterhellung, Wertbekundung und Wertentwicklung dar. Die Bedeutung einer Management-Philosophie wird durch eine nicht prinzipiengetreue Umsetzung auf der normativen, strategischen und operativen Ebene des Managements geschmälert. Ebenso müssen sich alle Mitarbeiter in ihrem Verhalten an diesen in der Management-Philosophie zu Grunde gelegten Werten messen lassen. Dabei zeigt sich, dass gerade eine *ganzheitliche Integration* von Werten in der Management-Philosophie *Angebote einer Sinnfindung* für die Mitarbeiter einer Unternehmung bereithält.

Tabelle 2.2
Forderungen nach einer Management-Philosophie

- Je *turbulenter* die Umwelt, desto weniger prognostizierbar die Entwicklung, desto *notwendiger* eine Management-Philosophie.
- Eine adäquate Management-Philosophie kann nicht aus einem *einzigen Zielwert* bestehen.
- *Pluralismus*, Differenzen und Widersprüche in den Werthaltungen bei den Führungskräften erschweren die *einheitliche Willensbildung* und Führung.
- *Werthaltungen* sind im *Fluss* und erfahren einen beschleunigten *Wandel*.
- Ein konsistentes *Zielsystem* und ein konsistentes *Wertesystem* bedingen sich gegenseitig.
- Mit *zunehmender Spezialisierung* wird eine harmonische Management-Philosophie gefährdet.
- Die *Dominanz einer »Persönlichkeit«* erschwert oder verhindert eine gemeinsame Grundlage.

(Probst = Management-Philosophie = 326 ff.)

Grundlegende Annahmen über Werte und ein ihnen entsprechendes Verhalten

Die für eine Management-Philosophie zentralen Wertfragen verbinden sich in praktischer Hinsicht mit der *Verantwortung* gegenüber Dritten. Die jeweilige Einbindung der Unternehmung in ein bestimmtes Wirtschafts- und Gesellschaftssystem bedingt eine unterschiedliche Wertprägung der *gesellschaftlichen* Verantwortung.

»Ich gehe ... von der These aus, dass die Management-Philosophie der Unternehmungsführung auf die Dauer nicht grundsätzlich von den Werthaltungen eines grossen Teils der Bevölkerung abweichen darf, wenn nicht schwere gesellschaftliche Konflikte entstehen sollen ...« (Ulrich = Management = 314).

Verantwortung besteht sowohl gegenüber den *Mitarbeitern* als auch den verschiedensten Gruppierungen, die ein Interesse an der Unternehmung und ihren Leistungen haben. Aus einer grundsätzlichen Gegenüberstellung unterschiedlicher Verpflichtungsgrade gegenüber verschiedenen Interessengruppen ergeben sich erste Ansätze einer Unterscheidung einer opportunistischen und einer Politik, die ethischen Grundsätzen verpflichtet ist (Verpflichtungspolitik). Diese ist Teil der normativen Dimension einer Unternehmungspolitik, aus der managementphilosophische Konsequenzen im Strategischen und Operativen erwachsen.

Aus den grundlegenden Annahmen über Werte leiten sich spezifische Verhaltensvorstellungen ab. Dabei ist in jüngster Zeit insbesondere das *ethische Verhalten* als Teil einer zukunftsweisenden Management-Philosophie herausgestellt worden. Das Problem ethischen Verhaltens tritt überall dort auf, wo Menschen miteinander in Verbindung stehen und wo sie werten (Raisig = Personalführung =). Eine Behandlung ethischen Verhaltens vor dem Hintergrund einer langen Tradition geistesgeschichtlicher Auseinandersetzung ist deshalb so schwierig, weil der laufende Wandel von Kontexten es verbietet, einen allgemeingültigen und zeitlosen Katalog »fertiger« Wahrheiten aufzustellen.

Aus dieser Schwierigkeit heraus wird es verständlich, dass sich die meisten Abhandlungen zur Sozial- und Wirtschaftsethik entweder mit der Frage der Generierung ethischer Werte beschäftigen oder auf die Metaebene ethischen Verhaltens verweisen. Beides bietet dem Manager kaum eine ethische Orientierung. »Unter dem Strich« bleibt die Empfehlung, im jeweiligen Kontext das Spannungsverhältnis zwischen dem ethischen Ideal und den Zwängen der Anpassung an reale Gegebenheiten zu berücksichtigen:

»Ethisches Bemühen muss sich am absoluten Ziel, dem Menschen zu dienen, orientieren und zugleich realistisch akzeptieren, dass dieses Ziel aufgrund vorgegebener Umstände, Zwänge und Widrigkeiten nur eingeschränkt zu verwirklichen ist« (Raisig = Personalführung = 762).

Konkreter sind dann Orientierungsgrössen ethischen Verhaltens, wie sie etwa in den »*5 praktikablen Stichworten*« durch Hans Küng (= Sinnfrage = 7) vermittelt werden:

- Menschlichkeit
- Brüderlichkeit
- Wahrhaftigkeit
- Zukunftsorientiertheit
- Sinnhaftigkeit.

Georges Enderle (= Ethik = 132) analysiert die sog. »*Goldenen Regeln*« als Handlungsanleitung für Manager. Diese beruhen auf dem *Prinzip eines ima-*

ginären Rollentausches: Erstens soll sich der Urteilende in die Lage des Betroffenen hineindenken und hineinfühlen, also innerlich einen echten Tausch vollziehen. Als zweites zeichnet sich der von den Goldenen Regeln postulierte imaginative Rollentausch dadurch aus, dass der Urteilende ein anderes Wollen in seinen Entscheidungsprozess einbezieht: Behandle den andern, wie du selbst vom anderen behandelt werden willst. Das dritte Merkmal des Rollentauschs könnte man als einerseits erfahrungsgeprägte und andererseits zukunftsgerichtete Handlungsoffenheit bezeichnen: der Handelnde soll sich selber in die Lage versetzen, ein erweitertes Spektrum der sittlich-erlaubten Handlungsvarianten – eine Untermenge aller möglichen Handlungsvarianten – überhaupt ins Blickfeld zu bekommen, um daraus in Verantwortung eine Variante wählen zu können.

Rupert Lay (= Ethik = 351) verdichtet seine Empfehlungen zu einer weit konkreteren »*Tafel ethischer Prinzipien*«. Derartige Ansätze werden von den Vertretern der *Verfahrensethik* (Habermas = Diskursethik =; Ulrich = Wirtschaftsethik =) allerdings als im Wandel von Kontexten nicht haltbare Festschreibungen inhaltlicher Normen abgelehnt. Zugleich wird auf die Notwendigkeit eines praktischen Diskurses unter symmetrischen Bedingungen verwiesen, der zu einer Anerkennung von ethischen Prinzipien führt (Ulrich = Transformation =). In einer Synthese von inhaltlichen und formalen Ansätzen gelangt Thomas Dyllick (= Management = 225 und 226) zu zwei Kriterien *ethischer Angemessenheit unternehmerischen Verhaltens*:

- »*Eine Entscheidung ist moralisch um so angemessener, je grösser der Kreis von Menschen und Gruppen ist, denen gegenüber die Entscheidung* vertreten *werden kann*«.
- »*Eine Entscheidung ist ethisch um so angemessener, je mehr Bedürfnisse und Interessen der durch die Entscheidung Betroffenen berücksichtigt werden*«.

Diesen Kriterien kann der Manager eine weitgehende sozial-ethische Orientierung auf der Grundlage des betrieblichen Um- und Infelds entnehmen, obwohl gerade an der ersten Aussage Zweifel anzumelden sind. Durch den institutionellen und verfahrensmässigen Einbezug von Interessen, in dem Betroffene zu Beteiligten gemacht werden, werden sich wandelnde Massstäbe der »Vertretbarkeit« von Entscheidungen im Rückkoppelungsprozess mit den unterschiedlichen gesellschaftlichen Kräften getestet. Letzteres ist sowohl eine Frage der Ausgestaltung der Unternehmungs*verfassung* als auch eines durch Organisationsstrukturen und Managementsysteme getragenen partizipativen und gemeinschaftlichen Führungs- und Kooperationsverhaltens.

Werterhellung und Wertentwicklung

In der hoch-arbeitsteiligen Welt moderner Organisationen ist weder die inhaltliche, noch die formell-verfahrensmässige Generierung sozialethischen Verhaltens im Verhältnis von Unternehmung und Institutionen bzw. Individuen aus der Umwelt oder der Individuen untereinander selbstverständlich. Eine Unternehmungsphilosophie als »*moralische Willensbekundung*« (Ulrich = Unternehmungspolitik = 12) sollte daher als allgemeiner Rahmen für eine Managementsphilosophie helfen, diese Lücke zu schliessen.

Die Management-*Philosophie* steht im Spannungsfeld *gegebener* Werthaltungen und *intendierter* Einstellungen und Verhaltensweisen. Während die *Unternehmungskultur* das aus der Vergangenheit heraus entwickelte Werte- und Normensystem abbildet, geht es bei

> der *Management-Philosophie* darum, die Grundlagen jener Werte, die in der Unternehmungskultur zumeist verdeckt bleiben und nur am Verhalten der Mitarbeiter erkennbar werden, deutlich zu machen. Aufgabe der Management-Philosophie ist mithin die *Erhellung* der vorhandenen Werte und die *Definition* erwünschter Veränderungen dieser Werte (Probst = Management-Philosophie =).

»... philosophy statements clarify *the organization's values in such various areas as relationship to customers, growth, strategic mission, social responsibility and community, and most important, managerial style*« (Albert/Silvermann = Philosophy = 13 f.).

> Hinzu tritt die *Intentionalität* der Entwicklung des Sozialsystems zu einem u.U. anderen Wertsystem, also die *Wertentwicklung*.

Die Bestimmung der Management-Philosophie ist ein *bewusster* Prozess, der auf das intendierte ethisch/moralische Verhalten der Unternehmung nach *aussen* (Systemumwelt) und nach *innen* (Mitglieder des Systems) gerichtet ist. Management-Philosophie hat somit den Charakter einer »*gesollten*« *(ethischen)* Ordnung, die allen einzelnen gestaltenden und lenkenden Handlungen des Managements zugrundeliegt.

> Perfektion der Mittel und Konfusion der Ziele kennzeichnen meiner Ansicht nach unsere Zeit.
>
> Albert Einstein

Zukunftsweisende Management-Philosophen werden in Zeiten bedeutsamer, in denen die mangelnde Kapazität zur Problembewältigung ideologische und geistige Krisen heraufzubeschwören scheint. Dies sind zugleich Zeiten, in denen verengte Perspektiven, mangelndes ganzheitliches Denken, einseitige Ausrichtung an materialistisch-utilitaristischen Zielgrössen und die institutionalisierte Kurzfristigkeit des Denkens von Politikern und Managern auch eine Nagelprobe für die Ernsthaftigkeit und Konsistenz der sozialethischen Orientierung von Unternehmung und Managern darbieten.

Aber wie soll eine derartige Übertragung auf die interpersonelle, interaktive Generierung zukünftigen sozialethischen Verhaltens erfolgen? Zwei Ansätze, die sich gegenseitig tragen, sind es, die eine Beantwortung dieser Frage erlauben:

- Die intentionale Komponente jeder Management-Philosophie wirft die Frage auf, in welcher Form angestrebte Werthaltungen den Mitgliedern eines arbeitsteilig organisierten Systems zu vermitteln sind. Eine Management-Philosophie, die dem Bedürfnis der Beteiligten nach ethischer *Orientierung* gerecht werden will, muss in irgendeiner Form verbindlich niedergelegt werden. Die Führungspraxis versucht, diesem Anspruch durch eine transparente und allgemein zugängliche Dokumentation in Form von *Leitbildern* zu genügen. Es ist bemerkenswert, welche Anstrengungen derzeit unternommen werden, um diesem Bedürfnis über »Corporate Identity«-Programme, die Entwicklung von Leitbildern und Leitlinien für Führung und Kooperation, gerecht zu werden. Dies sagt aber noch recht wenig über den sozialethischen Gehalt dieser Anstrengungen aus. Um diesen zu beurteilen, sind vielmehr die beiden oben von Thomas Dyllick formulierten Kriterien ethischer Angemessenheit unternehmerischen Verhaltens anzulegen. (Vgl. S. 65).

Leitbilder sollten nicht nur Sinninhalte definieren und diese vermitteln, sondern vor allem auch eine eigene Sinnfindung bei den Mitarbeitern ermöglichen. Gerade beim heutigen Stand der Arbeitsteilung ist es die Aufgabe von Leitbildern, für die Mitarbeiter einen Bezug ihres Leistungsbeitrages zur Gesamtfunktion der Unternehmung in der Gesellschaft herzustellen. Ein Beispiel für wesentliche Punkte einer Management-Philosophie, die sich in Leitbildern niederschlagen sollten, gibt Tab. 2.3.

Tabelle 2.3
Beispiele für Grundsätze einer Management-Philosophie

Grundsätze einer Management-Philosophie

Unsere Philosophie wird von Grundsätzen getragen, die unser Verhalten in allen Bereichen und Stufen unseres Unternehmungsgefüges prägen:
- Wir streben nach einer *Sinnhaftigkeit*, in allem was wir erreichen und tun wollen.
- Sinn erkennen wir in Leistungen, die einen *Nutzen* für andere ausserhalb und innerhalb unserer Unternehmung stiften.
- Das, was wir erstreben, definieren wir durch eine breite Berücksichtigung unterschiedlicher *Interessen*.
- *Menschlichkeit* im Urteil und Handeln ist für uns ein übergeordnetes Ziel und niemals Mittel zur Erreichung von Zielen.
- Sie verlangt eine *Hinwendung* zum Nächsten; was man selbst nicht erdulden möchte, sollte man auch anderen nicht zufügen.
- Wir verlassen uns auf die *Unabhängigkeit des Urteils* auch bei entgegengesetzten Sachzwängen.
- Unser Handeln wird von einem hohen *Verantwortungsbewusstsein* gegenüber unserer Umwelt und unseren Mitarbeitern getragen.
- Wir lassen uns in unserem Verhalten an der *Vertretbarkeit* unseres Handelns messen.

- Das *Vorbild* der unternehmerischen Persönlichkeit im Rahmen einer derart transparent gemachten Management-Philosophie stellt nicht nur die im jeweiligen Kontext geforderte Integration der ja notwendigerweise allgemein gehaltenen Leitbilder der Management-Philosophie sicher, sondern dient auch der *Identifikation* und dem selbständigen *Umsetzen* der Leitlinien durch die Mitarbeiter auf allen Ebenen und in deren jeweiligem Anwendungsgebiet.

Hinter beobachtbaren Trends der Veränderung gesellschaftlicher Werthaltungen werden Strukturen des Verhaltens der Vergangenheit erkennbar, die von anderen Wertvorstellungen getragen waren und nunmehr in Widerspruch zu veränderten Erwartungen geraten. Dieser Wandel fordert die unternehmerische Verantwortung heraus. Vor dem Hintergrund eines wachsenden Krisenpotentials verstärkt sich der gesellschaftliche Anspruch nach wegweisender Orientierung, der vor den Toren der Unternehmungen nicht halt macht.

Überall dort, wo bislang *Systeme* Sicherheit versprachen, tritt, da diese zur Erstarrung tendieren, die unternehmerische *Persönlichkeit* als Garant für flexibles Handeln in einer komplexer gewordenen Welt. Sie benötigt Freiraum, um ihrer Funktion in der Gemeinschaft gerecht werden zu können. Die damit verbundene Umorientierung kann nur gelingen, wenn unternehmerisches Handeln von ethischen Standards getragen wird. Dies ist letztlich abgeleitet von der Funktion, gesellschaftlichen Nutzen zu stiften – und dies darf nicht nur eindimensional ökonomisch gesehen weden. Der gesellschaftliche Nutzen einer Unternehmung wird gerade in ethischer Hinsicht zunehmend kritisch geprüft.

Die unübersehbare Suche nach Wertorientierung in unserer Gesellschaft lässt sich mit Rupert Lay (= Ethik = 178) zum einen zurückführen auf die Sorge, dass die »normative Kraft des Faktischen« uns in einer unkontrollierten Weise an die Regeln einer von uns nicht beherrschten Realität ausliefert, und zum anderen auf das Bemühen, eigenes Entscheiden rational zu legitimieren und die eigene Entscheidungsfreiheit abzusichern. Hinzu tritt das Gefühl eines allgemeinen Normenzerfalls etwa unter dem Einflussverlust von Kirche und Familie. Der Verlust überlieferter Werte scheint nach neuer, rational gerechtfertigter *Normenbegründung* zu rufen.

Die Management-Philosophie, gleichsam als *unternehmerisches Gewissen*, schafft Konsistenz über das Präferenzsystem der Teilnehmer und Mitglieder auf allen Ebenen einer Unternehmung durch eine affektive Prägung *ethisch moralischen Verhaltens*. Da ständig neue Werte generiert, andere ausgeschieden werden, wird die Management-Philosophie zu einem der Kulturentwicklung übergeordneten Phänomen. Den Wertewandel übergreifend, hat sie vor allem über die Kategorien der *Sinngebung und Sinnvermittlung* einen Rahmen für die Kulturentwicklung abzugeben.

»Orientiert sich das Management an der Sinnfrage, ist zu erwarten, dass sich dadurch eine ganzheitliche Perspektive entwickeln lässt, die eine neue integrierende Sichtweise auf eine ganze Reihe von Phänomene und und Probleme erlaubt, die bisher weitgehend

unverbunden nebeneinander standen. Wird nämlich die Sinnfrage gestellt und zu beantworten versucht, rücken der ganze Mensch, das ganze Unternehmen und die ganze Umwelt ... ins Blickfeld« (Hartfelder = Sinnfrage = 280).

> Ganzheitlichkeit ist ohne Sinnbezug undenkbar, denn das Wesen von Zusammenhängen im Wechselspiel von Teilen und Ganzem erschliesst sich erst über die Konstruktion eines Sinnes.

Gelingt es einer Unternehmung, mit Hilfe einer Management-Philosophie ein normatives, strategisches und operatives Profil zu finden, das den Mitarbeitern eine Sinnfindung gestattet, dürften sich vielfältige derzeit vorhandene unternehmensinterne Trennungen, Spaltungen und Fragmentierungen z.B. zwischen Abteilungen (Sievers = Motivation = 287 f.), die einen fortgeschrittenen Reduktionismus signalisieren, aufheben lassen.

»Wer aber mehr Leistung fordert, muss Sinn bieten«.

W. Böckmann

Zitierte Literatur in Kapitel 2

Ackoff, R.: – Corporate Future –
Creating the Corporate Future. New York u. a. 1981.
Albert, M.; Silvermann, M.: – Philosophy –
Making Management Philosophy a Cultural Reality. In: Personnel I: Jan./Feb. 1984, S. 23–31, II: März/Apr. 1984, S. 28–35.
Dlugos, G.: – Unternehmungspolitik –
Unternehmungsplanung und Unternehmungspolitik unter pluralistischem Aspekt. In: Organisation. Evolutionäre Interdependenzen von Kultur und Struktur der Unternehmung. Festschrift zum 60. Geb. von K. Bleicher, hrsg. v. E. Seidel u. D. Wagner. Wiesbaden 1989, S. 39–53.
Dyllick, Th.: – Management –
Management der Umweltbeziehungen. Öffentliche Auseinandersetzungen als Herausforderung. Wiesbaden 1989.
Enderle, G.: – Ethik –
»Die Goldene Regel für Manager?«. In: Ethik und Unternehmungsführung, hrsg. v. Ch. Lattmann, Heidelberg und Wien 1988, S. 130–149.

Etzioni, A.: – Makrosoziologie –
Elemente einer Makrosoziologie. In: Theorien des sozialen Wandels, hrsg. v. W. Zapf. Köln – Berlin 1969, S. 147–176.

Gälweiler, A.: – Unternehmungsführung –
Strategische Unternehmungsführung. Frankfurt/New York 1987.

Gomez, P.: – Methoden –
Modelle und Methoden des systemorientierten Managements. Bern und Stuttgart 1981.

Greiner, L.: – Evolution –
Evolution and Revolution as Organizations Grow. In: Harvard Business Review 50 (4/1972), S. 37–46.

Habermas, J.: – Diskursethik –
Diskursethik – Notizen aus einem Begründungsprogramm. In: Moralbewusstsein und kommunikatives Handeln, hrsg. v. J. Habermas. Frankfurt/M. 1983, S. 53–125.

Hartfelder, D.: – Sinnfrage –
Unternehmen und Management vor der Sinnfrage – Ursachen, Probleme und Gestaltungshinweise zu ihrer Bewältigung. Diss. St. Gallen 1989.

Küng, H.: – Sinnfrage –
Verdrängte Sinnfrage – das zentrale Problem. In: Innovatio 3–4/1987, S. 4–8.

Lay, R.: – Ethik –
Ethik für Manager. Düsseldorf 1989.

Mintzberg, H.: – Power –
Power and Organization Life Cycles. In: Academy of Management Review 9 (2/1984), S. 207–224.

Probst, G.: – Management-Philosophie –
Variationen zum Thema Management-Philosophie. In: Die Unternehmung 37 (4/1983), S. 322–332.

Pümpin, C.: – Erfolgspositionen –
Management strategischer Erfolgspositionen. 3. Aufl., Bern und Stuttgart 1986.

Pümpin, C.: – Dynamikprinzip –
Das Dynamik-Prinzip: Zukunftsorientierungen für Unternehmer und Manager. Düsseldorf 1989.

Raisig, G. J.: – Personalführung –
Ethik der Personalführung. In: Personalführung 11–12/1987, S. 762–766.

Schein, E.: – Awareness –
Coming to a New Awareness of Organizational Culture. In: Sloan Management Review, Winter 1984, S. 3–16.

Schwaninger, M.: – Unternehmungsplanung –
Integrale Unternehmungsplanung. Frankfurt/New York 1989.

Sievers, B.: – Motivation –

Motivation als Sinnersatz. In: Gruppendynamik 18, Teil I (2/1987), S. 159–178; Teil II (3/1987), S. 269–295.
Ulrich, H.: – Management –
Management – Gesammelte Beiträge. Bern und Stuttgart 1984.
Ulrich H.: – Unternehmungspolitik –
Unternehmungspolitik. 2. Aufl., Bern und Stuttgart 1987.
Ulrich, H.; Probst, G.: – Anleitungen –
Anleitung zum ganzheitlichen Denken und Handeln. Ein Brevier für Führungskräfte. Bern und Stuttgart 1988.
Ulrich, P.: – Wirtschaftsethik –
Wirtschaftsethik und Unternehmungsverfassung: Das Prinzip des unternehmungspolitischen Dialogs. In: Managementphilosophie für die Zukunft, hrsg. v. H. Ulrich. Bern und Stuttgart 1981, S. 57–75.
Ulrich, P.: – Transformation –
Transformation der ökonomischen Vernunft. Bern und Stuttgart 1986.

3
NORMATIVES MANAGEMENT
Die Konstitution einer Unternehmung muss ihre Entwicklung ermöglichen und fördern

> Der Nutzen ist das Mark und der Nerv aller menschlichen Handlungen.
>
> Seneca

Curt Sandig (= Führung =) hat frühzeitig auf die Bedeutung »konstitutiver Tatbestände« für die Unternehmungsentwicklung hingewiesen. Erst während der letzten Jahre ist es jedoch zu einer verstärkten Ausgestaltung von Tatbeständen des Managements, vor allem der Unternehmungsverfassung und Unternehmungskultur gekommen. Aus derzeitiger Sicht lassen sich zur normativen Dimension des Managements *vier konstitutive Tatbestände* zählen:

1. Die *unternehmerische Vision* als ganzheitliche, vorausschauende Vorstellung von Zwecken und Wegen zu ihrer Erreichung. Ideen zur Erzielung eines Nutzens für die Gesellschaft sind als »Leitstern«, der das unternehmerische Handeln prägt, zu entwickeln.

2. *Die Unternehmungspolitik*, der die prinzipielle Aufgabe zufällt, eine *Harmonisation externer*, zweckbestimmender *Interessen* an der Unternehmung und *intern* verfolgter *Ziele* vorzunehmen, um einen »fit« – ein im Zeitablauf sich veränderndes »Fliessgleichgewicht« (Bertalanffy = Systemlehre = 38) – zwischen Um- und Inwelt einer Unternehmung zu erreichen, das langfristig die *Autonomie* des Systems gewährleistet.

Die Unternehmungspolitik wird getragen von jeweils einem »harten« *Gestaltungs*aspekt in Form

3. der *Unternehmungsverfassung*, die eine normierende, formale Rahmenordnung für die Zielfindung und den Interessenausgleich zwischen Um- und Insystem, wie für interne Auseinandersetzungen bei der ökonomischen und sozialen Zieldefinition und -realisation vorgibt,

und einem »weichen« *Entwicklungs*aspekt in Form

4. der *Unternehmungskultur*, die verhaltensbezogene Werte und Normen aus der Vergangenheit in die Zukunft »transportiert«, indem sie Perzeptionen und Präferenzen der Mitglieder eines Systems bei der Wahl von Zielen und Massnahmen prägt.

Verfassung und Kultur tragen die Unternehmungspolitik, wie umgekehrt die Unternehmungspolitik die »harte« Gestaltung der Verfassung und die »weiche« Entwicklung der Kultur einer Unternehmung prägt. Unternehmungspolitik, die sich im Widerstreit unterschiedlich geprägter Interessen entwickelt, bleibt ohne Orientierungsgrundlage, wird sie nicht von einer *unternehmerischen Vision* getragen:

»Aufgabe der Unternehmungspolitik ist es, die Vision des Unternehmers oder der obersten Führungskräfte auszudrücken, damit alle Mitarbeiter ›an einem Strick‹ und ›gemeinsam in eine Richtung ziehen‹. Die Unternehmungspolitik *ist die Gesamtheit von Unternehmungsgrundsätzen, die in einem Leitbild festgehalten, oft aber auch mündlich wiedergegeben werden. Sie regeln das Verhalten in der Unternehmung und geben an, welcher unternehmerischen Vision, welchen Werten, Normen und Idealen die Unternehmung verpflichtet ist.«*

»Die Unternehmungspolitik darf kein starres System von Unternehmungsgrundsätzen sein, sie muss zu einer Denkmethode *werden, mit deren Hilfe man unternehmungsexterne und -interne Entwicklungen erfassen, ihre Bedeutung für Motivation und Engagement der Mitarbeiter ordnen und entsprechend die Strategie festlegen und überprüfen kann« (Hinterhuber = Unternehmungsführung I = 27).*

3.1 Die unternehmerische Vision: Leitstern für das normative Management

»Die echten, *bewusst angestrebten und systematisch verwirklichten* Unternehmens-, Marketing- und Produktvisionen sind so *selten*, wie die Allerwelts-Leitbilder, die durchschnittlichen Konzepte und die Feld-Wald-und-Wiesen-Strategien häufig sind.«

Kasimir M. Magyar

Ursprung unternehmerischer Tätigkeit ist die *Vision* als generelle Leitidee, die in den verschiedenen Dimensionen des Normativen, Strategischen und Operativen zu konkretisieren ist:

»Am Anfang einer jeden unternehmerischen Tätigkeit steht wie bei jeder schöpferischen Tätigkeit eine Vision. Die Vision ist das Bewusstwerden eines Wunschtraums einer Änderung« (Hinterhuber = Unternehmungsführung I = 25).

»Für das Wesen einer Vision mag gelten, dass sie Richtungen weist. Es sind nicht die Grenzen, die sie setzt, die ihr Wesen bestimmt, sondern es ist das, was sie ins Leben ruft, nicht in dem, was sie abschliesst, in den Fragen, die sie aufwirft, nicht in den Antworten, die sie für diese findet. Richtungen sind ihrem Wesen nach unbegrenzt und münden ins Unendliche. Jede wirkliche Vision weist offene Richtungen und schliesst nichts innerhalb ab; sie ist unberührt und unbegrenzt durch materielle Gesichtspunkte. Deshalb vermag sie überall konkrete Gestalt zu gewinnen« (Hinterhuber = Unternehmungsführung I = 41).

> »Die Vision ist ein konkretes Zukunftsbild, nahe genug, dass wir die Realisierbarkeit noch sehen können, aber schon fern genug, um die Begeisterung der Organisation für eine neue Wirklichkeit zu erwecken« (Boston Consulting Group = Vision = 7).

Visionen stellen eine gleichsam eingebungsartige Wesenserfassung dar, die *zukunftsbezogen* formuliert wird. Die Vision rückt eine denkbare Situation, die in der Zukunft eintreten oder herbeigeführt werden könnte, geistig vor. Dieses Bild kann sowohl der mentalen Verarbeitung von zukunftsbezogenen Informationen als auch der subjektiven Einschätzung zukunftsweisender Entwicklungen entspringen. Letztere wurden von

Visionen wiederum beeinflusst und geprägt. Visionen haben *szenarischen Charakter*. Im Gegensatz zur »rational«-synthetischen Ermittlung von Trends, die in der Szenariotechnik zu alternativen Zukunftskonstellationen zusammengefügt werden, sind sie zumeist ohne Alternative und damit auch von höherer *subjektiver Verbindlichkeit*. Man geht sicherlich nicht fehl in der Annahme, dass grosse unternehmerische Leistungen von der visionären Vorstellung eines Zukunftszustandes, der etwa über neue Technologien, Produkte und Märkte erreichbar erscheint, getragen werden. Aber diese sind auch recht selten.

Hans Hinterhuber vergleicht die unternehmerische Vision mit dem *Polarstern*: Er ist nicht das Ziel einer Reise, gibt jedoch die Richtung an, die in der Unternehmung das Denken, Handeln und Fühlen der Mitarbeiter lenkt (Hinterhuber = Unternehmungsführung I = 42). Eine Vision umfasst die folgenden Komponenten:

- *Realitätssinn* (Dinge so sehen, wie sie sind, und nicht, wie sie in den Vorstellungen und Wünschen sein sollten)
- *Offenheit* nach aussen (Aufgeschlossenheit gegenüber dem Zeitgeist und echten Bedürfnissen der Menschen)
- *Spontaneität* (Fähigkeit, verschiedene Blickpunkte einzunehmen).

Durch ein laufendes Messen an den Erfolgen und Misserfolgen ihrer Umsetzung muss der *Realitätsbezug* der eigenen Vorstellungen immer wieder neu erprobt werden. Hans Hinterhubers oben genannte Komponenten sind daher m.E. um die *Erfahrung* im Umgang mit einer komplexen Problemlandschaft zu ergänzen, die erst die Tragfähigkeit einer unternehmerischen Vision in der Realität bestimmt. Somit ergibt sich ein Fünfeck der unternehmerischen Vision (vgl. Abb. 3.1).

Kasimir Magyar nennt als ein weiteres und vielleicht als das entscheidende Merkmal einer unternehmerischen Vision die *Kreativität*, wenn er feststellt:

»*Visionen sind durch kreative Höchstleistungen entstandene innere Bilder von einer noch anstehenden im Prinzip realisierbaren Wirklichkeit« (Magyar = Visionen = 4).*

Unternehmerische Visionen kommen nicht von ungefähr. Hans Hinterhuber (= Unternehmungsführung I = 45 f.) hat eine Reihe von positiven und negativen Leitsätzen aufgestellt (vgl. Tab. 3.1 und 3.2), die gezielt die Visionsfähigkeit des menschlichen Geistes unterstützen. Zweifel sind jedoch am Punkt 2 der Tab. 3.2 angebracht: Identifikationen und Überblick müssen sich nicht gegenseitig ausschliessen. Die grosse Kunst einer Visionsfindung mag gerade in der Kombination einer verpflichtenden Identifikation mit einer Aufgabe, einer Sache und einer sozialen Gemeinschaft einerseits und deren Einordnung in eine überblickshafte, distanzierte Perspektive andererseits liegen. Die szenarisch wahrgenommene Zukunft beruht dann auf den Erfahrungen einer identifizierten Auseinandersetzung mit Problemen der Vergangenheit.

Abbildung 3.1
Fünf Komponenten einer Vision (in Erweiterung v. Hinterhuber
= Unternehmungsführung I = 43)

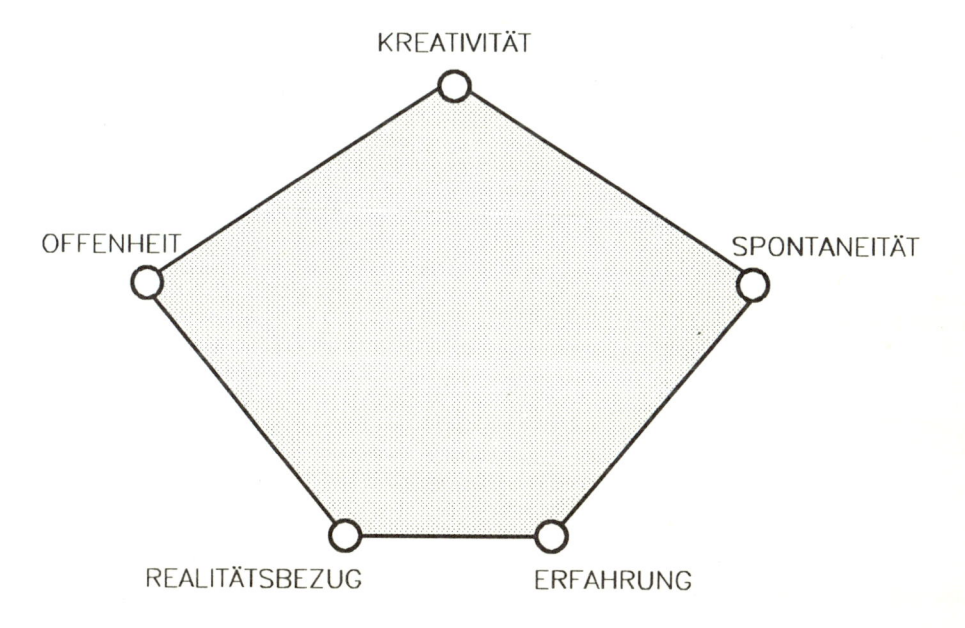

```
            KREATIVITÄT
                 O
                / \
               /   \
              /     \
  OFFENHEIT  /       \  SPONTANEITÄT
       O                     O
        \                   /
         \                 /
          \               /
           O-------------O
    REALITÄTSBEZUG   ERFAHRUNG
```

Tabelle 3.1
Positive Leitsätze der Visionsfindung (nach Hinterhuber
= Unternehmungsführung = 45)

1. Beobachte *offenen Sinnes*! Zwinge dich zur Beobachtung, auch wo du wenig Neigung dazu verspürst.
2. *Denke in Alternativen*! Stelle bestehende Zustände in Frage. Analysiere dein Gefühl des Unbehagens.

3. *Sammle Erfahrungen!* Sei dankbar für jede Erfahrung und jeden Eindruck, die deine Hirngespinste zerreissen.
4. *Denke positiv*! Jeder Stock hat zwei Enden – ein gutes und ein schlechtes. Sieh auch in Rückschlägen die positive Seite!
5. *Sei aufmerksam*! Konzentration ist der Weg zur Visionsfähigkeit.
6. *Versetze dich in die Lage der anderen!* Interessiere dich für die Probleme und Bedürfnisse deiner Mitmenschen.
7. *Sei Herr deines Vorstellungsverlaufes!* Wenn du heute bei Null beginnen würdest, wie würdest du deine Lebensaufgaben definieren? Die Vision soll eine Herausforderung darstellen, besser zu sein, als man denkt, dass man ist.
8. *Beschäftige dich mit der Frage, was zurückblickend im Alter dein ganz persönliches Werk sein könnte!* Um was wäre die Welt ärmer, wenn es dich oder deine Unternehmung nicht gegeben hätte?
9. *Strebe eine Vision an, die deinen Möglichkeiten entspricht!* Lieber seiner eigenen, noch so niedrigen Vision folgen, als der noch so hohen eines anderen.
10. *Habe Sinn für Humor!* Wer Sinn für Humor hat, ist in einem gewissen Sinne frei und steht über den Dingen.

Tabelle 3.2
Negative Leitsätze der Visionsfindung (Nach Hinterhuber
= Unternehmungsführung = 46)

1. *Vermeide negative Emotionen!* Wir vergeuden einen Grossteil unserer Energie durch Selbstmitleid, Eitelkeit, Angst vor Ereignissen, die voraussichtlich niemals eintreten werden und mit völlig überflüssigen Prestigevorstellungen.
2. *Identifiziere dich nicht mit den Dingen!* Je mehr wir uns mit dem Beruf, der Unternehmung und der Gemeinschaft identifizieren, desto weniger gewinnen wir Distanz zu den Dingen. Wir müssen unsere Aufgabe professionell und effizient erfüllen, sie aber aus einer Helikopterperspektive überschauen.
3. *Vermeide Projektionen!* Wir reagieren auf nichts direkt, sondern immer nur auf unsere Interpretation darauf. Wir reagieren nicht auf bestimmte Strategien der Konkurrenz, sondern darauf, wie wir sie interpretieren.

Aus der Tatsache, dass Kreativität ein Wesensmerkmal unternehmerischer Visionen ausmacht, ergibt sich die Frage nach den *Trägern* des Prozesses der Visionsfindung. Kasimir Magyar sieht sie in der *individuellen* Erfahrungs- und Vorstellungswelt begründet:

»Die Geschichte lehrt uns, dass die Pionierleistungen , die wir heute als Visionen auffassen eher das Werk von einzelnen, herausragenden Persönlichkeiten als von Teams *sind« (Magyar = Vision = 5).*

Demgegenüber verweisen Hans H. Hinterhuber und Eric Krauthammer auf *kollektive* Ansätze zur Hebung der Mitarbeiter-Kreativität, um zu einer Visionsfindung zu kommen:

»Das Instrument, um kreative Mitarbeiter aus allen Funktionsbereichen und Verantwortungsebenen an einen Tisch zu bringen, ist das ›Visionsteam‹ ... Das Visionsteam ist für die Entwicklung und Weiterbildung von Visionen zuständig. Mit der Einrichtung eines Visionsteams, das sich aus kreativen Mitarbeitern aus allen Verantwortungsbereichen zusammensetzt und Aussenstehende mit einschliessen kann, wird die Suche nach und Diskussion von Visionen institutionalisiert« (Hinterhuber/Krauthammer = Visions-Team = 29f.).

Die *Wirkung* von Visionen auf die Mitarbeiter lassen sich mit Kasimir Magyar in folgenden Punkten zusammenfassen (= Vision = 5f.):

1. Sinnvermittlung und Faszinationskraft
2. »Brandstiftung« und Begeisterung
3. Impulsgebung und »Trendsetting«
4. Identifikations- und Erinnerungsfähigkeit
5. Kreativitäts- und Innovationsförderung
6. Lokomotionswirkung, Motivation und Integration
7. Kompass- und Leuchtturmfunktion
8. Vorsprungsproduktion, Macht- und Existenzsicherung.

3.2 Unternehmungspolitik – Sicherung der Entwicklungsfähigkeit durch »politics« und »policies«

Die Unternehmung ist ein *offenes, autonomes System* in einer *komplexen* und *dynamischen Umwelt.* Die Autonomie der Unternehmung ist eine wesentliche Voraussetzung ihrer Entwicklungsfähigkeit. Die Bewahrung der

System*autonomie* im Rahmen dieser Entwicklung aber bedarf zunehmend einer Verarbeitung von *Komplexität* und einer durch den beschleunigten Wandel notwendigen Anpassungsfähigkeit im Spannungsfeld von *Um- und Inwelt*. Unternehmungspolitik ist dabei, wie die Abb. 1.6 gezeigt hat, immer zweifach orientiert im Spannungsfeld von *Um- und Inwelt* sowie von *Vergangenheit, Gegenwart und Zukunft*.

3.2.1 »Politics« – der Ausgleich von Umwelt- und Inwelt-Interessen in der Unternehmungspolitik

> »Today's large corporation is highly politicized. Its managers are continually looking inward to catch any shift in the power constellation, so that they can adjust to it before they find themselves on the loosing side.«
>
> Ginzberg/Vojta

Um in einer komplexen und dynamischen Umwelt als autonomes System überleben zu können, muss die Unternehmung für aktuell und potentiell relevante Bezugsgruppen einen Nutzen bereitstellen können.

»Die Unternehmung bildet somit den Brennpunkt einer Vielzahl unterschiedlicher Interessen, die von indifferenter, komplementärer oder konfliktärer Art sein können. Konfliktäre Interessen liegen unternehmungsinternen und unternehmungsexternen Austauschbeziehungen zunächst latent bereits bei wechselseitiger Orientierung am wirtschaftlichen Formal-Ziel zugrunde. Konfliktäre Interessen stehen sich in unternehmungsinternen und unternehmungsexternen Konkurrenzsituationen gegenüber und resultieren des weiteren aus einseitigen Beeinträchtigungen. Zur Erweiterung des Konfliktpotentials im Unternehmungssektor hat die bewusstere Verfolgung individueller Interessen beigetragen, die von der Verschiebung einer Reihe von Machtrelationen begleitet worden ist« (Dlugos = Unternehmungspolitik = 40).

Als wesentliche Funktionen der Unternehmungspolitik im Spannungsausgleich von Um- und Inwelt lassen sich nennen:

- *Unternehmungspolitische Offenheit gegenüber der Umwelt und Interessenausgleich zwischen Um- und Inwelt:*

Die Unternehmung wird nicht von einem *Selbstzweck* geleitet, sondern erfüllt eine Funktion in ihrer Umwelt. Sie stiftet, wie schon vorher angedeutet, für relevante Bezugsgruppen einen Nutzen (Pümpin = Dynamikprinzip = 46f.). Wird diese *Funktion* von der Umwelt nicht mehr anerkannt und ökonomisch honoriert, verliert sie ihre *Autonomie*. Aussen-*zweckorientiert* dient die Unternehmung damit zunächst *Interessen* anderer: Konsumenten, Kapitalgebern, Mitarbeitern, Kommunen, Fiskus usw.

- *Unternehmungspolitische Integration differenzierter Ziele und Interessen der Inwelt:*
 Sofern die Unternehmung Komplexität durch systemische *Arbeitsteilung* und persönliche *Spezialisierung* verarbeitet – dies wird durch die begrenzte *Kapazität* des Menschen als Träger des Sozialsystems »Unternehmung« erforderlich – ergeben sich in ihrem Inneren Ziele unterschiedlicher Reichweite und Ausrichtung, die es zu integrieren gilt.

Hinzu kommt, dass Vertreter von Interessen jeweils eigene Vorstellungen bezüglich der Unternehmungspolitik einbringen, die wiederum mit anderen kollidieren können. Hierbei sind sowohl die Forderungen als auch die Unterstützungsversprechen, sich für bestimmte Belange der Unternehmung einzusetzen, miteinander zu harmonisieren. Das Ergebnis dieses politischen Prozesses stellt die Voraussetzung dafür dar, dass die Entscheidungen durchgesetzt und realisiert werden können.

Abb. 3.2 (S. 82) zeigt das Modell von David Easton, welches beide Aspekte behandelt. Easton (= Systems Analysis = 32, 73 ff.) beschreibt den politischen Prozess als eine Menge sozialer Interaktionen.

Die Forderungen und Unterstützungen entstehen aus den beiden Umsystemklassen und ergeben zusammengenommen die *Input*grössen des politischen Systems Unternehmung. Durch Transformationsprozesse innerhalb der Unternehmung werden *Outputs* produziert, die hier mit »policies« bezeichnet werden. Diese policies üben dann ihrerseits durch Rückkoppelungsprozesse wieder Einflüsse auf die Forderungen und Unterstützungen aus. Bildlich gesprochen bilden die Inputs das Rohmaterial, aus dem das System Unternehmung Outpus bzw. policies »produziert«. Dabei wird der Transformationsprozess durch die Führungskräfte entscheidend geprägt, da an sie aufgrund ihrer Entscheidungs- und Kompetenzverantwortung, Forderungen gestellt werden.

Von besonderem Interesse ist aber der Transformationsprozess von Forderungen in Outputs und letztendlich zu bindenden Entscheidungen (siehe Abb. 3.3). Dabei unterliegen die Forderungen im Netzwerk der Unternehmung Veränderungen, wenn sie nicht innerhalb dieses Prozesses gänzlich untergehen. Aufgrund des Ausscheidens vieler Forderungen und der Modifikationen verbleibender Forderungen wird gewährleistet, dass die Entscheidungsträger kapazitätsmässig nicht überfordert werden.

Abbildung 3.2
Grundmodell eines politischen Systems nach D. Easton
(= Systems Analysis = 30)

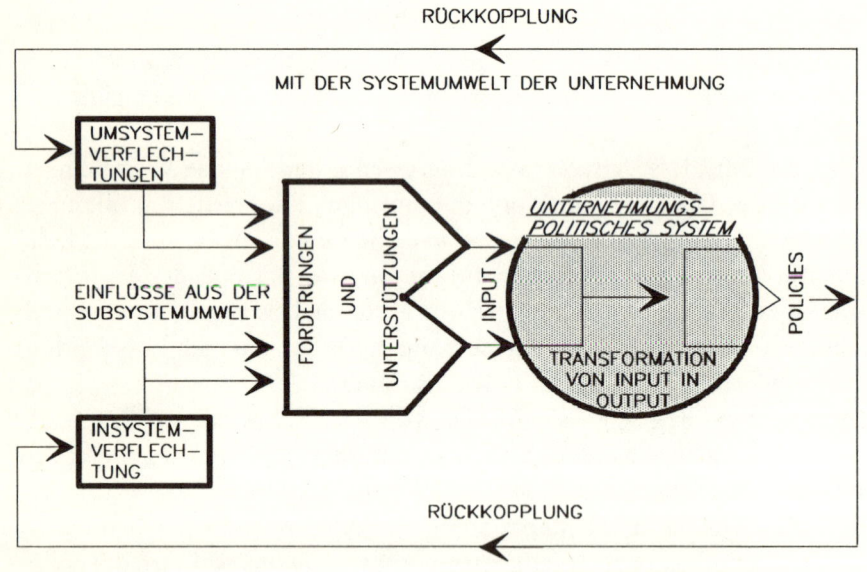

David Easton unterscheidet dabei zwischen fünf Kanälen (S bis W) und Reduktions- (R) und Konversionsprozessen (I), wobei die Kanäle angeben, ob überhaupt Reduktions- und Konversionsprozesse durchlaufen werden. Dabei steht die *Reduktion* für die Eliminierung einzelner Forderungen als auch für den Kombinationsprozess einzelner Forderungen zu einem übergeordneten Forderungskomplex. Unter *Konversion* wird die Veränderung einer Forderung in einen Kernpunkt (issue) verstanden, wodurch es wahrscheinlich wird, dass diese letztlich zu bindenden Entscheidungen führen.

Abbildung 3.3
Arten der Umwandlung von Forderungen in Outpus nach David Easton
(= Systems Analysis = 73 f.)

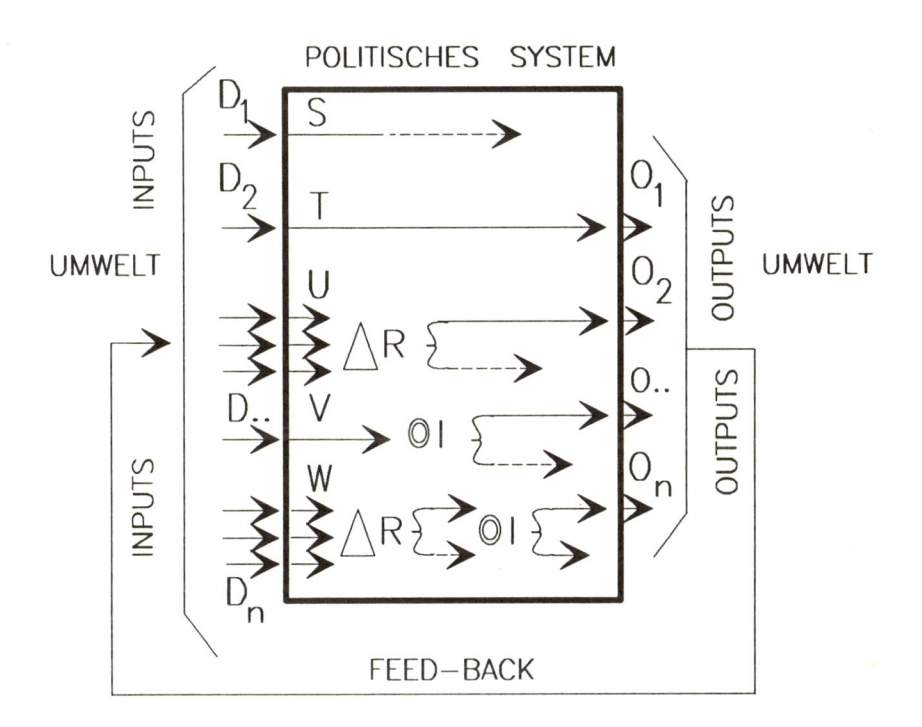

```
                POLITISCHES  SYSTEM
         ┌──────────────────────────┐
     D₁  │  S  ─ ─ ─ ─ ─>           │
   ─>    │                          │  O₁
     D₂  │  T  ─────────────────>   │ ─>
   ─>    │                          │
         │  U                       │  O₂
         │ ⇉  △R ⟨─ ─ ─ ─ ─>        │ ─>
     D.. │                          │  O..
   ─>    │  V  ─> ⊚I ⟨─ ─ ─>        │ ─>
         │                          │
         │  W                       │  Oₙ
         │ ⇉  △R ⟨─> ⊚I ⟨─ ─>       │ ─>
     Dₙ  │                          │
   ─>    └──────────────────────────┘
                    FEED-BACK
```

INPUTS — UMWELT — OUTPUTS — UMWELT

DIE SYMBOLE BEDEUTEN:

D_i (i = 1, 2, ..., n):   verschiedene Forderungen

S bis W : 4 mögliche Arten von Umwandlungsvorgängen einer Forderung in eine Outputkategorie

─ ─ ─> : Forderung geht unter

─────> : Forderung "fliesst" dem Pfeil entlang

△R : Reduktionspunkt. Wenn eine Forderung Element des politischen Prozesses geworden ist, kann sie modifiziert oder mit anderen Forderungen kombiniert werden. Aus diesem Grunde verringert sich die Gesamtzahl der Forderungen im System.

⊚I : Forderungen werden zu Streitpunkten, erfordern Selektion, bevor sich definitiver Output entwickelt.

O (i = 1, 2, ..., n) : verschiedene Outputgrössen – "policies"

Unter dem Zwang, im Hinblick auf grundsätzliche Entscheidungen *unterschiedliche Interessen* berücksichtigen zu müssen, die die Zukunftsentwicklung einer Unternehmung beeinflussen, gewinnt Unternehmungspolitik auch eine eminent *politische Rolle (»politics«)*.

»*Die Instrumentalbeziehungen zwischen den Eigenkapitalgebern, Unternehmungsleitern (Managern), Arbeitnehmern, Fremdkapitalgebern sowie Gebietskörperschaften und öffentlichen Institutionen als mögliche Interessen*gruppen *einerseits und der* Unternehmung *andererseits sind grundsätzlich Zweck-Mittel-Relationen.*

Diese gilt es insofern zu untersuchen, als sie einmal den Hintergrund für das Entstehen von Unternehmungszielen *abgeben, zum zweiten die* Erfassung von Zielkonflikten und Zielakzeptanz *ermöglichen und letztlich auch zur teilweisen Erklärung der an die Unternehmung gestellten Verhaltenserwartungen beitragen*« (Schmidt = Wirtschaftslehre = 59).

Dies betrifft nicht nur das Aussenverhältnis der Unternehmung aufgrund ihrer arbeitsteiligen Binnenorganisation, sondern auch ihr Innenverhältnis.

»Politics« als Teil des Prozesses der Unternehmungspolitik (vgl. Abb. 3.4) akzentuiert aber auch Besonderheiten, die mit menschlichen Verhaltensweisen in der Unternehmung zu tun haben. Ohne Macht, Herrschaft und Konflikt ist ein Interessenausgleich zwischen Um- und Inwelt sowie von Vergangenheit und Zukunft nicht möglich. *Herrschaft, Macht und Konflikt* sind wesentliche *Merkmale* der »politischen« Dimension jeder Unternehmungspolitik. Die Ausübung von Druck und Gegendruck zwischen verschiedenen Akteuren und Gruppen (Fraenkel = Politik = 232) kennzeichnet den politischen Prozess. Politische Aktivitäten haben damit immer etwas zu tun mit der Determinierung kollidierender *Handlungsspielräume* unter Einsatz von *Macht* aufgrund von *Herrschaft* zur *Sicherung* von Grundzielen der Institution, der Gruppe oder des Individuums (Dlugos = Unternehmungspolitik = 46).

Anders ausgedrückt kommt es immer dann zu einem Konflikt, wenn von der Grundausrichtung der Unternehmungen abweichende Vorstellungen vorliegen und die Entscheidungsträger versuchen, ihre jeweilige Sicht als verbindlich zu erklären. Macht dient der *Verbindlichmachung* von Entscheidungen. Offen bleibt hierbei allerdings die Definition der Grundlagen der Macht, sowie die der Machtverteilung, als Gegenstand des Legitimierungsprozesses. Letztere wird zu grossen Teilen in der Unternehmungsverfassung geregelt und während des politischen Prozesses zwischen den einzelnen Akteuren ausgehandelt.

Abbildung 3.4
Harmonisation von Interessen zu »Policies« im politischen Prozess der Unternehmung

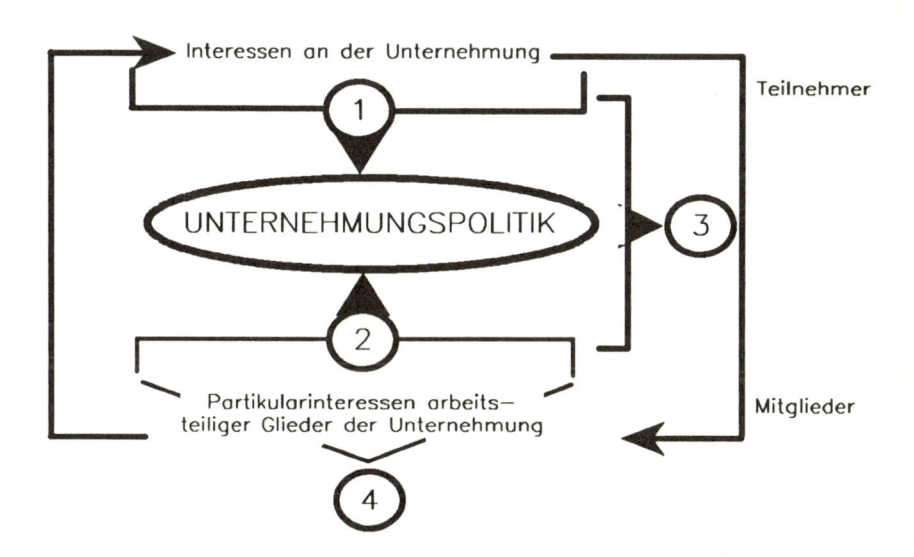

```
              Interessen an der Unternehmung
                         (1)                           Teilnehmer
              UNTERNEHMUNGSPOLITIK  →  (3)
                         (2)
              Partikularinteressen arbeits-            Mitglieder
              teiliger Glieder der Unternehmung
                         (4)
```

"POLITICS"
- ① Harmonisation der Interessen an der Unternehmung (Teilnehmer)

- ② Harmonisation der Partikularinteressen von humanen Elementen und der von ihnen vertretenen Bereiche aufgrund der arbeitsteiligen Struktur (Mitglied)
  (Direktorialprinzip = unipersonal; Kollegialprinzip = multipersonal fokussiert)

- ③ Harmonisation der Teilnehmer- und Mitgliederinteressen
  Als Frage bleibt offen: Gibt es darüber hinaus als Zwischenglied (= Art gemeinsamer Nenner) ein "institutionelles Interesse" der Unternehmung, dem sich mehr oder weniger alle Beteiligten verpflichtet fühlen?

"POLICIES"
- ④ Verdichtung und Vorgabe der erzielten Harmonisationsergebnisse an die Mitglieder als generelle Richtschnur ihres Handelns:
  - generelle Ziele und Verhaltensnormen, die die Unternehmungsentwicklung kanalisieren;
  - aus denen Strategien und Operationen im Rahmen des Kanals der Unternehmungsentwicklung (= Konkretisierung) abgeleitet werden können.

Die bei David Easton noch unstrukturierte Behandlung der Macht als Element politischer Prozesse kann um eine Unterscheidung von materiellen, kognitiven und affektiven *Machtgrundlagen* erweitert werden, um zu einem besseren Verständnis des Zielbildungsprozesses auf der Ebene der Unternehmungspolitik zu gelangen. Auf diesem Wege ist es möglich, je nach Erscheinungsform der Macht unterschiedliche Wirkungsmechanismen zu unterscheiden. Es wird dann deutlich, dass das Modell eines politischen Systems nach David Easton die Machtbeziehungen nicht ausreichend abbilden kann, da ein politisches System in der Realität weder offen, zentral noch interesselos ist, sondern ein »Geflecht« von persönlichen Bedürfnissen und Wertvorstellungen auf der Grundlage unterschiedlicher Machtkompetenzen darstellt. Festgehalten werden kann somit, dass *Macht* ein Kernproblem der Analyse politischer Systeme und somit auch der Unternehmung darstellt (Krüger = Macht =). Sie ist das Regulativ, das die Möglichkeit schafft, bei unterschiedlich geprägten Vorstellungen über die Grundausrichtung der Unternehmungspolitik eine bestimmte Managementphilosophie als verbindlich zu erklären und diese im politischen Kräftespiel der Unternehmung auch durchzusetzen. Macht, die immer Ausdruck einer asymmetrischen Struktur ist, bedarf der Legitimation, weil sie sonst ihre harmonisierende Wirkungskraft verliert. Wie Macht schliesslich legitimiert, ausgestaltet und mit dem Ziel der Harmonisation aller Anstrengungen zur Formulierung und Durchsetzung unternehmungspolitischer Missionen eingesetzt wird, ist Gegenstand einer formellen Regelung in der Unternehmungsverfassung und der kulturellen Prägung der Unternehmung. Diese ist ohne einen Bezug zu den Machtgrundlagen, welche die »stakeholder« in Form von knappen materiellen und immateriellen Ressourcen wie Rechten in den politischen Prozess einbringen.

3.2.2 Der Ausgleich des Spannungsverhältnisses von Vergangenheit und Zukunft in der Gegenwart verlangt eine Harmonisation der Perspektiven von Mitgliedern und Teilnehmern

Mitglieder und Teilnehmer am System Unternehmung bringen jeweils eigene Perzeptionen (Wahrnehmungen) von der Wirklichkeit und im Hinblick auf zukünftig angestrebte Verhältnisse und Entwicklungen (Vorlieben) eigene Präferenzen in den unternehmungspolitischen Prozess ein. Diese sind in der Vergangenheit geprägt worden, beziehen sich auf die Zukunft, sind aber als Probleme der Gegenwart zu lösen.

Notwendigkeit der Normierung der Entwicklungsrichtung der Unternehmung aus vergangenheitsgeprägten Erfahrungen heraus

Die Zukunftsentwicklung stellt eine Unternehmung vor unübersehbare *Konstellationen* von *Chancen* und *Risiken*. Die Unternehmungspolitik hat die Aufgabe, dieses unbestimmte Feld zu *strukturieren* (Beziehungskomplexe im Wandel zu durchdringen, Wahrscheinlichkeiten situativer Konstellationen zu beurteilen), zu *relativieren* (Feststellen der Relevanz dieser Konstellationen für die eigene Unternehmungsentwicklung und Erkennen von Chancen und Risiken für die eigene Positionierung) und zu *reduzieren* (unter Beachtung der eigenen Möglichkeiten und Grenzen, ferner unter Ausschluss bestimmter Entscheidungen für erfolgversprechende Entwicklungspfade in die Zukunft).

Bei der Bewältigung der Zukunft darf jedoch die Vorprägung der unternehmungspolitischen Akteure durch die Vergangenheit nicht übersehen werden. Die Ergebnisse, welche das Sozialsystem einer Unternehmung während der Problembewältigung in der Vergangenheit kollektiv abgespeichert hat, verdichten sich nämlich zu Einstellungen und Verhaltensweisen, die dann in der Gegenwart die Perzeptionen und Präferenzen für mögliche Kurse der Zukunftsbewältigung bestimmen. Die Träger der Unternehmungspolitik haben dabei die Aufgabe einer Harmonisation von Zeitvorstellungen im Aussen- wie im Innenverhältnis der Unternehmung. Ebenso müssen sie unternehmungsintern diesen Ausgleich zwischen einzelnen Individuen und Gruppen herstellen. Dies bedeutet nichts weniger als zu versuchen, auf deren Wahrnehmung und Bewältigung von Problemen verändernd Einfluss zu nehmen.

Zeitkonzeptionen der Führung konkretisieren sich vor allem in Einstellungen
– zum zeitlichen Fortschritt und seiner Beschleunigung (»Tempo«),
– zur Periodizität eigenen Handelns und seiner Orientierung an Vergangenem, Gegenwärtigem und Zukünftigem,

- zu notwendigen und günstigen Zeitpunkten des Handelns,
- zur erforderlichen Zeit, die Handlungsabläufe zu ihrer Realisierung benötigen,
- zur zeitlichen Reichweite, mit der zukünftiges Geschehen und Handeln, wie deren Ereignisfolgen betrachtet werden.

Sie formieren sich durch das Aufeinandertreffen der unterschiedlichen Konzeptionen einzelner Mitglieder der Führungsgruppe und deren kollektiver Harmonisation im politischen Prozess (im Sinne von »politics«, vgl. Dorow = Unternehmungspolitik = 25). Mit dem mehr oder weniger tiefgreifenden Harmonisationsprozess setzt eine kollektive Programmierung von Perzeptionen und Präferenzen im Hinblick auf den Umgang mit der Zeit ein, der als ein Attribut allen Sachentscheidungen anhaftet. Sie prägt die Lenkung und Gestaltung und damit letztlich die Entwicklung einer Unternehmung wesentlich. Führung ist damit in ihrer Zeitkonzeption nicht nur kulturabhängig – um das gesamte Einflussfeld pauschal zu umschreiben – sondern auch kulturprägend, indem sie sozialen Systemen direkt und ihren Umsystemen indirekt den Stempel ihrer Zeitkonzeptionen aufdrückt.

Die Definition eines Entwicklungspfades in die Zukunft als Aufgabe der Unternehmungspolitik

Die unternehmungspolitische Definition eines Entwicklungspfades in die Zukunft erfolgt durch *generelle Ziele*, die wiederum durch die Vorgabe einer *Grundorientierung* für präferierte Verhaltensweisen der Mitglieder einer Unternehmung spezifiziert werden. Diese Eingrenzung eines Entwicklungspfades kann sowohl durch positive als auch durch negative Vorgaben erfolgen. Positive Vorgaben bedürfen zumeist konkreter Zielvorgaben, wobei der Toleranzbereich, in dem Abweichungen situativ akzeptabel erscheinen, jeweils neu definiert werden muss. Dies kann Unsicherheiten bei den Mitarbeitern über die wechselnden Zielsetzungen der Spitzenführung mit sich bringen, die letztlich zu einer (weiteren) Politisierung (»politics«) des Klimas einer Unternehmung führen. Die negative Vorgabe von Grenzen eines Verhaltensspielraums durch eine Definition unzulässiger Aktionsfelder dagegen definiert autonome Spielräume und hilft derartige Irritationen zu vermeiden.

In Abb. 3.5 wird die Definition von unzulässigen Aktionsfeldern, aus denen sich die Bandbreite der erstrebten unternehmungspolitisch zulässigen Entwicklungsrichtung ergibt, in Anlehnung an Cuno Pümpin (= Erfolgspositionen = 41) dargestellt. Während die Bestimmung der Grenzen von unzulässigen und zulässigen Aktionsfeldern der Managementfunktion der *Gestaltung* zuzurechnen ist, sind Aktionen der Kursfindung und Aussteuerung innerhalb der unternehmungspolitisch erstrebten Bandbreite Sache der *Lenkung* durch das Management.

Abbildung 3.5
Definition des unternehmungspolitisch anvisierten Zukunftskurses der Unternehmungsentwicklung

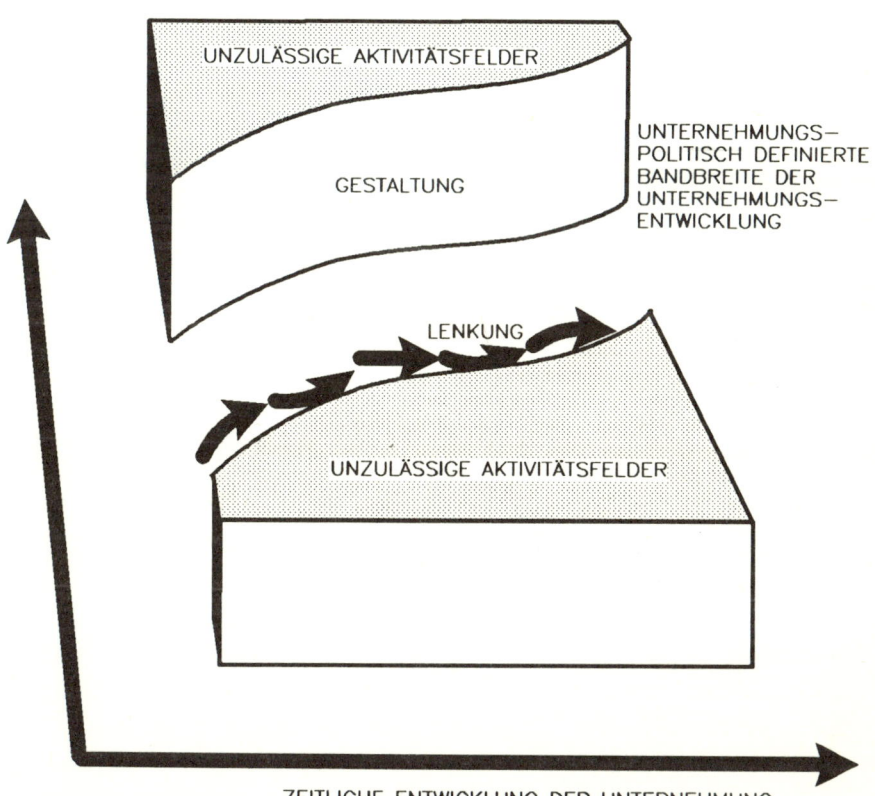

Unternehmungspolitik:
Definition von Nutzenpotentialen für die Zukunft

> »Es lässt sich konstatieren, dass Dynamik nicht nur aus organisatorisch-motivationalen Massnahmen resultiert, sondern in noch grösserem Ausmass sich aus der konsequenten Ausrichtung der Unternehmensaktivitäten auf attraktive Nutzenpotentiale ergibt.«
>
> Cuno Pümpin

Die innerhalb der Unternehmungspolitik definierten generellen *Ziele* und die damit vermittelte *Grundorientierung* für das strategische und operative Verhalten stecken einen Entwicklungspfad für die Zukunft einer Unternehmung ab. Dieser Zukunftspfad umfasst die Entwicklung einzelner Nutzenpotentiale für Bezugsgruppen, die im Rahmen des strategischen Managements in Form strategischer Erfolgspotentiale eine gestaltende Konkretisierung finden. Dies erfolgt strategisch durch die programmatische Vorgabe von konkreten Zielen und Wegen für den Aufbau, die Stabilisierung oder Ausbeutung einzelner Erfolgspotentiale, die schliesslich zur strategischen Positionierung einer Unternehmung gegenüber ihren relevanten Wettbewerbern führt.

> »Als ein Nutzenpotential ist eine in der Umwelt, im Markt oder im Unternehmen latent oder effektiv vorhandene Konstellation zu bezeichnen, die durch Aktivitäten des Unternehmens zum Vorteil aller Bezugsgruppen erschlossen werden kann« (Pümpin = Dynamik-Prinzip = 47).

Für die Entwicklung von Nutzenpotentialen, die einen Ausgleich zwischen Umweltforderungen und unternehmerischen Angeboten zu ihrer Erfüllung schaffen, ist der Interessendruck, der vom Umfeld auf die Unternehmung ausgeht, wesentlich. Je stärker dieser Druck sich beispielsweise vom Sozialen weg auf kurzfristige formalökonomische Ergebnisse hin neigt, um so eher ist eine *opportunistische Ausbeutungspolitik* von Unternehmungen zu erwarten. Je geringer dieser Druck ist, und je mehr soziale und sach-inhaltliche Ziele die Unternehmungspolitik bestimmen, um so grösser dürfte die Möglichkeit sein, eine *verpflichtete Entwicklungspolitik* zu verfolgen, die neue, zukunftsweisende Nutzenpotentiale und damit strategische Erfolgspotentiale erschliesst.

Autonomie als Voraussetzung für die Entwicklungsfähigkeit der Unternehmung

Die Sicherung der Entwicklungsfähigkeit einer Unternehmung als Aufgabe der Politik hat die Autonomie ihres Handelns zur Voraussetzung. Diese wiederum liegt begründet in der Sinn- und Zeitautonomie, die einer Unternehmung die Freiheit des Agierens gewährleistet.

1. Sinn- und Zeitautonomie bestimmen die unternehmungspolitische Handlungsautonomie der Unternehmungsführung

Die Sicherung der Autonomie der Unternehmung verlangt eine *Ausdifferenzierung* ihrer spezifischen *Sinn-* und *Zeitautonomie* als Voraussetzung für ihr arteigenes, von der Umwelt *differenziertes* Handeln.

> *Sinnautonomie* heisst, dass die Ausdifferenzierung eines spezifischen *Wertesystems* aus dem Wertegefüge der Umwelt zu einer spezifischen *sozio-kulturellen Identitätsprägung* im Inneren der Unternehmung führt.

Durch ihre motivierenden und kohäsiven Effekte schafft sie die Voraussetzung zur Stabilisierung einer Innen-/Aussendifferenz in einer *systemeigenen Kultur*, die aus sich heraus eine *Anpassung* an neue Entwicklungen *durch Lernen* möglich macht.

> Da die Unternehmung niemals im Gleichtakt auf umsystemische Impulse reagieren kann, bedarf es einer identitätsprägenden *Zeitautonomie*, welche der Unternehmung quasi ihren eigenen »Zeitstrom« verleiht.

Diese Zeitautonomie garantiert einen relativen Freiraum im Verhältnis zum Umsystem in zeitlicher Hinsicht, der, wenn Handlungen als zeitbindende Ereignisse verstanden werden, die Handlungsautonomie sichert.

»Ein Komplexitätsgefälle zwischen Umwelt und System kann nur entstehen und ausgebaut werden, wenn das System auch in der Zeit ausdifferenziert wird. Auf sehr abstrakte Weise kann man sagen: es entsteht systemeigene Zeit, die aber gleichwohl in die Weltzeit passen muss. Müsste ein System auf Umweltereignisse, die es betreffen, immer in dem Zeitpunkt reagieren, in dem sie vorkommen, hätte es kaum Chancen zur Wahl neuer Reaktionen. Nur Voraussicht einerseits und Verzögerung andererseits eröffnen einen Spielraum für eigene Strategien« (Luhmann = Soziale Systeme = 253ff.).

Gelingt es einem System nicht, seine Zeitautonomie zu sichern, gilt das sog. *Gresham'sche Planungsgesetz: Unwichtiges, aber zeitlich Dringliches verdrängt Wichtiges, aber zeitlich nicht als dringlich Wahrgenommenes.*

2. Handlungsautonomie ist Voraussetzung für die Überlebens- und Entwicklungsfähigkeit einer Unternehmung

Sinn- und Zeitautonomie sind Voraussetzungen für eine Gewährleistung der unternehmungspolitischen, strategischen und operativen Handlungsautonomie eines Systems.

> Handlungsautonomie ist für eine Unternehmung dann gegeben, wenn sie in Selbstbestimmung aus möglichen und realistischen Zielen und Strategien wählen und diese im Hinblick auf ihr zur Verfügung stehenden Ressourcen durchsetzen kann.

Jede Einschränkung von Optionen bei der Wahl und der Durchsetzung von Zielen, Strategien und Verfahren ist geeignet, die Handlungsautonomie zu vermindern.

Typisch für Unternehmungskrisen ist die sich selbst generierende Kraft von zunehmenden Ressourcenbeschränkungen, die zu einer Einengung realisierbarer Verfahren, zum Schrumpfen des strategischen Möglichkeitenraums und schliesslich zum Ziel-Desaster führen. Deshalb sollte es das zentrale Anliegen unternehmungspolitischer Anstrengungen sein, den Optionskanon gross und erweiterungsfähig zu halten. Dabei sind auch Vorgehensweisen zu betrachten, die direkt auf eine Erhöhung der Handlungsautonomie wirken können (s. Tab. 3.3).

Tabelle 3.3
Beispiele für Möglichkeiten zur Erhöhung der Handlungsautonomie

- *Externe Vorgehensweisen:*
  - Einflussnahme auf andere gesellschaftliche Gruppierungen (Lobbyismus, Mitwirkung in Verbänden usw.)
  - Positionierung gegenüber Lieferanten (»second sourcing«) und Kunden (Streben nach der monopolistischen Nische)
  - Erhöhung der Kooperationsfähigkeit der Unternehmung durch Mehrfachmitgliedschaft in anderen Institutionen (Verwaltungsratsmandate, politische Mandate)

- *Interne Vorgehensweisen:*
  - Schaffen von Redundanzen (Reservelager, Liquiditätsreserven, »organizational slack«)
  - Einhalten geschäftsethischer Normen (keine »kickbacks« und »Insider-Geschäfte«)

3.2.3 »Policies« – Missionen als Vorgabe für strategisches und operatives Verhalten

Ergebnisse des politischen Prozesses der Unternehmung sind sog. »policies«, die das strategische und operative Verhalten in eine Richtung lenken sollen, die der erstrebten Unternehmungsentwicklung entspricht. Sie stellen in grundsätzlicher und umfassender Form Vorgaben für den Vollzug von Handlungen dar. Als Ausfluss politischer Prozesse des Interessenausgleichs, die durch die Unternehmungsverfassung reguliert und durch die Unternehmungskultur verhaltensmässig getragen werden, können sie als *»Missionen«* für die Unternehmungsentwicklung bezeichnet werden.

> Missionen als »output« des unternehmungspolitischen Systems sollen eine *generelle Zielausrichtung* und eine *Grundorientierung für das strategische und operative Management* vermitteln.

Die unternehmungspolitischen Missionen lassen sich auf einige wesentliche Fragestellungen reduzieren, zu denen jede Unternehmung Stellung beziehen muss, will sie ihre Zukunft in zweckgerechter Weise ansteuern.

Dimensionen genereller Zielausrichtung durch die Unternehmungspolitik

Die generelle Zielausrichtung durch die Unternehmungspolitik lässt sich innerhalb von vier grundlegenden Dimensionen erfassen. In jeder Dimension ergeben sich Profilierungsmöglichkeiten auf zwei Skalen, die in extremer Ausprägung jeweils ein typisches Muster verkörpern. Werden diese Muster zu einer Gesamtschau der generellen Zielausrichtung durch die Unternehmungspolitik verdichtet, ergibt sich eine Typologie unternehmungspolitischer Missionen, die es einzelnen Unternehmungen gestatten soll, sich in ihr oder in den gebotenen Abweichungen von Ist-Gegebenheiten und intendierten Vorstellungen für die Zukunftsgestaltung wiederzufinden. Als Dimensionen und Profilierungsmöglichkeiten bieten sich die in Abb. 3.6 dargestellten Aspekte einer Zielausrichtung durch unternehmungspolitische Missionen an.

Tabelle 3.4
Profilierung der generellen Zielausrichtung durch unternehmungspolitische Missionen

I. *Zielausrichtung auf Anspruchsgruppen*
   1. Monistisch ökonomische vs. pluralistisch gesellschaftliche Zielausrichtung
   2. Kurzfristige vs. langfristige Perspektive der Zielausrichtung

II. *Entwicklungsorientierung*
   3. Chancenperspektive
   4. Risikoperspektive

III. *Ökonomische Zielausrichtung*
   5. Ausrichtung auf sachliche Leistungsziele
   6. Ausrichtung auf finanzielle Wertziele

IV. *Gesellschaftliche Zielausrichtung*
   7. Ausrichtung auf ökologische Ziele
   8. Ausrichtung auf soziale Ziele

Abbildung 3.6
Prinzipieller Zusammenhang von genereller Zielausrichtung und
Grundorientierung für die Zielverwirklichung

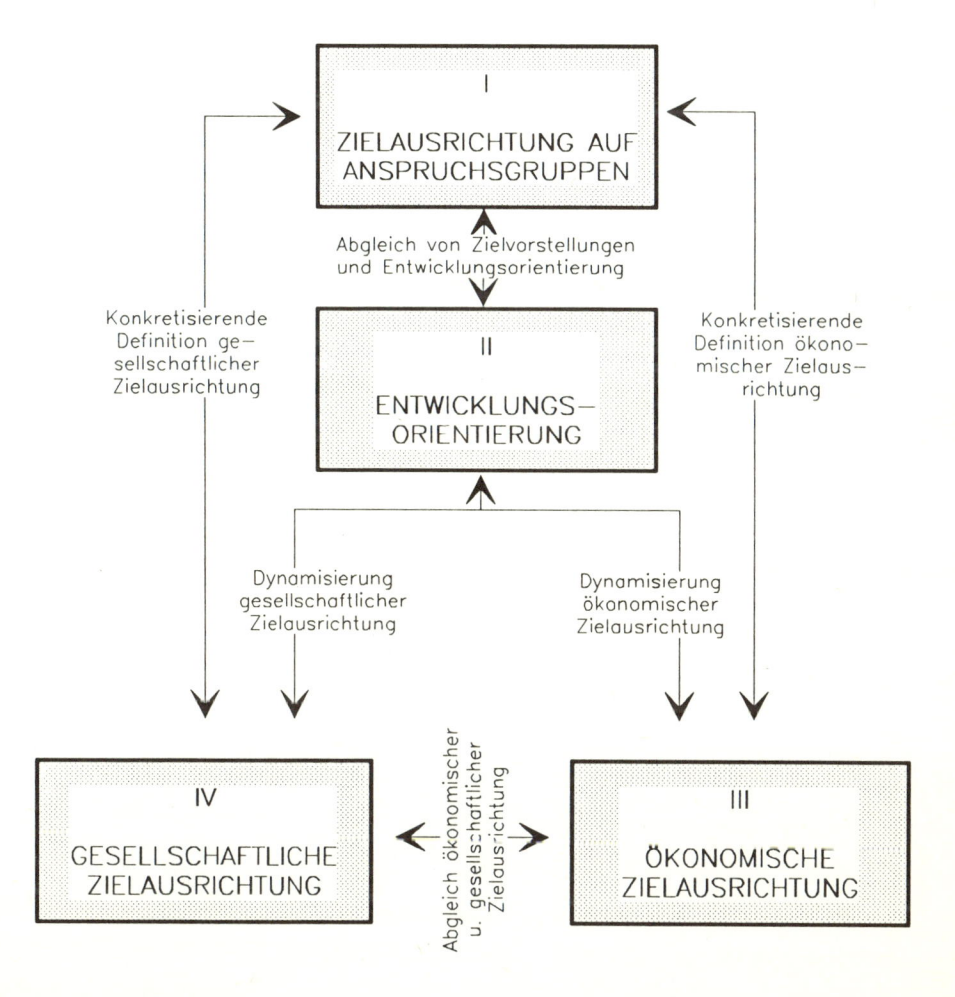

```
                    I
         ZIELAUSRICHTUNG AUF
           ANSPRUCHSGRUPPEN

         Abgleich von Zielvorstellungen
         und Entwicklungsorientierung

                    II
Konkretisierende                    Konkretisierende
Definition ge-   ENTWICKLUNGS-      Definition ökono-
sellschaftlicher ORIENTIERUNG       mischer Zielaus-
Zielausrichtung                     richtung

         Dynamisierung        Dynamisierung
         gesellschaftlicher   ökonomischer
         Zielausrichtung      Zielausrichtung

         IV                          III
   GESELLSCHAFTLICHE            ÖKONOMISCHE
   ZIELAUSRICHTUNG              ZIELAUSRICHTUNG

         Abgleich ökonomischer
         u. gesellschaftlicher
         Zielausrichtung
```

I. Zielausrichtung auf Anspruchsgruppen

Am Anfang einer unternehmungspolitischen Profilierung steht die Frage nach einer Grundausrichtung auf Anspruchsgruppen, für die eine Nutzenstiftung erfolgen soll. Mit ihr verbindet sich eine unterschiedliche Zeitorientierung verschiedener Interessengruppen, die einer Harmonisation mit den internen Möglichkeiten und Vorstellungen des Managements bedarf.

1. Monistisch ökonomische vs. pluralistisch gesellschaftliche Zielausrichtung: Die hiermit angesprochene Frage einer Grundorientierung der Unternehmungspolitik bei der Zielfindung verlangt eine prinzipielle Klärung der Beziehung zwischen ökonomischer und gesellschaftlicher Verantwortung. Vorstellungen über diese Beziehung beherrschen ja das Denken und Handeln derjenigen, die unternehmungspolitische Missionen zu formulieren haben. Dabei sind zwei extreme Denkhaltungen in der Praxis festzustellen:

a) Die Vorstellung, dass die Verpflichtung des Managements sich monistisch auf die ökonomische Dimension reduziert. Dabei gehen allerdings gesetzliche Vorschriften, in denen gesellschaftliche Normen zum Ausdruck kommen, als Nebenbedingungen in ökonomischen Entscheidungen ein: »the business of business is business.«

b) Die Ansicht, dass gesellschaftliche Anliegen Ausgangs- und Endpunkt allen Wirtschaftens darstellen. Die Unternehmung würde ohne die Bereitstellung eines gesellschaftlichen Nutzens ihre Legitimation verlieren. Ökonomische und gesellschaftliche Anliegen erscheinen dann ganzheitlich und integrativ miteinander verzahnt, wobei sich mögliche Konflikte beider Anspruchsdimensionen durch die Lenkung über den Markt auflösen müssten.

Hier sind jedoch Bedenken angebracht, die Thomas Dyllick als Grenzen gesamtwirtschaftlicher Lenkung hervorhebt. Er stellt fest, »dass es der Unternehmung gelang, sich – zumindest teilweise – aus der unmittelbaren Kontrolle durch den Markt zu befreien, und gegenüber den Marktkräften eine gewisse Autonomie zu erlangen. Hierdurch verlor der Markt an unmittelbar lenkendem Einfluss auf die Unternehmung« (Dyllick = Management = 137).

Eine solche von der Unternehmung erwirkte Autonomie schafft den Freiraum für die eigene Profilierung vor Zielen im Rahmen ökonomischer und gesellschaftlicher Interessen. Inwieweit dann über das Verfolgen ökonomischer Zielvorstellungen unter Beachtung gesetzlicher Auflagen hinaus gesellschaftliche Ansprüche befriedigt werden, hängt davon ab, inwieweit das Management den Druck öffentlicher Anliegen wahrnimmt und hinsichtlich der Verwirklichung seiner eigenen Präferenzen berücksichtigt, so dass von einer mehrdimensionalen Zielkonstellation die Rede sein kann. Thomas Dyllick unterscheidet in diesem Zusammenhang neben dem *ökonomischen Leistungsdruck* den *rechtlichen Druck*, der als Ausfluss politischer Lenkung unter gesetzlicher Sanktionsdrohung ein bestimmtes Verhalten erzwingt, und den *öffentlichen Druck*, den er der moralischen Kategorie zuweist.

Letzterer kann verschiedene Formen annehmen und stützt sich zumeist auf unmoralische Forderungen: »*Er reicht von der Anprangerung in der Öffentlichkeit und den Medien, über direkte Aktionen von öffentlichen Anspruchsgruppen bis zu einer mehr oder weniger verbindlichen Kodifizierung moralischer Ansprüche in Form von schriftlich fixierten Verhaltenskodices*« *(Dyllick = Management = 139).*

2. *Kurzfristige vs. langfristige perspektivische Zielausrichtung:* Das Ziel unternehmungspolitischer Missionen kann sich zum einen auf das opportunistische Erreichen kurzfristiger Ergebnisse oder zum anderen auf eine langfristige Nutzengenerierung richten, welche eine Entwicklungsperspektive der Unternehmung innerhalb ihrer Umwelt verwirklichen soll.

Eine kurzfristige Orientierung konzentriert die unternehmungspolitischen Missionen auf Ergebnisse, die in überschaubaren und in der Planung operationalisierbaren Zeiträumen erreichbar sind. Dabei besteht die Gefahr, dass nicht in ausreichendem Masse solche zukunftsträchtigen Erfolgspotentiale aufgebaut werden, die eine langfristige Entwicklung benötigen würden. Eine kurzfristige Zielbestimmung resultiert zumeist aus dem Druck einer finanzwirtschaftlich orientierten Umwelt, die auf das schnelle Erzielen von Ergebnissen drängt. National-kulturell geprägte institutionelle Verhältnisse und Präferenzen können eine derartige kurzfristige *Ausbeutung* bestehender Erfolgspotentiale begünstigen (vgl. Bleicher – Chancen = 101 ff.). Dem steht eine *langfristige Zielbestimmung* gegenüber, die von der Langfristigkeit technologischer, marktlicher und gesellschaftlicher Entwicklungen getragen ist und dabei auch den langfristigen »pay back« eines Investments in die Bereitstellung einer neuen oder verbesserten Nutzenstiftung in die missionarischen Überlegungen einbezieht. Sie beruht nicht nur auf der Verwertung vorhandener Erfolgspotentiale, sondern konzentriert sich zudem auf die Entwicklung neuer Erfolgspotentiale.

Werden die extremen Prägungen beider Dimensionen als typische Muster unternehmungspolitischer Missionen miteinander verbunden, so lassen sich die beiden folgenden Typen unterscheiden:

> *Eine monistische Zielausrichtung an ökonomischen Zielen verbunden mit einer kurzfristigen Orientierung, die gesellschaftliche Anliegen auf die Einhaltung gesetzlicher Vorschriften reduziert und dem (vor allem in den USA bemerkbaren) Streben der Aktionäre nach einer kurzfristigen Realisierung von Erfolgen entgegenkommt, lässt sich innerhalb einer generellen Zielausrichtung des Managements als* **»shareholder approach«** *kennzeichnen.*

> *Eine pluralistische gesellschaftsorientierte Zielausrichtung bedingt zugleich eine langfristige Zeitperspektive, die Entwicklungsaspekte betont. Sie ist gleichsam das Idealbild eines* **»stakeholder«-Ansatzes**, *bei dem an wirtschaftlichen Leistungen der Unternehmung Interessierte neben andere gesellschaftliche Bezugsgruppen treten, die von ihr eine nur selten in kurzer Frist zu entwickelnde Nutzenstiftung erwarten.*

»Erst wenn Unternehmungen einer mehrdimensionalen Lenkung durch Markt, Politik und Moral unterliegen, kann davon ausgegangen werden, dass sie nicht nur ihrer wirtschaftlichen, sondern auch ihrer gesellschaftlichen Verantwortung gerecht werden« (Dyllick = Management = 139).

Abb. 3.7 zeigt die Möglichkeiten unterschiedlicher Profilierung im Spannungsfeld ökonomischer und gesellschaftlicher Zielorientierung unternehmungspolitischer Missionen einerseits und unterschiedlicher Zeitorientierung andererseits auf.

Abbildung 3.7
Zielausrichtung der Unternehmungspolitik auf Anspruchsgruppen

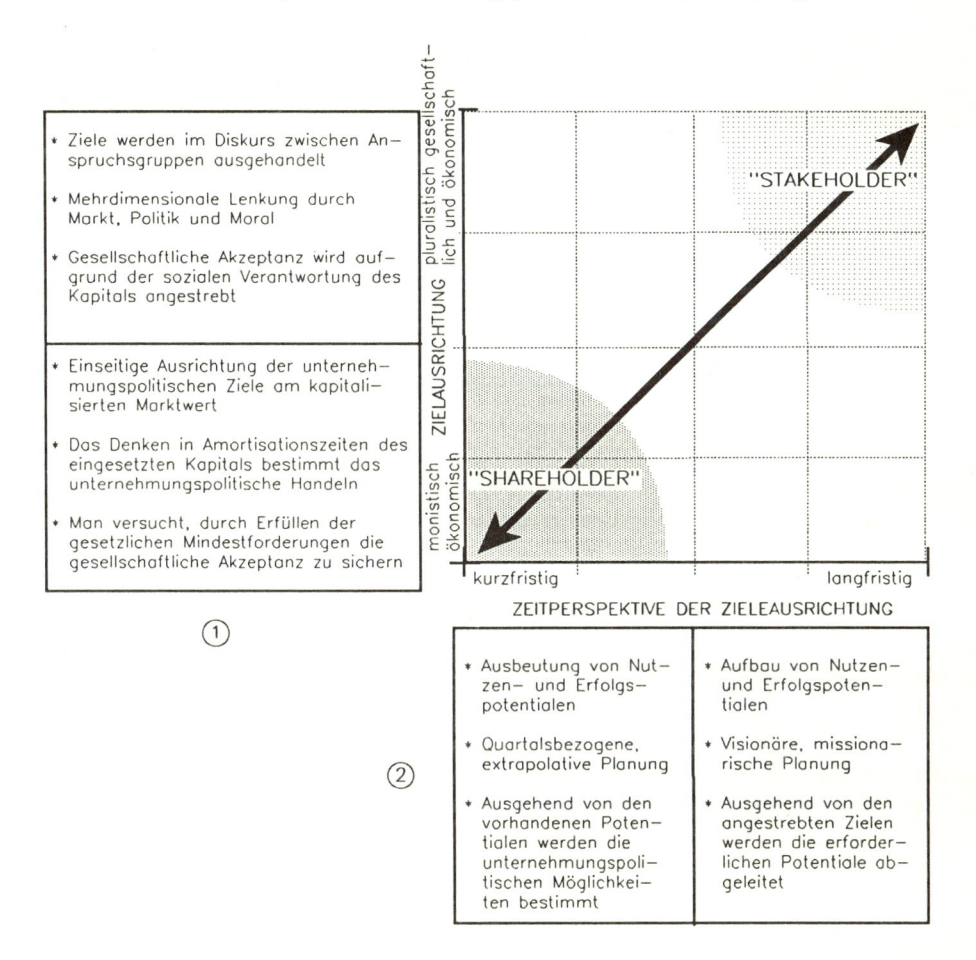

①
- Ziele werden im Diskurs zwischen Anspruchsgruppen ausgehandelt
- Mehrdimensionale Lenkung durch Markt, Politik und Moral
- Gesellschaftliche Akzeptanz wird aufgrund der sozialen Verantwortung des Kapitals angestrebt

- Einseitige Ausrichtung der unternehmungspolitischen Ziele am kapitalisierten Marktwert
- Das Denken in Amortisationszeiten des eingesetzten Kapitals bestimmt das unternehmungspolitische Handeln
- Man versucht, durch Erfüllen der gesetzlichen Mindestforderungen die gesellschaftliche Akzeptanz zu sichern

ZIELAUSRICHTUNG: monistisch ökonomisch ↔ pluralistisch gesellschaftlich und ökonomisch

"STAKEHOLDER"
"SHAREHOLDER"

ZEITPERSPEKTIVE DER ZIELAUSRICHTUNG: kurzfristig — langfristig

②
- Ausbeutung von Nutzen- und Erfolgspotentialen
- Quartalsbezogene, extrapolative Planung
- Ausgehend von den vorhandenen Potentialen werden die unternehmungspolitischen Möglichkeiten bestimmt

- Aufbau von Nutzen- und Erfolgspotentialen
- Visionäre, missionarische Planung
- Ausgehend von den angestrebten Zielen werden die erforderlichen Potentiale abgeleitet

II. Entwicklungsorientierung

Die Entwicklungsorientierung konkretisiert die dargestellte generelle Zielausrichtung unternehmungspolitischer Missionen. Sie gibt eine evolutorische Grundorientierung für strategische Programme vor, die durch Strukturen und Verhalten getragen werden sollen. In zwei Dimensionen erfährt dabei die generelle Zielausrichtung eine entwicklungsorientierte Profilierung: In der (3) *Chancenperspektive* und in der (4) *Risikoperspektive*, mit der sich die Entwicklung in die Zukunft vollziehen soll.

3. Chancenorientierung zwischen der Nutzung des »state of the art« und seiner Überwindung: Unternehmungen können bei der Formulierung ihrer unternehmungspolitischen Missionen im »Hier und Heute«, in den Möglichkeiten des Üblichen, des »state of the art«, gefangen sein. Sie sehen und nutzen Chancen nur in diesem durch das Etablierte abgesteckte Feld.

Dem steht die Vorstellung einer kreativen und innovativen Auseinandersetzung mit der Zukunft gegenüber. Der Einsatz gegebener marktlicher und technologischer Möglichkeiten bildet lediglich die operative, finanzielle, aber vor allem die Erfahrungsbasis, um fortschrittlich Neues jenseits des »state of the art« anzusteuern, zu konzipieren und zu realisieren. Jede Zukunftsentwicklung als Ergebnis einer erweiterten Erkenntnis führt ein Stück weiter in Neuland hinein und eröffnet neue geschäftliche Möglichkeiten, die die Überlebensfähigkeit einer Unternehmung über deren Entwicklungsfähigkeit tragen.

4. Risikoorientierung zwischen Störbarkeits- und Verletzbarkeitsrisiken: Diese Überlegungen bestimmen die Art des intendierten *Risikoverhaltens* in der Unternehmungspolitik. Es entfaltet sich im Spannungsfeld einer kurzfristigen *Abwehr von Störungen* im geplanten Verlauf der Unternehmungsentwicklung (*Störbarkeitsrisiko*) einerseits und einem *Vermindern von Gefährdungen* des Überlebens und der Entwicklung der Unternehmung im ganzen (*Verletzbarkeitsrisiko*) andererseits. Mit Blick auf die Sicherheitsbilanz spricht Matthias Haller in diesem Zusammenhang von dem erforderlichen Ausgleich zwischen der Unsicherheit einer Entwicklungs- und der Sicherheit einer bewahrenden Stabilitätsorientierung (Haller = Risiko-Management = 23f.).

Die Beachtung möglicher interner und externer Störquellen, Störarten (z.B. Unfall), sowie Störobjekte (technologische, soziale und ökonomische Risikokombinationen von Personen, Anlagen, Material, Finanzen und Informationen) ist Kennzeichen einer Orientierung am Störbarkeitsrisiko. Hingegen stehen mögliche gestörte Vollzugsprozesse sowie eventuell nicht erreichte Unternehmungsziele im Mittelpunkt einer Orientierung an Verletzbarkeitsrisiken. Dabei zeigt es sich, dass eine Fokussierung auf die Verletzbarkeit des Systems die Risikolage der Unternehmung in einem wesentlich grösseren Bereich und für einen längeren Zeitraum erfasst, als dies durch eine Ausrichtung an der Störbarkeit des Systems erreicht wird. In diesem Zusammenhang muss natürlich beachtet werden, dass das intendierte Risikoverhalten einer Unternehmung auf Individualprozesse der Risikowahrnehmung aufbaut, die in einem politischen Prozess im System Unternehmung bzw. in einem Zielbildungsprozess zu einer kollektiv getragenen Entscheidung zur Risiko- und Chancenorientierung einer Unternehmung führt.

Das intendierte *Verhalten* kann sich zwischen zwei Polen entfalten: dem eines hohen Erfolgsstrebens, das jenseits des »state of the art« liegende Möglichkeiten ansteuert und eine grosse Fehlertoleranz aufweist, und dem eines Strebens nach Vermeidung von Misserfolgen mit einer sehr geringen Fehlertoleranz. Kennzeichnend für eine Orientierung, der ein starkes *Gewissheits- und Sicherheitsbedürfnis* im vertrauten Feld der Unternehmung zugrunde liegt, ist zumeist das Bewahren des »status quo«. Eine solche unternehmungspolitische Ausrichtung führt leicht zur Einengung des Blickfeldes und einem Ausblenden wichtiger Aspekte der Umwelt sowie zu einer stereotypen Problemwahrnehmung (Kirsch = Entscheidungsprozesse =). Die Verzerrung der Informationssuche und -beurteilung (March/Simon = Organizations =) kann dazu führen, dass vorhandene Chancen nicht mehr wahrgenommen werden.

Eine gezielte Auseinandersetzung mit Situationen der *Ungewissheit*, die über einen »status quo« hinausweisen, bietet ganz andere Möglichkeiten der Profilierung. Auf der Suche nach *Chancen* gilt es, im System eine hohe Informationsbreite und Fehlertoleranz zu erzeugen, die das Aufspüren neuer Möglichkeiten erlaubt und ihre Beurteilung erleichtert. Sie fördert ein Verhalten, das sich visionär und kreativ mit Neuem beschäftigt – bei allen wahrscheinlichen Fehlschlägen, die sich naturgemäss dann einstellen, wenn man die Grenzen des Konventionellen überschreitet.

Eine Gegenüberstellung der beiden extremen Profilierungen in beiden Dimensionen zeigt zusammenfassend die folgenden, in sich verbundenen Muster:

> *Eine* **konventionelle Politik** *der Chancenorientierung, die nach* Gewissheit *strebendes Sicherheitsverhalten präferiert und im Risikoverhalten lediglich auf das Abstellen von Störungen ausgerichtet ist.*

> eine **avantgardistische Politik**, *die sich mit aus Ungewissheit resultierenden* Verletzbarkeitsrisiken, *welche die weitere Entwicklung konterkarieren können, auseinandersetzt.*

Abb. 3.8 gibt diesen Gesamtzusammenhang wieder.

Abbildung 3.8
Entwicklungsorientierung der Unternehmungspolitik

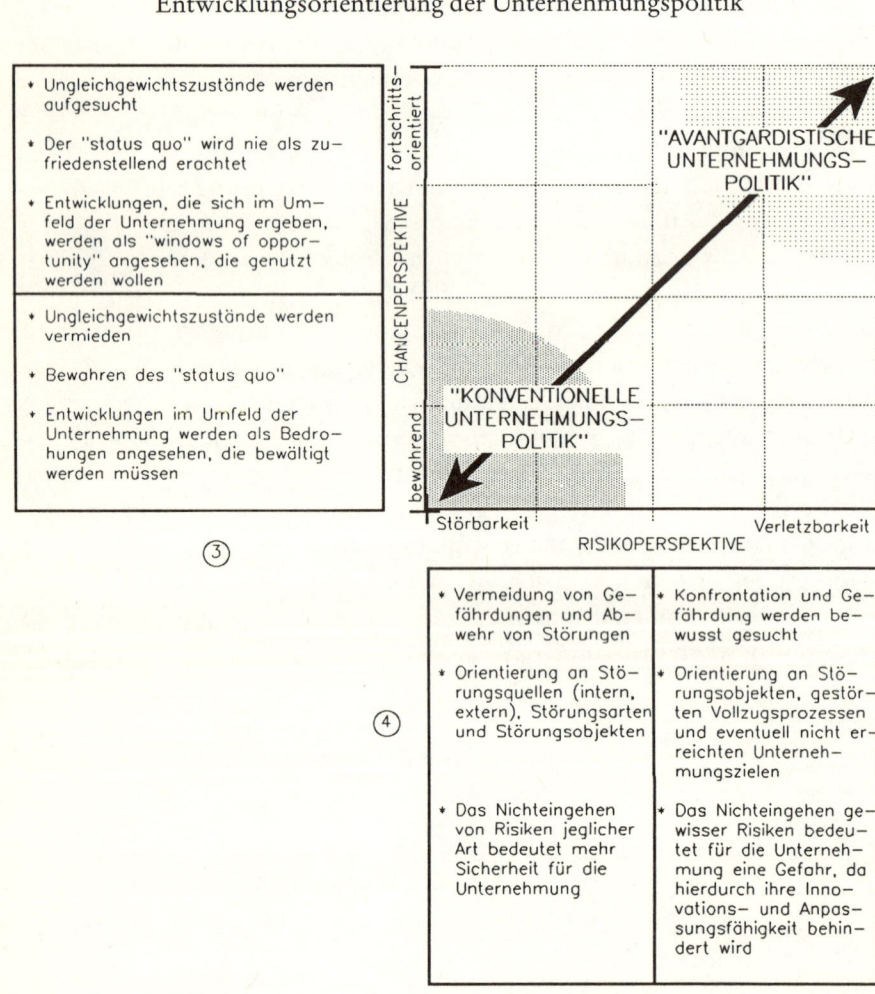

③
- Ungleichgewichtszustände werden aufgesucht
- Der "status quo" wird nie als zufriedenstellend erachtet
- Entwicklungen, die sich im Umfeld der Unternehmung ergeben, werden als "windows of opportunity" angesehen, die genutzt werden wollen

- Ungleichgewichtszustände werden vermieden
- Bewahren des "status quo"
- Entwicklungen im Umfeld der Unternehmung werden als Bedrohungen angesehen, die bewältigt werden müssen

CHANCENPERSPEKTIVE (fortschrittsorientiert / bewahrend)

"AVANTGARDISTISCHE UNTERNEHMUNGSPOLITIK"

"KONVENTIONELLE UNTERNEHMUNGSPOLITIK"

Störbarkeit — Verletzbarkeit
RISIKOPERSPEKTIVE

④
- Vermeidung von Gefährdungen und Abwehr von Störungen
- Orientierung an Störungsquellen (intern, extern), Störungsarten und Störungsobjekten

- Konfrontation und Gefährdung werden bewusst gesucht
- Orientierung an Störungsobjekten, gestörten Vollzugsprozessen und eventuell nicht erreichten Unternehmungszielen

- Das Nichteingehen von Risiken jeglicher Art bedeutet mehr Sicherheit für die Unternehmung

- Das Nichteingehen gewisser Risiken bedeutet für die Unternehmung eine Gefahr, da hierdurch ihre Innovations- und Anpassungsfähigkeit behindert wird

III. Ökonomische Zielausrichtung

Im Rahmen einer ökonomischen Zielausrichtung ergeben sich als mögliche Schwerpunkte *sachliche Leistungsziele* und *finanzielle Wertziele*. Zwei Profilierungsmöglichkeiten einer geringen oder gewichtigen Ausrichtung an (5) *sachlichen Leistungszielen* und (6) *finanziellen Wertzielen* lassen sich damit gegenüberstellen.

5. Schwache vs. starke Ausprägung sachlicher Leistungsziele: Unternehmungspolitische Missionen können im Spannungsfeld einer schwachen und einer starken Ausprägung der sachlichen Leistungsziele einer *Marktversorgung* in einem ganz bestimmten ökonomischen Umfeld stehen. Diese Ausprägung ist wiederum gekoppelt mit den finanziellen Wertzielen zu sehen.

6. Schwache vs. starke Ausprägung finanzieller Wertziele: Ähnliche Profilierungsmöglichkeiten ergeben sich bei den finanziellen Wertzielen im Spannungsfeld ihrer schwachen und starken Ausprägung. Schwache Ausprägungen verweisen auf ein geringes ökonomisches Anspruchsniveau. Eine starke Betonung finanzieller Wertziele dagegen wird zum Ausdruck eines monetären Liquiditäts- und Ergebnisdenkens, das zumeist den Sachaspekten der Marktversorgung eine instrumentale Rolle zuweist. Eine hohe Einschätzung wert-orientierter Finanzziele lässt sich als *»Arbitrage«-Typ der Unternehmungspolitik* kennzeichnen. Die Unterbewertung von Firmen am Kapitalmarkt oder einzelner Aktiva wird zum Kauf genutzt, um über »asset-stripping«, »spin-offs« inhärente stille Reserven aufzulösen, indem Firmen oder Betriebsteile den Besitzer wechseln. Es dominiert die Ausrichtung auf Chancen, die sich durch Ineffizienzen in der Kapitalmarktbewertung oder durch den ineffizienten Einsatz von Ressourcen durch das Management ergeben. Als Prinzip gilt die Anwendung des Arbitrage-Prinzips auf Institutionen.

Werden die extremen Profilierungen einer jeweils geringen Gewichtung sachlicher Leistungs- und finanzieller Wertziele einerseits und einer hohen Gewichtung beider andererseits miteinander verbunden, ergeben sich wiederum zwei typologische Muster:

> *Eine geringe Ausprägung beider verweist auf ein minimales Anspruchsniveau bei der Verfolgung ökonomischer Zielvorstellungen und zeigt in beiden Dimensionen einen geringen Stellenwert des Ökonomischen auf. Das Grundprofil der Dimension (I) lässt sich als eine* **Ökonomische »muddling-through«-Politik** *bezeichnen.*

> *Im Gegensatz dazu steht ein Muster unternehmungspolitischer Missionen, das die sach-inhaltliche Verpflichtung zu einer ganz bestimmten Marktversorgung als Leistungsauftrag mit der starken Betonung finanzieller Wertziele verbindet. Als Prinzip gilt hier die Nutzenstiftung im Sinne einer Bereitstellung von materiellen Gütern oder immateriellen Dienstleistungen für den Markt und der Erzielung eines monetären Nutzens für Investoren und Eigentümer. Diese beidseitige Verpflichtung unternehmungspolitischer Missionen an eine Nutzenstiftung sowohl im Sach-Inhaltlichen wie im Finanziell-Wertbezogenen stellt höchste Ansprüche an das Management* (**Politik hoher ökonomischer Verpflichtung**).

An den beiden nicht markierten Enden des Profilierungsfeldes stehen die einseitig geprägten Muster unternehmungspolitischer Missionen. Dies ist zum einen die *sach-inhaltliche Verpflichtung* zu einer ganz bestimmten *Marktversorgung* als Leistungsauftrag zulasten einer besonderen Betonung finanzieller Wertziele: »Wir haben einen Auftrag vom Markt her und fühlen eine Verpflichtung unseren Kunden gegenüber, zu denen wir über Jahrzehnte eine gegenseitige Verpflichtung aufgebaut haben. Dabei sollten die Finanzen und Ergebnisse stimmen; sie sind aber nicht die eigentlichen Triebkräfte unseres Handelns.« Als Prinzip gilt hier die Nutzenstiftung im Sinne einer Bereitstellung von materiellen Gütern oder immateriellen Dienstleistungen für den Markt und nicht nur die Erzielung eines monetären Nutzens für Investoren und Eigentümer. Schliesslich ist eine extreme Positionierung denkbar, die ein hohes Streben nach einem Erreichen von *finanziellen Wertzielen* deutlich macht.

Abb. 3.9 zeigt Möglichkeiten unterschiedlicher Profilierung unternehmungspolitischer Missionen im Spannungsfeld von sachlichen Leistungs- und finanziellen Wertzielen.

Abbildung 3.9
Ökonomische Zielausrichtung der Unternehmungspolitik

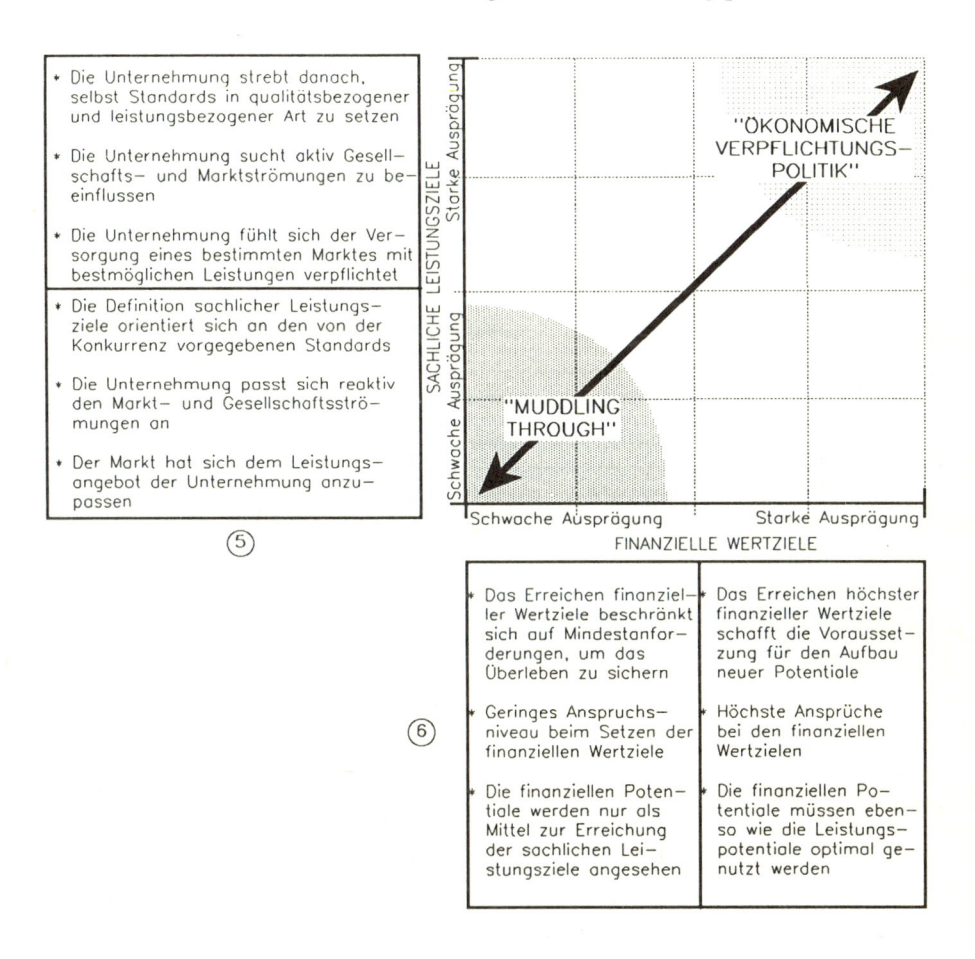

⑤
- Die Unternehmung strebt danach, selbst Standards in qualitätsbezogener und leistungsbezogener Art zu setzen
- Die Unternehmung sucht aktiv Gesellschafts- und Marktströmungen zu beeinflussen
- Die Unternehmung fühlt sich der Versorgung eines bestimmten Marktes mit bestmöglichen Leistungen verpflichtet
- Die Definition sachlicher Leistungsziele orientiert sich an den von der Konkurrenz vorgegebenen Standards
- Die Unternehmung passt sich reaktiv den Markt- und Gesellschaftsströmungen an
- Der Markt hat sich dem Leistungsangebot der Unternehmung anzupassen

Achsen: SACHLICHE LEISTUNGSZIELE (Schwache Ausprägung / Starke Ausprägung), FINANZIELLE WERTZIELE (Schwache Ausprägung / Starke Ausprägung)

"MUDDLING THROUGH" — "ÖKONOMISCHE VERPFLICHTUNGSPOLITIK"

⑥
- Das Erreichen finanzieller Wertziele beschränkt sich auf Mindestanforderungen, um das Überleben zu sichern
- Geringes Anspruchsniveau beim Setzen der finanziellen Wertziele
- Die finanziellen Potentiale werden nur als Mittel zur Erreichung der sachlichen Leistungsziele angesehen

- Das Erreichen höchster finanzieller Wertziele schafft die Voraussetzung für den Aufbau neuer Potentiale
- Höchste Ansprüche bei den finanziellen Wertzielen
- Die finanziellen Potentiale müssen ebenso wie die Leistungspotentiale optimal genutzt werden

IV. Gesellschaftliche Zielausrichtung

Eine gesellschaftliche Zielausrichtung unternehmungspolitischer Missionen kann sich an ökologischen und an sozialen Ansprüchen gegenüber der Unternehmung orientieren. Damit ergeben sich Profilierungsmöglichkeiten in den beiden Dimensionen einer geringen oder einer gewichtigen Ausrichtung an (7) *ökologischen* und (8) *sozialen Zielen*.

7. Schwache vs. starke Ausrichtung an ökologischen Zielen: Einer schwachen ist eine starke Ausrichtung an ökologischen Zielen im Rahmen der gesellschaftlichen Verantwortung gegenüberzustellen. Eine starke ökologische Ausrichtung ist dann gegeben, wenn der Gedanke, einen Beitrag zur ökologischen Sanierung der Umwelt zu leisten, alle anderen Zieldimensionen zu durchdringen beginnt, etwa in der Form, dass auch die ökonomischen Sachziele diesem Gedanken untergeordnet werden. Dabei ist insbesondere folgenden Forderungen im wesentlichen Rechnung zu tragen (vgl. Schreiner = Umweltmanagement = 33ff.; Strebel = Umwelt = 93ff.; Dyllick = Ökologisch =):

- den Verbrauch an natürlichen Ressourcen (Rohstoffen und insbesondere Energie) zu begrenzen bzw. auf Alternativen der Wiederverwertung (regenerierbare oder rezyklierbare Rohstoffe) umzusteigen (inputbezogene ökologische Ziele);
- das Volumen, wie die Konzentration der von ihnen abgegebenen umweltbelastenden Abfälle und Schadstoffe zu begrenzen (outputbezogene ökologische Ziele);
- neben dieser mehr oder weniger steuerbaren Umweltbelastung auch die aussergewöhnlichen Umweltschäden (Unfälle) in ihrer Häufigkeit und ihrem potentiellen Ausmass zu begrenzen (risikobezogene ökologische Ziele).

Aus einer gesamtsystemischen Perspektive sind die horizontalen und vertikalen Verflechtungen der Unternehmungsaktivitäten mit anderen Wirtschaftseinheiten zu betrachten.

So ist der Fokus bei den inputbezogenen ökologischen Zielen nicht allein auf den von der Unternehmung selbst verursachten Rohstoffverzehr zu lenken, vielmehr ist der in den Vorleistungen der Lieferanten »versteckte« Rohstoff- und Energieverzehr zu beachten.

Bezüglich der outputbezogenen ökologischen Ziele sind neben den im Produktionsprozess anfallenden Nebenprodukten (Abluft, Abwasser etc.) auch die aus der Verwendung/Entsorgung des Produktes beim Abnehmer entstehenden Abfälle und Schadstoffemissionen zu berücksichtigen.

Ebenso ist auf die Vernetzung von inputbezogenen mit outputbezogenen ökologischen Zielen hinzuweisen. So führt eine isolierte Betrachtung der Outputseite oftmals nur zu Verlagerungen der Probleme von einem Umweltmedium auf ein anderes. Anzustreben ist vielmehr eine Gesamtstrategie mit koordinierten Zielvorgaben für alle Unternehmungsbereiche von der Beschaffung bis zum Vertrieb.

8. Schwache vs. starke Ausrichtung an sozialen Zielen: Wird den allgemeinen sozialen Belangen eine hohe Gewichtung zuerkannt, so versteht sich eine Unternehmung vor allem als verantwortliches Mitglied eines Gemeinwesens. Sie ist dann sowohl bereit, soziale Beiträge zum Gemeinwohl zu leisten als auch hohe soziale Ansprüche ihrer Mitarbeiter zu befriedigen.

Werden beide Extrempositionen einer schwachen bzw. starken Ausprägung beider Dimensionen miteinander verbunden, zeigen sich wiederum zwei typologische Muster:

> *Auf der einen Seite steht eine wenig ausgeprägte Orientierung an beiden Dimensionen gesellschaftlicher Zielausrichtung* **(gesellschaftliche Vermeidungspolitik)**.

> *Auf der anderen Seite steht eine beidseitige hohe Verpflichtung sowohl an ökologischen als auch an sozialen Belangen* **(gesellschaftliche Verantwortungspolitik)**.

Es können aber auch sowohl die extremen Verkürzungen einer starken ökologischen Orientierung bei schwacher sozialer Zielausrichtung – also einer einseitigen *»grünen« Alternativpolitik* – als auch einer einseitig auf die internen Bezugsgruppen gerichteten sozialen Politik der *Beschäftigungssicherung* des Mitarbeiterstammes betrachtet werden, die hier jedoch nicht markiert sind.

Abb. 3.10 zeigt die Profilierungsmöglichkeiten unternehmungspolitischer Missionen im Spannungsfeld der Betonung ökologischer und sozialer Zielvorstellungen.

Abbildung 3.10
Gesellschaftliche Zielausrichtung der Unternehmungspolitik

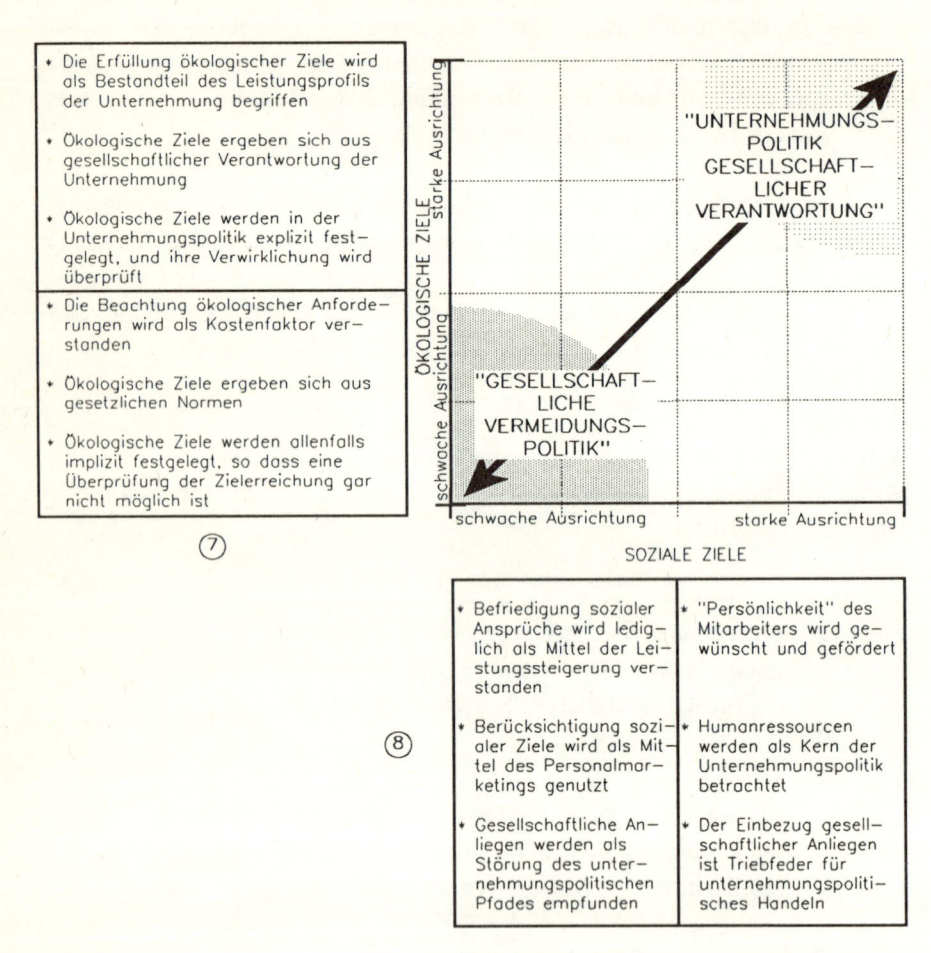

⑦
- Die Erfüllung ökologischer Ziele wird als Bestandteil des Leistungsprofils der Unternehmung begriffen
- Ökologische Ziele ergeben sich aus gesellschaftlicher Verantwortung der Unternehmung
- Ökologische Ziele werden in der Unternehmungspolitik explizit festgelegt, und ihre Verwirklichung wird überprüft
- Die Beachtung ökologischer Anforderungen wird als Kostenfaktor verstanden
- Ökologische Ziele ergeben sich aus gesetzlichen Normen
- Ökologische Ziele werden allenfalls implizit festgelegt, so dass eine Überprüfung der Zielerreichung gar nicht möglich ist

Diagramm: ÖKOLOGISCHE ZIELE (schwache Ausrichtung – starke Ausrichtung) vs. SOZIALE ZIELE (schwache Ausrichtung – starke Ausrichtung)
- "GESELLSCHAFTLICHE VERMEIDUNGSPOLITIK"
- "UNTERNEHMUNGSPOLITIK GESELLSCHAFTLICHER VERANTWORTUNG"

⑧
- Befriedigung sozialer Ansprüche wird lediglich als Mittel der Leistungssteigerung verstanden
- Berücksichtigung sozialer Ziele wird als Mittel des Personalmarketings genutzt
- Gesellschaftliche Anliegen werden als Störung des unternehmungspolitischen Pfades empfunden
- "Persönlichkeit" des Mitarbeiters wird gewünscht und gefördert
- Humanressourcen werden als Kern der Unternehmungspolitik betrachtet
- Der Einbezug gesellschaftlicher Anliegen ist Triebfeder für unternehmungspolitisches Handeln

Gesamtzusammenhang der unternehmungspolitischen Dimensionierung im Spannungsfeld von Opportunität und Verpflichtung

Alle vier Muster eines unternehmungspolitischen Profils der *generellen Zielbestimmung* einer Unternehmung sind zu einem integrativen, generellen Konzept des missionarischen Wollens für die Zukunftsgestaltung der Unternehmungsentwicklung zu verdichten, um eine unternehmungspolitische

Grundorientierung für das strategische und operative Management zu ermöglichen. Abb. 3.11 auf S. 110 stellt diesen Gesamtzusammenhang im Überblick dar. Dabei lassen sich zwei extreme Typen einer unternehmungspolitischen Grundorientierung bezüglich des strategischen und des operativen Managements erkennen, zwischen denen es im Rahmen konkret zu verfolgender unternehmungspolitischer Konzepte naturgemäss vielfältig voneinander abweichende Ausprägungen zu unterscheiden gilt:

> **Typ A: Opportunitätspolitik**
>
> Die ohne tiefgreifende gesellschaftliche und soziale Verantwortung einseitig am Investor orientierte finanzwirtschaftliche Unternehmungspolitik einer kurzfristigen Ausbeutungshaltung bei hoher Ausrichtung an Störbarkeitsrisiken;
>
> **Typ B: Verpflichtungspolitik**
>
> Die vielseitig an Interessengruppen orientierte leistungswirtschaftliche Unternehmungspolitik mit hoher gesellschaftlicher und sozialer Verantwortung und langfristig verpflichteter Entwicklungshaltung, die unter Orientierung an Verletzbarkeitsrisiken eine unternehmerische Ausrichtung nach neuen Chancen verlangt.

Angesichts vorherrschender Trends zum Typ einer Opportunitätspolitik ist es hingegen die Absicht des Verfassers, die unternehmungspolitische *Notwendigkeit einer Nutzenstiftung auf Dauer* herauszustellen. Betrachtet man den gestiegenen Aufwand und die notwendige Langfristigkeit aller Anstrengungen, die bei zunehmender Komplexität für die Erarbeitung von neuen Erfolgspotentialen zu erbringen sind, so kann eine opportunistische, ohne Verpflichtung gegenüber den Ansprüchen aller Interessenten ausgerichtete Unternehmungspolitik wenig dazu beitragen, auch die globalen Probleme der Menschheit heute und in Zukunft zu lösen. Kurz gesagt, die Unternehmung droht im Laufe der Zeit ihre gesellschaftliche Legitimation zu verlieren. Unter diesen Gesichtspunkten scheint vor allem der Typ einer verpflichteten Unternehmungspolitik eine sinnvolle Zukunft zu bieten. Dies dürfte sich für die Mehrzahl der Unternehmungen bestätigen, wenn sich die derzeitigen kurzfristigen Arbitragemöglichkeiten, die sich in einer Periode weltwirtschaftlicher Restrukturierung anbieten und durch Verzögerungen in der Anpassung einzelner Unternehmungen an sich verändernde Gegebenheiten geschaffen wurden, weitgehend erschöpft haben.

Abbildung 3.11
Gesamtzusammenhang einer Opportunitäts- und Verpflichtungspolitik

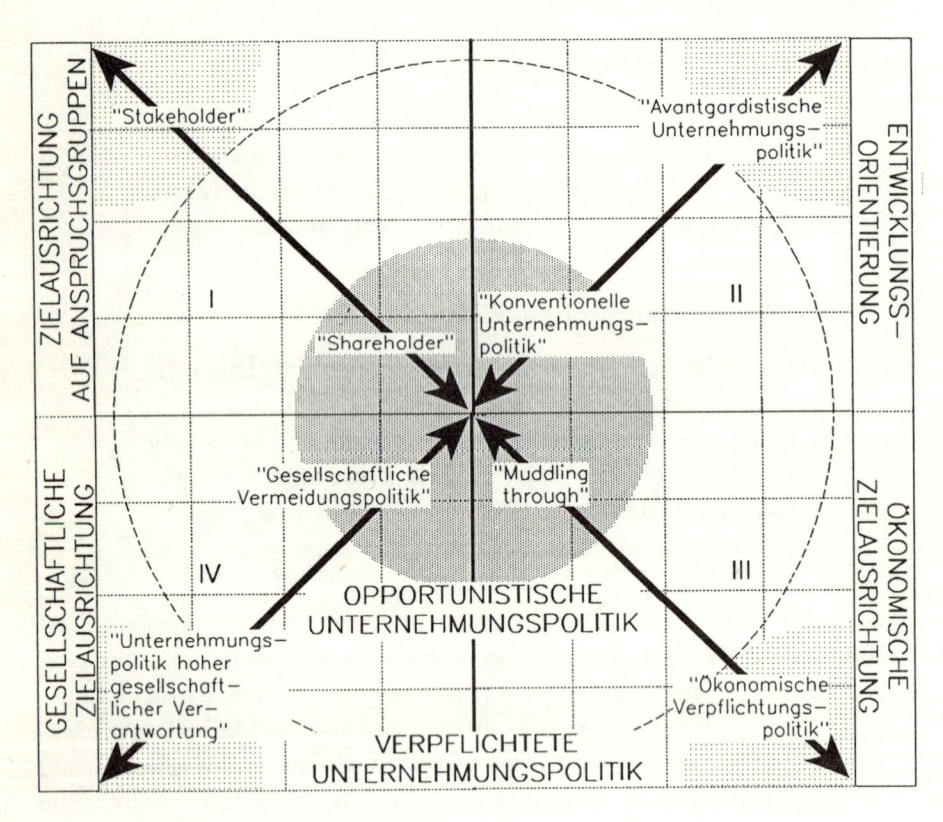

Differenzierung und Konkretisierung unternehmungspolitischer Missionen in Teilpolitiken

Wurden bislang unternehmungspolitische Missionen unter der Perspektive gesamtunternehmerischer »policies« betrachtet, so stellt sich abschliessend die Frage nach einer Differenzierung und Konkretisierung dieser Aussagen in Form sog. *Teilpolitiken*. Die hierbei wesentlichen Elemente finden sich auf allen Ebenen unternehmungs- und teilpolitischer Missionen wieder.

Dem grundsätzlichen Tensor der Differenzierung und der Harmonisation von Teilaspekten einer Unternehmung gemäss lassen sich drei wesentliche Dimensionen unterscheiden, die zum Anlass einer Differenzierung und Konkretisierung von Teilpolitiken werden können (vgl. Abb. 3.12):

- *Funktionen* (Verrichtungen/Tätigkeitsgebiete)
- *Objekte* (Betätigungsfelder und -bereiche nach Produkt-/Markt- und Kundengesichtspunkten)
- *Regionen* (geographische Gebiete)

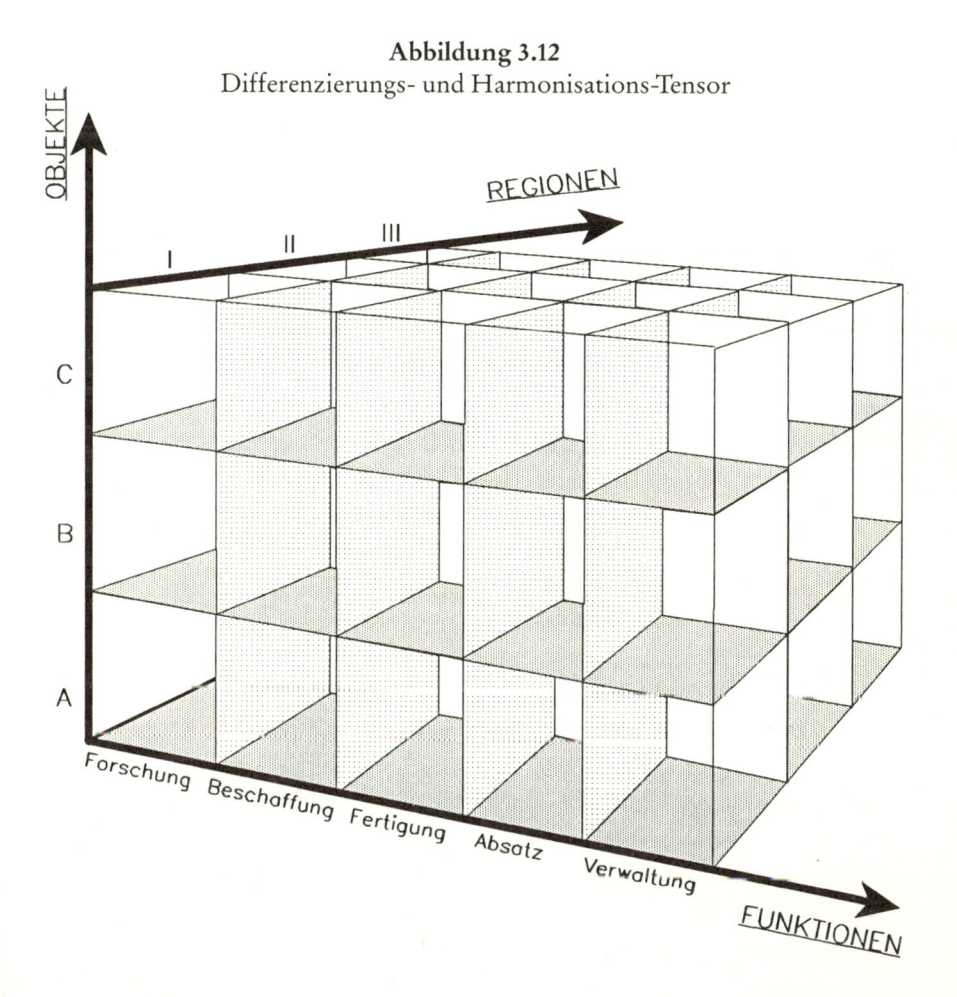

Abbildung 3.12
Differenzierungs- und Harmonisations-Tensor

Während sich die beiden letzten Dimensionen nur aus der spezifischen Situation einer einzelnen Unternehmung mit ihren arteigenen Objekten und regionalen Interessen diskutieren lassen, öffnet sich im Hinblick auf die erste Dimension die Frage einer Differenzierung und Konkretisierung für eine allgemeine Betrachtung, da in jeder Unternehmung mehr oder weniger ein ähnliches Spektrum an funktionalen Teilpolitiken durch das Management zu gestalten ist.

Es nimmt daher nicht wunder, dass sich fast alle Autoren, die sich mit Fragen der Unternehmungspolitik auseinandergesetzt haben, den Teilpolitiken eine breite Aufmerksamkeit widmen (s. als Beispiel insbes. Mellerowicz = Unternehmungspolitik =). Hans Ulrich hat in seinem Werk »Unternehmungspolitik« die verschiedenen Teilpolitiken zu drei Gruppen unternehmungspolitischer Konzepte verdichtet:

- das leistungswirtschaftliche Konzept
- das finanzwirtschaftliche Konzept
- das Sozialkonzept der Unternehmung.

»Die Aufgliederung des Unternehmungskonzeptes in drei Teilkonzepte geht von der Vorstellung aus, dass man das Unternehmungsgeschehen auf drei unterschiedlichen gedanklichen Ebenen erfassen und gestalten kann, wobei drei verschiedene, durchgängige Aspekte hervorgehoben werden. Man kann diese Ebenen als materielle, geldmässige und humane Dimension bezeichnen. Grob charakterisiert erscheint das Unternehmungsgeschehen in der materiellen Dimension als Transformationsprozess, der nach Menge, Raum und Zeit und technologischen Qualitäten definiert werden kann, in der geldmässigen Dimension als Vorgang der Veränderung von Geldwerten, in der humanen Dimension als Prozess zwischen Menschen« (Ulrich = Unternehmungspolitik = 167).

Im einzelnen lassen sich mit Hans Ulrich diese drei Teil-Dimensionen unternehmungspolitischer Missionen wie folgt kennzeichnen:

- *Leistungswirtschaftliche Teilpolitiken* gehen von der materiellen Dimension des Unternehmungsgeschehens aus. In ihren Missionen kommen die zu erbringenden Leistungen und das einzusetzende Leistungspotential zum Ausdruck. Dies sind vor allem Produkt-/Marktziele unter Verwendung des personellen, technischen, des Bezugsquellen- und räumlichen Potentials. Die seither in der Managementlehre erzielten Fortschritte bei der Entwicklung der strategischen Unternehmungsführung lassen es jedoch angezeigt sein, die dabei zu verwendenden Verfahren (bei Hans Ulrich selbst als »Strategien« bezeichnet) der strategischen Dimension zuzuordnen.

- *Finanzwirtschaftliche Teilpolitiken* drücken sich in wirtschaftlichen Missionen aus. Sie bestimmen die anzustrebenden monetären Ziele – Dietger Hahn kennzeichnet sie als »*Wertziele*« (Hahn = PuK = 10) – wie Liquidität, Gewinn und Rentabilität und die dafür einzusetzenden finanziellen Ressourcen. Den Zahlungsbereitschaftszielen, Ertrags- und Wirtschaftlichkeitszielen ist das finanzwirtschaftliche Potential zuzuordnen.

»*Bei der Bestimmung des finanzwirtschaftlichen Leistungspotentials geht es demgemäss darum, das in Zukunft erforderliche Kapital einerseits in seiner Gesamtgrösse, andererseits aber auch in seiner angestrebten Zusammensetzung zu ermitteln; wir unterscheiden (daher) zwischen* Kapitalvolumen *und* Kapitalstruktur« (*Ulrich = Unternehmungspolitik = 130*).

- *Soziale Teilpolitiken* zielen mit ihren Missionen auf die humane Seite der Unternehmungspolitik. Während Hans Ulrich – im übrigen in einer sehr frühen und der Zeit weit vorauseilenden Darstellung – in diesem Zusammenhang stark auf die Einbindung der Unternehmung in die Gesellschaft und die soziale Verantwortung der Gesellschaft abhebt, erscheint es mir aufgrund der jüngeren Entwicklung der Managementlehre zweckmässig, den Akzent eher auf die *personalwirtschaftlichen* Missionen zu legen. Die von Ulrich vorgedachten Aspekte hinsichtlich intendierter Werthaltungen und Wertentwicklungen werden in der hier vorgelegten Schrift aus dem Rahmen der Teilpolitik herausgehoben und erhalten in der *alle Facetten des Managements durchdringenden Managementphilosophie* einen prononcierteren Stellenwert, der von der Funktion der Sinnintegration getragen wird. Darüberhinaus empfiehlt es sich, in den personalwirtschaftlichen Teilpolitiken auch aus pragmatischer Sicht neuere Tendenzen der personalwirtschaftlichen Ziel- und Potentialdiskussion zu plazieren. Dies wird insbesondere auch dadurch möglich, dass sich diese Entwicklung zunehmend von der logistisch-instrumentalen Sichtweise der Personalpolitik (»Bereitstellung von Personalressourcen zur Realisierung leistungswirtschaftlicher Konzepte«) – wie sie bei Ulrich dem leistungswirtschaftlichen Konzept zugeordnet wurde – löst und akquisitorische Aspekte der Motivation und der Kohäsion als Voraussetzung für Teilnahme- und Leistungsentscheidungen betont (s. dazu Abschnitt 3.5). Letzteres nähert sich dann wieder sehr deutlich an die mitarbeiterbezogenen Ziele im Rahmen des Sozialkonzeptes von Hans Ulrich an.

In einer jüngeren Schrift hat sich Hans Hinterhuber im Rahmen seiner Überlegungen zur strategischen Unternehmungsführung gleichfalls den

Teilpolitiken gewidmet, denen er allerdings eine völlig andere, den Strategien untergeordnete und organisationsbezogene Bedeutung zumisst. Er sieht die funktionalen Teilpolitiken vielmehr in einer verbindenden, instrumentalen Rolle zur Ausführung formulierter Strategien:

»*Sie stellen sicher, dass alle Mitarbeiter in den verschiedenen Funktionsbereichen die verabschiedeten Strategien im Sinne der Unternehmungsleitung interpretieren ... Sie lösen* spezifische Massnahmenplanungen *in den einzelnen Funktionsbereichen aus ... Die funktionalen Politiken bilden den Rahmen, innerhalb dessen die Leiter der Funktionsbereiche selbständig und initiativ im Sinne der Strategien entscheiden und handeln ... Sie lösen auf eine für alle Mitarbeiter verbindliche Weise bestimmte Probleme und* vereinfachen und vereinheitlichen *dadurch den Entscheidungsprozess*« *(Hinterhuber = Unternehmungsführung II = 6).*

Zitierte Literatur in Kapitel 3.1 und 3.2

Bertalanffy, L. v.: – Systemlehre –
 Zu einer allgemeinen Systemlehre. In: Organisation als System, hrsg. v. K. Bleicher. Wiesbaden 1972, S. 31–45.
Bleicher, K.: – Chancen –
 Chancen für Europas Zukunft. Frankfurt/M. und Wiesbaden 1989.
The Boston Consulting Group: – Vision –
 Vision und Strategie. Die 34. Kronberger Konferenz. München 1988.
Dlugos, G.: – Unternehmungspolitik –
 Unternehmungsplanung und Unternehmungspolitik unter pluralistischem Aspekt. In: Organisation. Evolutionäre Interdependenzen von Kultur und Struktur der Unternehmung. Festschrift zum 60. Geb. von K. Bleicher, hrsg. v. E. Seidel u. D. Wagner. Wiesbaden 1989, S. 39–53.
Dorow, W.: – Unternehmungspolitik –
 Unternehmungspolitik. Stuttgart u. a. 1982.
Dyllick, Th.: – Management –
 Management der Umweltbeziehungen. Öffentliche Auseinandersetzungen als Herausforderung. Wiesbaden 1989.
Dyllick, Th.: – Ökologisch –
 Ökologisch bewusstes Management. Die Orientierung Nr. 96, hrsg. von Schweizerische Volksbank 1990.
Easton, D.: – Systems Analysis –
 A Systems Analysis of Political Life. New York, London und Sydney 1965.
Fraenkel, E.: – Politik –
 Die Wissenschaft von der Politik und die Gesellschaft. In: Aufgabe und Selbst-

verständnis der politischen Wissenschaft, hrsg. v. H. Schneider. Darmstadt 1967, S. 228–247.

Hahn, D.: – PuK –
Planungs- und Kontrollrechnung – PuK. 3. Aufl., Wiesbaden 1985.

Haller, M.: – Unternehmungsführung –
Risiko-Management – Eckpunkte eines integrierten Konzeptes. In: Risiko-Management. Schriften zur Unternehmungsführung Nr. 33, hrsg. v. H. Jacob. Wiesbaden 1986, S. 7–43.

Hinterhuber, H.H.: – Unternehmungsführung I –
Strategische Unternehmungsführung. Band I: Strategisches Denken. 4. Aufl., Berlin und New York 1989.

Hinterhuber, H.H.: – Unternehmungsführung II –
Strategische Unternehmungsführung. Band II: Strategisches Handeln. 4. Aufl., Berlin und New York 1989.

Hinterhuber, H.H.; Krauthammer, E.: – Visions-Team –
Neu: Das Vision-Team im Unternehmen. In: io Management Zeitschrift 58 (6/1989), S. 27–30.

Kirsch, W.: – Entscheidungsprozesse –
Einführung in die Theorie der Entscheidungsprozesse. 2. Aufl. als Gesamtausgabe der Bände I–III, Wiesbaden 1977.

Krüger, W.: – Macht –
Macht in der Unternehmung – Elemente und Strukturen. Stuttgart 1976.

Luhmann, N.: – Soziale Systeme –
Soziale Systeme. Grundriss einer allgemeinen Theorie. Frankfurt/M. 1984.

Magyar, K.: – Visionen –
Visionen schaffen neue Qualitätsdimensionen. In: Thexis 6 (6/1989), S. 3–7.

March, J.G.; Simon, H.A.: – Organizations –
Organizations. New York, London und Sydney 1958.

Mellerowicz, K.: – Unternehmungspolitik –
Unternehmungspolitik. Band 1. 2. Aufl., Freiburg i. Br. 1963.

Pümpin, C.: – Erfolgspositionen –
Management strategischer Erfolgspositionen. 3. Aufl., Bern und Stuttgart 1986.

Pümpin, C.: – Dynamikprinzip –
Das Dynamik-Prinzip: Zukunftsorientierungen für Unternehmer und Manager. Düsseldorf 1989.

Sandig, C.: – Führung –
Die Führung des Betriebes – Betriebswirtschaftspolitik. Stuttgart 1953.

Schmidt, R.B.: – Wirtschaftslehre –
Wirtschaftslehre der Unternehmung – Band 1: Grundlagen. Stuttgart 1969.

Schreiner, M.: – Umweltmanagement –
Umweltmanagement in 22 Lektionen. Ein ökonomischer Weg in eine ökologische Wirtschaft. Wiesbaden 1988.

Strebel, H.: – Umwelt –
Umwelt und Betriebswirtschaft. Die natürliche Umwelt als Gegenstand der Unternehmungspolitik. Berlin 1980.
Ulrich, H.: – Unternehmungspolitik –
Unternehmungspolitik. 2. Aufl., Bern und Stuttgart 1987.

3.3 Unternehmungsverfassung – Einbindung von Interessen

»In Anlehnung an die Idee des Verfassungsstaates ergibt sich für (die Unternehmungsverfassung) das Problem, die unternehmungstragenden Kräfte dergestalt einzubinden, dass sie ihre Auseinandersetzungen in einem geordneten Verfahren vollziehen. Dabei wird dem Zusammenwirken der Kräfte besondere Aufmerksamkeit gewidmet. Nicht das Teilende, sondern das Verbindende bildet die Gestaltungsabsicht. Die Einheit des Unternehmens wird nur insoweit als realisierbar eingeschätzt, als es gelingt, die Vielzahl der Interessen, Bestrebungen und Verhaltensweisen zu einem einheitlichen Handeln und Wirken zusammenzuführen«.

Eberhard Witte

3.3.1 Wesen und Elemente der Unternehmungsverfassung

Die Unternehmungsverfassung lässt sich als *Grundsatzentscheidung über die gestaltete Ordnung* der Unternehmung verstehen. Sie steht dabei in enger Bindung zur gesamtgesellschaftlichen Ordnung. Abhängig von den Rechtsformen der Unternehmung ist die Unternehmungsverfassung selbst als *Summe von Rechtsnormen* zu sehen, die in der für die Unternehmung relevanten Gesetzgebung schriftlich verankert sind. Im verbleibenden Autonomieraum konkretisiert sie diese durch ihre eigene Unternehmungsverfassung. Quasi als »Grundgesetz« der Unternehmung definiert sie mit ihren konstitutiven Rahmenregelungen Gestaltungsräume und -grenzen und legt damit einen generell zu respektierenden Verhaltensrahmen nach innen wie nach aussen fest.

Die Verfasstheit einer Unternehmung wirkt sowohl nach *aussen* und trägt hier über die Generalisierung von Verhaltenserwartungen zum Umgang von Mitgliedern der Umsysteme mit der Unternehmung bei, als auch nach *innen*, indem sie inhaltliche und formelle Freiräume und Formen der Zusammenarbeit für die Mitglieder einer Unternehmung definiert, die Orientierung und Ordnung vermitteln.

Die Unternehmungsverfassung *stellt ein Regelungsgesamt dar, das »die Gründung und Beendigung einer Unternehmung, ihr Aussenverhältnis, die Verteilung ihres ökonomischen Erfolges (Gewinn, Wertschöpfung), die Grundrechte der Unternehmungsmitglieder allgemein, sowie speziell ihrer Organe, insbesondere deren Beziehung, Zustandekommen, Zusammensetzung, Zusammenwirken und Kompetenzverteilung betreffen«* (Brose = Erkenntnisstand = 40).

In *formeller Hinsicht* wird die Verfassung weitgehend als Summe von Rechtsnormen gesehen, die in der Gesetzgebung schriftlich verankert sind. Sie legt somit nach Massgabe des Handels-, Gesellschafts- und Mitbestimmungsrechts eine Rahmennorm fest, die im Autonomiebereich der Unternehmung durch weitere interne nicht-gesetzliche Regelungen konkretisiert werden kann. Soweit die Regelungen formalisiert sind, finden sie ihren Niederschlag in Statuten, in der Geschäftsordnung, in Geschäftsverteilungsplänen und anderen Dokumenten (»Leitlinien«) der Unternehmungsverfassung. In *materieller Hinsicht* ist unter Verfassung dann die faktische, also auch gesetzlich nicht im einzelnen (vor)geschriebene, rechtliche Grundordnung zu verstehen.

In der Unternehmungsverfassung wird damit ein von aussen vorgegebener, der Autonomie der Unternehmung entzogener Rahmen, in dem die Unternehmung institutionell und in ihrem Handeln rechtlich konstituiert wird, festgelegt, der im inneren Autonomiebereich durch eigene statutarische und leitlinienhafte Regelungen ergänzt und konkretisiert wird. Sie geht dabei von Grundentscheidungen der Unternehmung über die Wahl der Rechtsform, des Standortes u.ä. aus und konkretisiert durch konstitutive Rahmenregelungen Gestaltungsfreiräume und -grenzen, schafft *Kompetenzen* und *Legitimation* für Organe und Personen. Sie greift damit grundlegend in die Machtstruktur eines sozialen Systems ein.

Für die unternehmungspolitische Profilierung durch die Unternehmungsverfassung ist die *konstitutive Regelung* der Rechte und Beziehungen der am Prozess *des externen Interessenausgleiches an der Unternehmung Beteiligten* und die Art der erstrebten Konfliktregelung von besonderer Bedeutung. Hinzu tritt die *Ausgestaltung des inneren Aufbaus* der Unternehmung unter Nutzung rechtlicher Gestaltungsmöglichkeiten zur Verfolgung ökonomischer Zwecke durch das humangeprägte Sozialsystem der Unternehmung.

Im ersten Fall beginnt sich die Bezeichnung »*Spitzenverfassung der Unternehmung*« durchzusetzen, dem im Englischen der Begriff der »*corporate governance*« entspricht. Die stärker auf den konstitutiven Binnenaufbau der Unternehmung zielende Gestaltung von Rechts-, Wirtschafts- und Sozialbeziehungen lässt sich mit der (bislang nicht üblichen) Bezeichnung »*Verfassung der Verbundordnung*« kennzeichnen. In ihr spielt das Kriterium der gewährten Autonomie in rechtlicher, wirtschaftlicher und sozialer Hinsicht (rechtliche und wirtschaftliche (Un-)Selbständigkeit, wie die Möglichkeit der Ausformung eigenständiger subkultureller Sozialsysteme) die entscheidende Rolle.

Teiltatbestände der Verfasstheit einer Unternehmung lassen sich unter dem von Klaus Chmielewicz geprägten Begriff der *Organisationsverfassung* einer Unternehmung zusammenfassen, der er die Markt- und Finanzverfassung gegenüberstellt (Chmielewicz = Unternehmensverfassung =). Letztere werden in der hier vorliegenden Schrift unter strategischen Aspekten behandelt. Beide Bereiche einer Organisationsverfassung finden, wie der gewählte Begriff bereits andeutet, in der *strategischen* und *operativen* Dimension in Form von *Organisationsmodellen* und einzelnen subsystemischen *Organisationsformen* ihre Konkretisierung (Bleicher = Organisation =).

Ähnlich wie bei der sachlichen Beziehung, die zum einen zwischen der Unternehmungspolitik als genereller Zielvorgabe und Grundorientierung der normativen Dimension zu den Programmen der strategischen und operativen Vorhaben und zum anderen zwischen der Unternehmungskultur im normativen Bereich zu intendiertem Verhalten in der strategischen und operativen Dimension besteht, ist ein durchgehender Zusammenhang zwischen normativer und strategischer, wie operativer Organisationsgestaltung unverkennbar.

3.3.2 Unternehmungsverfassung – Einbindung von Interessen in einen konstitutiven Rahmen und Gestaltung der Spitzenstruktur

> »Most boards do not deal in depth with fundamental matters of long term direction and overall management of the company; many simply provide a superficial review of operating performance and specific management proposals. Very few boards plot the course of the company by setting objectives, evaluating alternative strategies, and establishing specific business policies for the corporation.«
>
> W.D. Clendenin

Gesellschaftliche Verantwortung als Problemfeld einer Gestaltung der Unternehmungsverfassung

> »Unser Handeln ist keine private Veranstaltung mehr. Unser Unternehmen ist eine öffentliche Institution und deshalb hat die Öffentlichkeit Anspruch auf Transparenz und Dialogbereitschaft. Wir müssen uns mit allen Gruppen auseinandersetzen, nicht nur mit den Mitarbeitern und Aktionären.«
>
> Alex Kramer
> Verwaltungsratspräsident Ciba-Geigy

Die Gestaltung der Spitzenverfassung der Unternehmung ist derzeit aus verschiedenen Anlässen heraus problematisiert worden. So ist die berechtigte Frage zu stellen, ob Unternehmungen mit ihren vergangenheitsgeprägten und heute noch weitgehend vorfindbaren Spitzenstrukturen ihrer *gesellschaftlichen Verantwortung* gerecht werden.

»*Die Probleme einer zunehmenden gesellschaftlichen Instabilität ... betreffen immer mehr das Management der heutigen Unternehmungen. Aus der Sicht der Unternehmungsführung sind es in steigendem Masse »gesellschaftliche« Problemstellungen und Entwicklungen, die neuartige Aufgaben und Herausforderungen darstellen ... Weil die Unternehmung zu der dominierenden sozialen Institution geworden ist und weil sie als entscheidendes Aktionszentrum erkannt wurde, ist sie zur Zielscheibe gesellschaftspoliti-*

scher und gesetzgeberischer Vorstösse geworden. Während die traditionell bedeutsamen gesellschaftlichen Institutionen Erosions- und Zerfallserscheinungen zeigen, hat sich in der Unternehmung Know-how, Kapital und Macht konzentriert. (Dies belegt), dass die Unternehmung und ihre gesellschaftliche Umwelt zu einem einzigen, vernetzten System *geworden sind« (Dyllick = Instabilität = 373 f.).*

Es nimmt daher nicht wunder, dass von verschiedenen Seiten versucht wird, Einfluss auf die Gestaltung der Unternehmungsverfassung zu nehmen, um auf diesem Weg die gesellschaftliche Verantwortung der Unternehmung zu institutionalisieren. Dies geschieht über die Realisierung zweier prinzipieller Forderungen, der nach einem pluralistischen Konzept der Einbindung der Interessen wesentlicher Bezugsgruppen in die Unternehmungsverfassung und der, die Überwachungslücke im Hinblick auf das unternehmungspolitische und strategische Verhalten der Spitzenführung zu schliessen.

a) Pluralistische Ansätze einer Berücksichtigung von Bezugsgruppen: Hier gibt es den »*stakeholder*«-Ansatz, der entweder eine Verankerung von Personen, die als Repräsentanten von gesellschaftlichen Bezugsgruppen gelten können, in die Spitzenorgane von Unternehmungen qua gesetzlicher Regelung vorsieht (z.B. Mitbestimmungsgesetze) oder durch die freiwillige Aufnahme von Konsumentenanwälten, Umweltschützern, Minoritäten etc., wie sie vor allem in der Spitzenverfassung amerikanischer Corporations praktiziert wird.

Mit diesen Ansätzen werden die traditionellen *monistischen* Vorstellungen der Unternehmungsverfassung, die lediglich einer Bezugsgruppe – den Kapitalgebern – zu dienen hatte, verlassen. Eine monistische Auffassung lässt in der Unternehmung als institutionellem Rahmen der Kooperation von Vertretern verschiedener Interessen keinen Platz. Interessenausgleich findet dann grundsätzlich nur am Markt oder in den Köpfen einzelner unternehmerischer Akteure statt. Diese generelle Auffassung einer monistischen, lediglich kapitalorientierten Unternehmungsverfassung wurde mit fortschreitender Industrialisierung zunehmend kritisiert.

Die *Trennung von Eigentum und Verfügungsgewalt* kam mit einer stärkeren *Streuung des Aktienbesitzes* immer deutlicher zum Ausdruck. Bestehende Machtkonzentrationen bildeten den Ansatzpunkt wettbewerbstheoretischer und -politischer Entwicklungen in Richtung auf eine Machtentflechtung im Sinne einer Reform der gegebenen Verfassungsstruktur, womit zugleich Fragen der Organisations- und Marktverfassung von Unternehmungen problematisiert werden (Böhm = Demokratie =; Mestmäker = Verwaltung =). Im Rahmen der *Mitbestimmungsgesetzgebung* fand eine grundlegende Umgestaltung der Verfassungsstrukturen statt. Zunehmend wurden die interessenmonistischen, kapitalorientierten Strukturen abgelöst. Wenn auch zunächst noch keine paritätischen Mitbestimmungsmodelle vorgesehen waren, so zielt die Entwicklung der Mitbestimmungsmodelle jedoch deutlich auf eine Machtverschiebung hin.

Diese Ansätze beziehen sich auf die Ordnung der Machtbeziehungen sowohl im *Innengefüge* als auch im *Aussenverhältnis*. Einerseits erfahren *Operationsnähe und Professionalisierung des Managements* im Innenverhältnis und andererseits die unterschiedlichen Interessenschwerpunkte von Gross- und Kleinaktionären im Verhältnis zu den Kapitalgebern eine stärkere Berücksichtigung. Hinzu treten die Arbeitnehmerinteressen und in Ansätzen sonstige Interessen der Konsumenten, Lieferanten und der Öffentlichkeit. Alle diese Interessengruppen zu berücksichtigen und ihre Vertreter in Unternehmungen zu bestellen, ist aber nach wie vor eine der problembehafteten Fragen der Spitzenverfassung von Unternehmungen. Im Zuge der *zunehmenden Vernetzung von Wirtschaft und Gesellschaft* verlangen sowohl die Binnenbeziehungen zwischen *Arbeitnehmern, Anteilseignern und Management* als auch die Aussenbeziehungen zu *Lieferanten und Verbrauchern* sowie die Einordnung in das gesamte *politisch-gesellschaftliche System* nach einer gebührenden Berücksichtigung in der Normvorgabe einer Unternehmungsverfassung.

Die institutionelle Verankerung dieser Interessen ist Gegenstand der Theorie einer *pluralistischen Unternehmungsverfassung*. Hier haben sich mittlerweile eine Vielzahl von Ansätzen herausgebildet (vgl. hierzu den Überblick von Wilfried Krüger = Stand =, sowie im Speziellen die Arbeiten von Horst Steinmann = Grossunternehmen = und Peter Ulrich = Institution =).

Dass ein umfassendes Konzept aufgrund der sich ergebenden Problemvielfalt nicht ohne weiteres gefunden werden kann, erscheint klar. Primär muss es in der Forderung nach einer Verinnerlichung der Interessenvielfalt und -gegensätze darum gehen,

»... *die weitgehenden Normen unter den Gesichtspunkt zu ordnen, ob und inwieweit die einzelnen Vorschriften den typischen Interessenlagen und Konflikten der an einem Unternehmen Beteiligten oder Interessierten, den Eignern, Gläubigern, Arbeitnehmern, Verbrauchern usw. gerecht werden ...« (Raisch = Unternehmensrecht = 13).*

Dadurch soll gewissermassen durch einen Anstoss von aussen die innere Ordnung der Unternehmung hergestellt werden.

In der pluralistischen Unternehmungsverfassung werden Interessen, Motivationen und Ziele, die vorher als externe Interessen begriffen wurden, institutionell im Mandat des Managements internalisiert. An die Stelle blosser *externer Gegenmachtbildung* tritt die *interne, demokratische Kompromiss- und Konsensbildung* in der Unternehmung. Im Rahmen der Möglichkeiten dieser Konsensbildung tritt *kollektive Rationalität* an die Stelle *individueller Rationalität*. Damit wird das theoretische Konzept der Unternehmung als Koalition in die Praxis umgesetzt (Steinmann = Grossunternehmen =).

Versucht man generell allen Verflechtungstatbeständen (z.B. Interessengruppen) im Binnen- sowie im Aussenverhältnis durch Regelungen der Unternehmungsverfassung gerecht zu werden, kann dies zu einer *unerträglichen Regelungsdichte* führen; denn es ist zu erwarten, dass je deutlicher der Interessenpluralismus in der Unternehmungsverfassung Berücksichtigung findet, desto höher die Regelungsdichte und desto geringer die Autonomie der Unternehmung wird – ein Entscheidungsproblem, das nahezu unlösbar erscheint.

Die grundlegende Frage, die sich mit einer Interessenvertretung in den Spitzenorganen der grösseren Aktiengesellschaften stellt, ist die nach der Verbindung zunehmender politischer Relevanz wirtschaftlicher Macht und des pluralistischen Gesellschaftsmodells:

»Sollen die unerwünschten gesellschaftlichen Effekte privatwirtschaftlichen Handelns durch freiwillig moralisch motivierte Verantwortung der Unternehmer oder Manager oder aber durch gesetzliche Verantwortlichkeiten in die wirtschaftliche Entscheidungen internalisiert werden? ... Kann die multi-funktionale Ausrichtung der einzelnen Unternehmung ihrer Selbstverantwortung überlassen werden oder nicht?« (Ulrich = Institution = 213).

Ohne hier in eine ordnungspolitische Grundsatzdebatte eintreten zu wollen, ergeben sich bei einer weitgehenden Berücksichtigung interessen-pluralistischer Aspekte im Rahmen der Ausgestaltung der Spitzenverfassung von Unternehmungen eine Reihe von kritischen *Grundsatzfragen* (vgl. Drucker = Management-Praxis = – hier nach Dyllick = Management = 111 ff.):

- Die Grenze der Entscheidungsfreiheit für das Management muss dort gegeben sein, wo es seine primäre Verantwortung für die Leistung der ihr anvertrauten Institution zu vernachlässigen beginnt.
- Dem Management darf die spezifische Fähigkeit, Ressourcen der Unternehmung für gesellschaftliche Zwecke effizient einzusetzen, nicht aberkannt werden. Ansonsten würde »völlig verkannt, dass es gerade die

Unternehmungen sind, die in vielen Bereichen der Technik und Wissenschaft über Einsichten und Know-how verfügen, die niemand anders ...« besitzt (Dyllick = Management = 111).
- Entsteht mit dem Wegfall der Einheit von Eigentum und Verfügung ein rechtliches Legitimationsdefizit für die Unternehmung, so ist zu bedenken, dass es nicht nur einer verfassungsmässigen Legitimation der Entscheidungsmacht einer Institution bedarf, sondern auch einer Legitimation durch Leistung:

»Als die gesellschaftlichen Institutionen, für die der produktiv-wirtschaftliche Auftrag der primäre ist, darf insbesondere bei den Unternehmungen dieses Effektivitätsziel nicht unberücksichtigt bleiben bei der Diskussion einer Reform der Legitimitätsbasis und der Forderung nach Übertragung politischer Entscheidungsmechanismen auf die Unternehmung. Was deshalb zu verlangen wäre, ist ein begründeter Kompromiss zwischen diesen beiden Dimensionen, nicht eine Optimierung einer einzigen ... Im Hinblick auf das Effektivitätsziel darf nicht jegliche Handlungsfreiheit ›wegdemokratisiert‹ werden« (Dyllick = Management = 116).

b) Ansätze zum Schliessen der Überwachungslücke gegenüber der Spitzenführung: Um sicherzustellen, dass das obere Management aus gesellschaftspolitischem Verantwortungsbewusstsein heraus handelt, ist eine *Intensivierung der Überwachung* seiner Tätigkeit geboten. Dabei ist jedoch die zunehmende Professionalisierung des Managements hervorzuheben, die nicht immer von einer entsprechenden Entwicklung bei den Trägern der Überwachungsaufgabe getragen wird.

Ist auf der einen Seite eine zunehmende *Professionalisierung des Managements* hinsichtlich seiner Führungsaufgaben festzustellen, die ständige Weiterentwicklung der Strukturen, Systeme, Methoden und Instrumente des Managements und die wachsende intime Kenntnis der innerbetrieblichen Verhältnisse, des Standes und der Entwicklungstendenzen ökonomischer, humaner und technischer Potentiale im Rahmen sich abzeichnender Chancen und Risiken aus dem Umfeld, so bleiben auf der anderen Seite die Mitglieder des Überwachungsorgans zunehmend hinter diesen Entwicklungen zurück. Dies ist dann in besonderer Weise der Fall, wenn diese selbst nicht als professionelle Führungskräfte tätig sind und damit aufgrund ihrer Ausbildung und ihres Erfahrungshintergrunds zumindest im ersten Bereich kaum »mitreden« können.

Als Fazit bleibt festzuhalten, dass sich zwischen Führung und Überwachung eine zunehmend deutlicher werdende Lücke in der realistischen

Abschätzung der effektiven Unternehmungsentwicklung und der Machbarkeit unternehmungspolitischer und strategischer Vorhaben auftut: *Der Verwaltungs- und der Aufsichtsrat bleibt hinter der professionellen Entwicklung der Führung zurück.* So nimmt es nicht Wunder, dass die Bertelsmann/EMNID-Studie eine beachtliche *Unzufriedenheit* vor allem jüngerer Aufsichtsrats-Mitglieder mit dem zweistufigen Trennungsmodell deutscher Prägung zum Ausdruck bringt (vgl. Bleicher = Aufsichtsrat = 60).

Als Ansätze für eine Intensivierung der Überwachung des oberen Managements durch das Spitzenorgan (Verwaltungs- oder Aufsichtsrat) können die positiven Erfahrungen amerikanischer corporations mit der Arbeitsweise eines »*sounding boards*« herangezogen werden, der sich ex ante mit »emergenten« Problemen auseinandersetzt, die durch das Management zu lösen sind. Als »Reflexionsboden« für die unternehmungspolitischen und strategischen Absichten des Managements können zum Abbau der »Überwachungslücke« folgende Einzelmassnahmen dienen:

1. *Grundsätzliche Zieldiskussion* über den routinemässigen Dialog hinsichtlich strategischer und operativer Pläne sowie Einzelmassnahmen aus der Sicht der Führung hinaus. Einbezug von Verhaltensfragen im ethischen und ökologischen Bereich.

   »*Zu den zentralen Aufgaben jedes VR gehört die Schaffung eines unternehmungspolitischen,* normativen Rahmens, *der die langfristigen Zielsetzungen und die allgemein gültigen Verhaltensgrundsätze festlegt*« (Baumberger = Verwaltungsratseinsatz = 82).

2. Kritisches *Infragestellen von Prämissen* der Unternehmungspolitik und ihrer strategischen Planung sowie die *Beurteilung der Konsistenz* von Plänen innerhalb der generellen Ziele und Verhaltensmuster.

   »*Im Rahmen der* strategischen Führung *haben die VR beim Planungsprozess und bei der Planrealisierung aktiv mitzuwirken. Sie sorgen für die organisatorisch richtige Positionierung und eine zweckmässige Systematik der strategischen Führung, sie sind aufgrund ihrer Erfahrungen und Kenntnisse wichtige Diskussionspartner der Geschäftsleitung im Planungsprozess und sie treffen strategische Grundsatz- und strategiekonforme Einzelentscheide*« (dies aus Sicht der von der Geschäftsführung nicht entlasteten Schweizer Verwaltungsräte: Baumberger = Verwaltungsratseinsatz = 82).

3. Intensivierung einer *sachgerechten Personalentwicklung* im Hinblick auf die Führung und Initiierung der Installation von Selektions- und Nach-

folgesystemen für die Spitzenführung, wie für die Anreiz- und Vergütungspraxis durch den Verwaltungs- oder Aufsichtsrat.

Die VR sollten sich »vermehrt mit grundsätzlichen personalpolitischen Entscheidungen, mit Fragen der Personalbeurteilung, Personalentwicklung, der Personalrekrutierung und der Ausgestaltung von erfolgsabhängigen Entlohnungssystemen befassen« (Baumberger = Verwaltungsratseinsatz = 70).

4. *Integration der Zustimmungsvorbehalte* des Verwaltungs- oder Aufsichtsrats in diese Konzeption durch Abbau von rein juristisch, aber nicht unternehmungspolitisch relevanten Geschäften im Sinne des Integrationsgebotes. (Es macht wenig Sinn, die ex ante-Beteiligung des Verwaltungs- oder Aufsichtsrats an unverbundenen Einzelgeschäften festzumachen, wenn damit u. U. Friktionen bei der unternehmungspolitischen Integration negativ oder positiv entschiedener Vorlagen entstehen.) Dabei ist eine Konzentration auf das Wesentliche und führungspolitisch Machbare erforderlich:

»Es gilt hier das richtige Mass zu finden, dass es einerseits erlaubt, das gesamthaft vorhandene Fähigkeits- und Führungspotential optimal auszunutzen und andererseits klar festlegt, wo das Zentrum der eigentlichen Geschäftsführung liegt« (Baumberger = Verwaltungsratseinsatz = 70).

Flexibilisierung von Strukturen als Problemfeld einer Gestaltung der Spitzenverfassung

Ein weiteres Problemfeld bei der Gestaltung der Spitzenverfassung von Unternehmungen liegt in der Flexibilisierung von Strukturen der Unternehmung im Spannungsfeld von Wirtschafts-, Rechts- und Sozialstrukturen. Die gestiegenen Anforderungen an eine Verarbeitung von Komplexität und Dynamik bleiben nicht nur auf die strategische Dimension der Gestaltung von Organisationsstrukturen und Managementsystemen beschränkt, sondern erfassen auch die normative Dimension der Unternehmungsverfassung.

Waren viele Unternehmungen bislang nach dem rechtlichen Prinzip der *Einheitsgesellschaft* strukturiert, so ergaben sich zwischenzeitlich durch den Aufbau ausländischer Tochtergesellschaften, die Akquisition von Unternehmungen und das Eingehen von Beteiligungsverhältnissen vielfältige Veränderungen, die letztlich zu einer »Aufweichung« des ursprünglichen Prinzips rechtlicher Gestaltung in Form von Einheitsgesellschaften geführt haben. Diese Entwicklung erfährt derzeit dadurch eine Fortsetzung, dass bewusst *Konzernstrukturen* geschaffen werden, welche die Spitze über *Holding*formen entlasten und die einzelnen rechtlich-organisatorischen Einheiten autonomer und flexibler agieren lassen sollen. Ein positiver Einfluss auf die Motivation bei den Leistungen rechtlich selbständig agierender Einheiten tritt hinzu. Als nicht unwesentlicher Nebeneffekt werden damit Anpassungen an die wirtschaftliche Entwicklung über den Kauf und Verkauf ganzer – rechtlich selbständiger – Bereiche erleichtert.

a) Flexibilisierung durch Konzernstrukturen: Die wirtschaftlich, rechtlich und in ihrer sozialen Intention selbständige *Einheitsgesellschaft* zielt auf Synergien, die zum Nutzen der Unternehmung und der Empfänger ihrer Leistungen eingesetzt werden. Sie wird durch eine einheitliche, rechtlich kodifizierte und von einem gemeinsamen kulturellen Verständnis geprägte Ausrichtung des Ganzen auf unternehmerische Missionen getragen. Bei zunehmender programm- und regionalpolitischer Differenzierung stösst dieses Gestaltungsprinzip notgedrungen an Grenzen, da es den Bindungsgedanken an das Ganze zu Lasten der Autonomie ihrer Glieder betont, die zunehmend eigenständige Teilinteressen in jeweiligen differenzierten Subsystemen zu entwickeln haben, um sich optimal ihren jeweiligen Umsystembedingungen anpassen zu können.

Der *Konzern* als Verbund rechtlich selbständiger und auch sozial-kulturell differenzierter Gesellschaften wird durch die Einheitlichkeit der Leitung zu einem wirtschaftlichen System, das gegenüber der Einheitsgesellschaft per se den Glied(Tochter-)gesellschaften rechtlich kodifizierte Selbständigkeit einräumt. Dabei sind auch hier vielfältige Übergänge anzutreffen: von einer einheitlichen Leitung, die die wirtschaftliche Schlagkraft betont, bis hin zu eher konglomeraten Verhältnissen, die ihren Einheiten eine weitgehende strategische und operative Autonomie einräumen.

b) Konzernspitze mit Holdingstrukturen: Bei aller möglichen Differenzierung in der Gestaltung der Spitzenverfassung verbleibt die einheitliche wirtschaftliche Leitung, um das Gesamtsystem nach wie vor als wirtschaftliche Einheit ansprechen zu können. Dies ist bei der Einheitsgesellschaft kein Problem, denn die Unternehmungsspitze ist in ihren Aufgaben, ihren Kompetenzen und ihrer Verantwortung rechtlich klar bestimmt. Anders ist dies jedoch beim Konzern, bei sich vielfältigere Ausgestaltungsmöglichkeiten ergeben.

Um Unternehmungsstrukturen zu flexibilisieren, wird auf der normativen Ebene der Unternehmungsverfassung zunehmend von der Form der Holding Gebrauch gemacht, welche die Unternehmungsentwicklung lenkt und gestaltet. Für eine derartige Strukturform sprechen eine Reihe von Argumenten, die in Tab. 3.5 zusammenfassend wiedergegeben werden.

Tabelle 3.5
Vorteile einer Holding-Struktur

Argumente für einen Weg in die Holding
- Flexibilisierung der Unternehmungsstruktur durch differenzierte Marktbearbeitung
- Nutzung und Verstärkung von (Sub-)Kulturunterschieden einzelner Geschäftsbereiche, die sich zulasten einer (Gruppen-)Einheitskultur mit den Kunden-(-Branchen-)Kulturen verkoppeln.
- marktnahe Möglichkeiten der strategischen Nutzung situativ unterschiedlicher Bedingungen im Lebenszyklus einzelner Geschäftsbereiche im Spannungsfeld von pionierhafter Ausbeutung reifer Erfolgspotentiale (»milking the cash cows«).
- Stärkung dezentraler Autonomie zur motivierten, ganzheitlichen, unternehmerischen Führung von Geschäftsbereichen. Zugleich dadurch vermehrte Möglichkeiten zur Heranbildung eines geschäftsverbundenen Führungskorps aus den eigenen Reihen »on the job«.
- Erleichterung strategischer Allianzen und anderer Kooperationsverhältnisse durch die einzelnen Geschäftsbereiche und damit Expansion der geschäftlichen Möglichkeiten. Problemlose Integration von Akquisitionen in Teilbereichen.
- Über die Bildung teilautonomer Geschäftsbereiche eine deutlichere Risikoerkennung und -begrenzung. Möglichkeiten zur Veränderung des Programmportfolios durch Kauf von zusätzlichen Unternehmungen und Verkauf von uninteressant gewordenen, in sich weitgehend geschlossenen Geschäftsbereichen.
- »Dezentralisierung« und damit Entlastung der Führungsspitze der Gruppe: Von der teil-operativen Steuerung quer durch die Unternehmung hin zur
  – längerfristigen Beeinflussung der Unternehmungsentwicklung durch den sachlichen und zeitlichen Ausgleich von erneuerndem

> Wandel (Innovation) und die effiziente Nutzung vorhandener Erfolgspotentiale (Stabilisierung)
> – finanziellen Steuerung der Kapitalströme, um über deren Umlenkung (Abführungs- und Reininvestitionspolitik) zukunftsweisende Geschäftsfelder aufzubauen; einschliesslich der Entwicklung, Pflege und Nutzung von Managementsystemen für die Gruppe
> – personellen Steuerung durch die Entwicklung und den Einsatz von Führungskräften in den einzelnen Bereichen und in der Holding zur Sicherung unternehmerischer Expansion (»Personen verkörpern Programme«).
> • Gewinnung von Transparenz über den Erfolg einzelner Betätigungsfelder und verbesserte Regelung der Verantwortlichkeit für die strategische und operative Führung einzelner Bereiche.

Die Binnenstrukturierung der Unternehmung im Spannungsfeld von wirtschaftlicher, rechtlicher und sozialer Gestaltung und Entwicklung hat bedeutenden Einfluss auf die konstitutive Regelung der Leitung. Hier stehen sich im Extrem die *geschäftsnahe Leitung*, deren strategische und operative Lenkung für Einheitsgesellschaften – und in abgemilderter Form für den Unterordnungskonzern – typisch ist, und eine *geschäftsferne Leitung* bei differenzierten Gleich- und Unterordnungskonzernen mehr oder weniger konglomeraten Zuschnitts gegenüber. Bei letzterer ist die Rolle der Spitzenführung auf die Formulierung weniger unternehmungspolitischer Rahmenbedingungen, die Finanzpolitik des Konzerns und die Besetzung wesentlicher Führungspositionen im Konzern begrenzt. Tab. 3.6 gibt einen Überblick über praktische Ausprägungen der Holding unter dem Aspekt der Geschäftsnähe der Leitung.

Tabelle 3.6
Formen von Holding-Strukturen

> Drei Formen von Holding-Strukturen lassen sich unterscheiden:
>
> 1. Die *Finanzholding*, die mehr oder weniger ein Anlageportfolio als Investment eines Kapitalstocks durch
>   – die Mittelzuweisung und -abführung bis hin zum Kauf und Verkauf von Unternehmungsteilen und

- die Besetzung leitender Positionen in den einzelnen Geschäftsbereichen und der Holding selbst

mit einem Minimum an zentral vorgehaltenen Ressourcen steuert.

2. Die *Strategieholding*, die sich Entscheidungen nicht nur über die Strategien der Gruppe insgesamt, sondern auch über die der Bereiche vorbehält. Dies führt regelmässig dazu, dass
   - entweder Mitglieder der Gruppenleitung in der Holding für einzelne Bereiche (u.U. neben der Wahrnehmung zentraler Funktionen) verantwortlich zeichnen (= *zentralistische Variante*, welche die eingangs herausgestellten Vorteile der Holding-Strukturen weitgehend in Frage stellen kann);
   - oder die Bereichsleiter mit in der Holding aufnimmt. Dabei entsteht in der Holding eine Matrix von funktionellen Vertretern der Gruppenleitung und objektorientierten Vertretern der Bereiche zur Abstimmung einer Gesamtstrategie unter Berücksichtigung von Bereichsstrategien. Diese heute weitgehend verfolgte *dezentrale Variante* bedarf einer klaren Abgrenzung von Holding- und Bereichsvollmachten.

3. *Die Strategie-/Operationen-Holding*
   Dieser Grenzfall eines Eingreifens der Holding über das Strategische hinaus auch in operative Belange der Bereiche lässt grundlegend die Frage danach stellen, was unter solchen Bedingungen eine Holding-Struktur gegenüber herkömmlichen Organisationsvorstellungen überhaupt bewirken soll. Als Argument wird häufig auf die Notwendigkeit eines »hands-on-management« verwiesen, das operative Kenntnisse der Gruppenleitung verlangt, die nachhaltig nur durch die Übernahme operativer Verantwortlichkeiten zu erreichen sei.

Als eine Kernfrage der Bildung von Holding-Strukturen stellt sich auf der strategischen Ebene der Organisation die Frage nach einer zweckgerechten Aufgabenverteilung auf die Holding und auf die an sie berichtenden Bereiche. Unter Einbezug dieses strategischen Gestaltungsaspekts in die Darstellung des normativen Zusammenhanges wird auf Tab. 3.7 verwiesen.

Ausgehend vom Typ der Strategieholding zeigt diese Tabelle die denkbaren Abgrenzungen von Aufgaben und Kompetenzen der Holding und der Bereiche:

Tabelle 3.7
Aufgabenverteilung auf Holding und Geschäftsbereiche

1. *Aufgaben und Kompetenzen der Holding*

- Formulierung von Gruppenzielsetzung und Gruppenstrategie
- Festlegung von Bereichszielsetzungen und Bereichsstrategien (zusammen mit den Bereichsleitungen)
- evtl. Genehmigung und Überwachung der operativen Pläne und der Budgets der Bereiche
- Beschaffung und Einsatz finanzieller Mittel
- Berufung und Abberufung der wichtigsten Führungskräfte in der Gruppe (z.T. mit Verwaltungs- oder Aufsichtsrat)
- Aufbau und Förderung des Führungskräftenachwuchses
- Zentrale Konzernfunktionen mit Richtlinienkompetenz und Kontrollfunktion
  - Finanzen
  - Human-Ressourcen und Dienste
- Konzernstäbe mit Beratungs- und Kontrollfunktionen
  - Gruppenplanung und -entwicklung
  - Ökologie und Risk Management
  - Öffentlichkeitsarbeit.

2. *Aufgaben und Kompetenzen der Bereichsleitung*

- Bereichszielsetzungen und Bereichsstrategien (zusammen mit der Gruppenleitung)
- Erarbeitung und Überwachung der operativen Pläne und Budgets
- Operative Geschäftsführung mit Ergebnisverantwortung
- Verantwortung für Schlüsselfunktionen und Querschnittsfunktionen.

Der unternehmungspolitische Kontext, dem sich Unternehmungen bei einem Weg in die Holding gegenübersehen, kann äusserst vielfältig sein. Er reicht – wenn man von den ebenfalls zu berücksichtigenden unterschiedlichen Grössenbedingungen absieht – von konglomerat-diversifizierten Anwendungsbedingungen, über technologisch und marktlich gemischt verbundene und differenzierte bis hin zu solchen, die in Richtung einer hochintegrierten, in sich allseits verkoppelten (synergetischen) Strukturierung reichen. Hier seien auch Gestaltungsbedingungen des Holding-Konzeptes erwähnt, die eine Beherrschung nahzu ausschliessen. Konglomeratdiversifizierte Strukturen weisen – per definitionem – bereits in sich strategische, strukturell und kulturell geschlossene Unternehmungseinheiten auf, die ideale Anwendungsbedingungen für Holding-Konzepte bieten. In der Realität steht hier zumeist lediglich das Problem der Neugestaltung einer traditionell gewachsenen Stammhausorganisation (die »Mutter« ist zugleich Führungsspitze der gesamten Gruppe *und* der Stammfirma) durch »Neutralisierung« der Führungsspitze in einer Holding. Andernfalls würde der Weg in eine Holding die organisatorische Zerschlagung eines ja meist gewachsenen und mehr oder weniger abgestimmt funktionierenden Ablaufs mit unermesslichen Risiken und Kosten (Notwendigkeit der Duplizierung von funktionellen und regionalen Einheiten) bedeuten, die zumeist nur bei der Flexibilisierung äusserst grosser organisatorischer Gebilde, bei denen »Dubletten« in den Untergliederungen organisatorischer Einheiten ohnehin versteckt oder offen vorhanden sind, Sinn machen.

Eine Entscheidung für eine Holding-Struktur will daher sowohl unter *Kosten*-(Duplizierung von Einheiten, Aufbau von Managementsystemen für die Holding) als auch unter *Nutzen*aspekten (unternehmerische Flexibilisierung, Zukunftsorientierung strategischer Erfolgspotentiale) gut überlegt sein. Erfahrungsgemäss ergeben sich jedoch in der Gestaltungspraxis in einer derartigen Situation vielfältige *Kombinationsmöglichkeiten*, die eine Nutzensteigerung bei gleichzeitiger Vermeidung unabsehbarer Kostenerhöhungen denkbar machen.

3.3.3 Dimensionen der Unternehmungsverfassung

Die Ausgestaltung der Unternehmungsverfassung lässt sich gleichfalls in vier Dimensionen zu einer unternehmungsspezifischen Profilierung heranziehen. Nach dem *Strukturbild* der Spitzenorgane ist die unterschiedliche Einbindung externer und interner Interessen an und in der Unternehmung zu regeln. Hinzu tritt die konstitutive Ausgestaltung der Kompetenzen und Verantwortung (vgl. Abb. 3.13).

Abbildung 3.13
Dimensionen der Unternehmungsverfassung: prinzipieller Zusammenhang

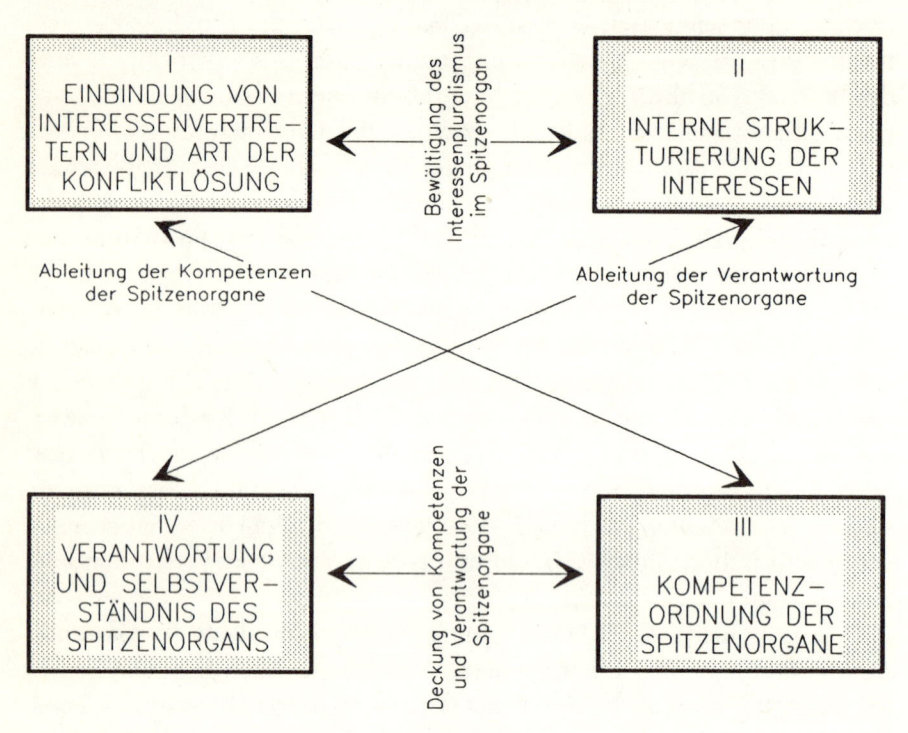

```
┌─────────────────────┐                              ┌─────────────────────┐
│          I          │      Bewältigung des         │         II          │
│  EINBINDUNG VON     │  ←── Interessenpluralismus ──→│  INTERNE STRUK-    │
│  INTERESSENVERTRE-  │      im Spitzenorgan         │  TURIERUNG DER      │
│  TERN UND ART DER   │                              │  INTERESSEN         │
│  KONFLIKTLÖSUNG     │                              │                     │
└─────────────────────┘                              └─────────────────────┘
        ↖                                                    ↗
   Ableitung der Kompetenzen                   Ableitung der Verantwortung
       der Spitzenorgane                             der Spitzenorgane
        ↙                                                    ↘
┌─────────────────────┐                              ┌─────────────────────┐
│         IV          │      Deckung von Kompetenzen │        III          │
│  VERANTWORTUNG      │  ←── und Verantwortung der ──→│  KOMPETENZ-         │
│  UND SELBSTVER-     │      Spitzenorgane           │  ORDNUNG DER        │
│  STÄNDNIS DES       │                              │  SPITZENORGANE      │
│  SPITZENORGANS      │                              │                     │
└─────────────────────┘                              └─────────────────────┘
```

Tabelle 3.8
Dimensionen der Unternehmungsverfassung

I. *Einbindung von Interessenvertretern und Art der Konfliktlösung*
   1. Berücksichtigung von Interessenvertretern
   2. Art der Konfliktlösung

II. *Interne Strukturierung der Interessen: Autonomie und Einbindung in die Binnenstruktur*
   3. Differenzierung der Wirtschafts-, Rechts- und Sozialstruktur
   4. Geschäftsnähe der Leitung

III. *Kompetenzordnung der Spitzenorgane*
   5. Ein- oder Mehrstufigkeit
   6. Geschäftsverteilung nach Ressorts

IV. *Verantwortung und Selbstverständnis des Spitzenorgans*
   7. Verantwortung für die Erhaltung oder Mehrung des Unternehmungswertes
   8. Sichernde Überwachung vs. prämissenüberprüfende Beratung

I. Einbindung von Interessenvertretern und Art der Konfliktlösung

1. Berücksichtigung von Interessenvertretern: Auf der einen Seite tendiert das unternehmungspolitische Arbitrage-Interesse mit seiner eindimensionalen Zielausrichtung zu einer verfassungsmässigen Struktur, die lediglich eine *Interessengruppe* berücksichtigt. Die Verantwortlichen fühlen sich als Vertreter eines Unternehmungsinteresses zum Handeln legitimiert: Überlegungen können dabei dahingehen, dem Interesse der Unternehmung »an sich« zu dienen. Im unternehmungspolitischen Zusammenhang war hier das Beispiel der monetären Nutzenstiftung für Investoren aufgeführt worden (Arbitrage-Prinzip). In diesem Falle liegt es nahe, dass ein »Fit«* mit den *Eigentümer-Interessen* von Investoren dadurch angestrebt wird, dass lediglich die Vertreter dieses Interesses in der Unternehmungsverfassung berücksichtigt werden. Auf der anderen Seite steht die unternehmungspolitisch vorgegebene *pluralistisch-mehrdimensionale* Interessenlage, die in einem politisch-gefärbten Dialog zum Interessenausgleich der Beteiligten führt. Die Unternehmungsverfassung geht dann vom sogenannten »Stakeholder-Ansatz« aus, indem Vertreter unterschiedlicher Interessen im Spitzenorgan der Unternehmung Platz finden.

2. Art der Konfliktlösung: Der Ausgleich von Interessen kann in unterschiedlicher Art und Weise erfolgen. Der *Konfrontation* steht eine nach *Ausgleich durch Dialog* strebende Einstellung gegenüber. Wird im ersten Fall versucht, Interessen kompromisslos zu vertreten und gegebenenfalls durch ein politisch-taktisches Verhalten durchzusetzen, ist im zweiten Fall die Bereitschaft vorhanden, Argumente stärker als subjektive Interessen zu gewichten. Im ersten Fall ist eine exakte Regelung der Modalität der Entscheidungsbildung erforderlich, um klare Mehrheiten zu erzielen. Im zweiten Fall steht die Suche nach einem Konsens im Mittelpunkt, der von allen Beteiligten (einstimmig) getragen wird.

---

* Die Bezeichnung »Fit« geht auf Igor Ansoff = Management = zurück.

Das Spannungsfeld von Interesseneinbindung und Konfliktlösung wird in Abb. 3.14 wiedergegeben.

> *Die eindimensionale Berücksichtigung von Vertretern nur einer Interessengruppe – beispielsweise der Eigentümer – kann mit einer* Konfrontationshaltung *gegenüber anderen, dann weitgehend ausserhalb der Unternehmung agierenden Interessenvertretern verbunden sein. Als typisches Muster einer Kombination beider ergibt sich die* **Reduzierung auf eine Interessengruppe mit Konfrontation** *bei der Konfliktlösung.*

Dem steht das ideelle Muster einer »quasi-öffentlichen Unternehmung« (Ulrich = Institution =) gegenüber, das sich in den hier dargestellten Dimensionen wie folgt kennzeichnen lässt:

> *Die mehrdimensionale Berücksichtigung von Vertretern unterschiedlicher Interessengruppen im Spitzenorgan der Unternehmung gemäss des »stakeholder«-Ansatzes (z.B. in der Mitbestimmung) kann die Möglichkeit eines dialogischen Ausgleichs eröffnen, der allerdings keineswegs selbstverständlich ist. Als typisches Muster einer Kombination ergibt sich der* **Einbezug von Interessenvertretern mit Konsensstreben.**

II. Interne Strukturierung der Interessen: Autonomie und Einbindung in die Binnenstruktur

In der Organisationsverfassung sind nicht nur externe Interessen an der Unternehmung konstitutiv zu gestalten, sondern es ist auch die Interessenstruktur im Innenverhältnis der Unternehmung im Spannungsfeld der Autonomie von Subeinheiten und ihrer Einbindung in das Ganze des Unternehmungsverbundes zu regeln. Diese erfolgt im Ausgleich von rechtlichen Möglichkeiten, wirtschaftlichen Notwendigkeiten und sozialen Intentionen.

Abbildung 3.14
Einbindung von Interessen und Art der Konfliktlösung

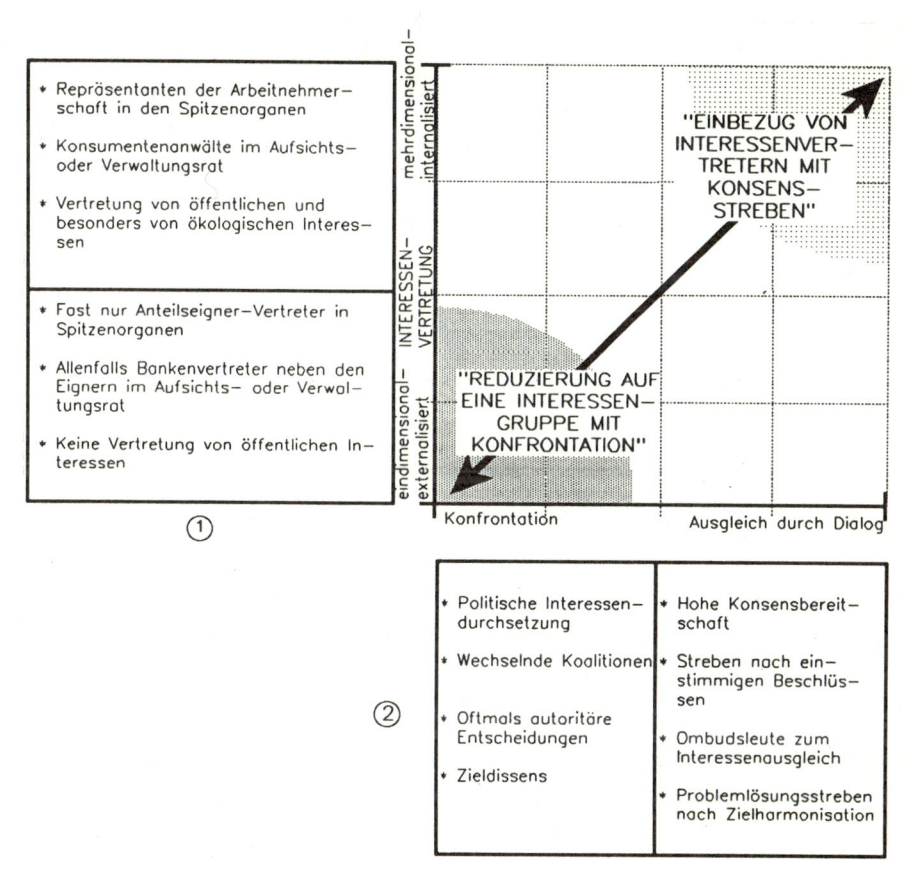

①
- Repräsentanten der Arbeitnehmerschaft in den Spitzenorganen
- Konsumentenanwälte im Aufsichts- oder Verwaltungsrat
- Vertretung von öffentlichen und besonders von ökologischen Interessen

- Fast nur Anteilseigner-Vertreter in Spitzenorganen
- Allenfalls Bankenvertreter neben den Eignern im Aufsichts- oder Verwaltungsrat
- Keine Vertretung von öffentlichen Interessen

Diagramm: INTERESSEN-VERTRETUNG (eindimensional-externalisiert bis mehrdimensional-internalisiert) gegen Konfrontation – Ausgleich durch Dialog

"EINBEZUG VON INTERESSENVERTRETERN MIT KONSENSSTREBEN"

"REDUZIERUNG AUF EINE INTERESSENGRUPPE MIT KONFRONTATION"

②

- Politische Interessendurchsetzung
- Wechselnde Koalitionen
- Oftmals autoritäre Entscheidungen
- Zieldissens

- Hohe Konsensbereitschaft
- Streben nach einstimmigen Beschlüssen
- Ombudsleute zum Interessenausgleich
- Problemlösungsstreben nach Zielharmonisation

3. *Differenzierung der Wirtschafts-, Rechts- und Sozialstruktur:* Zwei Gestaltungsalternativen einer undifferenzierten und einer differenzierten Wirtschafts-, Rechts- und Sozialstruktur zur konstitutiven Binnengestaltung des Unternehmungsaufbaus stehen zur Wahl. Auf der einen Seite ergeben sich undifferenzierte Formen, die nach dem Abteilungsprinzip wirtschaftlich und sozial gegliedert werden. Dem stehen auf der anderen Seite auch rechtlich strukturierte Formen von Konzerngesellschaften gegenüber. In beiden Extremen ergeben sich unterschiedliche Muster der Einbindung von Interessen einzelner Bereiche und ihrer Harmonisation.

4. Geschäftsnähe der Leitung: Die Geschäftsnähe der Leitung kann in den Extremen einer geschäftsnahen Führung, die nicht nur unternehmungspolitische und strategische Fragestellungen aufgreift, sondern auch ihre »Know-how«-Basis im Umgang mit dem operativen Geschäft entwickelt und aktualisiert, und einer geschäftsfernen Führung gesehen werden, die sich die Lenkung von Finanzströmen anhand eines stark verdichteten Zahlenspiegels und auf einige wesentliche Besetzungsfragen von Spitzenpositionen konzentriert.

Werden die Aspekte der Differenzierung von Wirtschafts-, Rechts- und Sozialstruktur und der Geschäftsnähe der Leitung miteinander verbunden, ergeben sich wiederum typische Muster einer in sich konsistenten Gestaltung:

> *Wird eine geringe Differenzierung von Rechts-, Wirtschafts- und Sozialstruktur der Unternehmung präferiert – entweder aufgrund des Einflusses branchengeprägter Gewohnheiten oder als Ausdruck eines programmbestimmten hohen Synergiestrebens – so ergibt sich zugleich meist das Bedürfnis nach einer geschäftsnahen Führung, die sich nicht auf die »Grundsätze der Politik« zurückzieht, sondern bei der Harmonisation von Bereichsinteressen eher ein »hands on«-Management betreibt. Für dieses Muster ist das Streben nach der* **konzentrischen Leitung einer Einheitsgesellschaft** *charakteristisch.*

> *Wird dagegen eine grosse Differenziertheit in den Aufgaben- und Rechtsstrukturen angestrebt, wie dies im Extrem bei konglomeraten Unternehmungsgebilden der Fall ist, ergibt sich als Konsequenz zumeist eine geschäftsferne Führung, die sich auf einige wesentliche Grundsatzentscheidungen der Akquisitions-, Beteiligungs- und Spin-off-Politik, der finanziellen Führung und der Besetzung von Schlüssel-Kaderpositionen zurückzieht. In diesem Falle entsteht das Verfassungsmuster einer* **reduzierten Führung durch eine Finanzholding**.

Abb. 3.15 zeigt den dargestellten Zusammenhang der Gestaltung der Verbundordnung und Verfassungsstruktur.

Abbildung 3.15
Interne Strukturierung der Interessen

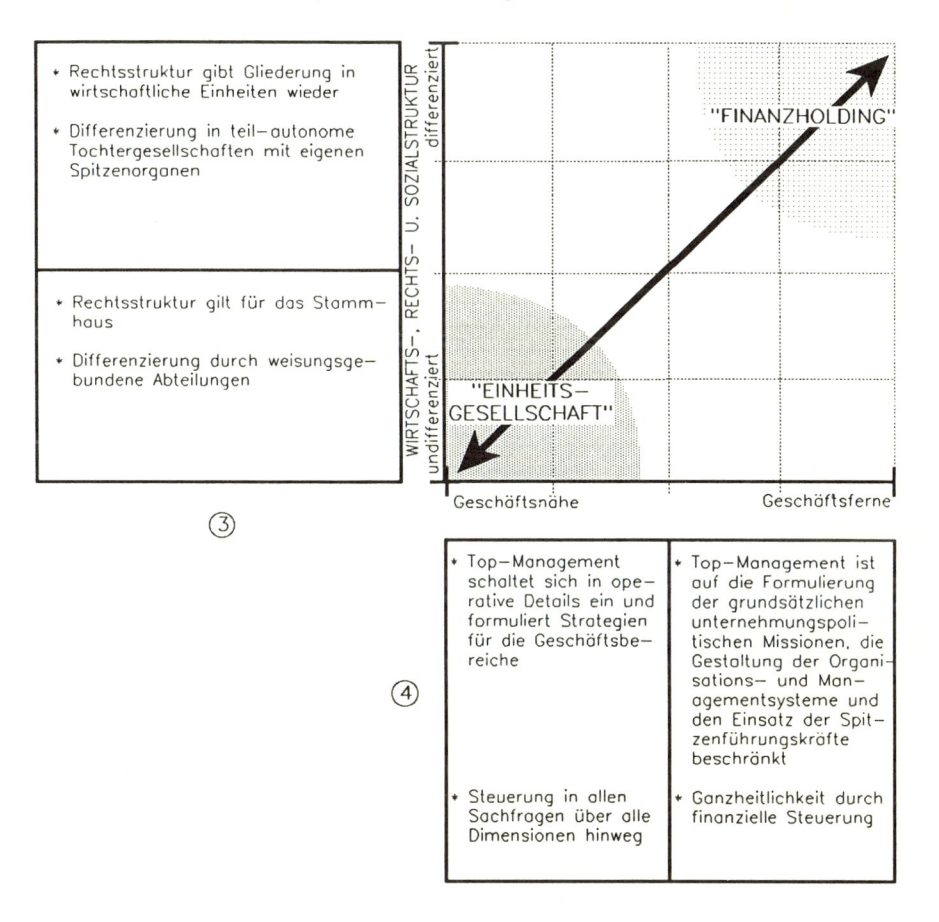

- Rechtsstruktur gibt Gliederung in wirtschaftliche Einheiten wieder
- Differenzierung in teil-autonome Tochtergesellschaften mit eigenen Spitzenorganen

- Rechtsstruktur gilt für das Stammhaus
- Differenzierung durch weisungsgebundene Abteilungen

③

"FINANZHOLDING"

"EINHEITS-GESELLSCHAFT"

WIRTSCHAFTS-, RECHTS- U. SOZIALSTRUKTUR
undifferenziert — differenziert

Geschäftsnähe — Geschäftsferne

④

- Top-Management schaltet sich in operative Details ein und formuliert Strategien für die Geschäftsbereiche
- Steuerung in allen Sachfragen über alle Dimensionen hinweg

- Top-Management ist auf die Formulierung der grundsätzlichen unternehmungspolitischen Missionen, die Gestaltung der Organisations- und Managementsysteme und den Einsatz der Spitzenführungskräfte beschränkt
- Ganzheitlichkeit durch finanzielle Steuerung

III. Kompetenzordnung der Spitzenorgane

Abhängig von der vom Gesetzgeber vorgegebenen *Spitzenverfassung* unterscheiden sich die verfassungsmässigen Regelungen für die Spitzenorgane (Generalversammlung, Verwaltungsrat/Aufsichtsrat und Vorstand) von Land zu Land vor allem bezüglich der:

- *Ein- oder Mehrstufigkeit der Spitzenorgane*: Entweder Integration von Geschäftsführung und Aufsicht in einem Organ (Board oder Verwaltungsratsmodell)(= *Einstufigkeit*) oder Trennung beider Aufgaben nach dem Prinzip der Neutralität der Kontrolle in einen Vorstand und einen Aufsichtsrat (= *Mehrstufigkeit*).
- *Direktoriale oder kollegiale Ausgestaltung der Exekutive*. In den USA gilt das direktoriale »Führer«prinzip mit weitgehender Omnipotenz des »*chief executive officer*« (CEO), bei dem alle Berichtslinien der Organisation zusammenlaufen, in der Bundesrepublik gilt in Aktiengesellschaften die *Gesamtverantwortung eines als Kollegium* konzipierten Vorstandes. In der Schweiz sind alle Formen möglich (Biland = Rolle =).

Vor dem Hintergrund dieser gesetzlich geprägten Unterschiede in der Konstitution der Spitzenverfassung lassen sich einige prinzipielle Gestaltungsmöglichkeiten erkennen (Bleicher/Leberl/Paul = Unternehmungsverfassung =):

5. *Ein- oder Mehrstufigkeit*: Unterhalb der (General-)Hauptversammlung kann die Unternehmungsspitze ein- oder mehrstufig angeordnet sein. Das *Vereinigungsmodell*, wie es im Verwaltungsrat und im Board of Directors gegeben ist, geht grundsätzlich von einer Wahrnehmung von Geschäftsführungs- und Überwachungsaufgaben durch *ein* Spitzenorgan aus. Im Modell des Schweizer Verwaltungsrates gibt es jedoch Ansätze für eine zweistufige Regelung dann, wenn eine weitgehende – aber nicht restlose – Übertragung der Kompetenzen der Geschäftsführung an ein Direktorium erfolgt. Die aktienrechtliche Gliederung in der Bundesrepublik sieht die weitergehende Form eines zweistufigen *Trennungsmodells* der Unternehmungsspitze durch die strikte Trennung von Aufsichtsrat und Vorstand vor.

6. *Geschäftsverteilung nach Ressorts*: Nach dem Prinzip der Gesamtverantwortung kennen Spitzenorgane keine Geschäftsverteilung nach Ressorts. Dies ist im Hinblick auf die Überwachungsfunktion in Aufsichtsräten weitgehend der Fall. In amerikanischen Boards finden sich jedoch in Form der committee-Struktur Ansätze für ressortspezifische Aufgabenzuweisungen. Deutlicher stellt sich die Frage einer Schaffung von Geschäftsressorts jedoch beim geschäftsführenden Spitzenorgan. Hier liegt im Regelfall eine ressortspezifische Aufgabenverteilung auf einzelne

Mitglieder vor. Vorschläge, einen ressortlosen Vorstand einzurichten (vgl. Höhn = Unternehmungsführung =), sind in der Praxis selten verwirklicht worden.

Beide Extreme profilierter Dimensionen lassen ein typisches Muster der Kompetenzordnung der Spitzenorgane erkennen.

> *Im Rahmen eines einstufigen Verwaltungsrats- oder Boardsystems findet sich vorzugsweise eine nicht nach Ressorts gegliederte Geschäftsverteilung. Das Spitzengremium handelt dann in gemeinsamer Verantwortung und delegiert die Geschätsführung an eine dafür besonders qualifizierte Person (CEO, COO, Delegierter als Präsident der Direktion). Es entsteht das Muster der* **singularen Direktorialität** *in der Spitzenverfassung.*

> *Unter der Vorgabe einer mehrstufigen Spitzenverfassung (Aufsichtsrat/Vorstand) trifft man bei der Unternehmungsleitung auf eine eher nach Ressorts gegliederte Geschäftsverteilung (Vorstandsressorts). Diese bleibt jedoch auf die Geschäftsführung beschränkt und dringt kaum in das vorgelagerte Überwachungsorgan ein. In beiden Ebenen bestehen jedoch kollegiale Formen. Dieses Muster der Spitzenverfassung lässt sich kennzeichnen als* **duale Kollegialität**.

Der Zusammenhang von Vereinigung oder Trennung der Spitzenorgane, die der Geschäftsführung und der Aufsicht dienen, und die Geschäftsverteilung nach Ressorts innerhalb dieser Organe führt zu einem Dimensionierungsfeld der Spitzenverfassung, das in Abb. 3.16 dargestellt wird.

Abbildung 3.16
Kompetenzordnung der Spitzenorgane

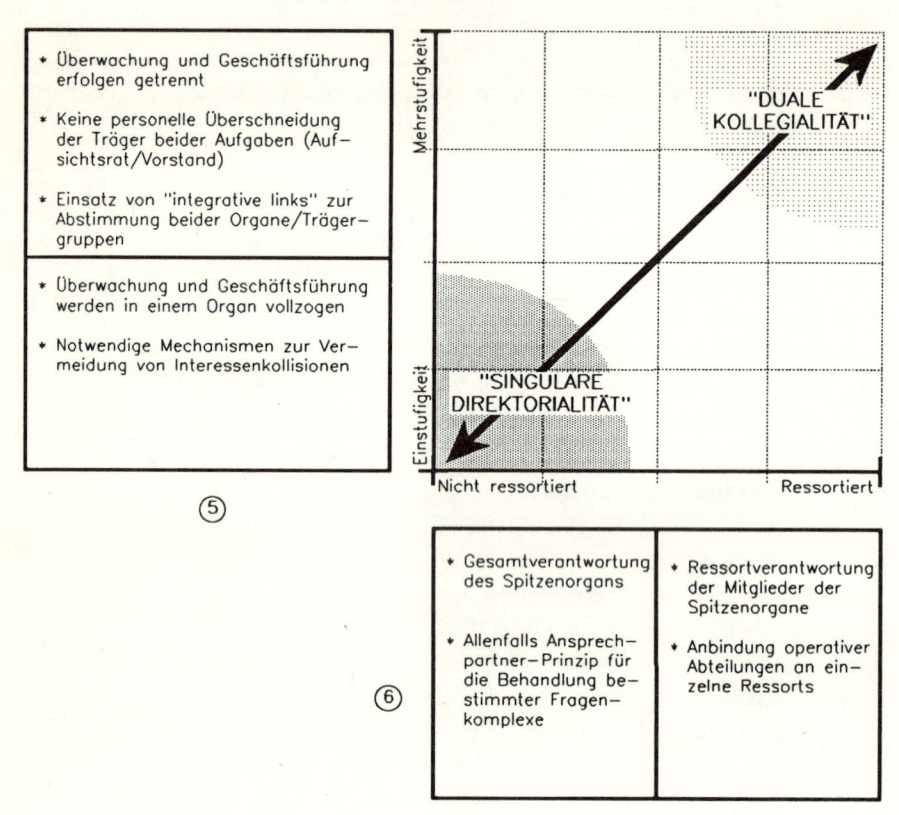

- Überwachung und Geschäftsführung erfolgen getrennt
- Keine personelle Überschneidung der Träger beider Aufgaben (Aufsichtsrat/Vorstand)
- Einsatz von "integrative links" zur Abstimmung beider Organe/Trägergruppen

- Überwachung und Geschäftsführung werden in einem Organ vollzogen
- Notwendige Mechanismen zur Vermeidung von Interessenkollisionen

⑤

"DUALE KOLLEGIALITÄT"

"SINGULARE DIREKTORIALITÄT"

Mehrstufigkeit / Einstufigkeit — Nicht ressortiert / Ressortiert

- Gesamtverantwortung des Spitzenorgans
- Allenfalls Ansprechpartner-Prinzip für die Behandlung bestimmter Fragenkomplexe

- Ressortverantwortung der Mitglieder der Spitzenorgane
- Anbindung operativer Abteilungen an einzelne Ressorts

⑥

IV. Verantwortung und Selbstverständnis des Spitzenorgans

Die Verantwortung des Spitzenorgans lässt zwei Profilierungsmöglichkeiten im Selbstverständnis zu, das seine Arbeitsweise prägt.

7. Verantwortung für die Erhaltung oder Mehrung des Unternehmungswertes: Die Verantwortung des Spitzenorgans kann in zweierlei Weise vom Selbstverständnis seiner Mitglieder getragen werden. Auf der einen Seite steht das Selbstverständnis einer treuhänderischen Verantwortung. Spitzenorgane (Aufsichtsrat, Verwaltungsrat, Board of Directors) können sich vor allem als Treuhänder der ihnen anvertrauten Ressourcen (»Trustees«) verstehen. Sie legen dabei eher ein risikovermeidendes Sicherungs-

Abbildung 3.17
Verantwortung und Selbstverständnis der Spitzenorgane

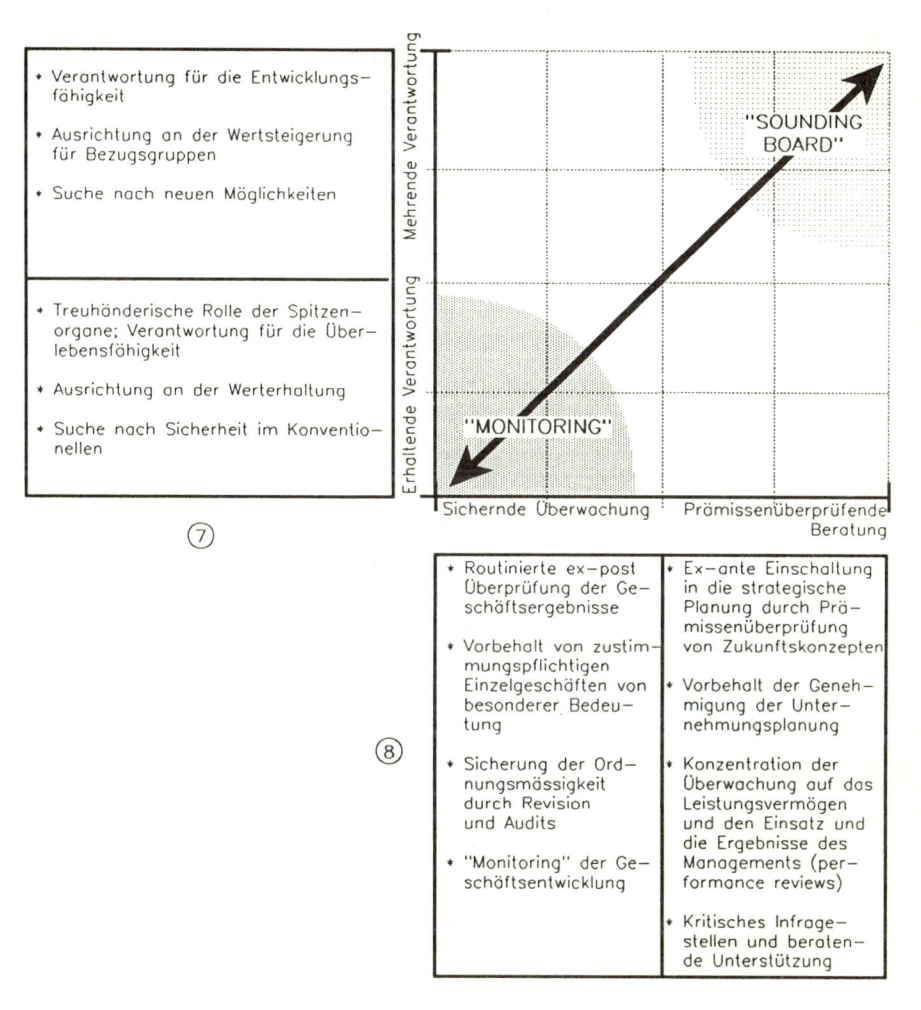

⑦
- Verantwortung für die Entwicklungsfähigkeit
- Ausrichtung an der Wertsteigerung für Bezugsgruppen
- Suche nach neuen Möglichkeiten

- Treuhänderische Rolle der Spitzenorgane; Verantwortung für die Überlebensfähigkeit
- Ausrichtung an der Werterhaltung
- Suche nach Sicherheit im Konventionellen

Mehrende Verantwortung / *Erhaltende Verantwortung*

"SOUNDING BOARD"

"MONITORING"

Sichernde Überwachung | Prämissenüberprüfende Beratung

⑧
- Routinierte ex-post Überprüfung der Geschäftsergebnisse
- Vorbehalt von zustimmungspflichtigen Einzelgeschäften von besonderer Bedeutung
- Sicherung der Ordnungsmässigkeit durch Revision und Audits
- "Monitoring" der Geschäftsentwicklung

- Ex-ante Einschaltung in die strategische Planung durch Prämissenüberprüfung von Zukunftskonzepten
- Vorbehalt der Genehmigung der Unternehmungsplanung
- Konzentration der Überwachung auf das Leistungsvermögen und den Einsatz und die Ergebnisse des Managements (performance reviews)
- Kritisches Infragestellen und beratende Unterstützung

verhalten an den Tag und sorgen für ein System von Kontrollmechanismen, Prüfungspraktiken und laufenden Analysen der Geschäftstätigkeit. Dem lässt sich ein anderes Selbstverständnis der Aufgaben und Arbeitsweise von Spitzenorganen denken, das sich etwa wie folgt umreissen lässt: Die Vermögens- und Kapitalsicherung kann nicht durch ein kurzfristiges Denken im Hinblick auf eine blosse Risikovermeidung erfolgen. Das Spitzenorgan sieht vielmehr seine Verantwortung bei der chancenorientierten Mehrung des Unternehmungswertes. Hierzu bedarf es der systematischen Suche nach neuen geschäftlichen Möglichkeiten. Damit dies erfolgen kann, muss dem professionellen Management seitens des Spitzenorgans ein relativ hohes Anspruchsniveau vorgegeben werden.

8. Sichernde Überwachung vs. prämissenüberprüfende Beratung: Spitzenorgane können ihre Verantwortung in der sichernden Überwachung der Geschäftsführung mit dem Ziel einer Erhaltung der in der Unternehmung agglomerierten Werte sehen. Diese Vorstellung wird am deutlichsten im Trennungsmodell beim deutschen Aufsichtsrat. Sie reduzieren damit ihre Aufgabe auf die Entgegennahme von Berichten der Direktion oder des Vorstandes, überwachen die Durchführung getroffener Beschlüsse und machen bei Negativ-Entwicklungen oder groben Verstössen gegen Reglements von ihrer Personalhoheit gegenüber der Geschäftsführung Gebrauch. Dem steht ein weitergehendes Verantwortungsbewusstsein des Spitzenorgans gegenüber, das seine Rolle nicht auf eine ex post-Überwachung reduziert sieht. Die Beschleunigung der Veränderung verlangt eine Einschaltung in die Planung – eine ex ante Kontrolle – in Form von Zielsetzungen, der Beteiligung an der Formulierung der unternehmungspolitischen Grundorientierung sowie einer Überprüfung der Prämissen unternehmungspolitischer und strategischer Absichten der Geschäftsführung.

Die extreme Profilierung auf beiden Skalen ergibt wiederum zwei in sich konsistente Muster des Selbstverständnisses von Spitzenorganen im Hinblick auf ihre Verantwortung:

> *Das Spitzenorgan, das ex ante die Prämissen der unternehmungspolitischen und strategischen Absichten der Geschäftsführung überprüft, entwickelt sich zu einem wertvollen Gesprächspartner für die Geschäftsführung, statt eine eher passive Monitor-Rolle einzunehmen. Im Englischen wurde hierfür der treffende Ausdruck eines* **»sounding boards«** *geprägt (vgl. hierzu im einzelnen Bleicher/Leberl/Paul).*

> *Spitzenorgane, die sich als Treuhänder verstehen, ziehen sich stark auf die ex post und die laufende Überwachungsaufgabe zurück, indem sie sich im allgemeinen in der Funktion des* **Monitoring** *begreifen.*

3.3.4 Die Unternehmungsverfassung im Spannungsfeld von Opportunität und Verpflichtung

Abb. 3.18 zeigt den Dimensionierungsrahmen der Unternehmungsverfassung im Gesamtzusammenhang. An der Profilierung im Inneren und Äusseren werden die verfassungsmässigen Grundlagen einer *Opportunitäts-* und einer *Verpflichtungspolitik* deutlich:

Abbildung 3.18
Profil der Unternehmungsverfassung

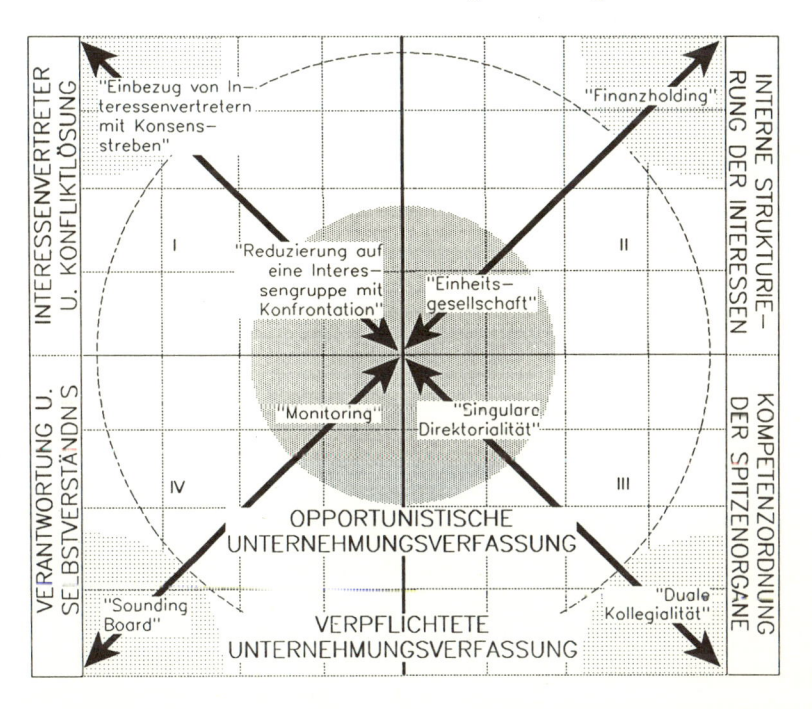

> **Typ A: Opportunistische Unternehmungs-verfassung**
>
> Dieser Typ geht von einer einheitlichen direktorialen Leitung aus. Er geht einher mit einer offenen opportunistischen Zielausrichtung des Spitzenorgans, das sich auf eine Monitoring-Funktion beschränkt. Dem steht
>
> **Typ B: Verpflichtete Unternehmungs-verfassung**
>
> entgegen, eine Dritten gegenüber verpflichtete Gestaltung der Verfassung, die vielfältige Interessen an der Unternehmung berücksichtigt. Sie lässt sich kennzeichnen durch eine Neigung zur Politisierung, die sich aus der Notwendigkeit des Ausgleichs von Interessen herleitet, ferner aus der Gewährung von Autonomie auch nach innen, der Steuerung über eine Konzernierung durch eine Finanzholding und der dualen und kollegialen Ausprägung der Führungsspitze mit einer »sounding board«-Funktion des Spitzenorgans.

Zwischen beiden Extremen gibt es naturgemäss noch viele andere kontext- und willensgeprägte Kombinationen innerhalb der Organisationsverfassung, die über eine derartige Analyse relativ leicht identifizierbar werden.

3.3.5 Differenzierung und Konkretisierung der Unternehmungsverfassung in Teilsystemen

Die Tendenz, von Einheitsgesellschaften zu Konzernstrukturen vorzustossen, um durch derartige Verfassungsstrukturen im Spannungsfeld von rechtlicher und wirtschaftlicher Konstituierung von Unternehmungen Flexibilität zu gewinnen, spricht wiederum die Frage der *Rekursion* einer Gestaltung von Gesamt- und Teilsystemen an. Dabei stellt sich vor allem die Ausgestaltung der Konzernspitze im Verhältnis zu den einzelnen Gesellschaften, die einen Konzern bilden, als Rekursionsproblem dar.

Die Bildung einer *Konzernspitze* kann rechtlich im wesentlichen auf zwei Wegen vollzogen werden:

- In der Form des *Gleichordnungskonzerns*, bei der sich mehrere Konzerngesellschaften zusammenschliessen, ohne dass die eine von der anderen abhängig ist, und eine *einheitliche Leitung* – zumeist verbunden mit zentralen Dienstleistungsfunktionen – bilden, der sie sich unterstellen. Kennzeichnend für diese Struktur ist

    a) die Abstimmung in Gremien über faktische oder vertragliche Regelungen als kooperative und organisatorisch schwächste Form der Bindung;
    b) als stärkere Form über ein vertraglich vereinbartes Koordinationsorgan, das aus den Vorständen der gleichgeordneten Konzerngesellschaften gebildet wird, die diese Aufgabe in Personalunion wahrnehmen oder
    c) durch Vorschaltung eines Leitungs- und Serviceorgans gleicher oder anderer Rechtsform, das koordinierend für die Konzerngesellschaften tätig wird, aber von diesen abhängig bleibt, wobei (teilweise) Personalunionen mit den Vorständen der Konzerngesellschaft denkbar sind.

- Im *Unterordnungskonzern* durch

    a) Bildung einer »neutralisierten« Konzernleitung einschliesslich zur Synergie notwendiger oder zweckmässiger Dienstleistungsabteilungen (Strategieplanung, Recht, Konzernorganisation und Revision; Finanzen und Personal-Führungskräfte) in Abgrenzung von dem operativen Teil der Konzerngesellschaft, der in die Reihe der operativen Tochtergesellschaften zurücktritt. Dabei kann die Konzernleitung in unterschiedlichen Rechtsformen ausgebildet werden.
    b) Übernahme der Konzernleitungsfunktion durch die (Stamm-)Obergesellschaft, die dann nicht nur die Leitung und zentrale Dienstleistungen für die Untergesellschaften wahrnimmt, sondern auch im Stammbereich der Unternehmung operativ tätig wird. Interessenkonflikte entstehen hier regelmässig bei der Zuweisung knapper Ressourcen aus der Sicht der Gesamtunternehmung gegenüber den partikularen Eigeninteressen der Stammgesellschaft.

Die sich daraus ergebenden Gestaltungsprobleme wurden bereits am Fall der Holdingstrukturen diskutiert.

Zitierte Literatur in Kapitel 3.3

Ansoff, H.I.: – Management –
Strategic Management. New York 1979.
Baumberger, H. U.: – Verwaltungsratseinsatz –
Ansätze für einen wirkungsvolleren Verwaltungsratseinsatz in schweizerischen Aktiengesellschaften. In: Unternehmerisches Handeln – Wege, Konzepte und Instrumente. Festschrift zum 65. Geb. v. H. Siegwart, hrsg. v. K. Bleicher und R. Schmitz-Dräger. Bern 1990, S. 63–84.
Biland, Th.: – Rolle –
Die Rolle des Verwaltungsrats im Prozess der strategischen Unternehmungsführung. Diss. St. Gallen 1989.
Bleicher, K.: – Aufsichtsrat –
Der Aufsichtsrat im Wandel. Gütersloh 1987.
Bleicher, K.: – Organisation –
Organisation – Formen und Modelle. Wiesbaden 1981.
Bleicher, K.; Leberl, D.; Paul, H.: – Unternehmungsverfassung –
Unternehmungsverfassung und Spitzenorganisation. Wiesbaden 1989.
Böhm, F.: – Demokratie –
Demokratie und ökonomische Macht. In: Kartelle und Monopole im modernen Recht. Band 1, hrsg. v. Institut für ausländisches und internationales Wirtschaftsrecht der J. W. Goethe Universität. Karlsruhe 1961, S. 1–45.
Brose, P.: – Erkenntnisstand –
Erkenntnisstand und Perspektiven von Unternehmensverfassungen aus interdisziplinärer Sicht. In: Die Aktiengesellschaft 26 (1984), S. 38–48.
Chmielewicz, K.: – Unternehmensverfassung –
Aktuelle Probleme der Unternehmensverfassung aus betriebswirtschaftlicher Sicht. In: Die Betriebswirtschaft 44 (1/1984), S. 11–24.
Drucker, P.: – Management-Praxis –
Neue Management-Praxis. Band 1: Aufgaben. Düsseldorf und Wien 1974.
Dyllick, Th.: – Instabilität –
Gesellschaftliche Instabilität und Unternehmungsführung. Bern und Stuttgart 1982.
Dyllick, Th.: – Management –
Management der Umweltbeziehungen. Öffentliche Auseinandersetzungen als Herausforderung. Wiesbaden 1989.
Höhn, R.: – Unternehmensführung –
Ressortlose Unternehmensführung. Ein Grundproblem moderner Organisation der Unternehmensspitze. Bad Harzburg 1972.
Krüger, W.: – Stand –
Stand und Entwicklung der Lehre von der Unternehmungsverfassung. In: Die Betriebswirtschaft 39 (1979), S. 327–346.

Mestmäker, E.J.: – Verwaltung –
Verwaltung, Konzerngewalt und Recht der Aktionäre. Eine vergleichende Untersuchung nach deutschem Aktienrecht und dem Recht des Corporations in den Vereinigten Staaten. Karlsruhe 1958.
Raisch, P.: – Unternehmensrecht –
Unternehmensrecht 1. Reinbek bei Hamburg 1973.
Steinmann, H.: – Grossunternehmen –
Das Grossunternehmen im Interessenkonflikt. Stuttgart 1969.
Ulrich, P.: – Institution –
Die Grossunternehmung als quasi-öffentliche Institution. Eine politische Theorie der Unternehmung. Stuttgart 1977.

3.4 Unternehmungskulturen tragen kognitiv und affektiv die Unternehmungspolitik

3.4.1 Wesen und Elemente von Unternehmungskulturen

> »Eine isolierte Betrachtung der Unternehmungskultur ... erbringt nur einen relativ geringen Erkenntnisfortschritt«.
>
> Gunther Schwarz

Mit der Unternehmungskultur wird die *Verhaltensdimension* normativen Managements angesprochen. Werte und Normen tragen das Verhalten der Mitglieder des sozialen Systems Unternehmung. Sie helfen Informationen, Politik, Strukturen, Systeme und Träger auszuwählen und beeinflussen damit die Unternehmungsentwicklung. Im Gegensatz zur Unternehmungsverfassung, die Werte und Normen explizit zum Ausdruck bringt, wird durch die Unternehmungskultur implizit der unternehmungspolitische Kurs zu Erfolg oder Misserfolg geführt. Unternehmungsentwicklung ist damit immer teilweise *explizit* »gemacht« und teilweise *implizit* »entwickelt«.

Im System mechanistisch angelegter Strukturen, die technokratisch »gemanagt« werden, treten zunehmend Sinnverluste in Erscheinung: Das Ganze und der einzelne Leistungsbeitrag machen nur noch für eine schrumpfende Minderheit »*Sinn*«. Er kann nur aus der ganzheitlich gewonnenen

Akzeptanz der Zweckhaftigkeit einer Unternehmung und der einzelner Leistungsbeiträge abgeleitet werden. Zwecke aber sind ohne Wertung nicht denkbar, womit die *Wertdimension* als spezifische Eigenheit der von autonomen Individuen getragenen sozialen Organisation in den Mittelpunkt der Betrachtung rückt.

3.4.2 Unternehmungskultur – Soziale Traditionen tragen gegenwärtiges unternehmungspolitisches Verhalten

Obwohl dem Phänomen kultureller Prägung in sozialen Systemen schon seit langer Zeit Aufmerksamkeit zukam, wurde dieses Thema für die Wirtschaftspraxis erst nach dem »Japan-Schock« der amerikanischen Wirtschaft interessant. Auf der Suche nach den Ursachen für die Stärke japanischer Unternehmungen auf dem Weltmarkt, wurden kulturelle Faktoren für den Erfolg von Unternehmungen massgeblich »entdeckt« (Pascal/Athos = Art =; Matenaar = Organisationskultur =; Bleicher = Organisationskulturen = sowie Bleicher = Management =). Vergleichende Untersuchungen japanischer und nordamerikanischer Unternehmungen enthüllten, dass es sich hierbei nicht nur um kaum nachahmbare Einflüsse nationaler Umkulturen handelt, sondern um starke, kohäsive Inkulturen von Unternehmungen, die ihre »excellence« im Wesentlichen mitbestimmen (Ouchi = Theory Z =; Peters/Waterman = Spitzenleistungen =).

> Unter der Bezeichnung »Unternehmungskultur« werden allgemein die *kognitiv* entwickelten Fähigkeiten einer Unternehmung sowie die *affektiv* geprägten Einstellungen ihrer Mitarbeiter zur Aufgabe, zum Produkt, zu den Kollegen, zur Führung und zur Unternehmung in ihrer Formung von *Perzeptionen* (Wahrnehmungen) und *Präferenzen* (Vorlieben) gegenüber Ereignissen und Entwicklungen verstanden (vgl. Bleicher = Kulturen = 99).

Unternehmungskultur bildet sich evolutorisch und im Sozialisationsprozess der in einer Institution tätigen Menschen weitgehend ›spontan‹. Sie prägt über Generationen hinweg in leicht abgewandelter Weise deren *Einstellungen* und *Erfahrungen*. Unternehmungskulturen bilden damit die über Generationen hinweg entwickelte Tradition als Grundlage für mögliche *Innovationen* in der Zukunft ab (Pettigrew = Studying = 576).

Kultur führt zur »kollektiven Programmierung menschlichen Denkens« (Hofstede = Kultur = 1169). Sie verdeutlicht sich:

- In einer Art »*Oberflächenstruktur*« gemeinschaftlich gepflegter Verhaltensweisen, Sitten und Gebräuche, die sich in »*Artefakten*« niederschlagen, wie der Architektur von Gebäuden, der Formalität des Umgangs der Mitarbeiter, Bekleidungsgewohnheiten u. ä., aber auch in einem System von Symbolen, Mythen, Zeremonien, das in Ritualen und Erzählungen kommuniziert und sichtbar wird.

Dabei ist es nicht einfach, hinter die »*Oberflächenstruktur*« einer kulturellen Prägung von Unternehmungen zu schauen. Zwar enthüllen sich dem kritischen Beobachter sehr schnell greifbare Unterschiede etwa zwischen Unternehmungen gleicher Branche, er gewinnt Eindrücke über Äusserlichkeiten, dennoch bleibt das Ausloten der ihnen zugrunde liegenden Werte und Normen einer oberflächlichen Beurteilung weitgehend entzogen.

Deshalb ist die Oberflächenstruktur einer Unternehmungskultur weiter zu hinterfragen, und zwar im Hinblick auf:

- implizite *Werte*, die weitgehend unbewusst und damit nur sehr schwer analysierbar sind.

Hinter diesen stehen wiederum

- *grundlegende*, von den Systemmitgliedern nicht mehr hinterfragte *Annahmen* über den Sinn und die Realität der Unternehmung (Schein = Awareness = 3 f.).

Die Kultur verleiht somit einer Unternehmung ihre eigene, unverwechselbare *Systemidentität* – nach innen wie nach aussen. Eine Unternehmungskultur bietet den Systemmitgliedern einen Korridor für das zukünftig von ihnen erwartete Verhalten, sie wirkt quasi als »*Autopilot*« (Wilkins = Audit =) für die *implizite Verhaltenssteuerung* im Sozialen. In ihrer Mittlerstellung zwischen vergangenheitsorientierten Werten und zukünftig intendiertem Verhalten wirkt die Unternehmungskultur als eine Art *Katalysator* in der sozialen Evolution der Unternehmung.

1. Zum Entstehen von Unternehmungskulturen

a) Die Rolle der Führung bei der Entstehung einer Unternehmungskultur: Bei der Entstehung einer Unternehmungskultur kommt der Führung eine aussergewöhnlich prägende Rolle zu. Dies beginnt beim Gründer, der seine Visionen, Werte und Normen in einem Stadium, in dem eine eigentliche Unternehmungskultur noch gar nicht existiert, einer Unternehmung »einhaucht«. In der weiteren Entwicklung werden Kulturen durch das *Vorbild* der Führung in asymmetrischer Weise für alle sichtbar stark beeinflusst. Jedem Verhaltensakt kommt auch eine *symbolische* Bedeutung zu, die von den Mitarbeitern aufmerksam auf ihre Übereinstimmung mit den in den Leitlinien schriftlich deklarierten Grundsätzen hin überprüft wird. Kulturveränderung verlangt daher immer eine eindeutige und einheitliche Identifikation aller Führungskräfte mit den veränderten Werten und Normen.

Das unmittelbare persönliche Erleben vorbildhafter Unternehmungsführer und die mittelbare Vermittlung ihrer Werte in vielfältigen Geschichten, die, nicht selten ihres Realitätsgehaltes beraubt, auch nach dem Ausscheiden der Akteure in einer Unternehmung weiterleben, scheinen bei der Entstehung und Weiterentwicklung einer Unternehmungskultur eine wesentliche Rolle zu spielen. Thomas Peters und Robert Waterman (= Spitzenleistungen =) behaupen sogar, dass der Aufbau eines klaren Wertesystems eine der grössten Leistungen ist, die eine Führungspersönlichkeit überhaupt zu vollbringen vermag. Dieser Meinung schliesst sich auch u.a. Ulrich Wever (= Firmenimage =) an, für den die Führungskräfte eine zentrale Rolle im Prozess der Kulturbildung darstellen.

Alle Mitarbeiter glauben an die subtil vermittelten Werte und richten implizit ihr Verhalten an ihnen aus. Verstösse gegen sie werden von anderen Mitarbeitern sozial geahndet. Neue Mitarbeiter bekommen solche Werte von älteren Mitarbeitern übermittelt, adoptieren sie und geben diese ihrerseits weiter (Schwartz/Davis = Matching = 33). Terrence E. Deal und Allan A. Kennedy (= Corporate Cultures =) verweisen darauf, dass Unternehmungen mit starken Kulturen über eine Vielzahl von Ritualen verfügen, die tief im Unterbewusstsein der Menschen festgesetzt sind und diese auch aktiv fördern. Die Mitarbeiter nennen die Träger der Prägung von Unternehmungskulturen »*Helden*«, die Schlüsselfiguren einer starken Kultur sind. Helden sind von Managern zu unterscheiden. Manager sind in deren Augen Routiniers, Helden haben hingegen den Charakter von Visionären und Experimentierern:

»Helden müssen jedoch wissen, dass man in Unternehmungen mit einer lange implementierten, nicht optimalen kulturellen Struktur als Änderer sehr behutsam ans Werk gehen muss. Wie Rituale in der Religion sitzen auch solche in Unternehmungen oft sehr tief und haben ihre harten geistigen Verfechter« (Schuster/Widmer = Unternehmungskultur = 492).

b) *Situative Erlebnistiefe und Intensität wie Dauerhaftigkeit der sozialen Interaktion als Einflussgrössen auf das Werden einer Unternehmungskultur:* Unternehmungen durchlaufen ihre Geschichte, in der sie mit durchaus unterschiedlichen situativen Ereignissen konfrontiert werden, auf die sie in jeweils anderer Weise reagieren. Erfolg und Misserfolg der Ereignisbewältigung werden von den Systemmitgliedern wiederum zudem verschiedenartig erlebt. Das gemeinsame Erlebnis aussergewöhnlicher Situationen – Vitay Sathe spricht in diesem Zusammenhang vom »thickness« gemeinsamen Erlebens – ist geeignet, eine Unternehmungskultur wesentlich zu prägen. Hier werden Ansprüche an das Improvisationsvermögen von Systemmitgliedern gestellt, die der Ausprägung von Leitfiguren und deren auch symbolhafter Wirkungsweise ausserordentlich förderlich sind (Sathe = Implications = 12). Dabei darf jedoch nicht der objektive Aspekt übersehen werden, dass jede situative Herausforderung auf strukturell Verfestigtes trifft und aus den strukturellen Gegebenheiten heraus bewältigt werden muss.

Edgar Schein hat in diesem Zusammenhang darauf aufmerksam gemacht, dass sich das Werden einer Unternehmungskultur dann besonders intensiv vollzieht, wenn sie von grosser *Homogenität und Dauer* der Zugehörigkeit ihrer Mitglieder getragen wird (Schein = Awareness = 7). Die *Interaktionsdichte in der Zeit* scheint neben der *Intensität des persönlichen Erlebens* eine Hauptdeterminante von Unternehmungskulturen zu sein. Aus dieser Erkenntnis lassen sich zugleich wesentliche Ansatzpunkte für gestalterische Massnahmen zur Entwicklung geprägter Unternehmungskulturen entnehmen wie die, dass

– kleinere, räumlich zusammenhängende Organisationseinheiten
– kontinuierlich zusammenarbeitende Gruppen mit geringer Fluktuation
– eine Beförderung aus den eigenen Reihen
– eine Kontinuität starker Führerschaft

einer Formierung starker Unternehmungs- bzw. Subkulturen förderlich sind (Sathe = Implications = 12).

c) Prägende Elemente einer Unternehmungskultur: Eine Unternehmungskultur prägende primäre und sekundäre Elemente lassen sich wie folgt zusammenfassen:

Tabelle 3.9
Primäre Elemente der Kulturprägung

1. Aspekte, die von der Führung beachtet, gemessen, gesteuert und kontrolliert werden
2. Reaktionen der Führung auf kritische Ereignisse und Organisationskrisen
3. Anstrengungen zur Formung des Mitarbeiterverhaltens durch Unterweisung und Unterstützung seitens der Führung
4. Kriterien für die Zuweisung von Ressourcen und Status
5. Kriterien für die Selektion, Einstellung und Beförderung und das Ausscheiden von Mitarbeitern.

Tabelle 3.10
Sekundäre Elemente der Kulturprägung
(beide Tabellen nach Schein = Organizational Culture =)

1. Organisationskonzept und -struktur
2. Managementsysteme und -verfahren
3. Gebäude und räumliche Anordnung und Ausgestaltung
4. Geschichten und Legenden über bedeutende Ereignisse und Personen
5. Formelle Erklärungen zur Unternehmungsphilosophie.

d) Trägheit gegenüber Versuchen einer Kulturveränderung: Bei Versuchen, kulturelle Werte und Normen zu verändern, ist mit Verhaltenswiderständen im Hinblick auf die Akzeptanz des Neuen zu rechnen. Bei Massnahmen der »Kulturpolitik« einer Unternehmung – seien sie revolutionär oder evolutionär – ist, wenn Kulturveränderungen nachhaltig und zeitlich nicht erst über einen intergenerativen Umweg eingeleitet werden sollen, nach dem Prinzip des Hervorbringens *kritischer Massen* vorzugehen (vgl. S. 196ff.). Dabei ist die Vorbildrolle, die Führungskräften in sozialen Systemen zukommt, von besonderer Bedeutung. Zur Erzeugung von kritischen Massen ist es sinnvoll, sich auf die einflußreichsten Führungskräfte zu konzentrieren.

Die zentrale Bedeutung, die den Human Resources, der ›software‹ des Systems, beim Übergang von der gegenwärtig aktuellen zu einer gewünschten Unternehmungskultur zukommt, dürfte damit nachhaltig unterstrichen sein. Die unternehmungspolitische Konzeption hat, will sie diesen Ansprüchen in Zukunft gerecht werden, sich schwerpunktmässig weg von den »material« und »financial assets«, den traditionellen, ›hardware‹-orientierten Aktiva einer Unternehmung, hin zu den ›weichen‹ Faktoren zu orientieren und die soziale Evolution in den Mittelpunkt ihres Handelns zu stellen.

Konkrete *Massnahmen* einer Kulturpolitik können immer an den beiden strategisch relevanten Dimensionen der ökonomischen und humanen *Potentiale* – wobei der langfristigen Gestaltung der Managementkapazität eine äusserst kritische Rolle beizumessen ist – und den *Strukturen* von Organisation und Managementsystemen ansetzen. Erst ihre widerspruchsfreie Verknüpfung schafft die Voraussetzung für die Stosskraft in eine Richtung, die über kulturgeprägte Perzeptionen und Präferenzen der Führung zukunftsweisend im gesamten sozialen System auf eine hohe Bereitschaft zu ihrer Implementation trifft. Eine *starke Unternehmungskultur wirkt damit als unternehmungspolitisches Fundament einer erstrebten strategischen Stossrichtung in der Unternehmungsentwicklung.*

Zwar schaffen in sich harmonisierte Unternehmungskulturen eine hohe *Identität* nach innen und aussen, welche die strategische Schlagkraft einer Unternehmung erheblich verstärkt, doch dies kann im Wandel zugleich eine Identifizierung mit den falschen, weil vergangenheits- und nicht zukunftsorientierten Werten seien. Somit kann die Pflege von »counter-cultures«, von Gegensubkulturen, welche die etablierte Kultur hinterfragen und deren Beweglichkeit erhalten, eine funktionale Systemstrategie des Wandels sein.

Will man Radikalschritte einer Kultur*revolution* durch den massiven Austausch von Kulturträgern vor allem in der Führung vermeiden, sind bei einer Kultur*revolution* verschiedene »weiche« Vorgehensweisen denkbar:

Tabelle 3.11
Kulturveränderung

Praktische Ansatzpunkte für eine Kulturveränderung
- Entwicklung einer missionarischen Stimmung zur Zukunftsbewältigung

- Schaffen eines gemeinsamen Bandes einer Unternehmungsidentität
- Schaffen eines akzeptablen Gleichgewichtes zwischen explizit-harten und implizit-weichen Faktoren
- Auswahl von Persönlichkeiten mit zukunftsweisenden Wertvorstellungen und deren Einsatz in kultursensiblen Positionen mit hoher symbolischer Sichtbarkeit
- Pflege subkultureller Inseln mit progressiven unternehmerischen Einstellungen und ihre Weiterentwicklung
- Einsetzen starker symbolischer Führer in Nischen des Widerstandes gegen Veränderungen
- Dissemination und Rotation von Trägern sowohl positiver wie negativer Werthaltungen
- Anpassung von Anreiz- und Belohnungssystemen derart, dass sie Wissen, Können und Einstellungen in eine zukunftsorientierte Richtung lenken
- Schaffen eines Bewusstseins für die Kraft symbolischer Wirkung aller Aktionen und Versuch, ein eindeutiges, konsistentes und berechenbares Verhalten vorzuzeigen.

2. Kulturen: Soziale Strukturen der Unternehmung

Unternehmungskulturen sind in nationale und branchenspezifische Umkulturen eingebettet, sie selbst setzen sich aus den verschiedensten *Subkulturen* zusammen. Der Differenzierungsgrad wird dabei insbesondere durch aufgabeninduzierte Unterschiede sowie die organisatorische (Abteilungen, Teams u.a.) und räumliche Distanzierung bestimmt. Subkulturen sind darüber hinaus wiederum stark von den jeweiligen Führungspersönlichkeiten geprägt. Zwar sollte die Unternehmungskultur ein einheitliches und möglichst konkretes Bezugsband für das Zusammengehörigkeitsgefühl und die Identifikation der Mitarbeiter darstellen; dies sollte jedoch nicht zu einer Einebnung der subkulturellen Unterschiede führen. Damit stellt sich die Frage nach dem anzustrebenden *Harmonisationsgrad* von der Unternehmungskultur im ganzen und ihren Subkulturen. Unter *stabilen* Verhältnissen dürfte dem Wunsch nach einer in *sich schlüssigen harmonischen, konfliktfreien Unternehmungskultur* kaum argumentativ etwas entgegenzusetzen sein. Der für das gegenseitige Verständnis minimale Aufwand an Integration und Koordination, die unbürokratische implizite Steuerung von Verhaltensweisen, entlasten das Sozialsystem in ganz erheblicher Weise.

Leider jedoch gilt diese Annahme in einer Zeit zunehmender Dynamik und Instabilität nicht durchgehend. Hier kann ein an sich kulturell harmonisiertes System schnell Züge der Dysfunktionalität gegenüber den Ansprüchen der Umwelt annehmen, die seine Überlebensfähigkeit ernsthaft gefährden können. Der stillschweigende Konsens und das implizite Vorgehen verhindern die Perspektivenöffnung für die Zukunft, und dadurch die Konfrontation mit der Andersartigkeit zukünftiger Bedingungen. In einer dynamischen und instabilen Umwelt muss der Wunsch nach in sich harmonisierten Unternehmungskulturen daher deutlich in Frage gestellt werden. Ohne die Substitutionalität von Subkulturen gegenüber der Unternehmungskultur, ohne ein konfligierendes Ringen um die Durchsetzung neuer zukunftsweisender Werte im System, kann es keine Anpassung im dynamischen Wandel und erst recht keine Bewältigung von Diskontinuitäten, die im Gefolge von Instabilitäten auftreten, geben. Nivellierte Einheitskulturen werden in diesem Sinne leicht zu »Friedhofskulturen«.

3. Die Unternehmungskultur trägt die Unternehmungspolitik

> »Die Unternehmungskultur vieler Firmen ist geradezu darauf ausgelegt, dass Mitarbeiter Rückwärtsstrategien in die Vergangenheit oder ins Private entwickeln.«
>
> Gertrud Höhler

Die Unternehmungspolitik wird immer dann auf Schwierigkeiten stossen, wenn sie nicht im Einklang mit dem durch die Werte und Normen der Unternehmungskultur indizierten Verhalten steht. Dies führt zu »Akzeptanzwiderständen«, die die Strategien und Massnahmen im Sozialsystem der Unternehmung versanden lassen. Dann ist entweder die Unternehmungspolitik dem kulturell Möglichen anzupassen, indem etwa die Innovationsrate der Strategie zurückgenommen wird, oder aber es müssen Anstrengungen unternommen werden, die Entwicklung der Unternehmungskultur in eine zukunftsweisende Richtung zu beeinflussen.

Das Bestimmen der Kulturstärke ist ausserordentlich schwierig, besonders aber das Erkennen von *funktionalen und dysfunktionalen* Elementen einer solchen Kultur.

»Balancing the legitimate differences of subcultures with the legitimate and desirable elements of a company's culture as a whole is one of the trickiest parts of diagnosing and managing culture« (Deal/Kennedy = Corporate Cultures = 139).

Unter *formalen* Gesichtspunkten sind die realisierte *Organisationsstruktur*, die Ausgestaltung der *Informationskanäle*, der *Status* der Systemmitglieder oder die Konstruktion des *Belohnungssystems* für den Ablauf von Gruppenprozessen von Bedeutung. *Inhaltlich* dürften – wie oben bereits angedeutet – gemeinschaftlich durchlebte, für die gesamte Unternehmung oder zumindest seine wesentlichen, massgebenden Teile ausserordentlich bedeutsame Situationen, z.B. wirtschaftliche *Krisen*, herausragende *Markterfolge* und besondere *Technologieschübe* auf die Unternehmungskultur einwirken. Die Ausprägung einer Unternehmungskultur lässt sich als Funktion der *Ereignisdynamik*, *Interaktionsdichte*, *Konnektivität* des Systems sowie der *Werttransparenz* begreifen.

Das Ausmass der Kulturprägung in einem System, die Einheitlichkeit und der Verbindlichkeitscharakter der wert- und erfahrungsgebundenen Ausrichtung des Systemverhaltens wird jedoch häufig vorschnell per se als vorteilhaft bewertet nach dem Muster: je geprägter die Unternehmungskultur, um so stärker und erfolgreicher die Unternehmung!

Leider lassen sich diese Zusammenhänge nicht auf derart einfache, eingängige Rezepte reduzieren. Vielmehr kann eine an sich durchaus stark geprägte Unternehmungskultur die unternehmungspolitisch notwendige Entwicklung der Unternehmung verstellen. Dies trifft sowohl für das Auffinden von Zielen und Strategien durch die kulturgeprägte Perzeption und Präferenz des Managements zu, wodurch traditionell erfolgversprechende Lösungen notwendige Neuerungen schon im Ansatz blockieren, wie auch für die Implementation von Problemlösungen, die mit dem bisherigen Wertesystem kollidieren und entsprechende Akzeptanzwiderstände der betroffenen Systemmitglieder induzieren. Daher muss die Einsicht gewonnen werden, dass sich die Stärke bzw. Schwäche einer bestehenden Unternehmungskultur nur in Relation zur intendierten strategischen Entwicklung als unterstützend oder hemmend beurteilen lässt.

Eine starke Unternehmungskultur wirkt gleichsam als Fundament der angestrebten strategischen Stossrichtung in der Unternehmungsentwicklung. Bedeutsam ist dabei vor allem die Möglichkeit, die in einem langfristigen Prozess erreichte Kulturstärke nachhaltig als arteigene, unternehmungsspezifische Kulturprofilierung gegenüber dem Wettbewerb abzuschirmen und als Nutzungspotential allein derjenigen Unternehmung zugänglich zu machen, die eben diese Stärke hervorgebracht hat (Pümpin/Kobi/Wüthrich = Unternehmenskultur = 40).

3.4.3 Dimensionen der Unternehmungskultur

Das Kernproblem aller Bestrebungen, reale Unternehmungskulturen systematisch und umfassend zu analysieren und ihre Stärken und Schwächen zu diagnostizieren, bildet die unabdingbare Aufgabe, im Vorfeld einer Untersuchung einen Katalog von qualifizierten Kulturelementen zu erstellen. Dieser soll die Abbildung der Ist-Kultur von Unternehmungen und die Vorstellung für eine Veränderung von Wertstrukturen hinreichend genau ermöglichen. Die Literatur bietet dazu vielfältige Ansätze, die zumeist in eine Verdichtung von Merkmalskriterien zu Kulturtypen der Unternehmung münden.

Abbildung 3.19
Dimensionen der Unternehmungskultur: Prinzipieller Zusammenhang

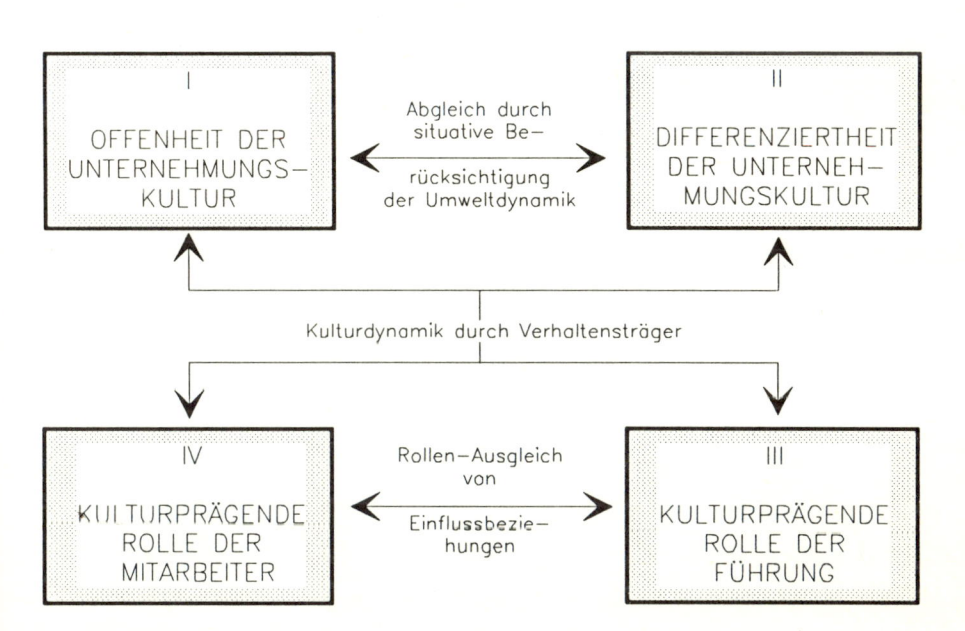

Analyse und Diagnose gewachsener Unternehmungskulturen erfordern eine Orientierung an grundsätzlichen deskriptiven Merkmalen, die eine multi-dimensionale Betrachtung ermöglichen soll. Dabei ist über die bisher in der Literatur üblichen zweidimensionalen oder eher kursorisch erfolgenden Beschreibungen hinauszugehen.

Als Dimensionen und Profilierungsmöglichkeiten einer Unternehmungskultur bieten sich gemäss Abb. 3.19 auf S. 157 sowohl Eigenschaften, wie die Offenheit und Differenziertheit einer Unternehmungskultur, als auch die von ihren Trägern – der Führung und den Mitarbeitern verinnerlichten Einstellungen und Verhaltensweisen an, die ihnen ein spezifisches Gepräge verleihen.

Tabelle 3.12
Dimensionen der Unternehmungskultur

I. *Die Offenheit der Unternehmungskultur*
   1. Geschlossene, binnenorientierte vs. offene und aussenorientierte Unternehmungskultur
   2. Änderungsfeindliche vs. änderungsfreundliche Unternehmungskultur

II. *Die Differenziertheit der Unternehmungskultur*
   3. Spitzen- vs. Basisorientierung
   4. Einheitliche vs. subkulturelle Prägung

III. *Kulturprägende Rolle der Führung*
   5. Instrumentelle vs. entwicklungsorientierte Kulturprägung
   6. Kosten- vs. nutzenorientierte Kulturprägung

IV. *Kulturprägende Rolle der Mitarbeiter*
   7. Mitarbeiter als Mitglieder oder Akteure
   8. Kollektive oder individuelle Kulturprägung

I. Die Offenheit der Unternehmungskultur

Die Offenheit einer Unternehmungskultur lässt sich anhand ihrer Aussen- und Innenorientierung, wie an ihrer Änderungsfreundlichkeit, erfassen.

1. Geschlossene, binnenorientierte vs. offene und aussenorientierte Unternehmungskultur: Am einen Extrem einer Spannungsreihe dominiert die *Binnenstruktur* das Denken und Handeln der Mitarbeiter. In der täglichen Arbeit werden die Aussenbeziehungen der Unternehmung kaum wahrgenommen. Zwischen Innen und Aussen besteht eine klare Grenzziehung. Nur wenige Mitarbeiter sind für die Pflege der Aussenbeziehungen vor allem zu Kunden und Lieferanten zuständig, damit der Innenbetrieb ungestört nach eigenen Gesetzmässigkeiten ablaufen kann. Dieser relativ geschlossenen Unternehmungskultur stehen *offene, aussenvernetzte Wert- und Normenstrukturen* gegenüber. Man sieht sich in einer fortwährenden Leistungssituation gegenüber Dritten. Bedürfnisveränderungen werden hoch-sensitiv von allen Mitarbeitern wahrgenommen und in eigenes Handeln umgesetzt.

2. Änderungsfeindliche vs. änderungsfreundliche Unternehmungskultur: Unternehmungskulturen können änderungsfeindlich eingestellt sein. Ein Eingehen auf Veränderungsvorschläge stört die betriebliche Ordnung, verlangt einen hohen Anpassungsaufwand und stört vermeintlich den effizienten Arbeitsvollzug. In änderungsfreundlichen Unternehmungskulturen ergreifen dagegen Mitarbeiter die Möglichkeit, über eine Erneuerung immer wieder die Nase vorn zu haben, denn das einzig Beständige ist der Wandel, dem man sich gern stellt, ihn sogar als Herausforderung begreift.

Die Verbindung beider Kulturmerkmale ergibt folgende Dimensionen (vgl. Abb. 3.20):

> *Verbinden sich Einstellungen der Änderungsfeindlichkeit mit Systemeigenschaften, die eine Binnenorientierung über eine systemische Geschlossenheit finden, dann verlagert sich ein derart kulturgeprägter Blick von den Aussenverhältnissen und hier vor allem den Kundenforderungen nach innen: Man bemüht sich im internen Überlebenskampf, die bewährte Tradition zu wahren. Kulturwerte werden eher vom »Bremsen« als vom »Treiben« getragen. Es bildet sich im Extrem eine* **traditionsbestimmte insulare Unternehmungskultur** *aus.*

> *Ist die unternehmungskulturelle Grundhaltung eher chancenorientiert und* änderungsfreundlich *wie auch offen und* aussenorientiert, *ergibt sich das Muster einer* **vernetzten und zukunftsorientierten Unternehmungskultur.**

Abbildung 3.20
Die Offenheit der Unternehmungskultur

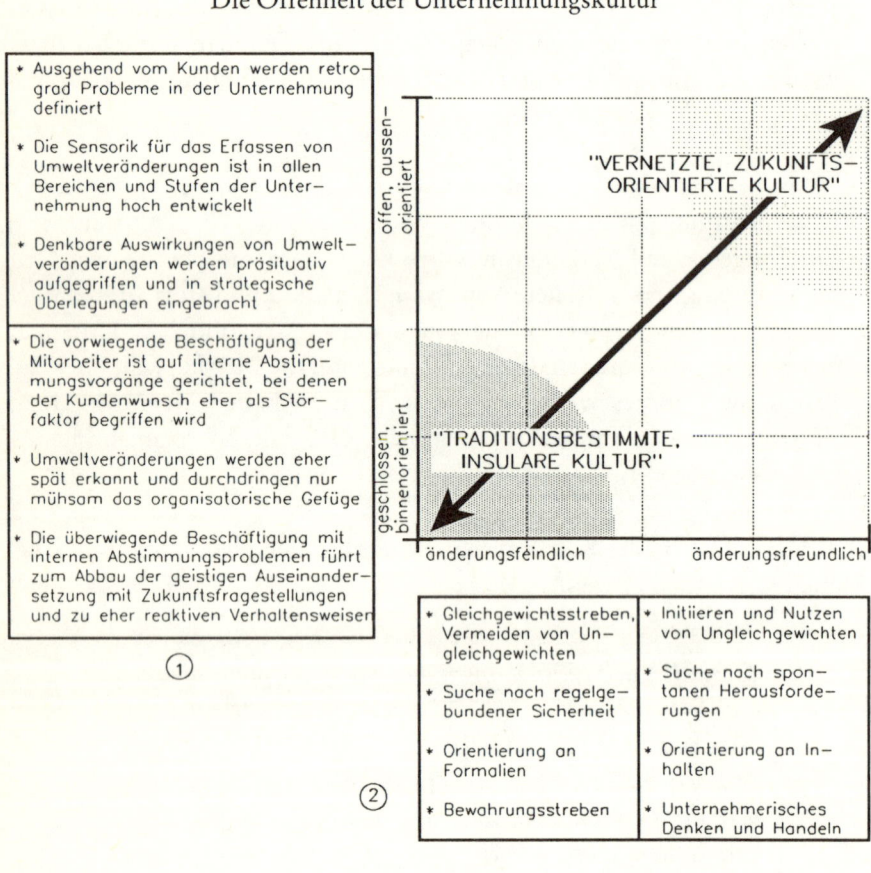

①
- Ausgehend vom Kunden werden retrograd Probleme in der Unternehmung definiert
- Die Sensorik für das Erfassen von Umweltveränderungen ist in allen Bereichen und Stufen der Unternehmung hoch entwickelt
- Denkbare Auswirkungen von Umweltveränderungen werden präsituativ aufgegriffen und in strategische Überlegungen eingebracht

- Die vorwiegende Beschäftigung der Mitarbeiter ist auf interne Abstimmungsvorgänge gerichtet, bei denen der Kundenwunsch eher als Störfaktor begriffen wird
- Umweltveränderungen werden eher spät erkannt und durchdringen nur mühsam das organisatorische Gefüge
- Die überwiegende Beschäftigung mit internen Abstimmungsproblemen führt zum Abbau der geistigen Auseinandersetzung mit Zukunftsfragestellungen und zu eher reaktiven Verhaltensweiser

Achsen: offen, aussenorientiert ↔ geschlossen, binnenorientiert; änderungsfeindlich ↔ änderungsfreundlich

"VERNETZTE, ZUKUNFTSORIENTIERTE KULTUR"

"TRADITIONSBESTIMMTE, INSULARE KULTUR"

②
- Gleichgewichtsstreben, Vermeiden von Ungleichgewichten
- Suche nach regelgebundener Sicherheit
- Orientierung an Formalien
- Bewahrungsstreben

- Initiieren und Nutzen von Ungleichgewichten
- Suche nach spontanen Herausforderungen
- Orientierung an Inhalten
- Unternehmerisches Denken und Handeln

II. Die Differenziertheit der Unternehmungskultur

Die Differenziertheit von Unternehmungskulturen lässt sich sowohl *vertikal* im Spannungsverhältnis von Basis- und Spitzenorientierung als auch *horizontal* in der Unterschiedlichkeit einzelner funktional oder regional geprägter Subsysteme erfassen.

3. Spitzen- vs. Basisorientierung: In einer Unternehmungskultur kann eine weitgehende Orientierung an der Führungsspitze zu verzeichnen sein. Alles wartet auf Anweisungen von oben, bittet um Genehmigung von Vorhaben und lässt sich von der Spitze her auf Kurs bringen. Dem steht eine Basisorientierung der Unternehmungskultur entgegen, bei der die bewegenden Kräfte zur Entwickung der Unternehmung von unten her greifen. Die Spitze hat dann eher die Aufgabe einer Konsolidierung und Bündelung dieser Kräfte, um eine Stosskraft für das Ganze zu erreichen.

4. Einheitliche vs. subkulturelle Prägung: Im horizontalen Verhältnis einzelner funktionaler (Fach-)Gruppen und regionaler (Standort)-Bereiche besteht eine unterschiedliche Differenziertheit in den Werthaltungen. Zeichnet sich eine Unternehmungskultur durch eine Wertintegration aus, so sind in der Unternehmung kaum subkulturelle Unterschiede feststellbar.

Die gesamte Unternehmung wird von einem gemeinsam akzeptierten Wertemuster durchzogen, welches das Verhalten der Mitarbeiter aller Bereiche und Ebenen in die gleiche Richtung lenkt. Dem steht ein differenziertes Wertemuster einer Unternehmungskultur gegenüber, das eine grosse Unterschiedlichkeit des Verhaltens in einzelnen Bereichen und Ebenen prägt. Ein gemeinsames Band »der« Unternehmungskultur ist kaum erkennbar. Mitarbeiter identifizieren sich mit ihrer Arbeitsgruppe, ihrem Bereich, oder Teilbetrieb. Die Unternehmung als Ganzes wird als ein wenig handlungsleitendes Abstraktum erlebt.

Als Dimensionen lassen sich dann in der Gegenüberstellung der Merkmale unterscheiden (vgl. Abb. 3.21):

> *Erfolgt in der Unternehmungskultur eine hohe* Wertintegration *durch Sozialisationsprozesse, die zu einem impliziten Verfolgen gleicher Werthaltungen führt, so geht dieser Prozess zumeist mit einer ausgeprägten Orientierung an der* Unternehmungsspitze *und einer verbreiteten Imitation der »vorbildlichen« und erfolgreichen Einstellungen*

> *und Verhaltensweisen des Unternehmers oder einiger weniger Spitzen-Führungskräfte einher. Dieses Phänomen ist literarisch vor allem an der kulturprägenden Rolle des Gründer-Unternehmers festgemacht worden. Als Ergebnis entsteht, insbesondere dann, wenn das national-kulturelle Umfeld, wie beispielsweise in Japan, ebenfalls auf eine prestigegeprägte Bindung an eine Unternehmung und eine starke Konsensorientierung ausgerichtet ist, eine* **werteintegrierte Einheitskultur.**

> *Ist eine Unternehmungskultur eher von* **differenzierten Werthaltungen** *einzelner informaler Gruppen geprägt, deren Struktur sich mit der formalen arbeitsteiligen Organisationsgliederung parallel entwickelt haben, kann eher ein Gleichklang mit einer Basisorientierung vorliegen. Dies ist sehr häufig bei einer aufgefächerten Standortstruktur einer Unternehmung der Fall. Die Einflüsse der Spitzenleistungen werden dann kaum wahrgenommen, der Wertekonsens vollzieht sich gruppenspezifisch und führt zu deren hoher Kohäsion über ihre Auseinandersetzung mit dem Andersartigsein der Werthaltungen anderer Gruppen in der gleichen Unternehmung. Insgesamt ergibt sich die Kultur einer Unternehmung in diesem Fall als ein Konglomerat differenzierter Subkulturen mit einem nur sehr bedingt unternehmungsweit getragenen Konsens über Gemeinsamkeiten in den Werthaltungen, der sich allenfalls aus dem Gegensatz zu anderen Unternehmungen herausbildet.*

Vergleicht man beide typologischen Muster miteinander, so spricht für eine Einheitskultur die Schlagkraft einer gleichartigen Verhaltensorientierung, die für eine Realisierung strategischer Programme tragend sein kann, und die erleichterte Koordination und Integration, welche die Inanspruchnahme der Managementkapazität wesentlich vermindern kann. Für eine differenzierte Unternehmungskultur spricht hingegen deren evolutorische Ausrichtung, die eher vielfache Innovationen in einer direkten Verkoppelung mit relevanten Umweltsegmenten erwarten lassen.

Abbildung 3.21
Die Differenziertheit der Unternehmungskultur

- Die einzelnen Subkulturen erstreben eine enge Verhaltensbindung an ihre relevanten Abnehmerkulturen
- Die Unternehmungskultur wird als eine Art Werte"logistik" für das flexible Verfolgen subkulturellen Verhaltens zur Erreichung des Leistungsauftrages betrachtet
- Die offene, laterale Kommunikation und Kooperation mit anderen Subkulturen dominiert

- Eine Kulturprägung erfolgt durch das Vorbild und Vorleben der Unternehmungsspitze
- Subkulturelle Unterschiede verblassen gegenüber dem Zugehörigkeitsgefühl und der Identitätsprägung, die von der Unternehmungsspitze her vermittelt werden
- Eine geschlossene formale wie informale Regelbindung orientiert sich an den vertrauten Verhaltensvorgaben der Unternehmungskultur

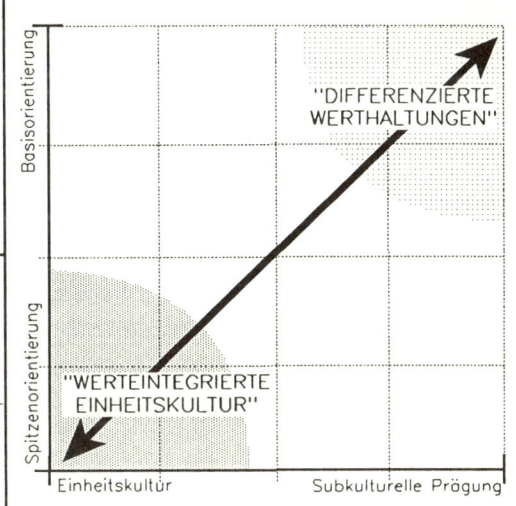

③

④

Basisorientierung / Spitzenorientierung

"DIFFERENZIERTE WERTHALTUNGEN"

"WERTEINTEGRIERTE EINHEITSKULTUR"

Einheitskultur — Subkulturelle Prägung

- Subkulturelle Unterschiede sind weitgehend eingeebnet, eine Gleichschaltung des Denkens hat sich eingestellt
- Gleichgerichtetes Verhalten vermindert notwendige Anstrengungen zur Koordination
- Ein gemeinsam akzeptiertes Wertemuster lenkt das Verhalten der Mitarbeiter aller Bereiche und Ebenen in die gleiche Richtung

- Spartendenken und Ressortegoismus. Zwischen den einzelnen Subkulturen bestehen Konflikte und Wettbewerb
- Grosse Anstrengung zur Koordination von Subsystemen mit Blick auf eine generelle Entscheidungsfindung
- Ein differenziertes Wertemuster (Gruppen-Identifikation), welches eine grosse Unterschiedlichkeit des Verhaltens in einzelnen Bereichen und Ebenen prägt

III. Kulturprägende Rolle der Führung

Die Führung übt durch die Betonung bestimmter Facetten ihres offenbarten Verhaltens eine prägende Rolle auf die Enwicklung der Unternehmungskultur aus.

5. Instrumentelle vs. entwicklungsorientierte Kulturprägung: Getragen von einer »Macher«vorstellung ist die Führung von der Wirksamkeit des Einsatzes von Instrumenten zur Veränderung der Unternehmungskultur überzeugt. Es entstehen *technokratische* Strukturen und Prozesse, die das Verhalten der Mitarbeiter bei der Bedienung dieser Instrumente formen. Dem steht die Haltung eines Suchens nach zukunftsorientierten Möglichkeiten gegenüber. Sie wird getragen von der Einsicht, dass es sich dabei um einen *evolutorischen* Prozess handelt, der weniger die Regelbefolgung als das kreative Einbringen und Verfolgen neuer Entwicklungspfade sucht und belohnt.

6. Kosten- vs. nutzenorientierte Kulturprägung: Die Aufmerksamkeit, welche die Führung auf bestimmte Aspekte des Wertschöpfungsprozesses richtet, ist ebenfalls zur Kennzeichnung der Unternehmungskultur geeignet. Dabei ist ein Unterschied in der Kosten- und Nutzenorientierung der Führung feststellbar. Während sich einige Unternehmungskulturen über den Einfluss einer fortwährenden Beschäftigung mit einer Reduzierung des mengen- und wertmässigen Einsatzes von Inputfaktoren (Kostensenkungsprogramme) entwickeln, sind andere Unternehmungskulturen eher durch eine Suche nach neuen Nutzungspotentialen geprägt.

Beide Aspekte zusammengenommen ergeben wieder typische Muster von Unternehmungskulturen (vgl. Abb. 3.22):

> *Am einen Ende beider Skalen steht die vorwiegend nach* quantitativer *und instrumenteller Steuerung aller betrieblichen Vorgänge suchende Unternehmungskultur einer* **Technokratie.**

> *Am anderen Extrem steht eine* **unternehmerische Führungskultur,** *die sich auf* Qualitatives *bezieht und entwicklungsorientiert darauf ausgerichtet ist, neuen Nutzen zu generieren.*

Abbildung 3.22
Die kulturprägende Rolle der Führung

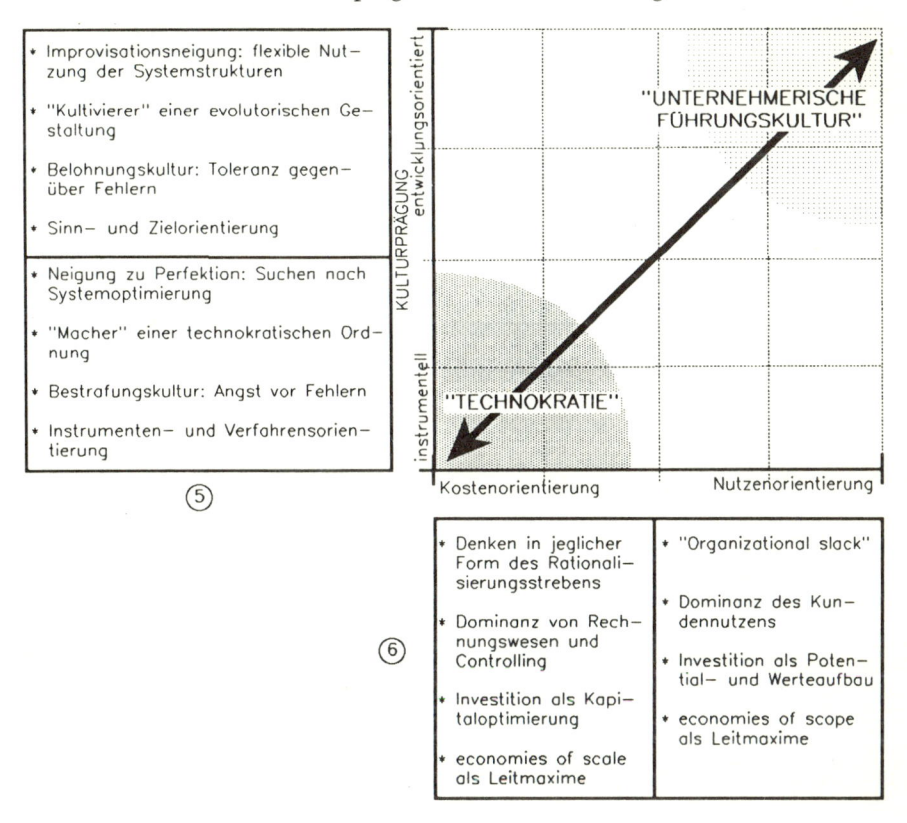

- Improvisationsneigung: flexible Nutzung der Systemstrukturen
- "Kultivierer" einer evolutorischen Gestaltung
- Belohnungskultur: Toleranz gegenüber Fehlern
- Sinn- und Zielorientierung

- Neigung zu Perfektion: Suchen nach Systemoptimierung
- "Macher" einer technokratischen Ordnung
- Bestrafungskultur: Angst vor Fehlern
- Instrumenten- und Verfahrensorientierung

⑤

KULTURPRÄGUNG: instrumentell ↔ entwicklungsorientiert
"UNTERNEHMERISCHE FÜHRUNGSKULTUR"
"TECHNOKRATIE"
Kostenorientierung — Nutzenorientierung

⑥

- Denken in jeglicher Form des Rationalisierungsstrebens
- Dominanz von Rechnungswesen und Controlling
- Investition als Kapitaloptimierung
- economies of scale als Leitmaxime

- "Organizational slack"
- Dominanz des Kundennutzens
- Investition als Potential- und Werteaufbau
- economies of scope als Leitmaxime

IV. Kulturprägende Rolle der Mitarbeiter

Die kritische Verarbeitung von Ereignissen und Entwicklungen und deren Gestaltungs- und Lenkungsversuche durch die Führung erfolgten letztlich im Rahmen der sozialen Interaktion der Mitarbeiter. Ihr selbstverstandenes Rollenbild ist Ausdruck der Unternehmungskultur.

7. Mitarbeiter als Mitglieder oder Akteure: In dem einen Extrem bildet sich eine *Mitgliedschafts*orientierung: Die Unternehmung honoriert Loyalität zum System und seinen Zwecken (Betriebszugehörigkeit und Angepasstheit). Im anderen Extrem steht der *Leistungs*beitrag, der von jedem einzelnen erwartet wird, im Mittelpunkt der kulturprägenden Beurteilung und Honorierung.

8. Individuelle oder kollektive Kulturprägung: Die Unternehmungskultur kann stark auf der Rolle einzelner unternehmerischer Persönlichkeiten aufbauen. Ihre Erfolge und Misserfolge werden personalisiert und in Geschichten zu Elementen der Unternehmungskultur. Einer derartigen »*heroen«geprägten* Unternehmungskultur steht die Entwicklung von Kulturelementen in einzelnen *Kollektiven* gegenüber, die ihr »Wir-Gefühl« aus einer Zugehörigkeit zu einer sozialen Gemeinschaft mit gleichen Wertvorstellungen schöpfen. Statt einer individualistischen entsteht eine *kollektivistische* Kulturprägung.

Abbildung 3.23
Die kulturprägende Rolle der Mitarbeiter

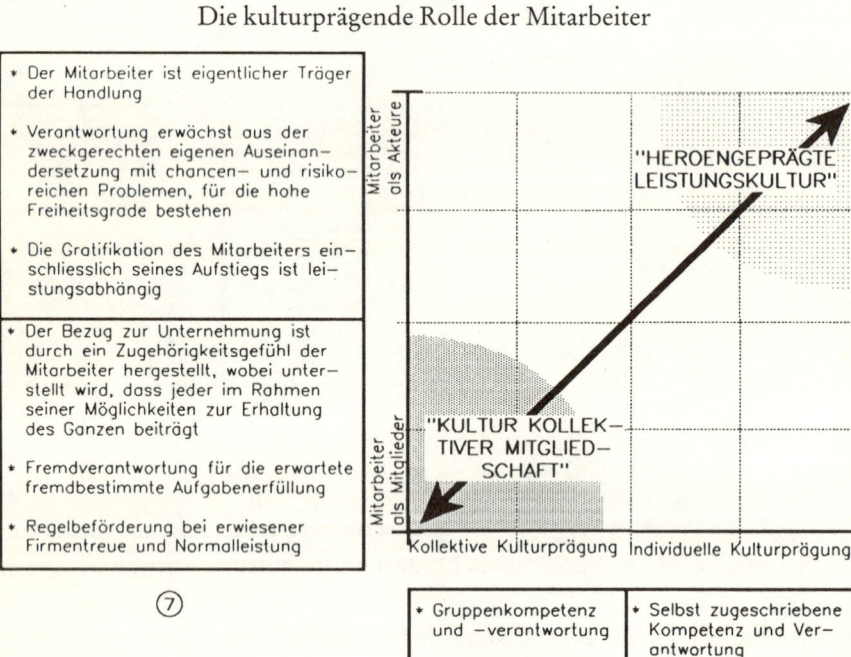

⑦
- Der Mitarbeiter ist eigentlicher Träger der Handlung
- Verantwortung erwächst aus der zweckgerechten eigenen Auseinandersetzung mit chancen- und risikoreichen Problemen, für die hohe Freiheitsgrade bestehen
- Die Gratifikation des Mitarbeiters einschliesslich seines Aufstiegs ist leistungsabhängig

- Der Bezug zur Unternehmung ist durch ein Zugehörigkeitsgefühl der Mitarbeiter hergestellt, wobei unterstellt wird, dass jeder im Rahmen seiner Möglichkeiten zur Erhaltung des Ganzen beiträgt
- Fremdverantwortung für die erwartete fremdbestimmte Aufgabenerfüllung
- Regelbeförderung bei erwiesener Firmentreue und Normalleistung

Mitarbeiter als Akteure / Mitarbeiter als Mitglieder
"HEROENGEPRÄGTE LEISTUNGSKULTUR"
"KULTUR KOLLEKTIVER MITGLIEDSCHAFT"
Kollektive Kulturprägung / Individuelle Kulturprägung

⑧
- Gruppenkompetenz und -verantwortung
- Hohe Konformitätsneigung durch kollektive Vorgaben und Zwänge
- Indirekte, mittelbare Erfolgszurechnung
- verinnerlichter Wertekonsens durch Gruppenprozesse

- Selbst zugeschriebene Kompetenz und Verantwortung
- An Zwecksetzung orientierte Selbstbestimmung des Einzelnen
- Erfolge und Misserfolge werden unmittelbar personalisiert (Heldentum)
- "self-motivated"

Beide Skalen lassen sich an ihrem jeweiligen Ende zu typischen Mustern mitarbeitergeprägter Unternehmungkulturen verdichten (vgl. Abb. 3.23):

> *Am einen Ende entsteht das Muster einer von der Mitgliedschaftsrolle geprägten Kultur* **kollektiver Mitgliedschaft**.

> *Ihr steht am anderen Ende das Profil einer von* »**Heroen**« **geprägten Leistungskultur** *der Unternehmung gegenüber.*

3.4.4 Dimensionierung der Unternehmungskultur im Spannungsfeld von Opportunismus und Verpflichtung

Werden alle vier Dimensionen in ihren jeweiligen Profilen der Kultur einer Unternehmung zu einem Gesamtzusammenhang gefasst, ergeben sich in Abb. 3.24 die typologischen Muster einer *opportunistischen* und einer *verpflichteten Unternehmungskultur*:

> **Typ A: Opportunistische Unternehmungskultur**
>
> Eine opportunistische Verhaltensgrundlage ist gekennzeichnet durch eine geschlossene, traditionsbestimmte, insulare Unternehmungskultur, deren kohäsiver Zusammenhalt durch eine Werteintegration getragen wird, die über eine starke Spitzenorientierung zu einer Einheitskultur neigt.

Um diese zentrale und kohäsive Ausrichtung sicherstellen zu können, bietet sich eine weitgehende Reduzierung der hochgradigen Komplexität über die an sich gegebene Differenzierung an. Sie wird für die Spitzenführung dadurch möglich, dass sie den Glauben an ihre Allmacht als »Macher« verbreitet und selbst der Illusion erliegt, mit einer Quantifizierung aller Vorgänge in der Unternehmung und ihrer Verdichtung über den Einsatz von Managementinstrumenten diesem Anspruch gerecht werden zu können. Dabei werden Nutzenerwartungen ex ante weit weniger quantifizierbar als ex post Ergebnisse des Einsatzes von Leistungsfaktoren. Eine Fokusverengung auf die Kostenreduzierung zu Lasten eines Engagements für die Entwicklung neuer, zukünftiger Nutzungspotentiale reduziert die Verhaltensoptik weiter. So stellt sich schliesslich eine technokratische Kulturprägung ein, die dem Mitarbeiter die Rolle eines reglementierten Aufgabenträgers zuweist, der nicht nur standardisierte Leistungen kostenminimal zu erbringen, sondern vor allem auch die systemtragenden Managementsysteme zu bedienen hat. Die Unternehmungskultur gleitet damit zunehmend auf eine Ebene der opportunistischen Werteverfolgung (Luhmann = Zeit =) durch Kollektive ab, auf der sachlich und sozial Notwendiges durch die Priorität des zeitlich Dringlichen verdrängt wird.

> **Typ B: Verpflichtete Unternehmungskultur**
>
> Eine dem Sachlichen und Sozialen verpflichtete Unternehmungskultur muss sich dagegen gegenüber den unterschiedlichen und differenzierten Interessen als offen und änderungsbereit erweisen. Zukünftige Entwicklungen in Interessenkonstellationen sind zu antizipieren, was nur durch eine sensitiv auf Trends im Wandel ausgerichtete Unternehmungskultur möglich wird. Da die Komplexität, die sich mit einem differenzierten Eingehen auf vielfältige Veränderungen in Teilen des Umsystems verbindet, eine zentralistische Lenkung hoffnungslos überfordern würde, lässt sich die Umweltvernetzung nur über ein präsituatives Agieren vielfältiger Subsysteme an der Peripherie des eigene Systems erreichen. Dies verlangt eine wertdifferenzierende subkulturelle Basisorientierung einer Unternehmung.

Eine derartige Verpflichtungshaltung ist mit einem technokratisch-instrumentellen Verständnis der Unternehmungsführung nicht zu erreichen. Das sich im Quantitativen ausdrückende Kostenbewusstsein ist zwar für die wirtschaftliche Entwicklung der Unternehmung nicht unwesentlich, es muss jedoch im Mitarbeiterverhalten hinter einer breiten Orientierung an möglichem Nutzen für Dritte zurücktreten. Dies verlangt weniger eine Mitgliedschaftsorientierung als vielmehr eine Orientierung an einem aktiven und individuell zu erbringenden Leistungseinsatz. Dieser stellt die Notwendigkeit von sozialer Kommunikation und Kooperation nicht in Frage. Kooperation ist hinsichtlich Innovieren und Implementieren als Gegenstück zu individuell agierenden unternehmerischen Persönlichkeiten zu sehen. Die Erfolge unternehmerischer »Heroen« wirken beispielhaft und können Anreize zu Imitationen derartigen Verhaltens bieten, die letztlich eine auf Nutzengewinnung für Dritte ausgerichtete und damit verpflichtete Unternehmungskultur zur Folge hat.

Abbildung 3.24
Gesamtzusammenhang der unternehmungskulturellen Grundorientierung

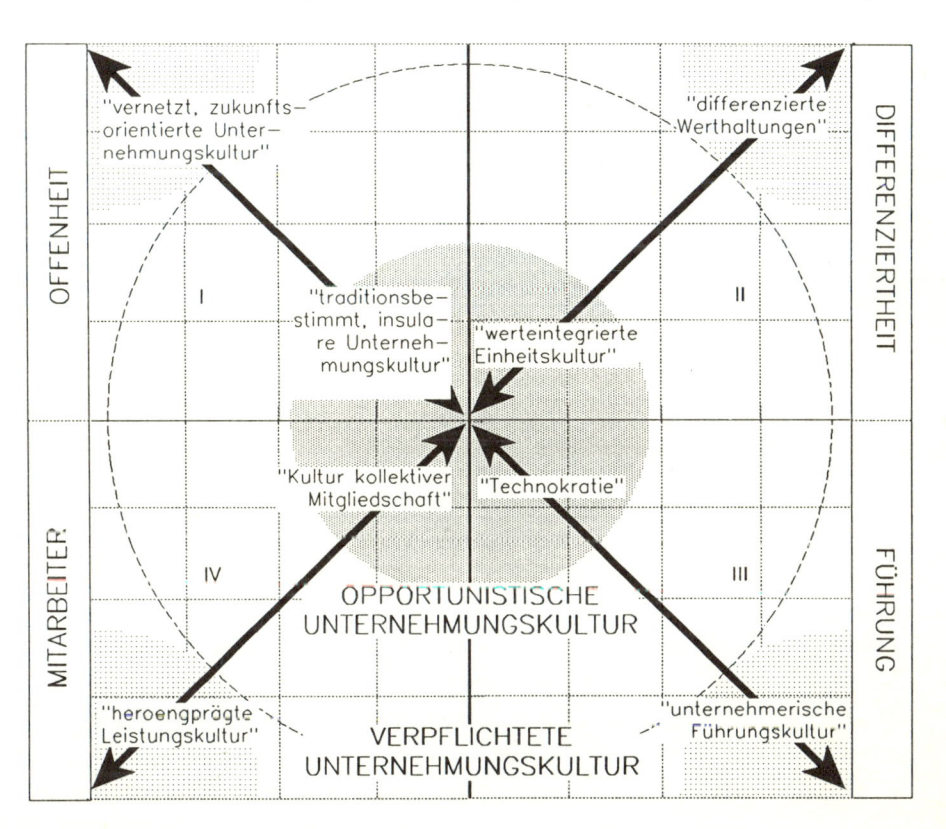

3.4.5 Differenzierung und Konkretisierung der Unternehmungskultur

Die Unternehmunskultur umschliesst Subkulturen, die sich wiederum nach dem Tensor möglicher funktioneller, objekt- oder regionalspezifischer Besonderheiten entwickelt haben. Das bereits diskutierte Verhältnis von Subkulturen zur Unternehmungskultur entspricht dem Prinzip der *Rekursion*: Ohne Wiederkehr tragender Werte und Normen auf allen Rekursionsebenen einer Betrachtung unterliegt ein System der Desintegration. Unternehmungskulturen sind daher keine monolitischen Gebilde, sondern eher als komplexe, offene und dynamische Systeme zu betrachten.

»Je nach dem Interessen- oder Problembereich sind geeignete Grenzziehungen zwischen den Subsystemen vorzunehmen, doch ergibt sich immer eine Vielzahl von Beziehungen und Wechselwirkungen zwischen den Subsystemen bzw. Subkulturen einerseits und zwischen diesen und der Gesamtkultur andererseits« (Staerkle = Wechselwirkungen = 535).

Im Rahmen derartiger Vorstellungen stellt sich seitens der Kulturstärke die Profilierungsfrage nach einer Prägung mehr zur Gesamtheit einer umfassenden Unternehmungskultur oder zur Vereinzelung verschiedener Subkulturen hin.

Das *Verhältnis der einzelnen Subkulturen zu der sie umfassenden Unternehmungskultur* lässt sich im Spannungsverhältnis von Differenziertheit und Harmonie betrachten. Zwar schafft eine »Einheits«-Kultur die Voraussetzung für eine gute Führbarkeit, da *explizite* Regelungen weitgehend verzichtbar sind, zumal ein hohes *implizites* Einverständnis alle Beteiligten in etwa den gleichen Kategorien denken lässt (die implizite Unternehmungskultur substituiert gleichsam die explizite Unternehmungsorganisation), doch kann sie leicht eintönig werden: Man bewegt sich voll abgestimmt im Gleichschritt, aber es fehlen die spannungsreichen Impulse, die Auslöser für zukunftsweisende Innovationen sein können.

Am anderen Ende der Spannungsreihe dagegen stehen stark in Auflösung befindliche Unternehmungskulturen, die nur noch über ihre einzelnen Subkulturen identifizierbar werden. Ist die *Identifikation* mit der Unternehmung schwach, ist der Appell an das Gemeinwohl nicht (mehr) wirksam, können starke, heterogene Subkulturen auch eine angesehene Unternehmung in den Ruin treiben: *Kulturelle Desintegration* kann dann die Wurzel künftiger Unternehmungskrisen sein. Eine Desintegration kann jedoch auch ihre Wurzeln in einer grundsätzlichen Unangepasstheit der Unternehmungskultur an die Wert- und Normenstrukturen der Umwelt haben, die von den Subkulturen, insbesondere denen der Grenzsubsysteme, eher aufgegriffen werden.

Der der *Differenzierung* inhärenten Gefahr, eine schwache Unternehmungskultur bei starken Subkulturen hervorzubringen, muss durch die Überwindung der Gräben zwischen den Subkulturen entgegengewirkt werden, wenn eine starke gesamthafte Unternehmungskultur hervorgebracht werden soll. Als denkbare, rahmengebende Massnahmen wären folgende zu nennen:

Tabelle 3.13
Rahmengebende Massnahmen zur Förderung einer gesamthaften Unternehmungskultur

- *sinn-vermittelnde Massnahmen*, welche die Mission, die die Unternehmung als Ganzheit in der Gesellschaft erfüllt, für jeden Mitarbeiter begreifbar vermittelt;
- unterstützende Massnahmen zur Schaffung einer starken und nach aussen und innen ausstrahlenden *Corporate Identity*, die über viele Rückkoppelungen mit Externen und Internen die Mitarbeiter mit Stolz erfüllt, gerade in dieser Unternehmung zu arbeiten;
- eine strukturelle Überlagerung der dauerhaft gebundenen Organisation durch *interdisziplinäre Organisationsformen auf Zeit*, wie projektgebundene Task Forces u.a., die subsystemisch-übergreifende, laterale Beziehungen aufweist und in ihnen Verständnis für die Andersartigkeit anderer Subkulturen über Kooperation vermittelt;
- eine *Rotation von Subkulturträgern* zwischen differenten Subsystemen, um weitere Verhärtungen an ihren Grenzen zu vermeiden und Kenntnisse über andere soziale Substrukturen möglichst weit in der Organisation zu streuen;
- Massnahmen der *Personalentwicklung*, die kognitive und affektive Akzente in Richtung auf die gesamte Unternehmungskultur setzen und über die interdisiplinäre Zusammensetzung von Lerngruppen Hand in Hand mit den übrigen Massnahmen gehen;
- die *Ausrichtung von Anreizsystemen* nicht nur auf die Belohnung subsystemisch erfolgreichen Verhaltens, sondern zugleich auf unternehmungsgesamthafte Erfolgsgrössen.

In einer *dynamischen und instabilen Umwelt* muss das Bedürfnis nach in sich harmonisierten Unternehmungskulturen jedoch prinzipiell in Frage gestellt werden. Ist es bereits eine Illusion, auf der Ebene der Subkulturen bei aller Unterschiedlichkeit von Kontexten, Situationen und Interaktionen von einer Harmonie mehr organischer oder mehr mechanistischer Subkulturprägungen ausgehen zu wollen, wird dies im Verhältnis von Subkulturen zu Unternehmungskulturen noch weit deutlicher. Letztlich kann eine Beantwortung der Frage des Stärkeverhältnisses zwischen Unternehmungs- und Subkulturen nur in Abhängigkeit vom Kontext der Umwelt vorgenommen werden: Differenzierte Umkulturen können in Subsystemen differenzierte Unternehmungskulturen verlangen. Umgekehrt lassen sich Argumente dafür finden, dass es überlebenskritisch sein kann, einer einheitlichen Umkultur mit differenzierten Unternehmungskulturen zu begegnen. In einer Zeit starken gesellschaftlichen und damit auch kulturellen Wandels ist darüber hinaus jedoch dem Verhältnis von Stabilität und Anpassungsfähigkeit von Unternehmungskulturen besondere Beachtung zu schenken.

Zitierte Literatur in Kapitel 3.4

Bleicher, K.: – Management –
   Japanisches Management im Wettbewerb mit westlichen Organisationskulturen. In: Zeitschrift + Organisation 51 (8/1892), S. 444–450.
Bleicher, K.: – Organisationskulturen –
   Organisationskulturen und Führungsphilosophien im Wettbewerb. In: Zeitschrift für betriebswirtschaftliche Forschung 35 (2/1983), S. 135–146.
Bleicher, K.: – Kulturen –
   Strukturen und Kulturen der Organisation im Umbruch. Herausforderung für den Organisator. In: Zeitschrift Führung + Organisation 55 (2/1986). S. 97–108.
Deal, T. E.; Kennedy, A. A.: – Corporate Cultures –
   Corporate Cultures. The Rites and Rituals of Corporate Life. Readings (Mass.) u. a. 1982; dt. Übers.: Unternehmenserfolg durch Unternehmenskultur, hrsg. und eingeleitet von Albert Bruer, Bonn 1987.
Hofstede, G.: – Kultur –
   Kultur und Organisation. In: Handwörterbuch der Organisation, hrsg. v. E. Grochla. 2. Aufl., Stuttgart 1980, Sp. 1168–1182.
Luhmann, N.: – Zeit –
   Die Knappheit der Zeit und die Vordringlichkeit des Befristeten. In: Die Verwaltung (1/1968), S. 1–30.

Martin, J.; Siehl, C.: – Counterculture –
Organizational Culture and Counter Culture. An Uneasy Symbiosis. In: Organizational Dynamics, Herbst 1983, S. 52–64.
Matenaar, D.: – Organisationskultur –
Organisationskultur und organisatorische Gestaltung. Die Gestaltungsrelevanz der Kultur des Organisationssystems der Unternehmung. Berlin 1983.
Ouchi, W. G.: – Theory Z –
Theory Z. How American Business Can Meet the Japanese Challange. Reading (Mass.) u. a. 1981.
Pascale, R. T.; Athos, A. G.: – Art –
The Art of Japanese Management. Applications for American Executives. Reading (Mass.) u. a. 1981; dt. Übers.: Geheimnis und Kunst des japanischen Managements, München 1982.
Peters, Th. J.; Waterman, R. H.: – Spitzenleistungen –
Auf der Suche nach Spitzenleistungen. Was man von den bestgeführten US-Unternehmen lernen kann. 10. Aufl., Landsberg/Lech 1984.
Pettigrew, A. M.: – Studying –
On Studying Organizational Cultures. In: Administrative Science Quarterly 24 (1979), S. 570–581.
Pümpin, C.; Kobi, J. M.; Wüthrich, H.: – Unternehmenskultur –
Unternehmenskultur. Basis strategischer Profilierung erfolgreicher Unternehmen. Die Orientierung Nr. 85, Schriftenreihe der Schweizerischen Volksbank. Bern 1985.
Sathe, V.: – Implications –
Implications of Corporate Culture: A Manager's Guide to Action. In: Organizational Dynamics, Herbst 1983, S. 5–23.
Schein, E.: – Awareness –
Coming to a New Awareness of Organizational Culture. In: Sloan Management Review, Winter 1984, S. 3–16.
Schein, E.: – Organizational Culture –
Organizational Culture and Leadership. San Francisco 1985.
Schuster, L.; Widmer, A. W.: – Unternehmungskultur –
Theorie und Praxis der Unternehmungskultur. In: Zeitschrift Führung + Organisation 53 (8/1984), S. 489–493.
Schwartz, H.; Davis, J. M.: – Matching – 33
Matching Corporate Dynamics and Business Strategy. In: Organizational Dynamics, Sommer 1981, S. 30–48.
Staerkle, R.: – Wechselwirkungen –
Wechselwirkungen zwischen Organisationskultur und Organisationsstruktur. In: Integriertes Management – Bausteine des systemorientierten Managements. Festschrift zum 65. Geb. von H. Ulrich, hrsg. v. G. Probst und H. Siegwart. Bern und Stuttgart 1985, S. 529–553.

Wever, U.: – Firmenimage –
Firmenimage und Unternehmenskultur. In: Zeitschrift für Organisation 52 (7/1983), S. 337–339.

Wilkins, A. L.: – Audit –
The Culture Audit. A Tool for Understanding Organizations. In: Organizational Dynamics, Frühjahr 1983, S. 24–38.

3.5 Fusion normativer Tatbestände in der Unternehmungspolitik

3.5.1 Beziehungen zwischen normativen Tatbeständen in der Unternehmungspolitik

Mit zunehmender gesellschaftlicher *Komplexität* fällt der

- *Unternehmungskultur* die Aufgabe zu, der Zentrifugalität allgemeiner gesellschaftlicher Werteentwicklung durch die Ausdifferenzierung eines systemspezifischen Sinnbezuges entgegenzuwirken. Da dies für grössere Unternehmungen bei aller Neigung, dies durch »corporate identity«-Programme zu bewirken, auf deutliche Schwierigkeiten stösst, ist vielmehr anzunehmen, dass sich Mitarbeiter auf subsystemische Werte zurückziehen. Hier finden sie eine gewisse, vertraute Sicherheit im interaktiven Erlebnis (*Subkulturneigung*). Der Sinn des Ganzen kann dabei zunehmend verloren gehen. Es ist dann sehr deutlich die Aufgabe der Kulturpolitik einer Unternehmung (Bleicher = Kulturpolitik =), *gemeinsam getragene Werte* zu vermitteln, die eine Verhaltensentwicklung in subsystemischen Einheiten und die Kommunikation und Kooperation zwischen ihnen ermöglichen.
- Der *Unternehmungsverfassung* fällt die Aufgabe zu, die Ordnung von Strukturen und Prozessen herzustellen. Fehlverhalten erhöht den Regelungsgrad von *aussen* (beispielsweise durch die Gesetzgebung). Dieser wird ergänzt durch *intern* generierte Sicherungsregelungen. Eine solche gesetzgebende Strukturierung begünstigt dann ein von Misstrauen getragenes, regelbefolgendes Verhalten.

Die gleichzeitige Erhöhung der *Dynamik* verlangt jedoch im normativen Bereich eher Gegensätzliches:

- Die Dynamik der gesellschaftlichen Werteveränderung birgt für die Mitarbeiter einer Unternehmung die Gefahr einer *Werteunsicherheit vor dem Hintergrund einer als bedrohlich empfundenen Zukunft (Zukunftsängste)*. Eine Kompensation durch die Orientierung an einer *sicheren Vergangenheit* (Traditions- statt Innovationsneigung) kann die Folge sein (= *Nostalgieneigung* der Unternehmungskultur).
- Zur Anpassung an den beschleunigten *Wandel* und zu dessen (teil-)autonomer, flexibler Verarbeitung sind verfassungsmässige Freiräume einzurichten. Die Unternehmungsverfassung hat hier vor allem auf dem *Verantwortungsbewusstsein* kompetenter Persönlichkeiten aufzubauen.

Die Gegensätzlichkeit der aus zunehmender Komplexität und Dynamik resultierenden Strömungen deutet die *Notwendigkeit einer prinzipiellen Fusion* von verfassungsmässiger und unternehmungskultureller Konstitution durch die Unternehmungspolitik an. Die Unternehmungspolitik wirkt der Zentrifugalität der Interessen dadurch entgegen, dass generelle Ziele geschaffen und durch Verhaltensorientierung ein Kanal definiert wird, in dem sich die zukünftige Unternehmungsentwicklung vollziehen soll. Bei zunehmender Differenzierung der Aktivitäten unter dem Zwang gewachsener Komplexität verlagert sich das Gewicht unternehmungspolitischer Vorgaben von *positiv definierten Ziel- und Verhaltensvorgaben* zunehmend zu negativ formulierten Richtlinien, die *Entwicklungen* einen breiteren Raum geben. Dies geschieht, indem etwa statt einer operational definierten Ziel- und Verhaltensvorgabe deutlich gemacht wird, welche Ziele und Verhaltensweisen ausgeschlossen und nicht verfolgt werden oder unerwünscht sind (z.B. eine Diversifikation, eine Markterschliessung durch ein Eingehen von nicht völlig beherrschbaren Kooperationsverhältnissen usw.). Daraus ergibt sich eine grössere mögliche Bandbreite für zukünftige Entwicklungen.

Die Unternehmungs*politik*, die durch die Unternehmungs*verfassung formal* und durch Unternehmungs*kultur inhaltlich* getragen wird, hat dies integrativ in Form genereller Ziele und Verhaltensvorgaben umzusetzen. Die Idee einer hierarchischen *Ableitung* in der Kette »Politik – Verfassung – Kultur« der Unternehmung, wobei jeweils der eine Bereich eine Vorgabe für die beiden anderen macht, entspräche jedoch einer verkürzten Denkweise. Vielmehr sollte eine rückkoppelnde Vernetzung aller drei Dimensionen anvisiert werden, die etwa unternehmungspolitische Vorstellungen von der Wertkompatibilität der Unternehmungskultur und den Möglichkeiten eines Konsenses im Rahmen der Verfassung berücksichtigt.

Abbildung 3.25
Fusion konstitutiver Tatbestände im normativen Management

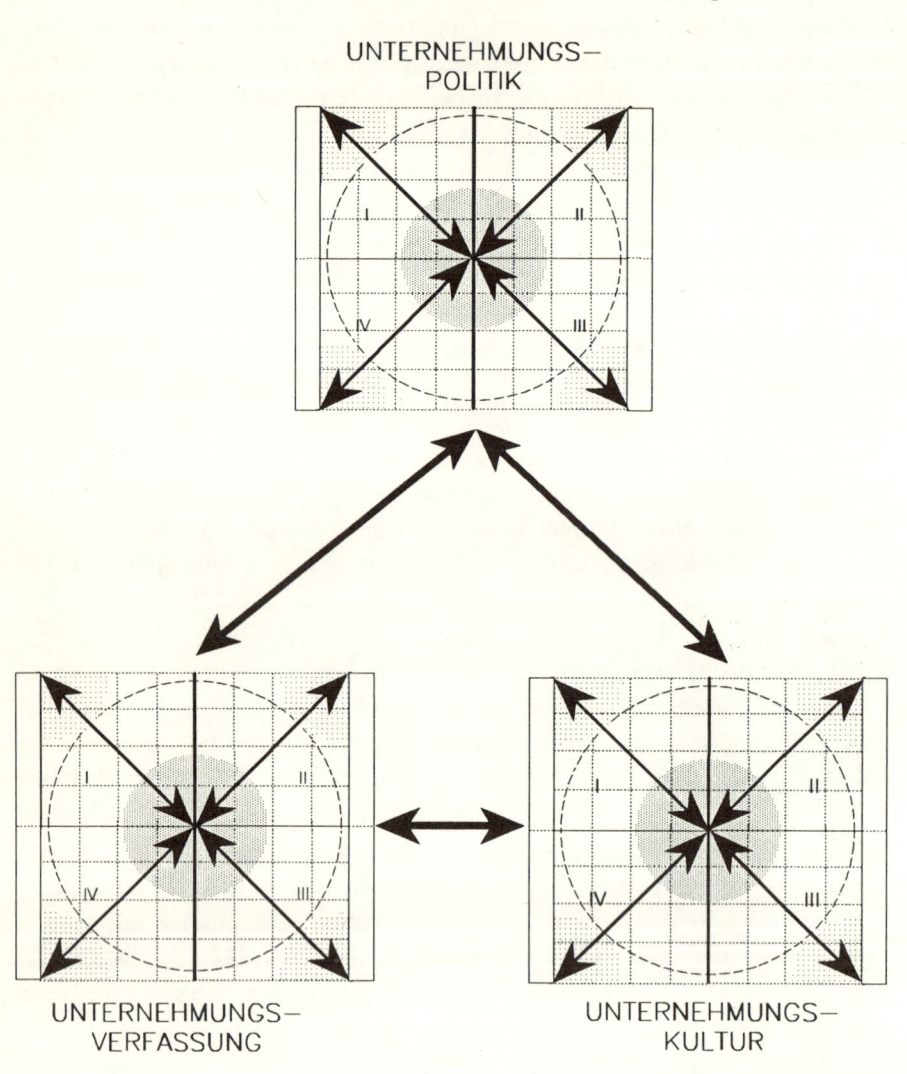

UNTERNEHMUNGS–
POLITIK

UNTERNEHMUNGS–
VERFASSUNG

UNTERNEHMUNGS–
KULTUR

Von Zeit zu Zeit mögen sich dabei einzelne Aspekte der normativen Dimensionen als zunehmend unbewegliche und damit als »limitationale Faktoren« bezüglich eines zukunftsorientierten »Fits« herausstellen, so dass es nicht mehr ausreichend scheint, lediglich vorgegebene Bedingungen in die Unternehmungspolitik zu integrieren. Unter diesen Umständen mag ein »Quantensprung« angebracht sein, der Teile oder das gesamte Beziehungsfeld radikal verändert. Dies etwa durch einen Zielwechsel mit einer Änderung der dafür notwendigen Verhaltensvorgaben in der Unternehmungspolitik, einer Verfassungsänderung und einer Kultur»revolution«, die schließlich in eine Veränderung der Management-Philosophie münden. Derartige Quantensprünge zu einem neuen »Fit« gehen fast immer mit der zumeist zu spät eingetretenen Erkenntnis eines verlorenen Gleichgewichts zwischen den Nutzenerwartungen der Umwelt und der vermeintlichen Nutzengenerierung durch die Unternehmung einher, wie sie in den Perspektiven der Leitenden bestehen. »*Restrukturierung*« im normativen Bereich setzt dann nicht zu Unrecht bei den für die Träger obsolet gewordenen Perzeptionen und Präferenzen an.

3.5.2 Die Kommunikation der Normen von Politik, Verfassung und Kultur der Unternehmung

Die in der Entwicklung von politischen, verfassungsmässigen und kulturellen Normen angelegten Möglichkeiten, das Verhalten der Mitglieder einer Unternehmung im Innen- und Aussenverhältnis zu kanalisieren, wären auf eine beschränkte Gruppe der an diesem Prozess Beteiligten eingeengt, wenn dieser »output« des Unternehmungspolitischen nicht breit kommuniziert würde. Erst über eine breite Kommunikation werden die Voraussetzungen für eine unternehmungsweite, verhaltensbeeinflussende Wirkung auf die Mitarbeiter geschaffen. Letztlich stellen generelle Ziele, Grundorientierungen für Strategien und Operationen, verfassungsmässige Rahmenregelungen und die kulturelle Vermittlung von Werten nichts anderes als ein Nutzenpotential (Bleicher = Unternehmungsentwicklung =) für die Systemmitglieder dar. Sein Wert hängt einerseits von seiner expliziten *Transparenz* und andererseits von seiner *Kommunikationsfähigkeit* ab. Eine Klarheit über Normatives in den Vorstellungen nur einiger weniger, die dies in ihren Köpfen bewahren und von ihren Mitarbeitern erwarten, dass diese in einem immer währenden »trial and error«-Prozess hinter ihre Wert- und Normenstruktur kommen, vermindert qua mangelnder Eindeutigkeit, Transparenz und Kommunikationsfähigkeit den Wert des Nutzenpotentials der normativen Dimension deutlich.

Das Kommunikationsproblem hinsichtlich normativer Vorgaben, die das

Verhalten der Mitglieder einer Unternehmung betreffen, lässt sich im Hinblick auf die Module der normativen Dimension diskutieren.

- Die Vision und die *Unternehmungspolitik* sind über *Leitbilder,*
- die *Unternehmungsverfassung* über *Satzungen, Geschäftsverteilungs- und Geschäftsordnungen (Geschäftsreglements)* und
- die Unternehmungskultur über schriftlich *kodifizierte, erstrebte Veränderung von Unternehmungskulturen* und das *vorgelebte Führungsverhalten*

zu vermitteln.

Dabei erfolgt die Kommunikation über *Ergebnisse und Prozesse* auf dem Wege schriftlicher Deklarationen, die durch mündliche Vermittlungsformen (Unternehmungskonferenzen, Tagungen, Seminare usw.) ergänzt werden.

Neben einer Verbreitung entweder in Erarbeitung befindlicher oder bereits erarbeiteter Normen ist aber nicht zu übersehen, dass das wohl griffigste Verfahren zur Entwicklung eines Nutzenpotentials der normativen Dimension die *partizipative Entwicklung* insbesondere von leitbildhaften Vorgaben für das künftige Verhalten der Mitarbeiter einer Unternehmung darstellt. In ihr kommt nicht nur die unmittelbare Betroffenheit eines weiten Teils der System-Mitglieder zum Ausdruck, was eine grosse *Realitätsnähe* der angesprochenen Probleme verspricht. Damit wird es möglich, die unterschiedlichen Vorstellungen über Zielvorgaben und die zweckmässigen Vorgehensweisen zu deren Erfüllung auszugleichen. Dies garantiert nicht nur einen *Konsens*, sondern durch die eigene Mitwirkung am Prozess der Normenfindung auch eine *Identifikation* mit dem Erarbeiteten, was wiederum der schliesslichen Befolgung der Normenvorgabe förderlich ist.

Kurz gefasst stellt ein solcher Ansatz der Normen-*Implementation durch Partizipation* sicherlich das wirksamste Vorgehen für eine Umsetzung der normativen Ergebnisse unternehmungspolitischer, -verfassungsmässiger und -kultureller Entwicklungsprozesse dar. Ob dies zugleich auch der wirtschaftlichste Ansatz zur Verhaltensbeeinflussung der Mitarbeiter ist, muss dagegen offen bleiben. Partizipative Prozesse können einen grossen Teil der Managementkapazität zu Lasten anderer strategischer und operativer Aufgaben binden. Insofern ist ein möglicher entgangener Nutzen im strategischen und operativen Bereich mit einem erhöhten Nutzen normativ abgestimmten Verhaltens zu vergleichen. Die Opportunitätskosten lassen sich hierbei kaum kalkulieren. Deshalb gehen die meisten Unternehmungen das angesprochene Kommunikationsproblem zur Steigerung des Nutzenpotentials des Normativen in der Weise an, dass sie ein optimales Verhalten hypothetisch unterstellen, indem sie die partizipativen Dialog- und Konsensprozesse auf eine ausgewählte Kerngruppe von Multiplikatoren beschränken, deren Vorgehen und Ergebnisse dann durch schriftliche und mündliche Kommunikationsformen informativ an die übrigen Mitglieder einer Unternehmung herangetragen werden. Diese Kerngruppe sollte aber nicht auf die institutionell definierbaren Träger bestimmter Leitungs- und Stabsebenen beschränkt bleiben, sondern einen repräsentativen Querschnitt der Mitglieder verschiedener Ebenen Aufgaben- und Funktionsbereiche, Altersgruppen und unterschiedlicher Betriebszugehörigkeit umfassen, um eine möglichst breite Berücksichtigung unterschiedlicher Problemlagen, Erfahrungen und Bewusstseinsaspekte erfassen zu können.

Leitbilder dienen als Orientierungsgrundlage

> »Das Unternehmungsleitbild enthält die grundsätzlichsten und damit allgemeingültigsten, gleichzeitig aber auch abstraktesten Vorstellungen über angestrebte Ziele und Verhaltensweisen der Unternehmung. Es ist ein »*realistisches Idealbild*«, ein Leitsystem, an dem sich alle unternehmerischen Tätigkeiten orientieren (oder auch orientieren sollten).« (Brauchlin = Unternehmungsleitbild = 313)

Ein Leitbild umfasst damit *allgemeine Aussagen* über die Zwecke und Ziele so wie die angestrebten Verhaltensweisen der Unternehmung und ist an die *Mitarbeiter* und die interessierte *Öffentlichkeit* gerichtet. Es vollzieht eine *Eingrenzung* der Freiheitsgrade möglichen Systemverhaltens über die Formulierung von Idealvorstellungen. Leitbilder werden im allgemeinen in *unternehmungspolitischen Grundsätzen* ausgedrückt.

Tabelle 3.14
Erstellung und Umsetzung unternehmungspolitischer Grundsätze

Ihre *schriftliche Fixierung* weist Vor- und Nachteile auf.

Vorteile: – Sie schafft die Notwendigkeit zu präziserem Denken

- das Problembewusstsein wird aktiviert
- eine höhere Verbindlichkeit und Beständigkeit wird durch das Niederlegen von Normen erreicht
- die Kommunikation wird erleichtert.

Nachteile: – Die Meinung, dass persönliches Vorbild genügt
- die inhärente Tendenz zur Formalisierung
- Verlust an Flexibilität gegenüber abweichenden Entwicklungen
- Formulierungsprobleme beschäftigen häufig mehr als Inhalte
- die Preisgabe von Firmengeheimnissen.

Zur *Umsetzung* von in Leitbildern niedergelegten *Verhaltensidealen* empfiehlt es sich

- gemeinsam Erarbeitetes schriftlich zu fixieren
- dies vorzustellen, zu diskutieren, sich bei Gelegenheit darauf zu beziehen
- Einstellungstraining und fortlaufender Einbezug in Bildungsveranstaltungen, dabei
- Konkretisierung an gedachten oder erlebten »incidents«
- vorbildliches, weil leitliniengerechtes Lösen von Problemen und Verhalten bei täglich auftretenden »life incidents«
- die Einrichtung eines »Ombudsmanns« als Ansprechpartner für Beschwerden über nicht normengerechtes Verhalten.

Leitbilder haben aber nicht nur eine Orientierungsfunktion für Führer und Geführte innerhalb einer Unternehmung, sondern sie stellen auch einen zentralen Fokus für vielfältige Bemühungen zur *Imagebildung* der Unternehmung innerhalb ihres Umfelds her, auf die sich viele Einzelmassnahmen beziehen können. Dazu müssen sie von inhaltlicher Konsistenz getragen sein, um Widersprüchlichkeiten mit kontraproduktiven Folgen zu vermeiden.

Die häufig feststellbare Lücke zwischen tatsächlichem und für die Bewältigung der Zukunft notwendigem Verhalten verlangt den Entwurf eines *»Zukunftsfits«* von Umwelt- und Unternehmungsentwicklung, der über eine längere zeitliche Strecke der Entwicklung gültig sein kann. In ihm drückt sich das zukunftsorientierte *Selbstverständnis* einer Unternehmung aus. Die Formulierung eines Leitbildes zwingt alle Beteiligten zum Entwurf eines derartigen »Zukunftsfits«.

Leitbilder sollten in ihrer grundsätzlichen, allumfassenden Orientierungsleistung über die interne und externe Kommunikation nicht mit internen, geschäftlichen Grundsatzregelungen verwechselt werden, bei denen eine vertrauliche Behandlung wie beispielsweise bei Strategiepapieren, empfehlenswert sein kann.

Die Kommunikation unternehmungspolitischer Missionen

1. Formale Anforderungen an unternehmungspolitische Konzepte

Als *Output* eines unternehmungs»politischen« Systems treten *handlungsnormierende Entscheidungen über Ziele und die Grundorientierung bei der strategischen und operativen Gestaltung und Lenkung zukünftiger Unternehmungsentwicklung* in Erscheinung, die in Leitbildern kommunizierbar sind. Leitbildhafte Kommunikationsformen sind zu allererst im Hinblick auf die Vermittlung unternehmungspolitischer Missionen einzusetzen. Diese haben folgenden Anforderungen zu genügen:

Tabelle 3.15
Anforderungen an die Unternehmungspolitik

1. *Allgemeingültigkeit*

    Unternehmungspolitische Entscheide sollen als Entscheidungsregeln in vielen zukünftigen Führungssituationen anwendbar sein, sich also nicht lediglich auf Einzelfälle oder eng abgegrenzte Teilbereiche der Unternehmung beziehen.

2. *Wesentlichkeit*

    Unternehmungspolitische Entscheide sollen das Wichtige, Bedeutende, Grundsätzliche zukünftigen Unternehmungsgeschehens beeinflussen und nicht irgendwelche Nebensachen oder Spezialitäten, welche das Gesamtverhalten der Unternehmung nicht betreffen.

3. *Langfristige Gültigkeit*

Unternehmungspolitische Entscheide sollen das Unternehmungsgeschehen in seinen Grundzügen auf längere Sicht bestimmen.

4. *Vollständigkeit*

Unternehmungspolitische Entscheide können zwar nicht in dem Sinne vollständig sein, dass sie zukünftiges Geschehen gänzlich und in allen Einzelheiten vorbestimmen; im Gegenteil erfordert die angestrebte Allgemeingültigkeit das Offenlassen von Freiheitsräumen für die nachfolgende Konkretisierung auf nachgelagerten Führungsstufen. Vollständigkeit ist jedoch in dem Sinne erforderlich, als sich unternehmungspolitische Entscheide nicht nur auf die anzustrebenden Ziele, sondern auch auf das einzusetzende Leistungspotential und die einzuschlagenden Strategien beziehen sollen.

5. *Wahrheit*

Unternehmungspolitische Entscheide müssen in dem Sinne »wahr« sein, dass sie den wirklichen Auffassungen und Absichten der obersten Führungskräfte entsprechen und durch deren eigene Entscheide und Handlungen sichtbar bestätigt werden. Eine Unternehmungspolitik kann daher nicht vom Public-Relations-Manager konzipiert werden und soll nicht vom Gesichtspunkt der Image-Pflege aus entwickelt worden sein, sondern die ernsthaften Absichten der obersten Führungskräfte widerspiegeln.

6. *Realisierbarkeit*

Unternehmungspolitische Entscheidungen sollen den zukünftigen »Umweltbedingungen« und den unternehmungseigenen Möglichkeiten angepasst sein. Es darf sich durchaus um hochgesteckte Ziele und anspruchsvolle Verhaltensnormen handeln, die aber grundsätzlich realisierbar sein müssen und nicht den Charakter von idealistischen Wunschvorstellungen haben dürfen.

7. *Konsistenz*

Die Unternehmungspolitik umfasst eine Mehrzahl von Entscheidungen. Wenn die beabsichtigten Koordinationswirkungen erzielt werden sollen, ist es ausserordentlich wichtig, dass diese Entscheidungen in sich konsistent sind, sich also nicht gegenseitig widersprechen.

8. *Klarheit*

Unternehmungspolitische Entscheide sollen trotz ihres allgemeinen und relativ abstrakten Charakters so formuliert werden, dass bei ihrer Interpretation und Konkretisierung durch die Unternehmungsangehörigen keine Missverständnisse auftreten. Oft ist es deshalb zweckmässig, dem allgemeinen Grundsatz interpretierende Erläuterungen beizugeben.

Ulrich = Unternehmungspolitik = 29 f.

2. Inhalte von unternehmungspolitischen Leitbildern

Unternehmungen sind zunehmend dazu übergegangen, dem eigentlichen Leitbild ihre unternehmerische Vision voranzustellen, die einen erstrebenswerten und motivierenden absehbaren, nutzenspendenden Zukunftszustand der Unternehmung in Wirtschaft und Gesellschaft umschreibt.

Die übrigen Inhalte von Leitbildern lassen sich unschwer aus der Profilierung der Unternehmungspolitik im Hinblick auf die generellen Zielsetzungen (vgl. Abb. 3.11 auf S. 110) entnehmen. Im folgenden wird zunächst ein Beispiel für eine leitbildhafte Darstellung bei einer *Opportunitätspolitik* einer Unternehmung gegeben.

Tabelle 3.16
Leitbild bei einer Opportunitätspolitik

I. *Zielausrichtung auf Anspruchsgruppen*

Unser ganzes Handeln ist in erster Linie an einem möglichst unmittelbar messbaren geschäftlichen Erfolg orientiert, da das Erreichen unserer ökonomischen Ziele ein Garant für den Fortbestand unserer Unternehmung ist.

II. *Entwicklungsorientierung*

Unsere Aktionäre messen uns am kurzfristigen Erfolg unserer Geschäftstätigkeit. Wir sind daher bestrebt, Erfolgspotentiale nur dann neu zu entwickeln, wenn diese sich relativ kurzfristig erschliessen und nutzen lassen. Langfristig sehen wir eher den Wechsel von geschäftlichen Möglichkeiten als eine längere Bindung an das eine oder andere Geschäftsfeld durch »dick und dünn«. Wir streben dabei nach Sicherheit und vermeiden aussergewöhnliche Risiken, indem wir gründlich planen und uns zu Neuem erst dann bekennen, wenn wir ein hohes Mass an Sicherheit besitzen, dass dies auch zielführend ist.

III. *Ökonomische Zielausrichtung*

Wir suchen nach Möglichkeiten, das in uns investierte Kapital überdurchschnittlich zu verzinsen. Wir wenden uns daher allen geschäftlichen Möglichkeiten zu, die eine überdurchschnittliche Rendite versprechen und sind bereit, unser Engagement in Geschäftsbereichen, die dies nicht gewährleisten, kurzfristig zu lösen.

IV. *Soziale Zielausrichtung*

Wir haben unseren Auftrag von unseren Aktionären erhalten und fühlen uns diesen gegenüber in der Weise verantwortlich, dass wir den Unternehmungswert für diese durch unsere Tätigkeit im Vergleich zum Wettbewerb überdurchschnittlich steigern. Beim Verfolgen dieses Zieles beachten wir die gesetzlichen Vorschriften. Die sozialen Bedürfnisse der Mitarbeiter werden in dem Rahmen erfüllt, welcher der wirtschaftlichen Effizienz unserer Unternehmung dienlich ist.

Als Beispiel für eine *Verpflichtungspolitik* können folgende Formulierungen eines Leitbildes dienen:

Tabelle 3.17
Leitbild einer Verpflichtungspolitik

I. *Zielausrichtung auf Anspruchsgruppen*

Wir sind uns der Bedeutung des Erreichens ökonomischer Ziele für den Fortbestand unserer Unternehmung bewusst, verkennen dabei aber keineswegs die vielfältigen Interessen und Bedürfnisse der Bezugsgruppen an unserer Unternehmung. Ohne die Leistung eines gesellschaftlichen

Nutzens wird unsere Unternehmung nicht überleben. Wir versuchen deshalb, mit unserem Handeln einen grösstmöglichen Nutzen für unsere Mitarbeiter und unsere soziale, ökologische und ökonomische Umwelt zu stiften.

II. *Entwicklungsorientierung*

Letztes Ziel unserer unternehmerischen Tätigkeit ist die Sicherung der Überlebens- und Entwicklungsfähigkeit der Unternehmung. Unsere Vorhaben sind daher langfristig ausgerichtet. Dies bedeutet die laufende Pflege vorhandener und den Aufbau neuer Erfolgspotentiale für die Zukunft. Sich uns bietende Chancen nehmen wir auch dann wahr, wenn wir zum Zeitpunkt der Entscheidung keine letzte Gewissheit über ihre Auswirkungen auf den geschäftlichen Erfolg haben.

III. *Ökonomische Zielausrichtung*

Wir sehen unsere unternehmerische Aufgabe in der Versorgung des Marktes mit xy-Leistungen, indem wir unseren Kunden für deren spezifische Probleme Lösungen von hoher Qualität anbieten. Die Erhaltung unserer Selbständigkeit erfordert, dass wir aus dem Ertrag unsere Kosten decken, notwendige Reserven zur Zukunftssicherung bilden und das uns anvertraute Kapital angemessen verzinsen.

IV. *Soziale Zielausrichtung*

Bei aller Verfolgung wirtschaftlicher Interessen sind wir uns stets unserer Verantwortung gegenüber unserer Umwelt bewusst und werden ihr in unserem Handeln einen entsprechend hohen Stellenwert einräumen. Wo immer wir tätig sind, wollen wir uns in einem gut nachbarschaftlichen Verhältnis bewegen. Das Verhalten der Führung gegenüber den Mitarbeitern ist von einem hohen Verantwortungsbewusstsein getragen. Konsens erstreben wir über Dialog und Argumentation.

Je nach kontextgebundenem unternehmungspolitischen Profil wird das Leitbild einer bestimmten Unternehmung *zwischen* diesen beiden polar angesetzten Formulierungen einer Opportunitäts- und einer Verpflichtungspolitik anzusiedeln sein. Dabei treten zu diesen beispielhaft angeführten Basisformulierungen weitere Ausführungen, die aus der Betroffenheit der Mitarbeiter an der Erarbeitung von Leitbildern einer Unternehmung erwachsen, und die Lücken zwischen einem tatsächlichen und einem gewollten unternehmungspolitischen Verhalten akzentuieren. Als Beispiel etwa:

> Es ist unsere vordringliche Zielsetzung, unsere Kunden- und Qualitätsorientierung auf allen Ebenen der Unternehmung zu verbessern, um auf diesem Wege unsere Marktanteile zu stabilisieren und unsere langfristige Überlebens- und Entwicklungsfähigkeit zu sichern.

Die Kommunikation von Regelungen der Unternehmungsverfassung

Ähnlich wie bei der Unternehmungspolitik bedürfen auch die Inhalte der Unternehmungsverfassung der kommunikativen Verbreitung, damit sie Einfluss auf das Verhalten der Systemmitglieder und -teilnehmer nehmen können. Während bei der Vermittlung unternehmungspolitischer Vorstellungen eher ein »mixtum compositum« schriftlicher und mündlicher Formen in Erscheinung tritt, ist dies bei der Vermittlung der Unternehmungsverfassung weniger der Fall. Als Grund hierfür ist vor allem die höhere *Konfliktträchtigkeit* in diesem Bereich anzuführen, der über *formale Rahmenregelungen* entgegenzutreten ist, um die Abwicklung der »politics« für das Zustandekommen von »policies« zu kanalisieren. Sie vollzieht sich über drei Formen von zu verbreitenden Dokumenten, die den *gesetzlichen Vorschriften* folgen und die nach der Rechtsformenwahl für die Ausgestaltung der Organe und ihr Verhalten massgeblich sind:

Tabelle 3.18
Verfassungsdokumente der Unternehmung

- Der *Satzung* und den *Statuten*, die den spezifischen Zweck, die Aufgabe und Arbeitsweise wesentlicher Organe der Unternehmung beschreiben.
- Dem *Geschäftsverteilungsplan*, der die Zusammensetzung der Spitzenorgane, ihre Aufgaben und Verantwortung und die Form ihrer Zusammenarbeit näher konkretisiert.

- Der *Geschäftsordnung* für die Spitzenorgane, die die satzungsmässigen und statutarischen Vorschriften in detaillierter Form verfahrensmässig weiter aufschlüsselt.

Die Kommunikation unternehmungskultureller Werte und Normen

Die bislang üblichen Leitbilder konzentrieren sich vor allem auf Aussagen zur unternehmungspolitischen Mission. Peter Dill und Gert Hügler (= Unternehmungskultur = 165) erweitern diese Betrachtung in Richtung auf eine Erfassung unternehmungskultureller Entwicklung, indem sie diese als »institutionalisierte Weltbilder bzw. Lebensordnungen« verstehen, die weniger den gegenwärtigen Zustand als vielmehr die langfristig angestrebte Weiterentwicklung einer Unternehmungskultur aufzeigen. Sie sehen die Funktionen derartiger Leitbilder in

- der Sichtbarmachung und Dokumentation der wichtigsten Werte und Normen und
- der Umschreibung erwünschter Handlungsweisen mit der Konsequenz der Sanktionierung bei unternehmungskultureller Zuwiderhandlung.

Gunther Schwarz (= Unternehmungskultur = 88) leitet aus dem Schrifttum die folgende *Klassifizierung von Elementen* für eine Unternehmungskultur-Leitlinie ab:

Tabelle 3.19
Unternehmungskultur-Leitlinie

1. *Interne Stabilität*
   - Mitarbeiterorientierung
   - Gemeinschafts-/Integrationsorientierung
   - Individualitätsorientierung
2. *Leistungserbringung*
   - Produkt-/Aufgabenorientierung
   - Kostenorientierung
   - (individuelle) Leistungsorientierung

3. *Externe Beziehungen*
   - Kundenorientierung
   - Konkurrenzorientierung

Zitierte Literatur zu Kapitel 3.5

Bleicher, K.: – Unternehmungsentwicklung –
Unternehmungsentwicklung und organisatorische Gestaltung. Stuttgart und New York 1979.

Bleicher, K.: – Kulturpolitik –
Unternehmungspolitik und Unternehmungskultur – Auf dem Wege zu einer Kulturpolitik der Unternehmung. In: Zeitschrift Führung + Organisation 53 (8/1984), S. 494–500.

Brauchlin, E.: – Unternehmungsleitbild –
Schaffen auch Sie ein Unternehmungsleitbild. In: io Management Zeitschrift 53 (7–8/1984), S. 313–317.

Dill, P.: Hügler, G.P.: – Unternehmungskultur –
Unternehmenskultur und Führung betriebswirtschaftlicher Organisation – Ansatzpunkte für ein kulturbewusstes Management. In: Unternehmenskultur – Perspektiven für Wissenschaft und Praxis, hrsg. v. E. Heinen. München und Wien 1987, S. 141–209.

Schwarz, G.: – Unternehmungskultur –
Unternehmungskultur als Element des strategischen Managements. Berlin 1989.

Ulrich, H.: – Unternehmungspolitik –
Unternehmungspolitik. 2. Aufl., Bern und Stuttgart 1987.

3.6 Verkoppelung der normativen und der strategischen Dimension des Managements

An die normative Dimension des Managements schliesst das strategische Management an. Zwar mag die dimensionale Zuordnung beider ausreichend klar beschreibbar und verständlich sein, dennoch stellt sich die praktische Grenzziehung zwischen den Funktionen dieser Dimensionen eher als problematisch dar. Dies überrascht nicht, wenn man mit den Vorstellungen einer vielfältigen gegenseitigen Vernetzung der einzelnen Gestaltungsaspekte an eine Betrachtung des Verhältnisses beider Dimensionen herangeht. Dabei enthüllt sich eine derartige Fülle von sach-inhaltlichen und formalen Beziehungen, dass im folgenden lediglich auf einige wesentliche gegenseitige Abhängigkeiten in grossen Zügen eingegangen werden kann. Dabei interessieren vor allem diejenigen Verkoppelungen an der gedachten Grenze beider Dimensionen, die zu praktischen Gestaltungsproblemen Anlass geben.

Die Profilierung *unternehmungspolitischer Missionen* wirkt in ihrer opportunistischen oder verpflichteten Auslegung unmittelbar auf die Wahl und Ausgestaltung strategischer Programme, die Auswahl der Träger von Strategien und ihr Verhalten im Rahmen des strategischen Managements ein. Strukturen und Systeme müssen die jeweilige Unternehmungspolitik stützen.

Die *Unternehmungsverfassung* nimmt Einfluss auf die Ausrichtung der Unternehmungspolitik genauso wie über die Legitimation der Spitzenorgane und die Kanalisierung einer machtgeprägten Konfliktregelung. Mit ihrer Orientierung an einem mono-ökonomischen »shareholder«-Ansatz einer Opportunitätspolitik oder an einem pluralistischen »stakeholder«-Ansatz eine Verpflichtungspolitik legt sie damit die Grundlage für die strategische Ausgestaltung der Organisationsstruktur und der Managementsysteme wie letztlich auch der strukturellen Prägung der operativen Dimension. Dieser Gestaltungsansatz wird ergänzt durch verfassungsmässige Vorgaben der Verbundordnung im Spannungsfeld von wirtschaftlicher, rechtlicher und sozialer Autonomie der Subsystemgestaltung für die strategisch und operativ zu handhabende Unternehmungsentwicklung.

Die opportunistische oder verpflichtete Unternehmungskultur hat letztlich eine verhaltensprägende Wirkung auf das strategische und das operative Management. Dies drückt sich durch ihre Vorformung von *Perzeptionen* und *Präferenzen* der *Träger* aus, die verhaltenswirksam werden. Damit wird aber zugleich die Wahl unter alternativ möglichen Programmen in Richtung einer eher opportunistischen oder einer eher verpflichteten Prägung beeinflusst. Schliesslich ist die Bestimmung der angemessenen Strukturierung und der Gestaltung von Managementsystemen in enger Wechselwirkung zwischen diesen und der bereits entwickelten bzw. zukünftigen Unternehmungskultur zu sehen.

Eine dem Sachlichen und Sozialen verpflichtete Kultur einer Unternehmung muss sich damit gegenüber den unterschiedlichen und differenzierten Interessen als offen und änderungsbereit erweisen. Zukünftige Entwicklungen in Interessenkonstellationen sind zu antizipieren, was nur durch eine sensitiv auf Trends im Wandel ausgerichtete Unternehmungskultur möglich wird. Da die Komplexität, die sich mit einem differenzierten Eingehen auf vielfältige Veränderungen in Teilen des Umsystems verbindet, eine zentralistische Lenkung hoffnungslos überfordern würde, lässt sich die Umweltvernetzung nur über ein präsituatives Agieren von Subsystemen an der Peripherie des eigenen Systems erreichen. Dies verlangt eine wertdifferenzierende subkulturelle Basisorientierung der Kultur einer Unternehmung. Eine derartige Verpflichtungshaltung ist mit einem technokratisch-instrumentellen Verständnis der Unternehmungsführung nicht zu erreichen. Das sich im Quantitativen ausdrückende Kostenbewusstsein ist zwar für die wirtschaftliche Entwicklung der Unternehmung nicht unwesentlich, es muss jedoch im Mitarbeiterverhalten hinter einer breiten Orientierung an möglichem Nutzen für Dritte zurücktreten, dem unternehmerisch nachgegangen wird. Dies verlangt weniger eine Mitgliedschaftsorientierung als vielmehr eine Orientierung am aktiven, individuell zu erbringenden Leistungseinsatz. Er stellt die Notwendigkeit von sozialer Kommunikation und Kooperation nicht in Frage. Sie ist im Gegensatz als Korrelat zum individuellen Innovieren und Implementieren unternehmerischer Persönlichkeiten zu sehen, deren Erfolge »heroisch« beispielhaft auf andere abstrahlen, zu Verhaltensimitationen Anlass geben und in der Folge eine der Nutzungsgewinnung für Dritte verpflichtete Unternehmungskultur gestalten.

4
STOSSKRAFT DURCH STRATEGISCHES MANAGEMENT

Die von der Unternehmungskultur und Unternehmungsverfassung getragene Unternehmungspolitik gibt dem strategischen Management in Form von Missionen langfristige generelle Ziele und eine Grundorientierung vor. Diese sind über strategische Programme zu konkretisieren. Sie werden dabei von den Strukturen und Systemen des Managements wie von dem Problemverhalten ihrer Träger in vielfältiger Weise geprägt.

4.1 Wesen und Elemente strategischen Managements

> Strategy is the pattern in the stream of decisions and actions.
>
> Henry Mintzberg

Die Unternehmungsführung hat ihr Gestaltungsobjekt ganzheitlich sowohl in seiner ökonomischen als auch in seiner sozialen Dimension zu sehen. In der Entwicklung des strategischen Managements standen zunächst einseitig die »harten« Faktoren ökonomischer Gestaltung im Mittelpunkt des Interesses. Dabei zeigte es sich, dass strategische Vorhaben nur dann zum Erfolg führen, wenn sie durch den Einbezug »weicher« Faktoren in Form des Problemverhaltens der Träger des Managements ergänzt werden. Letzteres entwickelt sich in sozialen Systemen der Unternehmung weitgehend eigenständig und ist damit teilweise der Gestaltung und vor allem der Lenkung durch das Management entzogen.

Strategisches Denken und Handeln ist zwar – weil die Entwicklung erfolgversprechender Potentiale und ihre Nutzung im Wettbewerb Zeit in Anspruch nimmt – immer langfristig. Dennoch unterscheiden sich Ansätze langfristiger Planungsüberlegungen grundsätzlich vom strategischen Management durch die Diagnose und Definition von Zielen und die alternativen Wege zur Entwicklung von Erfolgspotentialen sowie deren laufende Implementierung, die im Rahmen eines strategischen Controlling verfolgt wird.

Tabelle 4.1
Langfristiges vs. strategisches Denken

Nach Peter Röthig (= Personalplanung = 82 und der dort zitierten Literatur) unterscheiden sich die in weiten Bereichen deckungsgleichen Dimensionen des Langfristigen und des Strategischen in einigen markanten Merkmalen, wie

Langfristiges	*Strategisches*
extrapolativ	indikativ
inkremental	synoptisch
System Umwelt	Umwelt-System
Trends der Vergangenheit	alternative Zukünfte
ökonomischer Fortschritt	ganzheitliche Umwelt
derzeitige Operationen	neue Vorhaben (»Ventures«)
kontinuierliche Entwicklung	Beherrschung von Diskontinuitäten
starke Signale	schwache Signale
jährliche Planungsrituale	laufendes Infragestellen
detaillierte Budgetprozeduren	weiter Rahmen für Innovation und Wandel
reaktiv	proaktiv
rigid	flexibel

Im Gegensatz zur Annahme »... that the future would be a smooth extrapolation of the past« (Ansoff = Planning Systems = 14), muss im strategischen Sinne die Unternehmung bestimmen »what responses are feasible in the light of available information« (Ansoff = Surprise = 133). »Damit werden *Chancen* und *Risiken* bzw. ›Potentialitäten‹ und ›Eventualitäten‹ (Zahn = Strategische Planung = 9) bedeutsame Objekte eines strategischen Managements, wobei diese über *schwache Signale* (»weak signals«) eher *qualitativ* als quantitativ einzufangen sind« (Röthig = Personalplanung = 83).

Im Mittelpunkt strategischen Managements stehen vier Prinzipien, welche das Denken und Handeln von Führungskräften bei der Konkretisierung der normativen Vorgaben von Unternehmungspolitik, Unternehmungsverfassung und Unternehmungskultur leiten:

- die Suche nach *zweckgerechten Strategien*,
- die *relative Positionierung* der eigenen Aktivitäten gegenüber dem *Wettbewerb* und der *Umwelt*,
- die *Konzentration der Kräfte* und
- die Entwicklung zukunftsweisender *Erfolgspotentiale*.

»In einer langfristigen Perspektive überleben, wachsen und entwickeln sich nur die Unternehmungen, die (1) klare Strategien besitzen und (2) sie wirksam in operative Tätigkeiten umsetzen. Die Strategie ist der Rahmen, innerhalb dessen die Entscheidungen getroffen werden, die Art und Richtung der Unternehmung bestimmen; sie ist auf die Beantwortung der Frage gerichtet, was die Unternehmung in Zukunft aus welchen Gründen sein will. Die Umsetzung der Strategie dagegen bezieht sich auf die Beantwortung der Frage, wie die Unternehmung ihr zukünftiges Erscheinungsbild oder ihre Vision verwirklichen will...« (Hinterhuber = Wettbewerbsstrategie = 15f.).

4.1.1 Die Suche nach zweckgerechten Strategien

> »Business is like war in one respect: if its grand strategy is correct, any number of tactical errors can be made and yet the enterprise proves successful.«
>
> Alfred D. Chandler Jr.

Die Suche nach zweckgerechten Strategien, die geeignet sind, die normativen Vorgaben der verfassungs- und kulturgestützten Unternehmungspolitik zu konkretisieren, erfolgt auf den beiden extremen Ebenen unternehmerischen Handelns: auf der Ebene der *Geschäftseinheiten* – der Basisebene strategischen Managements – und auf der Spitzenebene der strategischen Führung für die *Gesamtunternehmung*. Für beide Ebenen werden sog. *Normstrategien* angeboten, die der Wirtschaftspraxis ein strukturiertes Denkschema für ihre spezifische Strategiewahl an die Hand geben.

Nach Hans Hinterhuber setzen sich Strategien aus vier Komponenten zusammen, die

1. Analyse der strategischen *Ausgangsposition*,
2. Bestimmung der *zukünftigen Stellung* der strategischen Geschäftseinheiten und der Unternehmung als Ganzes in der Umwelt,
3. *Auswahl* der Technologien und *Entwicklung* der *Fähigkeiten und Ressourcen* zur Erziehung von Synergieeffekten in den verschiedenen Tätigkeitsbereichen der Unternehmung, und
4. *Festlegung von Kriterien und Standards*, die kommunizierbar sind und anhand derer der Erfolg der Strategien und die erwarteten Zielerfüllungsgrade gemessen werden (Hinterhuber = Unternehmungsführung I = 7f., u.a. Newman/Logan/Hegarty = Strategy = 9ff.).

Je nach der Phase im Lebenszyklus, in dem sich eine Geschäftseinheit befindet, stehen Normstrategien der

a) *Investition* und des *Wachstums* in Form
 – der Erschliessung neuer Wachstumsmärkte für die bestehenden Produktlinien (internationale Expansion und Erschliessung neuer Abnehmergruppen oder Anwendungsmöglichkeiten),
 – der Entwicklung neuer Produkte für die bisherigen Märkte und der Diversifikation als Kombination beider zur Wahl,
 – die durch Akquisitions- und Kooperationsstrategien unterstützt werden können. Ihnen stehen

b) *Abschöpfungs- oder Desinvestitionsstrategien* gegenüber.

Andere Einteilungen gehen von der Intensität des Vorgehens aus, indem sie *Offensiv-* und *Defensivstrategien* unterscheiden (vgl. zu Normstrategien vor allem Ansoff = Strategic Management =, Gälweiler = Unternehmensplanung = 280ff., Hinterhuber = Unternehmungsführung I = 171 ff., Porter = Wettbewerbsstrategie = 344ff.). Die einzelnen Geschäftsfeldstrategien sind aus dem Programm- und Regionalportfolio der Gesamtunternehmung heraus zu beurteilen und in einem Rückkoppelungsprozess zu korrigieren. Dabei spielen vier wesentliche Aspekte eine Rolle:

– Geschäftseinheiten in attraktiven Märkten
– Synergieeffekte zwischen diesen Geschäftseinheiten
– Ausgewogenheit zwischen Risiko und Gewinnerwartungen
– Ausgewogenheit des *Cash-flow* (Hinterhuber = Unternehmungsführung I = 166).

4.1.2 Die relative Positionierung der eigenen Aktivitäten gegenüber dem Wettbewerb

Die Einbettung und Vernetztheit der Unternehmung in und mit ihrer Umwelt macht eine *integrative Betrachtung* der jeweils mit bestimmten Umweltsegmenten verkoppelten eigenen geschäftlichen Subsysteme unabdingbar. Dies wurde bislang durch ein umfangliches Angebot von Umweltanalysen im Hinblick auf die ökonomische, technologische und sozio-kulturelle Umwelt, die wiederum durch die Analyse ökologischer und politisch-gesetzlicher Umsysteme durchdrungen wird, versucht. Eine derartige Separierung der Umwelt- und Inweltbetrachtung im Rahmen der Informationsanalyse, die einen Kosmos unterschiedlicher Merkmale anzulegen hat, führte nicht nur zu seitenfüllenden Fragestellungen vor allem hinsichtlich der Unternehmungsentwicklung in Lehrbüchern des Systemansatzes, sondern auch zu einer meist fruchtlosen Arbeit von Planungsstäben, die Ordner um Ordner mit den Ergebnissen ihrer Analysen füllten, ohne dass die Planenden von diesen nähere Kenntnis nahmen. Dem lag das *Fehlverständnis einer arbeitsteiligen Trennung von Umwelt- und Inweltanalysen* als Ausgangspunkt strategischen Managements zugrunde.

Eine sehr viel einleuchtendere Vorgehensweise stellt dagegen die ganzheitliche Verkoppelung von Chancen und Risiken mit den Stärken und Schwächen in Form der sog. *SWOT-Analyse* (Strength, Weaknesses, Opportunities und Threats) dar. Darin enthüllt sich die *prinzipielle Relativität* strategischen Verhaltens: Stärken und Schwächen sind nie absolut, sondern immer nur in Beziehung zu den im Umfeld vorhandenen anderen Spielern zu beurteilen. Dabei bieten sich in einem »organization set« (Evan = Organization Set = 174ff.) vielfältige Möglichkeiten an, isoliert betrachtete Schwächen durch den Aufbau von Beziehungsnetzwerken in einem »negotiated environment« (Cyert/March = Firm = 119f.) zu mildern oder zu überspielen:

> »Da die Möglichkeit, die Reaktion der Umwelt auf das System vorauszusagen, beschränkt ist, wird versucht, mit Teilen der Umwelt kooperative, bzw. symbiotische Beziehungen einzugehen, um damit eine günstige und voraussagbare Reaktion dieser Umweltteile auf das System zu gewährleisten« (Hill/Fehlbaum/Ulrich = Organisationslehre I = 341).

Im Konzert der Spieler nehmen naturgemäss die Wettbewerber, mit denen sich die Unternehmung am Markt auseinandersetzen muss, eine besondere

Rolle ein. Die eigenen Stärken und Schwächen sind hier im Hinblick auf die Grenzen, welche die übrigen Wettbewerber und vor allem der Marktführer den eigenen Handlungen entgegensetzen, abzuwägen. Die eigenen Möglichkeiten sind vor dem Hintergrund dieser stärkegebundenen Bedrohungspotentiale zur Grundlage eigener Strategieüberlegungen zu machen. Bereits bei militärischen Überlegungen spielt in dieser Hinsicht die Kräfteentfaltung nicht an sich, sondern relativ zur Position des Gegners im Hinblick auf dessen Stärken und Schwächen eine zentrale Rolle (Peacock = Corporate Combat =).

Letztlich geht es im Strategischen darum, die eigenen Stärken auf die Schwächen des oder der Wettbewerber zu richten, also eine *maximale relative Differenz* zwischen den Spielern aufzubauen.

»Es bleibt also nur übrig, durch eine geschickte Verwendung auch da, wo das absolute Übergewicht nicht zu erreichen war, sich ein relatives auf dem entscheidenden Punkt zu verschaffen« (Clausewitz = Kriege = 89).

Ist dieser Schwächepunkt des Gegners gar nicht oder nur sehr schwer auszumachen, kann es sinnvoll sein, mit einem Ablenkungsmanöver dessen Kräfte an einem anderen Ort zu binden, um damit seine Stärke an einer interessanten und kritischen Stelle zu verringern.

4.1.3 Die Konzentration der Kräfte

Mit der Bündelung von eigenen Stärken gegenüber den Schwächen der Wettbewerber ist die strategische Vorstellung einer Kräftekonzentration unabdingbar verbunden. Da immer vielfältige Zielvorstellungen um ihre Anerkennung ringen, besteht die Gefahr, dass zu viele Ziele gleichzeitig verfolgt werden, die alle auf einen mehr oder weniger beschränkten und auch im Zeitablauf nicht unendlich erweiterbaren Satz von Ressourcen stossen. Diese knappen Ressourcen werden nach dem »Giesskannenprinzip« auf vielfältige Vorhaben verteilt. Eine derartige, durch einen externen und internen Interessenpluralismus in der Unternehmungspolitik verstärkte Tendenz verhindert einen konzentrischen Einsatz von Ressourcen dort, wo sie relativ zum Wettbewerb die grössten Wirkungen versprechen.

> Strategisches Denken und Handeln ist daher – ähnlich wie im militärischen Bereich – immer mit der Vorstellung verbunden, durch den konzentrischen Einsatz von Kräften »*Stosskraft*« zu erzeugen, die marktliche und technologische »Durchbrüche« möglich macht.

Abbildung 4.1
Konzept kritischer Massen des Ressourceneinsatzes zur Erzielung von Wettbewerbsstärke

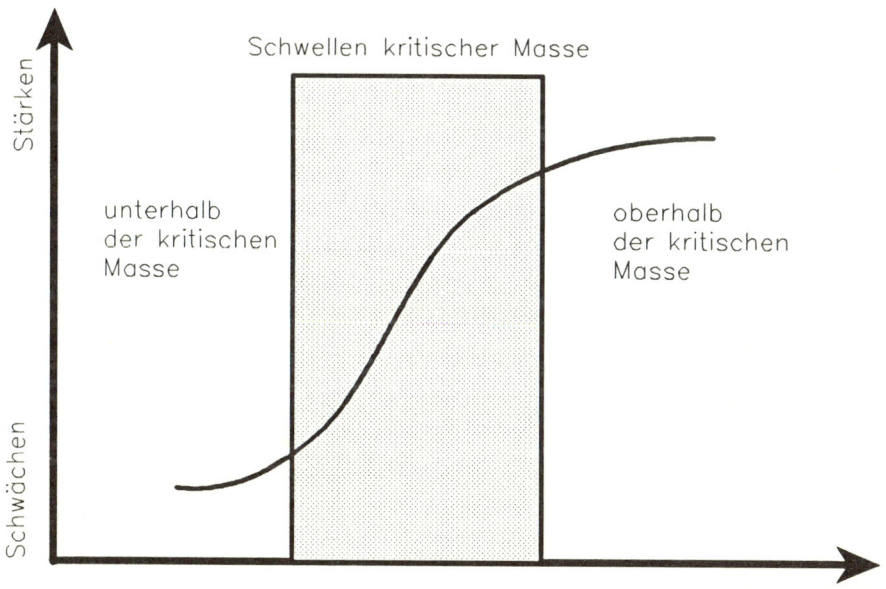

[Diagramm: S-förmige Kurve mit Achsen "Stärken/Schwächen" (vertikal) und "Ressourceneinsatz" (horizontal); Bereiche "unterhalb der kritischen Masse", "Schwellen kritischer Masse", "oberhalb der kritischen Masse"]

Bei der Frage, worauf sich die Bündelung der Kräfte zur Erzielung strategischer Stosskraft richten soll, ist das Prinzip des Erzielens einer maximalen relativen Stärken-Schwächen-Differenz gegenüber dem Wettbewerb hilfreich. Hinzu muss jedoch eine Beurteilung der zur Erzielung eines strategischen Durchbruchs erforderlichen »*kritischen Masse*« treten. Vor die Frage gestellt, ob es zweckmässig sei, relativ zum Wettbewerb bestehende Stärken weiter auszubauen oder vorhandene Schwächen zu reduzieren, zeigt die Abb. 4.1, dass die Antwort hierauf von der jeweiligen Einschätzung der Stärken- oder Schwächenposition auf der Wirkungskurve abhängig ist, welche das Verhältnis von Ressourceneinsatz zur Ressourcenstärke ausdrückt. Unterhalb der Eintrittsschwelle in die Zone kritischer Massenbewältigung werden grosse Kräfte gebunden, bis es überhaupt zu einer Verringerung von Wettbewerbsschwächen kommen kann, während oberhalb der Austrittsschwelle eine Ressourcenwidmung ohne beachtliche Wirkung auf eine weitere Erhöhung der Wettbewerbsstärke bleibt.

Der Erzielung von Stosskraft durch eine Konzentration der Kräfte (vgl. hierzu Bonsen = Prinzip =) kann als allgemeingültiges Prinzip sowohl militärischer als auch wirtschaftlicher Strategien gelten. William E. Peacock stellt in Anlehnung an von Clausewitz und Liddell Hart zusammenfassend fest:

»The rule which we have been seeking to set forth is... that all forces which are available and destined for a strategic object should be simultaneously applied to it; and its applications will be so much the more complete the more everything is compressed into one act and into one movement« (Peacock = Corporate Combat = 96).

Konzentration ist der kritische Aspekt in der Anwendung des Wettbewerbsprinzips:

»the principles... can be condensed into a single word – ›concentration‹. But for truth this needs to be amplified as the ›concentration of strength against weakness‹... (It) depends on the dispersion of your opponent's strength, which in turn is produced by a distribution of your own that gives the appearance, and partial effect of dispersion. Your dispersion, his dispersion, your concentration – such is the sequence, and each is a sequel. True concentration is the fruit of calculated dispersion« (Peacock = Corporate Combat = 97).

Auch Hans H. Hinterhuber weist aus wirtschaftlicher Sicht auf diesen engen Zusammenhang zwischen Erlangen von relativen Wettbewerbsvorteilen und der Konzentration der Kräfte hin, wenn er feststellt, dass es vor allem die Komplexität und Vielfalt der Umwelt- und der internen Produktivitätsbeziehungen sei, welche die Auswahl einer kleinen Anzahl von Beziehungen für jene Geschäftseinheiten notwendig mache, mit denen sich Unternehmungen durch die Schaffung relativer Wettbewerbsvorteile hervorzuheben versuchten. Dies verbessere nicht nur den *Zugang zu knappen Ressourcen*, sondern diene zugleich der *Förderung von Synergieeffekten* (Hinterhuber = Unternehmungsführung I = 9).

Eine derart deutliche Betonung des konzentrischen Einsatzes von Ressourcen als zentrale Fragestellung strategischen Managements darf jedoch die damit verbundenen Risikofaktoren nicht übersehen. Diese stellen sich in kurz- und in langfristiger Sicht unterschiedlich dar:

- *Kurzfristig* besteht das Risiko eines konzentrischen Einsatzes der Kräfte vor allem darin, sich an anderer Stelle gegenüber dem Wettbewerb zu entblössen, beispielsweise durch eine mangelnde Entwicklung neuer Produkte und Prozesse, eine nachlassende Investitions- und Marketingaktivität bezogen auf andere Geschäftsbereiche und Regionen. Bei all der Unsicherheit, die aus dem Verhalten der Marktpartner resultiert, ergibt sich also bereits kurzfristig das *Risiko der Entblössung*, wenn das Wettbewerbsverhalten und die Marktentwicklung falsch eingeschätzt werden.
- *Langfristig* kann die Konzentration auf bestimmte Produkt-/Markt- und Technologieentwicklungen zu einer *Verminderung zukünftiger strategischer Optionen* führen. Vor dem Hintergrund der hohen Unsicherheit zukünftiger Markt- und Technologieentwicklungen besteht somit das Risiko, an bestimmten zukunftsweisenden Entwicklungen völlig vorbeizugehen, weil man über Entscheidungen zur Ressourcenbündelung irgendwann einmal »auf das falsche Pferd gesetzt hat«.

Letztlich sind daher alle strategischen Entscheidungen immer in dieser Relativität von Konzentration einerseits und ihrem Risiko hinsichtlich möglichen Wettbewerbsverhaltens und der Reduzierung zukünftiger strategischer Optionen zu treffen.

4.2 Strategische Programme führen über Aktivitäten und Ressourcen zur Entwicklung von Erfolgspotentialen*

> »Metaphysisch ausgedrückt wurde die kurzfristige operative Angler-Philosophie – möglichst viel zu angeln – durch die weitsichtigere strategische Philosophie ersetzt, sich in den fischreichsten Gewässern zu tummeln. Was nützt aber diese strategische Weisheit in Zeiten, in denen die wenigen fischreichen Gewässer überfischt und die grossen Fischschwärme rar geworden sind? Dann wird es Zeit, sich Fragen nach dem Wozu und dem Wohin zu stellen.«
>
> W. Hinder

---

* Die Dimensionen strategischer Programme werden auf meinen Vorschlag hin von den Kollegen Walter Krieg und Hans Siegwart, die dabei von Michael Blankenagel unterstützt wurden, weiter ausgeformt. Dieses Kapitel wird von den Autoren demnächst in einer eigenständigen Schrift in dieser Reihe veröffentlicht werden.

Die wettbewerbsorientierte Konzentration der Kräfte führt zur Entwicklung bestimmter *Kernfähigkeiten* einer Unternehmung, die sich synthetisch aus dem Zusammenspiel verschiedener Ressourcen im Laufe ihrer Entwicklung herausbilden. Auf höherer synthetischer Ebene lassen sich aus verschiedenen Kernfähigkeiten einer Unternehmung Potentiale entwickeln, die über eine längere zeitliche Strecke hinweg, zum eigenen wirtschaftlichen Vorteil genutzt werden können. Für derartige Kombinationen von Kernfähigkeiten hat Aloys Gälweiler den Begriff des »*strategischen Erfolgspotentials*« geprägt (Gälweiler = Unternehmungsplanung = 26ff.). Während Gälweiler dabei vor allem an Produkt-Markt-Kombinationen dachte, sieht Cuno Pümpin in seinem Begriff »*strategische Erfolgsposition*« die Aktualisierung des Potentials und die daraus resultierende Position relativ zum Wettbewerb. Er stellt ein Konstrukt dar, um eine in einer Unternehmung durch den Erwerb von Fähigkeiten bewusst geschaffene Voraussetzung abzubilden, »die es der Unternehmung erlaubt, im Vergleich zur Konkurrenz überdurchschnittliche Ergebnisse zu erzielen« (Pümpin = Erfolgspositionen = 34). Dazu ist es erforderlich, dass diese

- vom Wettbewerb nicht ohne weiteres kopierbar sind,
- für die zukünftige Umwelt- und Marktsituation bedeutsam sind, um
- den langfristigen Erfolg sichern zu können.

> Bei einer Strategischen Erfolgsposition handelt es sich um eine in einer Unternehmung durch den Aufbau von wichtigen und dominierenden Fähigkeiten bewusst geschaffene Voraussetzung, die es dieser Unternehmung erlaubt, im Vergleich zur Konkurrenz langfristig überdurchschnittliche Ergebnisse zu erzielen (Pümpin = Erfolgspositionen = 34).

In der hier vertretenen Terminologie bilden die strategischen Erfolgs*potentiale* durch ihre Nutzung von *Kernfähigkeiten* einer Unternehmung die Voraussetzung dafür, dass strategische Erfolgs*positionen* gegenüber dem Wettbewerb errungen werden können.

4.2.1 Dimensionen strategischer Programme

Eine unternehmungspolitische Ausrichtung auf umweltorientierte Zwecke bedarf der Konkretisierung durch spezifische *Ziele* und *Massnahmen*, die zu ihrer Verwirklichung dienen. Sie dienen der Bereitstellung kanalisierender *Organisationsstrukturen* und *Managementsysteme* und beziehen das *Problemverhalten* ihrer Träger ein. Darüber hinaus bilden die Ziele und Massnahmen durch ihren Aufforderungscharakter, ganz bestimmte Wege zur Verwirklichung der Unternehmenspolitik zu beschreiben – die *strategischen Programme* –, wesentliche Segmente strategischer Unternehmungsführung.

Abbildung 4.2
Muster einer Dimensionierung strategischer Programme

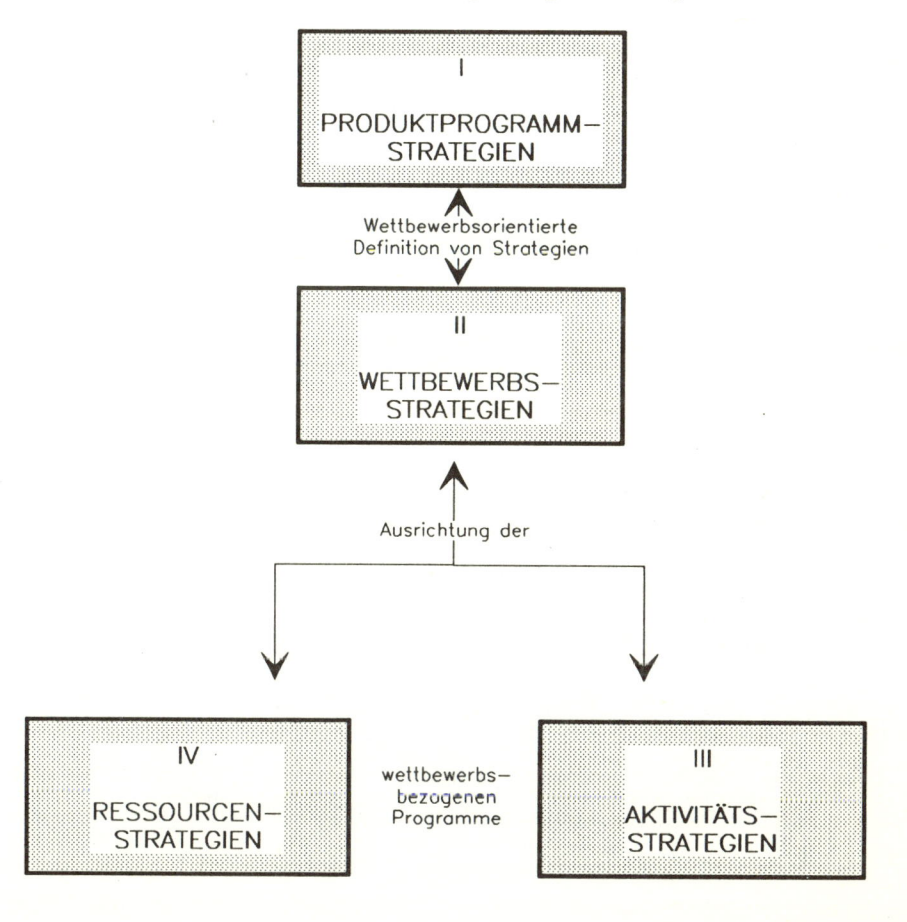

```
              ┌─────────────────────┐
              │          I          │
              │   PRODUKTPROGRAMM-  │
              │      STRATEGIEN     │
              └─────────────────────┘
                        ↑↓
               Wettbewerbsorientierte
               Definition von Strategien
              ┌─────────────────────┐
              │          II         │
              │     WETTBEWERBS-    │
              │      STRATEGIEN     │
              └─────────────────────┘
                        ↑
                   Ausrichtung der
          ┌─────────────┴─────────────┐
          ↓                           ↓
┌──────────────────┐  wettbewerbs-  ┌──────────────────┐
│        IV        │   bezogenen    │        III       │
│   RESSOURCEN-    │   Programme    │    AKTIVITÄTS-   │
│    STRATEGIEN    │                │    STRATEGIEN    │
└──────────────────┘                └──────────────────┘
```

Aus den Normen der Unternehmungspolitik sind zukunftsorientierte Perspektiven für die Unternehmungsentwicklung abzuleiten. Auf der Grundlage der Harmonisation strategischer Konzepte mit der organisatorischen Strukturierung und Systemgestaltung sowie der strategischen Entwicklung des Problemverhaltens wird die *Veränderung strategischer Erfolgspotentiale* zum Inhalt einer strategischen Unternehmungsführung.

Die Aufforderung zum strategischen Denken und Handeln, die von der Unternehmungspolitik normativ auf die strategische Dimension ausstrahlt, hat sich in vier Bereichen zu konkretisieren, den

- Produkten
- Aktivitäts-(Wertschöpfungs-)ketten
- dem Wettbewerbsverhalten, sowie den
- Ressourcen.

Der Gesamtzusammenhang der vier Gestaltungsfelder strategischer Programme wird in Abb. 4.2 auf Seite 201 dargestellt.

Zur Definition strategischer Programme bedarf es eines *Dimensionierungsrasters*, das die wesentlichen Aspekte einer strategischen Wahl vorprägt. Je nach vorliegenden kontextualen und situativen Erfordernissen ist in ihm eine Skalierung und Profilierung erwünschter Ausprägungen vorzunehmen.

Tabelle 4.2
Dimensionen strategischer Programme

I. *Produktprogrammstrategien*

  1. Strategien enger oder breiter Leistungsangebote
  2. Standardisierte vs. individuelle Problemlösungen

II. *Wettbewerbsstrategien*

  3. Defensives vs. offensives Strategieverhalten
  4. Imitatives vs. innovatives Strategieverhalten

III. *Aktivitätsstrategien*

  5. Kostenorientierte Rationalisierung vs. nutzenorientierte Optimierung

6. Wertschöpfungsautarkie vs. Wertschöpfungsverbund

IV. *Ressourcenstrategien*

7. Starres vs. flexibles Einsatzpotential
8. Spezialisiertes vs. universelles Leistungsspektrum

Folgende strategische Programme und Missionen lassen sich unterscheiden:

I. Produktprogrammstrategien

1. Strategien enger oder breiter Leistungsangebote: Bei Unternehmungen, die mit ihrem Leistungsangebot mehrere Produkt-/Marktsegmente bedienen, ergibt sich die grundlegende strategische Entscheidung über das Gewicht, das einzelnen Geschäftsfeldern im Laufe ihrer Entwicklung einzuräumen ist.

»*Die Gesamt- oder Unternehmungsstrategie, die ... die Art und Richtung der Unternehmungsentwicklung festlegt, bestimmt im einzelnen*
a) *in welchen Märkten, Marktsegmenten oder Marktnischen die Unternehmung aus welchen Gründen tätig sein will, und*
b) *wie die Gesamtheit der strategischen Geschäftseinheiten, die in den unter (1) definierten Märkten, Marktsegmenten und Marktnischen operieren, zu führen sind...*« (Hinterhuber = Unternehmungsführung I = 162).

Als Hilfsmittel für die Beurteilung des Ist-Programms und zur Entwicklung eines Soll-Programms für einzelne Geschäftsfelder wurden die *Portfolio-Analysen* entwickelt.

Sie stellen ein »*einfaches Hilfsmittel zur Beurteilung der Absatzmarktentwicklung, der Unternehmungsposition und zur Ableitung von Hinweisen für die Entwicklungsstrategien einer Unternehmung (dar) ... In jedem Fall trägt die Beschäftigung mit Portfolios dazu bei, die Diskussion von Führungs- und Stabskräften, sowie auch von internen und externen Experten unterschiedlichster Aufgabenbereiche und Ausbildung anzuregen. Dies sollte es letztlich erleichtern, möglichst zahlreiche Hinweise für potentielle Wachstums-, Schrumpfungs- und Umstrukturierungsstrategien zu erhalten und entsprechend berücksichtigen zu können*« (Hahn = Entwicklungstendenzen = 12f.).

Die Abb. 4.3 zeigt diesen Zusammenhang im Überblick.

Abbildung 4.3
Dynamisches Portfolio Marktentwicklung und Unternehmungsposition
(Hahn = Entwicklungstendenzen = 14)

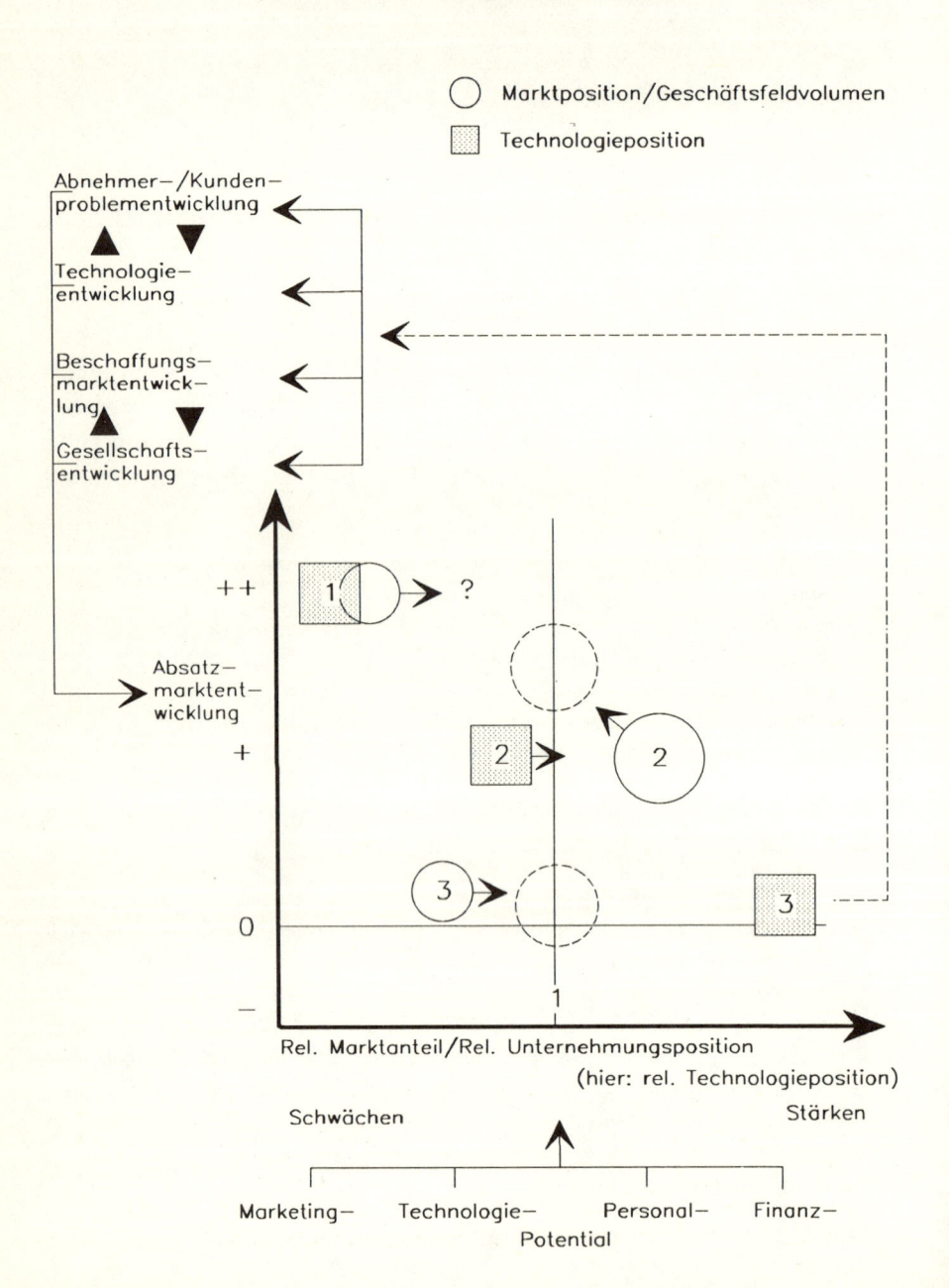

Strategien eines engen oder breiten Leistungsangebots lassen sich danach unterscheiden, ob sie vom Gedanken der *Konzentration* oder *Dispersion* in vielfältigen Marktsegmenten getragen sind.

Die konsequente Anwendung des strategischen Prinzips der Kräftekonzentration zielt zusammen mit dem Streben, »*economies of scale*« in der Fertigung und Distribution von Gütern oder der Bereitstellung von Dienstleistungen zu erreichen, auf ein enges Leistungsangebot der Unternehmung. Allerdings kann sich ein solch enges Produktprogramm im Laufe der Entwicklung einer Unternehmung auch durch deren nachlassende Innovationsfähigkeit quasi gezwungenermassen ergeben. Demgegenüber kann man versuchen, dem Trend zu vielfältigen Kundenbedürfnissen und einer Zersplitterung der Massenmärkte durch die Bereitstellung eines umfassenden Leistungsangebotes und die Breite des Leistungsspektrums zu entsprechen. In ihrer historischen Entwicklung hat sich eine Produktprogrammstrategie breiter Leistungsangebote sehr oft aus der Beherrschung einer bestimmten »Kern«technologie ergeben, die sich im Verlaufe der Unternehmungsentwicklung als nucleus für die Entstehung einer breiten Produktpalette erwiesen hat.

2. *Standardisierte vs. individuelle Problemlösungen:* In engem Zusammenhang mit der Breite des Leistungsspektrums steht die strategische Entscheidung, inwieweit bei der Leistungserstellung auf individuelle Kundenbedürfnisse oder -probleme eingegangen wird. Dies kann sich in den Extremen einer einzelfallspezifischen Problemlösung oder einer standardisierten Leistung, bei welcher die Leistungsspezifikation über längere Zeit und eine grosse Zahl von Kunden konstant bleibt, vollziehen. Während sich früher materielle Güter generell durch ein hohes Mass an Standardisierung und immaterielle Dienstleistungen durch eine starke individuelle Prägung kennzeichnen liessen, so scheint sich dieses Verhältnis nunmehr anzugleichen: Flexible Fertigungstechnologien erlauben die Herstellung individualisierter Produkte für spezielle Problemlösungen, während sich im Dienstleistungsbereich eine zunehmende Standardisierung einzelner Leistungsbestandteile abzeichnet. Im Mittelfeld dieses Kontinuums zwischen Standardisierung und Individualisierung liegen Massenprodukte, die durch spezielle Beratungs- oder andere Dienstleistungen »individualisiert« werden.

In der Verbindung beider Dimensionen einer Produktprogrammstrategie lassen sich zwei extreme typologische Muster gegenüberstellen:

standardisiertes Massenprogramm *und*

individuelles Nischenprogramm

Abbildung 4.4
Produktprogrammstrategien

①
- Abdeckung eines breiten Leistungsangebotes, das alle denkbaren Bedürfnisse einer Kundengruppe abdeckt
- Sortimentsbreite als Anreiz für den Kundenkontakt
- Getragen vom Gedanken der Dispersion auf eine Vielzahl von Marktsegmenten und der "economies of scope"

- Konzentration auf einzelne Leistungsangebote im Rahmen eines umfassenderen Sortiments
- Herausragende Kompetenz beim gewählten Programmschwerpunkt als Anreiz für den Kundenkontakt
- Getragen vom Gedanken der Konzentration auf einzelne Marktsegmenten und der "economies of scale"

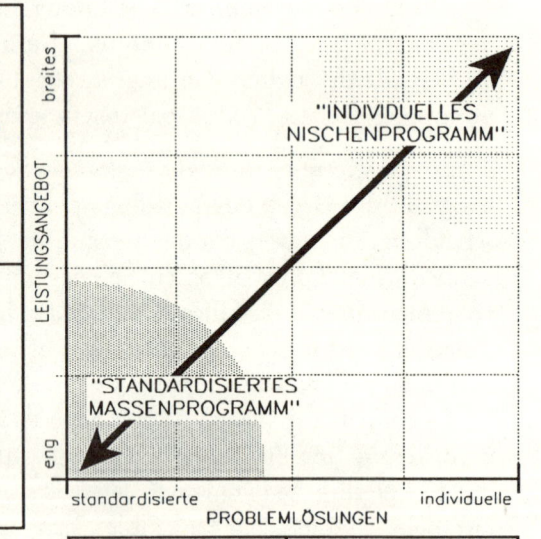

(Diagramm: LEISTUNGSANGEBOT (eng/breites) vs. PROBLEMLÖSUNGEN (standardisierte/individuelle); "STANDARDISIERTES MASSENPROGRAMM" unten links, "INDIVIDUELLES NISCHENPROGRAMM" oben rechts)

②
- Die Marktleistungsgestaltung wird exakt festgelegt und muss den Bedürfnissen einer Vielzahl von Kunden genügen
- Durch die Standardisierung erhofft man sich Vorteile im Preiskampf

- Die Marktleistungsgestaltung orientiert sich einzelfallspezifisch an individuellen Kundenbedürfnissen
- Durch die Individualisierung wird ein akquisitorisches Potential geschaffen, das vom Preisdruck befreit

II. Wettbewerbsstrategien

Zweifelsohne lassen sich alle der in diesem Kapitel vorgestellten Dimensionen strategischer Programme unter dem Sammelbegriff »Wettbewerbsstrategien« subsumieren, haben sie doch alle letztlich zum Zweck, einen Wettbewerbsvorteil zu erlangen. Im folgenden soll dieser Begriff im Sinne von »Verhalten der Unternehmung im Wettbewerb« konkretisiert werden.

3. Defensives vs. offensives Strategieverhalten: Abwehrende, *defensive* Strategien können durch ein reaktives, retrospektives Verhalten im Wettbewerb beschrieben werden: Reaktiv, weil man sich an den Wettbewerbsvorteilen der Konkurrenz orientiert und diese zu kopieren versucht, und retrospektiv, weil man auch unter zunehmendem Wettbewerbsdruck an bisher erfolgreichen Verhaltensweisen oder Wettbewerbsvorteilen festhält und nicht bereit ist, diese aufzugeben. Eine gewisse Angst vor »übermächtigen Konkurrenten« oder die Altlast vergangener Erfolge der Unternehmung verzerren dabei die Perzeption des Marktes, dessen Veränderungen dadurch unter Umständen sogar negiert werden.

Kennzeichnend für ein *offensives* Wettbewerbsverhalten, das in diesem Zusammenhang keineswegs mit »feindselig« gleichgesetzt werden darf und insbesondere Unternehmungen in frühen Phasen der Entwicklung eigen zu sein scheint, ist ein im Vergleich zur Konkurrenz aktives, prospektives Verhalten: Man ist nicht gewillt, festgefahrene Wettbewerbsstrukturen zu akzeptieren, stellt diese in Frage, indem beispielsweise Märkte neu definiert werden und sucht ständig nach neuen Möglichkeiten sich von den Konkurrenten zu differenzieren.

4. Imitatives vs. innovatives Strategieverhalten: Wesentliche Unterschiede lassen sich zwischen den erstrebten Rollen des Markt*»followers«*, der sich durch Imitationen dem Marktverhalten des Pioniers anpasst, und des Markt*»leaders«*, der durch seine Innovationen die Wettbewerbsstruktur massgeblich prägt, ausmachen. Dem Vorteil einer innovativen »leader«-Unternehmung, einen strukturellen Abstand gegenüber den Wettbewerbern zu erreichen, steht das geringe Risiko des Markt»followers« bei der Leistungsentwicklung und Markteinführung gegenüber.

Werden beide Dimensionen wiederum miteinander kombiniert, ergeben sich zwei typische Muster von Wettbewerbsstrategien (Abb. 4.5), das

> *des defensiven, auf Sicherheit durch Imitation der Leistungen des Markt»leaders« bauenden* **Konformisten** *und das*

> *des offensiven, auf Wettbewerbsvorteile durch Marktinnovationen zielenden* **Pioniers.**

Abbildung 4.5
Wettbewerbsstrategien

- Das Wettbewerbsverhalten der Unternehmung ist aktiv, da Wettbewerbsstrukturen und Marktdefinitionen laufend in Frage gestellt werden

- Das Wettbewerbsverhalten ist prospektiv, da auch bisher erfolgreiche Wettbewerbsvorteile aufgegeben werden, wenn es darum geht, neue Möglichkeiten zu finden, sich von der Konkurrenz zu differenzieren

- Das Verhalten der Unternehmung im Wettbewerb ist reaktiv, da man sich an den Wettbewerbsvorteilen der Konkurrenz orientiert und diese zu kopieren versucht

- Das Wettbewerbsverhalten ist in dem Sinne retrospektiv, dass es sich stark nach bisher erfolgreichen Verhaltensweisen oder Wettbewerbsvorteilen richtet und auch unter zunehmenden Wettbewerbsdruck an diesen festhält

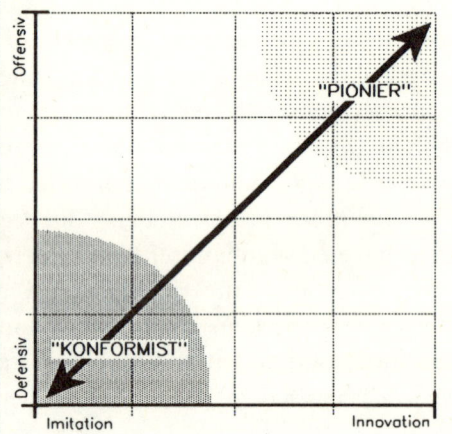

③

④

- Man glaubt sich in einer Wettbewerbsposition des Markt-"followers" besser aufgehoben. Dies verlangt weniger Intensität in der Inanspruchnahme knapper Ressourcen, erscheint weniger riskant, weil man alle Fehler des Marktführers vermeiden und alle positiven Strategien nachahmen kann

- Die Pionierkosten der Leistungsentwicklung und Markteinführung können durch Nachahmung des Marktführers gesenkt werden, was allerdings durch teilweise höhere Kosten der Leistungserstellung bei geringerem Leistungsumfang gegenüber dem Marktführer teilweise kompensiert wird

- Durch Innovationen strebt man eine Marktführerschaft an, um auf diesem Wege Autonomie für das eigene Wettbewerbsverhalten zu gewinnen

- Die Innovationsstrategie wird als eine Strategie gesehen, um über niedrigere Kosten (Erfahrungskurve) einen preisstrukturellen Abstand gegenüber den Wettbewerbern sicherzustellen

Dabei lässt sich zwischen diesen Mustern ein weiterer Unterschied hinsichtlich des Markt*eintritts-* und *-austritts*verhaltens ausmachen: So wird der Pionier in neue Märkte zu einem frühen Zeitpunkt, dann, wenn sich das »window of opportunity« gerade erst auftut, eintreten. Er wird Märkte bei Sättigungserscheinungen auch schnell wieder verlassen, während der Konformist hier ein gewisses zeitverzögertes Eintritts- und Austrittsverhalten aufweist. Sucht man nach den Gründen für das Trägheitsmoment im Ein-/Austrittsverhalten des Konformisten bzw. der Dynamik dieses Verhaltens beim Pionier, so bieten die kulturelle Prägung und unternehmungspolitische Vorgaben eine gute Erklärung, indem eine ausgeprägte Chancenorientierung und die Bereitschaft, ein kalkuliertes Risiko einzugehen, beispielsweise das Pionierverhalten beim Markteintritt unterstützen. Neben diesen internen Gründen treten aber auch externe Marktbedingungen in Form von Marktschranken (hohe Investitionen in notwendige Produktionspotentiale, Aufwendungen für Marktbearbeitung etc.), die sowohl als Markteintrittsschranke, wie auch als Marktaustrittsschranke wirken können. So wird beispielsweise der Konformist angesichts hoher notwendiger Investitionen in den Produktionsstock vor einem Markteintritt zu einem frühen Zeitpunkt zurückschrecken, da ihm das Risiko zu hoch und die Marktentwicklung zu ungewiss erscheinen. Gleichzeitig sind es dann genau diese Investitionen, die den Konformisten an einem frühen Marktaustritt hindern, da die kurze Verweildauer im Markt eine Amortisation der Anlagen noch nicht zugelassen hat.

III. Aktivitätsstrategien

In jeder Unternehmung gibt es eine unterschiedlich strukturierte und tiefe »*Wertschöpfungskette*« der funktionalen Verrichtungen (»business system«), die schliesslich zum Leistungsangebot am Markt führen. Abb. 4.6 zeigt eine derartige Aktivitätsfolge.

Im Rahmen einer strategischen Gestaltung der Wertschöpfungskette stellt sich wiederum die Frage nach den relativen Stärken und Schwächen, die sich mit den einzelnen Funktionen und ihren Teilstufen gegenüber dem Wettbewerb verbinden. Nicht immer macht es ökonomisch Sinn, alle Aktivitäten in eigener Hand zu haben, was ja auch grundsätzlich gegen das Konzentrationsprinzip strategischer Unternehmungsführung verstösst. Im einzelnen lassen sich bei der strategischen Gestaltung der Wertschöpfungskette zwei wesentliche Fragestellungen einer Dimensionierung unterscheiden:

Abbildung 4.6
Die Wertschöpfungskette

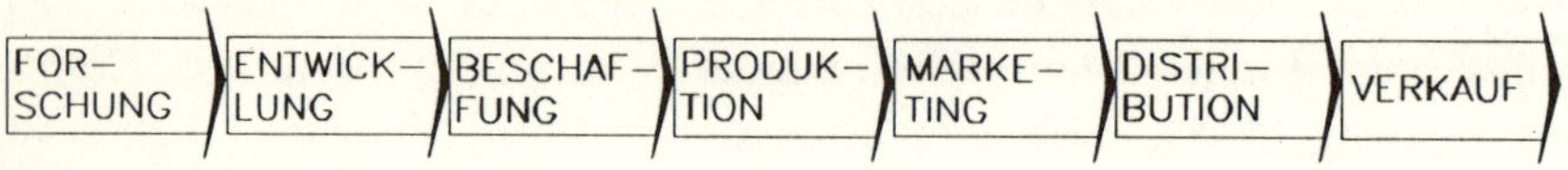

FOR-SCHUNG	ENTWICK-LUNG	BESCHAF-FUNG	PRODUK-TION	MARKE-TING	DISTRI-BUTION	VERKAUF

WICHTIGSTE PUNKTE:

♦ Patente	♦ Funktion	♦ Bezugsquellen	♦ Integration	♦ Preis	♦ Kanäle	♦ Garantie
♦ Produktionsprozess	♦ physische Charakteristika	♦ Second Sourcing	♦ Technologie	♦ Werbung	♦ Integration	♦ gebunden/ungebunden
♦ eigene Forschung vs. Fremdkauf	♦ Ästhetik	♦ Zuliefersysteme	♦ Kapazität	♦ Aussendienst	♦ Lagerhaltung	♦ Preise
	♦ Qualität	♦ Just in Time	♦ Standort	♦ Verpackung	♦ Transport	♦ Liefergeschwindigkeit
				♦ Markenpolitik		

5. Kostenorientierte Rationalisierung vs. kundennutzenorienterte Optimierung: Der Unterschied zwischen diesen beiden Ausprägungen lässt sich am besten anhand der jeweiligen Leitfrage ausmachen, die einer Planung der Wertschöpfungskette zugrundeliegt. Fragt man bei der *kosten*orientierten Rationalisierung

»*Wie gestalten wir die Aktivitätskette, um eine bestimmte Leistung mit minimalen Kosten zu erstellen?«*,

stellt sich diese bei der *bedürfnis*orientierten Optimierung folgendermassen:

»*Wie gestalten wir die Aktivitätskette, um mit einer bestimmten Leistung die damit gestiftete Befriedigung der Bedürfnisse unserer Marktpartner zu maximieren?«*.

Während auf der einen Seite die Aktivitätskette systematisch nach Rationalisierungspotentialen durchforstet wird, um eine Kostensenkung bei der Erbringung der Marktleistung zu erreichen, werden auf der anderen Seite alle Wertschöpfungsaktivitäten mit Blick auf eine zusätzliche Befriedigung der Bedürfnisse bei den relevanten Marktpartnern durchleuchtet.

6. *Wertschöpfungsautarkie vs. Wertschöpfungsverbund:* Im Vordergrund einer Strategie, die eine Wertschöpfungs*autarkie* zu erreichen versucht, steht die Fokussierung auf eine bestmögliche Beherrschung einer Vielzahl verschiedener Aktivitäten innerhalb der eigenen Wertschöpfungskette, um durch die Ausnutzung aller internen Synergiepotentiale Wettbewerbsvorteile zu erzielen. Eine ausgeprägte Wertschöpfungstiefe ist charakteristisch für diese Strategie, die gegebenenfalls durch Massnahmen der Vorwärts- oder Rückwärtsintegration noch gesteigert wird.

Hingegen wird eine Strategie des Wertschöpfungs*verbundes* von der konsequenten Umsetzung des strategischen Grundsatzes der Konzentration der Kräfte geleitet. Die Führungsgruppe weiss, dass nicht bei allen Aktivitäten der Wertschöpfungskette gegenüber der Konkurrenz und gegenüber Lieferanten ein Wettbewerbsvorteil erzielt werden kann. Deshalb konzentriert sich die Unternehmung auf bestimmte Kernfähigkeiten, die »*centers of excellence*«. Damit einher geht eine wesentliche Komplexitätsentlastung durch die Vergabe einzelner Aktivitäten nach aussen (out-sourcing).

In zusammengefasster Form ergeben sich zwei *typologische Grundmuster* der Aktivitätsstrategien (s. Abb. 4.7), die ein

> **internes Synergiepotential** *innerhalb der eigenen Aktivitäten, oder ein*

> **externes Synergiepotential** *mit Kunden und Lieferanten nutzen wollen.*

Abbildung 4.7
Aktivitätsstrategien

- Alle Wertschöpfungsaktivitäten werden durchleuchtet mit dem Ziel, die Befriedigung der Bedürfnisse bei den Marktpartnern zu erhöhen
- Die Bereitschaft, die eingesetzten Potentiale (inkl. F&E Investitionen) auch kurzfristig auszutauschen, wenn daraus eine Steigerung der Bedürfnisbefriedigung resultiert, bringt innovative Marktleistungen hervor

- Alle Wertschöpfungsaktivitäten werden analysiert, um über eine Rationalisierung Kostensenkungen zu erreichen
- Das ausgeprägte Kostenbewusstsein fordert eine lange Nutzungsdauer der eingesetzten Potentiale (inkl. F&E-Investitionen), was Marktleistungen mit geringem Innovationsgrad entstehen lässt

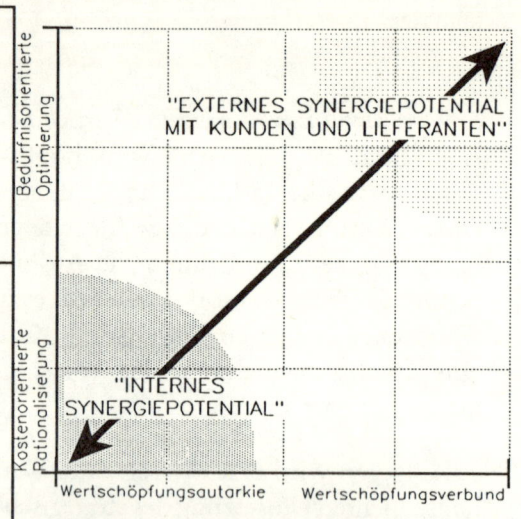

⑤

Bedürfnisorientierte Optimierung
Kostenorientierte Rationalisierung

"EXTERNES SYNERGIEPOTENTIAL MIT KUNDEN UND LIEFERANTEN"

"INTERNES SYNERGIEPOTENTIAL"

Wertschöpfungsautarkie — Wertschöpfungsverbund

⑥

- Alle wesentlichen Aktivitäten werden in eigener Regie vollzogen: Wettbewerbsvorteile sollen durch eine möglichst grosse Wertschöpfungstiefe, die u.U. durch eine Strategie der Rückwärts- oder Vorwärtsintegration noch gesteigert wird, aufgebaut werden
- Hohe Kapitalbindung in Sachmitteln und entsprechende Personalkosten, aber Sicherheit durch Beherrschung innerhalb des eigenen Systems

- Der strategische Focus richtet sich auf einige ausgewählte Aktivitäten der Wertschöpfungskette (Centers of Excellence), die gegenüber Wettbewerbern und Zulieferanten entweder Kosten- oder Differenzierungsvorteile versprechen
- Komplexitätsentlastung durch Vergabe einzelner Aktivitäten nach aussen (outsourcing), aber Abhängigkeit von Zuverlässigkeit der Lieferanten oder Leistungsbeitragenden

IV. Ressourcenstrategien

Im Mittelpunkt dieser Dimension stehen die Art und Weise des Ressourceneinsatzes und die Einsatzmöglichkeiten der unternehmungsinternen Leistungspotentiale (Sach- und Finanzpotentiale), wobei die Humanpotentiale vorerst von der Betrachtung ausgeklammert bleiben sollen, um sie auf S. 255 ff. näher zu umschreiben.

7. *Starres vs. flexibles Einsatzspektrum:* Die meist von finanziellen Überlegungen getragene Maxime der »Vollauslastung der Leistungspotentiale«, wonach beispielsweise die Fertigungspotentiale möglichst gleichmässig nahe ihrer Kapazitätsgrenze genutzt werden sollen, zwingt dazu, den Einsatz aller Potentiale mittels exakter Pläne genau vorherzubestimmen. Sie führt tendenziell zu einem *starren* Einsatzspektrum von Leistungspotentialen. Etwaige überschüssige Kapazitäten, die eine bessere Flexibilität hinsichtlich unvorhergesehener Ereignisse erlauben würden, werden innerhalb dieser Strategie eines starren Einsatzspektrums lediglich als Ausdruck schlechter Ressourcenplanung erachtet.

Demgegenüber erfolgt bei einer Strategie des *flexiblen* Einsatzspektrums die Zuordnung der Ressourcen lediglich in groben Rahmenplänen, während der konkrete Einsatz kurzfristig und situationsspezifisch festgelegt wird. Vorrang hat bei dieser Planung eine grösstmögliche Flexibilität der Potentiale hinsichtlich ihres Einsatzes, weshalb teilweise auch Überkapazitäten in Kauf genommen werden.

8. *Spezialisiertes vs. universelles Leistungsspektrum:* Bei einer Strategie des spezialisierten Leistungsspektrums der Ressourcen werden Potentiale genutzt, die zwar innerhalb eines eng umschriebenen Anwendungsgebietes höchst effizient sind, dafür jedoch hinsichtlich der Anpassungsfähigkeit gegenüber neuen Leistungsanforderungen Nachteile aufweisen. Diese geringe Adaptionsfähigkeit der Potentiale zeigt sich beispielsweise bei Finanzpotentialen in einer langen Bindungsdauer der Finanzanlagen und in Sachpotentialen in langen Rüst- und Amortisationszeiten.

Hingegen steht bei einer Ressourcenstrategie *universeller* Leistungsspektren eben diese Anpassungsfähigkeit der Potentiale gegenüber veränderten Leistungserfordernissen im Vordergrund. Bei Fertigungsanlagen wird deshalb dem generellen, breiten Einsatzgebiet höchste Priorität eingeräumt, welches eine Voraussetzung zur Erzielung von »economies of scope« darstellt, während bei Finanzanlagen z. B. grosse Beträge als »Kriegskasse« gehalten werden, die zwar niedriger rentieren, dafür jedoch sofort einsetzbar sind, wenn sich kurzfristig erfolgversprechende Investitionsmöglichkeiten auftun.

Somit lassen sich bei den Ressourcenstrategien zwei typologische Extrema gegenüberstellen (vgl. Abb. 4.8), eine Strategie der

> **deterministischen Ressourcenzuordnung** *sowie*

> *der* **nutzungsoffenen Ressourcenvorhaltung**

Abbildung 4.8
Ressourcenstrategien

⑦
- Die Zuordnung der Ressourcen erfolgt in groben Rahmenplänen: Der konkrete Einsatz der Ressourcen wird variabel festgelegt
- Beim Einsatz der Ressourcen wird der Flexibilität (z.B. in Form von Lieferbereitschaft) Vorrang eingeräumt, weshalb gegebenfalls Überkapazitäten in Kauf genommen werden
- Der Einsatz der Sach- und Finanzpotentiale ist aufgrund genauer Pläne exakt determiniert
- Der Einsatz der Ressourcen erfolgt dergestalt, dass eine möglichst gleichmässige, auf den Bedarf abgestimmte Vollauslastung angestrebt wird

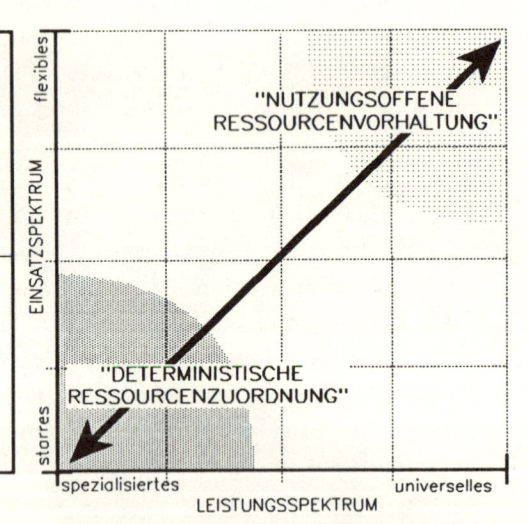

"NUTZUNGSOFFENE RESSOURCENVORHALTUNG"

"DETERMINISTISCHE RESSOURCENZUORDNUNG"

EINSATZSPEKTRUM: starres — flexibles
LEISTUNGSSPEKTRUM: spezialisiertes — universelles

⑧
- Hochspezialisierte Leistungspotentiale erlauben eine effiziente Fertigung, zu Lasten der Anpassungsfähigkeit gegenüber neuen Leistungsprogrammen
- Aufgrund langer Rüst- und Amortisationszeiten spielen "economies of scale" eine bedeutende Rolle
- Flexible, universell einsetzbare Leistungspotentiale garantieren eine hohe Anpassungsfähigkeit gegenüber veränderten Leistungserfordernissen
- Da die Rüstzeiten dieser flexiblen Anlagen minimal sind, spielen "economies of scale" eine untergeordnete Rolle

4.2.2 Die Dimensionierung strategischer Programme im Spannungsfeld von Stabilisierung und Veränderung

Wird das Strategieprofil auf Unternehmungsebene in allen vier Dimensionen betrachtet, zeigen sich die beiden typologischen Muster *stabilisierender* und *verändernder* Strategien, welche die von der Unternehmungsverfassung und Unternehmungskultur getragene Unternehmungspolitik strategisch konkretisieren (s. Abb. 4.9) (Zur Harmonisierung der opportunistischen bzw. verpflichtenden Ausprägung der normativen Ebene mit der stabilisierenden bzw. verändernden Orientierung der strategischen Ebene s. S. 284ff.)

> **Typ C: Stabilisierende Programmstrategien**
>
> Bei einer *stabilisierenden* Vorgabe ergibt sich im Innenkreis einer Profildarstellung eine Kombination von standardisiertem Massenprogramm bei den Produktprogrammstrategien, einer nach internen Synergiepotentialen strebenden Aktivitätsstrategie, einer »konformistischen« Wettbewerbsstrategie und einer deterministischen Ressourcenzuordnung.
>
> **Typ D: Verändernde Programmstrategien**
>
> Eine *verändernde* Strategie im Aussenkreis der Profildarstellung liesse sich mit dem Vertrauen in die eigene Leistungsfähigkeit und der ständigen Wahrnehmung von neuen »windows of opportunities« beschreiben. Die Unternehmung möchte als Marktpionier wie auch als Löser von vor allem komplexeren Problemen des Kunden anerkannt werden. Hierzu sind umfassende Leistungsangebote vonnöten, etwa im Sinne von »turnkey«-Projekten, welche die eigene Leistungsfähigkeit unter vor allem produkt- und prozess-technischen Gesichtspunkten unter Beweis stellen. Dem Bestreben, das technisch Machbare ständig über neue Grenzen hinaus vorzuschieben und die Früchte dieser Veränderung dem Kunden als Innovation zukommen zu lassen, ent-

spricht es, eine nutzungsoffene Ressourcenvorhaltung zu betreiben und im Rahmen der Aktivitätsstrategien ein externes Synergiepotential mit Kunden und Lieferanten anzustreben.

Abbildung 4.9
Profil der strategischen Programme

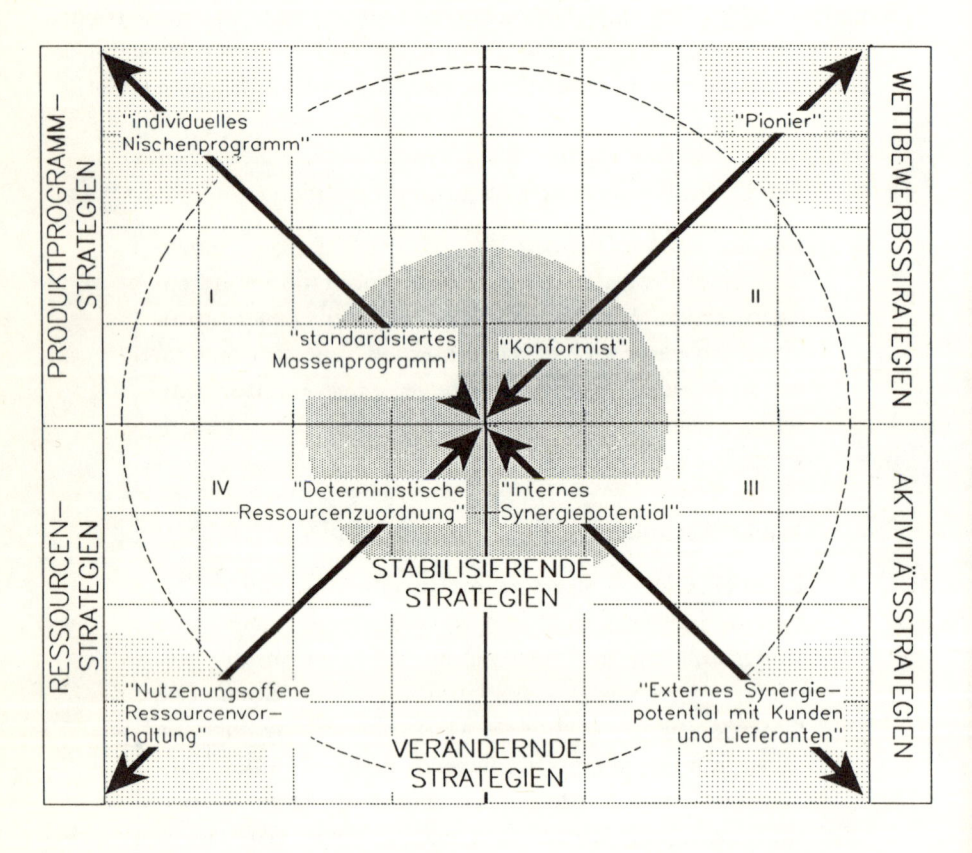

4.2.3 Differenzierung und Konkretisierung der Unternehmungs- und Geschäftsfeldstrategien

Während es Aufgabe der *Unternehmungs*strategien ist, ein Profil für die Umsetzung der Unternehmungspolitik zu vermitteln, stellen die *Geschäfts-*

feldstrategien im Sinne des Rekursionsprinzips eine weitere *Konkretisierung* und *Differenzierung* der Unternehmungsstrategien dar. Letztere sind dabei weit stärker von *kontextualen* Gegebenheiten im Markt (Kunden- und Wettbewerbsverhalten) und bei Technologien wie auch von *situativen* Entwicklungen geprägt. Die Unternehmungsstrategie muss daher einen weiten Rahmen aufspannen, in dem sich unterschiedliche Geschäftsfeldstrategien entfalten können, die in ihrer Entwicklung wiederum auf die Ausprägung der Unternehmungsstrategie zurückwirken. Das Mass der *Streubreite* zwischen einzelnen Geschäftsfeldstrategien wird dabei von Unternehmung zu Unternehmung sehr unterschiedlich ausfallen. Es ist jedoch im Sinne der typologischen Prägung von *stabilisierenden* und *verändernden* Strategien anzunehmen, dass sich im Fall der ersteren das Differenzierungsmuster eher als *eng* und im Fall der letzteren eher als *breit* erweist. Gilt es doch bei einer stabilisierenden Strategie eine Konzentration auf die Eigenleistung zu erreichen, die einen stärkeren Potential- und Aktivitätsfokus verlangt, während es bei einer auf Veränderungen zielenden Strategie um den Einbezug sich entwickelnder, differenzierter Nutzenvorstellungen einer vielgestalteten Umwelt geht.

Zitierte Literatur zu Kapitel 4.1 und 4.2

Ansoff, H. I.: – Planning Systems –
 The State of Practice in Planning Systems. In: Sloan Management Review (2/1977), S. 1–24.
Ansoff, H. I. – Surprise –
 Managing Surprise and Discontinuity – Strategic Response to Weak Signals. In: Zeitschrift für betriebswirtschaftliche Forschung 28 (1976), S. 129–152.
Ansoff, H. I. – Strategic Management –
 Strategic Management. New York 1979.
Bonsen, M. zur: – Prinzip –
 Prinzip der Kräftekonzentration in der Unternehmungsstrategie. Diss. St. Gallen 1985.
Clausewitz, C. v.: – Kriege –
 Vom Kriege. 18. Aufl., Bonn 1983
Cyert, R. M.; March, J. G.: – Firm –
 A Behavioral Theory of the Firm. Englewood Cliffs (N. J.) 1963.
Evan, W. R.: – Organization Set –
 The Organization-Set: Toward a Theory of Interorganizational Relations. In:

Approaches to Organizational Design, hrsg. v. J. D. Thompson. Pittsburgh 1966, S. 174–191.

Gälweiler, A.: – Unternehmensplanung –
Unternehmensplanung. Grundlagen und Praxis. Frankfurt/New York 1986.

Hahn, D.: – Entwicklungstendenzen –
Stand und Entwicklungstendenzen der strategischen Planung. In: Strategische Unternehmungsplanung – Stand und Entwicklungstendenzen der strategischen Planung, hrsg. v. D. Hahn u. B. Taylor. 4. Aufl., Heidelberg und Wien 1986, S. 3–30.

Hill, W.; Fehlbaum, R.; Ulrich, P.: – Organisationslehre I –
Organisationslehre I – Ziele, Instrumente und Bedingungen der Organisation sozialer Systeme. 4. Aufl., Bern und Stuttgart 1989.

Hinterhuber, H. H.: – Wettbewerbsstrategie –
Wettbewerbsstrategie. Berlin und New York 1982.

Hinterhuber, H. H.: – Unternehmungsführung I –
Strategische Unternehmungsführung. Band I: Strategisches Denken. 4. Aufl., Berlin und New York 1989.

Newman, W. H.; Logan, J. P.; Hegarty, W. H.: – Strategy –
Strategy, Policy, and Central Management. 9. Aufl., Cincinnati 1985.

Peacock, W. E.: – Corporate Combat –
Corporate Combat. New York und Bichester 1989.

Porter, M. E.: – Wettbewerbsstrategie –
Wettbewerbsstrategie. 5. Aufl., Frankfurt/New York 1988.

Pümpin, C.: – Erfolgspositionen –
Management strategischer Erfolgspositionen. 3. Aufl., Bern und Stuttgart 1986.

Röthig, P.: – Personalplanung –
Strategische Personalplanung im System Unternehmung. Ansätze zur Emanzipation und Perspektivenöffnung der Personalplanung im ökonomisch-technologischen, soziopolitischen System Unternehmung. Diss. Giessen 1982.

Zahn, E.: – Strategische Planung –
Strategische Planung zur Steuerung der langfristigen Unternehmensentwicklung. Grundlagen zu einer Theorie der Unternehmensplanung. Berlin 1979.

4.3 Strategien bedürfen zu ihrer Durchsetzung der Einbindung in Organisationsstrukturen und Managementsysteme*

Die strategischen Absichten einer Unternehmung müssen durch eine ihnen entsprechende Gestaltung der *Organisation* unterstützt werden. Diese Strukturen der Organisation werden dabei von *Managementsystemen* ergänzt, die prozessual das *Problem-, Leitungs- und Kooperationsverhalten* in eine vorgegebene Richtung lenken wollen.

4.3.1 Organisationsstrukturen bilden den Rahmen für strategische Programme und das Mitarbeiterverhalten

> »Therefore the role of top management is not to spot and solve problems as much as to create an organization that can spot and solve its own problems.«
>
> Robert H. Hayes

Wesen und Elemente von Organisationsstrukturen

Die Gestaltung von Organisationsstrukturen folgt weitgehend Modellvorstellungen von einer zweckgerechten Gestaltung sozialer Systeme, welche der Begrenztheit menschlicher Komplexitätsverarbeitung durch eine arbeitsteilige *Gliederung* gerecht werden und dabei die Einheitlichkeit der Zielverfolgung durch Konzepte der *Integration* ermöglichen. Da sich jedoch wesentliche Grundannahmen im Hinblick auf die ökonomische, technologische und soziale Komplexität und Dynamik in einem ständigen Wandlungsprozess befinden, müssen sich auch die Lösungskonzepte einer zweckgerechten organisatorischen Gestaltung ändern.

---

* Die Dimensionen der strategischen Strukturen und Systeme wurden auf meinen Vorschlag hin von Herrn Kollegen Peter Gomez, der dabei von Tim Zimmermann unterstützt wurde, weiter ausgeformt. Dieser Abschnitt wird demnächst in ausgebauter Form in einer eigenständigen Schrift in dieser Reihe veröffentlicht werden.

Bislang war es vor allem das *Bürokratiemodell*, das der organisatorischen Gestaltung ihr Gepräge verliehen hat. »Als die Zeit reif dafür war, machte die Industrie ganz zwangsläufig die Bürokratie zu ihrem Managementsystem, da in dieser Phase Stabilität Grundvoraussetzung für Wachstum war...« (Burns/Stalker = Innovation = 105, Ü. d. V.). Die Übertragung der bürokratischen Ranghierarchie auf Unternehmungen gestattete dem Unternehmer die Durchsetzung seines Willens von der Spitze bis zur Basis. Schriftliche, formal gebundene Kommunikation, ein strikt vertikaler Aufbau mit zentralisierten Entscheidungen an der Spitze schaffte klare Strukturen der Über- und Unterordnung und eine standardisierte Prozessgestaltung mittels hoch-arbeitsteilig differenzierter Aufgabenzuweisung. Der dieser Modellvorstellung inhärenten Tendenz zur *Überorganisation* entspricht das rationalistisch-mechanistische Menschenbild eines normierbaren »Funktionärs« und Aufgabenträgers. Unter der Dominanz der sach-gebundenen rationalistischen Systemarchitektur bildete sich eine von Misstrauen geprägte Organisation aus, welche der organisatorischen Gestaltung die Funktion eines »Lückenbüssers« und eines »Sicherheitsnetzes« für die angenommene menschliche Unzulänglichkeit zumisst: eine *Misstrauensorganisation*.

Diese Grundvorstellung ist im Laufe dieses Jahrhunderts in vielfacher Weise modifiziert worden. In letzter Zeit machen sich allerdings Gegenkonzepte bemerkbar. Bereits 1971, zu einer Zeit, in der sich ein beschleunigter Wandel abzuzeichnen begann, habe ich unter dem Stichwort der Entwicklung eines zukünftigen *systemorientierten Organisations- und Führungsmodells* auf die Notwendigkeit der Innovation von Strukturen aufmerksam gemacht (Bleicher = Perspektiven =). Peter Röthig (= Perspektiven = 311) hat es verdienstvollerweise übernommen, die damalige Prognose aus gegenwärtiger Perspektive auf den Prüfstand einer ex post-Beurteilung zu stellen. Inzwischen sind vielfältige neuartige Konzepte hinzugekommen, welche die damaligen Anklänge weiter ausgeformt, sowie Fragen der Sinnfindung und der Symbolik in Organisationen, der Selbstorganisation und Organisationsentwicklung aufgegriffen haben. Dabei lassen sich verschiedene Trends in der gegenwärtigen Gestaltung von Organisationsstrukturen herausstellen.

1. Entbürokratisierung und Personenorientiertheit der Organisationsstrukturen

Im Zuge der anstehenden Reformierung traditionell gewachsener Strukturmuster unserer Unternehmungen muss ein erster, gewichtiger Schritt zur

Entbürokratisierung der Organisation vollzogen werden. Das Kreativität, Initiative und Leistungswillen erdrückende Übermass an Regelungen sowie deren überflüssige Präzision (Regelungsoverkill) sind abzubauen. Weit tiefer setzt dagegen der Ersatz *formaler* organisatorischer Regelungen durch *informale* Strukturen an, der zu einer Veränderung im organisationskulturellen Bewusstsein führt. Zugleich ist eine Steigerung der *Regelungsqualität* angebracht, da eine alleinige Reduktion der Regelungsdichte nicht ausreicht: Die Kompetenz der Mitarbeiter zur Eigenregelung und Autonomie ist drastisch zu erhöhen (Grün = Entbürokratisierung =). Damit tritt die *implizierte* Steuerung an die Stelle explizit formulierter Vorgaben.

Letztlich führt dieses Massnahmenbündel zu einer Reduktion des Spezifikationsgrades organisatorischer Regelungen, die nur noch den rahmengebundenen Wirkungsgrad einer »lex generalis« erreichen können: Auch dann müssen wir vom gegenwärtig zumeist verfolgten Prinzip der Unsterblichkeit organisatorischer Regelungen abgehen und diesem quasi »Selbstvernichtungsknöpfe« einbauen (Grün = Entbürokratisierung =). Entbürokratisierung verlangt funktional den Systembau und die Systempflege aus einer Hand. Organisationsplanung und -kontrolle müssen mit der Gestaltung der anderen Managementsysteme abgestimmt sein, sie müssen in die Zielvereinbarungssysteme und insbesondere in die strategische Unternehmungsplanung eingegliedert sein.

Diese Massnahmen gehen mit einer stärkeren Personalorientierung von Organisationen Hand in Hand. Bei Führungspositionen vollzieht sich ein Wandel von der Organisation ad rem zu einer *Organisation ad personam*. Dies geht in einigen Unternehmungen so weit, dass die Organisation nicht nur in Abhängigkeit von der gegenwärtigen Qualifikation eines Kaders von Führungspersönlichkeiten gesehen wird, sondern auch als Mittel der Persönlichkeitsentwicklung. Den Erfolgreichen werden grössere Verantwortlichkeiten übertragen, indem ihnen weitere Abteilungen unterstellt werden. Den weniger Erfolgreichen wird die Verantwortung gekürzt, indem ihnen Abteilungen entzogen werden. Dies etwa dann, wenn mangelnde Erfahrung einer Führungskraft auf einem bestimmten Gebiet nicht etwa dazu führt, dass ihr dieser Aufgabenbereich nicht übertragen wird, sondern er ganz im Gegenteil in ihren Verantwortungsbereich einbezogen wird, damit ihr Engagement – über die Verantwortlichkeit geschärft – sie dazu zwingt, sich mit dem Unbekannten auseinanderzusetzen, zu lernen und ein eigenes Erfahrungspotential zu bilden. Nicht mehr die richtige Besetzung für eine vakante Stelle wird gesucht, sondern umgekehrt eine Ordnung von Bereichen erzielt, die situativ der Führungskraft Forderung und Entwicklungsmöglichkeit gibt.

Günstigenfalls entsteht damit eine Persönlichkeitsorientiertheit der Organisation, wenn die Führungskräfte selbst einen kooperativen Stil prägen, der auch anderen Mitarbeitern persönliche Freiräume in der Organisation einräumt. Langfristig kann auf diesem Weg unter anderem eine Unternehmungskultur geprägt werden, die ein Klima vertrauensvoller Zusammenarbeit schafft. Ungünstigenfalls wird dieser Freiraum einer persönlichkeitsorientierten Organisation zu autoritären Stilprägungen dann missbraucht, wenn Führungskräfte ihren Freiraum dazu benutzen, andere zu dominieren und ihnen die Autonomie zu nehmen. Hier fehlt das Korrektiv eines organisatorischen Sicherheitsnetzes. Seine Funktion muss teilweise durch eine intensive *Personalentwicklung* und eine bezüglich des Führungsverhaltens äusserst kritische *Personalselektion* übernommen werden. Der verbleibende – immer noch recht bedeutende – Rest an Organisation umreisst die Grenzen der Freiräume einzelner Bereiche, definiert die Form ihrer Zusammenarbeit und regelt Routineprozesse.

2. Schaffung überschaubarer, flexibler Geschäftseinheiten

Die organisatorisch bedingte Schwerfälligkeit vieler grösserer Unternehmungen in der Anpassung an technologische und marktliche Veränderungen lässt sich vor allem durch eine konsequentere *Dezentralisation* überwinden (vgl. Abb. 4.10). Sie führt zur Bildung *teilautonomer* Einheiten, die relativ selbständig bestimmte Geschäftszweige betreiben.

Die Teilautonomisierung organisatorischer Einheiten steht unter der Devise »*small is beautiful*« – also der Erkenntnis, dass Systeme über die Stärkung ihrer Feinstruktur an Elastizität gewinnen. Es werden Organisationsformen gesucht, welche das *Kreativitäts- und Innovationsklima fördern* und ein selbständiges, *unternehmerisches Denken und Handeln* der Mitarbeiter auch in grossen Unternehmungen ermöglichen sollen (vgl. Abb. 4.11). Die gesamte Unternehmung sollte dann im Extrem in ihrer Struktur nahezu völlig produkt-/marktmässig orientiert und in (relativ) selbständige, klar umrissene Produkt-/Marktsegmente aufgelöst sein, die ohne gegenseitige Verkoppelung agieren und sich ebenso ihre eigenständige logistische Kernstruktur aufbauen. Der – zumeist weltweit agierenden – Unternehmungszentrale verbleiben dann lediglich ressourcensteuernde Aufgaben im finanziellen und personellen Bereich.

Abbildung 4.10
Zentralisation und Dezentralisation

ZENTRALISATION

FÜHRUNGSPHILOSOPHIE: **KONSTUKTIVISTISCH**
("Es ist alles machbar", ein "Machen" aus der Zentrale schafft Schlagkräftigkeit und Synergie)

GEFAHREN:

- "KAMINEFFEKT": Operative Tagesfragen werden zur Spitze gesogen, die, als Schiedsinstanz überlastet, nicht zur strategischen Führung kommt.
- Einheitlichkeit und Standardisierung können zum "OVERKILL" von Regelungen führen.

Folgen: Mangelnde Anpassungsfähigkeit der Operationen an ihre besonderen Bedingungen, Verlust an Flexibilität und Innovationsfähigkeit

- Immanenter PARKINSONISMUS: Verwaltungswachstum durch zentrale Vorbehalte und Eigenabstimmung
- Operationsferne
- Bürokratische Motivation

DEZENTRALISATION

FÜHRUNGSPHILOSOPHIE: Die Komplexität und Dynamik bei begrenzter menschlicher Fähigkeit verhindert, dass rationale Ordnungen entstehen können. Statt dessen entstehen Anpassung und Synergie durch "Pflege einer spontanen Ordnung".

MÖGLICHKEITEN:

- Befreiung der Spitze von operativer Überforderung und Ausrichtung auf strategische Planung

- Entformalisierung und Differenzierung des Vorgehens: Marktnahe Innovation und Produktgestaltung

- Direkte "Abnehmer"-orientierte Beurteilung von Verwaltungsleistungen schränkt deren Wachstum ein. Kommunikation erfolgt unmittelbar und schnell

- Operationsnähe

- Unternehmerische Motivation

Abbildung 4.11
Zentrale und dezentrale Organisationskonfigurationen

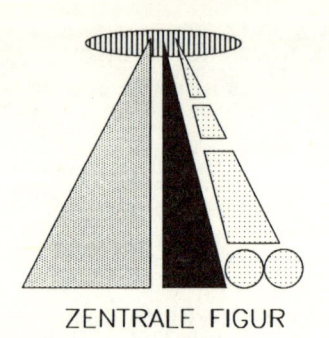

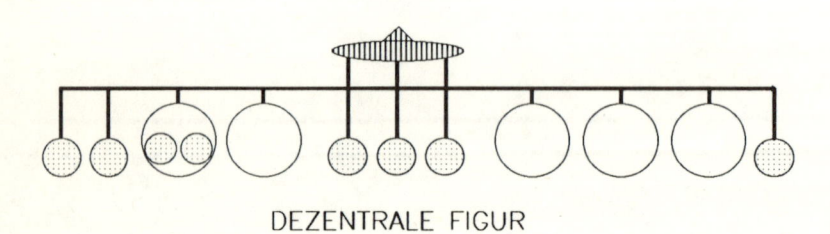

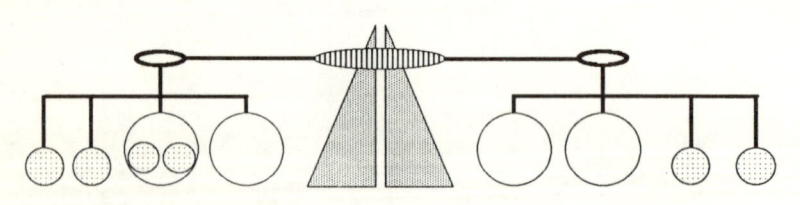

ZENTRALE FIGUR

DEZENTRALE FIGUR

INTEGRATIV ZENTRAL–DEZENTRALE FIGUR

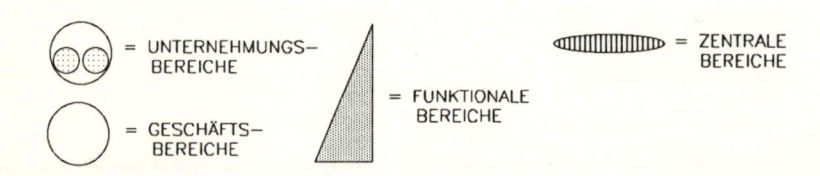

◯◯ = UNTERNEHMUNGSBEREICHE

◯ = GESCHÄFTSBEREICHE

▲ = FUNKTIONALE BEREICHE

⬭ = ZENTRALE BEREICHE

3. Kleine teil-autonome, innovative Produkt-/Marktinseln im Verbund mit grossen logistischen Kernbereichen: Ohne Mehrdimensionalität geht es in der Organisation nicht mehr

Statt von einer Dualität dezentraler Geschäftseinheiten und zentraler Steuerungseinheiten geht ein weiterer Ansatz von der *Bipolarität* dezentraler, unter Umständen *zeitlich beschränkter Einheiten* zur Bewältigung des marktlichen und technologischen Wandels einerseits und zentraler logistischer *Kerneinheiten auf Dauer* andererseits aus. Ist es Sache der flexiblen, auf den Wandel eingestellten Einheiten, marktliche und technologische Chancen frühzeitig zu erkennen und *unternehmerisch* zu nutzen, so obliegt es dem logistischen Kern für die Bewältigung dieser Aufgaben, auf Dauer Ressourcen bereitzustellen und deren Kapazitäten »*manageriell*« so zu harmonisieren, dass ihr Einsatz möglichst effizient wird. Dies verlangt im flexiblen Bereich kleinerer teil-autonomer Einheiten die weitgehende Aufgabe der bislang in der Organisation vorherrschenden *Arbeitsteilung*. Diese kann jedoch für den logistischen Kernbereich nach wie vor charakteristisch bleiben.

Kleine Gruppen beschäftigen sich so zunächst mit der Entwicklung eines neuen Erzeugnisses, das technologische sowie marktliche Möglichkeiten und Forderungen miteinander ausgleicht, wobei sie Dienstleistungen einer zentralen Forschung und Entwicklung auftragsweise in Anspruch nehmen. Das Entwicklungsergebnis wird von ihnen zugleich am Markt eingeführt, und es entsteht ein aufstrebender Mini-Geschäftsbereich, der seine Erzeugnisse durch die zentrale Fertigung und Logistik herstellen und vertreiben lässt. Eine derartige Aufgabentrennung eröffnet zugleich die Möglichkeit, beispielsweise die Fertigung so auszulegen, dass unter Berücksichtigung aller Aufträge aus den unterschiedlichen Geschäftsbereichen eine weitgehende Nutzung von Erfahrungskurven-Effekten einsetzen kann.

In letzter Konsequenz führt diese Entwicklung zu einer mehrdimensionalen Organisationsstruktur, bei der entspezialisierte, wenig arbeitsteilige Geschäftseinheiten mit spezialisierten und arbeitsteilig organisierten logistischen Kerneinheiten verkoppelt werden müssen – mit allen bekannten Problemen einer labilen Konflikthandhabung in derartigen komplizierten Strukturen.

Neben eine auf Stabilität ausgelegte ›*Palastorganisation*‹ tritt eine flexible ›*Zeltorganisation*‹: Die Grenzsysteme hängen in labiler Weise von den kurzfristigen Lebenszyklen der Produkt-/Marktkombinationen und den technologischen Veränderungen ab, sie nutzen Ungleichgewichtslagen im Umfeld der Unternehmung und *schaffen Ungleichgewichte* zwischen neuen Konzepten und tradierten Strukturen in den Kernbereichen. Nach Beendigung des jeweiligen Lebenszyklus lösen sich die Grenzsysteme auf. Laufend entstehen neue Grenzsysteme zur Bewältigung neuer unternehmerischer Aufgaben.

4. »Back to basics« – Man lebt von der kundengerechten Problemlösung und nicht von esoterischen Problemanalysen

Der eingetretene Marktwandel verlangt vom Management veränderte Verhaltensweisen. Von der extensiven Stabsarbeit – »Paralyse durch Analyse« heisst häufig der kritische Befund – verlagern sich die Gewichte auf die Basisoperationen: »back to basics« ist heute ein viel zitierter Ausdruck. Viele Unternehmungen beginnen unter diesem Motto ihre Stäbe drastisch auszukämmen. Gefordert wird eine Art ›Subsidiaritätsprinzip‹ für die Stabsarbeit: Statt ›stratosphärischer‹ Stabsarbeit an der Unternehmungsspitze operationsnahe Einbindung der Dienstleistungen dort, wo sie tatsächlich gebraucht werden. Damit wird zugleich eine bessere Verteilung der Stabsarbeit über die verschiedenen Organisationsebenen erreicht.

Tiefere Ursache für die vorausgegangene Aufblähung zentraler Stabsbereiche in der Vergangenheit war auch hier wieder das mangelnde Vertrauen in die Tätigkeit der mittleren und unteren Organisationsebenen. Stäbe und Zentralstäbe tendieren dazu, ihre formal eingeschränkte Leitungsmacht mit eigenen Methoden zu vergrössern. Dabei hatten sie häufig stärker ihre eigenen Interessen als die der Unternehmung im Auge.

Dimensionen der Organisationsstruktur

In der strategischen Betrachtung des organisatorischen Gestaltungsproblems stellt sich die Frage nach der grundsätzlichen Dimensionierung der Organisation bei der Verfolgung des strategischen Programms, das für die überwiegende Mehrzahl von realen Strukturierungsproblemen wesentliche Entscheidungen einer Organisationsgestaltung markiert. Je nach den kontextualen und situativen Erfordernissen ist eine Skalierung und Profilierung innerhalb des Dimensionierungsrasters vorzunehmen und zu erläutern. Dabei ist wiederum auf die Rekursivität der Gestaltung hinzuweisen: Das vorgestellte Raster ist auf der jeweiligen Ebene der Abteilungs-, Bereichs- und der Unternehmungsorganisation differenziert anzuwenden, um den jeweiligen Umfeldbedingungen der Organisation gerecht werden zu können.

Im *Dimensionierungsraster* der Unternehmungsorganisation werden folgende Gestaltungsdimensionen zur strategieorientierten Skalierung gestellt. Ausgehend von der Element- und Beziehungsorientierung der Strukturierung ist der Regelungscharakter und die Konfiguration der Organisation zu bestimmen. Die Strukturierungsrichtung schliesslich gibt die Art einer Anpassung an Veränderungen der Umwelt wieder (vgl. Abb. 4.12).

Abbildung 4.12
Muster einer Dimensionierung der Organisationsstruktur

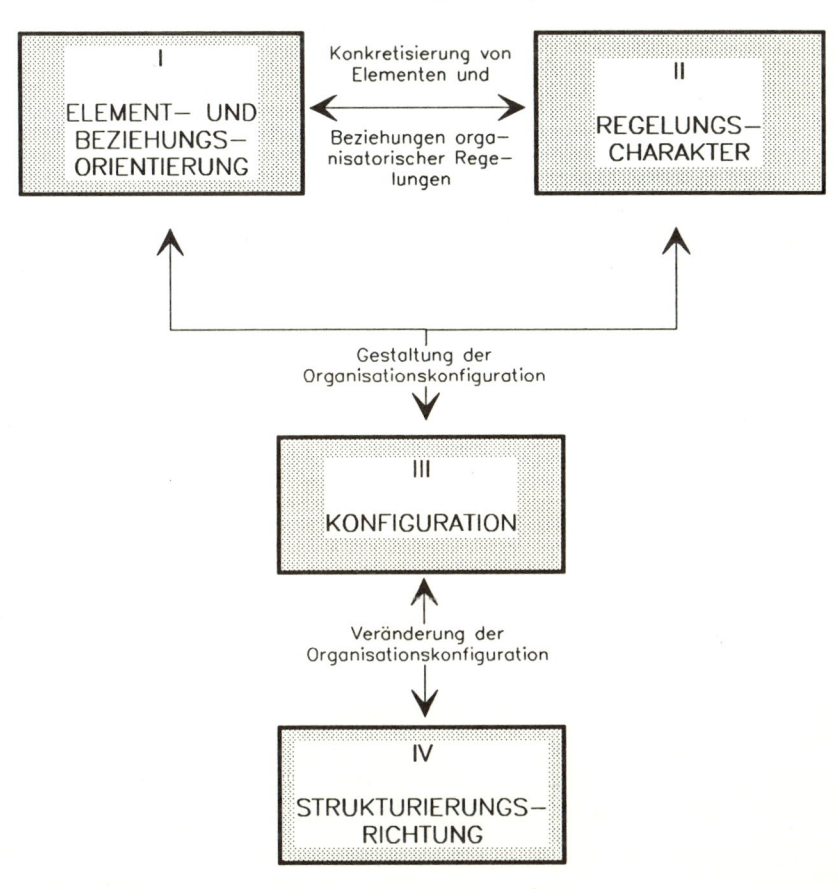

Tabelle 4.3
Dimensionen der Organisationsstruktur

I. *Element- und Beziehungsorientierung*
   1. Sachorientierte vs. personalorientierte Strukturierung
   2. Formalisierung vs. Symbolorientierung

II. *Regelungscharakter*
   3. Programmierte Einzelregelung vs. zweckbezogene Rahmenregelung
   4. Organisation auf Dauer vs. Organisation auf Zeit

III. *Konfiguration*
   5. Monolytische vs. polyzentrische Konfiguration
   6. Steile vs. flache Konfiguration

IV. *Strukturierungsrichtung*
   7. endogene vs. exogene Orientierung
   8. Fremdgestaltung im Prozessverbund vs. Eigengestaltung mit Teilautonomie

I. Element- und Beziehungsorientierung

1. Sachorientierte (Organisation »ad rem«) vs. personenorientierte (Organisation »ad personam«) Strukturierung: Eine Profilierung der strategischen Strukturierung kann im Spannungsfeld einer sachorientierten (Organisation »ad rem«) vs. einer personenorientierten (Organisation »ad personam«) Gestaltung erfolgen. Die Sachorientierung folgt dem Anforderungsprofil einer geeigneten Aufgabengliederung. Für analytisch gegliederte und synthetisch verbundene Stellenaufgaben wird gemäss dem Anforderungsprofil der geeignete Aufgabenträger gesucht. Der Sachzwang technischer Verfahren (Organisation »ad instrumentum«) wirkt dabei auf die Strukturierung des Aufgabenbildes ein. Dem steht ein entgegengesetzter Weg der Strukturierung gegenüber: Den Qualifikationen einzelner Mitarbeiter entsprechend wird ein Aufgabenkomplex gebildet, der es gestattet, die Motivation und die Fähigkeiten von Personen bestmöglich zum Tragen zu bringen.

2. *Formalisierung vs. Symbolorientierung:* Der Tendenz zur expliziten Formalisierung über eine schriftliche Fixierung organisatorischer Regelungen und ihrer Dokumentation ist die Symbolisierung durch *implizite* Verhaltensnormen, wie Leitbild- und Normenbefolgung, Gewohnheiten und Tabus gegenüberzustellen.

Werden beide Dimensionen gemäss Abb. 4.13 miteinander kombiniert, entstehen zwei typologische Grundmuster, das einer *aufgabengebundenen Technostruktur* und das einer *personengebundenen Soziostruktur*:

Abbildung 4.13
Element- und Beziehungsorientierung der Organisationsstruktur

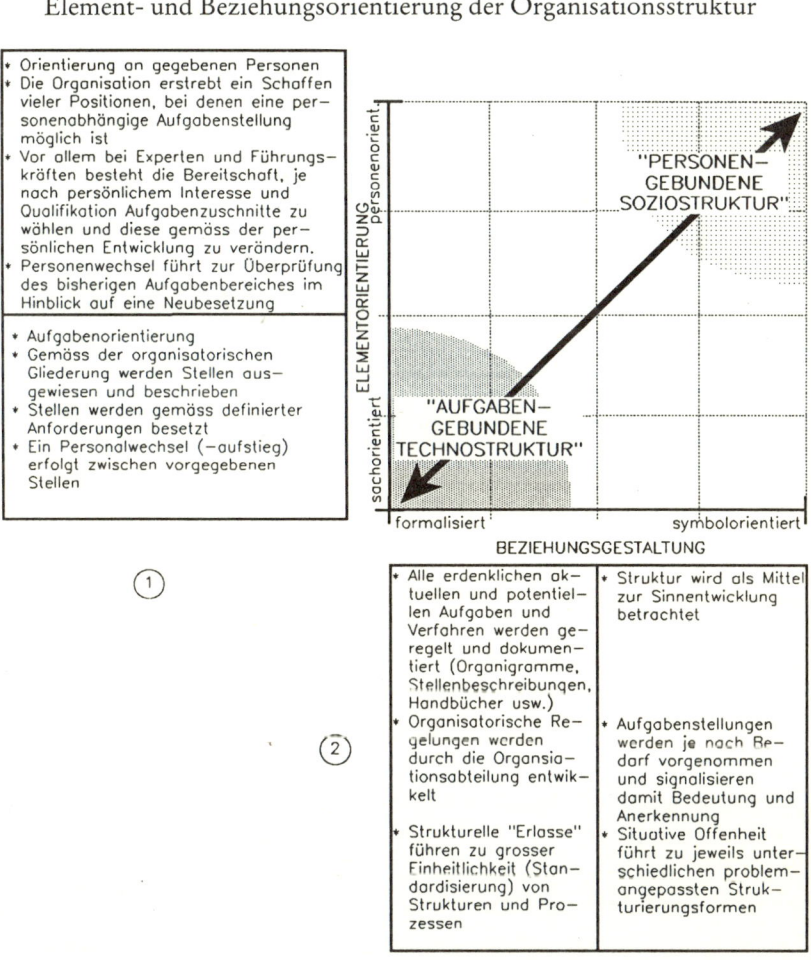

①		
• Orientierung an gegebenen Personen • Die Organisation erstrebt ein Schaffen vieler Positionen, bei denen eine personenabhängige Aufgabenstellung möglich ist • Vor allem bei Experten und Führungskräften besteht die Bereitschaft, je nach persönlichem Interesse und Qualifikation Aufgabenzuschnitte zu wählen und diese gemäss der persönlichen Entwicklung zu verändern. • Personenwechsel führt zur Überprüfung des bisherigen Aufgabenbereiches im Hinblick auf eine Neubesetzung		
• Aufgabenorientierung • Gemäss der organisatorischen Gliederung werden Stellen ausgewiesen und beschrieben • Stellen werden gemäss definierter Anforderungen besetzt • Ein Personalwechsel (-aufstieg) erfolgt zwischen vorgegebenen Stellen		

Achsen: ELEMENTORIENTIERUNG (sachorientiert / personenorientiert); BEZIEHUNGSGESTALTUNG (formalisiert / symbolorientiert)

"PERSONEN-GEBUNDENE SOZIOSTRUKTUR"

"AUFGABEN-GEBUNDENE TECHNOSTRUKTUR"

②

• Alle erdenklichen aktuellen und potentiellen Aufgaben und Verfahren werden geregelt und dokumentiert (Organigramme, Stellenbeschreibungen, Handbücher usw.) • Organisatorische Regelungen werden durch die Organisationsabteilung entwickelt • Strukturelle "Erlasse" führen zu grosser Einheitlichkeit (Standardisierung) von Strukturen und Prozessen	• Struktur wird als Mittel zur Sinnentwicklung betrachtet • Aufgabenstellungen werden je nach Bedarf vorgenommen und signalisieren damit Bedeutung und Anerkennung • Situative Offenheit führt zu jeweils unterschiedlichen problemangepassten Strukturierungsformen

> *Die* **Technostruktur** *ist darauf ausgerichtet, komplexe Aufgaben optimal zu erfüllen, indem diese nach funktionalen Gesichtspunkten gegliedert und einzelnen Bereichen zur getrennten Bearbeitung zugewiesen werden, wobei die korrekte Aufgabenerfüllung durch einen hohen Regelungscharakter gewährleistet werden soll.*

> *Die* **Soziostruktur** *orientiert sich in erster Linie am Mitarbeiter und strebt danach, diesen durch eine seinen Neigungen entsprechende Aufgabe zu motivieren und dadurch dessen Loyalität zur Unternehmung zu stärken.*

II. Regelungscharakter der Organisation

3. Programmierte Einzelregelung vs. zweckbezogene Rahmenregelung: Der Regelungscharakter der Organisation kann von programmierten Einzelregelungen oder zweckbezogenen Rahmenregelungen geprägt sein.

Im ersten Fall werden Teilaufgaben aus Teilzielen abgeleitet und einzelne Schritte zu ihrer Erfüllung definiert. Dies führt zur Programmierung von Routineprozessen, die auf festgelegte Signale hin abzuwickeln sind. Der Freiheitsgrad ihrer Variation ist gering. Auf dem Wege derartiger eindeutiger Regelung wird versucht, einen Beitrag zur Effizienz der Aufgabenerfüllung zu leisten.

Im zweiten Fall zweckbezogener Rahmenregelungen werden zweckbezogene Aufgabenkomplexe gebildet, die sich durch eine weitgehende Offenheit der Regelung im Hinblick auf die Definition der Teilaufgaben und die Festlegung der Prozesse, welche zur Aufgabenerfüllung führen, auszeichnen. Der Freiheitsgrad ihrer Anpassung an unterschiedliche Situationen ist hoch. Auf dem Wege derartiger offener und unbestimmter Regelungen wird versucht, einen Beitrag zur Effektivität der Aufgabenerfüllung zu leisten.

4. Organisation auf Dauer vs. Organisation auf Zeit: Die organisatorische Regelung kann sich auf präsituativ gestaltete Organisationsstrukturen

Abbildung 4.14
Regelungscharakter der Organisationsstruktur

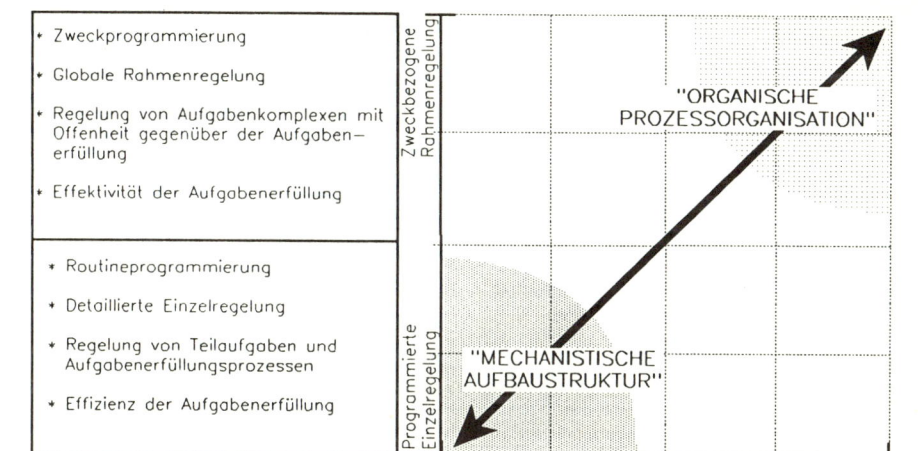

- Zweckprogrammierung
- Globale Rahmenregelung
- Regelung von Aufgabenkomplexen mit Offenheit gegenüber der Aufgabenerfüllung
- Effektivität der Aufgabenerfüllung

- Routineprogrammierung
- Detaillierte Einzelregelung
- Regelung von Teilaufgaben und Aufgabenerfüllungsprozessen
- Effizienz der Aufgabenerfüllung

Zweckbezogene Rahmenregelung — "ORGANISCHE PROZESSORGANISATION"

Programmierte Einzelregelung — "MECHANISTISCHE AUFBAUSTRUKTUR"

auf Dauer — auf Zeit

(3)

(4)

STRUKTURIERUNG

• Strukturen und Prozesse werden auf absehbare Zeit ähnliche Anforderungen stellen	• Strukturen und Prozesse unterliegen schnellem Wandel und müssen laufend überdacht und angepasst werden
• Bei der Verabschiedung organisatorischer Regelungen gibt es keine Zeitbeschränkung: Sie gelten "auf ewig"	• Organisatorische Regelungen werden zeitlich befristet: Sie gelten nur bis zu einem definierten Zeitpunkt bzw. zur Erledigung einer Spezialaufgabe
• Zuständigkeiten werden pauschal Organisationseinheiten für ein Raster unterschiedlicher Aufgaben auf Dauer zugewiesen	• Zuständigkeiten werden Mitarbeitern zur Erledigung eines zeitlich begrenzten Auftrags oder Projektes zugewiesen. Nach dessen Erledigung erlischt die Beauftragung und Zuständigkeit
• In der Folge stellen sich nach längeren Fristen grössere Reorganisationsvorhaben ein, um den Gesamtzusammenhang an eingetretene Veränderungen anzupassen	• Durch die zeitliche Befristung organisatorischer Regelung ergibt sich eine laufende, vom Einzelfall abhängige organisatorische Anpassung, da Mitarbeiter wiederum mit neuen Aufgaben betraut werden

ohne zeitliche Befristung oder auf Strukturen ausrichten, deren zeitliche Begrenzung vorhersehbar ist.

Abb. 4.14 zeigt die Extrempunkte der Skalierung beider Dimensionen an:

> *Verbindet man das Muster einer programmierten Einzelregelung mit einer die Organisationseinheiten auf Dauer bindenden Strukturierung, so ergibt sich eine* **mechanistische Aufbaustruktur***;*

> *Am anderen Extrempunkt steht die auf einer zweckbezogenen Rahmenregelung beruhende* **organische Prozessorganisation** *zur einzelfallspezifischen, zeitlich befristeten Problemlösung.*

III. Konfiguration

5. Monolytische vs. polyzentrische Konfiguration: In der Konfiguration der Organisation ergibt sich ein Spannungsfeld zwischen einer monolytischen und einer polyzentrischen Organisationsauffassung. Monolytische Konfigurationen entstehen als Folge eines Strebens nach Synergien, die durch eine weitgehende Zentralisation von Funktionen an oder in der Nähe der Spitze führen.

Dem stehen polyzentrische Strukturen gegenüber, die unter weitgehendem Verzicht auf Synergien eine breite, anpassungsfähige und mit ihrer jeweiligen Umwelt vernetzte Basisstruktur vorsehen. Sie stellen die Dezentralisation von Verantwortlichkeit auf der Ebene höchstmöglicher Sachkompetenz in den Mittelpunkt strategischer Organisationsgestaltung.

6. Steile vs. flache Konfiguration: Steile Konfigurationen sind zumeist Folge einer hochgradigen Arbeitsteilung in Organisationen, die nach dem Prinzip beschränkter Leitungsspannen vielfache Lagen ranghierarchischer Leitung zur Interpretation und Koordination der spezialisierten Gliederungseinheiten über die operative Basis der Organisation stülpen.

Flache Konfigurationen versuchen die darin liegenden Nachteile ver-

Abbildung 4.15
Konfiguration der Organisationsstruktur

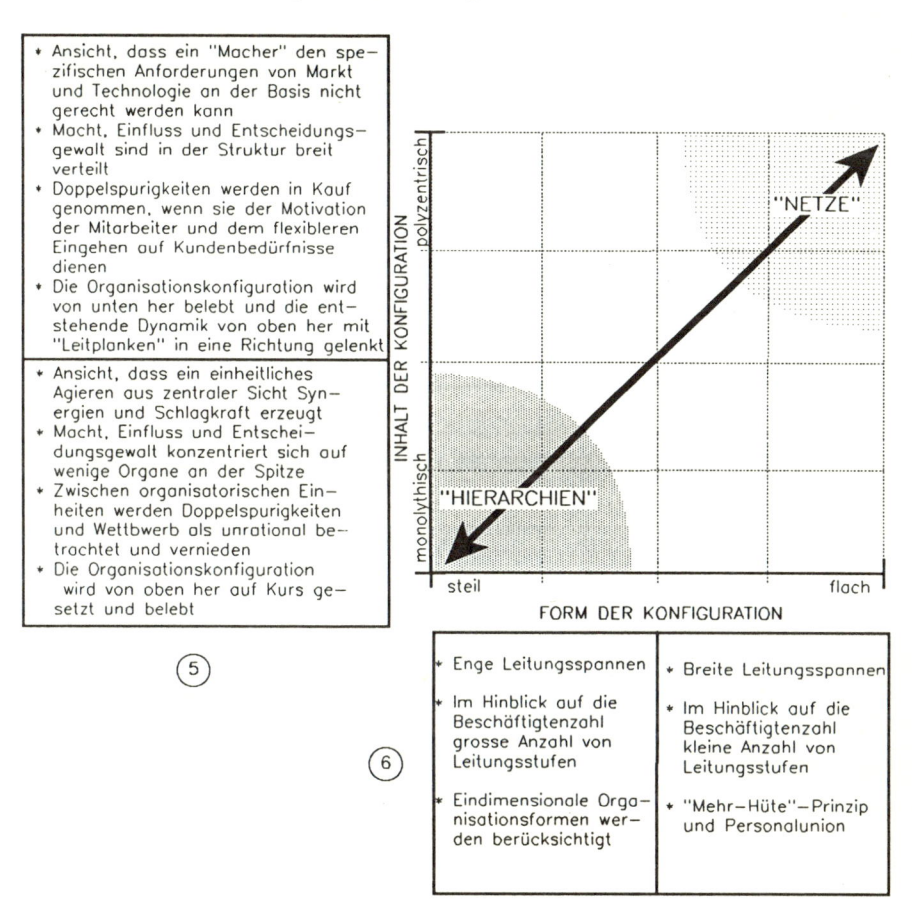

- Ansicht, dass ein "Macher" den spezifischen Anforderungen von Markt und Technologie an der Basis nicht gerecht werden kann
- Macht, Einfluss und Entscheidungsgewalt sind in der Struktur breit verteilt
- Doppelspurigkeiten werden in Kauf genommen, wenn sie der Motivation der Mitarbeiter und dem flexibleren Eingehen auf Kundenbedürfnisse dienen
- Die Organisationskonfiguration wird von unten her belebt und die entstehende Dynamik von oben her mit "Leitplanken" in eine Richtung gelenkt

- Ansicht, dass ein einheitliches Agieren aus zentraler Sicht Synergien und Schlagkraft erzeugt
- Macht, Einfluss und Entscheidungsgewalt konzentriert sich auf wenige Organe an der Spitze
- Zwischen organisatorischen Einheiten werden Doppelspurigkeiten und Wettbewerb als unrational betrachtet und vernieden
- Die Organisationskonfiguration wird von oben her auf Kurs gesetzt und belebt

(5)

(6)

INHALT DER KONFIGURATION: monolythisch ↔ polyzentrisch
FORM DER KONFIGURATION: steil ↔ flach

"HIERARCHIEN" → "NETZE"

- Enge Leitungsspannen
- Im Hinblick auf die Beschäftigtenzahl grosse Anzahl von Leitungsstufen
- Eindimensionale Organisationsformen werden berücksichtigt

- Breite Leitungsspannen
- Im Hinblick auf die Beschäftigtenzahl kleine Anzahl von Leitungsstufen
- "Mehr-Hüte"-Prinzip und Personalunion

zögerter und verzerrter Informations- und Entscheidungsströme, die zu einer mangelnden strategischen Anpassungsfähigkeit der Organisation führen, zu vermeiden.

Werden beide Dimensionen wiederum zu zwei, in Abb. 4.15 dargestellten typologischen Mustern verbunden, ergeben sich die Profilprägungen von:

> **Hierarchien** *als Ergebnis einer monolytischen Strukturierung steiler Organisationskonfiguration*

und

> **Netzen** *als erstrebte Folge polyzentrischer Strukturierung flacher Organisationskonfiguration.*

IV. Strukturierungsrichtung

7. Endogene vs. exogene Strukturorientierung: Die Struktur kann vor allem – abgeleitet vom Konstrukt einer zu gliedernden und arbeitsteiligen zu übertragenden Betriebsaufgabe – auf die endogene Gestaltung der Zusammenarbeit ausgerichtet sein. Aus Sicht der effizienten Gestaltung der internen Prozesse der Aufgabenerfüllung wird der Aspekt angestrebter Synergien im *Innenverhältnis* der Unternehmung betont.

Als Gegenprofil zu dieser innenweltgerichteten Strukturierung ergibt sich eine exogene Strukturierung, die abgeleitet von den Erwartungen und Veränderungen relevanter Umweltsegmente, subsystemische Strukturen an diese anzupassen versucht (kundenorientierte Organisationsgestaltung in Form eines key-account Management als Beispiel). Dabei steht die Effektivität einer Vernetzung mit relevanten, dynamischen Umweltsegmenten im *Aussenverhältnis* der Unternehmung im Mittelpunkt organisatorischer Strukturierung.

8. Fremdgestaltung im Prozessverbund vs. Eigengestaltung mit Teilautonomie: Die Organisationsentwicklung kann sich im Spannungsfeld von fremdbestimmter Organisationsanpassung – vor allem nach dem »Bombenwurf«-Prinzip (Kirsch/Esser/Gabele = Management = 180 ff.) – oder durch die Eigenanpassung der Betroffenen vollziehen, die dadurch zu Beteiligten des Organisationsprozesses werden. Der *Top-down*-Gestaltung der Struktur im Prozessverbund ist damit die *Bottom-up*-Strukturierung mit hoher Autonomie der kleinsten Einheit gegenüberzustellen.

Werden beide Dimensionen nahe ihren Extrempunkten gestalterisch miteinander verbunden, ergeben sich – wie Abb. 4.16 zeigt – die typologischen Muster einer auf dem Prinzip der

> *einheitlichen Fremdgestaltung beruhenden* **Fremdorganisation** *und der*

> *exogen geprägten Eigenentwicklung verpflichteten* **Selbstorganisation** *(Probst = Selbstorganisation =).*

Abbildung 4.16
Strukturierungsrichtung der Organisationsstruktur

- Die Unternehmungsentwicklung wird getragen von der Initiative und eigenständigen Verkoppelung von Subsystemen mit ihren jeweiligen kritischen Umweltsegmenten

- Grosser delegativer Freiraum für die Eigenentwicklung von Subsystemen ("Profit Center") bis hin zur rechtlichen Selbständigkeit in Konzernen

- Die Abteilungen und Geschäftsbereiche erhalten die Möglichkeit, für Dritte zu arbeiten

- Zentralistisches Streben nach Einheitlichkeit gibt wenig delegativen Freiraum für die Eigengestaltung von Subsystemen

- Innerbetrieblicher Leistungsverbund kompetenter Spezialisten (Verkettung von Stab und Linie) steht im Mittelpunkt

- Integration wird als wesentlich für die Schaffung klar abgegrenzter Verantwortungsbereiche betrachtet

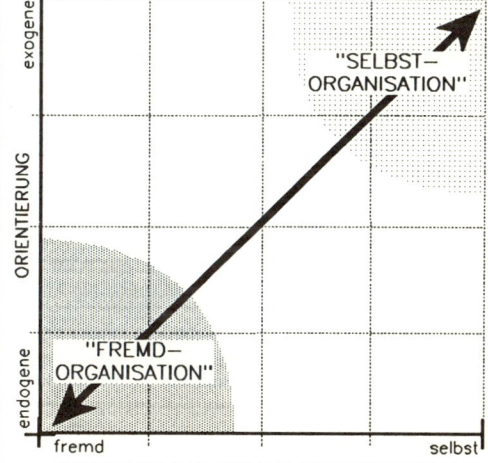

(7)

(8)

ORIENTIERUNG (exogene / endogene)

"SELBST-ORGANISATION"

"FREMD-ORGANISATION"

GESTALTUNG DER ORGANISATIONSENTWICKLUNG (fremd / selbst)

- Organisationsgestaltung und -lenkung "top down"
- Streben nach Synergie: Doppelaufgaben und -arbeiten werden durch Zentralisierung aufgehoben
- Mit Ausnahme der Spitzenorgane sind Mitarbeiter in ein vorgegebenes Prozessschema eingepasst: Die von der Organisation Betroffenen überwiegen

- Organisationsentwicklung und -lenkung "bottom up"
- Streben nach Flexibilität: Doppelaufgaben und -arbeiten werden geduldet, wenn sie der flexiblen Anpassung "vor Ort" dienen
- Die Organisationsentwicklung wird partizipativ von einer breiten Mitarbeiterschicht getragen: Es überwiegen die an der organisatorischen Gestaltung Beteiligten

Die Dimensionierung der Organisationsstruktur im Spannungsfeld von Stabilisierung und Veränderung

In der strategischen Dimensionierung der Organisation auf Unternehmungsebene lassen sich wiederum die beiden bereits bei den anderen Dimensionen des strategischen Managements auffindbaren typologischen Muster der *Stabilisierung* und *Veränderung* erkennen.

> **Typ C: Stabilisierende Organisationsstruktur**
>
> Das Muster einer *stabilisierenden* organisatorischen Gestaltung stellt die formalisierte, auf programmierte Einzelregelungen ausgelegte Aufgabenorientierung in den Mittelpunkt. Die Organisation gewinnt damit *mechanistische* Züge. Eine steile Organisationsfigur versucht, Synergien durch eine strikte Ressourcenbeherrschung monolytisch zu sichern. Dies führt zu einer vertikalen Strukturierung der Beziehungen zwischen einzelnen organisatorischen Einheiten aus Sicht einer binnenorientierten, endogenen Strukturoptimierung.

Auf diesem Wege entsteht eine *Einheitsorganisation* mit architektonisch klaren Gliederungs- und Berichtslinien. Um dieses Ziel zu erreichen, bedarf es beim Organisationsentwurf und seiner Implementation einer Organisationsgestaltung von oben nach unten, also einer Fremdorganisation.

> **Typ D: Veränderungsorientierte Organisationsstruktur**
>
> Eine auf *Veränderung* ausgerichtete organisatorische Gestaltung geht von den persönlichen Erwartungen und Eignungen der Mitglieder und Teilnehmer aus. Sie erhält damit ein eher *sozial-organisches* Gepräge, das sich an zweckbezogenen Rahmenregelungen zum Einbezug von Kunden und Mitarbeitern ausrichtet. Statt sich an formalen, expliziten Gestaltungsinstrumenten zu orientieren, beachten die Mitarbeiter eher Symbole, die ihnen

> implizit Verhaltenshinweise vermitteln. Eine flache Organisationsfigur führt zu einer polyzentrischen Verteilung von Ressourcen und der Kontrolle über sie, um auf diesem Wege der Vielfältigkeit differenzierter Interessen besser entsprechen zu können.

Damit ergeben sich horizontal-laterale Beziehungsmuster organisatorischer Einheiten, die im Direktverkehr miteinander und in enger Verkoppelung mit ihren externen Partnern den Verpflichtungen gegenüber relevanten Umweltsegmenten gerecht werden. Vom Prinzip der Gestaltung aus betrachtet, ist die Ausrichtung der organisatorischen Strukturierung daher eher als exogen zu kennzeichnen. Dies führt, da die organisatorische Gestaltung weitgehend vom Gedanken der Selbstorganisation getragen wird, zu einer Aufgabe an Einheitlichkeit hinsichtlich des Gliederungs- und Integrationsmusters in der Organisation. Eine *Mischorganisation* ist die Folge.

Abbildung 4.17
Organisationsstrukturelles Profil

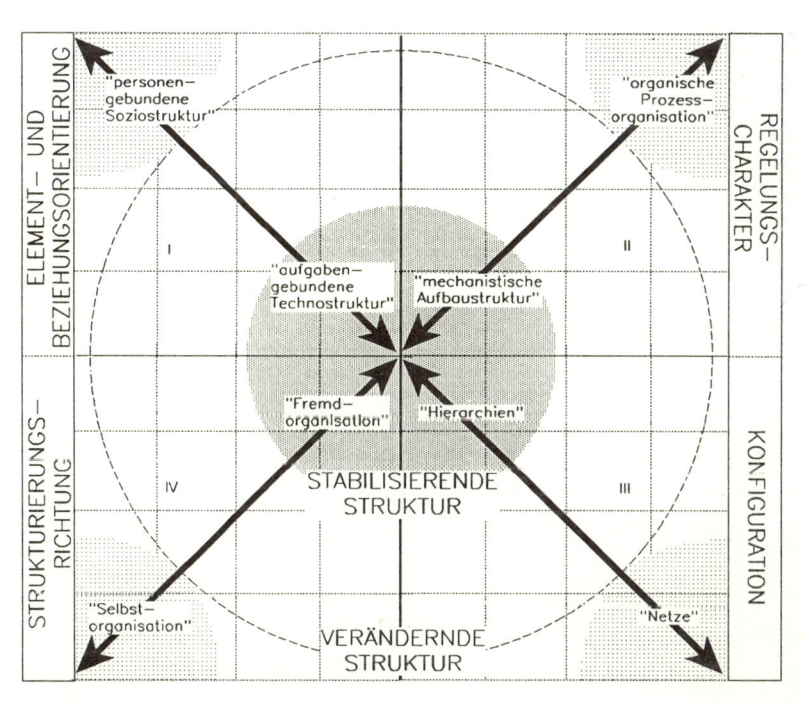

Das Muster einer auf Stabilisierung ausgerichteten Unternehmungsorganisation gleicht einer *Misstrauensorganisation* (Bleicher = Vertrauensorganisation =). Sie will menschliche Schwächen durch eine mechanistisch-technokratische Strukturierung überbrücken, die einer monistischen ökonomischen Zweckerfüllung dient. Dem steht im Falle einer auf Veränderung ausgerichteten Unternehmungsorganisation eine *Vertrauensorganisation* gegenüber. Sie beruht organisatorisch auf einem Menschenbild des »complex man« (Whyte = Man =). Eine verpflichtende Hinwendung auf den Mitarbeiter und seine Einbindung in die sozialen Strukturen der Unternehmung steht bei ihr im Mittelpunkt der Gestaltungsstrategie, um auf diesem Wege der komplexen Zweckerfüllung des Gesamtsystems entsprechen zu können.

Differenzierung und Konkretisierung der Organisationsstruktur in Bereichsstrukturen

Nach dem *Rekursions*prinzip ergibt sich auch bei den Organisationsstrukturen eine Umschliessung subsystemischer Organisation durch die Systemgestaltung der Gesamtorganisation einer Unternehmung. Um dabei die Vorstellung klassischer aufbauorganisatorischer Gliederung zu vermeiden, habe ich versucht, das Gesamthafte mit dem Begriff des Organisations*modells* und die Gestaltung des Subsystemischen mit der Bezeichnung der Organisations*form* zu belegen (Bleicher = Organisation =). In beiden finden sich die grundlegenden Gestaltungsprinzipien einer Organisation wieder, wie sie durch die umfassende Modellvorgabe definiert sind. Bei der Unterscheidung einzelner Subsysteme und deren Organisationsformen bieten sich wiederum die drei grundlegenden Möglichkeiten des bereits mehrfach erwähnten Tensors an.

4.3.2 Managementsysteme tragen die Kommunikation und Kooperation organisatorischer Einheiten

Die organisatorische Strukturierung, die das Auffinden und die Durchsetzung unternehmungspolitisch orientierter Missionen und strategischer Programme ermöglicht, wird ergänzt durch Systeme des Managements, welche der Diagnose, Planung und Kontrolle dienen und sich dabei externer und interner Information bedienen. Managementsysteme tragen somit im Verbund mit den strukturellen Regelungen zur Zielerreichung bei. Dabei bedingen sich die Gestaltung von Managementsystemen und die der organisatorischen Leitstrukturen wechselseitig.

Wesen und Elemente von Managementsystemen*

> »Wo ungebunden ›strategisiert‹ wird, lauern die Pleitegeier hinter allen Ecken! Aus diesem Grunde muss Strategie an ein diszipliniert gehandhabtes Zielsetzungssystem gebunden sein.«
>
> Heinz Weinhold-Stünzi

Managementsysteme unterstützen und füllen die Rahmenbedingungen der durch die Organisation festgelegten strukturellen und prozessualen Regelungen. Durch sie werden kommunikative Beziehungsnetze zur Kooperation und Kommunikation zwischen organisatorischen Einheiten, die aufgrund der Arbeitsteilung entstanden sind, entwickelt. Der Funktion nach sind alle Managementsysteme Diagnose-, Planungs- und Kontrollsysteme, welche der Formulierung strategischer Konzepte und der Kontrolle ihres operativen Vollzuges dienen. Die Architektur von Managementsystemen muss derart beschaffen sein, dass Informationen der zugrundeliegenden Ausgangssituation für die Erarbeitung strategischer Programme zur Verfügung gestellt werden, die im besten Fall bereits Diagnosecharakter aufweisen. In einem weiteren Schritt müssen die aus diesen strategischen Programmen hervorgegangenen und abgeleiteten operativen Projekte planerisch konkretisiert und laufend der Kontrolle unterzogen werden können. Hierbei wird stillschweigend vorausgesetzt, dass operative Systeme eine Vollzugsfunktion strategischer Steuerung erfüllen. Die jeweilige Konstruktion von Managementsystemen bedingt eine vorgeschaltete Erarbeitung von Zielen, die ihrerseits operationalisiert werden müssen. Dieser Erarbeitungsprozess von Zielen kann partizipativ oder autoritär ablaufen. Er vollzieht die Ableitung der strategischen Programme aus normativen Missionen.

---

* Markus Schwaninger, der dabei von Joachim Hirt unterstützt wurde, hat an der Neufassung des St. Galler Management-Konzeptes wesentlich mitgewirkt. Das Konzeptmodul »Managementsystem« wird von ihm demnächst in ausgebauter Form in einer eigenen Schrift in dieser Reihe veröffentlicht.

Damit Management-Systeme den Funktionen der Diagnose, Planung und Kontrolle gerecht werden können, müssen sie Beziehungen und Verhaltensweisen des Systems Unternehmung und der relevanten Umwelt abbilden. Diese Abbildung geschieht anhand von Daten, die zu Informationen verarbeitet werden. Das Informationssystem ist in diesem Sinne nicht nur ein Abbild der innerhalb einer Unternehmung ablaufenden Prozesse und der ihnen zugrundeliegenden Strukturen, sondern auch von In- und Umweltprozessen.

Informationssysteme bilden somit die Grundlage für alle rekursiv zu gestaltenden Management(sub)systeme, die sich mit Funktionen und Objekten des Führungsprozesses befassen (Wild = Führung = 163f.; Kieser/Kubicek = Organisationsstruktur = 451ff.). Im Management-Informationssystem sind deshalb jene Potentiale durch Beziehungen zusammengefasst, die zum Zweck der Gesamtsystemintegration mit der Gewinnung, Speicherung, Verarbeitung und Übertragung von Informationen befasst sind. Das Gestaltungsproblem des Informationssystems wird dabei in der gesamtsystembezogenen Strukturierung des Informationsprozesses gesehen. Dies hat derart zu erfolgen, dass den einzelnen Mitgliedern der Führung die für die Erfüllung ihrer (Entscheidungs-)Aufgaben notwendigen Informationen im erforderlichen Genauigkeits- und Verdichtungsgrad am gewünschten Ort und zum richtigen Zeitpunkt zur Verfügung gestellt werden (Witte = Entscheidungsprozesse = 503f.). Da die spezifische Charakteristik des Management-Informationssystems durch die Art der verfolgten strategischen Programme, die Organisationsstruktur, die übrigen Management-Subsysteme und die Träger des strategischen Managements in ihrem Verhalten geprägt wird, folgt dessen Ausgestaltung den Anforderungen seines strategischen Umfeldes.

Für eine Gliederung der so verstandenen Managementsysteme bietet es sich an, zwischen einem *Management der Information* und der *Information des Managements* zu unterscheiden, wobei ersteres die Voraussetzung für das letztere darstellt. Um das Management der Information und auch die darauf aufbauende Information des Managements zu bewerkstelligen, muss gewährleistet sein, dass ausgehend von der Datenbeschaffung eine Gewinnung und Verarbeitung von Informationen, eine Informationsbereitstellung, sowie eine Informationsübertragung an das Management stattfinden. Darüberhinaus müssen dem Management Verarbeitungsmöglichkeiten für Informationen an die Hand gegeben werden. Dies führt im folgenden zu einer Unterscheidung zwischen dem

1. *Management der Information*
   - Gewinnung und Verarbeitung von Informationen
   - Verfügbarkeit der Informationen und der
2. *Information des Managements*
   - Informationsverfügbarkeit für das Management
   - Informationsverarbeitung des Managements.

1. Management der Information

• *Gewinnung und Verarbeitung von Informationen:* Der Gewinnung und Verarbeitung von Informationen ist die Datenerfassung vorgeschaltet. Die Begriffe Daten und Informationen sind nicht synonym zu verwenden.

> Unter dem Begriff *Informationen* werden *Nachrichten* bzw. *Auskünfte* verstanden, wohingegen *Daten* unbearbeitete *Tatsachenabbildungen* sind. Informationen sind zweckbezogenes Wissen, Daten deren nicht zweckgerichteter Rohstoff.

Die Datenerfassung ist somit die Aufnahme von Daten über den Zustand oder die Veränderung realer und nominaler Prozesse. Dabei bestimmt der Informationsbedarf, der seinerseits sowohl durch die verwendeten Modelle der zugrundeliegenden Prozesse als auch durch das Anspruchsniveau der nachfragenden Entscheidungsträger bestimmt wird, die Spezifizierung der zu erfassenden Daten. Wo, wann, in welcher Menge sind welche Daten bereitzustellen, und in welcher Art und wie häufig kommen diese vor? Modelle haben dabei die Funktion vereinfachter Abbilder der Wirklichkeit, indem sie bestimmte Prozesse, Beziehungen und Verhaltensweisen eines realen Systems in abstrakter Weise wiedergeben.

• *Verfügbarkeit von Informationen:* Unter der Verfügbarkeit von Informationen ist deren Kommunizierbarkeit und damit die Informationsübertragung angesprochen. Mit dem Informationsaustausch wird das zentrale Anliegen verbunden, die Elemente des Systems Unternehmung zu einem ganzheitlichen, zielorientierten, problemlösenden und adaptiven Gesamtsystem zu verschmelzen. Dafür ist es notwendig, dass das angesammelte Wissen und die gewonnenen Erfahrungen allen Mitarbeitern und vor allem den Trägern der Führung zur Verfügung gestellt werden.

2. Information des Managements

• *Informationsverfügbarkeit für das Management:* Die Informationsbereitstellung für das Management bildet den Kern und den Zweck eines jeden Managementsystems. D. Römheld sieht den Zweck von Managementsystemen darin, »dem Management für die Durchführung des Entscheidungsprozesses die erforderlichen Informationen (bereitzustellen)« (Römheld = Informationssysteme = 29).

Als Eckpfeiler der Gestaltung eines Managementsystems ist der gesamtsystemische Informationsprozess derart zu strukturieren, dass den einzelnen Mitgliedern des Managements die für die Erfüllung ihrer (Entscheidungs-)Aufgaben notwendigen Informationen im erforderlichen Genauigkeits- und Verdichtungsgrad am gewünschten Ort und zum richtigen Zeitpunkt zur Verfügung gestellt werden (Witte = Entscheidungsprozesse = 503f.). Da die spezifische Charakteristik eines Managementsystems im konkreten Fall durch die Art der verfolgten strategischen Programme, die Organisationsstruktur und durch das Problemlösungsverhalten der Träger des strategischen Managements geprägt wird, sollen hier nur einige grundsätzliche Merkmale und Anforderungen an die zur Verfügung zu stellende Information erwähnt werden.

Auf den einzelnen Managementebenen bestehen aufgabenabhängig jeweils unterschiedliche Informationserfordernisse. Prinzipiell muss davon ausgegangen werden, dass je höherrangig die Aufgaben- und Benutzerebene ist, desto grösser der Grad der Aggregation und Aufbereitung wird. Die Ansprüche an Informationen und damit auch an die Informationsquellen variieren ferner bezüglich der beabsichtigten Verwendung (s. Tab. 4.4):

Tabelle 4.4
Informationsspezifikation nach Managementebenen

Faktor	*Strategische Ebene*	*Operative Ebene*
Quelle	eher extern	eher intern
Verdichtung	eher stark	eher schwach

Genauigkeit	eher gering	eher hoch
Aktualisierungstrend	eher Trends	eher aktuell
Formalisierung	eher gering	eher hoch

- *Informationsverarbeitung des Managements:* Bei der Informationsverarbeitung durch das Management ist zum einen zwischen der Informations*abfrage* (retrieval) und der Informations*analyse* mit der jeweilig gewünschten (graphischen) Aufbereitung zu unterscheiden. Als Informationsinput gehen aufbereitete Transaktionsdaten, Berichte, Datenanalysen, sowie auch externe Informationen (Informationsdienste) ein, wohingegen der Informationsoutput in überarbeiteten Informationen (hierarchische Aufbereitung der Informationen), projektierten Trends und Statusinformationen besteht. Die Verarbeitungsmöglichkeiten lassen sich nach den Freiheitsgraden und Wahlmöglichkeiten der Informationsabfrage und den Analyse- und Aufbereitungsmöglichkeiten unterschieden. Des weiteren können neben regelmässig anfallenden Abfragen und Analysen »issue-Analysen«, die ad hoc aufgrund sich einstellender Probleme mit strategischem Bezug (issues) initiiert werden, treten. Die permanent anfallenden Abfragen und Analysen können gegebenenfalls zu Frühwarnsystemen ausgebaut werden (Gomez = Frühwarnung =, Hahn/Krystek = Frühwarnsysteme =).

Dimensionen von Managementsystemen

Eine Dimensionierung von Managementsystemen kann in vier Kategorien vorgenommen werden (vgl. Abb. 4.18), die jeweils auf einzelne Subsysteme, die auf S. 254ff. skizziert werden, bezogen werden können.

Tabelle 4.5
Dimensionen von Managementsystemen

I. *Gewinnung und Verarbeitung von Informationen*
   1. Geschlossene vs. offene Informationsgewinnung
   2. Sequentielle vs. simultane Informationsverarbeitung

> II. *Anwenderorientierung von Informationen*
> 3. Spezifikation der Informationsgenerierung
> 4. Umgang mit dem Informationssystem
>
> III. *Kommunikative Verfügbarkeit von Informationen*
> 5. Insulare vs. vernetzte Kommunikation
> 6. Zeitversetzte vs. real-time Kommunikation
>
> IV. *Verarbeitung von Informationen durch das Management*
> 7. Zeitbezug der Information
> 8. Grad der Quantifizierung der Informationen

Abbildung 4.18
Muster einer Dimensionierung von Managementsystemen

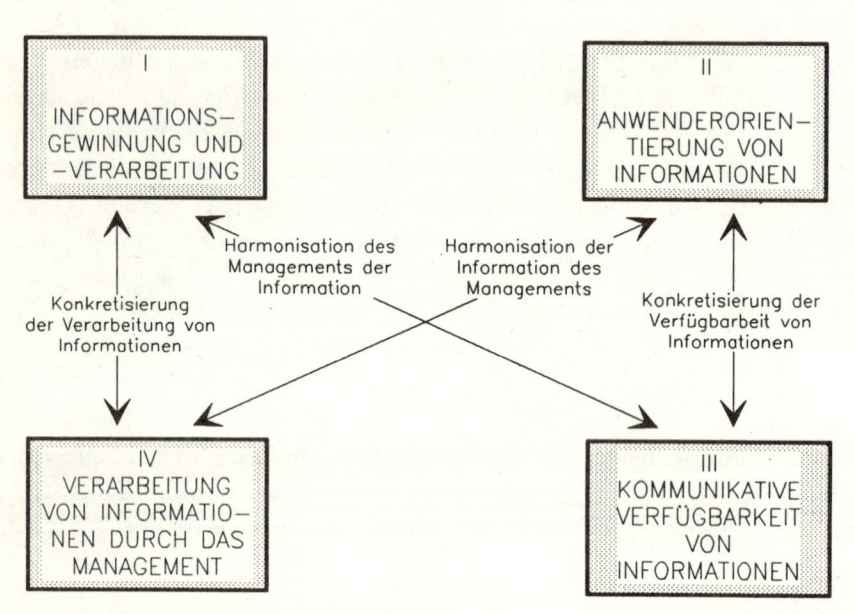

I. Informationsgewinnung und -verarbeitung

Am Anfang der Gestaltung eines jeden Managementsystems steht die Frage, welche Informationen dem Management zur Verfügung gestellt werden sollen. Dabei geben die Funktionen der Diagnose, Planung und Kontrolle das grobe Orientierungsraster und das Anforderungsprofil für die

Gewinnung und Aufbereitung von Informationen ab. Als Dimensionen für eine strategische Ausgestaltung der Informationsgewinnung und -verarbeitung bieten sich an:

1. Geschlossene vs. offene Methoden der Informationsgewinnung: Der häufig von steigenden Informatikkosten ausgehende Rationalisierungsdruck legt eine ökonomisch-effiziente Erfassung und Gewinnung von Informationen nahe. Dieser *geschlossenen* Informationsgewinnung, die sich dadurch auszeichnet, dass Informationen hauptsächlich nach vorgegebenen Kriterien aus bekannten Quellen gewonnen werden und ein enger Betrachtungsfokus vorherrscht, steht eine *offene* Informationsgewinnung gegenüber. Diese ist dadurch gekennzeichnet, dass eine Methodenfreiheit zur Gewinnung von Informationen und zur Erschliessung ihrer Quellen vorherrscht, die bewusst auch neue Daten und Quellen miteinbezieht.

2. Sequentielle vs. simultane Methoden der Informationsverarbeitung: Werden Informationen schrittweise jeweils für bestimmte Aufgaben verarbeitet und die Ergebnisse nicht weiter verwandt, wird von *sequentiellen*, losgelösten Methoden der Informationsverarbeitung gesprochen. Dem stehen *simultan-rückkoppelnde* Methoden der Informationsverarbeitung gegenüber, die sich dadurch auszeichnen, dass eine Vielzahl von Einzelinformationen verarbeitet, aggregiert und gruppiert werden, wobei auch die Interdependenz der Informationen und die etwaige Weiterverarbeitung berücksichtigt werden.

Werden beide Dimensionen mit jeweils extremen Skalierungen miteinander verbunden, ergeben sich als typologisch denkbare Muster (vgl. Abb. 4.19):

> *Eine geschlossene Informationsgewinnung in Verbindung mit einer sequentiellen Verarbeitung führt zu einem* **reduktionistischen Umgang mit Information.**

> *Eine offene Methodenwahl, die sich bekannter aber auch neuer Daten und Quellen bedient, führt im Zusammenspiel mit simultan-rückkoppelnden Verarbeitungsmethoden zu einem* **holistischen Umgang mit Information.**

Abbildung 4.19
Methoden der Informationsgewinnung und -verarbeitung

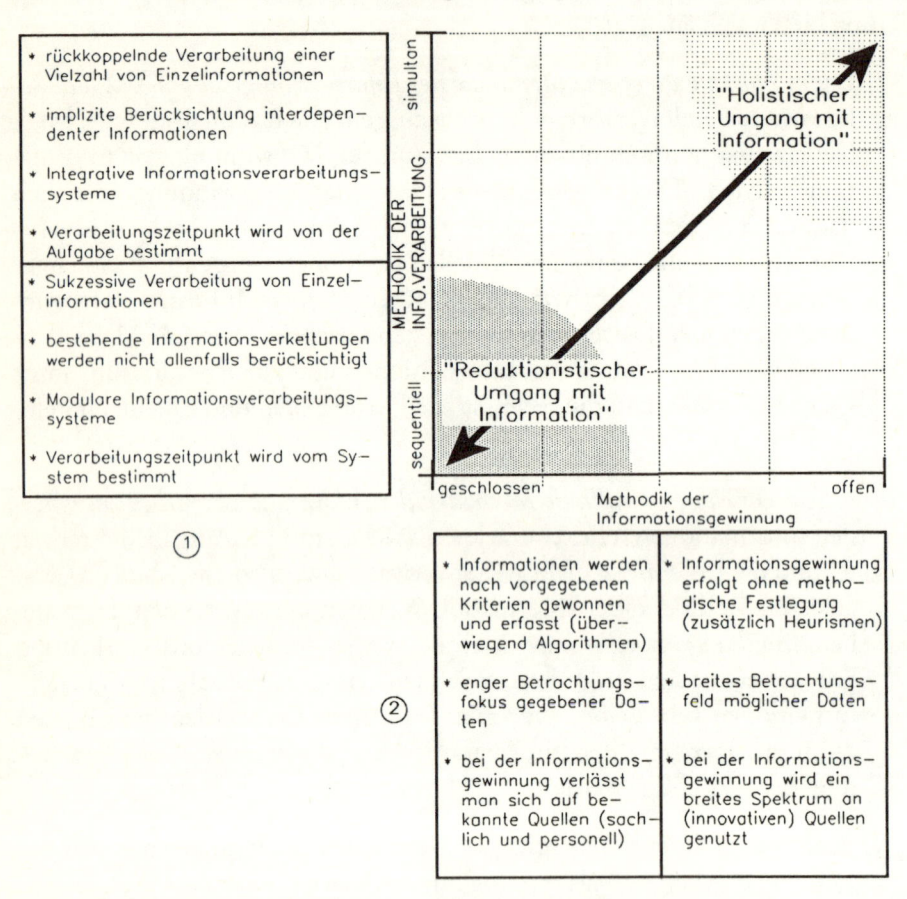

①
- rückkoppelnde Verarbeitung einer Vielzahl von Einzelinformationen
- implizite Berücksichtung interdependenter Informationen
- Integrative Informationsverarbeitungssysteme
- Verarbeitungszeitpunkt wird von der Aufgabe bestimmt
- Sukzessive Verarbeitung von Einzelinformationen
- bestehende Informationsverkettungen werden nicht allenfalls berücksichtigt
- Modulare Informationsverarbeitungssysteme
- Verarbeitungszeitpunkt wird vom System bestimmt

METHODIK DER INFO.VERARBEITUNG: simultan / sequentiell
Methodik der Informationsgewinnung: geschlossen / offen
"Holistischer Umgang mit Information"
"Reduktionistischer Umgang mit Information"

②
- Informationen werden nach vorgegebenen Kriterien gewonnen und erfasst (überwiegend Algorithmen)
- enger Betrachtungsfokus gegebener Daten
- bei der Informationsgewinnung verlässt man sich auf bekannte Quellen (sachlich und personell)

- Informationsgewinnung erfolgt ohne methodische Festlegung (zusätzlich Heurismen)
- breites Betrachtungsfeld möglicher Daten
- bei der Informationsgewinnung wird ein breites Spektrum an (innovativen) Quellen genutzt

II. Anwenderorientierung von Informationen

Ein Kernpunkt der Gestaltungsproblematik von Managementsystemen liegt darin, den gesamtsystemischen Informationsprozess so zu strukturieren, dass das Management die für die Ausführung seiner Tätigkeiten notwendigen Informationen rechtzeitig und im erforderlichen Aggregationszustand zur Verfügung gestellt bekommt. Dies bedeutet eine verstärkte Hinlenkung informationsverarbeitender Aufgaben auf betriebliche Prozesse.

Abbildung 4.20
Anwenderorientierung von Informationen

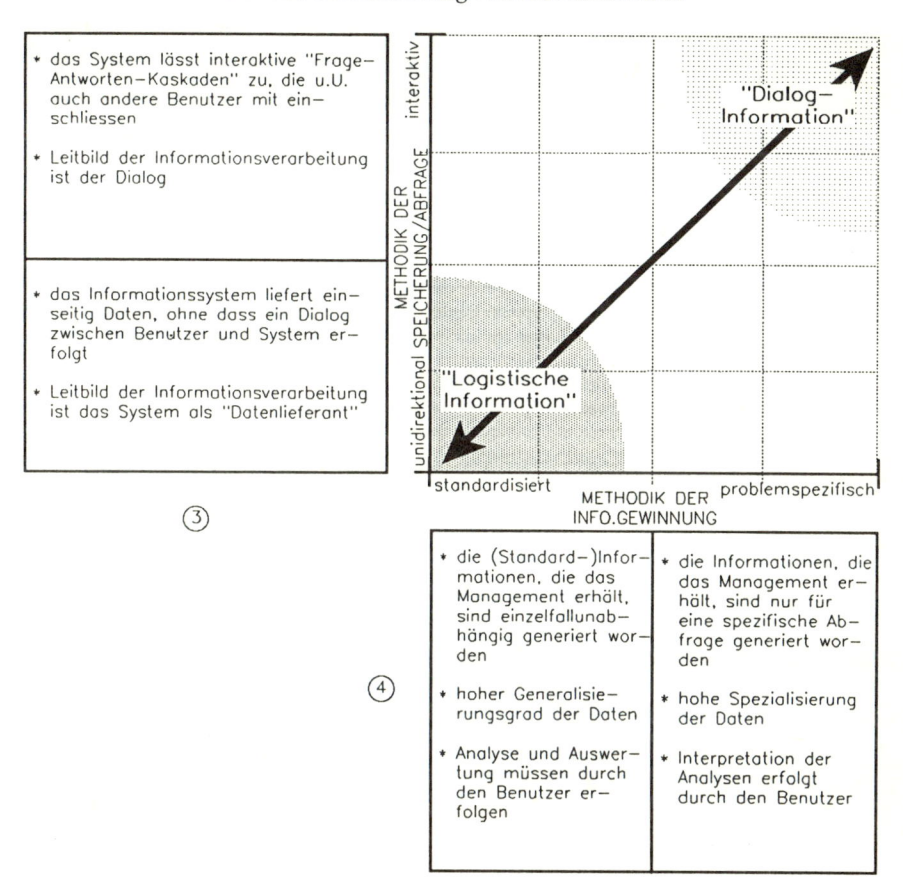

• das System lässt interaktive "Frage-Antworten-Kaskaden" zu, die u.U. auch andere Benutzer mit einschliessen • Leitbild der Informationsverarbeitung ist der Dialog	
• das Informationssystem liefert einseitig Daten, ohne dass ein Dialog zwischen Benutzer und System erfolgt • Leitbild der Informationsverarbeitung ist das System als "Datenlieferant"	

③

METHODIK DER SPEICHERUNG/ABFRAGE (unidirektional — interaktiv)

"Dialog-Information"

"Logistische Information"

standardisiert — METHODIK DER INFO.GEWINNUNG — problemspezifisch

④

• die (Standard-)Informationen, die das Management erhält, sind einzelfallunabhängig generiert worden • hoher Generalisierungsgrad der Daten • Analyse und Auswertung müssen durch den Benutzer erfolgen	• die Informationen, die das Management erhält, sind nur für eine spezifische Abfrage generiert worden • hohe Spezialisierung der Daten • Interpretation der Analysen erfolgt durch den Benutzer

3. Spezifikation der Informationsgenerierung: Die Informationen, welche das Management erhält, sind *standardisiert* generiert worden und besitzen einen hohen *Generalisierungsgrad*. Die Übertragung auf spezifische Problemlagen erfordert eine Analyse und Auswertung dieser standardisierten Informationen durch den Benutzer.

Die problemspezifische Information zeichnet sich dadurch aus, dass Informationen, die das Management erhält, aufgrund *spezifischer* Problembezüge und den darauf aufbauenden Abfragen generiert werden. Sie erfordern Interpretationen durch die Benutzer.

4. Umgang mit dem Informationssystem: Hierbei kann zwischen einer *einseitig gerichteten* Informationsversorgung, die sich dadurch auszeichnet, dass das Informationssystem periodisch Informationen liefert, und einer wechselseitigen *benutzer-initiierten* Informationsbereitstellung unterschieden werden. Im letzten Fall führt der interaktive Zugriff auf Informationen zur Befriedigung individueller Informationsbedürfnisse, in die auch die Nutzung von Fachinformationssystemen einzuschliessen ist.

Werden beide Dimensionen miteinander verbunden und die jeweiligen extremen Punkte skaliert, ergeben sich zwei typologische Muster:

> *Die* **logistische Informationsversorgung** *der standardisierten, kanalisierten und periodisierten Berichterstattung und die*

> *dialogische,* **benutzerorientierte Informationsabfrage***, die den Verwendern die Möglichkeit bietet, Veränderungen, Analysen und darauf aufbauende Interpretationen zu vollziehen, womit allerdings auch die Verantwortung des Endbenutzers für die Informationsgestaltung einsetzt.*

III. Kommunikative Verfügbarkeit von Informationen

Der Kommunikation einzelner Subsysteme einer Unternehmung, aber auch der Kommunikation mit ihren relevanten Umsystemen (Lieferanten, Kunden), kommt aufgrund der notwendigen verkürzten Reaktionszeiten auf komplexere Fragestellungen eine immer grössere Bedeutung zu. Dabei nehmen auch die Ansprüche an die Informationen und deren Verfügbarkeit weiter zu.

Die Verfügbarkeit der Information lässt sich dabei in zwei Dimensionen erfassen:

5. Insulare vs. vernetzte Kommunikation: Eine *insulare* Nutzung von Informationen liegt dann vor, wenn Informationen Aufgaben- und Einzelplatz-bezogen genutzt und einzelne Basis- und Subsysteme nach vorgegebenen Kriterien mit Informationen kommunikativ versorgt werden.

Abbildung 4.21
Kommunikative Verfügbarkeit von Informationen

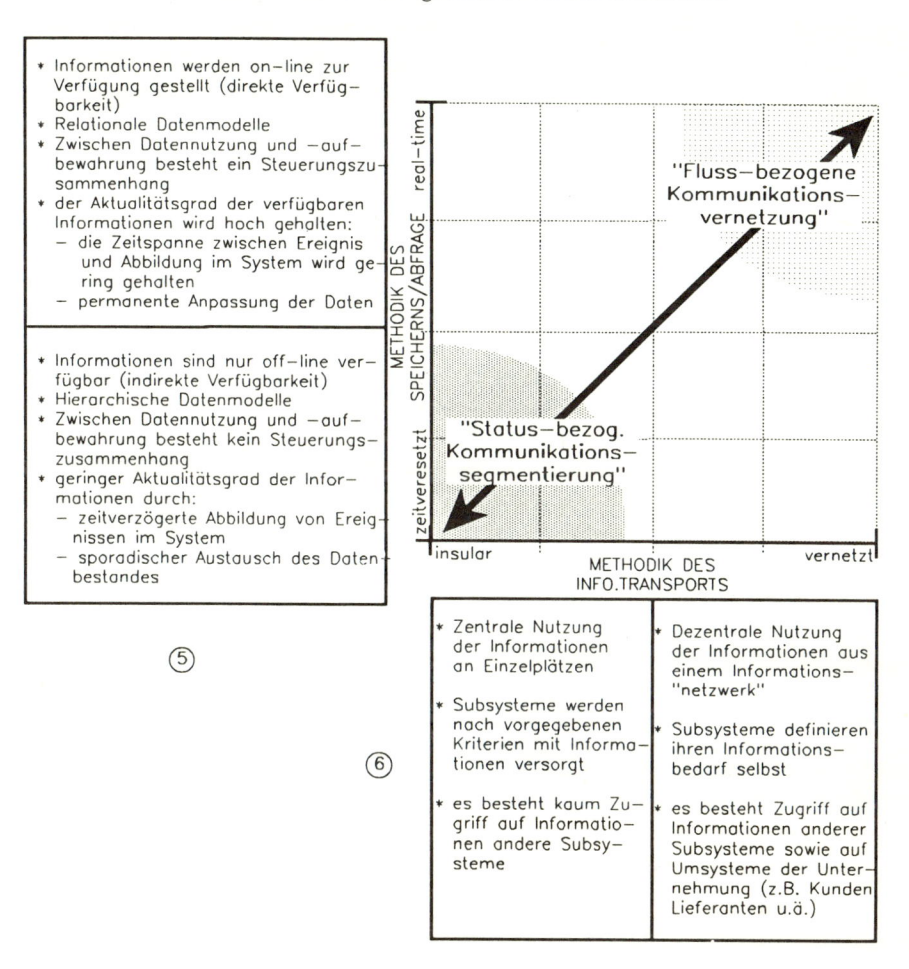

- Informationen werden on-line zur Verfügung gestellt (direkte Verfügbarkeit)
- Relationale Datenmodelle
- Zwischen Datennutzung und -aufbewahrung besteht ein Steuerungszusammenhang
- der Aktualitätsgrad der verfügbaren Informationen wird hoch gehalten:
  - die Zeitspanne zwischen Ereignis und Abbildung im System wird gering gehalten
  - permanente Anpassung der Daten

- Informationen sind nur off-line verfügbar (indirekte Verfügbarkeit)
- Hierarchische Datenmodelle
- Zwischen Datennutzung und -aufbewahrung besteht kein Steuerungszusammenhang
- geringer Aktualitätsgrad der Informationen durch:
  - zeitverzögerte Abbildung von Ereignissen im System
  - sporadischer Austausch des Datenbestandes

⑤

METHODIK DES SPEICHERNS/ABFRAGE (zeitversetzt — real-time)
METHODIK DES INFO.TRANSPORTS (insular — vernetzt)

"Fluss-bezogene Kommunikationsvernetzung"

"Status-bezog. Kommunikationssegmentierung"

⑥

- Zentrale Nutzung der Informationen an Einzelplätzen
- Subsysteme werden nach vorgegebenen Kriterien mit Informationen versorgt
- es besteht kaum Zugriff auf Informationen andere Subsysteme

- Dezentrale Nutzung der Informationen aus einem Informations-"netzwerk"
- Subsysteme definieren ihren Informationsbedarf selbst
- es besteht Zugriff auf Informationen anderer Subsysteme sowie auf Umsysteme der Unternehmung (z.B. Kunden Lieferanten u.ä.)

Demgegenüber liegt eine *vernetzte* Versorgung und Benutzung dann vor, wenn die Basis- oder Subsysteme ihren Informationsbedarf teilweise mitbestimmen und definieren können und sie darüber hinaus auch einen kommunikativen Zugriff auf Informationen aus anderen Teilen der Organisation sowie auch auf Informationen der Umsysteme haben.

6. *Zeitversetzte vs. Real-Time Kommunikation:* Von einer *zeitversetzten* Kommunikation wird dann gesprochen, wenn der Aktualitätsgrad der

Information, entweder aufgrund der zeitverzögerten Abbildung von Ereignissen und nur sporadischen »Updates« der Informationen, gering ist. Eine *Real-Time* Kommunikation liegt hingegen dann vor, wenn Informationen online zur Verfügung stehen und permanente Anpassungen des Informationsbestandes für die laufende Kommunikation vorgenommen werden.

Eine Kombination beider Dimensionen in ihrer extremen Skalierung lässt wiederum zwei typologische Muster entstehen:

> *Eine insulare Informationsversorgung mit Informationen geringerer Aktualität führt zu einer* **status-bezogenen Kommunikationssegmentierung.**

> *Eine selbstgestaltete Nutzung von real-time Informationen aus einem Informationsnetzwerk, das aus In- und Umweltsystemen gespeist wird, lässt sich als* **fluss-bezogene Kommunikationsvernetzung** *kennzeichnen.*

IV. Informationsverarbeitung durch das Management

Die erweiterte Verfügbarkeit von Informationen hat auch die Möglichkeiten zur Informationsverarbeitung durch das Management verändert. So wird heute bereits von individueller Informationsverarbeitung gesprochen. Dies liegt zum Teil daran, dass der Endbenutzer, sei er Gelegenheits- oder Permanentbenutzer, aufgrund der verstärkten Bereitstellung von Ad-hoc Informationen seinen Arbeitsstil in Richtung einer extensiveren Nutzung von Informationen ändert. Der Endbenutzer wandelt sich damit zugleich zum Informationsverarbeiter.

7. *Zeitbezug der Information:* Einer starken *Vergangenheitsorientierung* bei der Gewinnung und Aufbereitung von Informationen steht eine zukunftsorientierte Ausrichtung der Informationen gegenüber. Damit ist aber nicht nur der Aktualitätsgrad von Informationen gemeint, sondern auch, ob diese Informationen für die Berichtserfassung vergangener Perioden – mithin also retrospektiv – verwandt werden und damit auf

Abbildung 4.22
Informationsverarbeitung durch das Management

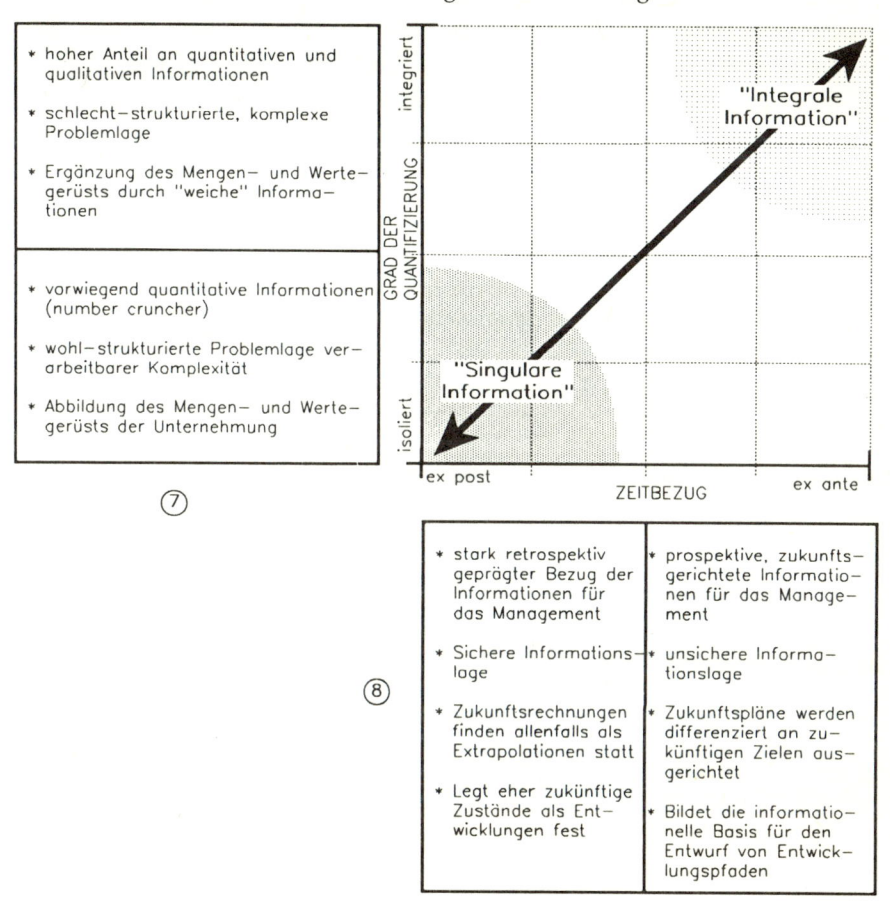

⑦
- hoher Anteil an quantitativen und qualitativen Informationen
- schlecht-strukturierte, komplexe Problemlage
- Ergänzung des Mengen- und Wertegerüsts durch "weiche" Informationen

- vorwiegend quantitative Informationen (number cruncher)
- wohl-strukturierte Problemlage verarbeitbarer Komplexität
- Abbildung des Mengen- und Wertegerüsts der Unternehmung

Diagramm: GRAD DER QUANTIFIZIERUNG (isoliert – integriert) vs. ZEITBEZUG (ex post – ex ante); "Singulare Information" unten links, "Integrale Information" oben rechts.

⑧
- stark retrospektiv geprägter Bezug der Informationen für das Management
- Sichere Informationslage
- Zukunftsrechnungen finden allenfalls als Extrapolationen statt
- Legt eher zukünftige Zustände als Entwicklungen fest

- prospektive, zukunftsgerichtete Informationen für das Management
- unsichere Informationslage
- Zukunftspläne werden differenziert an zukünftigen Zielen ausgerichtet
- Bildet die informationelle Basis für den Entwurf von Entwicklungspfaden

sicheren Informationsgrundlagen beruhen. Eine starke *Zukunftsorientierung* liegt dann vor, wenn aufgrund von aktuellen Informationen eine prospektive Ausrichtung vorliegt. Zukunftsgerichteten Informationen ist dabei oft ein hoher Unsicherheitsfaktor eigen.

8. *Grad der Quantifizierung:* Ein hoher Grad der Quantifizierung der Informationen liegt meistens in Organisationen vor, bei denen aufgrund wohlstrukturierter Problemlagen die exakte Abbildung des »Mengen- und Wertegerüsts« im Vordergrund steht. Bei einem niedrigen Grad der

Ausprägung heisst dies nicht, dass überhaupt keine quantitativen Informationen in den Verarbeitungsprozess einbezogen werden, sondern vielmehr, dass auch qualitative Informationen offeriert werden. Das Mengen- und Wertegerüst wird dann durch »weiche« Informationen ergänzt, um auch Entscheidungshilfen für schlecht strukturierte Problemlagen anzubieten.

Eine Verbindung der Extrempunkte beider Dimensionen ergibt dabei folgende typologische Muster:

> *Bei Vorliegen von quantitativen, stark vergangenheitsorientierten Informationen mit Exkulpationscharakter spricht man von* **singularer ex-post Information.**

> *Weisen Informationen eine stärkere Prozessorientierung und einen verstärkten Zukunftsbezug auf, wobei es sich sowohl um quantitative als auch qualitative Informationen handelt, kann von einer »***integralen ex-ante Information***« gesprochen werden.*

Die strategische Dimensionierung von Managementsystemen im Spannungsfeld von Stabilisierung und Veränderung

> »...the development of information systems not supported by the design of effective organization structures is totally inadequate.«
>
> R. Espejo, R. Harnden

Werden schliesslich alle dargestellten typologischen Muster der strategisch gestalteten Managementsysteme miteinander verbunden, so ergibt sich in beiden extremen Profilierungskreisen das Spannungsfeld einer *stabilisierenden* und einer *verändernden Gestaltung von Managementsystemen*. Diese komplettieren in der strategischen Dimension die organisatorische Strukturierung, die hier und in diesem Gestaltungsfeld durch sie getragen und konkretisiert wird, wie dies in Abb. 4.23 seine Darstellung findet.

Abbildung 4.23
Profil der Managementsysteme

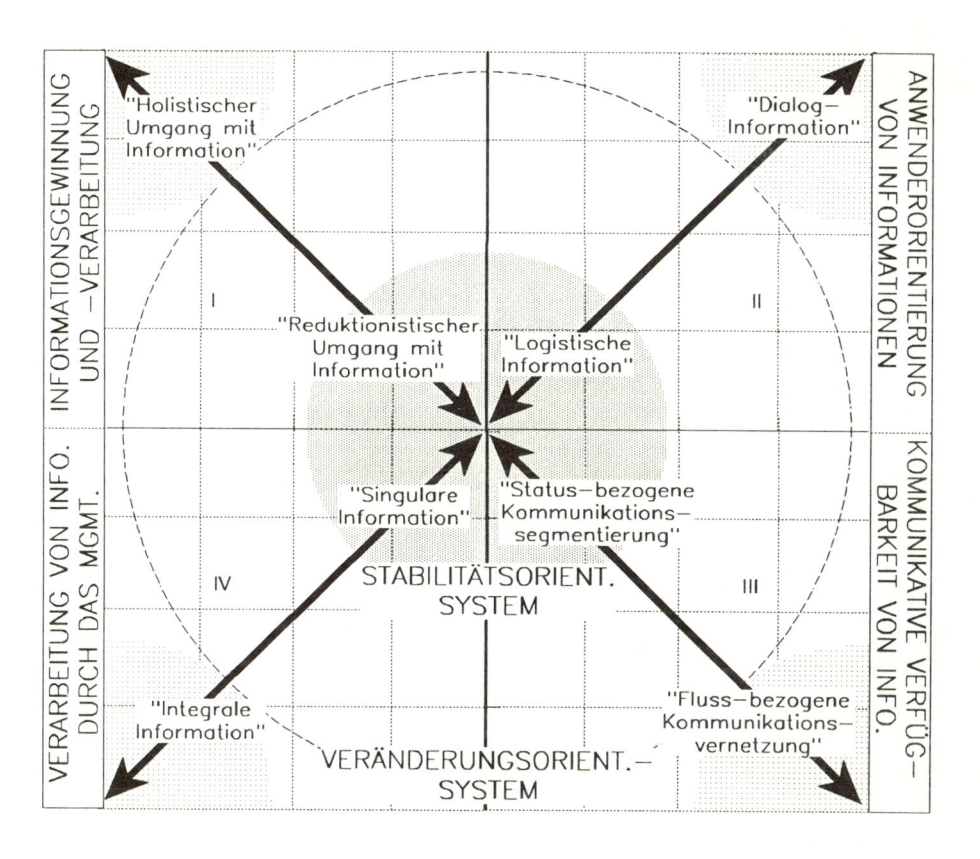

(Diagramm: Vier-Quadranten-Darstellung mit Achsen)

- Obere Achse vertikal: STABILITÄTSORIENT. SYSTEM / VERÄNDERUNGSORIENT.-SYSTEM
- Linke Achsen (aussen): INFORMATIONSGEWINNUNG UND -VERARBEITUNG / VERARBEITUNG VON INFO. DURCH DAS MGMT.
- Rechte Achsen (aussen): ANWENDERORIENTIERUNG VON INFORMATIONEN / KOMMUNIKATIVE VERFÜGBARKEIT VON INFO.
- Quadrant I: "Holistischer Umgang mit Information" / "Reduktionistischer Umgang mit Information"
- Quadrant II: "Dialog-Information" / "Logistische Information"
- Quadrant III: "Fluss-bezogene Kommunikationsvernetzung" / "Status-bezogene Kommunikationssegmentierung"
- Quadrant IV: "Integrale Information" / "Singulare Information"

Typ C: Stabilisierende Managementsysteme

Eine stabilisierende Gestaltung verbindet Elemente einer zentralistischen Ausgestaltung von Managementsystemen, welche eine logistische Versorgung mit standardisierten Informationen zum Ziel hat. Dabei stehen vor allem Überlegungen einer Kostenbeobachtung mit dem Ziel ihrer Beeinflussung im Vordergrund. Sie sollen durch ein effizientes, optimiertes Binnen-System gewährleistet werden, das Störeinflüsse von aussen aufzufangen und im System zu verarbeiten weiss.

> **Typ D: Veränderungsorientierte Managementsysteme**
>
> Wird das typologische Muster einer auf Veränderung ausgerichteten strategischen Gestaltung von Managementsystemen vorgenommen, ist eine Hinwendung zu multiplen und zeitnahen Informationsbedürfnissen notwendig. Dies verlangt eine dezentralisierte Auslegung der Managementsysteme, die benutzerorientiert und vernetzt zu gestalten sind. Eine Nutzensteigerung ist vor allem über die Unterstützung der Problemerkennungs- und Problemlösungskompetenz von Führungskräften und Experten erreichbar.

Differenzierung und Konkretisierung der Managementsysteme

Eine Anwendung des *Rekursionsprinzips* auf die strategische Gestaltung von Managementsystemen eröffnet wiederum die Möglichkeit, die dargestellten Gestaltungselemente in einzelnen Subsystemen wiederzufinden. Eine Differenzierung von Subsystemen bietet sich nach der Art an, wie diese den Managementprozess unterstützen:

1. *Funktion des Managementprozesses*
   - Zielfindungs- und -vereinbarungssysteme
   - Planungs- und Kontrollsysteme

   als Ausdruck eines kybernetisch zu interpretierenden Managementprozesses.

2. *Objekte des Managementprozesses (Arten von Ressourcen)*
   a) *Managementsysteme von Sach- und Nominalpotentialen,*
      die aus dem Spektrum von Anlagen, Materialien, Energien und Finanzen zusammengefasst das Management von realen (materiellen und immateriellen) wie nominalen Werten zum Gegenstand haben.
   b) *Personal-Managementsysteme,* welche die *logistische* Ausstattung der Unternehmung mit Mitarbeitern unterschiedlicher Quantität und Qualität (Leistungsfähigkeit und -bereitschaft), wie die *akquisitorische*

Ausgestaltung des Sozialsystems im Hinblick auf eine positive Beeinflussung von Mitgliedschafts- und Leistungsentscheidungen zum Gegenstand haben (Bleicher = Personalmanagement = 29).

Hinzu treten auf einer anderen Aggregationsebene Objekte des Managementprozesses in Form organisatorischer Einheiten, die nach den Dimensionen des Möglichkeits-Tensors differenziert worden sind (vgl. Abb. 3.12). Dies können etwa sein:

- *verrichtungs*geprägte Managementsysteme der Forschung und Entwicklung, der Beschaffung und Logistik, der Produktion, des Absatzes, usw.,
- *objekt*geprägte Managementsysteme einzelner Produkt-/Marktbereiche,
- *regional*geprägte Managementsysteme einzelner Niederlassungen oder Landesgesellschaften.

1. Managementsysteme nach Funktionen des Managementprozesses

• *Zielfindungssysteme:* Den Zielfindungssystemen kommt im Rahmen der Managementsysteme eine zentrale Bedeutung zu, denn es sind Ziele, die als Teil der strategischen Beeinflussung der Unternehmungsentwicklung den *sachlichen* Kurs bestimmen und in *humaner* Hinsicht das Verhalten der Mitarbeiter in eine konsensierte und erstrebte Bahn lenken. Als praxisnahes Modell eines Zielfindungssystems kann das »*Management by Objectives*« (MbO) gelten. Die Konzeption des MbO geht von der Erkenntnis aus, dass den *Zielkomponenten* innerhalb der Strukturen und Prozesse von Entscheidungen in der Unternehmung eine besondere Bedeutung zukommt.

»*Ohne die Vorgabe von Zielen von einzelnen Entscheidungsträgern ist die Ausrichtung der Einzelaktivitäten auf das Gesamtziel der Unternehmung nicht möglich*« *(Frese = Management = 227).*

Indem die Zielkomponente gegenüber anderen Steuerungskomponenten des Managements in das Zentrum des Mbo-Modells gerückt wird, erhöht sich der Handlungsspielraum der Mitarbeiter, denn die Mittelwahl wird ihnen überlassen. Dabei bildet die Annahme eines kompatiblen Verhältnisses von sachlichen und humanen Zielen eine grundlegende Prämisse für das Funktionieren des MbO. Nach Ansicht von John Humble ist das MbO »ein dynamisches System, das versucht, das Streben des Unternehmens nach Wachstum und Gewinn mit dem Leistungswillen der Führungskräfte und ihrem Trachten nach Selbstentfaltung zu integrieren« (Humble = Management = 113). In der Ausformung des MbO sind die beiden Varianten einer autoritären Ziel*vorgabe* und einer partizipativen Ziel*vereinbarung* zu unterscheiden. Es kann angenommen werden, dass eine Kompatibilität von sachlichen und humanen Zielen bei entwickelten gesellschaftlichen Verhältnissen lediglich für die letzte Variante des MbO gilt.

Die Zielfindung erfolgt in diesem Falle über ein gemeinsames Erarbeiten von Zielvorschlägen aufgrund von »top down« gesetzten *»targets«*, die sich aus den strategischen Absichten ableiten und die auf der Unternehmungsebene verfolgt werden. Die Zielvorschläge der einzelnen Bereiche (*»goals«*) sind selten mit diesen »targets« und untereinander kompatibel, sie führen zu sog. *»issues«*, die im Dialog aufgelöst werden und zu verbindlichen Zielvorgaben (*»objectives«*) führen. Als Zielinhalte können vereinbart werden:

– Leistungs- und Ergebnisziele
– Kooperationsziele
– Innovationsziele
– Persönliche Entwicklungsziele.

Das Managementsystem MbO versucht ansatzweise, eine *ganzheitliche Vernetzung* von normativer, strategischer und operativer Ebene des Managements über eine Gestaltung von Vor- und Rückkoppelungsbeziehungen zwischen Phasen der Willensbildung, -durchsetzung, -realisierung und -sicherung zu erreichen. Es stellt damit zugleich ein wichtiges, weil zielorientiertes Verfahren zur Kanalisierung und Gratifizierung des Mitarbeiterverhaltens dar. Neuere Ansätze zur zielorientierten variablen Gratifizierung von Mitarbeitern sind daher ohne ein zugrundeliegendes Zielvereinbarungssystem nicht denkbar (Hahn/Willers = Führungskräftevergütung = 394 und Bleicher = Ausgestaltung = 25 f.).

● *Planungs- und Kontrollsysteme:* Zielfindungssysteme lassen sich durch *Planungs- und Kontrollsysteme* ergänzen:

»Planung ist ein geordneter, informationsverarbeitender Prozess zur Erstellung eines Entwurfs, welcher Grössen für das Erreichen von Zielen vorausschauend festlegt« (Schweitzer = Planung = 21).

Planungssysteme dienen nicht nur der vorausschauenden Problemanalyse, sondern vor allem auch der sachlichen, hierarchischen und zeitlichen Integration zukunftsgerichteter Vorhaben. Sie bilden damit die Grundlage für eine systematische Kontrolle betrieblicher Vorgänge:

»Kontrolle ist ein geordneter, laufender, informationsverarbeitender Prozess zur Ermittlung von Abweichungen zwischen Plangrössen und Vergleichsgrössen sowie der Analyse dieser Abweichungen« (Schweitzer = Planung = 61).

Planung und Kontrolle lassen sich systematisch miteinander verbinden. Auf der quantitativen Seite hat Dietger Hahn (= PuK =) ein Gesamtkonzept der Planungs- und Kontrollrechnung (PuK) entwickelt. Unter Einbezug qualitativer Analysen ist aus der Integration von Planungs-, Kontroll- und Informationssystemen das neuzeitliche Managementinstrument des *Controlling* entstanden.

> Unter Controlling als Führungsaufgabe wird das erfolgszielorientierte Steuern und Lenken (to control) der Verantwortungsbereiche, der Führungssubsysteme, sowie der Planungs-, Steuerungs- und Kontrollprozesse verstanden (in Anlehnung an Siegwart = Controlling =).

»Controlling macht die Unternehmensentwicklung berechen- und steuerbar und führt zur Disziplinierung der Handlungen der einzelnen Entscheidungsträger im Hinblick auf das übergeordnete Unternehmungsziel« (Schröder = Märkte = 236).

2. Managementsysteme nach den Objekten des strategischen Führungsprozesses

• *Managementsysteme von Sach- und Nominalpotentialen:* Den heutigen Systemen im externen und internen *Rechnungswesen* ging eine lange Geschichte betriebswirtschaftlicher Auseinandersetzung mit der Abbildung von Sach- und Nominalgüterbeständen und ihrer Entwicklung im Hinblick auf ihre Ergebniswirkung voraus. Diese Systeme bilden insgesamt das Kernelement von Managementsystemen des Controlling. Im Hinblick auf die Steuerung der nominalen finanziellen Ressourcen treten Managementsysteme des *Treasuring* hinzu. Im Rahmen der hier zu betrachtenden strategischen Dimension gewinnt die Ausgestaltung dieser Systeme zur Unterstützung des strategischen Managements bei der Suche und Implementierung strategischer Programme an Bedeutung.

• *Personalmanagementsysteme:* Strategische Managementsysteme, die das Personal zum Gegenstand haben, lassen sich auf zwei »Objekt«gruppen einschränken: *Führungskader* und *Experten*, denen beim Finden und Verwirklichen strategischer Programme eine kritische Rolle zukommt. Strategische Personalmanagementsysteme lassen sich in zwei Subsysteme gliedern.

– *Anreizsysteme*

> Unter einem Anreizsystem kann mit Jürgen Wild (= Organisation = 47) die »Summe aller bewusst gestalteten Arbeitsbedingungen, die bestimmte Verhaltensweisen (durch positive Anreize, Belohnungen etc.) verstärken, die Wahrscheinlichkeit des Auftretens anderer dagegen mindern (negative Anreize, Strafen)« verstanden werden.

Anreizsysteme, die nicht formal geschaffen und dokumentiert werden, wie variable Gehalts- und Prämiensysteme, haben die Eigenschaft, sich in anderen Gestaltungsfacetten eines strategischen Managements »aufzulösen«. Dies hat seinen Grund darin, dass eine positive ebenso wie eine negative Anreizwirkung auch von der Art der verfolgten strategischen Programme und von der organisatorischen sowie der Management-Systemgestaltung ausgeht. Als Elemente eines strategischen Anreizsystems kommen dabei aber alle jene Elemente und Beziehungen in Betracht, die als Anreize die *Teilnahme-* und *Leistungsmotivation* der Führungskräfte und Experten beeinflussen können. Dabei lassen sich *strukturelle* von *finanziellen* Anreizen unterscheiden:

– *Personalbeurteilungs- und -entwicklungssystem:* Dem Personalentwicklungssystem ist in Theorie und Praxis des Managements eine wachsende Bedeutung eingeräumt worden. Dies erklärt sich einerseits aus den gestiegenen Erwartungen, die Führungskräfte und Experten an eine berufliche Erfüllung als Voraussetzung für eine Mitarbeit stellen. Andererseits ist aber auch der Bedarf an qualifizierten Kräften deutlich gewachsen. Dies geht bis hin zu der Einschätzung, dass die Leistungsbereitschaft und Leistungsfähigkeit einer relevanten Gruppe von Mitarbeitern über Erfolg oder Misserfolg strategischer Vorhaben entscheiden kann. Ein Personalentwicklungssystem kann seine volle Motivationswirkung erst dann entfalten, wenn es auf den Grundsätzen von Objektivität, Chancengleichheit und Transparenz aufbaut (Reichard = Managementkonzeption = 153, Eckardstein/Schnellinger = Personalpolitik = 198). Diese Grundsätze wiederum setzen eine objektivierte, systematische Personalbeurteilung nach einheitlichen Kriterien voraus (Eckardstein/Schnellinger = Personalpolitik = 265). Es empfiehlt sich deshalb, die Personalbeurteilung und -entwicklung als ein geschlossenes Subsystem von Managementsystemen zu verstehen und zu gestalten.

Zitierte Literatur zu Kapitel 4.3

Bleicher, K.: – Perspektiven –
Perspektiven für Organisation und Führung von Unternehmungen. Baden-Baden und Bad Homburg v.d.H. 1971.
Bleicher, K.: – Organisation –
Organisation – Formen und Modelle. Wiesbaden 1981.
Bleicher, K.: – Ausgestaltung –
Zur strategischen Ausgestaltung von Anreizsystemen für die Führungsgruppe in Unternehmungen. In: Zeitschrift Führung + Organisation 54 (1/1985), S. 21–27.
Bleicher, K.: – Vertrauensorganisation –
Meilensteine auf dem Weg zur Vertrauensorganisation. In: Thexis (4/1985), S. 2–7.
Bleicher, K.: – Personalmanagement –
Strategisches Personalmanagement – Gedanken zum Füllen einer kritischen Lücke im Konzept strategischer Unternehmensführung. In: Humanität und Rationalität in Personalpolitik und Personalführung. Beiträge zum 60. Geburtstag von E. Zander, hrsg. v. H. Glaubrecht u. D. Wagner. Freiburg i. Br., 1987, S. 18–38.
Burns, T.; Stalker, G.: – Innovation –
Management of Innovation. 2. Aufl., London u.a. 1966.
Eckardstein, D. v.; Schnellinger, F.: – Personalpolitik –
Betriebliche Personalpolitik. 3. Aufl., München 1978.

Frese, E.: – Management
Ziele als Führungsinstrument. Kritische Anmerkungen zum »Management by Objectives«. In: Zeitschrift für Organisation 40 (5/1971), S. 227–238.

Gomez, P.: – Frühwarnung –
Frühwarnung in der Unternehmung. Bern und Stuttgart 1983.

Grün, O.: – Entbürokratisierung –
Entbürokratisierung als Gestaltungsziel des Organisierens. In: Organisation, Planung, Informationssysteme. E. Grochla zu seinem 60. Geb., hrsg. v. E. Frese, P. Schmitz u. N. Szyperski. Stuttgart 1981, S. 23–36.

Hahn, D.: – PuK –
Planungs- und Kontrollrechnung – PuK. 3. Aufl., Wiesbaden 1985.

Hahn, D.; Krystek, U.: – Frühwarnsysteme –
Betriebliche und überbetriebliche Frühwarnsysteme für die Industrie. In: Zeitschrift für betriebswirtschaftliche Forschung 31 (1979), S. 76–88.

Hahn, D.; Willers, H. G.: – Führungskräftevergütung –
Unternehmungsplanung und Führungskräftevergütung. In: Strategische Unternehmungsplanung – Stand und Entwicklungstendenzen, hrsg. v. D. Hahn u. B. Taylor. 4. Aufl., Heidelberg und Wien 1986, S. 391–400.

Humble, J.: – Management –
Praxis des Managements by Objectives. München 1972.

Kieser, A.; Kubicek, H.: – Organisationsstruktur –
Organisationsstruktur und individuelles Verhalten als Einflussfaktoren der Gestaltung von Management-Informationssystemen. In: Zeitschrift für Betriebswirtschaft 44 (1974), S. 449–474.

Kirsch, W.; Esser, W. M.; Gabele, E.: – Management –
Das Management des geplanten Wandels von Organisationen. Stuttgart 1979.

Probst, G.: – Selbst-Organisation –
Selbst-Organisation. Ordnungsprozesse in sozialen Systemen aus ganzheitlicher Sicht. Berlin und Hamburg 1987.

Reichard, Ch.: – Managementkonzeption –
Managementkonzeption des öffentlichen Verwaltungsbetriebes. Berlin 1973.

Römheld, D.: – Informationssysteme –
Informationssysteme und Management-Funktionen. Wiesbaden 1973.

Röthig, P.: – Perspektiven –
Perspektiven für Organisation und Führung von Unternehmungen. In: Organisation. Evolutionäre Interdependenzen von Kultur und Struktur der Unternehmung. Festschrift zum 60. Geb. von K. Bleicher, hrsg. v. E. Seidel u. D. Wagner. Wiesbaden 1989, S. 311–323.

Schröder, E. F.: – Märkte –
Stagnierende Märkte als Chance erkennen und nutzen – Konzepte, Führung, Steuerung. Landsberg/Lech 1988.

Schweitzer, M.: – Planung –

Planung und Kontrolle. In: Allgemeine Betriebswirtschaftslehre. Band 2: Führung, hrsg. v. F. X. Bea, E. Dichtl u. M. Schweitzer. 4. Aufl., Stuttgart und New York 1989.

Siegwart, H.: – Controlling –
Managementorientiertes Controlling. In: Revision und Rechnungslegung im Wandel. Festschrift für A. Zünd, hrsg. v. C. Helbling, M. Boemle u. B. Glauss. Zürich 1988, S. 305–311.

Whyte, W. H.: – Man –
The Organization Man. New York 1956.

Wild, J.: – Organisation –
Organisation und Hierarchie. In: Zeitschrift für Organisation 42 (1/1973), S. 45–54.

Wild, J.: – Führung –
Führung als Prozess der Informationsverarbeitung. In Führungswandel in Unternehmung und Verwaltung, hrsg. v. K. Macharzina u. L. v. Rosenstiel. Wiesbaden 1974, S. 133–168.

Witte, E.: – Entscheidungsprozesse –
Entscheidungsprozesse. In: Handwörterbuch der Organisation, hrsg. v. E. Grochla. 1. Aufl., Stuttgart 1969, Sp. 498–506.

4.4 Strategisch intendiertes Problemverhalten

> »Nicht mehr das Geld, sondern der Mensch muss in den Mittelpunkt des Wirtschaftsgeschehens gestellt werden. Der Mensch muss von der Wirtschaft als *Subjekt respektiert*, anstatt als Objekt in die Rechnung eingesetzt werden ... Menschlichkeit statt Apparat, persönliche Initiative statt Gleichschaltung, fortschrittliche Ideen anstatt Paragraph, das ist unser Weg«.
>
> Gottlieb Duttweiler

In Konkretisierung und Explizierung der durch die Unternehmungskultur vorgegebenen Werte und Normen ist in der strategischen Dimension das Problemverhalten der Mitarbeiter zu entwickeln. Neben den Organisationsstrukturen und Managementsystemen sind es letztlich Menschen, die in ihrem Handeln Probleme erkennen, deren Lösungen sie in strategische Programme umsetzen und operativ verwirklichen. In dieser Dimension konkretisieren sich die unternehmungspolitischen Missionen zu strategischen Programmen zur Verhaltensentwicklung von Mitarbeitern beim Erkennen und Lösen von Problemen. Dies erfolgt innerhalb der von Unternehmungsstrukturen und Managementsystemen vorgezeichneten Rahmenbedingungen.

Damit treten in der strategischen Dimension neben *Ideen und Konzepte*, wie sie in den Programmen zum Ausdruck kommen, *Gestaltungs*aspekte von Strukturen und Systemen, zudem die *Entwicklungs*aspekte von trägerspezifischem Problemverhalten durch das Management.

Das strategische Management trifft weitreichende Entscheidungen unter Unsicherheit. Hier eröffnet sich ein breites Feld unterschiedlicher Einschätzungen vergangener Unternehmungsentwicklung der gegenwärtigen Problemlandschaft und des Zukunftsfeldes möglicher Chancen und Risiken. Die jeweiligen Beurteilungen klaffen unter einzelnen Mitgliedern der Führungsgruppe nicht selten erheblich auseinander. In diesem Zusammenhang wird die grundlegende und vom Verfasser kaum zu beantwortende Frage aufgeworfen, inwieweit die Unternehmung als lernendes soziales System Variationen der Perzeptionen der strategischen Unternehmungsführung implizit durch das normengeprägte Verhalten der Mitarbeiter erreichen kann, da jene letztlich Voraussetzungen für explizite Veränderungen durch Zielvorgaben, Aufträge und Arbeitsanleitungen sind.

Perzeptionen spielen aber nicht nur eine Rolle für die Konstituierung eines strategischen Fokus, sondern sie haben auch eine wesentliche *verhaltens- und handlungssteuernde Wirkung* auf die Festlegung von erstrebenswerten Problemlösungen im arbeitsteiligen System Unternehmung.

- Durch die Fokussierung auf bestimmte Fragestellungen und Antworten im Findungsprozess einer Strategie wird für die Mitglieder eines Systems, die nur über eine *begrenzte Perzeptibilität* verfügen, die Erfassung der *Gesamtkomplexität* einer Problemlandschaft auf ein angemessenes, erträgliches Mass *reduziert*.
- Gleiches gilt für die *Dynamik*, die sich auf diesem Wege fassbar und beherrschbar machen lässt. An sich höchst ungewisse Zukunftsentwicklungen können im arbeitsteiligen System Unternehmung unter dem *Diktum von Annahmen*, die als Prämissen in die strategische Planung eingehen (»Wir unterstellen, dass sich die Rahmenbedingungen wie folgt darbieten«), zum Planungs- und Entscheidungsfaktum werden. Im Sinne Niklas Luhmanns geht es bei der unternehmerischen Verantwortung um

das *Schaffen von Sicherheitsäquivalenten* im System bei gegebener objektiver Unsicherheit (= Funktionen = 105 f.).

Die kulturgeprägte *Perzeptionsrichtung* einer Unternehmung kann nach *aussen* oder nach *innen* gerichtet sein. Die Spannweite reicht hierbei von Unternehmungen, die »ihr Ohr« ständig an der Umwelt, am Markt haben und dafür im Laufe der Zeit hochsensible Sensorien entwickelt haben, während innerorganisatorische Vorgänge nur gedämpft wahrgenommen werden, bis hin zu Unternehmungen, die im Laufe der Zeit bürokratische Strukturen und Kulturen dergestalt entwickelt haben, daß sich die Perzeptionen ihrer Mitglieder vor allem auf die Lösung von Binnenproblemen richten (»Vorsicht, Kunde droht mit Auftrag!«).

4.4.1 Wesen und Elemente strategisch intendierten Problemverhaltens

»It is personalities, not principles that move the age«.

Oscar Wilde

Die derzeitigen Diskussionen über Verhaltensfragen lassen wenig strategisches Format erkennen, obwohl gerade die explizite Durchdringung und Gestaltung des Problemverhaltens von Mitarbeitern für die Bewältigung zukünftiger Herausforderungen den Schlüssel für ein strategisches Verständnis eines Personalmanagements bietet (Bleicher = Personalmanagement =). Dies verlangt allerdings die Aufgabe von traditionellen Vorstellungen, die die Funktion des Personalwesens auf die logistische Bereitstellung von Human-Ressourcen für definierte Aufgabenerfüllung begrenzt haben. Für ein strategisches Verständnis der Bedeutung menschlichen Problemverhaltens ist es vielmehr weit fruchtbarer, strategische Vorhaben zugleich als Folge menschlichen Entdeckergeistes, Problembewusstseins, Beurteilungsvermögens, der Initiative, Entscheidungsfreude *und* Realisierungskraft anzusehen. Ein »slack« – ein Übermaß an Problemlösungskapazität menschlichen Verhaltens – kann vielmehr geeignet sein, eine Unternehmung in eine völlig neue strategische Landschaft hineinzuführen, während eine rein logistische Philosophie der Personalausstattung dazu kaum annähernd in der Lage sein dürfte.

1. Perzeptionen und Präferenzen als Quellen strategisch intendierten Verhaltens

Die beeindruckende Palette an Instrumenten, die bislang für ein strategisches Management entwickelt wurde, darf nicht darüber hinwegtäuschen, dass es Menschen mit ihren *Perzeptionen* und *Präferenzen* sind, die strategische Konzepte erarbeiten, ihre Verwirklichung fördern oder ihnen Widerstände entgegenbringen. Letztlich entscheiden sie individuell auf dem Hintergrund der im sozialen Verband strukturell und kulturell vorgeprägten Netzwerke über eine gelungene oder misslungene strategische Realisierung einer Unternehmungspolitik.

2. Verhaltenskanalisierung durch Trägerselektion und Verhaltensentwicklung

Eine strategieabhängige oder strategieformende Verhaltenskanalisierung kann auf grundsätzlich zwei Wegen erreicht werden.

a) Selektion und Einsatz verhaltensgeprägter Träger: Zum einen ist es *der Einsatz* von Mitarbeitern aufgrund gezielter Selektion, die in sich bereits ein bestimmtes Verhalten tragen. Die Gestaltungsprobleme verlagern sich dann darauf, mit entsprechenden diagnostischen Methoden eine zielgerechte Auswahl für den Einsatz von Mitarbeitern für solche Programmkomplexe zu finden, die jeweils ein spezifisches Verhalten erfordern, z. B. dass der Verhaltenstyp des Pionierunternehmers mit dem Aufbau neuer Geschäftsfelder betraut wird. Oder einem nach Ordnung und Struktur suchenden, mehr technokratischen Manager kann die Konsolidierung eines schnell gewachsenen Geschäftsbereiches, der in die Reifephase übergeht, übertragen werden. Einem »knallharten« Sanierer wird dagegen das Herunterfahren eines problembehafteten Geschäftsbereiches in der Abschwungphase mit dem Ziel einer Restrukturierung anvertraut. Strategische Zentralaufgaben können dagegen von eher konzeptionell veranlagten Mitarbeitern übernommen werden, die ganzheitlich komplexe Strukturen in ihren Wirkungsweisen erfassen.

b) Verhaltensprägung gegebener Träger: Zum anderen ist es der Versuch, zusätzlich zu diesem personalen Ansatz einer strategischen Verhaltensausrichtung oder auch an dessen Stelle mit *Ansätzen, die eine Verhaltensänderung versprechen*, eine Förderung strategischen Problemverhaltens zu erreichen. Damit verlagert sich das Interesse auf die *Personalentwicklung* mit ihrem bekannten methodischen Instrumentarium. Der Erfolg solcher Massnahmen zur Verhaltensentwicklung gründet sich auf eine entsprechende Feineinstellung der Verhaltensbegründung im Hinblick auf Autorität und Verantwortung.

3. Die Gestaltung der Kapazität von Verhaltensqualitäten als strategischer Erfolgsfaktor

> »Das Management ist die schöpferischste aller Künste: es ist die Kunst, Talente richtig einzusetzen«.
>
> Robert McNamara

Damit rückt die langfristige *Gestaltung der Problemlösungskapazität* in ihrer quantitativen und qualitativen Auslegung in den Mittelpunkt eines weitsichtigen strategischen Managements. Sie beeinflußt strategische Programme, Strukturen und Systeme der Zukunft, sie prägt – über die Unternehmungskultur – Interessenlagen, die sich über die Unternehmungsverfassung in Veränderungen der Unternehmungspolitik niederschlagen. Letztlich realisiert sie Politik und Strategie mit mehr oder weniger Kompetenz im Operativen.

> Diese Problemlösungskapazität stellt nichts anderes dar als die Definition der Quantitäten erstrebter Verhaltensqualitäten.

Ein bedeutsamer Teilaspekt der strategischen Gestaltung dieser Problemlösungskapazität ist die *Auslegung der Managementkapazität*. Verhalten ist hier besonders deutlich an eine begrenzte Anzahl von Trägern geknüpft. Die Managementkapazität lässt sich in den beiden Extremen einer *engen* oder *weiten* Auslegung gestalten. Diese ist relativ zum erwarteten und angestrebten Verlauf der Unternehmungsentwicklung zu sehen. Während man in herkömmlicher technokratischer Sicht ein *Gleichgewicht* zwischen Kapazitätsbedarf und vorgehaltenem -angebot anstrebte, ist diese Sichtweise heute zunehmend in Frage zu stellen. Zwei gegensätzliche Sichtweisen der Managementkapazität lassen sich dabei ausmachen:

- eine *Unterdimensionierung* der Managementkapazität wirkt als limitierender Faktor für die Unternehmungsentwicklung. Die Qualität des Managements nimmt unter dem Druck der Überbeschäftigung der Führungskräfte ab. Damit wird die normative und strategische Dimension der Unternehmungsentwicklung zunehmend vernachlässigt. Zumeist sind folgende *Ursachen einer Unterdimensionierung der Managementkapazität* auszumachen:

Tabelle 4.6
Ursachen einer Unterdimensionierung der Managementkapazität

- die mangelnde Bereitschaft der Führungskräfte, Macht mit anderen zu teilen;
- Selbstüberschätzung im Management;
- eine restriktive Unternehmungskultur, die Versuche zur Auffrischung des Kaders unterläuft oder
- Organisations- und Führungsstrukturen, welche die Bildung von Managementtalenten aus den eigenen Reihen verhindern.

Ein weiterer Aspekt, der teilweise auch für eine möglichst knappe Dimensionierung der Managementkapazität sprechen könnte, ist die *Kostenfrage*. Managementkapazität ist teuer, erst recht, wenn sie unterbeschäftigt, weil zu grosszügig dimensioniert ist.

- Eine *Überdimensionierung* der Managementkapazität könnte zunächst als Verschleuderung von Ressourcen angesehen werden. Freie Kapazitäten suchen aber auch nach einem Ausgleich, so dass die Möglichkeit besteht, diese *strategisch* zu nutzen und damit einen innerorganisatorisch induzierten Wachstums- und Entwicklungsschub der Unternehmung auszulösen:

»... it may be said that corporate growth comes only as a corollary of personal growth and that, unless people are able to see some degree of personal goal attainment associated with the attainment of corporate growth objectives, there will be no organizational growth« (Hinrich = Growth = 134).

Die freie Managementkapazität ist daher in einen strukturellen Rahmen einzubinden, um sie zu erhalten und sinnvoll zu nutzen. Andernfalls besteht die Gefahr der Politisierung der Führung um die wenigen möglichen Betätigungsfelder, oder aber es setzt ein »brain drain« von Nachwuchs-Führungskräften, die nach neuen Herausforderungen ausserhalb der Unternehmung suchen, ein.

Darüber hinaus ist es erforderlich, die *Präferenzen für einzelne Führungseigenschaften* zu definieren und die Zusammenfassung zu komplementären Eigenschaften entweder unipersonal oder multipersonal vorzunehmen.

Als Problem der strategischen Auslegung der Managementkapazität (Paul = Unternehmungsentwicklung = 191 f.) ergibt sich die richtige Zusammenstellung eines zukunftsweisenden Mixes von Verhaltensqualitäten in einem adäquaten quantitativen Verhältnis, das nicht nur die zukünftige Problemlösungsfähigkeit, sondern auch ihre stete Weiterentwicklung gewährleistet.

4. Emanzipation von logistischen Konzepten einer »strategischen« Bereitstellung von humanen Leistungsfaktoren

Die Betrachtung der Verhaltensdimensionen des strategischen Managements emanzipiert sich zugleich von einer rein derivativ verstandenen *Logistikfunktion*, wie sie zumeist in Ansätzen »strategischer« Personalplanung zum Ausdruck kommt. Anstelle einer Unterstützung strategischer Programme zur Bereitstellung einer ausreichenden Zahl der in gewünschter Weise qualifizierten Mitarbeiter, wird hier die *Gestaltung der Problemlösungskapazität als Schlüssel für die zukünftige Strategiegenerierung* begriffen. Damit ergibt sich eher eine wechselbezügliche Rolle von Programmen und Verhaltensprägung.

Zu der strategischen Investition in die Problemlösungskapazität im Sinne der Leistungsfähigkeit tritt nach Peter Röthig (= Personalplanung =) ein Aktivierungsaspekt hinzu, der sich auf die Leistungsbereitschaft richtet. Die Bereitschaft und die Fähigkeit zur Leistung bestimmen das Leistungsverhalten der Mitarbeiter. Eine langfristig wesentliche Funktion strategischen Managements ist es, der *Akquisitionsfunktion* zur Entwicklung einer Problemlösungskapazität gerecht zu werden. Gegenüber potentiellen und aktuellen Trägern von Leistungsverhalten ist ein akquisitorisches Potential aufzubauen, das geeignet ist, nicht nur Leistungs- sondern auch Mitgliedschaftsentscheidungen positiv zu beeinflussen. Dies gilt nicht nur für die Anwerbung eines knapper werdenden qualifizierten Personals, sondern auch für die steten Mitgliedschaftsentscheidungen der bereits Beschäftigten, die sich letztlich an der Fluktuationsrate einer Unternehmung messen lassen.

Es ist nicht auszuschliessen, dass künftig besser ausgebildete, potentielle Mitarbeiter aufgrund des erreichten sozialen Hintergrunds höhere Ansprüche stellen werden. Sie werden eher nach riskanteren unternehmerischen Herausforderungen mit unmittelbarer Gratifizierung und weniger nach Sicherheit und Geborgenheit in einer bürokratisch organisierten Koordinationsstruktur suchen. Dem Gestaltungsaspekt von Aufgaben und Organisation dürfte für die Dimensionierung des akquisitorischen Potentials einer Unternehmung eine kritische Bedeutung zukommen.

4.4.2 Dimensionen strategisch intendierten Problemverhaltens

> »The success of any one organization relative to its competitors will become more and more a function of its ability to plan and execute a human resource strategy that is more effective than that of its competitors«.
>
> R. G. Roberts

Sollen die spezifischen Profile einer Unternehmung im Hinblick auf das strategisch intendierte Problemverhalten ermittelt oder entwickelt werden, bietet es sich an, vier Aspekte aus der Fülle denkbarer Dimensionen einer Verhaltensentwicklung herauszugreifen (vgl. Abb. 4.24). Dabei werden *Entwicklungsziele* des Verhaltens, die sich in *Rollen für deren Träger* niederschlagen, zu unterscheiden sein. Problemverhalten bedarf ferner einer prägenden *Verhaltensbegründung*, die die angestrebte Verhaltensentwicklung unterstützt. Strategisch sind weiter die *methodischen Ansätze einer Verhaltensentwicklung zu definieren.*

Im einzelnen lassen sich innerhalb der Dimensionierung strategisch intendierten Problemverhaltens folgende Aspekte unterscheiden:

Tabelle 4.7
Dimensionen des strategisch intendierten Problemverhaltens

I. *Entwicklungsziele des Problemverhaltens*
   1. Partizipationsziele

2. individual- oder gruppenorientierte Verhaltensziele

II. *Rollenverhalten*
3. Stabilisierendes technokratisches Managementverhalten vs. veränderndes unternehmerisches Verhalten
4. Spezialisierendes, vertiefendes vs. generalisierendes, breitenorientiertes Verhalten

III. *Verhaltensbegründung*
5. Institutionelle vs. fachlich kommunikative Autorität
6. Delegation und Fremd- vs. Eigenverantwortung

IV. *Verhaltensentwicklung*
7. Verhaltensentwicklung durch »on-the-job« vs. »off-the-job«-Training und Ausbildung
8. Verhaltensentwicklung durch vertiefendes vs. erweiterndes Lernen.

Abbildung 4.24
Muster einer Dimensionierung strategisch intendierten Problemverhaltens

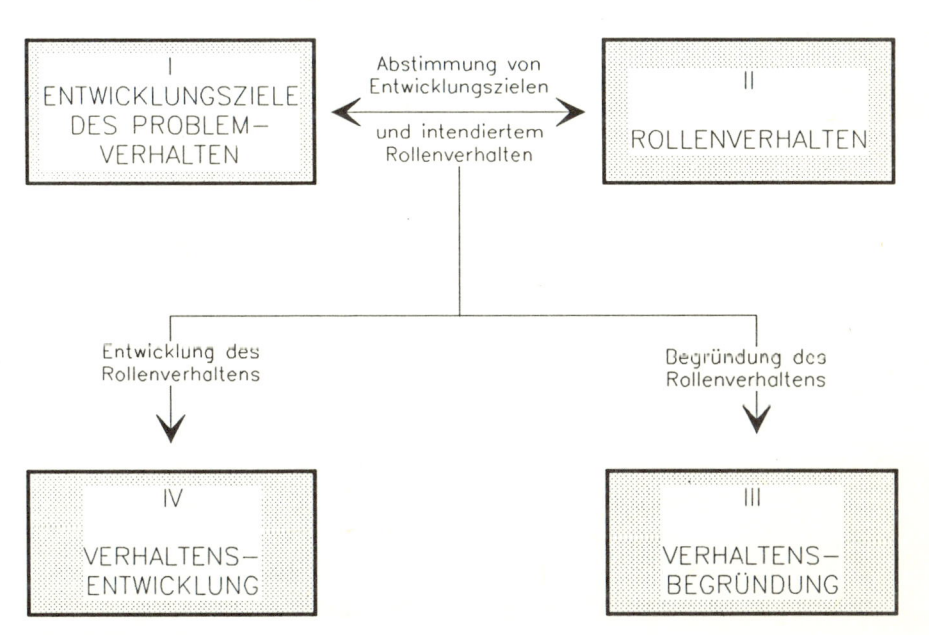

1. Entwicklungsziele des Problemverhaltens

Ein »Management of Human Resources« bedarf in seiner strategischen Dimension der Harmonisation von Programmen mit dem trägerabhängigen Problemverhalten. Dabei sind sowohl ökonomisch geprägte als auch sozial orientierte Verhaltensziele von strategischer Bedeutung.

1. Partizipationsziele: Der Grad der erstrebten Partizipation als Ziel einer Verhaltensentwicklung kann in einer Unternehmung in Abhängigkeit von ihrer unternehmungskulturellen Prägung und ihrem strategischen Programm unterschiedlich ausfallen. Unter Partizipation wird mit G. Yukl (= Leadership = 414 f.) das Ausmass der vom Vorgesetzten gewährten Beteiligungsrechte an Entscheidungen verstanden. Mit einem erstrebten ausgeprägten partizipativen Verhalten ist die Vorstellung verbunden, daß unterschiedliche Zielvorstellungen und zweckgerichtete Informationen berücksichtigt werden, so dass auf diesem Wege integrierte und damit ökonomisch anspruchsvollere Entscheidungen erreicht werden. Hinzu kommt die Erwartung, dass Mitarbeiter, die von einer Entscheidung berührt und in diese einbezogen werden, sich dadurch stärker betroffen fühlen, besser informiert sind und sich eher für die Realisierung dieser Entscheidung einsetzen. Dieser zur Symmetrie der Einflussbeziehungen tendierenden Beteiligung der Mitarbeiter steht eine asymmetrische Vorstellung gegenüber, die Mitarbeiter in der Rolle von fremdbestimmten Ausführenden sieht.

Eine Skalierung erfolgt somit im Spannungsfeld eines *geringen und eines hohen Grades* erstrebten partizipativen Verhaltens.

2. Individual- vs. gruppenorientierte Verhaltensziele: In ähnlicher Weise von den unternehmungskulturellen Gegebenheiten und den strategischen Zukunftsvorstellungen geprägt, rückt die Frage des erstrebten Sozialverhaltens der Mitarbeiter in den Mittelpunkt einer strategischen Verhaltensprofilierung. Es gibt eine unterschiedliche Orientierung an einer erstrebten Entwicklung des Mitarbeiterverhaltens, nämlich eher bezogen auf Individuen oder auf Gruppen«. Dies wird daran deutlich, wie sich Führungskräfte um die Pflege der Beziehungen zu ihren einzelnen Mitarbeitern oder zur Gruppe ihrer Mitarbeiter als »Team« bemühen. Im ersten Fall erfolgt eine stark auf die Individualität des einzelnen Mitarbeiters bezogene Aufgabenstellung und -verfolgung, die von einer entspre-

Abbildung 4.25
Strategisch intendiertes Führungsverhalten

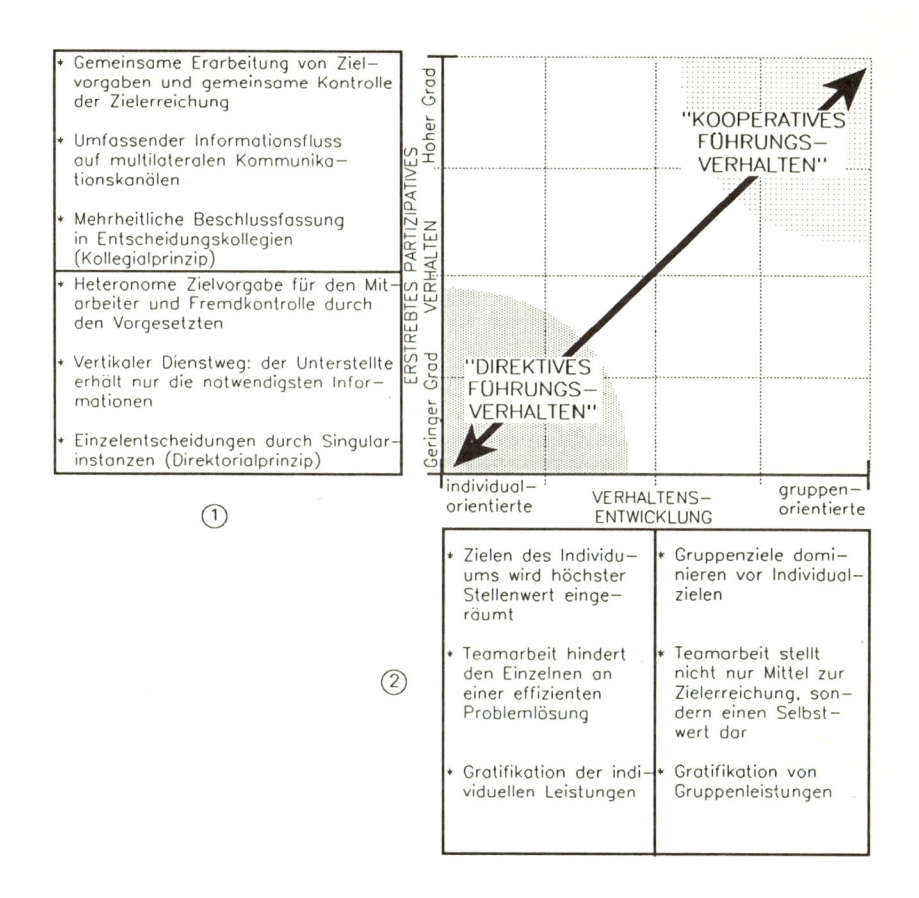

①
- Gemeinsame Erarbeitung von Zielvorgaben und gemeinsame Kontrolle der Zielerreichung
- Umfassender Informationsfluss auf multilateralen Kommunikationskanälen
- Mehrheitliche Beschlussfassung in Entscheidungskollegien (Kollegialprinzip)
- Heteronome Zielvorgabe für den Mitarbeiter und Fremdkontrolle durch den Vorgesetzten
- Vertikaler Dienstweg: der Unterstellte erhält nur die notwendigsten Informationen
- Einzelentscheidungen durch Singularinstanzen (Direktorialprinzip)

ERSTREBTES PARTIZIPATIVES VERHALTEN (Geringer Grad – Hoher Grad)

"KOOPERATIVES FÜHRUNGSVERHALTEN"

"DIREKTIVES FÜHRUNGSVERHALTEN"

individualorientierte — VERHALTENSENTWICKLUNG — gruppenorientierte

②
- Zielen des Individuums wird höchster Stellenwert eingeräumt
- Teamarbeit hindert den Einzelnen an einer effizienten Problemlösung
- Gratifikation der individuellen Leistungen

- Gruppenziele dominieren vor Individualzielen
- Teamarbeit stellt nicht nur Mittel zur Zielerreichung, sondern einen Selbstwert dar
- Gratifikation von Gruppenleistungen

chenden Beurteilung und Gratifizierung begleitet wird. Im zweiten Fall steht der »Esprit de Corps« im Mittelpunkt des Führungshandelns, dem die Formulierung von Gruppenzielen und eine weitgehend interne Gestaltungsfreiheit innerhalb der Gruppe, zudem eine Beurteilung und Gratifizierung des Ergebnisses der Gruppenleistung, entspricht. Eine Skalierung erfolgt damit im Spannungsfeld einer individual- oder gruppenorientierten Verhaltensentwicklung.

Werden die extremen Ausprägungen einer Skalierung beider Dimensionen miteinander verbunden, zeigen sich zwei Muster:

> *ein wenig nach Beteiligung strebendes Führungsverhalten, das nach einer Bewahrung asymmetrischer arbeitsteiliger Verhältnisse von Führung und Ausführung bei einer gleichzeitigen Betonung individueller Leistungsbeiträge, die durch die Führung koordiniert werden, ausgerichtet ist. Als typologisches Muster ergibt sich ein* **direktives Führungsverhalten;**

> *ein Führungsverhalten* der partizipativen Beteiligung *von Mitarbeitern bei allen Entscheidungsaktivitäten – verbunden mit einem Streben nach Kooperation in teilautonom gestalteten Gruppen –, das hohe Anforderungen an die Fach- und Sozialkompetenz aller Mitarbeiter stellt. Als typologisches Muster ergibt sich ein* **kooperatives Führungsverhalten.**

Mit M. Deutsch (= Konfliktregelung = zit. n. Wunderer/Grunwald = Führungslehre I = 154) ist ein kooperatives Führungsverhalten ein auf Wechselseitigkeit beruhender Prozess, der durch die Schlüsselvariablen *Vertrauen*, *Koordination* und *gegenseitige Übereinkunft* (Verhandeln) charakterisiert werden kann.

II. Rollenverhalten

Entwicklungsziele des Verhaltens wirken auf die Präferenzen für Rollen ein, die Mitarbeiter in der Unternehmung wahrnehmen sollen. Dabei sind in zwei Dimensionen unterschiedliche Vorstellungen skalierbar, die sich je nach unternehmungspolitischem Kontext strategisch konkretisieren lassen.

3. Stabilisierendes technokratisches Managementverhalten vs. veränderndes unternehmerisches Verhalten: Das erstrebte Rollenverhalten kann einerseits in die Richtung eines professionellen Managements gehen, das sich durch eine starke Betonung des Analytischen und eines virtuosen Einsatzes häufig zeitgebundener technokratischer, konzeptionell-synthetischer Aspekte auszeichnet. Andererseits kann gerade ein Rollenverhalten angestrebt werden, dass die unternehmerische Suche nach Ungleichgewichten von Märkten und Technologien in der Zukunft durch Erkennen und Verfolgen von chancenreichen Projekten betont. Damit ergibt sich ein Spannungsfeld zwischen einem *ordnenden, bewahrenden und sichernden Rollenverhalten* einerseits und einem *verändernden, bewegenden und erschliessenden Rollenverhalten* andererseits.

4. Spezialisierendes, vertiefendes vs. generalisierendes, breitenorientiertes Verhalten: Unternehmungen können sich bezogen auf das Verhalten ihrer Mitarbeiter strategisch positionieren, indem sie entweder das *Spezialistentum* bei der Problemlösung suchen und fördern oder aber, statt eine perfektionierende Tiefe zu suchen, die Breite des Überblicks der *Generalisten* in den Mittelpunkt des erstrebten Verhaltens stellen. Damit wird eine Verhaltensprägung und -entwicklung angepeilt, die in der Praxis kaum zu Extremen führen dürfte, denn letztlich geht es darum, das Zusammenspiel von Spezialisten und Generalisten zu organisieren. Im Rahmen dieser theoretischen Darstellung soll jedoch Klarheit darüber geschaffen werden, welche Art der Verhaltensorientierung sich prinzipiell mit dem jeweiligen strategischen Programm verbindet.

Werden beide Dimensionen miteinander verbunden, ergeben sich typische Extrempositionen:

> *Auf der einen Seite ist es das* **Rollenverhalten von Spezialisten***, die sich* professionell *verhalten sollten. Dem Management kommt in seinem Verhalten dann die Rolle zu, mit seinem Instrumentarium die vielfältigen spezialisierten Leistungsbeiträge auf einen gleichgewichtigen Entwicklungskurs hin zu harmonisieren.*

> *Dem steht ein typologisches Muster gegenüber, das durch ein* **generalistisches Verhalten** *gekennzeichnet ist. Es soll günstige Voraussetzungen für das Entdecken von Markt- und Technologielücken bieten, die durch ein angestrebtes* unternehmerisches Verhalten *zugunsten der eigenen Unternehmung geschlossen werden sollen.*

Abbildung 4.26
Rollenverhalten

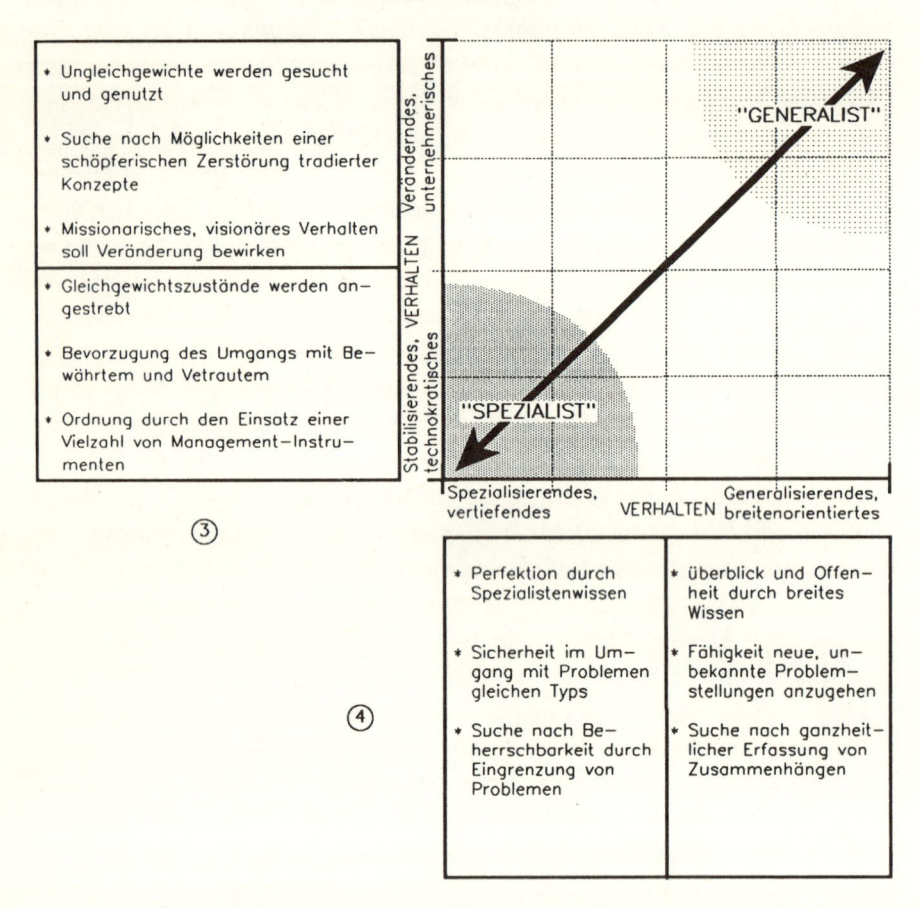

- Ungleichgewichte werden gesucht und genutzt
- Suche nach Möglichkeiten einer schöpferischen Zerstörung tradierter Konzepte
- Missionarisches, visionäres Verhalten soll Veränderung bewirken

- Gleichgewichtszustände werden angestrebt
- Bevorzugung des Umgangs mit Bewährtem und Vetrautem
- Ordnung durch den Einsatz einer Vielzahl von Management-Instrumenten

③

④

- Perfektion durch Spezialistenwissen
- Sicherheit im Umgang mit Problemen gleichen Typs
- Suche nach Beherrschbarkeit durch Eingrenzung von Problemen

- Überblick und Offenheit durch breites Wissen
- Fähigkeit neue, unbekannte Problemstellungen anzugehen
- Suche nach ganzheitlicher Erfassung von Zusammenhängen

III. Verhaltensbegründung

Das in der Unternehmung strategisch erstrebte Verhalten bedarf einer Begründung, auf der letztlich *Autorität* und *Verantwortung* der Verhaltensträger beruhen. Auch hier lassen sich unterschiedliche Muster einer Begründung von Autorität und Verantwortung im Verhalten der Mitarbeiter untereinander ausmachen.

5. *Institutionelle vs. fachlich-kommunikative Autorität:* Verschiedene Autoritätsformen können die Legitimation des Anspruchs auf eine asymme-

trische Beeinflussung von Mitarbeitern insbesondere im Führungsverhältnis begründen. Diese werden damit zu strategisch bestimmenden Grundlagen für die Kooperation und Kommunikation im sozialen System der Unternehmung. Die *institutionelle* Form der Autoritätsbegründung beruht auf dem zugewiesenen Rang und der Position, die eine Person in der Unternehmungshierarchie einnimmt. Als sog. »Amtsautorität« wird sie über Organisations- und Führungsreglements verdeutlicht. Dieser entpersonalisierten Autoritätsform ist die *fachlich-kommunikative* Autoritätsbegründung gegenüberzustellen, die stark auf der Person beruht, die Einfluss ausübt. Sie gründet sich auf deren Sachverstand (Informationsmacht) und Führungskapazität (Konflikt-, Kooperations- und Kommunikationsfähigkeit). Zwischen den beiden Extremen einer strategisch zu definierenden institutionellen oder fachlich-kommunikativen Autorität ergibt sich damit eine weitere Skalierungsmöglichkeit.

6. Delegation und Fremd- vs. Eigenverantwortung: Die strategisch erstrebte Verhaltensbegründung der Mitarbeiter schliesst auch die Dimensionierung bezüglich der Verantwortung ein. Diese ist ohne Bezug zur *Delegation* von Entscheidungsaufgaben nicht erklärbar, denn sie bildet gleichsam ihr Korrelat. Die Regelung der Verantwortung kann bei einer fremdbestimmten eigenen Tätigkeit weitgehend auf die vorgaben-getreue, reglement-orientierte Einhaltung von Vorschriften bei der Erfüllung des Arbeitspensums reduziert sein. Können Mitarbeiter weder über Ziele, Aufgabenstellung noch über die Art und Weise der Aufgabenerfüllung mitentscheiden, liegt das Extrem einer *Fremdverantwortung* vor. Abhängig vom Anspruchsniveau der Mitarbeiterschaft, der Aufgabenstellung und der Art der Arbeitsorganisation kann eine derartige Regelung in Verfolgung bestimmter strategischer Programme durchaus sinnvoll sein.

Sie verlangt dann allerdings eine Abstützung durch ausgefeilte Managementsysteme, die in einer Organisation, in der Vertrauen keine wesentliche Rolle spielt, stark (fremd-)kontrollorientiert ausgelegt sind. Ob allerdings auf diesem Wege Sinnfindung in der Arbeit und eine Identifikation mit der Unternehmung möglich sind, darf bezweifelt werden: »Das *Modell der Fremdverantwortung*, welches sich noch an der personalen Zurechnung von Erfolg und Misserfolg orientiert, dürfte sich angesichts einer komplexer werdenden Organisation mit differenzierter Arbeitsteilung als unzweckmäßigen erweisen« (Wunderer/Grunwald = Führungslehre II = 351).

Abbildung 4.27
Verhaltensbegründung

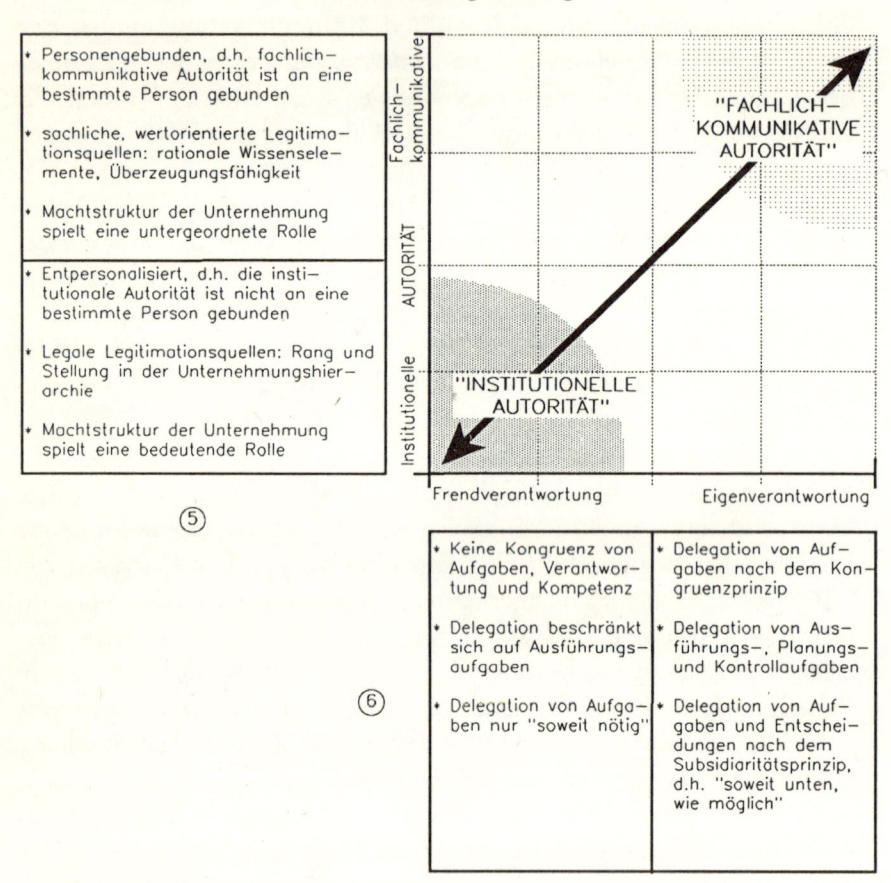

- Personengebunden, d.h. fachlich-kommunikative Autorität ist an eine bestimmte Person gebunden
- sachliche, wertorientierte Legitimationsquellen: rationale Wissenselemente, Überzeugungsfähigkeit
- Machtstruktur der Unternehmung spielt eine untergeordnete Rolle

- Entpersonalisiert, d.h. die institutionale Autorität ist nicht an eine bestimmte Person gebunden
- Legale Legitimationsquellen: Rang und Stellung in der Unternehmungshierarchie
- Machtstruktur der Unternehmung spielt eine bedeutende Rolle

⑤

AUTORITÄT (Fachlich-kommunikative / Institutionelle)

"FACHLICH-KOMMUNIKATIVE AUTORITÄT"

"INSTITUTIONELLE AUTORITÄT"

Fremdverantwortung — Eigenverantwortung

⑥

- Keine Kongruenz von Aufgaben, Verantwortung und Kompetenz
- Delegation beschränkt sich auf Ausführungsaufgaben
- Delegation von Aufgaben nur "soweit nötig"

- Delegation von Aufgaben nach dem Kongruenzprinzip
- Delegation von Ausführungs-, Planungs- und Kontrollaufgaben
- Delegation von Aufgaben und Entscheidungen nach dem Subsidiaritätsprinzip, d.h. "soweit unten, wie möglich"

Der Fremdverantwortung steht die strategische Intention einer weitgehenden Delegation von Entscheidungs- und (Selbst-)Kontrollaufgaben gegenüber. Ein vergrösserter Kompetenzrahmen der Mitarbeiter führt zu mehr *Eigenverantwortung* als Ausdruck einer Verhaltensbegründung, die auf eine ganzheitlichere Vertretung von Problemlösungskompetenz in der Organisation zielt.

In Verbindung beider extremer Formen strategisch intendierter Verhaltensbegründung durch Autorität und Verantwortung lassen sich die Muster einer

> **institutionellen Autoritätsbegründung mit Fremdverantwortung**

einerseits und

> *einer* **fachlich-kommunikativen Autoritätsbegründung mit Eigenverantwortung** *bei grosser Delegation von Entscheidungs- und Kontrollaufgaben*

andererseits erkennen und typologisch gegenüberstellen.

IV. Verhaltensentwicklung

Eine strategisch intendierte Veränderung der Problemlösungskapazität einer Unternehmung erfolgt, ergänzend zur Selektion von Trägern bestimmten Verhaltens für die Mitgliedschaft in einer Unternehmung, durch die Verhaltensentwicklung. Diese soll die Verhaltensqualität beeinflussen. Kern einer Verhaltensentwicklung ist die Lernfähigkeit. Sie kennzeichnet die Eigenschaft eines Systems, aus den Folgen einer Handlung Schlüsse für zukünftiges Verhalten in dieser oder einer ähnlichen Situation zu ziehen. Die Entwicklungsfähigkeit eines Systems baut auf dieser Lernfähigkeit auf, die erlaubt, Verhalten an Veränderungen der Umwelt anzupassen. Die Lernfähigkeit eines Systems wird von der seiner Mitglieder getragen. Die Verhaltensentwicklung konzentriert sich damit vor allem auf eine Verbesserung der Lernfähigkeit. Dabei lassen sich wiederum zwei Ansätze miteinander verbinden.

7. Verhaltensentwicklung durch »off-the-job« vs. »on-the-job«-Training und Ausbildung: Ein Training oder eine Ausbildung zur Erhöhung der Problemlösungskapazität kann einerseits »on-the-job« problemnah am Arbeitsplatz erfolgen, wobei jedoch die Gefahr besteht, nur in arbeitsteilig segmentierter Weise und nur für die Lösung gegenwärtiger Anforderungen zu qualifizieren. Dem kann teilweise durch »job-rotation«, den Wechsel von Arbeitsplätzen, die unterschiedliche Verhaltenskategorien erfordern, entsprochen werden. Eine intendierte Zukunftsorientierung liesse sich in diesem Zusammenhang beispielsweise über den Wechsel von Linien-Managern in Stabspositionen, die sich mit langfristigen

Vorhaben der Unternehmungsentwicklung auseinandersetzen, erreichen. Andererseits kann eine Verhaltensentwicklung »off-the-job« durch inner- oder überbetriebliche Aus- und Weiterbildungsmassnahmen erfolgen. Dem Vorteil eines breit ausgebauten, über die Anforderungen eines spezifischen Arbeitsplatzes hinausgehenden Fähigkeitspotentials der Mitarbeiter steht allerdings eine nicht zu vernachlässigende Transferproblematik gegenüber, welche sich aus der schwierigen Umsetzung erzielter Erkenntnisse auf die konkrete Problembewältigung ergibt.

8. Verhaltensentwicklung durch vertiefendes vs. erweiterndes Lernen:

> »Das organisatorische Lernen äussert sich ... in der Art und Weise, wie die Wissensbasis einer Organisation genutzt, verändert und fortentwickelt wird«.
>
> Werner Kirsch

Eine Verhaltensentwicklung kann strategisch durch ein *vertiefendes* oder ein *erweiterndes Lernen* erfolgen. Damit können sowohl kognitive wie affektive Lerninhalte gemeint sein. Kognitiv werden Fertigkeiten und Wissen erworben, wohingegen affektiv überdauernde Werthaltungen, Einstellungen und Perzeptionen erlernt werden. Das »strategische« an diesem Lernverhalten ist aber nicht nur das, was erlernt wird, sondern vielmehr das, was durch den Lernprozess bewirkt wird.

Beim *vertiefenden Lernverhalten* werden Wissen und Fähigkeiten sowie Einstellungen und Werthaltungen gefestigt. Ziel ist demnach eine diese vertiefende Beständigkeit, deren Ursache individuell im Wunsch nach Gewissheit und Sicherheit zu sehen ist. Diese bedeutet, dass die Vorhersagbarkeit von Verhalten zunimmt. Eine solche »Sicherheit der Verhaltenserwartung« kann im Extremfall zu einer starken Rollenformalisierung (Luhmann = Funktionen =) führen. Die vertiefende Beständigkeit bedingt nahezu, dass nur inkrementale Verbesserungen des Ist-Zustandes vorgenommen werden und aufgrund der Verfestigung der Perzeptionen und der Problemwahrnehmung den Sicherheits- und Gewissheitswünschen der Mitarbeiter stark entgegengekommen wird. Dieses Verhaltensmuster eignet sich somit vor allem für beständige Umwelten.

Charakteristisch für ein *erweiterndes Lernverhalten* sind evolutorische Vorstellungen der sich selbst organisierenden sozialen Systeme. Auf-

Abbildung 4.28
Verhaltensentwicklung

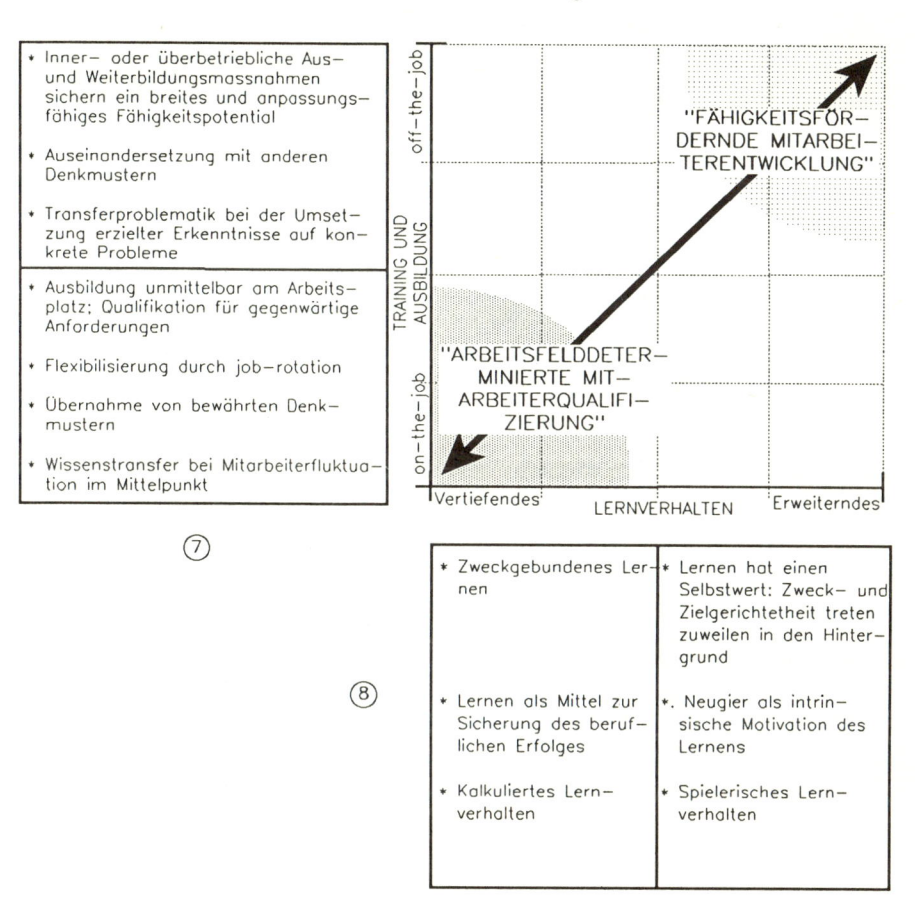

⑦
- Inner- oder überbetriebliche Aus- und Weiterbildungsmassnahmen sichern ein breites und anpassungsfähiges Fähigkeitspotential
- Auseinandersetzung mit anderen Denkmustern
- Transferproblematik bei der Umsetzung erzielter Erkenntnisse auf konkrete Probleme

- Ausbildung unmittelbar am Arbeitsplatz; Qualifikation für gegenwärtige Anforderungen
- Flexibilisierung durch job-rotation
- Übernahme von bewährten Denkmustern
- Wissenstransfer bei Mitarbeiterfluktuation im Mittelpunkt

"FÄHIGKEITSFÖRDERNDE MITARBEITERENTWICKLUNG"

"ARBEITSFELDDETERMINIERTE MITARBEITERQUALIFIZIERUNG"

TRAINING UND AUSBILDUNG (off-the-job / on-the-job)

LERNVERHALTEN (Vertiefendes / Erweiterndes)

⑧
• Zweckgebundenes Lernen	• Lernen hat einen Selbstwert: Zweck- und Zielgerichtetheit treten zuweilen in den Hintergrund
• Lernen als Mittel zur Sicherung des beruflichen Erfolges	• Neugier als intrinsische Motivation des Lernens
• Kalkuliertes Lernverhalten	• Spielerisches Lernverhalten

grund der Kenntnis um die Subjektivität der Problemwahrnehmung sowie des vorhandenen Wissens ergibt sich ein »spielerischer« Umgang mit Problemen. »Berührungsängste« mit der Unsicherheit werden abgeschwächt und Problemstellungen von verschiedenen Blickrichtungen her gedanklich angegangen. Es wird ein Verhalten generiert, das zukünftigen Herausforderungen offener gegenübersteht und sich daher für dynamische und schlecht vorhersehbare Umwelten eignet.

Werden beide Extremmuster einer Profilierung typologisch miteinander verbunden, ergeben sich die beiden charakteristischen Muster:

> *einer* **arbeitsfeld-determinierten Mitarbeiter-Qualifizierung,** *die in Richtung einer vertiefenden Beständigkeit zielt und letztlich den Verhaltensträgern subjektiv Sicherheit suggeriert, und*

> *der* **fähigkeitsfördernden Mitarbeiter-Entwicklung,** *die im spielerischen Umgang mit ganzheitlichen Problemstellungen intrinsische Motivation für die Verhaltensträger erzeugen kann.*

4.4.3 Die Dimensionierung strategisch intendierten Problemverhaltens im Spannungsfeld von Stabilisierung und Veränderung

> First we shape our structures, and afterwards they shape us.
>
> Winston Churchill

Ähnlich wie bei den anderen Modulen strategischen Managements lassen sich auch in seinen verhaltensbezogenen Dimensionen unschwer zwei durchgehende typologische Muster erkennen, die einerseits in Richtung einer *Stabilisierung* und andererseits in Richtung einer *Veränderung* zielen. Abb. 4.29 zeigt diesen Zusammenhang im Überblick. Im Gesamtzusammenhang des strategischen Managements wird deutlich, dass eine Übereinstimmung von strategischen Programmen und ihrer Absicherung durch auf sie ausgerichtete Organisationsstrukturen und Managementsysteme im Sinne des herausgestellten Integrationsgebotes nur dann erreichbar ist, wenn diese durch eine entsprechende verhaltensmässige Prägung der Mitarbeiter getragen werden. Dabei sollten Profilabweichungen erkennbar werden, wie sie häufig in der Managementpraxis feststellbar sind, etwa in der Form, dass vor dem Hintergrund eines auf Stabilisierung ausgerichteten und durch Strukturen und Systeme kanalisierten Verhaltens progressive Programme verabschiedet werden, die ein genau entgegengerichtetes, veränderndes Verhalten voraussetzen.

Typ C: Stabilisierendes Problemverhalten

Typ D: Veränderungsorientiertes Problemverhalten

Abbildung 4.29
Profil strategisch intendierten Problemverhaltens

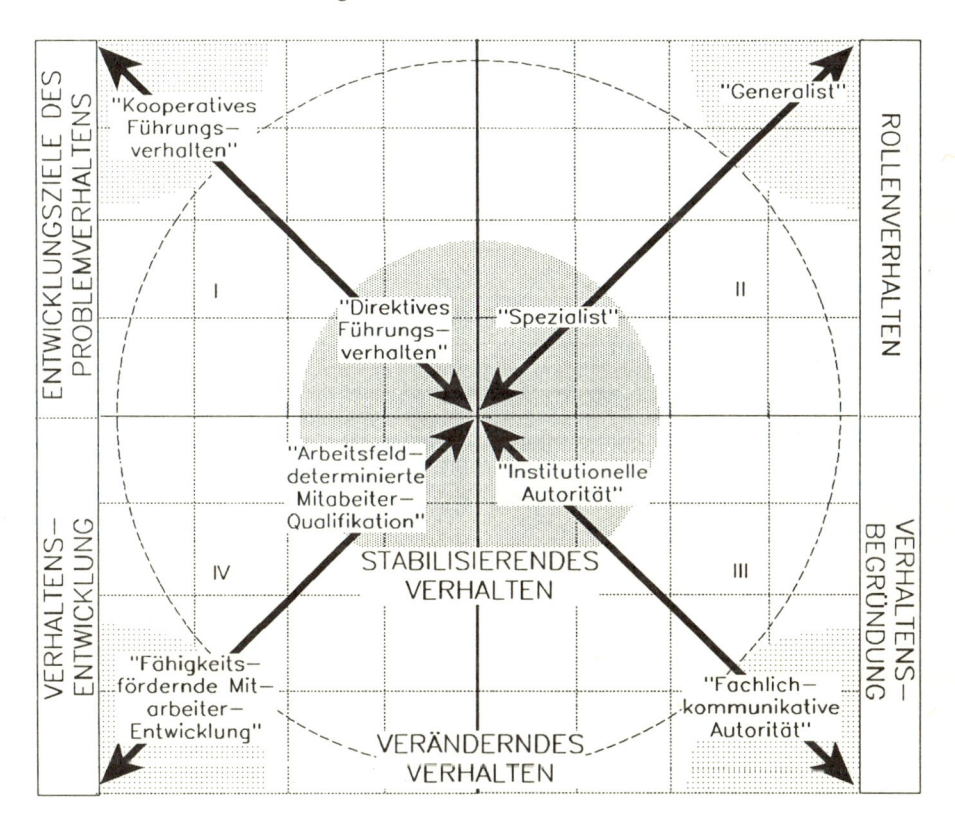

[Diagramm mit Achsen: ENTWICKLUNGSZIELE DES PROBLEMVERHALTENS, ROLLENVERHALTEN, VERHALTENSBEGRÜNDUNG, VERHALTENSENTWICKLUNG; Quadranten I–IV; Begriffe: "Kooperatives Führungsverhalten", "Generalist", "Direktives Führungsverhalten", "Spezialist", "Arbeitsfeld-determinierte Mitarbeiter-Qualifikation", "Institutionelle Autorität", "Fähigkeitsfördernde Mitarbeiter-Entwicklung", "Fachlich-kommunikative Autorität"; STABILISIERENDES VERHALTEN / VERÄNDERNDES VERHALTEN]

4.4.4 Differenzierung und Konkretisierung des Problemverhaltens in Kooperationsfeldern

Das Rekursionsprinzip ist zur Differenzierung und Konkretisierung auch auf das Problemverhalten der Mitarbeiter anzuwenden. In einzelnen Kooperationsfeldern, die durch »face-to-face«-Gruppen repräsentiert werden, lassen sich entsprechend der spezifischen Situation, den Kontexten des Arbeitsfeldes, der Aufgaben und der personalen und sozialen Bedingungen und Beziehungen unterschiedliche Profilierungen des aktuellen und erstrebten Problemverhaltens wiederfinden. Sie werden auch hier in dem aufgezeigten Raster in Skalen erfassbar, womit eine durchgängige Interpretation von Gemeinsamkeiten und Abweichungen des Problemverhaltens einzelner Gruppen möglich wird.

Zitierte Literatur zu Kapitel 4.4

Bleicher, K.: – Personalmanagment –
Strategisches Personalmanagement – Gedanken zum Füllen einer kritischen Lücke im Konzept strategischer Unternehmensführung. In: Humanität und Rationalität in Personalpolitik und Personalführung. Beiträge zum 60. Geburtstag von E. Zander, hrsg. v. H. Glaubrecht u. D. Wagner, Freiburg i. Br., 1987, S. 18–38.

Deutsch, M.: – Konfliktregelung –
Konfliktregelung. München 1976.

Hinrich, J. R.: – Growth –
The People Factor in Corporate Growth. In: Corporate Growth Strategies, hrsg. v. I. Stemp, o. O. 1970, S. 133–166.

Luhmann, N.: – Funktionen –
Funktionen und Folgen formaler Organisation. Berlin 1964.

Paul, H.: – Unternehmungsentwicklung –
Unternehmungsentwicklung als betriebswirtschaftliches Problem. Ein Beitrag zur Systematisierung von Erklärungsversuchen der Unternehmungsentwicklung. Frankfurt/M., Bern und New York 1985.

Röthig, P.: – Personalplanung –
Strategische Personalplanung im System Unternehmung. Ansätze zur Emanzipation und Perspektivenöffnung der Personalplanung im ökonomisch-technologischen, soziopolitischen System Unternehmung. Diss. Giessen 1982.

Wunderer, R.; Grunwald, W.: – Führungslehre I –
Führungslehre. Band 1: Grundlagen der Führung. Berlin und New York 1980.

Wunderer, R.; Grunwald, W.: – Führungslehre II –
Führungslehre. Band 2: Kooperative Führung. Berlin und New York 1980.

Yukl, G.: – Leadership –
Toward a Behavioral Theory of Leadership. In: Organizational Behavior and Human Performance (6/1971), 414–440.

4.5 Alternative Integrationsmöglichkeiten des strategischen Managements

Die Integration aller Dimensionen des strategischen Managements ergibt sich aus der Fusion der dargestellten Teiltatbestände strategischer Programme, von Organisationsstrukturen und Managementsystemen mit dem strategischen Problemverhalten. Eine Darstellung der Kommunikationsproblematik des strategischen Managements beschliesst diesen Abschnitt.

Der Darstellung des Gesamtmusters der Integration liegt die zusammenfassende Profiltypologie zugrunde, wie sie in Abb. 4.30 dargestellt wird. Die in der normativen Dimension erkennbare Profiltypologie einer Opportunitäts- und einer Verpflichtungspolitik wird in der strategischen Dimension in eine entweder auf *Stabilisierung* oder auf *Veränderung* ausgerichtete Programm-, Organisationsstruktur-, Managementsystem- und Verhaltensgestaltung umgebrochen. Welches Strategiemuster jeweils einer Opportunitäts- oder einer Verpflichtungspolitik zuzuordnen ist, hängt vom Stadium der erreichten bzw. noch zu bewältigenden Phase des Lebenszyklus der Unternehmung oder eines Geschäftsfeldes ab (vgl. Kapitel 6).

Mit einer zunehmenden Dynamisierung des unternehmerischen Umfeldes geht eine Verlagerung von einer im inneren Kreis der gewählten Darstellung angesiedelten Profilierung zu Profilen im äusseren Kreis einher. Das sich dabei ergebende Muster kann unterschiedliche Fortschritte auf dem Weg zu einem auf Veränderung ausgerichteten Gesamtprofil strategischen Managements erkennbar werden lassen. Dies lässt die Frage nach einem strategischen »Fit« von Programmen, Strukturen, Systemen und Verhalten stellen, aus dem sich Ansätze für harmonisierende Massnahmen zur Bereinigung von Inkongruenzen ableiten lassen.

4.6 Kommunikation von strategischen Programmen, Organisationsstrukturen, Managementsystemen und strategischem Verhalten

Die Ergebnisse strategischer Überlegungen besitzen nur dann eine Realisierungschance, wenn sie kommunizierbar sind und im Hinblick auf das strategische und operative Verhalten auch kommuniziert werden. Als Bezugsgrundlage für eine derartige Kommunikation können strategische Pro-

Abbildung 4.30
Strategisches Management: Integration von strategischen Programmen, Organisationsstrukturen, Managementsystemen und strategischem Problemverhalten

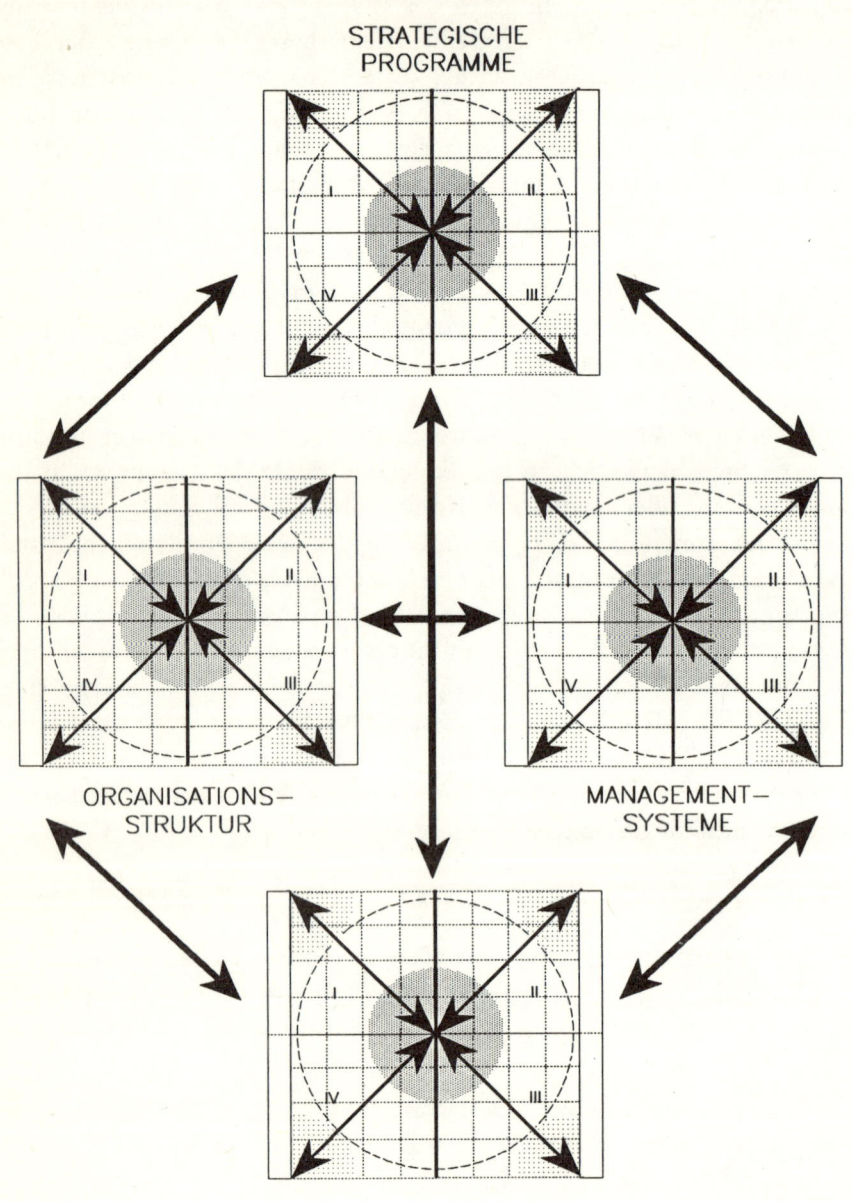

STRATEGISCHE PROGRAMME

ORGANISATIONS–STRUKTUR

MANAGEMENT–SYSTEME

PROBLEMVERHALTEN

grammpapiere und Leitbilder für die Gestaltung von Organisationsstrukturen wie von Managementsystemen dienen. Sie werden in den Dimensionen strategischen Problemverhaltens durch Personal- und Führungsgrundsätze ergänzt.

4.6.1 Leitbilder strategischer Programme

Ähnlich wie unternehmungspolitische Leitbilder generelle Zielsetzungen und Verhaltensanweisungen *dokumentieren* und damit einen Bezugspunkt für *Dialog* und weiterleitende *Kommunikation* darstellen, sollen in der gleichen Funktion auch die Ergebnisse strategischer Überlegungen auf Unternehmungs- und Geschäftsfeldebene niedergelegt werden. Hierzu dienen *Strategiepapiere* über strategische Programme unterschiedlichen *Vertraulichkeitsgrades*. Während unternehmungspolitische Leitlinien zur allgemeinen identitätsprägenden Kommunikation mit der interessierten Umwelt und im Inneren der Unternehmung dienen und deswegen eher allgemein formuliert sind, zeichnen sich Strategiepapiere durch einen hohen Grad an Konkretisierung einer Lagebeurteilung und der strategisch zu verfolgenden Absichten aus. Werden diese zukunftsorientierten Vorgehensweisen anderen Marktpartnern vorzeitig bekannt, so können diese von vornherein neutralisiert und damit wertlos gemacht werden. Es gilt daher, Strategiepapiere weitgehend vertraulich zu behandeln. Dies trifft im besonderen für Strategien auf Geschäftsfeldebene zu, in denen sich die wettbewerbsorientierte Verkoppelung mit kritischen Umweltsegmenten am deutlichsten niederschlägt. Dagegen nehmen die umfassenden Unternehmungsstrategien bei grösseren Unternehmungen bereits ein höheres Mass an Abstraktion an, so dass sich die Notwendigkeit zu ihrer vertraulichen Handhabung deutlich verringert. Im Regelfall ist daher der Kreis derjenigen, die Einblick in Geschäftsfeldstrategien nehmen, auf leitende Mitarbeiter zu beschränken, die selbst Verantwortung für Teile der Strategieformulierung und -realisierung übernehmen.

Die beiden folgenden Tabellen geben in sehr allgemeiner Form und exemplarisch einen *Überblick* über denkbare Formulierungen strategischer Programme, zum einen für eine *Stabilisierungs-* und zum anderen für eine *Veränderungsstrategie*. Innerhalb einzelner Geschäftsfelder können dem Rekursionsprinzip diese Aussagen zu konkreten Strategien verdichtet werden.

Tabelle 4.8
Beispiel für ein Programm-Leitbild einer Stabilisierungsstrategie

Präambel

Wir sind seit Jahrzehnten Anbieter von Leistungen auf dem Gebiet der XXX. Auf dem Markt haben wir es erreicht, eine herausragende Stellung zu gewinnen und im Laufe der Zeit auch zu behaupten. Wir können eine Abflachung der Nachfrage nach unseren Leistungen nicht erkennen, so dass wir nach wie vor in diesem Bereich tragende und weiter erfolgversprechende geschäftliche Möglichkeiten erkennen. Wir bekennen uns daher zu diesem Gebiet und wollen es weiter pflegen, indem wir unsere Erfahrungen auf einem Markt, der sich durch eine zunehmende Wettbewerbsintensität auszeichnet, vor allem durch ein günstiges Preis-Leistungsverhältnis dem Kunden zugute bringen. Diesen programmatischen Vorstellungen ordnen sich alle unsere Bemühungen im einzelnen unter.

Strategische Grundsätze

- *Marktführerschaft durch konzentrische Marktversorgung*

    Unsere überragende Kompetenz auf dem Gebiet der XXX hat über die günstige Kosten-Preis-Relation zu einer Position der Marktführerschaft geführt, die wir mit allen Mittel verteidigen wollen. Statt unsere Ressourcen zu verzetteln, werden wir sie konzentrisch zu einer weiteren Qualifizierung auf diesem Gebiet gegenüber den Wettbewerbern einsetzen.

- *Streben nach Standardisierung des Leistungsangebotes*

    Unsere günstigen Angebotsbedingungen erreichen wir durch eine weitgehende Standardisierung unserer Erzeugnisse und deren Komponenten, die eine Nutzung von Erfahrungspotentialen bei der Kostengestaltung gestatten. Sonderwünsche einzelner Kunden können wir daher nur im Rahmen unseres modular differenzierten Standardprogramms befriedigen.

- *Kostenorientierung als Schlüssel zum Markterfolg*

    Die Versorgung unseres Marktes mit standardisierten Gütern setzt uns einem massiven Preis-Wettbewerb aus, den wir nur durch ein hohes Kostenbewusstsein auf allen Ebenen und in allen Bereichen unseres Handelns bestehen können.

- *Eigengestaltung der Wertschöpfungskette*

  Unsere Kostenorientierung verlangt eine weitgehende Aktivierung aller Synergiepotentiale im Rahmen der Wertschöpfungskette, die wir daher selbst in der Hand behalten wollen.

- *Verteidigung der Erfolgsposition*

  Unsere über Jahrzehnte erkämpfte Marktposition auf dem Gebiet der XXX sind wir bereit, mit allen uns zur Verfügung stehenden Mitteln zu verteidigen, auch wenn dies ein Eingehen von kurzfristigen Ergebniseinbussen bedeuten sollte.

- *Imitation ist keine Schande*

  Die Verbesserung des Leistungsangebotes seitens unserer Wettbewerber versuchen wir nachzuahmen und damit in unsere Leistungspalette einzubringen. Dies entspricht nicht nur der Kostenorientiertheit unseres Denkens und Handelns, sondern auch unserem Risikobewusstsein, das die Risiken von Fehlentwicklungen den Pionierunternehmungen überlässt.

- *Rationaler Einsatz und produktive Nutzung von Ressourcen*

  Zur Erreichung kostengünstiger Leistungen nutzen wir ein personelles und sachliches Leistungspotential, das jeweils auf die Erfüllung klar definierter Aufgaben zu richten ist. Dies ermöglicht ein schnelles Erlernen und Einfahren der erforderlichen Leistungen und eine rationale und produktive Nutzung der eingesetzten Ressourcen.

- *Spezialisierung als Erfolgsfaktor*

  Wir verstehen uns als Vermarkter von Standardleistung, die durch qualifizierte Spezialisten auf ihrem Gebiet unter Einsatz von gleichfalls spezialisierten sachlichen Hilfsmitteln erbracht werden.

Tabelle 4.9
Beispiel für ein Programm-Leitbild einer Veränderungsstrategie

Präambel

Die Marktentwicklung auf dem Gebiet XXX zeichnet sich durch eine zunehmende Individualisierung der Kundenbedürfnisse und ihrem Wunsch aus, weniger durch Einzelleistungen als vielmehr durch ein umfassendes, ihren Problemen gerecht werdendes Systemangebot bedient zu werden. Unser strategisches Streben ist es, dieser sich wandelnden Marktlandschaft durch ein Einbringen unserer Kompetenz zu Systemanalyse und Problemlösung unter Einbezug der Lieferung von Komponenten zu entsprechen. Wir sind uns dabei bewusst, dass dieser Wandel nur durch herausragende und innovative Leistungsangebote bewältigt werden kann. Unsere Strategie, die unser Denken und Handeln im einzelnen leitet, ist auf das Erbringen von Pionierleistungen zur Erhöhung des Kundennutzens ausgerichtet.

Strategiegrundsätze

- *Kompetenz durch breiten Leistungsumfang*

  Der Markt erwartet von uns ein umfassendes Leistungsangebot auf dem Gebiet der XXX, das wir aus eigenen und fremden Quellen bereitstellen. Wir sind bemüht, neuere Erkenntnisse jeweils zu einer Erweiterung dieses Leistungsangebotes einzusetzen.

- *Individuelle Problemlösung durch Systemangebote*

  Wir empfehlen uns als Problemlöser für unsere Kunden. Mit unseren erfahrenen Mitarbeitern sind wir bereit, ein Kundenproblem zu definieren, ein Konzept zu dessen Lösung zu entwerfen und Leistungen zu ihrer Realisierung bereitzustellen.

- *Nutzenorientierung als Schlüssel zum Markterfolg*

  Das Eingehen auf individuelle Kundenprobleme entzieht uns dem Preiswettbewerb, wenn es uns gelingt, herausragende und qualifizierte Lösungen bereitzustellen. Eine durchgehende Orientierung am Kundennutzen bestimmt unser Handeln auf allen Ebenen und in allen Bereichen.

- *Reduzierung der Wertschöpfungskette durch Kooperation*

   Unser breit angelegtes Angebot für die Kunden macht vielfältige Kontakte zu Zulieferern in Ergänzung unserer reduzierten Wertschöpfungskette erforderlich, die in kooperativer Weise Leistungen zu unserem Systemangebot beisteuern. Neben der Konzipierung und Realisierung von Kundenprojekten konzentrieren wir uns im Rahmen der Wertschöpfungskette auf diejenigen Aktivitäten, bei denen wir unsere Kompetenz zur Nutzensteigerung besonders wettbewerbswirksam zum Einsatz bringen können und die eine hohe Wertschöpfung sichern.

- *Pionierstrategien auf neuen Gebieten*

   Unser breiter Leistungsumfang und der Kontakt zu vielen Marktpartnern gestattet es uns, neue Möglichkeiten frühzeitig zu erkennen und zu nutzen. Bei ihrer Durchsetzung wollen wir Pioniere sein.

- *Innovation ist die tragende Säule unseres Geschäfts*

   Die individuelle Lösung von Kundenproblemen verlangt von uns nicht nur eine hohe Kompetenz, sondern auch eine ausserordentliche Kreativität unserer Mitarbeiter. Unser Erfolgspotential liegt daher in der Innovationskraft bei der unkonventionellen Problemlösung und dem Erbringen neuer Leistungsangebote.

- *Breiter und flexibler Einsatz unserer Ressourcen*

   Unsere personellen und sachlichen Ressourcen zeichnen sich durch ein möglichst breites und flexibles Einsatzspektrum aus, um der Vielfalt der Kundenwünsche gerecht werden zu können.

- *Universelles Leistungsspektrum*

   Wir vermeiden daher eine enge Spezialisierung bei unseren Mitarbeitern und ihren sachlichen Hilfsmitteln, um innerhalb unseres Arbeitsgebiets ein möglichst universelles Leistungsspektrum anbieten zu können.

4.6.2 Leitbilder für die Gestaltung von Organisationsstrukturen und von Managementsystemen

Organisationsstrukturen und Managementsysteme lassen sich gleichfalls in Form von Leitbildern über zu beachtende Prinzipien und Wege der Gestaltung zur Orientierung der Mitarbeiter verwenden. Dies wird insbesondere bei der Verfolgung einer Verpflichtungspolitik wesentlich, da bei einer stärkeren Hinwendung zur Selbstorganisation sichergestellt werden sollte, dass gewisse einheitliche Prinzipien und Rahmenbedingungen eingehalten werden, um die Führbarkeit der Gesamtunternehmung zu gewährleisten. Das folgende Beispiel skizziert eine Vorstellung von unterschiedlichen Aussagen eines Organisations- und Managementsystem-Leitbildes für die beiden Fälle: einer auf Stabilisierung und einer auf Veränderung ausgerichteten Strategie.

Tabelle 4.10
Beispiel eines Organisations- und Systemleitbildes für eine Stabilisierungsstrategie

Präambel

Unser Umfeld zeichnet sich durch eine hohe Stabilität und Kontinuität in den Kundenerfordernissen und der Technologie aus. Vor diesem Hintergrund ist es möglich, alle Rationalisierungsvorteile, die eine Organisation bietet, voll auszuschöpfen. Dazu bedarf es der Unterstützung durch Managementsysteme, die geeignet sind, Tendenzen zum Verlassen des Effizienzpfades frühzeitig zu entdecken. Die folgenden Grundsätze sollen allen an unseren Organisationsüberlegungen Beteiligten oder von ihnen Betroffenen einen Orientierungsrahmen für ihre Überlegungen bieten und damit einen Beitrag zur Wirtschaftlichkeit leisten.

Gestaltungsgrundsätze

- *Aufgabenorientiert organisieren*

    Grundsätzlich soll bei der organisatorischen Gestaltung von den zu lösenden Aufgaben ausgegangen werden. Nur auf diesem Wege lässt sich in der Gesamtunternehmung Transparenz und Führbarkeit als

Voraussetzung der Effizienz und eine vernünftige Zusammenarbeit aller Organisationseinheiten herstellen.

- *Strategische Orientierung setzt Ordnung voraus*

Ohne ein System formaler Regelungen entsteht Chaos statt Ordnung. Vielfältige Anstrengungen bleiben sinn- und nutzlos, weil sie nicht auf die strategischen Ziele, wie sie sich in der Aufgabenstruktur niederschlagen, ausgerichtet sind. Die Organisationsreglements und Anweisungen der Führungssysteme sind daher verbindlich und sollten die Arbeit aller Stellen und Abteilungen der Unternehmung bestimmen.

- *Standardisierte Regelungen sind Ausdruck effizienter Aufgabenerledigung*

In unserem System versuchen wir, Ermessensentscheidungen auf ein absolutes Minimum zu reduzieren. Wir haben daher für unsere Abläufe Standardprozeduren entwickelt, die es gestatten, auch hochkomplexe Vorgänge beherrschbar zu machen und effizient abzuwickeln.

- *Organisationsstrukturen und Managementsysteme zeichnen sich durch ihre Dauerhaftigkeit aus*

Da sich unsere Aufgaben für absehbare Zeiten wenig verändern, gelten organisatorische Regelungen und Systemanweisungen zeitlich unbegrenzt. Unvorhersehbare Problemfälle werden, wenn sie nicht Anlass zu neuen Dauerregelungen geben, im Ermessensspielraum der Leitung gelöst.

- *Zentrale Strukturen sichern die Einheitlichkeit und Schlagkraft des Vorgehens*

Um eine Einheitlichkeit im Vorgehen und eine Effizienz beim Konzipieren und Realisieren von strategischen Programmen zu erreichen, bedarf es zentraler Strukturen, von denen sich alle grundlegenden Entscheidungen aus ganzheitlicher Unternehmungsbetrachtung an der Spitze herleiten. Zur Entlastung der Spitze unterstützen hoch-qualifizierte Stäbe die Entscheidungsbildung, und Zentralabteilungen sorgen in fachlicher Hinsicht für die Einheitlichkeit im Vorgehen innerhalb der Organisation.

- *Eine hierarchische Leitungsorganisation sichert die Durchsetzung des unternehmungspolitischen Kurses*

  Die zentrale Auslegung von Organisationsstrukturen und Managementsystemen erfordert eine gegliederte Leitungsorganisation, die auf allen Stufen mit überschaubaren Leitungsspannen die Durchsetzung der Unternehmungspolitik gewährleistet. Sie bildet zugleich die Grundlage des Informationssystems, das vertikal nach dem Dienstwegprinzip gestaltet ist.

- *Organisationsstrukturen und Managementsysteme haben die Stabilisierung der inneren Ordnung zum Ziel*

  Bei allen unseren Überlegungen zur Gestaltung von Organisationsstrukturen und Managementsystemen steht die Gewährleistung einer effizienten inneren Ordnung im Mittelpunkt. Ohne Kohäsion ist Schlagkraft nach aussen nicht erreichbar. Diejenigen Mitarbeiter, die an der Peripherie der Unternehmung gegenüber der wirtschaftlichen und gesellschaftlichen Umwelt tätig sind, nehmen eine wichtige Scharnierfunktion wahr, indem sie die Leistungen unserer in sich geschlossenen Unternehmung anderen Systemen verdeutlichen.

- *Aufgabenerfüllung nach Vorgabe*

  Unsere Arbeitsorganisation weist jedem Mitarbeiter gemäss Stellenbeschreibung ein klar definiertes Funktionsspektrum zu, in dem er sich gemäss Arbeitsaufträgen und Führungsanweisungen zu bewegen hat. Die Kontrolle seiner Tätigkeit ist im Rahmen von Informationssystemen zur Sicherung sachlich und zeitlich integrierter Arbeitsabläufe unabdingbar. Ein Ausbrechen einzelner Aufgabenträger aus dem Systemzusammenhang bringt erhebliche Störungen von Abläufen mit sich und bedarf daher der Sanktionierung. Beurteilungs- und Anreizsysteme sind daher auf eine regelgebundene Befolgung von Vorschriften und Vorgaben bezogen.

Tabelle 4.11
Beispiel eines Organisations- und Systemleitbildes für eine Veränderungsstrategie

Präambel

Unser Umfeld ist durch einen ständigen Wandel geprägt. Unsere Kunden, unsere Märkte und die für uns relevante Technik stellen in immer rascherem Wandel neue Anforderungen an die Unternehmung. Diese Entwicklung so weit wie möglich selbst aktiv mitzugestalten, ist ein zentrales Anliegen unserer Unternehmungspolitik. Unsere Schrittmacherrolle werden wir nur dann erfolgreich beibehalten können, wenn wir uns in allen Bereichen den sich wandelnden Herausforderungen stellen. Hierzu gehört auch die Anpassung unserer Organisationsstrukturen und Managementsysteme. Die folgenden Grundsätze sollen allen Mitarbeitern verdeutlichen, welchen Beitrag sie zur Weiterentwicklung unserer Organisationsstrukturen und Managementsysteme leisten können, die nie zum Selbstzweck erstarren dürfen. Letztlich sind sie Mittel zu dem Zweck, Überleben und Entwicklung der Unternehmung über einen Ausgleich von wirtschaftlichen und sozialen Notwendigkeiten zu gewährleisten.

Gestaltungsgrundsätze

- *Der Mitarbeiter als Mittelpunkt organisatorischer Gestaltung*

  Die Kreativität unserer hoch-qualifizierten Mitarbeiter bedarf eines Ausgleichs von Aufgabenzuschnitt und persönlichen Eigenschaften und Fähigkeiten. Dies gilt insbesondere für alle diejenigen Stellen, in denen unternehmerische und innovative Aufgaben zu erledigen sind, welche eine problem- und projektorientierte Behandlung verlangen. Der uns auferlegte Wandel verlangt Visionen und zukunftsführende Konzepte zu dessen Bewältigung, ganz gleich, woher und von wem sie kommen.

- *Unsere Strukturen und Systeme legen dem Mitarbeiter möglichst wenige Beschränkungen auf*

  Wir erstreben eine weitgehende Entformalisierung unserer Organisations- und Führungsbeziehungen. Vorhandene Regelungen sind in regelmässigen Abständen auf ihre Notwendigkeit hin zu überprüfen. Neue Regelungen sollen nur eingeführt werden, wenn dies nach sorgfältiger Prüfung des Regelungsbedarfs unabdingbar erscheint. Der informellen Zusammenarbeit wird in jedem Fall der Vorzug gegeben.

- *Probleme lösen geht vor eine Erfüllung von formalisierten Aufgaben*

  Die Vielfalt und weitgehende Einmaligkeit zu lösender Probleme verbietet in vielen unserer Betätigungsfelder die Vorgabe standardisierter Strukturen und Prozesse der Aufgabenerfüllung. Die Mitarbeiter sollten sich daher der Problemlösung widmen und nicht einem »Dienst nach Vorschrift« gemäss einer Stellenbeschreibung und eines Führungsreglements nachgehen. Dabei sind wir uns bewusst, dass ein derartiges Vorgehen das Management vor höchste Anforderungen stellt, denen es nur gerecht werden kann, wenn es auf allen Ebenen die unmittelbare Kooperationsbereitschaft der Beteiligten fördert und unterstützt.

- *Jede Verfestigung von Organisationsstrukturen und Managementsystemen vermindert unsere Anpassungsfähigkeit*

  Der Problembezug unserer Arbeit steht Strukturen und Systemen, die auf eine dauerhafte Wiederholung ausgelegt sind, entgegen. Unsere typische Arbeitsform ist daher die zeitlich auf die Problemlösung beschränkte Projektgruppe.

- *Dezentrale Entscheidungen in kleinen, überschaubaren Einheiten sichern unternehmerisches Verhalten auf breiter Ebene*

  Im Sinne des Subsidiaritätsprinzips sollten Entscheidungen grundsätzlich auf der niedrigsten denkbaren Organisationsebene getroffen werden, nämlich dort, wo die grösste projektbezogene Markt- und Produktkenntnis vorhanden ist. Nach Möglichkeit werden problembezogene Organisationseinheiten nach dem Objektprinzip gebildet, die eine Vielzahl generalisierter Aufgaben mit wenig Schnittstellen aufweisen. Damit soll unternehmerisches Denken und Handeln auf breiter Front der Organisation ermöglicht und durch Managementsysteme gefördert und belohnt werden.

- *Eine flache Organisationspyramide ermöglicht schnelle Entscheidungen und ein flexibles Agieren*

  Mit der Dezentralisation wird eine flache Organisationskonfiguration mit einem Minimum an Leitungsebenen möglich. Zur Bewältigung der Zukunftsaufgaben wird damit die laterale Zusammenarbeit innerhalb der Gruppe und über die Gruppen- und Bereichsgrenzen hinaus zunehmend bedeutsam und möglich. Die Interdisziplinarität der Problemlösung wird seitens des Managements bewusst gefördert.

- *Organisationsstrukturen und Managementsysteme haben die pionierhafte Bewältigung des äusseren Wandels zum Ziel*

Organisationsstrukturen und Managementsysteme dienen letztlich dazu, den Mitarbeitern zu ermöglichen, durch ihre Problemlösungen vor allem dem Kunden einen möglichst hohen Nutzen zu bieten. Während es Aufgabe der Organisationsstruktur ist, ein Ordnungsmuster bereitzustellen, dass es gestattet, die vorhandene Fachkompetenz zur Problemlösung zur rechten Zeit am richtigen Ort mit einem Minimum an sachlichen und sozialen Friktionen zu lenken, dienen unsere Managementsysteme dazu, diese Funktion wirtschaftlich effizient und sozial effektiv zu gestalten.

- *Eigengestaltung in Autonomieräumen wird Ausdruck von Kreativität, Flexibilität und Humanität*

Unsere Organisationsstrukturen und Managementsysteme sind dem Prinzip der Selbstorganisation verpflichtet. Indem weitgehend Freiräume der Autonomie gewährt werden, sind die Voraussetzungen für eine weitgehende Freisetzung von Kreativität gegeben. Im Ergebnis zeigen sich sowohl Flexibilität als auch Humanität in der Arbeit.

4.6.3 Leitbilder für eine Entwicklung des Problemverhaltens: Personal- und Führungsgrundsätze

Leitbilder und Grundsätze für die Personalführung, die eine strategisch intendierte Entwicklung des Problemverhaltens wiedergeben sollen, sind in der Praxis weit verbreitet und stellen sicherlich den entwickeltsten Bereich von Kommunikationsmitteln dar (Wunderer = Führungsgrundsätze = 424 ff.). Wie Horst Albach (– Personalführung – 10) feststellte, gehören zu den Instrumenten der Personalführung, die in Führungsgrundsätzen vorwiegend Erwähnung finden, die

1. Delegation von Verantwortung,
2. Information von Mitarbeitern,
3. Motivation von Mitarbeitern.

Aus dieser Betrachtung wird deutlich, dass sich die Praxis bezogen auf die Kategorie der Träger von Strategien und ihrem Verhalten bislang vor allem mit präskriptiven Vorgaben für das Führungs- (und Mitarbeiter-)*verhalten* beschäftigt hat. Auch in dieser Schrift ist die Dimensionalität von normativen, strategischen und operativen Verhaltensvorgaben weitgehend offen geblieben. Lediglich bei Rolf Wunderer (= Führungsgrundsätze = 35) findet sich eine Unterscheidung, die in die hier beabsichtigte Richtung zielt:

1. Führungs*philosophie*, die in ihrem Wertebezug der *normativen* Dimension zuzuordnen ist,
2. Führungs*politik*, die in ihrem Ziel-, Organisations- und Personalentwicklungsbezug im hier vertretenen Sinne zur *strategischen* Dimension genauso gehört, wie die
3. Führungs*ordnung*, die aus Führungsgrundsätzen und Führungsanweisungen besteht,
4. Führungs*verhalten*, das in der täglichen Interaktion über Einzelanweisungen und Besprechungen der *operativen* Dimension zuzurechnen ist.

In diesem Fokus von Verhaltensaspekten ist die *Träger*problematik einer präskriptiven Fassung von Vorstellungen über die quantitative und qualitative Auslegung der Managementkapazität in leitbildhafter Form als wesentliches strategisches Problem bisher undeutlich in Erscheinung getreten. Mein Vorschlag zielt daher darauf ab, beide strategisch relevanten Aspekte des Trägerpotentials der Unternehmung, Führungskräfte und Experten, und der Verhaltenssteuerung in »*Personal- und Führungsgrundsätzen*« zusammenzufassen.

Tabelle 4.12
Beispiel von Personal- und Führungsgrundsätzen bei einer Stabilisierungsstrategie

Präambel

Das stabile Umfeld, in dem unsere Unternehmung agiert, gestattet uns, in allen Bereichen mit hoher Kompetenz und mit deutlichem Nachdruck unseren Aufgaben nachzugehen, die wir mit der langen Tradition und

Erfahrung einer erfolgreich bewältigten Vergangenheit auch als Herausforderung der Zukunft begreifen. Die nachstehenden Personal- und Führungsgrundsätze wollen den Mitarbeitern im Hinblick auf ihr aufgabengerechtes Verhalten in der Unternehmung eine Orientierung vermitteln.

Grundsätze

- *Führung und Ausführung verlangen unterschiedliches Verhalten*

  Die Führung und die Ausführung verlangen unterschiedliche Qualifikationen und ein unterschiedliches Verhalten. Erstere setzt ihren Sachverstand und ihre Fähigkeiten zur Führung von Mitarbeitern ein, indem sie um inhaltlich und formal klare Zielsetzungen und Entscheidung bemüht ist und einen Kontroll- und Beurteilungsprozess in Gang hält. Das Verhaltensziel der ausführenden Mitarbeiter ist es, mit ihrem Leistungseinsatz diesen Vorgaben gerecht zu werden.

- *Verhalten ist auf den individuellen Leistungsbeitrag ausgerichtet*

  Jeder Mitarbeiter – ganz gleich, ob er führende oder ausführende Aufgaben vorzunehmen hat – soll an seinem Arbeitsplatz sein Bestes geben. Dafür wird er im Rahmen seiner Aufgaben- und Stellenbeschreibung zur Rechenschaft gezogen.

- *Strategierealisation unter Einsatz des Managementinstrumentariums als Aufgabe der Führung*

  Es ist Aufgabe unserer Führungskräfte, die in Ableitung der Unternehmungspolitik formulierten strategischen Programme mit vollem Einsatz durchzusetzen und den laufenden Fortschritt der Realisierung zu kontrollieren, um gegebenenfalls durch schnelle Eingriffe Abweichungen auszugleichen. Wir erwarten, dass die Führung dabei die bereitgestellten Managementinstrumente beherrscht, sie einsetzt und pflegt.

- *Spezialisten sichern eine hohe Fachkompetenz bei der Aufgabenerfüllung*

  In der Selektion und beim Einsatz von Mitarbeitern suchen wir nach Spezialisten, die ihr Arbeitsgebiet umfassend beherrschen. Dabei betrachten wir das Management als Spezialaufgabe: Manager sind Führungsspezialisten, welche die Analyse von Problemen und deren Lösung konzeptionell und instrumentell bewältigen.

- *Institutionelle Autoritätsbegründung schafft klare Verhältnisse*

  Die Autorität und der Grad des Einflusses unserer Führungskräfte hängt von ihrer Position in der Unternehmungshierarchie ab. Ihr folgt die Entscheidungskompetenz, wie sie im Organisationsreglement niedergelegt ist.

- *Eindeutige Verantwortung gegenüber Vorgesetzten*

  Jeder Mitarbeiter berichtet an nur einen Vorgesetzten, gegenüber dem er für seine Aufgabenerfüllung verantwortlich ist. Führungskräfte sind ihrem Vorgesetzten gegenüber nicht nur für eigenes Tun oder Unterlassen rechenschaftspflichtig, sondern auch für alle Vorkommnisse ihres Bereiches im Hinblick auf die ihnen direkt oder indirekt unterstellten Mitarbeiter.

- *Der Arbeitsplatz bestimmt die notwendige Qualifikation*

  Die erstrebte fachliche Perfektionierung unserer Mitarbeiter versuchen wir durch »on-the-job«-Trainingsmassnahmen zu erreichen. Nur durch sie kann bewirkt werden, dass der Mitarbeiter den Anforderungen des Arbeitsalltages gerecht wird.

- *Vertiefendes Lernen als Entwicklungsziel*

  Vertiefendes Lernen im eigenen Fachgebiet ist Auftrag eines jeden einzelnen Mitarbeiters zur Vervollkommnung seiner Fähigkeiten und Fertigkeiten, um auf diesem Wege einen Beitrag zur Steigerung der Effizienz der Aufgabenerfüllung zu leisten.

Tabelle 4.13
Beispiel von Personal- und Führungsgrundsätzen bei einer Veränderungsstrategie

Präambel

Unser stark im Wandel befindliches Umfeld verlangt von uns ein vorausschauendes, flexibles Problemlösungsverhalten. Was gestern richtig war, kann heute und erst recht morgen völlig falsch sein. Ein ständiges Infragestellen von Bewährtem und die Suche nach Neuem sind Voraussetzungen für ein zukunftsorientiertes Verhalten unserer Mitarbeiter. Die nachstehenden Personal- und Führungsgrundsätze wollen den Mitarbeitern eine Orientierung für ein zweckgerechtes Verhalten vermitteln.

Grundsätze

- *Partizipation als Verhaltensziel*

  Der Fähigkeit und dem Streben des Menschen, sich zu entwickeln und sich zu entfalten, geben wir Raum für ein partizipatives Verhalten. Dies lässt sich nur verwirklichen, wenn Vertrauen, Initiative und Engagement selbstverständlich sind. Partizipation beginnt mit der Vereinbarung von gegenseitig verpflichtenden Zielsetzungen und setzt sich fort bei Entscheidungen, dem Austausch von Informationen und der kritischen Beurteilung von Ergebnissen.

- *Kooperation als Verhaltensziel*

  Entscheidungen beruhen auf einer umfassenden Unterrichtung und Urteilsbildung. Hierbei wirken alle diejenigen mit, die Kraft ihrer Betroffenheit, ihrer Informationen und ihres Sachverstandes dazu beitragen können, die Qualität des Ergebnisses gemeinsamer Überlegungen zu erhöhen. Ein kooperatives Verhalten setzt Identifikation mit der Sache und eine gegenseitige Loyalität aller Beteiligten voraus. Kooperatives Verhalten verlangt von jedem Einzelnen Aufgeschlossenheit, Beweglichkeit und Toleranz.

- *Unternehmerisches Handeln als Aufgabe der Führung*

  Wandel verlangt von der Führung ein zukunftsorientiertes Verhalten, das visionär und ganzheitlich Chancen und Risiken erkennt, abwägt und initiativ den Zukunftskurs beschreitet. Diese innovative, unternehmerische Leitperspektive verkörpert die Idealvorstellung unseres Mitarbeiterverhaltens.

- *Generalisten sichern eine fachübergreifende Verhaltensperspektive*

  In der Selektion und beim Einsatz von Mitarbeitern suchen wir nach Generalisten, die einen breiten Überblick über eine Problemlandschaft besitzen. Dort, wo diese über vertiefte Fachkompetenz nicht verfügen, setzen wir entweder Spezialisten ein oder versuchen, derartige Aufgaben mit externen Experten zu lösen, um auf diesem Wege den uns fehlenden Sachverstand in Problemlösungen einzubringen.

- *Die fachliche Autorität trägt die kooperative Führung*

    Die Autorität unserer Führungskräfte beruht auf ihrer fachlichen Qualifikation und ihren Fähigkeiten zur kooperativen Führung von Mitarbeitern. Innovations- und Sozialkompetenz sind die Quellen für die Anerkennung des Einzelnen bei der Zusammenarbeit.

- *Eigenverantwortung als Grundlage autonomen Verhaltens*

    Wir erstreben eine weitgehende Eigenverantwortung der Mitarbeiter. Die Delegation bildet die Grundlage für autonomes Verhalten, das durch die Einbeziehung in gegenseitige kooperative Verpflichtungen begrenzt wird. Damit wird ein Spielraum, der einer hohen Anpassungsfähigkeit entgegenkommt, für ein ganzheitliches unternehmerisches Verhalten geschaffen.

- *Verhaltensentwicklung durch herausfordernde Problemstellungen*

    Im Mittelpunkt der Verhaltensentwicklung steht die durch den Wandel ausgelöste Auseinandersetzung mit herausfordernden Problemlösungen. Diese Offenheit lässt sich nur durch Aus- und Weiterbildungsmassnahmen erreichen, die weit über Anforderungen hinausgehen, die momentan durch einen spezifischen Arbeitsplatz gestellt werden.

- *Lernen durch Erweiterung von Erkenntnissen und Erfahrungen*

    Jeder Mitarbeiter hat die Pflicht zur Erweiterung seiner Erkenntnisse und Erfahrungen, um auf diesem Wege seinen Beitrag zur Sicherung des Überlebens der Unternehmung durch die Erhöhung seiner Anpassungsfähigkeit zu leisten.

Zitierte Literatur zu Kapitel 4.6

Albach, H.: – Personalführung –
Zum Einfluss von Führungsgrundsätzen auf die Personalführung. In: Führungsgrundsätze in Wirtschaft und öffentlicher Verwaltung, hrsg. v. R. Wunderer. Stuttgart 1983, S. 2–16.

Wunderer, R.: – Führungsgrundsätze –
Führungsgrundsätze als Instrument der Unternehmens-/Betriebsverfassung. In: Führungsgrundsätze in Wirtschaft und öffentlicher Verwaltung, hrsg. v. R. Wunderer. Stuttgart 1983. S. 35–73.

5
UMSETZUNG NORMATIVER UND STRATEGISCHER KONZEPTE DURCH DAS OPERATIVE MANAGEMENT

Wer grosse Dinge bewegen will, muss viele kleine Steine ins Rollen bringen.

Die Gewichtung dieser Schrift liegt auf dem normativen und strategischen Management als den beiden Bereichen, die erst in der jüngsten fachlichen Entwicklung eine vermehrte Aufmerksamkeit erlangt haben. Probleme des operativen Managements haben demgegenüber in der über hundertjährigen Geschichte der Betriebswirtschaftslehre klar im Vordergrund des Interesses gestanden. Da es nicht die Absicht des Verfassers ist, diese Schrift zu einer – vielleicht anders strukturierten, aber dennoch umfänglich gestalteten – Management-Enzyklopädie »entarten« zu lassen, erscheint gerade an dieser Stelle eine Beschränkung geboten.

5.1 Die Problematik der operativen Umsetzung der konzeptionell erarbeiteten normativen und strategischen Vorgaben

Die Verkoppelung der konzeptionell geprägten normativen und strategischen Dimensionen einerseits mit der Problematik ihrer operativen Umsetzung andererseits wirft eine Reihe von Fragestellungen auf, die – um Missverständnissen zu begegnen – eingangs geklärt werden sollen. Sie entstehen zumeist aufgrund der Vorstellung einer hierarchischen Zuweisung von normativen, strategischen und operativen Aufgaben an einzelne Ebenen des

Managements. Es ist deshalb noch einmal nachdrücklich deutlich zu machen, dass diese Unterscheidung rein *funktional* ist: Eine Führungskraft kann in der Organisation zugleich normative und strategische Funktionen wahrnehmen und um deren operative Durchsetzung bemüht sein.

In der neueren Entwicklung des strategischen Managements ist zunehmend darüber geklagt worden, dass häufig strategische Konzepte an ihrer Umsetzung gescheitert seien. Zwar ist eine steigende Beachtung der Implementierungsproblematik zu verzeichnen, dennoch stellt die *Verkoppelung von strategischem und operativem Management* weitgehend ein erst noch zu bearbeitendes Thema des strategischen und operativen Managements dar, das sich auch auf den grundsätzlichen Zusammenhang von normativen und operativen Fragestellungen ausdehnen lässt.

In seiner Synopse der Aussagen der Forschung zum Implementierungsproblem strategischer Unternehmungsführung kommt Roland Huber (= Überwindung = 53f.) zu dem Ergebnis, dass nach den untersuchten Konzepten die Aufgabe des strategischen Managements in zwei – ihrer Natur nach verschiedene – Hauptphasen aufgeteilt wird, in die *Strategieentwicklungs-* und die *Implementierungsphase*. Vor allem die Autoren von neuen Konzepten weisen jedoch explizit darauf hin, dass diese Trennung lediglich gedanklicher Natur sei und dazu diene, die Darstellung des Systems zu vereinfachen. In der Praxis jedoch lässt sich das strategische Management nicht streng in die besagten Phasen aufteilen, da diese lediglich eine funktionelle und keine institutionelle Unterscheidung beinhalten. Prozesse des strategischen Managements bestehen aus einer simultanen und kontinuierlichen Entwicklung und Überarbeitung, die zugleich erfolgreiche Implementierungsaspekte einbaut (*Simultanprinzip*) (Pümpin = Erfolgspositionen = 127). Daher lassen sich alle Instrumente strategischen Managements zugleich als implementierungswirksam einstufen: Dies gilt genauso für die fordernde und motivierende Definition strategischer Programme, für die organisationsstrukturelle und management-systemische Gestaltung wie für die Entwicklung eines zweckgerechten Problem-Verhaltens. Wird dagegen die Unterscheidung von strategischem Konzipieren und operativem Implementieren institutionell und nicht funktionell verstanden, ergeben sich Probleme, auf die Hans Wüthrich deutlich hinweist:

> »*Diese Trennung erweist sich als theoretisch und gefährlich. Letztlich sind gerade die zehntausend alltäglichen Entscheidungen, die jährlich in einem Unternehmen getroffen werden, strategiebestimmend. Strategisches Management betrifft alle Unternehmensangehörigen. Strategien erhalten die Bedeutung einer Leitplanke für die Zukunft, sie bil-*

den den Weg und die zu erreichenden Ziele für sämtliche Unternehmensaktivitäten. Die postulierte Unterscheidung zwischen strategischem und operativem Management ist also gefährlich, denn sie widerspricht der Notwendigkeit, dass Strategien im Unternehmensalltag leben müssen« (Wüthrich = Neuland = 110).

Die gedankliche Trennung beider Dimensionen darf daher nicht zu einer arbeitsteiligen Verteilung von strategischen und operativen Aufgaben führen. Die vertiefte Einsicht in strategische Möglichkeiten reift aus intimen Erfahrungen und Erkenntnissen im Umgang mit operativen Problemstellungen. So erklärt sich die enge Rückkoppelungsbeziehung zwischen dem Konzipieren und Implementieren von Strategien aus der operativen Entwicklung von Problemen und ihrer Lösung.

»Operations management is its own best strategist«.

Amerikanische Betriebsweisheit

Erst die enge Verkoppelung von normativer und strategischer Dimension mit der operativen Dimension erlaubt die Entwicklung von Kernfähigkeiten einer Unternehmung zur Meisterung der Probleme ihrer zukünftigen Entwicklung.

5.2 Konkretisierung des Gestaltungskonzeptes durch operative Lenkung

Gesagt ist nicht gehört
verstanden ist nicht einverstanden
durchgeführt ist nicht *beibehalten*

Nach Konrad Lorenz

In dieser Schrift, die sich mit dem »Überbau« des konzeptionellen Managements beschäftigt, sind vor allem Fragestellungen zur Gestaltung von Unternehmungen in einer Entwicklungsperspektive aufgeworfen worden. In bezug zu den drei von Hans Ulrich (= Management =) herausgestellten Funktionen des Managements – Gestaltung, Lenkung und Entwicklung – zeigt sich dabei ein Zuordnungsmuster, welches die verschiedenen Ansätze zur Durchdringung der Managementproblematik verdeutlicht:

Tabelle 5.1
Zuordnungsmuster des Managements

- *Gestaltung* = *Profilierung*

  Konzeptionell – *dimensions*gebundenes Handeln im begründenden *Normativen* und richtungsweisenden *Strategischen*

- *Lenkung* = *Konkretisierung*

  der Gestaltungskonzeption durch *objekt*bezogenes, *vollziehendes* Handeln in *Operationen*

- *Entwicklung* = *Dynamisierung*

  von Gestaltung und Lenkung im *zeit*bezogenen Wechselspiel von Aktionen und Reaktionen im evolutorischen Prozess

Die *Gestaltungsfunktion* des Managements umfasst die *Konzipierung* des normativen und strategischen Überbaus eines vollziehenden Handelns, wie dies in dieser Schrift dargelegt wird. Während *normatives* Handeln *begründenden* Charakter hat, kommt dem *Strategischen* eine *richtungsweisende* Funktion zu. Bei beiden handelt es sich um ein Vorgehen, das an bestimmte Dimensionen gebunden und mit der hier verwendeten *Profilierungs*methodik erfassbar ist. Die Gestaltung zielt auf die Beeinflussung einer sich teils eigen-evolutorisch vollziehenden *Unternehmungsentwicklung* ab, für die sie begründende und richtungsweisende Rahmenbedingungen setzen will.

Der *Lenkung* kommt die Aufgabe zu, die konzeptionell gestalteten normativen und strategischen Vorgaben durch *operatives* Handeln umzusetzen. Sie ist auf den Einzel-*Vollzug* an spezifischen *Objekten* ausgerichtet. Durch die Lenkung erfolgen die realisierenden Impulse, welche die konzeptionelle Gestaltung in Einzelmassnahmen zur Aussteuerung der Unternehmensentwicklung umsetzt. Methodisch empfiehlt sich im Bereich der Lenkung weniger eine Profilierung als vielmehr eine Relativierung des Situationsbezugs nach Objektkriterien einzelner Führungshandlungen.

Der *Entwicklung* liegt eine Dynamisierung aller gestalterischen und lenkenden Eingriffe in die Abfolge von Ereignissen zugrunde. Im *zeitgebunde-*

nen Wechselspiel von Aktionen und Reaktionen vollziehen sich evolutorische Prozesse in Unternehmungen. Die Erfassung der Zeitlichkeit von Entwicklungsmustern im Spannungsfeld von Umwelt- und Inweltveränderungen stellt das eigentliche methodische Problem dieser Funktion dar.

5.3 Operatives Management als einzelfallspezifischer Problemlösungsprozess

Die *Lenkung als Kernaufgabe operativen Managements* stellt auf die *Problemlösung im Einzelfall* ab. Die von Herbert Simon (= Entscheidungsverhalten =) klassifizierten Situationen des Politisierens, Aushandelns und der Überzeugung sind dagegen der normativen und strategischen Dimension zuzuweisen. Dort entstehen jene Zielvorgaben, welche die Willensbildung, Durchsetzung und Sicherung in operativen Handlungsprozessen steuern.

5.3.1 Die Problemlösung durch das operative Management erfolgt in Prozessen der Willensbildung, -durchsetzung und -sicherung

> Dem operativen *Willensbildungsprozess* kommt es im Rahmen normativ vorgegebener und strategisch konkretisierter Zielfunktionen zu, aufgetretene Probleme bei der Zielrealisation zu erkennen, zu analysieren, Handlungsalternativen zu eruieren, zu bewerten und eine zielführende Lösung auszuwählen.

Nur diese wird in der *Entscheidung* zur Grundlage für Implementations-Handlungen in Form von Aufträgen zu ihrer Realisierung.

Die *Willensdurchsetzung* ist notwendiger und unverzichtbarer Bestandteil eines jeden operativen Managements. Sie umfasst die Steuerung, Regelung und Veranlassung von Handlung. Die Veranlassung stellt die eigentliche Auftragserteilung dar, die als Bindeglied zur Ingangsetzung von Realisierungshandlungen durch initiierende Informationen fungiert. In der *Realisa-*

tion schliesslich wird die geforderte Handlung direkt vollzogen. Als Realisation werden demgemäss alle diejenigen Tätigkeiten bezeichnet, die ein bestimmtes materielles oder immaterielles Arbeitsobjekt aus einem sachlichen, räumlichen oder zeitlichen Zustand in einen anderen verwandeln. Ihr Ergebnis fliesst in eine für die Handelnden veränderte Situation ein, die durch Akte der *Willenssicherung* verdeutlicht wird. Die Willenssicherung kann im Rahmen des operativen Managements entweder im umfassenderen Sinne auf den gesamten Handlungsprozess oder in enger Auslegung als Kontrolle lediglich auf die Verknüpfung der Realisations- mit der Willensbildungs- bzw. Willensdurchsetzungs-Phase bezogen werden. Im weitesten Sinne versteht man unter Willenssicherung alle Massnahmen, durch welche die in der Unternehmung für die Formulierung und Erfüllung von Zielen notwendigen Handlungsprozesse in Gang gesetzt und gehalten werden. Die Willenssicherung bezieht sich dann auf alle Phasen von Handlungsprozessen, also der Sicherung der Willensbildung, -durchsetzung und der Realisation. Diese Interpretation kommt der kybernetischen Vorstellung des Managementprozesses als eines Systems vernetzter *Regelkreise* entgegen. Zudem gestattet sie, das Konzept einer Rückkoppelung von Realisation und Willensbildung bzw. -durchsetzung über die Kontrolle hinaus dahingehend zu erweitern, dass aus Erfahrungen, aus Ergebnissen Verfahren und Verhalten gesammelt und als dauerhaftes Lerngut im Umgang mit Problemen gespeichert werden. Damit wird einem wesentlichen Teil dessen entsprochen, was als Anforderungen an *lernende Systeme* formuliert worden ist: Lernen soll der Verbesserung oder dem Neuerwerb von Verhaltens- und Leistungsformen und ihrer Inhalte dienen, wobei die Änderung in den Dispositionen oder Fähigkeiten dauerhaft erhalten bleibt (Gagné = Bedingungen = 10). Das Angeeignete muss zugleich im Vorfeld neuer Willensbildung die Art und Weise einzelner Handlungen der Willensbildungs- und -durchsetzung und so auch die Realisierung verbessern. Zur Willenssicherung gehört daher in der erweiterten Vorstellung, einen kontinuierlichen Lernprozess, der den Umgang mit Problemen betrifft, aufrecht zu erhalten.

5.3.2 Der Problembezug operativen Managements

Der Problembezug operativen Managements, wie er sich bei der einzelfallspezifischen Umsetzung von normativen und strategischen Vorgaben einstellt, lässt sich nach den verschiedensten Kriterien erfassen. Auch hier bietet sich an, im oben genannten Sinne zwischen den Dimensionen eines funktionalen, objektorientierten und regionalen Problembezugs zu unterscheiden. Dann ergibt sich beispielsweise eine Zuordnung des Problemlösungsprozesses operativen Managements zu der folgenden Problemlandschaft.

Tabelle 5.2
Problembezüge operativen Managements

1. *Funktionaler Problembezug*

    a) *leistungswirtschaftlich* in den einzelnen Funktionsbereichen
    - Forschung und Entwicklung
    - Beschaffung und Logistik
    - Produktion
    - Absatz
    - Verwaltung

    b) *finanzwirtschaftlich*

    c) *informationell*

2. *Objektorientierter Problembezug*

    b) einzelne *Einsatzfaktoren*
    - Anlagenwirtschaft
    - Personalwirtschaft
    - Materialwirtschaft

    b) einzelne *Leistungsbereiche*
    - Produkt-/Markt-Geschäftsfelder
    - Unternehmungs- und Geschäftsbereiche
    - Segmente und Konzernbereiche

    c) einzelne *Fähigkeitspotentiale*
    - Technologiepotentiale
    - Marktpotentiale

3. *regionaler Problembezug*

    a) *Standorte*

    b) *Absatzregionen*

5.3.3 Der Verhaltensbezug operativen Managements

Führungskräfte sind sowohl für das ökonomische Ergebnis verantwortlich als auch für die Berücksichtigung von humanen Belangen ihrer Mitarbeiter. Daß heute sozio-emotionale Aspekte in der humanen Dimension bei der Verfolgung ökonomischer Ziele einbezogen werden, wird nachgerade zu einem Charakteristikum sozialer Systeme; denn ohne die dem Menschen arteigene Problematik entstehen weder Organisations- noch Führungsprobleme. Wo der Mensch aus dem System entfällt, löst sich der organisatorische und der Führungszusammenhang auf.

Bei einer fortschreitenden Automatisierung z. B. erfolgt eine Substitution von Organisations- und Führungsbeziehungen durch die Realtechnik. Erst wenn der Mensch als Organisations- und Führungselement in die Strukturen eintritt, entsteht ein Spannungsverhältnis zwischen humanen

Abbildung 5.1
Das Verhaltensgitter der Führung nach Blake/Mouton
(Quelle: Bleicher/Meyer = Führung = 167.)

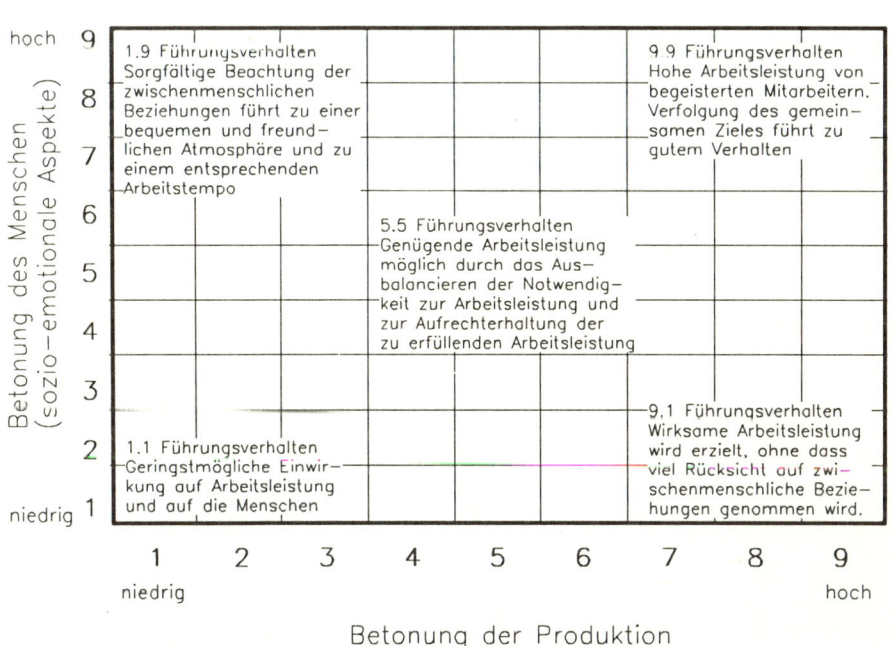

Betonung des Menschen (sozio-emotionale Aspekte)

1.9 Führungsverhalten Sorgfältige Beachtung der zwischenmenschlichen Beziehungen führt zu einer bequemen und freundlichen Atmosphäre und zu einem entsprechenden Arbeitstempo		**9.9 Führungsverhalten** Hohe Arbeitsleistung von begeisterten Mitarbeitern. Verfolgung des gemeinsamen Zieles führt zu gutem Verhalten
	5.5 Führungsverhalten Genügende Arbeitsleistung möglich durch das Ausbalancieren der Notwendigkeit zur Arbeitsleistung und zur Aufrechterhaltung der zu erfüllenden Arbeitsleistung	
1.1 Führungsverhalten Geringstmögliche Einwirkung auf Arbeitsleistung und auf die Menschen		**9.1 Führungsverhalten** Wirksame Arbeitsleistung wird erzielt, ohne dass viel Rücksicht auf zwischenmenschliche Beziehungen genommen wird.

Betonung der Produktion
(sach-rationale Aspekte)

Tabelle 5.3
Führungsformen nach Blake/Mouton (Bleicher/Meyer = Führung = 168 f.)

	Führungsformkennziffer	9.1	1.9
	Allgemeine Darstellung	Starkes sachliches Interesse an der Aufgabenerfüllung. Humane Elemente bleiben weitgehend außer Betracht. Unterstellungen: Mitarbeiter sind unselbständig, haben Abneigung gegen Arbeit; Ordnung ergibt sich aus Uniformität. Andere Führungsformen schaffen Zweifel an der Autorität.	Starkes Interesse der Führung an humanen Elementen. Werden als leistungsbestimmend angesehen. Unterstellungen: Mitarbeiter finden Erfüllung in der Arbeit bei entsprechenden Arbeitsbedingungen. Sie können selbständig arbeiten. Ordnung und Leistungsstreben sind natürliches Resultat des Vertrauens, das dieser Führungsform zugrunde liegt.
Konsequenzen / Organisatorische	**Sachzielbezug** Organisationsgrad	hochgradige Konkretisierung der Aufgaben.	geringe Konkretisierung der Aufgaben (management by objectives).
	Aufgabenverteilung	hochgradige Entscheidungszentralisation (Zwang).	starke Entscheidungsdezentralisation (Überzeugung).
	Leitungsbeziehungen Rolle des Vorgesetzten	Autoritätsperson, Subordination ist Zwang.	er sorgt für Arbeitsbedingungen, die Leistungswillen anregen.
	Unterstellungsverhältnisse	streng hierarchisch, klare Kompetenzen.	formale Organisation durch informale Beziehungen ergänzt oder gar substituiert.
	Art der Anordnung	verbindliche Anordnung, keine Begründung (diszipl. Drohung).	gemeinsame Lösung, Überzeugung, fachliche Autorität, zusätzl. Informationen.
	Arbeitsbeziehungen	Kommunikation folgt Instanzenzug; keine kollegialen Arbeitsbeziehungen.	informale Kanäle erlaubt; Direktverkehr; kollegiale Arbeitsbeziehungen.
	Formalzielbezug	unmittelbar (Mengen-, Zeit-, Geldstandards).	kaum Standards; menschliche Erfüllung zählt.
Personalpolitische	Förderung	Effizienteste Mitarbeit im Hinblick auf Ergebnis gefördert.	Teamarbeiter bevorzugt.
Beurteilung	Konfliktfall	persönliche Einordnung oder Wechsel.	geleugnet oder geglättet.
	Innovation	Ideen nur von „oben" (Führung).	gering, da Spannung und Widerspruch fehlen.
	Motivation	fast ausschließlich materielle Anreize. Zwang, Folgemotiv: Erhaltung der ökonomischen Existenzgrundlage.	hohe persönliche Motivation über Möglichkeit der Selbstverwirklichung.
	Entwicklung von Führungsfähigkeiten	gering, sachliche Leistung dominiert.	gering, sachliche Förderung fehlt.

1.1	5.5	9.9
Geringes Interesse an persönlichen Belangen und sachlichen Aufgabenerfüllungsaspekten (fraglich, ob „Führung"). Ziel des Führenden: Überleben. Meidung von Kritik, sonst potentielle Schwächung der eigenen Position, Ursache oft: Resignation.	Ausgeglichene, mittlere Berücksichtigung humaner und sachlicher Elemente. Kein Maximum angestrebt („das wäre zu ideal"). Unterstellungen: Beide Ziele nur im Idealfall erreichbar (Kompromiß). Regelgerichtetes Funktionieren garantiert automatisch Erreichen von Sach- und Formalzielen.	Gleichmäßige Betonung der persönlichen Probleme und der Aufgabenerfüllungsnotwendigkeiten ergibt Maximum an (formalem) Ergebnis. Arbeitsbedingungen müssen den Anforderungen geistig reifer Menschen entsprechen. Unterstellungen: Mitdenken und Einfluß wirken positiv auf Ergebnis. Fehler nur durch Mißverständnisse (durch Lernprozesse vermeidbar).
tendenziell gering.	mittelmäßig.	gering.
hochgradige Entscheidungsdezentralisation.	mittlere Entscheidungsdezentralisation.	Entscheidungen weitgehend dezentral, Gruppen- und Einzelentscheidungen.
„Chamäleon".	Funktionär, Repräsentant der Organisation.	helfender Lehrer.
zumeist hierarchisch (Organisationsplan).	hierarchische Züge (Organisationsplan).	Vorgesetzter steht Gruppe der Untergebenen gegenüber.
unverbindliche Weiterleitung.	verbindliche Anordnung mit background-Informationen.	gemeinsame Lösung und Überzeugung.
wenig frequentiert; Tendenz: Isolation, keine kollegialen Formen.	formale und informale Kommunikation. Kollegien betont.	kollegiale Formen stark betont; auch Entscheidungskonferenzen.
persönlichkeitsbezogen: Überleben.	Funktionieren der Organisation.	Leistungsbezogen; Blick auf Gruppenergebnis.
keine Förderung.	Förderung organisationsgerechten Verhaltens.	menschliche Qualifikation und Problemlösungsfähigkeiten sind als Beförderungskriterium gleichbedeutend.
vermieden.	= Verletzung der Organisationsregeln.	direkte Konfrontation, rationale Lösung.
dient Erhaltung des „status quo".	sachliche Innovation.	große Bereitschaft.
reines Erhaltungsstreben. Keine besondere Leistungsmotivation.	Kompromiß zwischen Zielen des einzelnen und der Organisation. Materielle und immaterielle Anreize.	sozialbezogene Leistung, hohe Motivation über Gruppen. Mat. und immaterielle Anreize harmonisch abgestimmt.
fehlt (mangelnde Führung).	Organisierte Verfahren.	starke Förderung (Vorbild).

Ansprüchen des Individuums und ökonomischen Ansprüchen der Unternehmung.

Robert R. Blake und Jane S. Mouton (= Verhaltenspsychologie =) haben dieses Spannungsverhältnis zum Ausgangspunkt der Entwicklung eines *Verhaltensgitters (»managerial grid«)* für die Führung gemacht. Mit ihm wurde die Möglichkeit geschaffen, Führungsformen einzelner Vorgesetzter zu diagnostizieren und zu verändern. Mit diesem Ansatz versuchen die Autoren, aus dem Blickwinkel der Zielorientierung operativen Managements unterschiedliche Führungsformen je nach Betonung des Menschen (»concern for people«) oder der (ökonomisch orientierten) Produktivität (»concern for productivity«) zu unterscheiden, wobei beide Dimensionen in einer Ausprägung von 0 (niedrig) bis 9 (hoch) auf einer Skala zu gewichten sind (vgl. Abb. 5.1).

Auf die hier verwendete Terminologie übertragen, bedeutet dies, daß die Zielverfolgung als Konflikt zwischen der Betonung *sozio-emotionaler humaner* Aspekte und der Betonung *sachrationaler ökonomischer* Aspekte durch die operative Führung interpretiert werden kann.

Für die Zukunft kann davon ausgegangen werden, dass bei steigender Komplexität und Dynamik jene Führungsformen die operative Dimension des Managements beherrschen werden, die auf einem hohen Zielniveau sowohl in der ökonomischen als auch in der humanen Dimension angesiedelt sind. Beide sollten nicht als unüberwindliche Gegensätze, sondern als sich ergänzend und fördernd begriffen werden.

5.3.4 Der Zeitbezug operativen Managements

Mit dem operativen Management verbindet sich ein kurzfristiger Zeithorizont: Potentiale sind bestmöglich zu aktualisieren und ihre ökonomischen Möglichkeiten zu realisieren, der Erfolg ist periodengerecht und die Liquidität zeitpunktbezogen sicherzustellen. Aloys Gälweiler (= Unternehmensführung = 28) weist darauf hin, dass durch das operative Management nicht Massnahmen getroffen werden dürfen, die zugunsten einer kurzfristigen Gewinnmaximierung eine Schädigung zukünftiger Erfolgspotentiale bewirken und damit letztlich das Erreichen langfristiger Ziele vereiteln.

5.4 Aufträge, Strukturen und Verhalten als Objekte operativen Managements

Die konzeptionell erarbeitete Unterscheidung nach Aktivitäten, Strukturen und Verhalten, welche die bisherige Darstellung durchzogen hat, gilt ebenso auf der Objektebene des operativen Managements:

> Der Problemlösungsprozess operativen Managements bezieht sich zielbezogen auf die Lenkung einzelner Aufträge, die Anpassung von Organisationsstrukturen und Managementsystemen sowie des Mitarbeiterverhaltens an die Anforderungen situativer Gegebenheiten.

a) Im Mittelpunkt des operativen Managementprozesses steht die dispositive Lenkung einzelner *Aufträge*, welche die unternehmungspolitischen Missionen und strategischen Programme konkretisieren.
b) Diese lenkende Auftragssteuerung wird unterstützt durch die laufende Anpassung von *Organisationsstrukturen* und *Managementsystemen*. Beide müssen gemäss den Normen der Unternehmungsverfassung und den Vorgaben der strategischen Strukturierung den sich wandelnden Bedingungen operativer Anforderungen durch Einzelmassnahmen angepasst werden.
c) Funktion der operativen Durchsetzung struktureller Änderungen ist letztlich die Flankierung von Massnahmen seitens des Managements zur Veränderung des Mitarbeiter-*Verhaltens* in Richtung auf eine zieladäquate Realisierung der unternehmungspolitischen Missionen und strategischen Vorgaben. Die verhaltensbezogene situative Lenkung durch das operative Management ist hier als Konkretisierung unternehmungskultureller Werthaltung und ihrer strategisch intendierten Veränderung vor allem über Lernprozesse zu verstehen.

5.5 Methodische Ausrichtung operativen Managements

»Damit die einzelnen Führungskräfte aller Stufen in die Lage versetzt werden, ... Spielräume sinnvoll zu gestalten, das heisst also gut und effektiv zu führen,

> ist es erforderlich, dass sie gewisse Verhaltensweisen und methodische Verfahren beherrschen sowie bestimmte Hilfsmittel anwenden können«.
>
> Fredmund Malik

Ohne hier auf einzelne Führungstechniken eingehen zu wollen, erscheint dennoch als Grundlage für die Weiterentwicklung des Management-Konzepts an dieser Stelle ein kurzer Aufriss der Problematik einer Führungstechnik angebracht.

> »Unter Führungstechniken sind ... alle Instrumente und Methoden zu verstehen, welche bei der Lenkung (Steuerung) der multipersonalen Problemlösung zur Anwendung gelangen können«.
> Edwin Rühli = Führungstechniken = 672.

> Dabei sind Führungstechniken nach der Art der Unterstützung im Hinblick auf bestimmte Problemlösungen unterscheidbar. Die folgende Übersicht bietet hierfür Beispiele.

Tabelle 5.4
Beispiele für Führungstechniken nach Objekten operativen Managements

Führungstechniken der Problemlösung

- Techniken der Zielfindung
- Problemerkennungs- und Diagnosetechniken
- Techniken der Alternativen-Generierung von Problemlösungen
- Beurteilungs-, Bewertungs- und Entscheidungstechniken
- Präsentationstechniken
- Techniken der Auftragserteilung und Unterweisung
- Techniken der Auftragsverfolgung
- Kontroll- und Lerntechniken

Strukturtechniken der Organisations- und Systemveränderung

- Erhebungstechniken

- Darstellungstechniken
- Bewertungs- und Verteilungstechniken
- Implementierungsverfahren
- Organisationsentwicklung
- Systems Engineering

Sozialtechniken der Verhaltensänderung

- Verhaltensdiagnose
- Kreativitätstechniken
- Soziographische Analysen
- Sensitivitätstechniken
- Motivationstechniken
- Kommunikationsanalysen
- Transaktionsanalysen
- Gruppendynamik
- Konfliktlösungsmethoden
- Konferenztechniken
- Lerntechniken

5.6 Integration betont die Einbindung des operativen in das normative und strategische Management

Die Bedeutung der normativen und strategischen Dimensionen des Managements ist in jüngster Entwicklung gegenüber der rein operativen Sichtweise der Lösung von Problemen zunehmend gewachsen.

Rationalisierungsbemühungen zur Leistungssteigerung operativer Systeme sind häufig mit derart gravierenden Eingriffen in Arbeitsweisen, Organisations- und Personalstrukturen wie in unternehmungskulturelle Entwicklungen verbunden, dass sie weitgehend strategische und sogar normative Bedeutung bekommen. Tendenzen zur Mitarbeiter-Mitbestimmung in der Unternehmungsverfassung nach dem »stakeholder-Ansatz« einer Verpflichtungspolitik unterstreichen ihre normative Bedeutung auf dem Weg zu einer Verpflichtungspolitik. Ein derartiges »*Abwandern*« von ursprünglich operativen Fragestellungen und Problemlösungen in die strategische und selbst in die normative Dimension wird durch zuweilen erhebliche Investitionsrisiken verursacht, die sich mit neuartigen, integrativen Systemen und ihren Möglichkeiten und Folgen ergeben.

Forschen wir nach den Gründen für feststellbare *Trends zur Überlagerung des Operativen durch normative und strategische Integrationsbemühungen*, entdecken wir wiederum den Einfluss des Faktors Zeit; denn es geht um Versuche, eine gestiegene Dynamik zu bewältigen. Vielfältige Einflüsse zeitlicher Beschleunigung werden weniger in der eher langweiligen Entwicklung allgemeiner Umweltanforderungen bemerkbar, als vielmehr bei der Bewältigung von Einzelproblemen, die sich im Operativen ergeben. Werden diese nun isoliert gelöst, so produzieren sie Störgrössen in benachbarten Subsystemen, bis diese schliesslich wellenförmig mit vielfältigen – sich unter Umständen verstärkenden Wirkungen – das Gesamtsystem erfassen. Ein derartiges operatives Vorgehen, das auf der isolierten Lösung von Einzelproblemen fusst, steht im Widerspruch zur Erkenntnis einer zunehmenden *Vernetzung* aller Grössen unter dem Einfluss wachsender *Komplexität*. Im Ergebnis stellen sich isolierte Teillösungen ein, die dann als Störgrössen-Produzenten für andere arbeitsteilige Glieder eines Systems wirken. Gegen diesen sich selbst generierenden Prozess sind letztlich drei Systemstrategien einsetzbar:

- Eine Entsprechung der Forderung nach Entwicklung eines bereichsübergreifenden *ganzheitlichen Denkens*, um auf dem Wege der individuellpersönlichen Betroffenheit für das Ganze negative Konsequenzen von Einzelentscheidungen im Netzwerk der Beziehungen (teilweise) zu reduzieren. Bei der biologischen Begrenztheit der menschlichen Perzeptionsfähigkeit kann dieser Strategie allenfalls eine *»problemlindernde«* Wirkung zuerkannt werden.
- Eine (Vor-)Verlagerung von absehbaren Entscheidungssituationen und -problemen durch eine *Systemgestaltung*, die unabhängig vom entscheidungsauslösenden Ereignis eine »Provokation« zu einer integrativ gestalteten, ganzheitlichen Lösung (zeitlich) ermöglicht. Dies bedeutet eine (Höher-)*Verlagerung* der Problemdefinition und Problemlösung auf die *strategische* Dimension. Damit erfolgt zugleich eine Entlastung von Komplexität der operativen Dimension, ebenso von dem damit verbundenen zeitlichen Druck der Problembewältigung bei zunehmender Dynamik. Gelingt dies nicht, oder wird eine derartige Möglichkeit in ihrer Bedeutung erst gar nicht erkannt, ist ein Rückfall in zentralistische, hierarchi-

sche Organisationsstrukturen, verbunden mit reglementierenden und bürokratisierenden Managementsystemen und in ein autoritatives Verhalten der Führung, wahrscheinlich (vgl. Abschnitt 8.3.1.2).
- Eine Einbindung von Individuen und Gruppen in eine *sinnprägende Identifizierung* mit der Funktion der Unternehmung über eine Nutzenorientierung in der *normativen* Dimension. Auf diesem Wege wird versucht, über eine verfassungsmässige Einbindung von Interessen und einen Abgleich mit den Werten und Normen der Unternehmungskultur Missionen für das Ganze zu definieren, die über ihre Sinnhaftigkeit Orientierung für alle Einzelhandlungen in der Unternehmung schaffen. Mittels einer Kommunikation dieser Missionen der Unternehmungspolitik werden die Grundlagen für eine Selbstintegration der Zweckhaftigkeit von Einzelhandlungen mit dem Ziel, gesamthaftes Verhalten zur Nutzengenerierung zu erreichen, geschaffen. Wenn das Ganze allerdings in sich derart komplex ist, dass es nur äusserst abstrakt kommunizierbar ist, und wenn die Arbeitsteiligkeit des Systems sehr weit fortgeschritten ist, dann besteht die Gefahr, dass es dem einzelnen nicht mehr möglich ist, eine Verbindung zwischen abstrakten Missionen und der Erfüllung seiner konkreten Einzelaufgaben herzustellen. Die »Brücke« zwischen gesamthaften Missionen und individuellen Handlungen ist dann abgebrochen und lässt diesen Ansatz zur Bewältigung von Komplexität und Dynamik über eine Entlastung von operativ-situativen Fragestellungen durch ihre Lösung in der normativen Dimension als fragwürdig erscheinen. Unter solchen Bedingungen ist eher eine Restrukturierung der Unternehmung zu überlegen. Diese kann beispielsweise in einer verfassungsmässigen Aufgliederung in einzelne Gesellschaften bestehen, für die jeweils ausreichend konkret kommunizierbare Missionen definierbar sind. Damit werden bereits im Ansatz zum Scheitern verurteilte Versuche aufgegeben, eine Identifikation der gesamten Führungsgruppe mit äusserst abstrakten Zweckvorstellungen zu schaffen.

Wird der Prozess der Bewältigung von Komplexität und Dynamik über eine *Fokusverlagerung* im Verhältnis von operativer Dimension einerseits und den sie umschliesenden Dimensionen des Strategischen und Normativen andererseits im Zusammenhang mit der *Unternehmungsentwicklung* betrachtet, ergeben sich interessante Einsichten in Wirkungsketten, die sowohl in der Betonung der drei Dimensionen im Vertikalen als auch bei der horizontalen Abstimmung von aktivitätsstützenden Strukturen und Verhaltensweisen nahezu zyklische Verläufe in der Veränderung von Managementphilosophien zeigen. Es wäre interessant, dieser These anhand des vorgestellten Dimensionierungsrasters in der Erforschung von historisch abgeschlossenen Entwicklungsverläufen konkret nachzugehen.

Zitierte Literatur zu Kapitel 5

Blake, R. R.; Mouton, J. S.: – Verhaltenspsychologie –
Verhaltenspsychologie im Betrieb. Das Verhaltensgitter, eine Methode zur optimalen Führung in Wirtschaft und Verwaltung. Düsseldorf und Wien 1968.

Bleicher, K.; Meyer, E.: – Führung –
Führung in der Unternehmung. Formen und Modelle. Reinbek bei Hamburg 1976.

Gagné, R. M.: – Bedingungen –
Die Bedingungen des menschlichen Lernens. 2. Aufl., Hannover 1970.

Gälweiler, A.: – Unternehmensführung –
Strategische Unternehmensführung. Frankfurt/M. und New York 1987.

Huber, R.: – Überwindung –
Überwindung der strategischen Diskrepanz und Operationalisierung der entwickelten Strategie. Diss. St. Gallen 1985.

Lattmann, Chr.: – Führungskonzepte –
Mehrdimensionale Führungskonzepte. In: Handwörterbuch der Führung, hrsg. v. A. Kieser, G. Reber u. R. Wunderer. Stuttgart 1987, Sp. 568–576.

Pümpin, C.: – Erfolgsposition –
Management strategischer Erfolgspositionen. 3. Aufl., Bern und Stuttgart 1983.

Rühli, E.: – Führungstechniken –
Führungstechniken. In: Handwörterbuch der Führung, hrsg. v. A. Kieser, G. Reber u. R. Wunderer. Stuttgart 1987, Sp. 671–680.

Simon, H.: – Entscheidungsverhalten –
Entscheidungsverhalten in Organisationen. Eine Untersuchung von Entscheidungsprozessen in Management und Verwaltung. Landsberg/Lech 1981.

Ulrich, H.: – Management –
Unternehmungspolitik. 2. Aufl., Bern und Stuttgart 1987.

Wüthrich, H.: – Neuland –
Neuland des Strategischen Denkens. Habilschrift St. Gallen 1989.

6
UNTERNEHMUNGSENTWICKLUNG ALS REGULATIV UND OBJEKT INTEGRIERTER FÜHRUNG

>»Survival is a function of the *total organization* of any system that does survive, and it includes its capacity to learn, to adopt, to evolve«.
>
> Stafford Beer

6.1 Unternehmungspolitik und Unternehmungsentwicklung: Qualifizierung der Positionierung der Unternehmung im Zeitablauf über die Generierung von Nutzenpotentialen und strategischen Erfolgspotentialen

Die ökonomische, soziale und technologische Evolution erfolgt im Ausgleich von Um- und Inweltentwicklung im Zeitablauf. Die Unternehmungspolitik definiert aus den Erfahrungen der Vergangenheit heraus die Bandbreite, in der sich diese Entwicklung im Kosmos chancenreicher und riskanter Möglichkeiten vollziehen sollte. Ihr Einfluss ist dabei durch die *Anpassungsfähigkeit* und eigenständige *Selbstentwicklungskraft* des sozialen Systems der Unternehmung beschränkt.

Ausgangspunkt unternehmungspolitischer Überlegungen, die selbst im sozialen Interessenzusammenhang politisch verlaufen (»politics«), sind generelle Zielvorgaben und prinzipielle Grundorientierungen in Form von Missionen (»policies«). Diese sind auf die *Qualifizierung von Potentialen im Zeitablauf* gerichtet. Im Hinblick auf die *Potentialitäten* – den Möglichkeiten, welche die Umwelt für eine unternehmerische Betätigung eröffnet – gilt es, eigene *Potentiale* zu deren Erschliessung zu entwickeln. Da diese Potentiale die grundsätzlichen Quellen für den Erfolg einer Unternehmung darstellen, lassen sie sich als *Erfolgspotentiale* kennzeichnen.

Nach dem vorgestellten Konzept sind grundsätzlich *drei Kategorien von Erfolgspotentialen* zu unterscheiden:

- *Normative Erfolgspotentiale*
  Normative Erfolgspotentiale entstehen durch einen Ausgleich der Forderungen von Bezugsgruppen nach *Stiftung eines Nutzens* für sie (s. »stakeholder-Ansatz« auf S. 98) durch die Unternehmung. Insofern ist hier die Bezeichnung *Nutzenpotentiale* angebracht.
  Dies verlangt eine durch das Management zu erbringende Definition von generellen Zielen und von einer Grundorientierung, die das Feld der erstrebten Nutzenstiftung und das Verhalten zu seiner Herstellung bestimmt. Um so visionärer und realistischer diese Definition erfolgt, desto harmonisierter wird die unternehmungspolitische Mission als Orientierungsgrösse für das strategische und operative Verhalten, die eine Unternehmungsentwicklung gestaltet und lenkt. Das normative Erfolgspotential, das eine Unternehmung in ihrer Entwicklung erreicht, drückt sich im *Grad von Autonomie* aus, den sie über die Befriedigung von Bezugsgruppen für ihr strategisches und operatives Handeln gewinnt.

- *Strategische Erfolgspotentiale*
  Strategische Erfolgspotentiale entstehen im Rahmen der durch die unternehmungspolitischen Missionen vorgezeichneten generellen Ziele und der Grundorientierung über die *Entwicklung von Kernfähigkeiten* einer Unternehmung zu einer nutzenstiftenden Problemlösung. Sie verdichten sich über technologische zu Fähigkeiten der Erzielung eines Kundennutzens. Dieser ist in einem marktwirtschaftlichen System die Voraussetzung für eine Befriedigung von Nutzenerwartungen von Bezugsgruppen im normativen Bereich. Inwieweit die *strategischen Programme zur Entwicklung und Aktualisierung von Kernfähigkeiten* einer Unternehmung erfolgreich sind, drückt sich

> in deren Positionierung im Wettbewerb aus. Dieses Ergebnis strategischen Handelns wird durch Cuno Pümpins Bezeichnung *Strategische Erfolgsposition* treffsicher wiedergegeben. Es spiegelt die *Effektivität* der Umsetzung normativer Vorgaben durch strategische Programme wider.
>
> - *Operative Erfolgspotentiale*
>   Zur Entwicklung und Nutzung von Kernfähigkeiten einer Unternehmung mittels strategischer Erfolgspotentiale bedarf es in der operativen Dimension des *Einsatzes von Leistungs- und von Finanzpotentialen*. Das Ergebnis des Einsatzes dieser operativen Erfolgspotentiale drückt sich in der *Effizienz* des operativen Einsatzes aus.

Der Zusammenhang der drei Potentialkategorien wird in Abb. 6.1 verdeutlicht.

Erst eine hochgradige Integration von normativen, strategischen und operativen Erfolgspotentialen garantiert eine Unternehmungsentwicklung mit hohem *evolutorischem Wirkungsgrad*. Verkürzt lässt sich diese Betrachtung zu der Aussage verdichten:

> Der Begriff der Unternehmungsentwicklung stellt auf ein zeitbezogenes Phänomen ab: Der Evolution eines ökonomisch-orientierten sozialen Systems im Spannungsfeld von Forderungen und Möglichkeiten der Um- und Inwelt. Ausschlaggebend für diese Evolution ist die Stiftung eines Mehr-Nutzens relativ zum Angebot vergleichbarer anderer Wettbewerbs-Systeme durch die Bereitstellung und Inanspruchnahme strategischer Erfolgspotentiale.

Im einzelnen sind die in Tab. 6.1 dargestellten Aspekte für ein qualifiziertes Verständnis des Wesens der Unternehmungsentwicklung begründend.

Abbildung 6.1
Potentialzusammenhang der Unternehmungsentwicklung

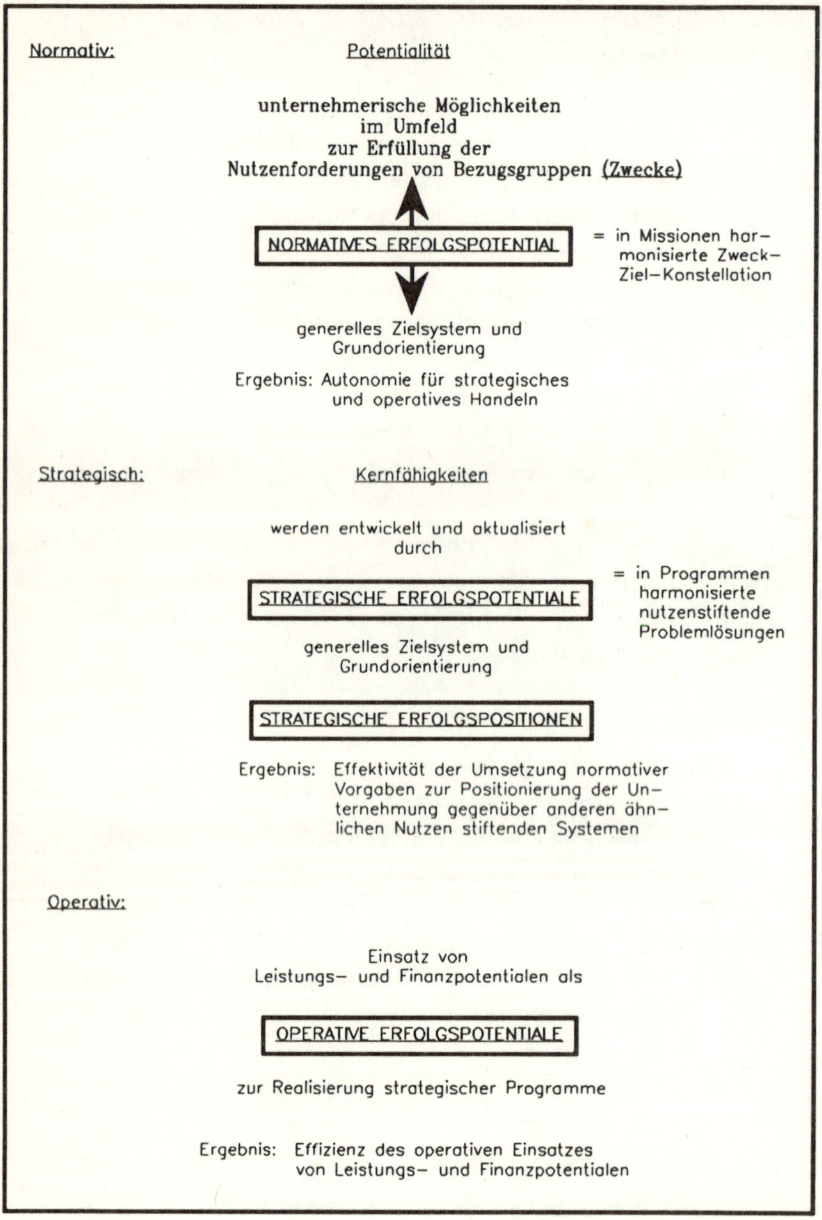

Normativ: Potentialität

unternehmerische Möglichkeiten
im Umfeld
zur Erfüllung der
Nutzenforderungen von Bezugsgruppen (Zwecke)

↕

NORMATIVES ERFOLGSPOTENTIAL = in Missionen harmonisierte Zweck–
Ziel–Konstellation

generelles Zielsystem und
Grundorientierung

Ergebnis: Autonomie für strategisches
und operatives Handeln

Strategisch: Kernfähigkeiten

werden entwickelt und aktualisiert
durch

STRATEGISCHE ERFOLGSPOTENTIALE = in Programmen
harmonisierte
nutzenstiftende
Problemlösungen

generelles Zielsystem und
Grundorientierung

STRATEGISCHE ERFOLGSPOSITIONEN

Ergebnis: Effektivität der Umsetzung normativer
Vorgaben zur Positionierung der Unternehmung gegenüber anderen ähnlichen Nutzen stiftenden Systemen

Operativ:

Einsatz von
Leistungs- und Finanzpotentialen als

OPERATIVE ERFOLGSPOTENTIALE

zur Realisierung strategischer Programme

Ergebnis: Effizienz des operativen Einsatzes
von Leistungs- und Finanzpotentialen

Tabelle 6.1
Zum Wesen der Unternehmungsentwicklung

- Unternehmungsentwicklung stellt auf die *Veränderung der Potentiale* einer Unternehmung zur Stiftung von *Nutzen* für Teilnehmer und Mitglieder ab.
- Dabei ist zwischen der *intendierten* und *realisierten* Unternehmungsentwicklung zu unterscheiden. Eine denkbare Abweichung akzentuiert das Problem der *Gestalt- und Lenkbarkeit* einer Unternehmungsentwicklung.
- Unternehmungsentwicklung wird als nur *begrenzt »machbar«* eingestuft. Zwar definiert die Unternehmungspolitik einen *erstrebten Pfad* der Entwicklung, und Strategien konkretisieren diesen Weg, dennoch bleiben *eigen-evolutorisch* nicht determinierbare Kräfte am Werk, die je nach Kontext und Situation mehr oder weniger starken Einfluss auf die Unternehmungsentwicklung nehmen.
- *Abweichungen* zwischen intendierter und realisierter Unternehmungsentwicklung fordern sowohl *Anpassungsprozesse* bei den Ziel-Ansprüchen der Beteiligten (Festinger = Cognitive Dissonance =) als auch Massnahmen der Gestaltung und Lenkung, die Störfaktoren bei der Realisierung abstellen. Abweichungen bewirken daher im Management eine arteigene Dynamik des unternehmungspolitischen, strategischen und operativen Vorgehens im Inneren der Unternehmung.
- Unternehmungsentwicklung ist nur vordergründig durch eine Betrachtung quantifizierbarer Massgrössen (wie Umsatz, Bilanzsumme, Beschäftigtenzahlen usw.) in ihrer Veränderung in der Zeit messbar. Letztlich drückt sie *Veränderungen in der langfristigen Nutzenstiftung gegenüber Bezugsgruppen und einer qualifizierten und relativen Positionierung* einer Unternehmung gegenüber anderen Unternehmungen durch den Aufbau von strategischen Erfolgspotentialen aus. Ein kurzfristiger Rückgang im Ausweis quantifizierbarer Massgrössen wegen erhöhter Anstrengungen, neue strategische Erfolgspotentiale zu entwickeln, kann durchaus als positive Unternehmungsentwicklung bewertet werden, wenn damit eine Verbesserung der relativen Positionierung durch eine Qualifizierung einer Unternehmung gegenüber anderen verbunden ist.

6.2 Unternehmungsentwicklung verlangt unternehmerische Dynamik

> Weisheit ist die Fähigkeit, die langfristigen Konsequenzen gegenwärtiger Handlungen zu erkennen, die Fähigkeit, das zu steuern, was steuerbar ist und sich nicht über das zu ärgern, was nicht steuerbar ist.
>
> R. C. Ackoff

Wenn der Begriff der Unternehmungsentwicklung Merkmale einer *positiv* verlaufenden Dynamik im Spannungsfeld von Umwelt und Unternehmung impliziert, so bedarf es steuernder Kräfte, die visionär Chancen und Risiken von Veränderungen sowie Stärken und Schwächen ihrer Bewältigung durch eine Unternehmung erkennen und mit missionarischer Wirkung eine Anpassung an den notwendigen Wandel bewerkstelligen.

Cuno Pümpin (= Dynamik-Prinzip = 27 ff.) bezeichnet Überlegungen einer unternehmerischen Anpassung an sich bietende Chancen und Risiken als das »*Dynamik-Prinzip*«, dem eine dynamische Unternehmungsführung entsprechen muss. Es lässt sich durch drei Elemente kennzeichnen:

- eine unternehmerische Persönlichkeit als *Promotor* der Dynamik
- *Nutzen- und strategische Erfolgspotentiale*, die von einer dynamischen Unternehmung erschlossen werden
- die *Multiplikation* von Geschäftsaktivitäten, die beim Ausschöpfen der Nutzen- und strategischen Erfolgspotentiale zur Anwendung gelangen.

Diese drei Elemente bilden die Eckpfeiler des Dynamik-Prinzips.

»*Dieses besagt, dass unter Leitung einer unternehmerischen Persönlichkeit ein oder mehrere attraktive Nutzenpotentiale multiplikativ erschlossen werden*« (Pümpin = Dynamik-Prinzip = 45).

Im Spannungsfeld von Vergangenheitserfahrungen und Anforderungen zur Bewältigung einer vielfach anderen Zukunft wird insbesondere das Management des sozialen Systems der Unternehmung vor schwer zu bewältigende *Anpassungsprobleme* gestellt. Sie erfordern nicht nur ein Erlernen von neuen Verhaltensmustern und Verfahrensweisen, sondern auch ein – meist schwierigeres – Infragestellen von bislang erfolgreichen Handlungsweisen.

Dabei sind gerade soziale Systeme in ihrer Anpassungsfähigkeit häufig überfordert. Dies führt leicht zu vielfältigen Akzeptanzproblemen, zu einem Rückzug auf Sicherheit versprechende Verhaltensweisen, anstatt dass Neuerungen bewältigt werden. Es ist daher im Interesse unternehmerischer Dynamik, Überforderungssituationen zu vermeiden und *Veränderungs- und Beharrungszyklen wechseln* zu lassen. Dieses Vorgehen gewährleistet als Folge einer Lernetappe auch eine effiziente Nutzung des Erlernten. Notwendig ist aber eine *langfristige Zeitperspektive* aller Beteiligten, ohne die ein Verständnis für die von Zeit zu Zeit notwendigen Anpassungsmassnahmen nicht erwachsen kann. Empirische Untersuchungen weisen zudem darauf hin, dass sich in den Unternehmungsentwicklungen Phasen inkrementaler Anpassung mit Restrukturierungsphasen abwechseln, die für das weitere Überleben unabdingbar zu sein scheinen (Mintzberg/Waters = Strategy = 465 ff.; Tushman/Newman/Romanelli = Evolution = 29 ff.; Johnson = Rethinking = 75 ff.; Pettigrew = Transformation = 649 ff.).

Ein Wechsel von Phasen der Veränderung und Beharrung ist zudem durch unternehmungspolitische und strategische Fragestellungen einer Unternehmungsentwicklung durchaus als normal einzustufen: Zwischen den Zeiträumen einer Verdichtung der Unternehmungsentwicklung, die ein grundsätzliches Umdenken in allen Dimensionen des Unternehmungsgeschehens verlangen (Restrukturierung), liegen durchaus mehr oder weniger lange Strecken eines positiv zu sehenden Gleichlaufs. Unternehmungen allerdings, die wenig visionär und langfristig an ihre unternehmungspolitischen und strategischen Aufgaben herangehen, sehen sich nicht selten vor Situationen gestellt, in denen sich verpasste Anpassungsmassnahmen plötzlich zu bedrohlichen Situationen »aufschaukeln«, ohne dass dann noch ausreichend Zeit für eine planvolle und integrierte Vorgehensweise verbleibt. Sie gelten als die typischen Anlässe, die zu einem *Krisenmanagement* mit meist radikalen Eingriffen in die Unternehmungsentwicklung führen (Krystek = Unternehmungskrisen =).

6.3 Prinzipien einer Bewältigung der Unternehmungsentwicklung

»Austauschbare Leistungen tendieren zur Umsatzrendite Null.«

Rudolf Mann

6.3.1 Prinzipien unternehmerischer Dynamik

Zu Cuno Pümpins *«Dynamik-Prinzip»* der Bewältigung der Unternehmungsentwicklung durch ein unternehmerisches Management gehören eine Reihe von Aspekten, die unabhängig vom jeweiligen Stadium beachtet werden müssen.

»Als dynamisch bezeichnen wir ... diejenigen Unternehmen, welche den Nutzen für ihre Bezugsgruppen – Kunden, Aktionäre, Gemeinwesen usw. – innerhalb relativ kurzer Zeit um ein Mehrfaches erhöhen können« (Pümpin = Dynamik-Prinzip = 29).

I. Das Nutzenprinzip

Für dynamische Unternehmungen ist es kennzeichnend, dass sie attraktive Nutzenpotentiale für Bezugsgruppen und attraktive strategische Erfolgspotentiale erschliessen, auf die sie ihre Geschäftsaktivitäten gezielt richten (Pümpin = Dynamik-Prinzip = 249ff.)

Abbildung 6.2
Der Lebenszyklus von Nutzenpotentialen

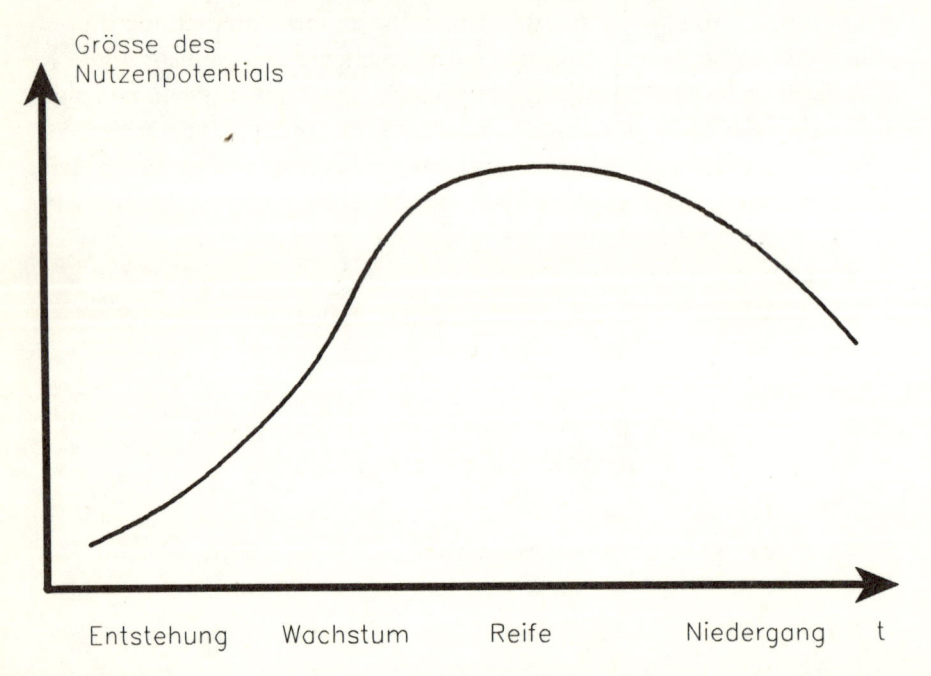

Strategische Erfolgspotentiale der Vergangenheit, die zunehmend der Sättigung entgegengehen, müssen durch die Suche nach *neuen, unkonventionellen* Potentialen komplementiert werden.

Neue Entwicklungen in der Umwelt, im Markt oder innerhalb der eigenen Unternehmung können zur Entwicklung von Nutzenpotentialen und strategischen Erfolgspotentialen führen.

II. Das Multiplikationsprinzip

Dynamik will mehr als die nur einmalige Nutzung einer Gelegenheit ausdrücken, sie beinhaltet vielmehr ein Konzept: Kernelement dieses Konzepts ist die *Multiplikation*.

»Dynamische Unternehmen schöpfen attraktive Nutzenpotentiale bewusst multiplikativ aus« (Pümpin = Dynamik-Prinzip = 102).

Um eine durchschlagende Überlegenheit aufzubauen, wird anstelle einer weiteren Perfektionierung die Erfolgsbasis mit grosser Intensität multipliziert. Cuno Pümpin weist auf die Wirkungen einer derartigen Unternehmungspolitik hin: Sie führt zu Kräftekonzentration, Einfachheit, Erfahrungskurven-Effekte, einem Zeitgewinn und damit zu einem konsistenten, klaren und leicht kommunizierbaren Unternehmungskonzept. Mit all dem kann eine beachtliche Eigendynamik erzeugt werden insofern, als der gesteigerte Nutzen zu einer Nachfragesteigerung und zu höheren Gewinnen führt und somit wieder *Aufforderungscharakter* besitzt. Er spornt alle Unternehmungsangehörigen an, das betreffende Nutzenpotential noch umfassender auszuschöpfen, wie Cuno Pümpin betont (= Dynamik-Prinzip = 43).

Eine Multiplikation kann sich auf Elemente (z. B. Produkte) und Prozesse (z. B. Abläufe) wie auf Systeme (z. B. Geschäftsfelder, Absatzorganisation, Betriebsstätten) beziehen. Cuno Pümpin stellt heraus, daß trotz der Multiplikationswirkung einmal gefundener Potentiale im Sinne seines Nutzenprinzips die Suche nach neuen Potentialen, die wiederum Möglichkeiten für eine weitere Multiplikation bieten, nicht vergessen werden darf.

III. Das Flexibilitätsprinzip

Eine dynamische Unternehmungsentwicklung setzt flexible Strukturen und Kulturen zur Bewältigung ihres Wandels voraus. Dynamische Unternehmen gestalten deswegen ihre Strukturen so, dass genügend Freiraum für die Entwicklung von Eigendynamik und flexibler Anpassung besteht (Pümpin = Dynamik-Prinzip = 197ff.).

Im Sinne des weiter oben gestellten Profilansatzes sind innovatorische Ausprägungen in den Managementprofilen zu definieren (so auf der Grundlage normativer Profilierung im Programm-, Struktur- und Verhaltensprofil der strategischen Dimension).

IV. Das Intrinsitätsprinzip

Eine dynamische Unternehmungsentwicklung verlangt von den Human-Ressourcen nicht nur Beweglichkeit und eine Begeisterungsfähigkeit für das Neue, sondern auch Eigeninitiative und Verantwortungsbereitschaft. Die unternehmungskulturellen Werte und Normen müssen auf diese Ausprägung abstellen. Führung und Personalwesen haben die weitere Kulturentwicklung in diese Richtung zu unterstützen.

Cuno Pümpin beschreibt diese Prägung wie folgt:

»*Alle Möglichkeiten zur Motivation der Mitarbeiter werden ausgeschöpft. Darunter fällt insbesondere die intrinsische Motivation durch eine attraktive Aufgabengestaltung. Dazu werden aber auch Anreize und andere Motivationsmittel auf breiter Basis eingesetzt. Die Kultur ist expansionsorientiert, zeitorientiert, produktionsorientiert und risikoorientiert*« (Pümpin = Dynamik-Prinzip = 269).

V. Das Zeitprinzip

Die Dynamik einer Unternehmungsentwicklung akzentuiert unabdingbar die Zeit als kritische Grösse für den Unternehmungserfolg. Erfahrungsbezogene Zeit»konstanten« bei der Planung, Entscheidung, Implementierung und Realisierung von nutzenstiftenden Vorhaben werden nicht akzeptiert, sondern unter dem Aspekt ihrer Variabilisierung in Frage gestellt. Wege zur zeitlichen Beschleunigung und zur Anwendung des Parallelprinzips werden sorgfältig geprüft bzw. beschritten, um das jeweilige Produkt vor relevanten Wettbewerbern auf den Markt zu bringen. Aus der Multiplikation ergeben sich, worauf Cuno Pümpin hinweist, weitere Möglichkeiten des Zeitgewinns: Die einmal gemachten Erfahrungen können ohne den üblichen, durch die Planung verursachten Zeitverzug zugleich an mehreren Stellen implementiert werden. Auch das Zeitverhalten des Managements entspricht den von der Dynamik der Unternehmungsentwicklung geprägten Anforderungen:

»Das Zeitverhalten ist gekennzeichnet durch ein sorgfältiges Timing der wichtigsten Geschäftsaktivitäten und zügiges, temporeiches Realisieren der Aufgaben. Die Spitzenkräfte setzen ihre persönliche Zeit primär für expansive Aufgaben ein« (Pümpin = Dynamik-Prinzip = 269).

VI. Das Risikoprinzip
Risiko ist die Bugwelle des Erfolgs.

Eine dynamische Unternehmungspolitik setzt risikobereites Management voraus: Die grösste Gefahr für die Zukunft einer Unternehmung liegt darin, beim Verfolgen langfristig erkennbarer Chancen keine Risiken eingehen zu wollen. Im »Nicht-Anpacken« liegt der Keim des Untergangs vieler Unternehmungen, die sich über lange Jahre auf bislang Erfolgreiches bezogen haben, ohne zukunftsweisende und damit auch »riskante« Investitionen in neue Erfolgspotentiale vorzunehmen. Dieser Haltung des Vermeidens eines »*Verletzbarkeitsrisikos*«, die im Kontext der unternehmungspolitischen Grundorientierung bereits dargestellt wurde, steht bei einer dynamischen Unternehmungsentwicklung das Konzept des »*Störbarkeitsrisikos*« gegenüber, das langfristige Risiken eher in nicht genutzten Chancen erblickt.

6.3.2 Dimensionen der Entwicklungsdynamik von Unternehmungen

Stellt man die Gedanken von Cuno Pümpin in einen grundlegenden Zusammenhang mit den eine Unternehmungsentwicklung steuernden Kräften, dann lässt sich im Anschluss an die vorausgegangene Konzeptbeschreibung folgende Zuordnung der Prinzipien vornehmen:

a) Das Dynamik-Prinzip in der normativen Dimension

> »Nutzenpotentiale entstehen aufgrund von Ungleichgewichten. Dynamische Unternehmen sind bestrebt, neue attraktive Nutzenpotentiale frühzeitig zu entdecken und diese innovativ zu erschliessen, um sich den entscheidenden Vorteil zu verschaffen.«
>
> (Pümpin = Dynamik-Prinzip = 55)

Die Erschliessung von *Nutzenpotentialen* für Bezugsgruppen verlangt eine Unternehmungspolitik der Verpflichtung, die durch die Unternehmungs*verfassung* nach dem »stakeholder«-Ansatz abgesichert und von einer offenen, Dritten gegenüber nutzen-orientierten Unternehmungs*kultur* getragen wird. Das eigentliche Risiko in der Unternehmungsentwicklung liegt weniger in der Verletzbarkeit durch Aktionen des Wettbewerbs oder in der Verschiebung einzelner Kontextfaktoren an sich, sondern im Ergreifen falscher, nicht tragfähiger Nutzenpotentiale am Anfang einer Unternehmungsentwicklung oder ihrer Differenzierung. Am gefährlichsten ist jedoch das Nichterkennen der zeitlichen Vergänglichkeit jeder Nutzenwirkung (vgl. Abb. 6.2). Dies führt schliesslich, von einer Unternehmungsphilosophie des Verbundenseins »Auf-Gedeih-und-Verderb« mit einem ganz bestimmten und beschränkten Nutzenpotential getragen, zum Untergang der Unternehmung. In dieser Weise stellt sich das *Risikoprinzip* als zentrales Attribut des Nutzenprinzips dar.

b) Das Dynamik-Prinzip in der strategischen Dimension: Strategische *Programme* müssen anfänglich vom Multiplikationsprinzip der durch die strategischen Erfolgspotentiale erschlossenen Kernfähigkeiten einer Unternehmung getragen sein. Dies ist jedoch m. E. nicht ausreichend, um bei der im Zeitablauf zu erwartenden Stagnation der Wirkung strategischer Potentiale auf die Positionierung einer Unternehmung im Wettbewerb die weitere Unternehmungsentwicklung zu tragen. Mir scheint es daher erforderlich, das Prinzip der *Differenzierung* hinzufügen: Über eine *imitative* oder *innovative* Differenzierung von strategischen Erfolgspotentialen sind neue Geschäftsmöglichkeiten zu erschliessen, die nach einer Übergangsphase erneut durch das Prinzip der Multiplikation in für die Unternehmungsentwicklung interessante Grössenordnungen hineinwachsen.

Organisatorische Strukturen und Managementsysteme sollten, damit sie die strategischen Programme fördern können, dem Gebot der *Flexibilität* entsprechen. Dies ist besonders bei der anfänglichen Entwicklung neuer strategischer Erfolgspotentiale und in Verfolgung des Differenzierungsprinzips beim endlichen Übergang von einem auf mehrere Erfolgspotentiale zu beachten. Bei einer lediglich auf die Multiplikation ausgerichteten Auslegung strategischer Programme besteht leicht die Gefahr, dass im Zuge eines Strebens nach Synergien zentralistische und formalisierte

Strukturen mit hohem Standardisierungsgrad der Arbeitsabläufe bereitgestellt werden, die einer späteren flexiblen Anpassung entgegenstehen. Diese mangelnde Flexibilität gegenüber der Bewältigung des für das Überleben ausschlaggebenden Neuen stellt sich später bei der Abflachung der Nutzenkurve als Hypothek einer übertriebenen Betonung des Multiplikationsprinzips heraus und entspricht damit nicht dem Gebot der Differenzierung.

Die *Träger von Strategien und ihr Verhalten* sollten über alle Phasen des Prozesses der Unternehmungsentwicklung durch das *Intrinsitätsprinzip* gekennzeichnet sein. Allen Versuchen – und diese zeigen sich gerade während des letzten Teils der Multiplikation eines strategischen Erfolgspotentials – zur arbeitsteiligen Reduktion der Breite des Leistungsbeitrages durch Spezialisierung von Mitarbeitern sollte strategisch mit Hinweis auf das Intrinsitätsprinzip entgegengewirkt werden.

c) *Das Dynamik-Prinzip in der operativen Dimension:* Alle für die Unternehmungsentwicklung relevanten Prinzipien sind in der operativen Dimension taktisch in Handlungen auf allen Ebenen und in allen Bereichen einer Unternehmung umzusetzen. Sie konkretisieren damit die grundsätzliche Gestaltungsidee als einzelne Massnahmen, welche der Lenkung durch die Führung unterliegen.

d) *Unternehmungsentwicklung als Folge des Dynamikprinzips:* Eine Unternehmungsentwicklung ist untrennbar mit dem *Zeitprinzip* verbunden, denn alle normativen, strategischen und operativen Handlungen des Managements sind zeitbezogen. Hier sind wieder die beiden typologischen Muster von Opportunität und Verpflichtung zu erkennen: Ein Management mit einer Einstellung zum Opportunismus kann sich zeitlich von der »Gunst der Stunde« tragen lassen. Diese kann sich aber auch leicht zur Ungunst wandeln, wenn man sich weder auf Chancen noch auf Risiken vorbereitet hat. Unternehmungen sind sowohl vom Kunden als auch vom Mitarbeiterverhalten abhängig. Verhaltensprozesse lassen sich, wenn sie auf Änderungen abzielen, allerdings nicht kurzfristig realisieren. Als Folge ergibt sich die Notwendigkeit eines Verpflichtungshandelns. Ohne Zeitdisziplin lässt sich eine zukunftsführende Unternehmungspolitik strategisch und operativ nicht umsetzen.

6.4 Verläufe der Unternehmungsentwicklung

6.4.1 Konzept eines idealtypischen Verlaufs der Unternehmungsentwicklung

Unternehmungsentwicklungen können durchaus einen unterschiedlichen Verlauf nehmen. Wachsende Unternehmungen weisen jedoch eine recht ähnliche *formale* Struktur ihrer Entwicklung auf. Diese führt auch *inhaltlich* zu ähnlichen Problemlagen, die vom Management zu bewältigen sind. Als wesentliche Stadien einer »normalen« Unternehmungsentwicklung lassen sich mit Abb. 6.3 unterscheiden:

I. *Innere Unternehmungsentwicklung*
   1. Pionierphase
   2. Markterschliessungsphase
   3. Diversifikationsphase
I. *Äussere Unternehmungsentwicklung*
   4. Akquisitionsphase
   5. Kooperationsphase
III. *Innere und äussere Unternehmungsentwicklung*
   6. Restrukturierungsphase

6.4.2 Probleme der Bewertung der Unternehmungsentwicklung

Da vorausgehend von einem qualitativen Begriff der Unternehmungsentwicklung ausgegangen wurde, bereitet die Bezeichnung der Ordinate in der Abb. 6.3 Probleme. Stellt sich bereits bei einer quantitativen Betrachtung der Unternehmungsentwicklung die Frage nach einer *eindimensionalen* (jeweils entweder/oder Umsatz, Ergebnis, Bilanzsumme, Mitarbeiterzahl usw.) oder *mehrdimensionalen* (als Konglomerat mehrerer im Verhältnis zueinander zu bewertenden Massgrössen) Messung (vgl. zur Messproblematik der Unternehumgsgrösse: Schulz = Unternehmungsgrösse = 39f.), so wird diese bei einer qualitativen Betrachtung noch komplizierter. Dann nämlich stellt sich sowohl das Problem einer

Abbildung 6.3
Phasen der Unternehmungsentwicklung

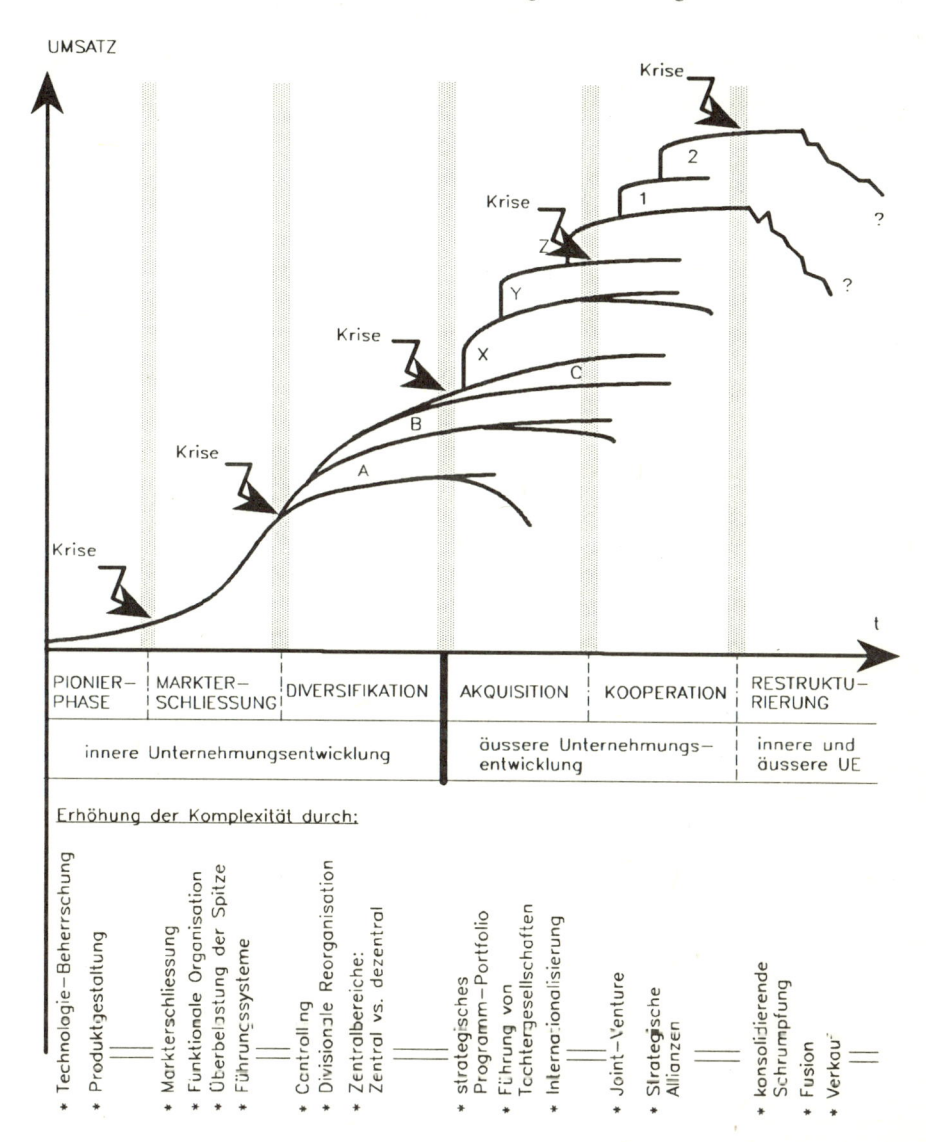

PIONIER-PHASE	MARKTER-SCHLIESSUNG	DIVERSIFIKATION	AKQUISITION	KOOPERATION	RESTRUKTU-RIERUNG
innere Unternehmungsentwicklung			äussere Unternehmungsentwicklung		innere und äussere UE

Erhöhung der Komplexität durch:

- Technologie-Beherrschung
- Produktgestaltung
- Markterschliessung
- Funktionale Organisation
- Überbelastung der Spitze
- Führungssysteme
- Controlling
- Divisionale Reorganisation
- Zentralbereiche: Zentral vs. dezentral
- strategisches Programm-Portfolio
- Führung von Tochtergesellschaften
- Internationalisierung
- Joint-Venture
- Strategische Allianzen
- konsolidierende Schrumpfung
- Fusion
- Verkauf

• *Bewertung der Nutzenpotentiale relativ zu den Bezugsgruppen in der normativen Dimension*, was sich bei einem reduzierten »shareholder approach« auf die *Wertsteigerung* für die Eigentümer reduziert (Gomez/

Weber = Akquisitionsstrategie =). Bei einem »stakeholder approach« dagegen wäre der Nutzen für vielfältige Bezugsgruppen zu bewerten und mehrdimensional zu beurteilen.

- *Bewertung der strategischen Erfolgspotentiale relativ zu den Wettbewerbern*, ähnlich wie dies bei der Messung relativer Marktanteile bei strategischen Portfolio-Analysen üblich ist.

In beiden Fällen ergeben sich, da es sich hierbei nicht um eine zeitpunktbezogene Beurteilung handeln kann, erhebliche *Prognoseprobleme* im Hinblick auf die Entwicklung der Nutzenfunktionen von Bezugsgruppen und der strategischen Erfolgspositionen durch Wettbewerber, schliesslich auch für die eigene Positionierung im zukünftigen Entwicklungszusammenhang.

Jede dieser Phasen stellt das Management vor eine arteigene Problemlandschaft, die sich gemäss der vorangestellten Darstellungen in den Dimensionen der

- Unternehmungs*politik* getragen von der Unternehmungs*verfassung* und der Unternehmungs*kultur*,
- der *strategischen Programme, Organisationsstrukturen und Managementsysteme*, wie des *Problemverhaltens* des Managements und der
- *operativen Führung* vollziehen.

Abbildung 6.4
Entwicklungsbaum des zeitlichen Fortschritts der Unternehmungsentwicklung

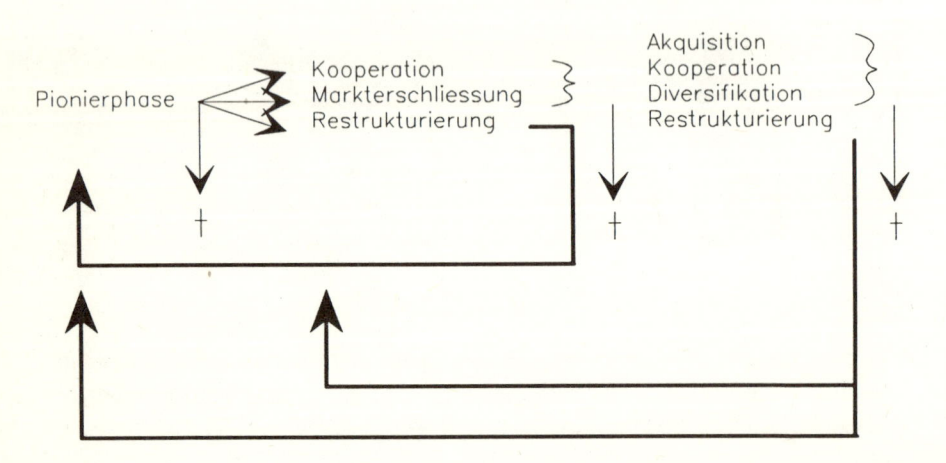

Die abgebildete *logische* Struktur einer Unternehmungsentwicklung bietet unterschiedliche Möglichkeiten für die *zeitliche* Abfolge einzelner Phasen. Der *Entwicklungsbaum* des zeitlichen Ablaufs verzweigt sich zunehmend, wobei einzelne Phasen miteinander verbunden sein können.

Grundsätzlich eröffnen sich bereits in der Pionierphase viele Möglichkeiten für eine weitere Unternehmungsentwicklung, etwa dahingehend, dass die Markterschliessungsphase durch Akquisitionen und Kooperationen bewältigt wird. Auch noch in späteren Phasen ergeben sich ähnliche Möglichkeiten, wie etwa bei einer Diversifikation durch Akquisitionen. Dennoch wird im folgenden von einem *idealtypischen Verlauf* der Unternehmungsentwicklung ausgegangen, der zunächst die Möglichkeiten einer jeden Phase voll ausschöpft, bevor ein Übergang zu einer weiteren Phase unternehmungspolitisch und strategisch angepeilt wird.

6.4.3 Krisenanfällige Schwellenübergänge von Phasen der Unternehmungsentwicklung

> »Success in the past always becomes enshrined in the present by the overvaluation of the policies and attitudes which accompanied that success«.
>
> Bruce D. Henderson

Am Ende jeder Phase einer Unternehmungsentwicklung stellen sich typische *Schwellenprobleme eines Übergangs* zu einer folgenden Phase ein, die bei mangelnder Gestaltung des Übergangs *Krisen*situationen ergeben können. Ihre Nicht-Bewältigung kann die Unternehmung auf Problemlagen vorausgegangener Phasen zurückwerfen und damit zur Schrumpfung führen. Werden die Krisenursachen nicht abgestellt, kommt es schliesslich zum Niedergang.

Auf diesen Zusammenhang von Entwicklungsschritten, Schwellenproblemen und Krisenbewältigung hat aus organisatorischer Sicht insbesondere Larry E. Greiner (= Evolution =) hingewiesen.

»Krisen allgemein und Unternehmungskrisen speziell werden überwiegend als in ihren Wirkungen destruktiv und dysfunktional empfunden. Obwohl Unternehmungskrisen schnell das aktuelle Interesse einer Sensation auf sich ziehen und als Begriff in aller

Munde sind, begegnet man ihnen aus der Nähe doch eher mit Skepsis, Ratlosigkeit und wohl auch mit Angst. Die ihnen auch eigene Kraft zur konstruktiven Wandlung, zur Überwindung erstarrter Formen wird dabei häufig übersehen ... Unternehmungskrisen als Chancen zur Erneuerung und nicht einseitig als Endstationen einer fehlgeleiteten Entwicklung zu betrachten, ist uns offenbar eine noch sehr fremde, zweifelhafte Vorstellung« (Krystek = Unternehmungskrisen = V).

> »Organizations succumb to crises largely because their top managers, bolstered by recollections of past successes, live in worlds circumscribed by their cognitive structures. Top mangagers misperceive events and rationalize their organizations failures«.
>
> Paul Nystrom and William H. Starbuck

Jürgen Hauschildt (= Schaden = 142 f.) hat aus Krisenberichten von bereits oder noch nicht insolventen Unternehmungen zwölf »*Misserfolgsursachen und -elemente*« ermittelt, die in diese Darstellung – soweit sie nicht grundsätzlicher und damit verschiedene Phasen der Unternehmungsentwicklung überlagernder Natur sind – in das Krisenpotential der Schwellenübergänge Eingang finden.

Tabelle 6.2
Krisenursachen nach Hauschildt = Schaden = 144.

1. Person des Unternehmers
- Ein-Mann-Regiment,
- Starres Festhalten an früher erfolgreichen Konzepten,
- Nepotismus, Ämterpatronage,
- Unangemessener patriarchalischer Führungsstil,
- Unkündbarkeit, Krankheit, Tod

2. Führungsfehler
- Zentralistischer Führungsstil, mangelnde Delegation,
- Koordinationsmängel,
- Fehlende Kontrolle, Konfliktscheue

- Entscheidungsschwäche/umgekehrt: Politik der vollendeten Tatsachen
- Fluktuation des Managements

3. Organisation oder Konstitution
- Unübersichtliche Organisation,
- Fehlen organisatorischer Anpassung,
- Zu grossspurige Umstrukturierungen,
- Rechtsformnachteile,
- Konflikte mit Arbeitnehmern
- Zu starre Bindung an eine einzige Produktfamilie/sprung-

hafter Wechsel der Produktion
- Unwirtschaftliche Eigenfertigung statt Fremdbezug.

4. *Überhastete Expansion*
- Fanatisches Streben nach Umsatzerhöhung oder Marktanteilsausweitung,
- Aufbau von Leerkapazitäten
- Unkritisches externes Wachstum
- Zu früher Start mit nicht fertig entwickelten Produkten,

5. *Mängel im Absatzbereich*
- Unzeitgemässe Produkteigenschaften, zu hohe/zu niedrige Qualität,
- Zu bereites/zu schmales Programm, kein bewusstes Portofolio,
- Falsche Hochpreispolitik/falsche Niedrigpreispolitik
- Keine Wertsicherung, keine Gleitpreise
- Mängel des Vertriebsweges.

6. *Mängel im Produktbereich*
- Veraltete/zu neue, noch unerprobte Technologie,
- Hoher Produktionsausschuss,
- Mangelhafte Fertigungssteuerung bei zersplitterter Produktion
- Zu frühe/zu späte Investition
- Unterlassen von Investitionen (Investitionsmüdigkeit/ unzweckmässige Investitionshektik)

7. *Mängel in der Beschaffung und Logistik*
- Starre Bindung an Lieferanten und Rohstoffquellen,
- Politische und Währungsrisiken bei Rohstoffimport,
- Grosslager am falschen Standort,
- Bau statt Miete von Gebäuden

8. *Mängel im Personalwesen*
- Fehlende Personalplanung,
- Schnelle Entlassung unbequemer Mitarbeiter,
- Scheu vor Belegschaftsabbau,
- Konfliktscheue und mangelnde Härte bei Verhandlungen über Löhne, Gehälter, Sozialleistungen, Sozialpläne, Sachbezüge,
- Unsachgemässe Sparsamkeit bei leistungsfähigen Mitarbeitern.

9. *Mängel im Investitionssektor*
- Fehlendes Investitionskalkül,
- Fehleinschätzung des Investitionsvolumens,
- Koordinationsmängel bei der Investitionsabwicklung.

10. *Mängel in der Forschung und Entwicklung*
- Zu geringe F+E-Tätigkeit, keine Portfoliopflege,
- F+E-Konzeption,
- Detailbesessenheit,
- Mangelnde Sachkontrolle/zu starke Kontrolle,
- Starres Budgetdenken.

11. Mängel im Eigenkapital
- Hohe Zinsbelastung,
- Niedrige Kreditwürdigkeit,
- Keine Möglichkeit des Verlustausgleichs,
- Überschätzung der Rücklagen,
- Mangelnde Fristenkongruenz im Langfristbereich.

12. Mangelhaftes Planungs- und Kontrollsystem
- Fehlen eines konsolidierten Abschlusses
- Fehlerhafte Kostenrechnung und Kalkulation,
- Mangelhafte Erfolgsaufschlüsselung (nach Sparten, Produkten, Kundengruppen, Filialen etc.),
- Fehlende Finanzplanung,
- Mangelhafte Projektplanung.

Jede Krisensituation bietet typische *Anschlussmöglichkeiten* an eine weitere Etappe der Unternehmungsentwicklung. Entwicklungsphasen und Übergangsschwellen von einer Phase in eine andere werden im folgenden aufgezeigt.

Grundlegend für die Darstellung der Unternehmungsentwicklung ist die Unterscheidung zwischen einer aus eigener Kraft erfolgenden *inneren* und einer in Kooperation und dem Zusammenschluss mit anderen Unternehmungen erfolgenden *äusseren* Entwicklung. Aufgrund der Tendenz zur äusseren Entwicklung durch vertragliche Bindungen, dem Eingehen von Beteiligungen, Übernahmen und Zusammenschlüssen verschwimmen die Konturen unseres auf rechtlich gesicherter und wirtschaftlich zentrierter Autonomie beruhenden Unternehmungsverständnisses zunehmend. Misslingt die äussere Entwicklung und sind zugleich Schritte zurück zu einer aus dem Inneren der Unternehmung heraus folgenden Entwicklungsdynamik durch vielfältige, unumkehrbare Festschreibungen von Strukturen und Verhalten verstellt, verbleibt die zumeist von aussen induzierte *Restrukturierung*. Sie führt entweder zur völligen oder teilweisen Auflösung der ursprünglich als »Unternehmung« definierten autonomen Kerneinheit.

6.4.4 Äussere Krisen können die Unternehmungsentwicklung stören

Die Geschichte von Unternehmungen lehrt, dass es vermessen wäre, dem Ausgleich von innerer und äusserer Evolution im Sinne eines langwelligen ökonomischen Fliessgleichgewichtes allein Bedeutung zur Erklärung der Entwicklung von Unternehmungen zuzusprechen. Vielfältige äussere Ereignisse vor allem aus dem politisch-militärischen Umfeld haben, historisch betrachtet, als Konsequenz der Abfolge von Problemen und ihrer Bewältigung die drastische Restrukturierung, wenn nicht sogar die Aufgabe von Unternehmungen bewirkt. Andererseits bergen gerade derartige Umwälzungen im Umfeld wiederum Risiken und zugleich Chancen, die sich je nach Positionierung einzelner Unternehmungen und ihrer Behandlung durch das Management negativ oder positiv auf die weitere Entwicklung auswirken.

6.4.5 Differenzierte Umweltanalysen zur Krisendiagnose

In früheren Fassungen des St. Galler Management-Modells ist der Plazierung und Darstellung des *Umweltkonzeptes* eine herausragende Bedeutung zugemessen worden (Ulrich/Krieg = Modell = 18ff.; Malik = Managementsysteme = 14f.).

Hierbei geht es um die schwierige Aufgabe, »zukünftige Entwicklungen einer vielschichtigeren Umwelt abzuschätzen und in ihrer Bedeutung für das eigene Unternehmen zu beurteilen. Es handelt sich dabei um ein ausgesprochen schlecht strukturiertes Problem, für dessen Lösung das interne Informationswesen in der Regel sehr wenig Informationen liefert« (Ulrich = Unternehmungspolitik = 64).

Dabei stellen sich Fragen nach der *Eingrenzung* der zu erfassenden Umwelt und ihrer theoretischen *Aufgliederung* in einzelne Teilbereiche und Umweltfaktoren, auf die Hans Ulrich daselbst verweist. Diese Fragestellung wird bei einer präsituativen Durchleuchtung von Umweltproblemen im Moment einzelner Schwellenübergänge in der Unternehmungsentwicklung besonders interessant, denn jede Phase lässt die Frage nach einer Abgrenzung und Aufgliederung der Umwelt anders beantworten. So ergibt sich beispielsweise beim Übergang von der Markterschliessungsphase zur Diversifikationsphase eine deutliche *Ausweitung des Suchfeldes* in der Umwelt im Hinblick auf neue technologische und marktliche Segmente, beim Übergang von der Diversifikations- in die Akquisitions- oder Kooperationsphase in Richtung auf andere Systeme. Vom Konzept der Unternehmungsentwicklung her bieten sich interessante Möglichkeiten, einen differenzierten Einsatz von phasenspezifischen Umweltanalysen zur Krisenprophylaxe einzusetzen.

6.5 Phasen einer idealtypologischen Unternehmungsentwicklung

Innere Unternehmungsentwicklung

> Die innere Entwicklung einer Unternehmung geht immer von einer unternehmerischen Idee aus, die zum Aufbau von Nutzen- und strategischen Erfolgspotentialen führt.

Nutzenpotentiale können zum Aufbau strategischer Erfolgspositionen führen, die vom Markt honoriert werden. Sie gestatten den Erwerb und die Entwicklung von Leistungspotentialen. Durch Multiplikation von Potentialen vollzieht sich im Zeitablauf eine Grössenentwicklung, die besondere Anforderungen an die Gestaltung und Lenkung stellt.

1. Pionierphase der Entwicklung: In Industriebetrieben wird die Pionierphase der Unternehmungsentwicklung zumeist von einer Erfindung getragen. Nach erfolgreichen Versuchen zur Technologiebeherrschung gelingt eine Produktgestaltung, die einem eng begrenzten Kundenkreis bekannt wird und diesem bei der Lösung seiner Probleme hilft. In Unternehmungen des Dienstleistungssektors handelt es sich dagegen um die Bereitstellung von Angeboten, die sich innovativ auf neu entwickelnde Bedürfnisse richten und die in dieser Phase noch um Anerkennung ringen.

- *Normatives Management in der Pionierphase*
  Die Unternehmungspolitik der Pionierphase ist zumeist getragen von einer starken Fokussierung auf eine technologische oder marktliche Idee, wobei eine gewisse Heuristik bei der Bewältigung der auftretenden Probleme bemerkenswert ist. Zumeist ist die Unternehmungsverfassung davon geprägt, dass Eigentümer und Erfinder identisch sind. Die auf der Vergangenheit des Gründers in anderen Institutionen beruhenden positi-

ven und negativen Erfahrungen werden zunächst in die Entwicklung der neuen Unternehmungskultur eingebracht. Man ist hier in einer »kitchen cabinet«-Situation des gegenseitigen Findens, in der die Art und Weise, wie der Gründer, Erfinder, Pionier und Eigentümer die Rolle des unternehmerischen Führers wahrnimmt, für die künftige Unternehmungskultur prägend wird. An unternehmungspolitischen Deklamationen fehlt es häufig; eher kennzeichnet das Vorbild und Vorleben des Pionier-Unternehmers, seine Vision, Kreativität, Innovationsbereitschaft; die Neigung zu unkonventionellen Lösungen bei hoher Risikobereitschaft kennzeichnen die Pionierphase kulturell.

- *Strategisches Management in der Pionierphase*
Ausgehend von den *strategischen Programmen* ergibt sich zumeist ein Markteintritt mit einem Produkt in eine Marktnische. Von einer Organisation ist in dieser Phase kaum zu sprechen, es herrscht eher eine zum Chaos neigende Improvisation vor. *Managementsysteme* sind selten vorhanden, statt dessen erscheinen die persönliche Anweisung und die Kenntnis vor Ort für Information und Lenkung als völlig ausreichend. Die notwendige Verfolgung von wirtschaftlichen Ergebnissen wird gern Dritten überlassen (Steuerberater, Treuhänder usw.). Im *Träger*profil herrscht der experimentierende Erfinder-Unternehmertyp vor, der gerne Gleichgesinnte um sich schart. Das *Verhalten* wird vom Erfolgserlebnis erzielter Durchbrüche im Technologischen und Marktlichen bestimmt. Hohes Risiko sollte dabei durch hohen Gewinn gratifiziert werden.

- *Operative Führung in der Pionierphase*
Die operative Führung wird in der Pionierphase erheblich von der Bewältigung von Einzelproblemen im *leistungswirtschaftlichen* Bereich in Anspruch genommen. Beschaffung und Materialwirtschaft, die Produktion, Lagerung, Auslieferung und Distribution stellen vielfältige Probleme, die im Falle des Erfolges zunehmend aus der Hand zu gleiten drohen. Die finanzielle Sicherung der Aufbauphase kann dabei arg gefährdet werden und verlangt deswegen zunehmend Aufmerksamkeit im täglichen Geschäft. Das soziale System ist überwiegend paternalistisch geprägt, um den Pionier hat sich eine ihm und der Sprache verpflichtete Betriebsgemeinschaft geschart.

- *Das Krisenpotential der Pionierphase*
Das Krisenpotential der Pionierphase ist besonders hoch einzuschätzen. Es ist statistisch erwiesen, dass die Mehrzahl aller unternehmerischen Vorhaben bereits in dieser Phase scheitert. Die Gründe dafür mögen in

dem einen Fall in der nicht ausreichenden Tragfähigkeit der zugrundeliegenden unternehmerischen Idee – also in der Bewertung des vermeintlich bereitgestellten *Nutzen*potentials für Bezugsgruppen oder ihrer Realisierbarkeit über die Entwicklung und Nutzung strategischer Erfolgspotentiale –, in dem anderen Fall in einer mangelnden Bereitstellung eines ausgewogenen *Leistungs-* oder *Finanz*potentials zur operativen Bewältigung der bei der Realisierung des unternehmerischen Konzeptes auftretenden Probleme liegen. Aus Sicht einer Managementbetrachtung liegt das Scheitern von Pionierunternehmungen fast immer an der nicht ausreichend ausgewogenen Berücksichtigung von unternehmerischen und manageriellen Aspekten bei der Führung.

Tabelle 6.3
Der Übergang von der Pionier- zur Markterschliessungsphase

Krisenpotential des Schwellenübergangs von der Pionier- in die Markterschliessungsphase

- Abhängigkeit von der Person des Gründers
- Patriarchalische Führungsform
- Mangelnder Professionalismus in der Führung
- Zentralistische Organisationsstruktur mit Improvisationscharakter
- Mangelnde organisatorische Anpassung an wachsende Grösse
- Nicht-Vorhandensein von Managementsystemen
- Wenig erprobte Technologie
- Unzureichende Produkteigenschaften
- Überforderung der Kapazität durch Nacharbeiten
- Zu späte Anpassung durch Investitionen
- Unzureichende Vertriebsweg-Gestaltung
- Materielle, personelle und finanzielle Ressourcenbeschränkung

- *Der Weg aus der Krise: Markterschliessung und interne Konsolidierung*
  Damit ist der Weg, wie eine Aktivierung des in der Pionierphase angelegten Krisenpotentials vermieden werden kann, vorgezeichnet: Einerseits ist das gebotene strategische Erfolgspotential derart zu diffundieren, dass eine Steigerung der Umsätze eintritt, um durch eine Multiplikatorwirkung des erarbeiteten und bereitgestellten Nutzens Erträge erwirtschaf-

ten zu können, die zur Lösung der internen logistischen Probleme (wieder) eingesetzt werden können. Dazu bedarf es eines gekonnten Übergangs in die folgende Phase der Markterschliessung. Andererseits ist die interne Konsolidierung durch eine integrative Abstimmung der zur Leistungserstellung notwendigen Funktionen und ihrer Ausrichtung auf Markt und Kunden und durch die Sicherung der finanziellen Basis im Gleichgewicht zur leistungswirtschaftlichen Entwicklung vorzunehmen. Dies ist allein mit einer Erfinder-Unternehmer-Mentalität und -Qualifikation kaum noch und nur unter besonders günstigen Voraussetzungen möglich. Der die Ungleichgewichte in Technologie und Markt erkennende und nutzende Unternehmer ist damit im allgemeinen überfordert. Er bedarf daher der *Ergänzung* durch nach Gleichgewichten strebende und mit den Instrumenten eines neuzeitlichen Managements vertrauten Führungskräften.

2. *Markterschliessungsphase der Entwicklung:* Die Markterschliessungsphase bringt die Multiplikation der unternehmerischen Idee über die Erschliessung breiter Kundenkreise. Sie ist eine Phase bedeutenden und schnellen Wachstums, die vor allem eine dem tatsächlichen Auftragsvolumen vorauseilende Anpassung aller Ressourcen verlangt. Gelingt dies nicht, ergeben sich nur zu leicht Engpasssituationen, deren Überwindung die volle Aufmerksamkeit des Managements verlangt. Oft wird aber gerade dessen mangelnde Anpassung in der Kapazität zum entscheidenden Engpassfaktor.

- *Normatives Management in der Markterschliessungsphase*
  Expansionsstrategien zur Erschliessung weiterer Kundenkreise für die inzwischen bewährte unternehmerische Idee tragen in dieser Phase die Unternehmungspolitik. Die damit verbundene Grössenerweiterung führt in der *Unternehmungsverfassung* zu der Notwendigkeit, neue Interessenten für die Finanzierung der Expansion zu gewinnen. Eine Veränderung der ursprünglichen Eigentümerstruktur durch die Aufnahme weiterer Teilhaber oder eines »going public« kann auch Rechtsformen über die Ausgestaltung der Spitzenverfassung betreffen. Diese berührt die Machtansprüche an und die Machtverhältnisse in der Unternehmung, sie verändert die Konfliktfelder von Teilnehmern und Mitgliedern ebenso wie die Art ihrer Lösung. Sehr wesentlich aber ist es für die weitere Entwicklung, dass die in der Pionierphase durch das Innovative und Unternehmerische des Gründers geprägte *Unternehmungskultur* mit ihren chaotischen,

improvisatorischen und risikofreudigen Zügen kaum geeignet ist, die nun völlig andersartige Problemlandschaft, die nach Ordnung und Gleichgewicht ruft und die Standardisierung von Arbeitsvollzügen verlangt, zu bewältigen.

- *Strategisches Management in der Markterschliessungsphase*
Strategische Programme sind auf die Erweiterung der ursprünglich erschlossenen Marktnische, die deswegen auch einer Neudefinition bedarf, ausgerichtet. Der in der Pionierphase erarbeitete Vorsprung ist zu halten und weiter auszubauen. Die Nutzung der Erfahrung im Erreichen eines kostenbedingten Preisvorteils kann geeignet sein, Markteintrittsbarrieren für nachfolgende, am Markt Interessierte aufzubauen. Marktanteilsverluste durch eine unzureichend vorausschauende Sicherstellung der Lieferbereitschaft sind zu vermeiden. Gelingt dies nicht, entstehen günstige Möglichkeiten für den Markteintritt weiterer Wettbewerber, die den Wert des langfristigen Nutzenpotentials der unternehmerischen Idee durch die verblassende Marktwirkung des strategischen Erfolgspotentials deutlich sinken lassen. Die *organisatorische Anpassung* darf nicht vernachlässigt werden, denn in der Phase der Markterschliessung gilt es, ein in der Sache fixiertes, aber in der Anpassung an die Grössenveränderung flexibles Ordnungssystem für Strukturen und Prozesse in einen bislang von Improvisationen geprägten Handlungszusammenhang einzubringen. Da in dieser Phase die Unternehmung mehr oder weniger von einem Produkt getragen wird, bietet sich eine Aufbaustruktur nach dem Verrichtungsprinzip – eine funktionale Organisation – an, die durch Auftrags- und Abwicklungsabläufe gekennzeichnet ist. Von den bekannten Vor- und Nachteilen dieses Organisationsmodells sei vor allem auf dessen Neigung hingewiesen, Entscheidungen zu zentralisieren, so dass sich eine gewisse Spitzenlastigkeit der Organisation einstellt. Dies trifft sich zwar gut mit der Gründerorientierung der Unternehmungskultur, wie sie in der vorausgehenden Phase entstanden ist, und mit der Notwendigkeit der konsolidierten und integrierten Anpassung aller Funktionen an das Wachstum, sozusagen »aus einem Guss«. Sie hat jedoch einen wesentlichen Nachteil: die Überlastung der Spitze mit operativen Details (in einem »Kamineffekt« werden funktionsübergreifende Tagesfragen nach oben gesogen). Die überforderte Managementkapazität hat dann kaum Zeit, sich um strategische Probleme zu kümmern, sie ist gefangen in der Suche nach Gleichgewichten in der Optimierung gegebener Produkte und Prozesse. Der Aufbau neuartiger strategischer Erfolgspotentiale für

die Zukunft bleibt in der Folge auf der Strecke. *Managementsysteme* beginnen sich in der Markterschliessungsphase in Ergänzung zur Organisationsstruktur zunehmend ihren Platz im strategischen Management zu erobern. Vor allem sind es Zielsetzungs-, Planungs-, Informations- und Kontrollsysteme, die ihren Tribut an ein technokratisches Management fordern. Sie beginnen die Wahl und den Einsatz von Trägern der Führung zu prägen. Manager und Verwalter ziehen in die Führungsetagen ein, und Erfinder, Unternehmer und Menschenführer werden verdrängt. Die Form wird wichtiger als Inhalte. Die genaue Regelbefolgung wird mit der Notwendigkeit begründet, Grösse und Wachstum nur auf diesem Wege bewältigen zu können. Risikofreudigkeit wird abgebaut, Lernbereitschaft verkümmert, da es ja nun darum geht, noch mehr von dem Gleichen rationeller zu leisten.

- *Operative Führung in der Markterschliessungsphase*
  Die operative Führung ist in der Markterschliessungsphase auf das Herstellen eines Gleichgewichtes innerhalb der leistungswirtschaftlichen Funktion, zwischen diesen und den finanzwirtschaftlichen Anforderungen und der sozialen Gestaltung, die insgesamt von Informationsnetzen durchdrungen werden müssen, ausgerichtet. Dabei handelt es sich nicht um das Erreichen eines fixierten, allseits abgestimmten Zustandes, sondern um ein Fliessgleichgewicht vor dem Hintergrund eines durch die Multiplikation der unternehmerischen Idee ausgelösten Wachstums.

- *Das Krisenpotential der Markterschliessungsphase*
  Im Vergleich zur Pionierphase stellt sich allgemein in der Markterschliessungsphase ein verringertes Krisenpotential. Vor allem sind es Anpassungsfehler an das mögliche Wachstum, welche den Wettbewerbern Chancen zum Markteintritt oder zum Ausbau ihrer Marktposition eröffnen. Diese Fehler bergen das zukünftige Risiko des Verlusts der Marktführerschaft, der eine Unternehmung leicht zum Spielball fremder Kräfte werden lassen, welche dann die Spielregeln und das Spiel selbst bestimmen. Ein Scheitern der eigenen Unternehmungspolitik kann letztlich zur Übernahme durch Dritte und damit zur Aufgabe der Autonomie führen. Hinzu tritt als weiteres Krisenpotential die Vernachlässigung der strategischen Entwicklung neuer Erfolgspotentiale für die Zukunft. Sie entsteht durch die übertriebene Aufmerksamkeit, welche das Management auf das laufende Geschäft richtet. Mit ausgereiztem Lebenszyklus, dabei wahrscheinlich mit Überkapazitäten, sinkenden Erträgen und im immer wieder feststellbaren Bemühen, gegen alle Erkenntnis durch Steigerung der

Aufwendungen für die Forschung und Entwicklung in der gegebenen Technologie und für das Marketing der bestehenden Produkte dem Teufelskreis eines reifen und rückläufigen Geschäftes zu entkommen, bietet sich eine Unternehmung als Restrukturierungskandidat an. Wird diese Tendenz durch eine technologische oder marktliche Substitution unterstrichen, können selbst grosse und in der Vergangenheit sehr erfolgreiche Unternehmungen, wie Foster (= Innovation =) eindrücklich gezeigt hat, dem Untergang gewidmet sein.

Tabelle 6.4
Der Übergang von der Markterschliessungs- zur Diversifikationsphase

Krisenpotentiale des Schwellenübergangs von der Markterschliessungs- zur Diversifikationsphase

- Zu schmales Produkt- und Regionalprogramm
- Unzeitgemässe Produkteigenschaften
- Folgen übertriebener Expansion mit Kapitalbindung in Leerkapazitäten und Lagerbeständen
- Niedrigpreispolitik führt in die Kostenschere
- Ein technokratisches Management bevorzugt Ausbeutungsstrategien
- Kurzfristiges Erfolgsdenken
- Zentralistisch geführte funktionale Organisation mit Kamineffekten
- Unzureichende Berücksichtigung der Kompetenz des mittleren Managements
- Bürokratische Verhaltensweisen der Regelbefolgung
- Erstarrung im Routinebetrieb

- *Der Weg aus der Krise: Diversifikation*
Der Weg aus der Krise kann in der Suche nach und der Entwicklung neuer Erfolgspotentiale gesehen werden. Dies lässt sich über die Anwendung bisheriger Erfahrungen auf neue technologische und marktliche Anwendungsfelder erreichen, für die hier mit Igor Ansoff der Begriff *Diversifikation* Verwendung finden kann. Was dabei allerdings als »neu« gelten kann, bedarf im konkreten Fall einer näheren Auslegung, denn die Spannweite zwischen einer geschäftsnahen und einer geschäftsfernen (konglomeraten) Diversifikation kann äusserst gross sein. Im Rahmen

des hier erörterten Wachstums aus *innerer* Entwicklung kann dies nur der Versuch sein, durch eine frühzeitige Suche nach geschäftlichen Zukunftsfeldern und deren zielstrebige Entwicklung den Weg in eine diversifizierte Programmpolitik zu finden, welche die Bedeutung des sich erschöpfenden Lebenszyklus der ursprünglichen unternehmerischen Idee für den Erfolg und die Sicherung der Unternehmung zurücktreten lässt. Ohne ein in der Phase der Markterschliessung aufgebautes und funktionierendes strategisches Management dürfte es schwer fallen, einen klar konzipierten Übergang in die Phase der Diversifikation zu finden. Sicherlich liegen hierin die vielen Fehlschläge, die aus einer Diversifikationspolitik von Unternehmungen herrühren, begründet: Dem konzeptlosen, opportunistischen Sprung aus einem ausgereizten Lebenszyklus in neue Betätigungsfelder, die sich gerade anbieten, in der nur selten realisierbaren Vorstellung einer Synergie zum Bestehenden.

3. *Diversifikationsphase der Entwicklung:* Die Diversifikationsphase führt zu einem anfänglichen Wechsel von der Multiplikation zur Innovation, denn neue Erfolgspotentiale verändern die bisherigen Strategien und Strukturen und erfordern deswegen andere Rollen und ein anderes Verhalten von ihren Trägern. Statt einen engen Fokus auf ein Erfolgspotential zu richten, gilt es nunmehr mit mehreren »Bällen« zu spielen und einen Ausgleich zwischen den Chancen und Risiken, die sich mit einzelnen Geschäftsfeldern verbinden, zu erreichen. In Folge einer »Innovation in Diversifikation« entsteht dann wieder das bereits geschilderte Multiplikationsproblem bei der Bewältigung des Wachstums. Im Vergleich zum Pionierphase und zur Markterschliessungsphase ist hier insgesamt ein geringeres Risikopotential zu verzeichnen, denn das Portfolio vielfältiger geschäftlicher Aktivitäten bietet Möglichkeiten eines Risikoausgleichs.

- *Normatives Management in der Diversifikationsphase*
  Erfolgt die Diversifikation in Produkt-Marktsegmenten, die relativ nahe an jenen der ursprünglichen geschäftlichen Entwicklung liegen, ergeben sich wenig Änderungserfordernisse im Hinblick auf *Zielsetzungen* und die *Grundorientierung* der Unternehmungspolitik. Bei einer Diversifikation, die relativ fern von den bisherigen geschäftlichen Erfahrungen neue Märkte erschliessen will, dürfte eine Veränderung der sachlichen Zielsetzungen Anlass dazu geben, auch andere Ziele und die Grundorientierung zu überdenken, denn dann begibt man sich in neue Umfelder, die ihre

eigenen Gesetzmässigkeiten aufweisen. Die *Unternehmungsverfassung* stellt die Frage, ob auch neue Interessengruppen angesprochen werden, die institutionell bei der Ausgestaltung der Spitzenorgane zu berücksichtigen sind. Weiter kann es sich anbieten, die neuen Aktivitäten von der bisherigen rechtlich als Einheitsgesellschaft geführten Stammunternehmung zu trennen und als Tochter- oder Schwestergesellschaften auszugliedern. Damit entstehen Konzernstrukturen und das Problem der Ausgestaltung des Verhältnisses von Mutter- und Tochtergesellschaften. Die Einfügung einer Strategieholding als Führungsform der Konzernspitze ist zu prüfen. *Unternehmungskulturen*, die sich in der bisherigen Unternehmungsentwicklung herausgebildet haben und die sich zunehmend in Richtung einer risikovermindernden, standardisierten, routinierten und repetitiven Aufgabenerfüllung verhärtet haben, treten in Konflikt mit den nun wieder gründer- und pionierhaften Vorhaben, die zum Aufbau neuer Geschäftsfelder erforderlich sind. Schon aus diesem Grunde ist eine Trennung der neuen Aktivitäten, die jetzt wieder dem Profil der Pionierphase entsprechen, von den bereits etablierten Geschäftsfeldern und ihre Anbindung an eine im Hinblick auf die Interessenvertretung von innen neutralisierte Strategie- oder Finanzholding an der Spitze zu empfehlen. Damit wird die Unternehmung zum ersten Mal in ihrer Geschichte vor die Aufgabe gestellt, mit einer verfassungsmässig getragenen Differenzierung ihrer Unternehmungspolitik und der dazu erforderlichen *Kulturentwicklungen* umgehen zu müssen: Die *konzentrisch integrierte Schwerpunktbildung* durch Bündelung aller Anstrengungen, die den bisherigen geschäftlichen Erfolg getragen und das Bewusstsein und Verhalten der Mitarbeiter geprägt hat, einerseits und die *dezentralisierte Verteilung* von Bemühungen zur Entwicklung von neuen Erfolgspotentialen mit einer erhöhten Unsicherheit über ihre zukünftigen Entwicklungsmöglichkeiten. Die damit im Werte- und Normenbild angelegte Ambivalenz und Polarität muß durch Massnahmen der Reflexion unternehmungskultureller Entwicklung gezielt transparent gemacht werden. Diese Aufgabe ist nur dann lösbar, wenn sie von strukturellen Massnahmen begleitet wird.

- *Stategisches Management in der Diversifikationsphase*
  Strategische Programme sind in der Diversifikationsphase auf den Ausgleich der unterschiedlichen Lebenszyklusentwicklung einzelner Geschäftsfelder im *Programmportfolio* gerichtet. Reife Geschäftsfelder sind – wie im Portfolioansatz entwickelt – mit neuen, aufstrebenden

Geschäftsfeldern unter der Berücksichtigung von Technologie, Markt und den Möglichkeiten der Liquiditäts- und Rentabilitätsentwicklung zu harmonisieren. Auch hier stellt sich das Problem der Differenzierung. Ging es zunächst in der Unternehmungsentwicklung um die Verfolgung eines einheitlichen Strategiekonzeptes zur Entwicklung *eines* Geschäftsfeldes über seine Innovation und Markterschliessung, so treten nicht allein die Probleme des Strategiewechsels in der Reifephase, sondern nun auch noch besondere Bedingungen aufgrund der Strategien für andere Geschäftsfelder hinzu. Dies bedeutet, dass die *Träger* von Strategien auf der Unternehmungsebene verhaltensmässig in der Lage sein müssen, mit dieser Diffenziertheit von Programmen umzugehen, die auf der Geschäftsfeldebene jeweils andere Träger- und Verhaltensprofile aufweisen.

H. Igor Ansoffs (= Diversification = 114) qualitativer Diversifikationsbegriff geht davon aus, das zu einer Diversifikation das Erschliessen neuer Produkt- *und* Marktmöglichkeiten gehört. Als Vorstufe dazu ist aber auch – in Erweiterung seiner Vorstellung – eine Diversifikation entweder als Programmerweiterung durch neue Produkte *oder* als Erschliessung neuer Märkte für die bereits vorhandenen Produkte zu verstehen.

> Damit lässt sich die Phase der Diversifikation differenzieren:
>
> - Diversifikation durch die Erschliessung neuer Produkte *oder* neuer Märkte
> - Diversifikation durch die Erschliessung neuer Produkte *und* neuer Märkte.

Die funktionale Organisation nach dem Verrichtungsprinzip, die als *Strukturierungs*muster die bisherige Unternehmungsentwicklung begleitet hat, wird mit zunehmender Diversifikation obsolet. Zwar wird in einer Übergangsphase bei geschäftlicher Diversifikation versucht, das Neue mit dem Alten zu verbinden. Übergangsweise wird gern zunächst auf das Projekt- und später auf das Produktmanagement zur Entwicklung neuer Geschäftsfelder zurückgegriffen. Der Erfolg ist jedoch häufig fraglich, was nicht überrascht, wenn man bislang erfolgreich gewesene kulturgeprägte Verhaltensweisen des Alten notwendigerweise in Frage stellt. Das anfängliche Danebenstellen des Neuen in Venture-Einheiten erscheint dann schon eher zweckmässig. In einem späteren Stadium ist jedoch an eine dem Objektprinzip folgende divisionale Unternehmungsbereichsorganisation als Grundmodell der Strukturierung zu denken. Mit dieser einschneidenden Reorganisation können zugleich die Voraussetzungen für eine den spezifischen Bedürfnissen gerecht werdende Besetzung der einzelnen Geschäftsfelder mit Trägern geschaffen werden. Diese müssen in ihrem Verhaltensprofil den Anforderungen entsprechen, welche die Lebenszyklusphase im Spannungsfeld von Multiplikation und Innovation an die Führung stellt.

Aus der auch strukturell zu berücksichtigenden Differenzierung einer Organisation nach Unternehmungsbereichen ergibt sich deutlicher als bislang die Frage nach der Zentralisation und Dezentralisation organisatorischer Einheiten. Einerseits gilt es, den differenzierten Bedürfnissen der in Unternehmungsbereichen zusammengefassten Geschäftsfeldern Raum zu geben, andererseits sind knappe und teure Ressourcen, deren Aufsplitterung auf die Unternehmungsbereiche zu einer kostspieligen Duplizierung führen würde, zentral für eine interne Inanspruchnahme durch die Geschäftsfelder vorzuhalten und einzusetzen. Für eine Zentralisation spricht auch die einheitliche Ausgestaltung von *Managementsystemen* der Planung, Information und Kontrolle, wie sie etwa von einem zentralen Controlling aus die Organisation durchziehen. Mit dem Bemühen, zugleich Differenzierung und Integration durch Dezentralisation der strategisch-operativen Einheiten einerseits und Zentralisation der Metasysteme, repräsentiert durch Zentralbereiche, andererseits zu entsprechen, wird deutlicher als in der vorausgehenden Phase ein Spannungsverhältnis in die Organisationsstruktur hineingetragen. Dies führt im Laufe der Zeit zu differenzierten *Trägerprofilen* von »Zentralisten« und »Denzentralisten«, die verhaltensprägend wirken. Versuchen eines Spannungsausgleichs durch eine Rotation (im militärischen Sprachgebrauch zwischen »Stab« und »Linie«) oder durch eine Verkettung beider Dimensionen mit Hilfe von funktionellen Weisungsrechten der Zentralbereiche ist jedoch zumeist nur ein geringer Erfolg beschieden. Dies mag der Grund dafür sein, dass im Laufe der weiteren Unternehmungsentwicklung eine Art Pendelbewegung zwischen Zentralisierungs- und Denzentralisationstendenzen in der divisionalen Organisation entsteht, wobei äussere Umstände wie beispielsweise die konjunkturelle und strukturelle Entwicklung eines Wirtschaftszweiges immer wieder neue Anstösse für die Pendelbewegung bieten.

Das strategische Profil der Diversifikationsphase lässt erstmals eine nunmehr notwendige Differenzierung unter Anwendung des Rekursionsprinzips erkennen, die zudem eine stärkere Betonung auf eine Veränderungsorientierung legt.

- *Operative Führung in die Diversifikationsphase*
  Die operative Führung steht in der Diversifikationsphase vor zwei Problemen, welche die Tagesarbeit der Führungskräfte neben ihren bereits bei Darstellung der Markterschliessungsphase dargestellten Aufgaben zunehmend zu beschäftigen bewegt. Zunächst ist es die Überwindung der traditionellen funktional geprägten Verhaltensweisen, die durch die arbeitsteilige Organisation und die Spezialisierung der Aufgabenträger bislang das Denken und Handeln der Mitarbeiter geprägt hat. Die Kapazität der operativen Führung wird dabei zunehmend von der Notwendigkeit der Überwindung von Schnittstellen zwischen funktionellen Einheiten zur Harmonisation und Beschleunigung von Prozessen in Anspruch genommen. Darüber hinaus gilt es, den durch die unternehmungspolitisch geforderte Diversifikation entstehenden Spannungszustand, nämlich zugleich dem Druck auf Sicherung operativer Effizienz und einer Innovation von Prozessen und Produkten, gerecht zu werden.

- *Das Krisenpotential der Diversifikationsphase*
  Das in der Diversifikationsphase angelegte Krisenpotential erhöht sich, je weiter man sich von einer geschäftsnahen zu einer geschäftsfernen Diversifikation bewegt. Bei einer geschäftsnahen Führung gelingt es zumeist noch, auf bestehenden Erkenntnissen und Erfahrungen in Technologie und Markt aufzubauen und diese auf neue Gebiete anzuwenden und weiterzuentwickeln. Bei erhöhter Veränderungsdynamik entsteht jedoch auch hier die Gefahr einer *Zeitfalle*. W. Pfeiffer und R. Dögl (= Technologie-Portfolio = 149ff.) weisen auf dieses *strategische Dilemma* hin: Eine Unternehmung kann in eine Situation geraten, in der sich die Marktzyklen verkürzen, während sich die Entwicklungszeiten für neue Erzeugnisse verlängern und gleichzeitig die Vorbereitungskosten drastisch ansteigen.

  Bemühungen, eine geschäftsferne Diversifikation zu betreiben, gehen demgegenüber deutlich über den Erkenntnis- und Erfahrungshorizont des Bisherigen hinaus. Es stallt sich vor allem hinsichtlich der Träger die Frage, ob die bisherigen Führungskräfte überhaupt eine hinreichende Kompetenz in der Beurteilung von Entscheidungen über neue Geschäftsaktivitäten zum Tragen bringen, ebenso, ob sie in der Lage sein werden, fachlich und in ihrem Verhalten den Weg ins Neuland zu bewältigen.

Im Scheitern des Neuen liegt das Krisenpotential der Diversifikation. Geht man vielfältigen Fehlschlägen von Diversifikationsvorhaben auf den Grund, dann liegt deren Ursache fast immer in der Kompetenz und im Verhalten der Träger von Strategien im Interessenstreit mit den Trägern bislang erfolgreicher alter Vorgehensweisen. Damit sind zugleich die strukturellen Voraussetzungen, die kulturellen Eigenheiten, aber vor allem Verhaltenstatbestände und personale Entscheidungen angesprochen, die bei nicht hinlänglicher Gestaltung das Krisenpotential erhöhen. Hinzu können Restruktionen anderer Art treten, wie gesetzliche und finanzielle, die eine Diversifikation aus eigener Kraft verhindern.

Tabelle 6.5
Der Übergang von der Diversifikations- in die Akquisitionsphase

Krisenpotential des Schwellenübergangs von der Diversifikations- in die Akquisitionsphase

- Entscheidungsschwäche der Leitung mit Verlust der Beurteilungskompetenz in neuen Geschäftsfeldern
- Zentrifugalkräfte der Geschäftsbereichsorganisation
- Koordinationsmängel trotz vielfältiger Zentral- und Stabsstellen
- Starres Budget- und Planungsdenken
- Zu viele organisatorische Umstrukturierungen
- Zu breites Produkt- und Regionalprogramm
- Innovationsschwäche
- Auf Erfolgsdruck hin zu früher Start mit neuen Produkten
- Unzureichende Nutzung von Synergie- und Rationalisierungspotentialen
- Spartenegoismus und kurzfristiges Profit-Center-Denken
- Mangelnde Anerkennung bereichskultureller Differenziertheit

- *Der Weg aus der Krise: Äusseres Wachstum*
Die Unternehmung ist in der Diversifikationsphase an die Grenzen ihrer eigenen Möglichkeiten der Erneuerung gestossen. Kann sie diese Grenzen nicht sprengen, muss sie einen Ausweg aus dem selbst gespannten Rahmen suchen. Dieser ist durch ein äusseres Wachstum über Akquisitionen und Kooperationen vorgezeichnet. Dabei wird zunächst der weni-

ger komplexe Weg der Akquisition zu prüfen sein. Ist dieser aufgrund rechtlicher Beschränkungen oder begrenzter eigener finanzieller Möglichkeiten verstellt, bietet sich gleichsam als zweite Wahl das Eingehen von Kooperationsverhältnissen als Ausweg aus den sich einengenden geschäftlichen Möglichkeiten zur Zukunftsbewältigung ab. Dies muss aber nicht immer so sein. Dann nämlich, wenn keine dauerhaften Bindungen mit einer anderen Unternehmung eingegangen werden sollen, kann sich das in der Absicht zeitlich befristete Eingehen von Kooperationsverhältnissen auch als erste Wahl einer Entscheidung herausstellen.

II. Äussere Unternehmungsentwicklung

> Die äussere Unternehmungsentwicklung sprengt die Grenzen des Wachstums aus eigener Kraft, indem sie sich der Erfolgspotentiale anderer Unternehmungen bemächtigt.

Eine äussere Unternehmungsentwicklung kann durch eine Übernahme oder durch eine gemeinsame Entwicklung erfolgen, dergestalt dass mehrere Marktpartner ihre Erfolgspotentiale poolen, um auf dem Wege der gemeinsamen Nutzung von Potentialen einen höherwertigen Nutzen zu entwickeln. Die letzte Möglichkeit der zwischenbetrieblichen Kooperation kann langfristig zu Strategischen Allianzen führen, die entweder auf Dauer oder auf Zeit globale Netzwerke der Zusammenarbeit aufbauen, die unsere tradierten Konzeptionen der Unternehmung als rechtliche und wirtschaftliche *Aktions*einheit (Kosiol = Aktionszentrum =) infragestellen können.

4. Akquisitionsphase der Entwicklung: Durch die Übernahme anderer Unternehmungen oder einzelner Geschäftsbereiche lässt sich entweder die in der eigenen Markterschliessung unzureichend angelegte Multiplikation der ursprünglichen unternehmerischen Idee verstärken oder – in der hier darzustellenden Reihenfolge – der Mangel an der an sich nicht gegebenen oder nicht ausreichend schnellen Entwicklung neuer Erfolgspotentiale durch eine Diversifikation heilen.

- *Normatives Management in der Akquisitionsphase*
  Beim Eintritt in die Akquisitionsphase zeigt sich der Unterschied zwi-

schen einer opportunistischen und einer verpflichteten Unternehmungspolitik besonders deutlich. Wird eine Opportunitätspolitik verfolgt, so werden bei der Reife des eigenen Stammgeschäftes zumeist ohne strategisches Gesamtkonzept Möglichkeiten des Erwerbs von unterbewerteten Unternehmungen oder ihrer Teile gleich welcher Branche genutzt. Dabei entstehen konglomerate Unternehmungsstrukturen einer geschäftsfernen Diversifikation. Nicht selten ist dies der erste Schritt zur verfassungsmässigen Struktur einer Finanzholding, deren wesentliche Aufgabe, neben der Lenkung der Finanzströme, im An- und Verkauf von Teilunternehmungen und Unternehmungsteilen besteht. Wird dagegen eine Verpflichtungspolitik verfolgt, geht der Akquisition regelmässig die Entwicklung eines strategischen Konzeptes zur Schliessung weisser Felder im eigenen Produkt-, Regional-, Aktivitäts- und Ressourcenportfolio voraus. Lässt sich eine Akquisition von Zielunternehmungen nicht in angemessener Frist realisieren, kann eine vorübergehende Kooperation mit diesen ins Auge gefasst werden. Nicht selten überzeugt ja eine erfolgreiche Kooperation auch zunächst übernahmeunwillige Unternehmungen von den erweiterten Möglichkeiten, die eine freundliche Übernahme durch einen »weissen Ritter« gegenüber den risikoreichen eigenen Entwicklungschancen und der Gefahr einer unfreundlichen Übernahme durch einen »schwarzen Ritter« bietet.

Eine Akquisitionspolitik wird verfassungsmässig zumeist zu einer Konzernbildung führen, indem die akquirierten Unternehmungen künftig als eigene Töchter einer als Strategie- oder Finanzholding ausgebrachten Muttergesellschaft unterstellt werden. Dabei ist im ersten Fall die Berücksichtigung der Interessen und der strategischen Besonderheiten der akquirierten Tochtergesellschaften in der Ausgestaltung der Spitzenorgane zu berücksichtigen. Erfolgt dagegen eine Fusion, ergibt sich die einmalige Möglichkeit einer grundlegenden rechtlich-wirtschaftlichen Restrukturierung, die zwar auch zur Konzernbildung tendiert, jedoch das synergielose Nebeneinander von Stammunternehmung und akquirierten Unternehmungen vermeidet. Hat sich das Nebeneinander von Stamm- und akquirierten Unternehmungen erst einmal über Jahre hinweg eingeschliffen, sind erfahrungsgemäss zumeist verstärkte, unternehmungskulturell begründete Widerstände gegen eine strukturelle »Flurbereinigung« zu überwinden.

Die Probleme, die sich für eine integrierte Unternehmungsführung in der Akquisitionsphase aufgrund der unterschiedlich gewachsenen Unternehmungskulturen von übernehmenden und übernommenen Unternehmungen ergeben, werden in der Phase der Übernahmeeuphorie zumeist übersehen. Grundsätzlich spricht nichts gegen sich parallel weiterentwickelnde Unternehmungskulturen im Rahmen divisionalisierter Strukturen, solange sich die Spitzenleitung in ihren Werthaltungen und Normen gegenüber diesen relativ neutral verhält. Dies ist dann der Fall, wenn sie zwar die Gemeinsamkeiten in der Zugehörigkeit zum Gesamtverbund der Gruppe herausstellt, aber im einzelnen die subkulturellen Eigenheiten anerkennt und für die strategische Zukunftsentwicklung differenziert fördert. Erst Versuche, die *eine* Subkultur – und dies ist fast immer, gegen jede zukunftsgerichtete Logik, die Kultur des übernehmenden und an Grenzen stossenden Stammhauses – gegenüber den anderen Unternehmungskulturen als dominantes Kulturmuster zu deklarieren, führt zu Unruhe und gelegentlich zum Kulturkampf zweier rivalisierender Subkulturen. Im günstigsten Fall obsiegt dann die fortschrittlichere Subkultur und drückt der überreifen Kultur der übernehmenden Unternehmung ihren Stempel auf – aber dies muss keineswegs so verlaufen.

- *Strategisches Management in der Akquisitionsphase*
  Akquisitionen sollten vorrangig der Abrundung des Programm- und Regionalportfolios dienen. Aber auch die Gewinnung zusätzlicher Aktivitäten im Geschäftssystem oder von kritischen Ressourcen kann ein strategiekonformes Motiv für Akquisitionen abgeben. Bei strategischen Überlegungen dieser Art spielt zunehmend das Element des Zeitlichen eine kritische Rolle. Zwar mag es möglich sein, in einem Jahr mit eigenen Entwicklungen eine Erweiterung des Produktportfolios oder den Zugang zu einem regionalen Markt zu erreichen. Dies kann aber eine strategisch nicht akzeptable Dauer bedeuten, die sich durch eine Akquisition, die statt dessen einen sofortigen Zugang zu neuen Produkten, Märkten oder Regionen ermöglicht, verkürzen lässt.

  Strukturell folgt aus Akquisitionen eine weitere Entwicklung des auf dem Objektprinzip beruhenden Organisationsmodells. Neue Unternehmungs- oder Geschäftsbereiche kommen hinzu, und Integrationsprobleme in bestehende Bereiche stellen sich. Vollziehen sich Akquisitionen über die eigenen Ländergrenzen hinaus, – vorwiegend, um einen Zugang zu anderen regionalen Märkten zu bekommen – dringt das Regionalprinzip gegenüber den bislang dominanten Produkt-/Marktaspekten als Grundgliederung der divisionalen Organisation vor. Sind es in einer Übergangsphase Versuche, mit zentralen Regionalmanagern oder Mandatssystemen in der Leitung den Besonderheiten des Managements einzelner Regionen Rechnung zu tragen, so entwickelt sich die zunehmende Internationalisierung schliesslich über eine matrixhafte Gleichstellung von Produkt- und Regionalmanagement bei grosser Differenziertheit der regionalen Besonderheiten zu einem auf den Säulen regionaler Einheiten aufbauenden Geschäft.

Im Zuge dieser Entwicklung wird die Möglichkeit, die den ausländischen Tochtergesellschaften zur Führung eines weltweiten Geschäftes in der Produktgruppe eingeräumt wird, zu einem entscheidenden Indikator für den erstrebten und erreichten Internationalisierungsgrad. Dies schlägt sich in den Rollen der *Träger* strategischen Verhaltens deutlich nieder. Hier sind »Internationalisten« bei der Entwicklung eines weltweiten Geschäftes in einer Produktgruppe genau so denkbar, wie »Länderspezialisten« mit einer produktgeneralistischen Ausrichtung.

Die *Managementsysteme* müssen sowohl die komplexer gewordenen Verhältnisse, die durch die Integration von akquirierten Unternehmungen und Unternehmungsteilen entstehen, bewältigen, wie auch den unterschiedlichen politisch-gesetzlichen Rahmenbedingungen für das Operieren in anderen Regionen entsprechen. Das systemgestützte Management von Tochtergesellschaften verlangt daher eine differenzierte und zeitgerechte Ausgestaltung.

Die Profilierung des strategischen Managements in der Akquisitionsphase ist weiter vom Prinzip der Differenzierung der Stammunternehmung und der Akquisitionsobjekte getragen. Dabei zielt der Entwicklungstrend im Profil der Module eher in Richtung einer Stabilisierung, um eine Integration der akquirierten neuen Unternehmungsteile zu bewirken.

- *Operatives Management in der Akquisitionsphase*
In der Akquisitionsphase gewinnt die finanzwirtschaftliche Dimension des operativen Managements gegenüber den rein leistungs- und informationswirtschaftlichen Anliegen an Bedeutung. Dies gilt nicht nur für die eigentliche Phase der Vorbereitung, Durchführung und Finanzierung einer Akquisition, sondern auch bei ihrer Eingliederung in das finanzwirtschaftliche System der entstehenden Gruppe. Der mit einer Akquisition verbundene Quantensprung verlangt eine grundlegende Redimensionierung aller finanzwirtschaftlichen Strukturverhältnisse, die vielfältige Einzelentscheidungen auslöst.

- *Krisenpotential der Akquisitionsphase*
Das Krisenpotential der Akquisitionsphase spannt sich vor allem zwischen den zur Akquisition führenden Erwartungen und den später sichtbaren und eintretenden Realitäten einer Integration der Akquisitionsobjekte auf. Michael Porter (= Competitive Advantage = 49 ff.) stellt die Möglichkeit, bei nahezu perfekten Kapitalmärkten durch Akquisitionen nach dem Portfolio-Konzept Nutzen zu ziehen, in Frage und behauptet, einen eher negativen Effekt – einen »*conglomerate discount*« – festgestellt zu haben. Im Zuge des Versuchs, diesen negativen Effekt zu vermeiden, wird die Managementkapazität durch die Führung des laufenden Geschäftes notwendigerweise sehr beansprucht und gerät dabei rasch in eine Situation der Überforderung. Um der möglichen Gefahr des Ausblutens von finanziellen Ressourcen zu begegnen, die wegen der in roten Zahlen steckenden und durchhängenden Akquisition entstehen kann, wird die knappe Managementkapazität zur Risikobegrenzung bei den Akquisitionsobjekten eingesetzt, wobei sich neue Risiken im Stammgeschäft wegen der mangelnden Aufmerksamkeit, die diesem gewidmet werden kann, auftun.

Tabelle 6.6
Der Übergang von der Akquisitions- in die Kooperationsphase

Krisenpotential des Schwellenübergangs von der Akquisitions- in die Kooperationsphase

- Mangelnde Integration akquirierter Unternehmungen und Betriebsteile reduziert die Führbarkeit und belastet die Managementkapazität
- Beibehaltung der Organisationsstruktur des Stammhauses bei Unterordnung unter dessen Unternehmungspolitik und Führung
- Kampf von Subkulturen der Stamm- und der akquirierten Unternehmungen
- Entdeckungen der Grenzen eines professionellen Managements zur Führung von Unternehmungen anderer Markt- und Technologieprägung
- Überforderung der finanziellen Ressourcen durch Überschätzung des synergetischen Potentials der akquirierten Unternehmungen und ihrer inneren Ertragskraft

> - Sinkende Ertragskraft durch Reduzierung der Entwicklungsvorhaben in vielen Bereichen
> - Unzureichende Differenzierung der Managementsysteme

- *Der Weg aus der Krise: Kooperation*
  Soll bei Eintreten des geschilderten Krisenfalls kein Rückfall auf den im Lebenszyklus des Stammgeschäftes vorgezeichneten Rückgang der geschäftlichen Entwicklung mit dann notwendigen Restrukturierungen nach unten hin eintreten, ist ein Ausweg aus der kritischen Lage zu suchen. Hat sich der Weg über Akquisitionen als nicht erfolgversprechend herausgestellt, dann besteht im Eingehen von Kooperationsverhältnissen ein weiterer Weg der Unternehmungsentwicklung. Dieser Weg muss nicht unbedingt in der dargestellten Folge verlaufen, denn er kann bereits in den Phasen der Markterschliessung und Diversifikation beschritten werden. Hier aber stellt er sich nahezu als einziger Ausweg aus der Krise, während sich bei den anderen Phasen zunächst die naheliegenden anderen Wege aus eigener Kraft anbieten.

5. Kooperationsphase der Entwicklung: In der Kooperationsphase der Unternehmungsentwicklung wird versucht, neue Produkt-/Marktkombinationen und eine Erschliessung neuer regionaler Märkte nicht im zeitraubenden Alleingang zu erreichen, sondern durch Formen der Zusammenarbeit, seien es Arbeitsgemeinschaften auf Zeit, Lizenzen und Franchising-Vereinbarungen, Joint Ventures oder strategische Allianzen. Dabei spielt das finanzielle Engagement, die Beteiligung, eine untergeordnete Rolle: entscheidend ist das Vertragsverhältnis. Auslöser für das Eingehen eines solchen Verbundes zwischenbetrieblicher Zusammenarbeit ist fast immer die Erkenntnis, dass auf diesem Weg strategische Möglichkeiten jenseits der eigenen Möglichkeiten erschlossen werden können. Dies rechtfertigt den Preis eines Eingehens eines nicht immer ausreichend berechenbaren und beherrschbaren, labilen partnerschaftlichen Verhältnisses.

- *Normatives Management in der Kooperationsphase*
  Die Unternehmungspolitik wird in der Kooperationsphase vom Gedanken der Multiplikation des Erreichten oder der Innovation durch eine Generierung neuer Erfolgspotentiale mittels einer *Vernetzung mit Marktpartnern* getragen. Dabei spielt die Suche nach komplementären Erfolgs-

potentialen, wie sie bei Marktpartnern in der Technologie und der Erschliessung von Marktsegmenten bezogen auf Kunden und Region bereits erreicht sind, die entscheidende Rolle. Hinzu tritt die Suche nach einer Erschliessung von neuen Aktivitäten und der Poolung von Ressourcen über eine Kooperation. Die Unternehmungsverfassung schafft die rechtlichen Voraussetzungen durch die Gestaltung von vertraglichen Vereinbarungen; dies sind vor allem die nicht problemlosen Vereinbarungen von Joint Ventures. Das schwierigste Kapitel intensiver Formen zwischenbetrieblicher Zusammenarbeit ergibt sich auf dem Feld unternehmungskulturell geprägter Unterschiede im Verhalten der Kooperationspartner. Stellt sich bei Akquisitionen noch ein gewisser Anpassungsdruck im Hinblick auf einen Abbau subkulturell geprägter Unterschiede zwischen akquirierender und akquirierter Unternehmung ein, so besteht bei zwischenbetrieblichen Kooperationen wenig Zwang zur Erreichung eines Kultur»fits« der Beteiligten. Sind Zusammenarbeitsformen unternehmungspolitisch auf lange Sicht angelegt, dann kann unter diesem Aspekt die Ausbringung einer Gemeinschaftsunternehmung als »joint venture« und dessen Führung »an der langen Leine« ein interessanter, wenn auch schwieriger Weg zur Entwicklung einer neuen, dritten Subkultur im Gesamtverbund der Partnerunternehmungen sein. Für die Partnerunternehmungen gilt es, Akzente zu setzen, welche die Kooperationsbereitschaft der Mitarbeiter, die letztlich die Voraussetzungen für das Gelingen kooperativer Vereinbarungen darstellt, stärken.

- *Strategisches Management in der Kooperationsphase*
Die systematische Suche nach programm-, regional-, aktivitäts- und ressourcenorientierten Synergiepotentialen mit Marktpartnern stellt den Ausgangspunkt für *strategische Programme* der Kooperation dar. In Verfolgung der sich daraus ergebenden Möglichkeiten können strategische Allianzen entstehen, die gemeinsam und gezielt Aufgaben angehen, die weit über die Möglichkeiten jedes einzelnen Partners hinausgehen. Dafür müssen Strukturen und Kulturen bereitgestellt werden, die ein flexibles Eingehen auf Veränderungen in aussengerichteten Netzwerken ermöglichen. Ihre Träger sollten sich durch ein unternehmerisches Verhalten auszeichnen, das eher an einer marktwirtschaftlichen Lenkung über das Aushandeln von Bedingungen im gegenseitigen Interesse als an einer bürokratischen Regelung und einer Überwachung der Befolgung formalistischer Vorgaben orientiert ist.

Die Profilierung des strategischen Managements in der Kooperationsphase zeigt wiederum ein differenziertes Bild im Hinblick auf die einzelnen Kooperationspartner. Im Gegensatz zum strategischen Profil der Akquisitionsphase steht hierbei jedoch im Referenzsystem weniger ein auf Stabilität, sondern eher ein auf Veränderung ausgerichtetes Profil im Vordergrund.

- *Operatives Management in der Kooperationsphase*
  Das operative Management wird in der Kooperationsphase von der Dualität der inneren und der äusseren Führung getragen. Während nach innen die mehr oder weniger »bürokratische« Lenkung operativer Prozesse in einem asymmetrisch gestalteten Verhältnis zwischen Lenkenden und Gelenkten vorherrscht, ist im Verkehr nach aussen, den Kooperationspartnern gegenüber, die synergetische partnerschaftliche Lösung von Problemen vorherrschend. Die frühzeitige Einbeziehung der Kooperationspartner in Problemlösungsprozesse ist im allgemeinen geeignet, den Interessenausgleich im täglichen Geschäft zu erleichtern und auf diesem Wege zur Entwicklung einer partnerschaftlichen Kultur beitragen.

- *Das Krisenpotential der Kooperation*
  Zwischenbetriebliche Kooperationen pflegen labile Formen einer Verfolgung unternehmungspolitischer Interessen zu sein. Die unternehmungspolitischen Zielvorstellungen und Grundorientierungen der Kooperationspartner ändern sich im Laufe der Zeit genauso wie die strategischen, strukturellen und verhaltensmässigen Erfordernisse. Jeder Wechsel von Trägern bringt neue Verhaltensweisen in die über die Grenzen der eigenen Unternehmung geknüpften Zusammenarbeitsverhältnisse ein, die das operative Geschäft mit Vertrauen aber – häufig aufgrund kleiner Missverständnisse – auch mit Misstrauen versehen können.

Da nicht immer von einer konstanten Toleranz der Partner miteinander ausgegangen werden kann, ist in jedem Kooperationsverhältnis der Kern seiner Auflösung enthalten. Dies kann zum Übergang des Partnerschaftsobjektes an einen der beiden Kooperationspartner führen, in dem beispielsweise ein Joint Venture von einem Partner vollständig übernommen wird. Aber auch eine gänzliche Aufgabe des Kooperationsfeldes ist denkbar. Die Einstellung einer Partnerschaft kann für den jeweiligen »Aussteiger« aus der Aufgabe eines strategischen Vorhabens herrühren, aufgrund dessen die produkt- oder regionalorientierte Diversifikation zum Scheitern verurteilt ist. Eine derartige Entwicklung kann für ihn besonders bitter sein, wenn er nach Ablauf eines längeren Zeitraumes feststellen muss, dass er selbst die »black box« der eigenen technologischen und marktlichen Erfahrungen gutgläubig voll geöffnet hat, während dies beim Partner nicht der Fall war. Dann ist ein kritischer und nicht wieder korrigierbarer Zeitverlust bei der Realisierung der eigenen strategischen Mission entstanden. Zudem ist zu beklagen, dass man auf diesem Wege dem Partner zu einer formidablen Wettbewerbsposition verholfen hat, so dass das strategische Möglichkeitsfeld für die Zukunft obendrein beschränkt wird.

Das Krisenpotential der Kooperationsphase besteht daher vor allem darin, dass das Strategiepotential zur Zukunftsgestaltung teilweise aus der Hand gegeben wird. Damit ist das Risiko eines Scheiterns des Vorhabens verbunden und auch jenes einer Veränderung der Wettbewerbsposition zum eigenen Ungunsten. Man kommt dann unter Umständen nicht nur zum Ausgangspunkt des versuchten Vorhabens, sondern fällt gar hinter diesen zurück.

Tabelle 6.7
Der Übergang von der Kooperations- in die Restrukturierungsphase

Krisenpotential des Schwellenübergangs von der Kooperations- in die Restrukturierungsphase

- Der eigene Führungsstil widerspricht den Anforderungen an eine Harmonisation unterschiedlich geprägter Zusammenarbeitsverhältnisse
- Misstrauen beherrscht das Klima der Zusammenarbeit
- Kooperationsverhältnisse scheitern und führen zu einem Positionsverlust an geschäftstragenden Märkten oder Technologien
- Die eigenen Ressourcen sind durch vorausgehende Versuche zur Diversifikation und Akquisition verzehrt worden, so dass die Unternehmung auch für das Eingehen von Kooperationsverhältnissen kaum mehr etwas Interessantes zu bieten hat.

- *Wege aus der Kooperationskrise*
  Als Ausweg aus der Kooperationskrise bietet sich für denjenigen Partner, der Vorteile aus der Auflösung einer derartigen Allianz ziehen kann, die Akquisition an, die das Erreichte auf Dauer im Rahmen der eigenen programmpolitischen Vorstellungen zu stabilisieren verspricht. Für den ver-

bleibenden Partner, der sich aus einem für ihn nicht erfolgreichen Kooperationsverhältnis zurückzieht, ergibt sich dagegen eine völlig neue unternehmungspolitische Beurteilung der Lage. Sie wird getragen von der Erkenntnis einer unüberwindbaren Begrenzung der eigenen Möglichkeiten im Hinblick auf die Zukunft der Unternehmung, denn

a) der im Zuge der Markterschliessung entwickelte Produktlebenszyklus hat bereits oder wird in Kürze seinen Höhepunkt überschritten haben. Bei anzunehmenden Überkapazitäten unter den Bedingungen einer sinkenden Nachfrage wird ein Preisverfall bei gleichzeitiger Kostensteigerung (intensivierte Anstrengungen zur Erhaltung der Marktanteilsposition, erhöhte Leerkosten ungenutzter Kapazität, sich verringernder Kapitalumschlag etc.) zu Lasten von Liquidität und Rentabilität gehen.

b) die Versuche zur Überwindung der eigenen Innovationsschwächen durch Akquisitionen von Erfolgspotentialen anderer Unternehmungen sind entweder gescheitert oder durch (a) zunehmend unwahrscheinlicher geworden. Gleiches mag gelten, wenn sich die Zahl der interessanten Akquisitionsobjekte (»target companies«) gegen Null hin bewegt oder aufgrund der »multiples« im Kurs-/Gewinnverhältnis zwar erwerbbar sind, ein Erwerb vom Beitrag zur eigenen Ertragsgestaltung her aber wirtschaftlich nicht vertretbar ist.

Hat eine Unternehmung diese überlebenskritische Schwelle ihrer Entwicklung erreicht, führt eine derartige Lagebeurteilung zur bitteren Erkenntnis, dass man zu einer »*Wendeunternehmung*« geworden ist, die lediglich durch eine *Restrukturierung* ihrer Unternehmungswerte mit einer völligen Neuorientierung im Normativen, Strategischen und Operativen erhalten werden kann, wenn sie nicht durch die eingebauten Schwächen in den Konkurs getrieben werden soll. Dass diese Erkenntnis offensichtlich nur schwer erreichbar ist, belegen zahlreiche Fälle, bei denen es erst aussenstehenden »raiders« – Übernahme- und Restrukturierungsspezialisten – gelang, diese durch harte und unbequeme Fakten zu vermitteln. Dabei darf jedoch nicht übersehen werden, dass viele derartige, durchaus als positiv zu wertende Restrukturierungsvorhaben vor allem in den Vereinigten Staaten neben solchen stehen, bei denen es – im Sinne einer extremen Opportunitätspolitik ohne strukturelle Absichten – lediglich um das Erzielen eines kurzfristigen Gewinnes durch die Realisierung von Bewertungsdifferenzen von Unternehmungen am Markt geht.

III. Innere und äussere Unternehmungsentwicklung

6. *Restrukturierungsphase:* Die Restrukturierung kann sich sowohl in Form einer inneren als auch einer äusseren Unternehmungsentwicklung abwikkeln.

Die *innere* Restrukturierung versucht, durch die Aufgabe nicht mehr zukunftsträchtiger Geschäftsfelder und eine Schrumpfung stagnierender Bereiche, die aber noch einen Beitrag zur Liquiditätssicherung leisten, Ertragskraft zurückzugewinnen. Sie soll ermöglichen, Wege, wie sie in der inneren und äusseren Entwicklung in den Möglichkeiten (1) bis (5) dargestellt wurden, zu beschreiten. Über eine unternehmungspolitische »Implosion« wird quasi versucht, einen Quantensprung zurück zu einem früheren Stadium der Unternehmungsentwicklung zu machen, der noch einmal Möglichkeiten des pionierhaften Eigenentwickelns, der Markterschliessung, der Diversifikation, Akquisition und Kooperation eröffnet. Alle strategischen Anstrengungen sind darauf ausgerichtet, die in dieser Phase zumeist äusserst eingeschränkten Optionen zu erhöhen. Dies verlangt häufig eine völlige Umorientierung im Verhalten. Waren vorausgehend alle Akzente auf eine weitere Expansion gesetzt, so ist nunmehr eine Schrumpfung angezeigt. Diese verlangt andere Organisationsstrukturen und Managementsysteme. Dazu zählt beispielsweise das bewusste Aufgeben von Synergien, indem ehemals voll integrierte Betriebsteile selbständig gemacht werden, damit sie am Markt anderen Firmen angeboten werden können. Ein anderer Weg geht über einen Wechsel in den Eigentumsverhältnissen, indem das Management selbst die Eigentümerrolle durch den Erwerb der Unternehmung einnimmt. Offensichtlich aktiviert diese Rolle bei »Management buy outs« erhebliche Kräfte, die »alten Zöpfe« einer unrentablen Unternehmungsgestaltung abzuschneiden.

Abb. 6.5 zeigt schematisch die Wirkungen einer Restrukturierung auf die Unternehmungsentwicklung. Sie ist – wenn sie nicht zur völligen Aufgabe der Autonomie führt, weil die Unternehmung mit einer anderen Unternehmung verschmilzt oder von ihr übernommen wird – gekennzeichnet durch einen Quantensprung zurück zu einer früheren Phase der Entwicklung. Die dabei auftretenden Probleme des Managements werden durch die Weite des Phasensprungs bestimmt: Je grösser der Sprung zurück ist, desto problematischer wird die durch das System zu bewältigende Anpassungsleistung. Sie kann von der Suche nach weiteren Akquisitionsmöglichkeiten im Zuge einer anderen Diversifikation bis hin zur pionierhaften Erschliessung neuer strategischer Erfolgspotentiale reichen. Sie bedingt damit nicht nur eine grössenbedingte quantitative *Redimensionierung*, sondern vor allem auch eine qualitative Umgestaltung im Normativen und Strategischen.

Abbildung 6.5
Quantensprünge einer Unternehmungsentwicklung im Zuge einer rückwärts gerichteten Restrukturierung

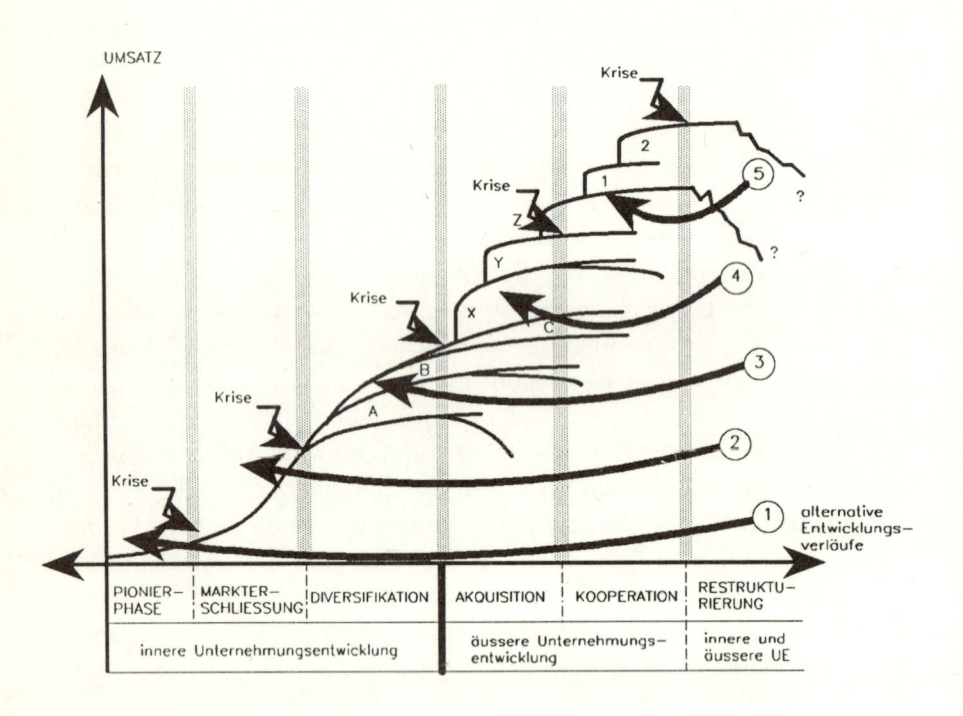

Ist es nicht mehr möglich, auf dem Weg einer Redimensionierung und Umgestaltung die Optionen für eine eigenständige Weiterentwicklung zu erhöhen, erscheint die Autonomie der Unternehmung als Voraussetzung ihrer Lebensfähigkeit gefährdet. Dies ist zumeist der Übergang zu einer *äusseren* Restrukturierung. Wenn es keine eigenen Möglichkeiten mehr gibt, übernehmen auf Restrukturierungen spezialisierte Unternehmungen eine Neuverteilung der brauchbaren Aktiva durch Übernahme und Weiterveräusserung. Fällt eine Beurteilung dieser Möglichkeiten am Markt für Firmen und deren Betriebsteile negativ aus, erscheint der Untergang der Unternehmung vorprogrammiert.

6.6 Der Einfluss des normativen, strategischen und operativen Managements auf die Unternehmungsentwicklung

Das normative, strategische und operative Management wirken sachlich und zeitlich *unterschiedlich* auf die Unternehmungsentwicklung ein. Während das normative Management den sachlichen und formalen Rahmen für die weitere Unternehmungsentwicklung in Form einer missionarischen Verfolgung des Aufbaus von Nutzenpotentialen für Bezugsgruppen generell absteckt, gibt das strategische Management einzelne Aktionskurse vor, die mittelfristig zur Veränderung von strategischen Erfolgspositionen führen. Diese Aktionskurse bedürfen der laufenden kurzfristigen Umsetzung und Korrektur, damit sich eine Unternehmung gegenüber wechselnden kontextualen und situativen Bedingungen durchsetzen kann. Im Bereich der kurzfristigen, operativen Entwicklung verdichten sich zugleich die normativen und strategischen Vorgaben zu überprüfbaren Ergebnissen in Erfolg und Liquidität. Bei aller Lang- und Mittelfristigkeit ist hier der Beweis für die Tragfähigkeit von Konzepten und Vorgehensweisen anzutreten, die die angestrebte Unternehmungsentwicklung vor dem Hintergrund nur undeutlich wahrnehmbarer Veränderungstendenzen während der Konzeptphase verfolgen.

Damit stellt sich im zeitlichen Spannungsverhältnis von normativem, strategischem und operativem Management das Problem der Gestaltung von Vor- und Rückkoppelungszyklen. Man kann zwei extreme Verhaltensweisen unterscheiden, die letztlich sowohl national- wie auch unternehmungskulturell angelegt sind:

- Das normative unternehmungspolitische Konzept, welches strategisch näher definiert und ausformuliert wurde, wird auch bei groben Störungen und Misserfolgen im operativen Bereich im Glauben an die Richtigkeit des linear eingeschlagenen Weges »stur« weiterverfolgt. Das Interesse des Managements konzentriert sich dann weitgehend auf das operative

Aussteuern von Störungen und Krisen, ohne die formalisierten Strategien oder gar die Unternehmungspolitik selbst infrage zu stellen. Es erfolgt praktisch keine Rückkoppelung über die operative Dimension hinaus: Die *Vorkoppelung* gilt.
- Normative und strategische Konzepte unterliegen einer erratischen Veränderungsneigung. Jede wesentliche Störung im operativen Bereich führt zu vorschnellen Korrekturen beim strategischen Vorgehen. Mit dem laufenden Infragestellen strategischer Konzepte schlägt dieser *Rückkoppelungs*prozess schliesslich auch auf die Unternehmungspolitik durch, die gleichfalls in Gefahr gerät, ins Schlingern zu geraten. Das untere und mittlere Management kann unter diesen Umständen Überblick und Kurs aus den Augen verlieren. Aber auch das Top Management verfolgt – und dies gilt besonders ausgeprägt bei einer kollegialen Vorstandsverfassung – in einer derartigen Situation in mehreren Ressorts gleichzeitig unterschiedliche unternehmungspolitische Vorstellungen und strategische Konzepte, was leicht zu einem Verlust an strategischer Stosskraft führt.

Werden diese beiden extremen Neigungen eines Managements, in allen Dimensionen auf operative Störungen und Risiken zu reagieren, mit dem Aspekt der Fristigkeit der Management-Orientierung, die von einer kurzfristigen-operativen bis zu einer langfristig-strategischen Orientierung reichen kann, verbunden, ergibt sich das im folgenden darzustellende Schema zur Lokalisierung eines Kurses der verfolgten Unternehmungsentwicklung. Diese Positionen eines unternehmungspolitischen Entwicklungskurses sollen zur Beantwortung der eingangs dieser Schrift gestellten Frage nach den paradigmatischen Veränderungen der Managementlehre herangezogen werden, denn es lassen sich aus dieser Sichtweise Argumente für die eine bzw. die andere Ausdeutung einer fortschrittsfähigen Einstellung zu zukünftigen Unternehmungsentwicklungen ableiten.

1. Die erratisch-kurzfristig ausgerichtete opportunistische Unternehmungsentwicklung: Sie kann für sich die höchstmögliche Variabilität im Eingehen auf sich dynamisch verändernde Kontexte und Situationen in Anspruch nehmen. Der kurzfristige Ausweis von Erfolg und Liquidität als dominante operative Steuerungsgrössen lässt Unternehmungen, die einen derartigen Ansatz verfolgen, zumindest auf beschränkte Zeit »in der Sonne« des Kapitalmarktes stehen. Sie sichern sich Zugang zu knappen – vor allem finanziellen – Ressourcen, die ihnen Handlungsfähigkeit verschaffen. Die wichtige

Frage nach ihrer langfristigen Überlebens- und Entwicklungsfähigkeit verweist eher auf negative Wertungen. Sieht man von den an sich kurz-zyklischen Geschäften ab, so lässt dieses Konzept eine langfristige Konzeption, die auch bei Widerständen aus dem aktuellen Tagesgeschäft durchgehalten wird, vermissen. Es kommt häufig vor, dass ein Investment in neue Potentiale zugunsten eines Erzielens kurzfristiger Ergebnisse vernachlässigt wird. Statt einer verpflichteten Entwicklungsstrategie ergibt sich eine opportunistische Ausbeutungsstrategie mit allen angesprochenen Folgen bei der Profilierung in den einzelnen Dimensionen. Ein Ausbruch aus diesem geschilderten Zusammenhang einer sonst eher das Überleben gefährdenden Unternehmungsentwicklung ist allerdings erwähnenswert: Der Zugang zu finanziellen Ressourcen während der kurz- bis mittelfristigen Erfolgsperiode lässt sich – statt für eine Eigenentwicklung von strategischen Erfolgspotentialen – für den Erwerb von strategischen Erfolgspotentialen in Form von Akquisitionen und Kooperationen einsetzen, um auf diesem Wege die Langfristigkeit des Überlebens sicherzustellen. Das Prinzip opportunistischer Erratik bleibt dann nicht nur auf das Kurzfristig-Operative beschränkt, sondern greift – unternehmungspolitisch nicht vorgezeichnet – auch auf die opportunistische Wahl von Geschäftsmöglichkeiten (»deals«) je nach Lage der Dinge über.

2. Die unternehmungspolitisch variable, strategisch ausgelegte, operative Veränderungen berücksichtigende Unternehmungsentwicklung: Diese Variante stellt eine interessante Mittellage dar; sie erhebt sowohl den Anspruch auf eine langfristige Bindung der Unternehmungsaktivitäten an einen Entwicklungskurs, der auf allgemeiner Orientierung basiert, als auch auf eine den Bedingungen der Dynamik gerecht werdende Anpassungsfähigkeit an teils abgefilterte operative und strategische Herausforderungen. Sie bietet in abgeschwächtem Masse das Feld für eine operative Erfolgs- und Liquiditätsgestaltung, die Optionen für Akquisitionen und Kooperationen je nach Opportunität eines Zugangs zu finanziellen Ressourcen offenhält. Sie macht aber auch die Verfolgung einer allerdings von Zeit zu Zeit zu korrigierenden, verpflichteten Unternehmungspolitik möglich. Bei der gegebenen Unsicherheit der Zukunft ist diese Variante sicherlich eine weitgehend akzeptable und empfehlenswerte Konzeption einer zu verfolgenden Unternehmungsentwicklung.

In diesem Konzept verlagert sich das Interesse auf die Strukturierung der Filterfunktionen, die zwischen der operativen und der strategischen, wie zwischen dieser und der normativen Dimension durch das Management vorzunehmen sind, damit nicht jede Störung oder Krise im unteren oder mittleren Bereich auf eine Veränderung von Aktionskursen oder gar langfristig angelegten Konzepten der Unternehmungsentwicklung durchschlägt. Dies ist sowohl eine Frage der Ausgestaltung der Managementstrukturen und -systeme als auch der Auswahl der Träger des Managements und ihres Verhaltens (s. Profile in Abb. 4.23 und Abb. 4.29), wobei beide von unternehmungskulturell geprägten Werten und Normen getragen werden.

3. Die langfristig unternehmungspolitisch verpflichtete und ausgerichtete Unternehmungsentwicklung: Eine langfristig unternehmungspolitisch angelegte Unternehmungsentwicklung wird dagegen weitgehend gegenüber Veränderungstendenzen im strategischen und operativen Bereich »abgepuffert«. Sie versucht trotz aller Widerstände und im Festhalten an der Richtigkeit des einmal Konzipierten die Unternehmung langfristig auf Erfolgskurs zu setzen. Dabei wird es dem operativen und vielleicht auch dem strategischen Management kurz- und mittelfristig überlassen, die notwendige erfolgs- und liquiditätsorientierte Aussteuerung zu erreichen, ohne dass dadurch das langfristige Konzept in Frage gestellt wird.

Eine derartig verpflichtete Unternehmungsentwicklung findet sich vor allem dann, wenn es einer Unternehmung in ihrer Vergangenheit gelungen ist, sich ein Reservepolster zuzulegen, so dass sie kurzfristig keine Abstriche an ihrem unternehmungspolitischen Konzept vorzunehmen braucht. Dies setzt aber weiterhin zumeist kontextuale Rahmenbedingungen voraus, die einen kurzfristig abfallenden oder gar negativen Ergebnisausweis tolerieren, was in einzelnen kulturell-wirtschaftlichen Umwelten durchaus unterschiedlich ausgeprägt ist. Kritisch ist dieses Konzept einer Unternehmungsentwicklung – bei allen Vorteilen einer konsequenten Verfolgung, vor allem wenn diese mit einer grossen Wahrscheinlichkeit zum Aufbau bahnbrechender neuer Erfolgspotentiale führt – allerdings unter dem Aspekt seiner Anpassungsfähigkeit bei hoher Dynamik marktlicher und technologischer Veränderungen zu bewerten: Gibt dieses Konzept hochgradiger Abfilterung operativer und strategischer Problemlagen ausreichende Anstösse für eine Anpassungsfähigkeit der Unternehmung?

6.7 Der Einfluss von Aktivitäten, Strukturen und Verhalten des Managements auf die Unternehmungsentwicklung

Die Aktivitäten, Strukturen und das Verhalten des Managements nehmen Einfluss auf die Unternehmungsentwicklung. Die sich dabei ergebende Problemlandschaft mag zwar unter dem Druck der Ereignisse situativ oder mit Weitsicht präsituativ angegangen werden, es wäre jedoch illusorisch zu glauben, dass die aufgeworfenen Probleme im Zuge der Zeit endgültig zu lösen seien. Vielleicht ist es gerade ein besonderes Kennzeichen sozial-evolutorischer Entwicklungen, dass sich zeit-zyklisch gleiche oder ähnliche Problemstellungen ergeben, die nur jeweils andere, vom »Zeitgeist« gegenwärtigen Problembewusstseins geprägte und dem »state of the art« der Problemlösungstechnik entsprechende Lösungen erfahren. Noell M. Tichy kennzeichnet sie als »*ongoing dilemmas*«:

»*Because organizations are perpetually in flux, undergoing shifts and changes, none of the ... problems is ever resolved. They are ongoing dilemmas. At different points in time, any one of them, or some combination, may be in need of adjustment. Adjustments are managed by implementing a range of strategies. These include self-adjustment through benign neglect or purposeful avoidance, slight managing of the problem, concerting managerial effort focussing on changes in the organization's mission and strategy, redesign of the organization's structure, or alterations of the human resource management systems. Adjustments in each of these ... problem areas can be conceptualized in cyclical terms. ... Organizations vary over time in the amount of energy invested in making adjustments during these cycles*« (Tichy = Change = 11).

Eine derartige *zyklische Wiederkehr der Erkennung von Problemen und von Lösungsversuchen* überlappt sich in bezug auf Aktivitäten, Strukturen und Verhalten. Ansätze zu ihrer Bewältigung gewinnen im Zeitablauf unterschiedliche Priorität und beschäftigen die Managementkapazität entsprechend bis hin zu ihren Werthaltungen, z. B.: »Probleme des Managements lassen sich nur durch eine Anpassung struktureller Rahmenbedingungen lösen!« Die im Erkennen und Handeln stattfindende Prioritätenbildung mit ihren typischen Einseitigkeiten führt über die Interaktion zu einer Vernachlässigung der als weniger wichtig eingestuften Dimensionen und in der Folge zu einem erhöhten und sich steigernden Problemdruck bezüglich der Behandlung der damit verbundenen Fragestellungen. Dies kann durchaus vorteilhaft sein, wenn ein einheitlicher und gezielter Aktionsfokus geschaffen wird, der die Management-Kapazität nicht überfordert. Dem gegenüber sind aber auch negative Effekte einer sich verschärfenden Problemlandschaft denkbar, welche die Kapazität des Managements zur Beherrschung der kritisch werdenden Situation hoffnungslos zu überfordern droht.

Abb. 6.6 zeigt die zyklische Natur der Entwicklung einer Problemlandschaft im Verhältnis der wahrgenommenen Notwendigkeit, durch aktivitäts-, struktur- oder verhaltensbezogene Lösungen die Unternehmungsentwicklung zu beeinflussen. Während sich eingangs ein eher segmentielles Vorgehen mit wechselnden Prioritäten bei den Ansätzen zur Problembewältigung ergibt, beginnen sich im weiteren Verlauf der Entwicklung die Problemlagen in den drei Dimensionen aufzuschaukeln.

6.8 Träger der Unternehmungsentwicklung und ihr Verhalten zwischen Evolution und revolutionärem Austausch

Betrachtet man den Gesamtverlauf einer Unternehmungsentwicklung, so stellt sich die grundsätzliche Frage, ob ein bestimmter Typ von Trägern in der Lage sein kann, diesen Prozess mit seinem Erfahrungsschatz und seinen Kenntnissen effektiv zu gestalten und zu lenken. Ähnlich der Profilierung einzelner strategischer Programme können in einzelnen Phasen unterschiedliche Rollenprofile zweckgerecht sein. Damit stellt sich als zentrales Problem der Unternehmungsverfassung, rechtzeitig für eine entwicklungsgerechte Ablösung von Trägern unterschiedlicher Rollenprofile zu sorgen. Wird dies grundsätzlich bejaht, sind Unterschiede in der Unternehmungsentwicklung in Hinblick auf die Schnelligkeit des Durchlaufs einzelner Phasen zu beachten.

Wird von einem *langwelligen Verlauf* einer Unternehmungsentwicklung ausgegangen, so dürften sich die Übergänge zwischen den einzelnen Phasen im Generationswechsel der Träger nahezu selbstregulierend und unbemerkt vollziehen. Die Unternehmungsverfassung sollte über die Besetzung der Spitzenorgane sichergestellt haben, dass ausreichende Vorkehrungen für Personalentscheidungen getroffen worden sind, dass Führungskräfte jeweils nach zukünftigen Anforderungsbildern, die den vorausliegenden Problemlagen der Unternehmungsentwicklung gerecht zu werden versprechen, besetzt werden. Dies gelingt im allgemeinen auch mehr oder weniger

Abbildung 6.6
Zyklische Wiederkehr der Problemerkennung und -lösung

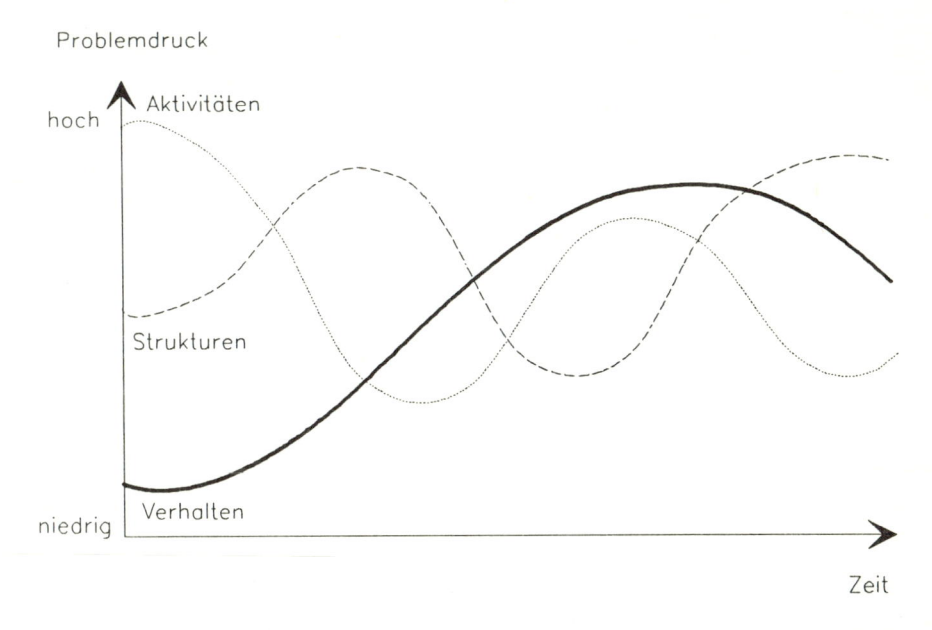

bis an den Punkt einer nach Diversifikations- und Kooperationsversuchen gescheiterten Wachstumsstrategie. Die notwendige Restrukturierung stellt dann regelmässig »Verfassungsorgane« der Unternehmungsspitze vor die Tatsache einer ursprünglich nicht beabsichtigten Diskontinuität und damit nicht allein vor unliebsame Sach- sondern auch Personalentscheidungen.

Steht dagegen ein relativ *kurzwelliger Verlauf* einer Unternehmungsentwicklung im Mittelpunkt der Betrachtung, so stellt sich die Frage einer Anpassung der Rollenbilder von Führungskräften weit *weniger evolutionär*. Bei jedem Phasenübergang, der ja nun nicht mehr in Generationen, sondern vielmehr innerhalb einer Managementgeneration vollzogen werden muss, stellt sich die kritische Frage, ob der Erfahrungs- und Kenntnisstand des gegenwärtigen Managements ausreichend und vor allem kompatibel mit den veränderten Anforderungen ist, welche die nächste Phase der Unternehmungsentwicklung stellen wird. Eine Nichtbeachtung dieser Frage durch Aufsichts- und Verwaltungsräte trägt bereits den Keim einer Unternehmungskrise in sich, da kaum zu erwarten ist, dass beispielsweise die Erfahrungen, die ein Management in der

- relativ chaotisch verlaufenden unternehmerisch geprägten *Pionierphase* gewonnen hat, ausreichend sind, um mit den Managementerfordernissen der *Wachstumsphase* umgehen zu können.

  Viele Beispiele der Praxis von schnell wachsenden, jungen Pionierunternehmungen der Spitzentechnologie belegen, dass zumeist erst nach einer verspäteten Ablösung des Gründer-Unternehmers durch einen »professionellen« Manager zugunsten der weiteren Multiplikation und der Ergebnisentwicklung eine Anpassung an die Erfordernisse der neuen Entwicklungsphase hergestellt werden konnte.

- *Wachstumsphase* gewonnen hat, es befähigen kann, eine *Produkt- und Regionaldifferenzierung* – also einer Diversifikation – zu bewältigen. Sicherlich liegt in dem Umstand eines mangelnden »Fits« von Ansprüchen einer Diversifikation an die Träger des Managements und der unzureichenden Entsprechung in Führungserfahrungen, die ein professionelles Management bei der Multiplikation einer ihr bereits zur Gestaltung überlassenen, bewährten unternehmerischen Idee gesammelt hat, der tiefere Grund für das häufige Scheitern von Diversifikationsvorhaben. Die neue Phase verlangt gegenüber den bisherigen Erfahrungen ja andere Einstellungen, die einem wieder stärker von innovativem Gedankengut und Vorgehen getragenen Denken und Handeln entspringen. Sie stellt die Unternehmungsführung vor eine nahezu antagonistische Situation, nämlich einer Pflege und Bewahrung des Bisherigen und bislang Erfolgreichen und der Entwicklung von ungewissem Neuen. Letzteres verstösst jedoch gegen vielfältige unternehmungskulturell geprägte Verhaltensweisen nicht nur bei den Mitarbeitern, sondern auch beim Management selbst (s. z. B. das NIH-Syndrom: die Abstossung neuer Ideen, die gegen den bewährten Erfahrungsschatz einer Unternehmungskultur verstossen nach dem Prinzip »*not invented here*«!). Gelingt es einem Management nicht, mit diesem Antagonismus erfolgreich umzugehen, dürfte auch dieser Phasenübergang zu einer Unternehmungskrise führen.

- *Diversifikationsphase* gesammelt hat, es befähigen, mit einem Netzwerk von labilen Kooperationsbeziehungen partnerschaftlich umzugehen. Die dargestellte Auseinandersetzung mit selbst beherrschten Systemen hat wenig Erfahrungspotential produziert, um in der *Kooperationsphase* mit Dritten als Gleicher unter Gleichen unternehmungspolitische Missionen und strategische Programme bei aller Unterschiedlichkeit von Strukturen und Kulturen erfolgreich bewältigen zu können.

- Vielleicht ist noch am ehesten ein Management, das Erfahrungen in der Kooperationsphase gesammelt hat, fähig, einen »sanften« Übergang zur *Restrukturierung* zu finden, weil es erfolgreich Erfahrungen im Umgang mit Partnerunternehmungen gewinnen konnte.

6.9 Die Unternehmungsentwicklung wird von Bereichsentwicklungen getragen

Mit fortschreitender Segmentierung einer Unternehmung in strukturelle und im Verhalten geprägte Einheiten mit eigenen normativen Missionen und strategischen Programmen ergeben sich wiederum Rekursionsprobleme. Diese stellen sich hinsichtlich der spezifischen Entwicklungsphasen dieser Einheiten im Verhältnis zur Entwicklung der Gesamtunternehmung. So kann sich beispielsweise ein Unternehmungsbereich nach misslungenen Akquisitions- und Kooperationsvorhaben in einer Restrukturierungsphase, ein anderer in der Pionierphase usw. befinden. Die Unternehmungsentwicklung erscheint schliesslich bei programmpolitisch differenzierten Unternehmungen als Konglomerat dieser Einzelentwicklungen von Unternehmungs- und Geschäftsbereichen.

6.10 Alternativen zu einer wachstumsorientierten Unternehmungsentwicklung

Der Darstellung des idealtypischen Verlaufs einer Unternehmungsentwicklung unterlag die Vorstellung eines langfristigen qualifizierten Wachstums. Die Begrenztheiten der Ressourcen unseres Planeten hat zur Diskussion der Grenzen einer Wachstumsphilosophie im wirtschaftlichen Bereich geführt (Meadows = Grenzen =). Hierzu ist prinzipiell zu bemerken, dass diese Vorstellungen jedoch von einem *quantitativen* Wachstumsbegriff ausgehen. Ganz abgesehen von der Tatsache, dass ein »Null-Wachstum« für einzelne Unternehmungen existenzbedrohende Positionsverluste gegenüber dem Wettbewerb bedeuten kann, wenn sie sich nicht einer solchen Unternehmungspolitik verschreiben, so stellt sich eine andere Fragestellung im Hinblick auf Bezugsgruppen. Es ist meines Erachtens nicht einzusehen, dass sich die Ansprüche einzelner Bezugsgruppen unter dem Druck einer Ressourcenbeschränkung reduzieren. Sie verlagern sich vielmehr auf andere Bedürfnisse. Der Begriff eines *»qualifizierten«* Wachstums im Sinne der hier vorgenommenen Definition der Unternehmungsentwicklung deutet dieses Problem an. Menschliche *Bedürfnisse*, die über die *Bezugsgruppen* einer Unternehmung zum Ausdruck kommen, sind

- nicht begrenzt,
- hoch-flexibel und
- werden mit unterschiedlicher Machtposition (kaufkräftige Nachfrage, politisch-gesetzliche Durchsetzungskraft, Lobbyismus, Boykott etc.) durchgesetzt.

Die Verschiebung auf ökologische, esoterische, künstlerische Bedürfnisse u. a. m. geben einen Beleg für die Breite denkbarer *Verlagerungen* von Bedürfnissen. Sie lassen die Frage nach einer Positionierung von Unternehmungen im Hinblick auf *Veränderungen ihres Nutzenpotentials* jeweils erneut stellen. In einer Betrachtung qualifizierten Wachstums stellt sich damit die Frage eines »Null-Wachstums« nicht.

Literaturhinweise zu Kapitel 6

Ansoff, H. I.: – Diversification –
   Strategies for Diversification. In: Harvard Business Review 35 (5/1957), S. 113–124.
Festinger, L.: – Cognitive Dissonance –
   A Theory of Cognitive Dissonance. Stanford 1957.
Foster, R. N.: – Innovation –
   Innovation – The Attacker's Advantage. New York 1986; dt. Übers.: Innovation: Die technologische Offensive, Wiesbaden 1986.
Gomez, P.; Weber, B.: – Akquisitionsstrategie –
   Akquisitionsstrategie – Wertsteigerung durch Übernahme von Unternehmungen. Stuttgart und Zürich 1989.
Greiner, L. E.: – Zyklus –
   Evolution and Revolution as Organizations Grow. In: Harvard Business Review 50 (4/1972), S. 37–46.
Hauschildt, J.: – Schaden –
   Aus Schaden wird man klug. In: manager-magazin (10/1983), S. 142–152.

Johnson, G.: – Rethinking –
Rethinking Incrementalism. In: Strategic Management Journal 9 (1988), S. 75–91.
Kosiol, E.: – Aktionszentrum –
Die Unternehmung als wirtschaftliches Aktionszentrum. 2. Aufl., Reinbek bei Hamburg 1972.
Krystek, U.: – Unternehmungskrisen –
Unternehmungskrisen – Beschreibung, Vermeidung und Bewältigung überlebenskritischer Prozesse in Unternehmungen. Wiesbaden 1987.
Malik, F.: – Managementsysteme –
Management-Systeme. Die Orientierung Nr. 78, Schriftenreihe der Schweizerischen Volksbank. Bern 1981.
Meadows, D.: – Grenzen –
Grenzen des Wachstums. Reinbek bei Hamburg 1981.
Mintzberg, H.; Waters, J.: – Strategy –
Tracking Strategy in a Entrepreneurial Firm. in: Academy of Management Journal 25 (3/1982), S. 465–499.
Pettigrew, A.: – Tranformation –
Context and Action in the Transformation of the Firm. In: Journal of Management Studies 24 (6/1987), S. 649–670.
Pfeiffer, W.; Dögl, R.: – Technologie –
Das Technologie-Portfolio zur Beherrschung der Schnittstelle Technik und Unternehmensstrategie. In: Strategische Unternehmungsplanung – Stand und Entwicklungstendenzen, hrsg. v. D. Hahn u. B. Taylor. 4. Aufl., Heidelberg und Wien 1986, S. 149–177.
Porter, M. E.: – Competitive Advantage –
From Competitive Advantage to Corporate Strategy. In: Harvard Business Review 65 (3/1987), S. 43–59.
Pümpin, C.: – Dynamik-Prinzip –
Das Dynamik-Prinzip: Zukunftsorientierungen für Unternehmer und Manager. Düsseldorf 1989.
Schulz, D.: – Unternehmungsgrösse –
Unternehmungsgrösse, Wachstum und Reorganisation. Berlin 1970.
Tichy, N.: – Change –
Managing Strategic Change. Technical, Political and Cultural Dynamics. New York u. a. 1983.
Tushman, M.; Newman, W.; Romanelli, E.: – Evolution –
Convergence and Upheaval: Managing the Unsteady Peace of Organizational Evolution. In: California Management Review 29 (1/1986). S. 29–44.
Ulrich, H.: – Unternehmungspolitik –
Unternehmungspolitik. 2. Aufl., Bern und Stuttgart 1987.
Ulrich, H.; Krieg, W.: – Modell –
St. Galler Management-Modell. 3. Aufl., Bern und Stuttgart 1974.

7
INTEGRIERTES MANAGEMENT
Harmonisation eines hoch-komplexen Netzwerks auf der Grundlage einer Management-Philosophie

Integration erfolgt erst durch die ganzheitliche Betrachtung und gegenseitige Abstimmung von Problemlösungen im gesamten Netzwerk der strukturierten Beziehungen normativer, strategischer und operativer Art. Sie unterliegt der paradigmatischen Leitidee einer Managementphilosophie.

7.1 Notwendige Stärkung integrativen Denkens und Handelns des Managements

Systeme erlangen Ganzheitlichkeit durch die Integration ihrer Elemente. Dies geschieht durch die Gestaltung von wechselseitigen Beziehungen. Dabei betont die Integration eine »spezifische Form der Verknüpfung von Elementen zum Ganzen eines Systems« (Lehmann = Integration = 769). Sie ist dadurch gekennzeichnet, »dass die Veränderung eines Elementes aufgrund der wechselseitigen Beziehung auch die übrigen Elemente beeinflusst« (Grochla = Unternehmungsorganisation = 16).

»Es gehört zu den hervorstechendsten Merkmalen von Systemen, dass, obwohl jedes Ganze aus Teilen besteht, die Teile nicht isoliert verstanden werden können. Jeder Teil erhält seinen Sinn und seine Funktion erst als Element des Ganzen. Man kann die Teile einer Systemganzheit daher auch nicht einzeln analysieren oder gestalten, sondern nur im Zusammenhang mit anderen Teilen...« (Malik = Systeme = 51).

In der Unternehmung werden im Managementprozess die Voraussetzungen dafür geschaffen, dass eine ganzheitliche Vorgehensweise erfolgen kann, die eine synergetische Verbindung arbeitsteiliger Beiträge zur Zielsetzung und -erreichung gewährleistet.

Ein integratives Handeln ist nun aber keineswegs selbstverständlich. In einer komplexen, variablen und ungewissen Umwelt lassen sich nicht alle Ereignisse voraussehen und vorherdenken. Dies führt dazu, dass das Management unvorbereitet mit *situativen* Ereignissen konfrontiert wird, auf die es mit kurzfristigen Massnahmen reagieren muss, ohne dass diese in ihren vollen Wirkungen im gesamten Netzwerk der Beziehungen voll abgeschätzt und abgestimmt werden konnten. Ein solches situatives, unter dem Druck bereits eingetretener Ereignisse erfolgendes ex-post Handeln, kann als *koordinierendes* Vorgehen bezeichnet werden (Bleicher = Unternehmungsentwicklung = 51). Ein wesentlicher Teil der Aktivitäten bezieht sich auf koordinative Handlungen zum Aussteuern situativ dringlicher Ereignisse. Ein *integratives* Denken und Handeln setzt voraus, dass das Feld der koordinativ zu bewältigenden Probleme eingeengt wird. Dies erfolgt einerseits durch den Aufbau spezifischer Strukturen, die sich durch ihren *präsituativen* Charakter auszeichnen. Durch sie werden künftige Ereignisse antizipativ absorbiert; sie werden gestaltet, bevor eine die Problemlösungshandlung erfordernde Handlungssituation eingetreten ist. Dies entlastet das Handeln vom Druck akuter aktionserfordernder Ereignisse. Außerdem fördert die *Ganzheitlichkeit* im Verhalten derjenigen, die die Probleme lösen, eine Integration.

Damit ergeben sich als Ansätze zur Stärkung integrativen Denkens und Handelns in der Unternehmung die

1. Systematische Gestaltung zur Förderung der Integration: Die Systemstruktur wird im voraus den künftigen situativen Ereignissen angepasst, und die bei Eintreten der Ereignisse auftretenden potentiellen Störungen werden ex ante minimiert. Die präsituativen Gestaltungsmassnahmen finden in der Systemgestaltung ihren konkreten Ausdruck. Insbesondere sind es *Planungssysteme* und *Organisationsstrukturen*, die eine Reduktion des koordinativen Teils für ein harmonisierendes Handeln des Managements gewährleisten.

2. Personal-Entwicklung zur Förderung der Integration: Eine Ausweitung des Feldes der Integration kann aber auch dadurch erfolgen, dass zu den eher strukturellen Ansätzen bezüglich der Voraussetzungen für eine Integration die *Ausbildung eines ganzheitlichen Denkens* (Ulrich/Probst = Anleitung =)

sowohl ins Feld strukturell vorbereiteter präsituativer Ereignisse als auch in jenes der Handhabung situativ dringlicher Ereignisse tritt, die koordinativ bewältigt werden müssen. Zwar sinkt hier die Chance eines ganzheitlichen Vorgehens, weil es in arbeitsteilig organisierten Systemen viele Abstimmungsprozesse zu durchwandern gilt, für die unter dem Druck eingetretener, handlungserfordernder Ereignisse kaum ausreichend Zeit verbleibt. Dennoch ist bei geschulter ganzheitlicher Denkweise und eingespielter schnittstellenüberwindender Kommunikations- und Kooperationsneigung ein weitgehendes Erreichen ganzheitlicher Bezüge auch bei Handlungsweisen denkbar, die aufgrund situativ dringlicher Ereignisse erforderlich sind. Um das Vordringen eines integrierten Managements zur Problemlösung zu fördern, gilt es, sowohl einen *sach-logischen* Einstieg und entsprechende Wege in die hoch-komplexe Landschaft wechselseitiger Problemabhängigkeiten in einem Netzwerk sich verändernder Möglichkeiten und Bedingungen zu finden, als auch den Prozess des *sozio-kulturellen* Miteinanders von Betroffenen und Beteiligten verhaltensmässig zu bewältigen.

7.2 Integriertes Management: Die sach-logische Verknüpfung von Problemdimensionen

Integration ist immer eine mehrdimensional zu lösende Aufgabe. Sie bezieht sich auf ein hoch-komplexes Netzwerk gegenseitiger Beziehungsabhängigkeit einzelner Module im Rahmen des dargestellten Konzeptes. Abb. 7.1 zeigt den komplexen Zusammenhang einzelner Module des Modells. Zwischen ihnen besteht eine Vielzahl miteinander agierender Einflussbeziehungen. Gilbert J. B. Probst und Peter Gomez schlagen zu ihrer Erfassung die Anwendung der Netzwerktechnik vor:

»*Wir benötigen ein Instrument zur Erfassung der Zusammenhänge, Einflüsse, Zeiträume oder Veränderungsmöglichkeiten, um ein umfassendes Verständnis der Problemsituation zu erhalten. Die Netzwerktechnik erlaubt uns nicht nur Beziehungen festzuhalten, sondern diese auch in ihren Eigenschaften zu analysieren und abzubilden*« (Probst/Gomez = Methodik = 9f.).

Die in Abb. 7.1 gezeigte grundlegende Interdependenz-Matrix wäre in diesem Sinne noch durch eine Verschleifung einzelner Beziehungszusammenhänge über Wirkungsketten zu überlagern (vgl. Abb. 7.2). Dabei ist besonders auf die Verzahnung der *gestaltenden* Dimensionen des Normativen und Strategischen mit den Bedingungen und bewirkten Veränderungen der Unternehmungs*entwicklung* zu verweisen.

Abbildung 7.1
Gesamtzusammenhang der Interdependenzen im Konzept

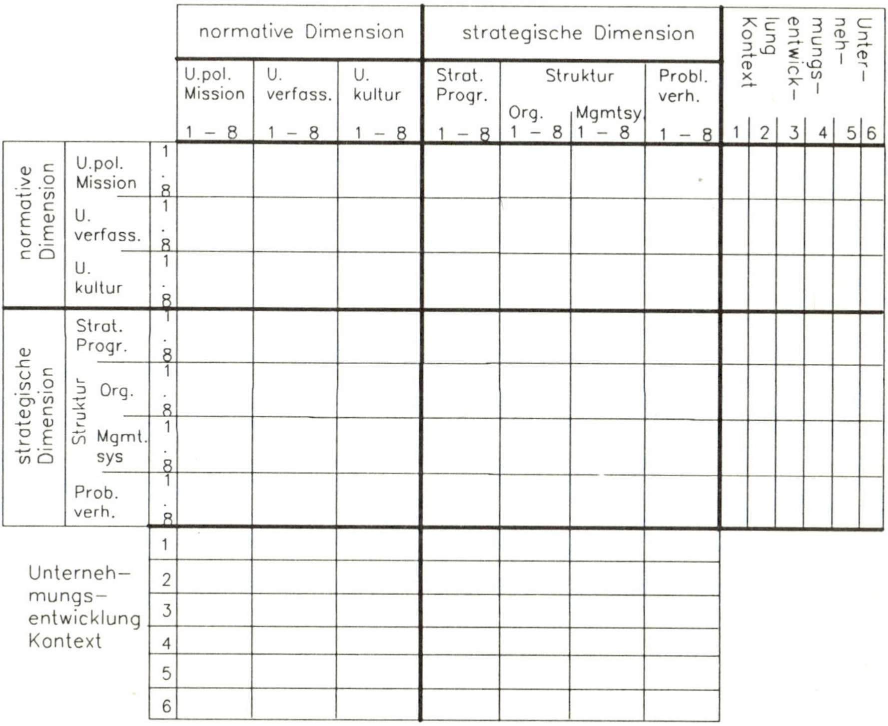

			normative Dimension			strategische Dimension				Unternehmungs-entwicklung Kontext					
			U.pol. Mission 1–8	U. verfass. 1–8	U. kultur 1–8	Strat. Progr. 1–8	Struktur Org. 1–8	Struktur Mgmtsy. 1–8	Probl. verh. 1–8	1	2	3	4	5	6
normative Dimension	U.pol. Mission	1 · 8													
	U. verfass.	1 · 8													
	U. kultur	1 · 8													
strategische Dimension	Strat. Progr.	1 · 8													
	Struktur Org.	1 · 8													
	Struktur Mgmt.sys	1 · 8													
	Prob. verh.	1 · 8													
Unternehmungs-entwicklung Kontext		1													
		2													
		3													
		4													
		5													
		6													

Dabei wird die *Kenntnis der Vernetztheit* als Beurteilungsgrundlage in der Managementforschung bisher noch wenig beachtet. Zwar sind vielfältige Teiltatbestände einzelner Aspekte betriebswirtschaftlich aufgearbeitet worden und Ansätze zu ihrer In-Beziehungssetzung vor allem in der Kontexttheorie der Organisation und der Situationstheorie der Führung entwickelt worden, ihnen mangelt es jedoch grundsätzlich an einer ausreichenden Berücksichtigung der Vor- und Rückkoppelungsbeziehungen zwischen einzelnen Variablen, die zudem »ceteris paribus« voreilig auf einige wenige reduziert werden.

Abbildung 7.2
Beziehungsnetzwerk im Interdependenzen-Zusammenhang des Konzepts

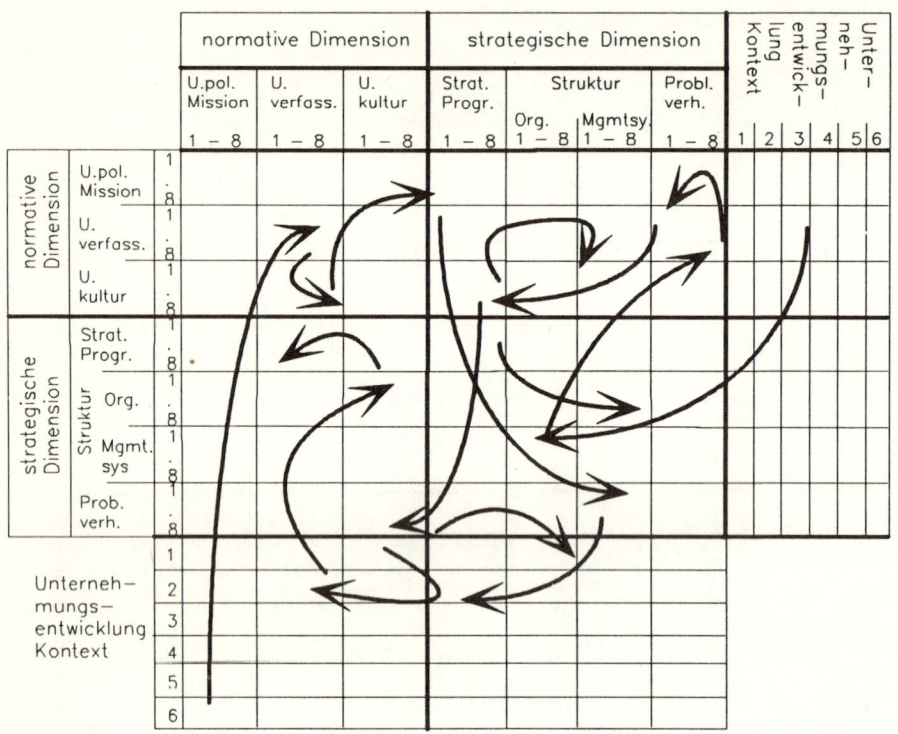

Hilfreicher ist dann schon ein Rückzug von sach-inhaltlichen Aussagen über grundsätzliche Interdependenzen in Netzwerken auf methodische Ansätze zu einem Umgang mit ihnen:

»*Die Grundvorstellungen des vernetzten oder ganzheitlichen Denkens bilden eine Perspektive, die uns heute relevant und notwendig erscheint, um in* sozialen, komplexen Problemsituationen *gestaltend und lenkend einzugreifen. Viele Manager bewältigen komplexe Situationen intuitiv richtig ... Aber nur wenige Manager können auf die Intuition ›zählen‹ und für viele bleibt die Intuition ein schlechter Ratgeber, wenn es um komplexe Probleme geht*« (Probst/Gomez = Vernetztes Denken = 3).

Damit stellt sich die grundlegende fachperspektivische und -programmatische Frage, ob zusätzlich zu den methodischen Ansätzen für einen Umgang mit vernetzten Systemen eine sach-inhaltliche Analyse der Logik von Systembeziehungen treten sollte, um dem gestaltenden und lenkenden

Praktiker zusätzliche Orientierungsmuster zur Beurteilung von Inkompatibilitäten an die Hand zu geben. Dieser Versuch wird mit dem vorliegenden Konzept gemacht, indem die wechselbezügliche Vernetzung im Modell sowohl einen *horizontalen* als auch einen *vertikalen* »Fit« einzelner Dimensionen zu erreichen anstrebt.

Anknüpfend an das dargestellte Raster normativen und strategischen Managements lässt sich *sach-logisch* eine Integration in fünf Schritten zu einem ganzheitlichen »Fit« anstreben:

1. Skalierung
2. Profilierung
3. Harmonisation
4. Fokussierung
5. Temporalisierung.

Es wäre jedoch ein Missverständnis, wenn diese Vorgehensweise als analytisch reduktionistisch eingestuft werden würde. Ihr liegt vielmehr die Einsicht zugrunde, dass ein blosser Appell an eine ganzheitliche Betrachtung und Gestaltung von systemischen Zusammenhängen dann eine unerfüllbare Forderung bedeutet, wenn es sich um derart hoch-komplexe Zusammenhänge handelt, wie sie hier im Gesamtzusammenhang des Managements beleuchtet werden.

> Das Vorgehen, das hier vorgeschlagen wird, ist daher ein stufenweises Erarbeiten von Systemzusammenhängen geringeren Komplexitätsgrades zu Systembeziehungen höherer Komplexität. Ziel dieses Syntheseprozesses zur Erschliessung von Ganzheitlichkeit ist die Integration.

Anhand einer Skalierung und Profilierung einzelner Dimensionen soll der Benutzer des Konzeptes in die Lage versetzt werden, eine *kritische Beurteilung* von Profil*abweichungen* zwischen den einzelnen Dimensionen im Hinblick auf erwünschte oder unüberlegte Inkonsistenzen vorzunehmen. Die *kritische Beurteilung* von Profil*abweichungen* zwischen den einzelnen Dimensionen setzt die Kenntnis logischer Interdependenzen, die entweder methodisch oder intuitiv gewonnen wird, voraus. Unlogische oder gar sich widersprechende Kombinationen von bestehenden oder erstrebten Positionen auf den einzelnen Skalen sind zu ermitteln und in Frage zu stellen. Dies wäre beispielsweise dann der Fall, wenn durch eine starke Formalisierung und Zentralisierung sich automatisch eine steile Pyramide mit weitgehenden Eingriffen von oben ergibt, aber zugleich eine flache Konfiguration mit weitgehender Eigengestaltung mittels Delegation angestrebt wird.

> Beim gegenwärtigen Stand unserer Erkenntnis bietet es sich an, derartige Beurteilungen im *Dialog* durchzuführen, um hierbei die aus unterschiedlicher Erfahrung und Erkenntnis gewachsene Beurteilungskompetenz Mehrerer zusammenzubringen und zu einem Konsens zu bündeln.

Werden *Ist-Profile* und erstrebenswerte *Soll-Profile* gegenübergestellt, können beachtliche Abweichungen deutlich werden, die auf eine Bereinigung drängen. Während Inkonsistenzen im Bereich der Ist-Profile Schwachstellen der Gestaltung deutlich machen, indizieren sie bei den Soll-Profilen unter Umständen mögliche Fehlkonzepte. Solche Inkompatibilitäten – beim allerdings nach wie vor begrenzten Wissensstand der Managementtheorie – drücken sich in der Darstellung in einem wenig konsistenten, äusserlich durch stark schwankende Skalierungen gekennzeichneten Profilmuster aus. Relativ in sich geschlossene Konzeptionen des strategischen Managements ergeben sich entlang eines Innen- oder eines Aussenkreises in den einzelnen Profilrastern.

> *Ein Vergleich zwischen Ist- und Sollprofilen* enthüllt Schwachstellen in der zukunftsentscheidenden Anpassung an eine erstrebte Unternehmungsentwicklung. Damit diese erfolgen kann, sind Massnahmen abzuwägen und zu definieren, die geeignet sind, die Lücken zwischen Ist- und Sollprofilen zu schliessen.

Diese zielen auf einzelne Nutzen- und strategische Erfolgspotentiale, die aggregiert Zukunftspositionierungen gegenüber relevanten Bezugsgruppen und dem Wettbewerb deutlich machen. Da diese zeitgebunden und in ihrer

Entwicklung zeiterfordernd sind, müssen sie nicht nur sachlich, sondern auch zeitlich harmonisiert werden.

Das gewählte Vorgehen lässt sich als synthetisch-integrierend beschreiben: Von den *elementaren Bausteinen*, den *Modulen* des Konzeptes, wird zu komplexeren integrierten Zusammenhängen vorgestossen, wobei jede Inkompatibilität von Profilierungen zu Rückkoppelungsprozessen, zu Integrationsstufen niederer Ordnung, Anlass geben sollte.

Die *Wahl der elementaren Module* erfolgt im konkreten Einzelfall des Umgangs mit dem Konzept aus der Erfahrung und Betroffenheit der damit arbeitenden Führungskräfte. Die vorausgehend vollzogene Darstellung einzelner Module stellt aus der Sicht des Verfassers nach dem Stand der Managementlehre lediglich eine *Leitlinie für die Eigenentwicklung* dar, die kontextuell und situationsspezifisch abzuwandeln ist, um hinreichend »griffige« Aussagen für die Entwicklung eines integrierten Managements zu erhalten.

Die *elementaren Module* sind vereinfacht als *Spannungsreihen* skalierbarer Ausprägungen von Elementen eines Managements wiedergegeben.

»Die einfachste Form der Begriffsbildung ist immer die Bildung von Gegensatzbegriffen: ›A‹ und ›nicht-A‹: Was nicht ›A‹ ist, ist ›nicht A‹. Damit lässt sich die ganze Welt einteilen, und damit lässt sich eine allererste Differenzierung erreichen« (Bühl = Konflikte = 2).

1. Modulskalierung im Ist und Soll: Bei den einzelnen Modulen des Konzepts sind folgende Überlegungen bei einer Skalierung einzelner Spannungsreihen anzustellen:

a) Skalierung der Ist-Situation: Auf einer Fünfer-Skala wird zunächst die eigene Einschätzung der gegenwärtig gegebenen *Ist-Situation* zwischen den beiden extremen Polen markiert.

Abbildung 7.3
Skalierung der Ist-Situation

IST-SKALIERUNG

EXTREM-   EXTREM-
POSITION A   POSITION B

So ist beispielsweise bei der organisatorischen Strukturierung im Spannungsfeld von extremer *Sach* (A)- und extremer *Personenorientierung* (B) eine Skalenmarkierung im Dialog der Beteiligten zu finden.

Die jeweils angegebenen Aussagen zu beiden Extrempositionen sollen es dem Praktiker erleichtern, die subjektiv wahrgenommene Skalenposition in der *Ist-Situation* zu finden. Eine direkte Messvorschrift wird durch das Konzept nicht vermittelt, da es kaum möglich sein dürfte, den ausserordentlich verschiedenartigen Praxissituationen mit einem normierten Katalog von Messvorschriften gerecht zu werden.

b) Skalierung der Soll-Situation: Vorstellungen über eine *erstrebenswerte Soll-Situation* sind zu verbinden mit einer Einschätzung *kontextualer Rahmenbedingungen*, die durch das Management selbst nicht veränderbar sind. Unter Abwägung beider ist eine Markierung der *Soll-Situation* unter Beachtung von gemeinsam getragenen Zielvorstellungen vorzunehmen.

Abbildung 7.4
Skalierung der Soll-Situation

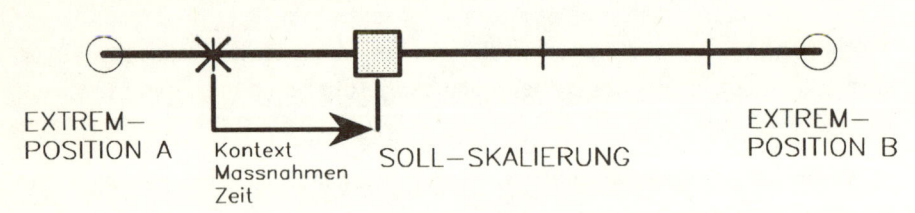

Da beispielsweise auf einen Arbeitsbereich zunehmend innovative, wenig strukturierbare Aufgabenstellungen zukommen, erscheint den an der Skalierung Beteiligten eine sich weitgehend an der sachlichen Aufgabengliederung und -verteilung orientierende Organisationsgestaltung nicht mehr den sich wandelnden Anforderungen zu entsprechen. Persönliche Erfahrungen und Interessen sollten deshalb stärker bei der Aufgabengliederung und -verteilung Berücksichtigung finden. In der Form der Projektgestaltung sollte vom Zeitlichen her eine Änderung des Organisationsprinzips bei der Zuordnung von Mitarbeitern zu den einzelnen Projekten und bei der Zuteilung von Projektaufgaben erstmals Berücksichtigung finden. Weitere Massnahmen, welche die Lücke zwischen Ist- und Soll-Skalierung füllen sollen, sind in Form einer Neuregelung der Stellvertretung und der Einführung einer Rotation zwischen einzelnen Aufgabengebieten zum Schliessen von Erfahrungslücken und der Erweiterung des Einblicks in betriebliche Zusammenhänge vorzusehen.

Tabelle 7.1
Skalierung von Ist- und Sollsituation der Unternehmung

Mit der *Skalierung* verbinden sich damit die folgenden Fragen:
- Entspricht die Ist-Skalierung den Vorstellungen aller Beteiligten von einer zweckgerechten Gestaltung?
- Welche kontextualen Bedingungen werden sich in absehbarer Zeit verändern, und welche Folgewirkungen haben diese auf das anzustrebende Skalen-Soll?
- Welche kontextualen Bedingungen schränken die Möglichkeiten ein oder fördern sie, vom Ist- zum Soll-Skalenwert vorzustossen?
- Mit welchen Massnahmen lässt sich die Differenz zwischen Ist- und Soll-Skalenwert überwinden?
- Mit welchen Zeitkonstanten ihrer Verwirklichung ist dabei zu rechnen?
- Lassen sich bestimmte Aktionspunkte, die absehbar sind, zur Veränderung der Skalenposition einsetzen und für eine Terminvorgabe verwenden?

2. *Profilierung zum Konzept:* Die ermittelten Skalenwerte werden im Rahmen des vorgezeichneten Vierer-Rasters zu einem Ist- und zu einem Soll-Profil verdichtet.
Werden die beispielhaft dargestellten Ist- und Soll-Profile im Spannungsfeld von (A) Sach- und (B) Personenorientierung der Organisation mit den gefundenen Skalenpositionen der Dimension (I) Formalisierung vs. (II) Symbolorientierung verbunden, ergibt sich eine mehr oder weniger deutliche Zuordnung zu einem der beiden typologischen Muster der Stabilitäts- und der Veränderungsorganisation. Es ist nunmehr zu prüfen, ob diese Kombination beider Skalenpositionen im Ist wie auch im Soll in sich plausibel ist. Dies ist in der Abb. 7.5 – beim Soll-Profil 2 nicht der Fall. Weiter ist die Positionierung der beiden miteinander verbundenen Ist- und Sollskalierungen im Verhältnis zu den beiden halbkreisförmigen typologischen Mustern zu überprüfen. Dabei ist die Frage zu stellen: Warum ist weder unser Ist- noch unser Sollprofil eindeutig einem in sich konsistenten Muster zuzuordnen? Die auf diese Frage gegebenen Antworten können zu einer

Revision des Soll-Profils von der Position 2 zur Position 1 im gegebenen Schema führen.

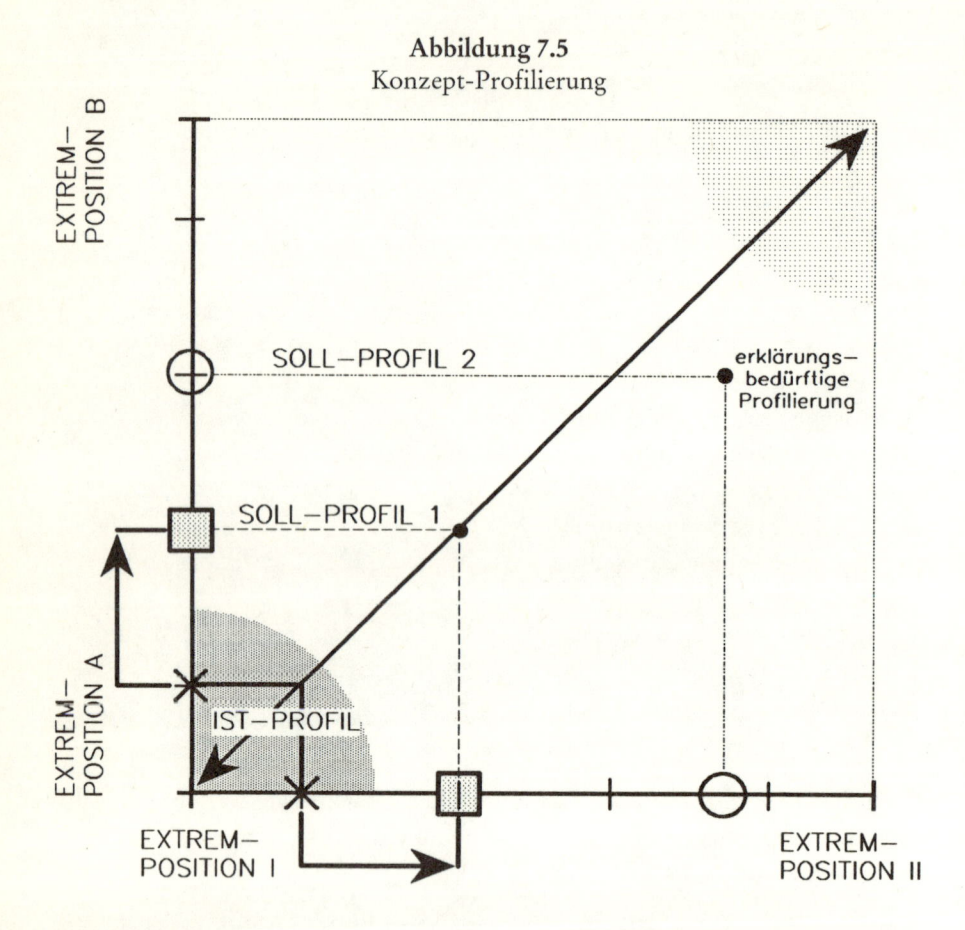

Abbildung 7.5
Konzept-Profilierung

Bei der *Profilierung* sind damit vor allem Plausibilitätsüberlegungen im Hinblick auf eine höherwertige Kombination anzustellen.

Tabelle 7.2
Profilierung der Ist- und Sollsituation der Unternehmung

Dabei ergeben sich im einzelnen folgende Fragen:
- Ist die gefundene Kombination der Ist- und Soll-Skalenwerte in sich plausibel, oder widersprechen sich diese? Hat dabei im Konsenspro-

zess, der zur Skalierung führte, eine fehlerhafte Interpretation oder Wertung zu dieser Profilierung geführt? Welche Korrekturen sind gegebenenfalls bezüglich der kombinierten Skalenwerte vorzunehmen?
- Liegen die gefundenen Ist- und Soll-Profile im Bereich der angedeuteten typologischen Musterlösungen? Falls sie dies nicht tun, sind Argumente für eine abweichende Positionierung der Ist- und vor allem der Soll-Profile zu erarbeiten. Diese sind insbesondere zu suchen in
  - besonderen Kontextbedingungen, die eine vom typologischen Grundmuster abweichende Profilierung rechtfertigen,
  - bislang nicht berücksichtigten Schwierigkeiten, die einer Veränderung von Ist- zu Soll-Profilen sachlich und zeitlich entgegenstehen.
- Ergibt eine Betrachtung der Massnahmenkataloge im Verbund für beide Dimensionen ein komplementäres Bild oder widersprechen sich einzelne Massnahmen? Ein ideales Bild stellt sich dann ein, wenn sich die einzelnen Massnahmen im Sinne des Erzeugens von »Stosskraft« gegenseitig stützen oder fördern.
- Sind die zeitlichen Vorstellungen beider Dimensionen zur Erreichung des Soll-Profils in sich stimmig und realistisch? Überfordern diese zusammen genommenen gegebenenfalls die Änderungsfähigkeit des Systems oder die zur Änderung einzusetzenden Ressourcen? Diese Frage ist insbesondere unter Beachtung notwendiger Prioritätensetzung bei einer Bewegung vom Ist- zum Soll-Skalenwert zu beantworten. Unter Umständen sind Korrekturen an den Soll-Positionen der einen oder der anderen Dimension vorzunehmen.

3. Harmonisation: Die Verbindung aller profilierten Module zu einem intra- und einem inter-dimensionalen »Fit« folgt dem in Abb. 7.6 dargestellten Schema. Dabei ergibt sich die Notwendigkeit einer Harmonisation innerhalb und zwischen den Dimensionen des Normativen, Strategischen und Operativen.

Eine Harmonisation aller Ist- und Sollprofile einzelner Module kann in drei Stufen erfolgen:
1. Harmonisation eines Moduls, etwa der Unternehmungskultur, zu einem *Basis-»Fit«*;
2. Harmonisation *innerhalb* einzelner Dimensionen, beispielsweise zur Erreichung eines Fits von strategischen Programmen mit den strukturel-

len und strategischen wie den Gegebenheiten beim Problemverhalten, zu einem *horizontalen »Fit«*;
3. Harmonisation *zwischen* einzelnen Dimensionen, also zwischen den normativen, strategischen und operativen Modulen des Modells, zu einem *vertikalen »Fit«*.

Abbildung 7.6
Harmonisation einzelner Dimensionen

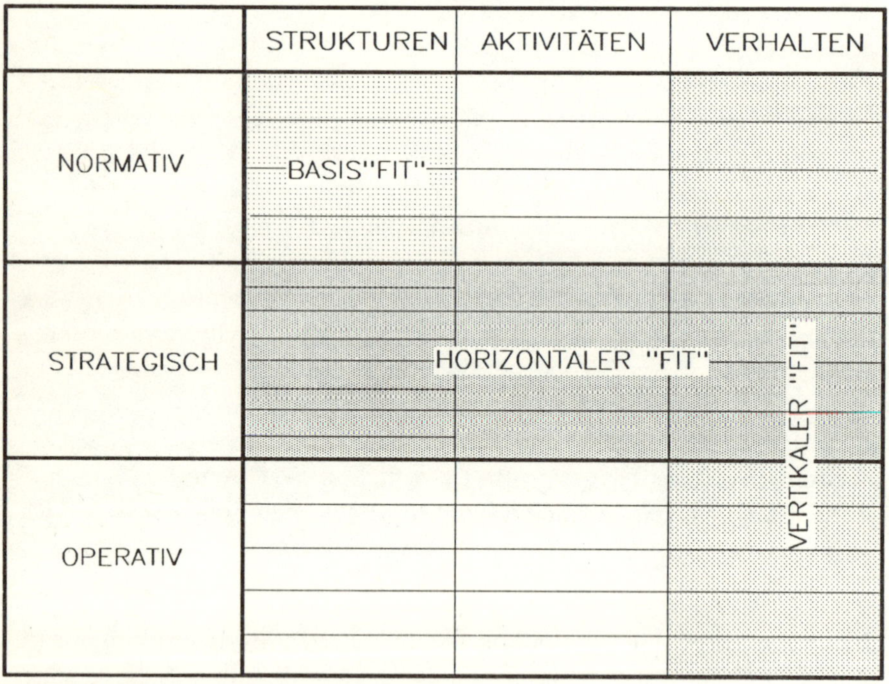

	STRUKTUREN	AKTIVITÄTEN	VERHALTEN
NORMATIV	BASIS"FIT"		
STRATEGISCH		HORIZONTALER "FIT"	VERTIKALER "FIT"
OPERATIV			

a) Harmonisation zum Basis-»Fit«: Mit ähnlichen Überlegungen, wie sie vorausgehend bei der Profilierung beschrieben wurden, ist an die Harmonisation zum »Fit« aller Module einer Teildimension heranzugehen (Vgl. zur angewandten Profilierungstechnik ähnlich Quinn/Cameron = Organizational Life Cycles =). Dabei zeigt sich erstmals eine Synthese aller Dimensionen im Verhältnis zu den beiden *Typen einer Opportunitäts- und einer Verpflichtungsorientierung* des Managements im Normativen, bzw. einer *Stabili-*

sierungs- und einer Veränderungsorientierung im Strategischen. Plausibilitätsüberlegungen im Hinblick auf die Positionierung der Ist- und Soll-Skalierungen einzelner Module im Verhältnis zueinander und Positionsüberprüfungen im Hinblick auf Abweichungen gegenüber den markierten Typen sind anzustellen und gegebenenfalls aus der Gesamtschau einer Teildimension heraus vorzunehmen.

Abbildung 7.7
Harmonisation im Basis-»Fit«

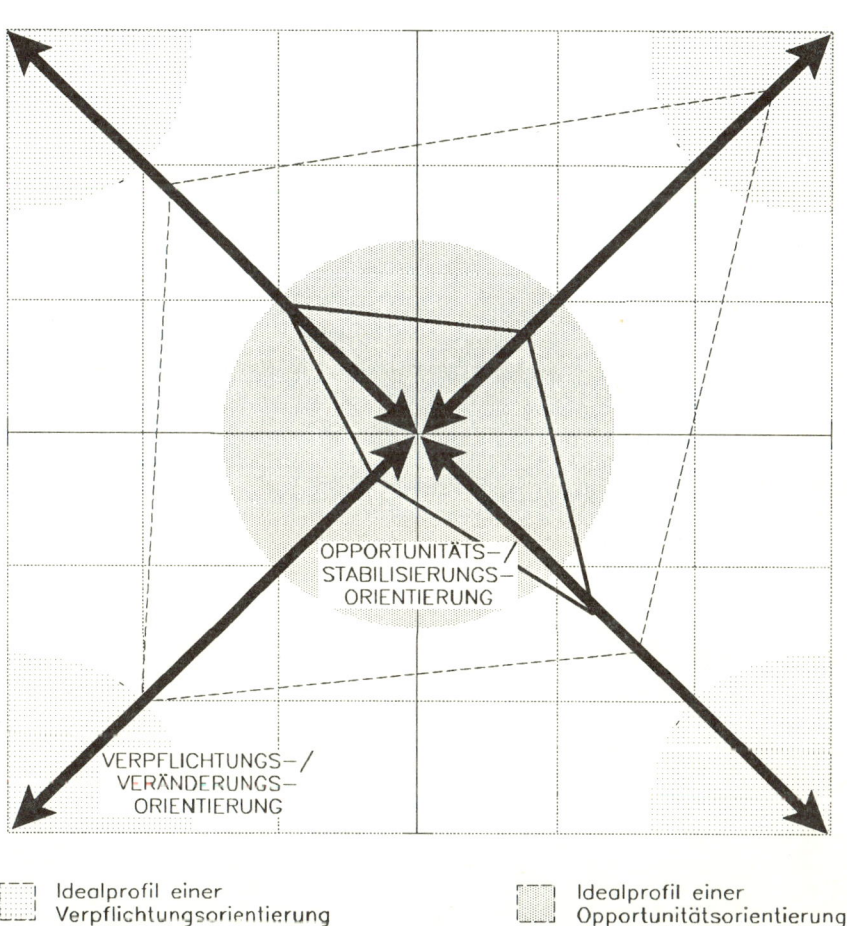

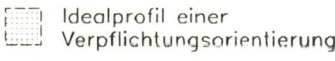

OPPORTUNITÄTS-/
STABILISIERUNGS-
ORIENTIERUNG

VERPFLICHTUNGS-/
VERÄNDERUNGS-
ORIENTIERUNG

- Idealprofil einer Verpflichtungsorientierung
- Idealprofil einer Opportunitätsorientierung
- erfolgte Sollskalierung
- erfolgte Istskalierung

b) Harmonisation zum »horizontalen Fit«: Die einzelnen verdichteten Soll- und Ist-Profile in den Teildimensionen sind innerhalb einer der drei Basis-Dimensionen zu dimensionalen Profilen zusammenzufügen. Wilfried Krüger, der in seinem »KOMPASS«-Konzept der mehrdimensionalen Planung und Analyse strategischer Erfolgssegmente ein ähnliches Vorgehen wählt, kennzeichnet diese Harmonisationsrichtung als den Versuch, einen *»Intra-Segment-Fit«* (Krüger = Hier irren = 13) zu erreichen.

Plausibilitäts- und Positionierungsüberlegungen sind gemäss den vorausgegangenen Darstellungen in der Betrachtungsweise, wie sie sich aus der Dimension ergibt, gesamthaft anzustellen: Passen alle Profile konsistent

Abbildung 7.8
Harmonisation zum »horizontalen Fit«

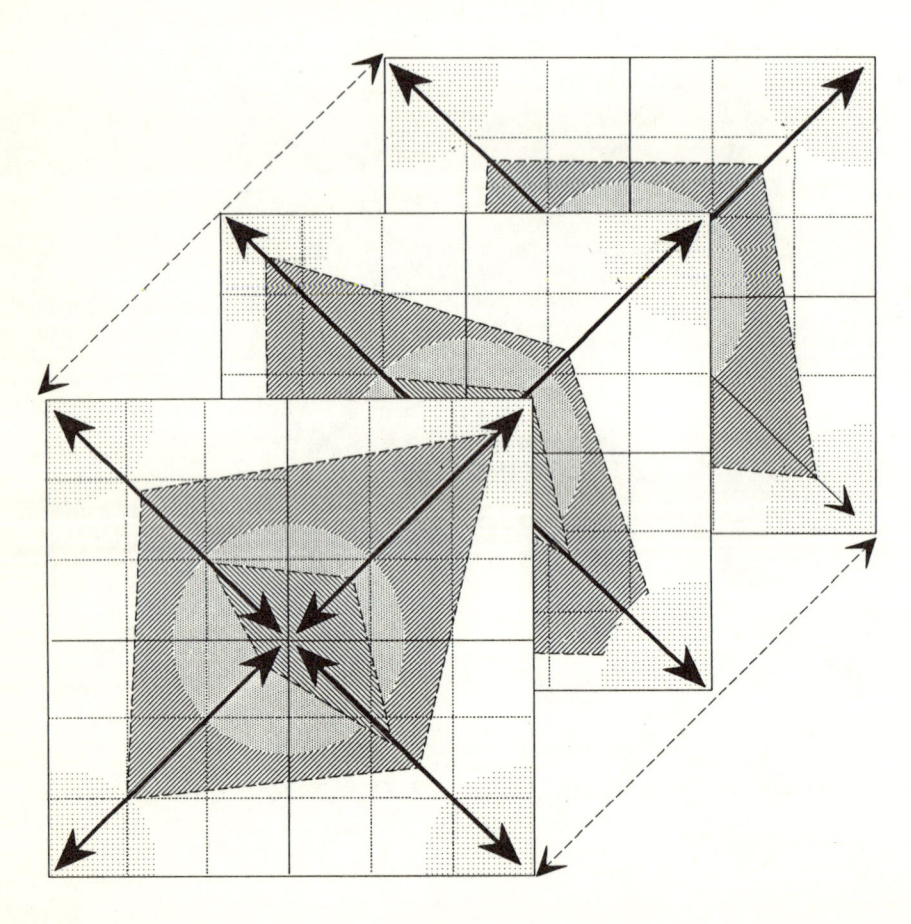

zueinander? Wie nahe sind sie einem der Typen positioniert? Je positiver die Beantwortung dieser Fragen ausfällt, um so eher ist eine synergetische Wirkung in Richtung des Erzielens einer entweder normativen, strategischen oder operativen Stosskraft zu vermuten. Dabei ist das herkömmliche *sukzessive* Gestaltungsvorgehen, etwa nach dem Muster »structure follows strategy«, zu brechen und durch eine ganzheitliche *simultane* Harmonisation zu ersetzen.

Im Zuge dieser Betrachtung sind etwa die folgenden *horizontalen* »Fit«-Probleme anzusprechen und kritisch zu überprüfen:

- In der *normativen* Dimension:
Sind generelle Zielsetzungen, Grundorientierung, Unternehmungsverfassung und Unternehmungskultur in sich »stimmig«? Grundsätzliche Abweichungen zwischen den einzelnen Ist-Profilen deuten auf eingetretene Missverhältnisse, die nach einer die Teildimensionen übergreifenden Harmonisation rufen. In den Soll-Profilen der Dimension ist dieser Notwendigkeit zur Anpassung genüge zu leisten. Die bislang einzeln entwickelten Vorstellungen sind nunmehr im Gesamtzusammenhang der Dimension auf ihre Kompatibilität hin zu untersuchen und gegebenenfalls zu korrigieren.

- In der *strategischen Dimension:*
Sind strategische Programme, Organisationsstrukturen und Managementsysteme sowie das Problemverhalten ihrer Träger in sich konsistent profiliert, und ergibt ihre Positionierung gesamthaft ein harmonisiertes Bild? Dabei sollte im besonderen das Verhältnis von strategischem Wollen zu den Möglichkeiten seiner Realisierung, die Strukturen, Systeme und das Problemverhalten des Managements bieten, im Mittelpunkt der Betrachtung stehen. Dies gilt sowohl für Inkonsistenzen zwischen den horizontal gegebenen Ist-Profilen der einzelnen Teildimensionen als auch und vor allem – in Beurteilung des Verwirklichungsgrades des Erstrebten – im Hinblick auf die Soll-Profile. Aus dieser Sicht sind auf einzelne Module rückkoppelnde korrigierende Eingriffe durchaus wahrscheinlich, die entweder zu einer Rücknahme von strategischen Soll-Vorstellungen oder zu einer verstärkten Schaffung von strukturellen, systemischen und verhaltensspezifischen Voraussetzungen für eine Strategierealisierung führen können.

- *In der operativen Dimension:*
Sind die operativen Vorstellungen der einzelnen Bereiche in sich kompatibel, und sind die Wege zu einer Veränderung von Ist- zu Soll-Profilen

unter Beachtung operativer Hindernisse realistisch? Auch hier gilt es, aus der gesamthaften Betrachtung einer Harmonisation unter den einzelnen Teildimensionen Schlussfolgerungen zu ziehen, die zu Korrekturen an den Soll-Profilen führen können.

c) Harmonisation zum »vertikalen Fit«: Schliesslich sind die Profile der normativen, strategischen und operativen Dimension in einer ganzheitlichen Betrachtung miteinander zu verbinden. Wilfried Krüger spricht in diesem Zusammenhang vom Streben nach einem »Inter-Segment-Fit« (Krüger = Hier irren = 14). Dabei interessieren nunmehr vor allem die Schnittstellen einer möglicherweise unterschiedlichen Positionierung gegenüber den beiden herausgestellten Typen. Aus ganzheitlicher Sicht soll auf diese Weise festgestellt werden, ob es in den Ist-Profilen gelungen ist, eine in der historischen Entwicklung bis zur Gegenwart durchgehende und in sich konsistente Profilierung der Unternehmung zu erreichen und ob sich diese Konsistenz auch in der Zukunftsgestaltung – wie sie sich im ganzheitlich harmonisierten Soll-Profil darstellt – fortsetzt.

Abbildung 7.9
Harmonisation zum vertikalen »Fit«

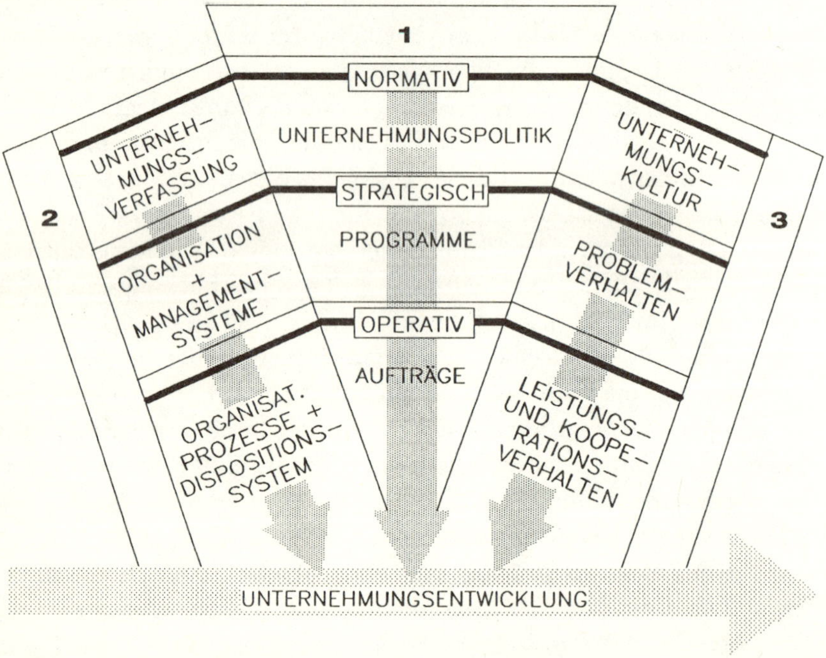

Während beim horizontalen »Fit« jede Dimension in sich harmonisiert wird, werden bei der Herstellung eines vertikalen »Fits« – gemäss der vorgestellten Konzeption – die über das Normative, Strategische und Operative vermittelten drei Aspekte eines integrierten Managements

1. die Aktivitäten
2. die Strukturen
3. das Verhalten

harmonisiert (vgl. Abb. 7.9).

Der Darstellung des horizontalen »Fits« innerhalb der Dimensionen des Normativen, Strategischen und Operativen vergleichbar, sind auch Plausibilitätsüberlegungen im Vertikalen anzustellen. Je stärker die durchgehende Profilübereinstimmung über alle drei Dimensionen ausgeprägt ist, um so deutlicher dürfte die Vermutung einer entweder im Ist- oder im Soll-Profil gegebenen Konsistenz des Managementkonzeptes sein.

Folgende »Fit«-Probleme ergeben sich in kritischer Betrachtung der vertikalen Verbindung einzelner Dimensionen:

> In der *Aktivitäts-Dimension:*
> Werden die mit den generellen Zielen und der unternehmungspolitischen Grundorientierung vorgegebenen Missionen der normativen Dimension konsequent in den strategischen Programmen und in dispositiven Aufträgen im Operativen umgesetzt? Welche Abweichungen zwischen Ist-Gegebenheiten und Soll-Vorstellungen bedürfen der Korrektur durch das Management? Ergeben sich aus dieser vertikalen Gesamtschau Korrekturnotwendigkeiten im Hinblick auf unrealistische Soll-Vorstellungen?

> In der *Struktur-Dimension:*
> Werden die Rahmenbedingungen der Unternehmungsverfassung durch die Organisationsstruktur und die Managementsysteme getragen und durch operative Prozeßstrukturen und Dispositionssysteme konsequent unterstützt? Welche Lücken in der Integration von orga-

> nisatorischen Regelungen und der Gestaltung von strategischem Management und operativen Dispositionssystemen weist die Ist-Profilierung auf, und ist die Soll-Profilierung in sich kongruent? Sind Korrekturen an den Soll-Vorstellungen zur Verbesserung der strukturellen Rahmenbedingungen angebracht?

> In der *Verhaltens-Dimension:*
> Erfolgt die Gestaltung der Managementkapazität und die Pflege des Mitarbeiterverhaltens in Richtung einer unternehmungspolitisch intendierten Veränderung der Unternehmungskultur, und ist das operative Lenkungsverhalten in der Realisierung zukunftsführender Werte und Normen vorbildlich? Inkonsistenzen in den Ist-Profilen der normativen, strategischen und operativen Dimension sind zu ermitteln und im Hinblick auf die Veränderung der Soll-Konzeption zu überprüfen.

Eine vertikale Harmonisationsbetrachtung ist geeignet, unterschiedliche Typen des Managements genauer zu erkennen. Dabei zeigt sich beispielsweise etwa der Typ eines Managements, der normativ vielfältige Ansprüche erhebt, die dann nur noch verwässert in der strategischen Dimension auftauchen und im operativen Management nicht mehr zu erkennen sind. Der entgegengesetzte Typ, der eine Unternehmung im Operativen recht zukunftsführend und konsistent führt, zeigt bei Betrachtung der strategischen Dimension dagegen vertikal Unharmonisiertes. Er lässt erkennen, dass eine generell strategische, strukturelle, systemische und von den Strategieträgern ausgehende Behinderung der an sich positiven, vom operativen Management getragenen Unternehmungsentwicklung entgegenwirkt. Signale aus dem Normativen, die in den Profilen zum Ausdruck kommen, werden durch das strategische Management abgefiltert und bleiben von nur geringem Einfluss auf das operative Mangement. Anspruch und Wirklichkeit klaffen dann mangels vertikaler Harmonisation deutlich auseinander.

4. Fokussierung von Nutzenpotentialen und strategischen Erfolgspotentialen:
Nachdem eine gesamthafte Abstimmung aller Ist- und Sollausprägungen

über diese drei genannten Stufen unter jeweiliger Plausibilitätsprüfung der *Verträglichkeit* und *Erreichbarkeit* bei den Soll-Vorstellungen vollzogen ist, gilt es, aus diesem systematischen Zusammenhang gleichsam »auszusteigen«, um sich durch eine synthetische Verknüpfung mittels einer Prioritätenbildung auf ganz bestimmte *gegenwärtige und zukünftige Erfolgspotentiale* zu konzentrieren. Unter dieser übergeordneten Zielsetzung sind alle bereits in ihrer Vernetzung durchleuchteten Zusammenhänge in ein Beurteilungs- und Handlungsschema zu überführen, das zur Grundlage für die normative Entwicklung, das strategische Vorgehen und für operative Massnahmen wird.

Zur Fokussierung wird auf die auf S. 199 ff. behandelte Idee von strategischen Erfolgspotentialen zurückgegriffen. Da sich der Fokus nicht allein auf die strategische Dimension bezieht, soll er um das NUP – das *Nutzenpotential der Unternehmung* – erweitert werden. Während die Idee der strategischen Erfolgspotentiale deutlich der strategischen Dimension des Gesamtkonzeptes vom Management zuzuordnen ist, umfasst die Vorstellung von *Nutzenpotentialen* nicht nur das Normative und Stategische, sondern geht über die eingeschränkte Gewichtung und Berücksichtigung einer Wettbewerbsposition hinaus, indem ein Bezug zu allen relevanten Bezugsgruppen hergestellt wird.

> Ein normatives *Nutzenpotential* vollzieht als *synthetischer Kristallisationspunkt höchster Ordnung* eine Fokussierung von normativen Vorgaben, strategischen Konzepten, Strukturen, Systemen und Verhalten und bündelt alle operativen Massnahmen zu deren Erreichung. Damit dient es allen Beteiligten zur Orientierung für ihr Handeln. Dieses konkretisiert sich in den *strategischen Erfolgspotentialen*, den Kernfähigkeiten der Unternehmung in Relation zum Wettbewerb.

Ohne Nutzenpotentiale bezogen auf relevante Bezugsgruppen und ohne deren Aktivierung lassen sich Positionierungen im Wettbewerb nicht erreichen. Strategische Erfolgspotentiale setzen daher eine Aktivierung von Nutzenpotentialen voraus.

Exemplarisch und nicht abschliessend lassen sich folgende strategische Erfolgspotentiale darstellen, die sich v. a. hinsichtlich ihrer Entwicklungsdauer unterscheiden:

a) Rationalisierungs- und Synergiepotentiale: Zu Beginn einer Entwicklung von strategischen Erfolgspotentialen steht, mit einer relativ kurzfristigen Perspektive seitens des Managements verbunden, das Erschliessen von *Rationalisierungspotentialen.* Dem gehen häufig als sehr realistische Ausgangslage nicht abgestimmte Teilkapazitäten von Bereichen und Ressourcen voraus, die aufgrund einer traditionellen Entwicklung unter dem Einfluss vielfältiger »politics« bei der Durchsetzung externer und interner Interessen zustande gekommen sind. Eine Beurteilung des Nutzens einer Rationalisierung ist zumeist recht treffsicher, die Realisierungchancen des Nutzens sind dagegen weniger klar einzuschätzen.

Synergiepotentiale sind eher mit einer *mittleren Zeitperspektive* versehen. Technologische und marktliche Synergiechancen »schlummern« in fast jeder Unternehmung. Beim Aufbau neuer Geschäftsfelder oder der Akquisition von Unternehmungsteilen oder ganzen Unternehmungen der gleichen Branche pflegen sie sich gar zu potenzieren. Sie zu erkennen ist ebenso wenig schwierig wie bei der Analyse von Rationalisierungspotentialen. Um so schwieriger dagegen ist es, sie zum eigentlichen strategischen Erfolgspotential zu erschliessen, denn der sachlichen Argumentation stehen zumeist unternehmungskulturell geprägte Verhaltenswiderstände entgegen. Wird dagegen ein Wechsel zu einer *längeren Zeitperspektive* vollzogen, wird es, je entfernter in der Zukunft sie liegen, zunehmend unwahrscheinlicher, dass es zu einer – ähnlich der oben beispielhaft vorgestellten – realistischen Einschätzung von *Chancen* und *Risiken* einer konkreteren Nutzenproduktion für Bezugsgruppen kommen kann. Es liegt dann näher, von den gegebenen *Stärken und Schwächen* der eigenen Unternehmung auszugehen und Erfolgspotentiale durch eine – nach dem kritischen Massenprinzip des Strategischen (s. S. 197f.) zu definierende – weitere Ausbildung von Stärken der Unternehmung in grossräumigen Leistungssektoren zu erschliessen, von denen erwartet werden kann, dass sie einen Leistungsbedarf erzeugen werden.

Das folgende Beispiel setzt am *Rationalisierungspotential* der Unternehmung an:

Ausgangslage

Im leistungswirtschaftlichen Bereich bestehen Überkapazitäten im Hinblick auf die Absatzmöglichkeiten; die finanzwirtschaftlichen Möglichkeiten sind dagegen völlig ausgeschöpft. Strategische Optionen zur kurzfristigen Ausschöpfung von Erfolgspotentialen sind programmpolitisch möglich. Die Strukturen und Systeme sind auf eine weit umfangreichere Unternehmungsgrösse programmiert und tendieren zum bürokratischen Formalismus. Das Verhalten der Mitarbeiter ist eher als kundenabgewandt und neuerungsfeindlich einzustufen.

Analyse der Ausschöpfungsmöglichkeiten des gegebenen Erfolgpotentials

Die in der Technologie angelegten Möglichkeiten sind im Marketing und in der Gestaltung des Produktionsprozesses nicht voll ausgeschöpft. Es ist daher nach einem integrierenden Fokus für eine strategische Programmgestaltung und eine Anpassung von Strukturen und Systemen zu suchen, die durch geeignete Massnahmen zur Verhaltensentwicklung in Richtung auf eine grössere Kunden- und Innovationsorientierung zielen.

Konzept zur Ausschöpfung des gegebenen Erfolgpotentials

Ein programmpolitisches Konzept sieht die Entwicklung und Einführung neuer Produkte auf der Basis des erreichten technologischen Standes bei gleichzeitiger prozesstechnischer Rationalisierung, die eine Kapazitätsanpassung einschliesst, vor. Die Organisationsstrukturen werden zugunsten von Flexibilität vereinfacht, Managementsysteme auf das Wesentliche ausgerichtet und der Verwaltungsapparat wird drastisch verkleinert. Personalentwicklungsprogramme und Anreizsysteme werden auf die Kunden- und Innovationsorientierung ausgerichtet.

b) Marktentwicklungspotentiale: Das folgende Beispiel stellt eine durch ein Venture-Management zu entwickelnde neue, zukunftsorientierte Leistungskategorie (*marktorientiertes Entwicklungspotential*) vor:

»*Es ist ja gerade ein Charakteristikum erfolgreicher Unternehmen, dass sie als erste unkonventionelle Nutzenpotentiale erkennen und erschliessen. Dies bringt den Vorteil mit sich, dass diese Potentiale ohne Beeinträchtigung von Drittfirmen ausgeschöpft werden können*« (Pümpin = Dynamik-Prinzip = 89).

Ausgangslage

Als Beispiel mag der Fall dienen, dass eine sehr technisch-erfinderisch ausgelegte Unternehmungskultur bislang wenig unternehmungspolitisch genutzt worden ist. Im operativen Bereich der Forschung und Entwicklung liegen Erfahrungen und Erkenntnisse vor, die sich bislang gegen einen hohen Kosten- und repetitiven Operationsdruck und eine hierarchisch-bürokratische Struktur, die von technokratischen Trägern der Managementsysteme geführt worden ist, nicht durchsetzen konnten. Die Gratifikation der F+E-Mitarbeiter und ihre Entwicklungsmöglichkeiten sind stark eingeschränkt und führten zur Demotivation. Unter dem Druck einer sich abschwächenden Wettbewerbsposition der bisherigen Leistungspalette geht die Unternehmungsleitung auf die Suche nach einem neuen zukunftsweisenden Erfolgspotential.

Analyse der Tragfähigkeit eines neuen Erfolgspotentials

Nach einer Analyse des ungedeckten Bedarfs, wie er von mehreren Interessentengruppen getragen wird, reift die Erkenntnis, dass sich in einem angrenzenden Betätigungsfeld Bedarfslagen nach technisch anspruchsvollen, ökologischen Bedürfnissen gerecht werdenden und wirtschaftlich interessanten Problemlösungen zu entwickeln beginnen. Eine weitere Analyse der eigenen Stärken und Schwächen enthüllt, dass die bislang dahin »dämmernde« F+E-Abteilung in ihren Fähigkeiten und Interessen hervorragend für eine Erarbeitung von Problemlösungen geeignet sein dürfte, ja, dass sogar erste kritische Schritte für ein konkretes Leistungsangebot unternommen wurden. Die Schwächen liegen eher im Umfeld von Strukturen, Systemen, der quantitativen und qualitativen Auslegung der Managementkapazität und der mangelnden unternehmungspolitischen Ausrichtung. Die traditionelle, vom Gründer geprägte Unternehmungskultur ist unterschwellig vorhanden und kann als Stärke genutzt werden. Chancen und Risiken der Umwelt ergeben in der Analyse ein eher chancenbetontes Bild.

Konzept des neuen Erfolgspotentials

Eine Neu-Ausrichtung der Unternehmungspolitik und Managementphilosophie, die sich im Leitbild der Unternehmung niederschlägt, indiziert die Innovationsforderung im angepeilten Marktsegment. Eine Pionierstrategie wird als Mission für ein neues Leistungsprogramm verankert. Organisatorisch wird ein neues Geschäftsfeld eingerichtet, das von einem unternehmerisch veranlagten Strategieträger geführt wird, der direkt an eine in der Unternehmungsverfassung ausgegliederte Venture-Holding unter Umgehung der für den bisherigen Routinebetrieb gültigen Bedienung von Managementsystemen berichtet. Besondere an Partnerschaft orientierte Beurteilungs- und Gratifikationsmöglichkeiten, die geeignet sind, unternehmerisches Pionierhandeln zu fördern, werden entwickelt. Human- und Finanzressourcen werden zur Verfügung des operativen Managements, das mit klaren Zielsetzungen für die Entwicklung, Erstellung und Vermarktung der Leistungen versehen ist, bereitgestellt.

c) Technologiepotentiale: Technologiepotentiale, von denen niemand voraussagen kann, welche konkreten Einflüsse deren Entwicklungsrealisierung auf Markt und Gesellschaft nimmt und welche konkreten Geschäftsfelder sie in der Unternehmung eröffnen werden, sind mit einer eher langfristigen Entwicklungsperspektive verbunden.

Zur Veranschaulichung mag folgendes Beispiel dienen:

Ausgangslage

Eine Unternehmung war über Jahre hinweg mit ihrer auf der X-Technologie basierenden Produktefamilie äusserst erfolgreich. Nicht zuletzt aufgrund der dominierenden Marktstellung, die man als X-Technologie-Pionier erreichte, konnten hohe F+E-Aufwendungen finanziert werden, die diesen Wettbewerbsvorsprung sicherten. Trotz massiver Innovationsanstrengungen scheint der mit der X-Technologie erreichbare Fortschritt in letzter Zeit immer begrenzter zu sein. Neue Konkurrenten, welche mit der neuen, moderneren Y-Technologie arbeiten, haben die Produkte der Unternehmung zudem unter starken Preisdruck gesetzt. Angesichts des jahrelangen Erfolges, den man mit der X-Technologie verbuchen konnte, glaubt man in der Unternehmung allerdings immer noch fest an die Möglichkeiten dieser ausgereiften Technologie, vorausgesetzt, man könne die Kosten reduzieren. Gleichzeitig melden sich jedoch vermehrt die Kritiker in der Unternehmung, die meinen, in der sofortigen Übernahme der neuen Y-Technologie könne ein wesentlich grösseres Potential liegen, als in einem Rationalisierungs- und Kostensenkungsprogramm auf Basis der alten X-Technologie.

Analysen der Tragfähigkeit des neuen Erfolgspotentials

Der Kern dieses Erfolgspotentials liegt in der Begeisterung der F+E-Abteilung für die Möglichkeiten der neuen Y-Technologie, die sich angesichts der innovationsfreundlichen Unternehmungskultur wohl auch auf die anderen Abteilungen übertragen liesse und damit zur Stärke im Hinblick auf den Nutzen des neuen Technologiepotentials wird. Zudem erweisen sich insbesondere die Managementsysteme einer ausgesprochenen Kostenorientierung – wie dies bei Fortführung der X-Technologie erforderlich wäre – zuwiderlaufend: So wird beispielsweise ausschliesslich innovationsförderndes Verhalten gratifiziert, während Sparmassnahmen in keinster Weise gefördert werden. Auch erweist sich die an Effektivität statt an Effizienz orientierte Organisationsstruktur eher dafür geeignet, neue Technologien durchzusetzen als Kostenvorteile zu erzielen.

Konzept des neuen Erfolgspotentials

An der grundsätzlichen Orientierung der Unternehmungspolitik an sachlichen Leistungszielen ändert das neue Erfolgspotential wenig. Hingegen erfährt die Entwicklungsorientierung eine Neu-Ausrichtung, indem alle durch die neue Y-Technologie sich auftuenden Chancen genutzt werden sollen und der gegebene »state-of-the-art« überwunden werden soll, auch wenn dies zumindest kurzfristig in der Übergangsphase von alter zu neuer Technologie mit gewissen Risiken verbunden ist. Während die Strukturen wenigen Änderungen unterworfen werden, soll durch eine Aufstockung des Managementpotentials, die Orientierung des Anreiz- und Belohnungssystems an innovativen Leistungen, sowie durch Kooperationsverträge mit Lieferanten, welche bereits Erfahrungen mit der Y-

Technologie haben, versucht werden, im Innovationswettlauf einen Zeitgewinn zu verbuchen.

d) Managementpotentiale: Sie stellen auf die grundsätzliche *Problemlösungsfähigkeit des Managements* ab, neuen Entwicklungen gleich unter welchen Umständen gerecht werden zu können.

Ausgangslage

Hier soll eine Unternehmung als Beispiel herangezogen werden, deren ausgereiftes Produktprogramm im Markt zwar hohe Akzeptanz geniesst, die sich aber in neuen Distributionskanälen oder neuen Absatzregionen sehr schwer tut. Die Mitarbeiter weisen zwar innerhalb ihrer sehr genau umrissenen Aufgabengebiete eine hohe Qualifikation und Leistung auf, haben jedoch mit neuen Aufgaben regelmässig Probleme. Zudem ist die Geschäftsleitung der Ansicht, innerhalb der Unternehmung wolle kaum jemand einmal echte Verantwortung übernehmen. An und für sich unternehmerisch veranlagte Mitarbeiter sehen jedoch wegen der steilen und starren Organisationshierarchie kaum eine Chance, ihre Fähigkeiten zu beweisen, weshalb die Fluktuation – vor allem der vermeintlich begabten jungen Nachwuchskräfte – entsprechend hoch ist. Ausserdem erweist sich die Personalrekrutierung, nachdem die Geschäftsleitung die Neubesetzung einer vakant gewordenen Stelle »endlich« bewilligt hat, als sehr problematisch, zumal der Ruf der Unternehmung auf dem Personalmarkt als »Beamtenschmiede« bekannt ist. Angesichts dieser personellen Problemlage, die zwar (noch) nicht auf die finanziellen Massgrössen durchschlägt, ist die Unternehmung um neue Erfolgspotentiale bemüht.

Analyse der Tragfähigkeit eines neuen Erfolgspotentials

In der Unternehmung reift die Erkenntnis, dass ein eigentliches Erfolgspotential in der Problemlösungsfähigkeit des Managements und in der Attraktivität der Unternehmung als Arbeitgeber liegen könnte. Immer kürzen werdende Produktlebenszyklen lassen Spezialwissen schnell obsolet werden und verlangen nach unternehmerischem, generalisierendem Verhalten. Offensichtlich besteht zwischen der Problemlösungsfähigkeit des Managements und der Attraktivität der Unternehmung auf dem Arbeitsmarkt eine enge Wechselwirkung: Indem den Mitarbeitern ein breitenorientiertes, unternehmerisches Lernverhalten zugestanden wird, das von on-the-job Trainingsmassnahmen und erweiterndem Lernverhalten gefördert wird, steigt auch das Ansehen der Unternehmung auf dem Arbeitsmarkt. Im Hinblick auf das anvisierte Erfolgspotential zeigen sich jedoch die bürokratische Organisationsstruktur und Managementsysteme sowie die opportunistische Grundorientierung der Unternehmungspolitik, die sich auch in entsprechenden unternehmungskulturellen Werten widerspiegelt, als Schwäche.

Konzept des neuen Erfolgspotentials

Die Neukonzeption des Erfolgspotentials »Management« beginnt mit einer stärkeren Gewichtung sozialer Belange in der Unternehmungspolitik. Gleichzeitig wird die Politik nicht mehr an der Abwehr von Störungen in der Unternehmungsentwicklung ausgerichtet, sondern an der Anpassungs- und Innovationsfähigkeit der Mitarbeiter in einem dynamischen Kontext. Diese Tendenz wird strukturell durch eine Verflachung der Organisationspyramide und managementsystemisch durch eine Gratifizierung generalisierenden, unternehmerischen Verhaltens fortgesetzt. Gleichzeitig wird das Prinzip einer dauernden Unterdimensionierung des Managementpotentials (»man muss die Leute durch Überbeschäftigung auf Trab halten«), abgelöst durch das Prinzip der Überdimensionierung.

In einer solchen hoch-synthetischen Vorstellung von der Fokussierung von Teilaspekten des Normativen, Strategischen und Operativen in Aktivitäts-, Struktur- und Verhaltenssicht bietet sich nach dem St. Galler Management-Konzept die Möglichkeit einer eingehenden Untersuchung und Darstellung der erwähnten Nutzen- und strategischen Erfolgspotentiale.

Als Beispiel steht hier im Kontext eines *Technologiemanagements* die Technologie als Erfolgspotential. In der *normativen* Dimension stellen sich unternehmungspolitische Fragen, welche Technologie-Visionen zu Missionen für das strategische Management führen sollen. Dabei sind Überlegungen über Technologiefolgen genauso anzustellen, wie grundsätzliches Abwägen von Chancen und Risiken, die sich mit der Technologie-Mission für Bezugsgruppen der Unternehmung verbinden. Die in der Unternehmungskultur angelegten Werte sind auf ihre Kompatibilität mit den Forderungen nach einer technologischen Entwicklung sowohl im Hinblick auf deren ethische als auch auf deren Verhaltensvoraussetzungen (Innovationsbereitschaft) hin zu überprüfen. In der *strategischen* Dimension sind die einzelnen Technologieprogramme auf ihre Entwicklungsfähigkeit, Wettbewerbswirksamkeit und den erforderlichen Ressourceneinsatz hin zu analysieren und zu definieren. Sie sind im Strukturellen durch innovationsfreundliche Organisations- und Managementsysteme und im Verhaltensbereich durch die Entwicklung eines kreativitätsfördernden Problemverhaltens zu unterstützen. Im *Operativen* sind Dispositionen, Systeme und Formen des Leistungs- und Kooperationsverhaltens zu bevorzugen, die den schnellen Vollzug von Entwicklungsprojekten gestatten. Schliesslich sind die im folgenden Punkt angesprochenen Probleme des zeitlichen Entwicklungsverlaufs von Technologievorhaben zu betrachten.

5. Temporalisierung von Erfolgspotentialen im zeitlichen Netzplan: Schliesslich gilt es, den Aufbau, die Stabilisierung und den Abbau solcher Erfolgspo-

Abbildung 7.10
Erfolgspotentiale in der zeitlichen Entwicklungsperspektive

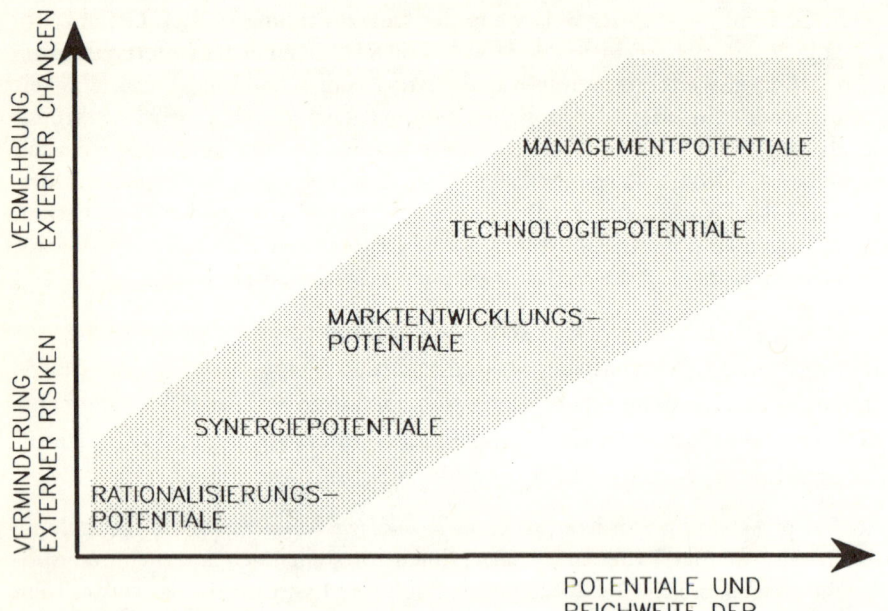

[Diagramm: Y-Achse: VERMEHRUNG EXTERNER CHANCEN / VERMINDERUNG EXTERNER RISIKEN; X-Achse: POTENTIALE UND REICHWEITE DER ENTWICKLUNGSPERSPEKTIVE. Darstellung von unten nach oben: RATIONALISIERUNGSPOTENTIALE, SYNERGIEPOTENTIALE, MARKTENTWICKLUNGSPOTENTIALE, TECHNOLOGIEPOTENTIALE, MANAGEMENTPOTENTIALE]

tentiale im Zeitablauf zu fixieren. Diese Temporalisierung erfasst die Massnahmen, die von Ist- zu Sollprofilen führen, stimmt diese auf eine Prioritätenreihenfolge im Hinblick auf die Struktur der Erfolgspotentiale ab, stattet sie mit den zeitlichen Rahmenbedingungen für ihre Realisierung aus und setzt sie in einen zeitlich definierten Netzplan der Entwicklung von Erfolgspotentialen ein.

Abb. 7.11 zeigt den schematischen Zusammenhang einer gedachten Abfolge in der Entwicklung von Erfolgspotentialen im Zeitablauf. Jedes Erfolgspotential unterliegt einer Lebenszyklus-Entwicklung, die durch seine flächenmässige Ausdehnung angedeutet wird. Zentrale Aufgabe des Managements ist es, den Übergang zu neuen Erfolgs- und Nutzenpotentialen (in der Abb. 7.11 von A nach B, von B nach C usw.) zu finden, strategisch durch Schritte (in der Abb. 7.11 durch → dargestellt) zu erschliessen und diese operativ zu nutzen. Bei mangelnder Voraussicht aufgrund einer unzureichenden Zeitperspektive seitens des Managements ergeben sich aus der Addition der erwarteten Nutzenstiftungen einzelner Nutzen- und Erfolgspotentiale erkennbare Nutzendefizite in der Zukunft. Sie sollten Anlass zu Überlegungen im Hinblick auf die notwendige und mögliche Erschliessung eines bislang normativ und strategisch noch unberücksichtigten Nutzens sein.

Abbildung 7.11
Lebenszyklus-Verlauf bei der Entwicklung von Erfolgspotentialen

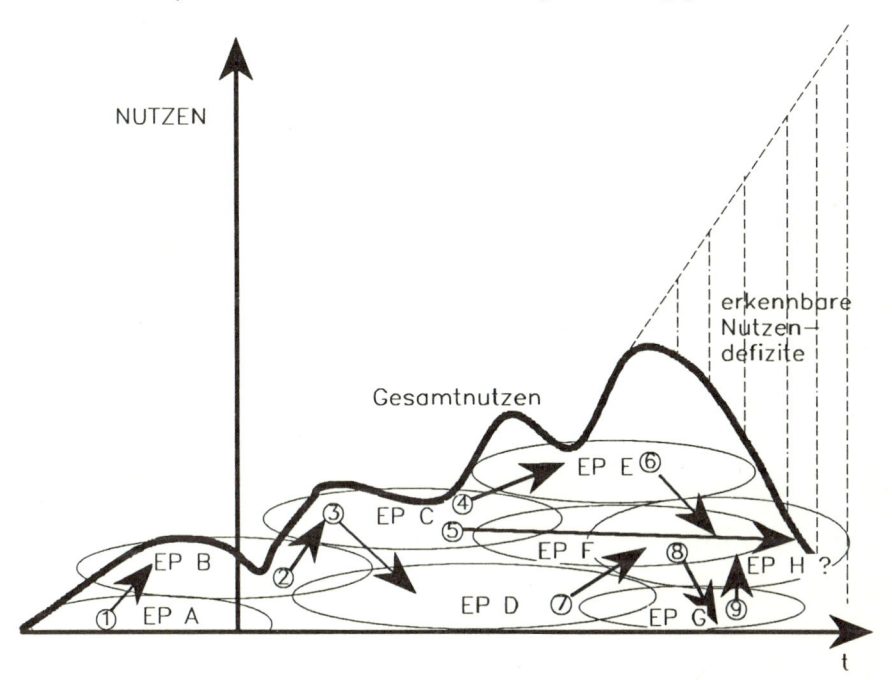

Werden die einzelnen Erfolgspotentiale, die in Abb. 7.10 von ihrer zeitlichen Erschliessbarkeit her angeordnet wurden, im Hinblick auf ihre Plazierung (in der Abb. 7.11) betrachtet, zeigt sich, dass diese Darstellung zu erweitern ist. Es ergibt sich nämlich ein Zusammenhang auf verschiedenen Zeitebenen, indem aus längerfristig übergreifenden Potentialitäten von Marktkenntnissen, Technologieerfahrung, Kooperations-, Restrukturierungs- und Managementfähigkeiten einzelne Erfolgspotentiale kurz- und mittelfristig abgeleitet werden können (vgl. Abb. 7.12). Hier liegt ein weiterer Beleg für eine grundsätzliche Vernetztheit (Probst/Gomez = Denken = 1) von Gestaltungsproblemen des Managements über alle drei Dimensionen hinweg.

7.3 Integriertes Management: Dio sozio-kulturelle Verknüpfung der Problemlösung

Integriertes Management bedeutet nicht nur eine ganzheitliche Verknüpfung unterschiedlicher Module der Führung, sondern akzentuiert auch die Frage nach dem zwischenmenschlichen Umgang unter den Beteiligten.

7.3.1 Die Entwicklung von Managementkonzepten – ein Entwicklungsprozess

Die Entwicklung und Einführung eines unternehmungsspezifischen Managementkonzeptes »stellt für jede Unternehmung einen tiefgreifenden Innovationsprozess dar, in dessen Verlauf von den Mitarbeitern nicht nur neue Aufgaben und zusätzliche Arbeit zu verkraften sind, sondern auch zur Gewohnheit gewordene Denk- und Verhaltensweisen verändert werden müssen und oft auch Besitzstände und Privilegien angetastet werden« (Malik = Systeme = 49).

Üblicherweise wird zwischen den beiden Phasen der Konzeptentwicklung und der Konzeptimplementation unterschieden. Diese Trennung mag für cinc tiefergehende Betrachtung dieser beiden Aspekte dienlich sein, für die praktische Arbeit mit Managementkonzepten ist sie eher problematisch; denn

»*bekanntlich haben derartige Prozesse keine lineare Struktur, sondern sind durch vielfältige Rückkoppelungsbeziehungen geprägt. Das hervorstechende Merkmal besteht aber darin, dass sich die einzelnen Schritte in der Praxis gar nicht präzise trennen lassen*« (Malik = Systeme = 49).

Eine *sukzessive* Behandlung von Problemen der Konzeptentwicklung und -durchsetzung belastet die Implementation mit einer Fülle von Informations- und Überzeugungsaktivitäten, um die Betroffenen über das Neue ins Bild zu setzen und dafür ihre Akzeptanz zu erreichen. Eine *simultane* Behandlung von Konzeptentwicklung und -implementation wird über die partizipative und kooperative Einbindung der Betroffenen in den Systementwicklungsprozess möglich: Über die Beteiligung der Betroffenen wird die Implementation im Konsens aller Beteiligten bereits weitgehend im Entwicklungsprozess erledigt. Da es sich bei der Entwicklung und Einführung eines unternehmungsbezogenen Managementkonzeptes um einen hoch-

Abbildung 7.12
Vernetztheit von langfristig sowie kurz- und mittelfristig erschliessbaren Erfolgspotentialen

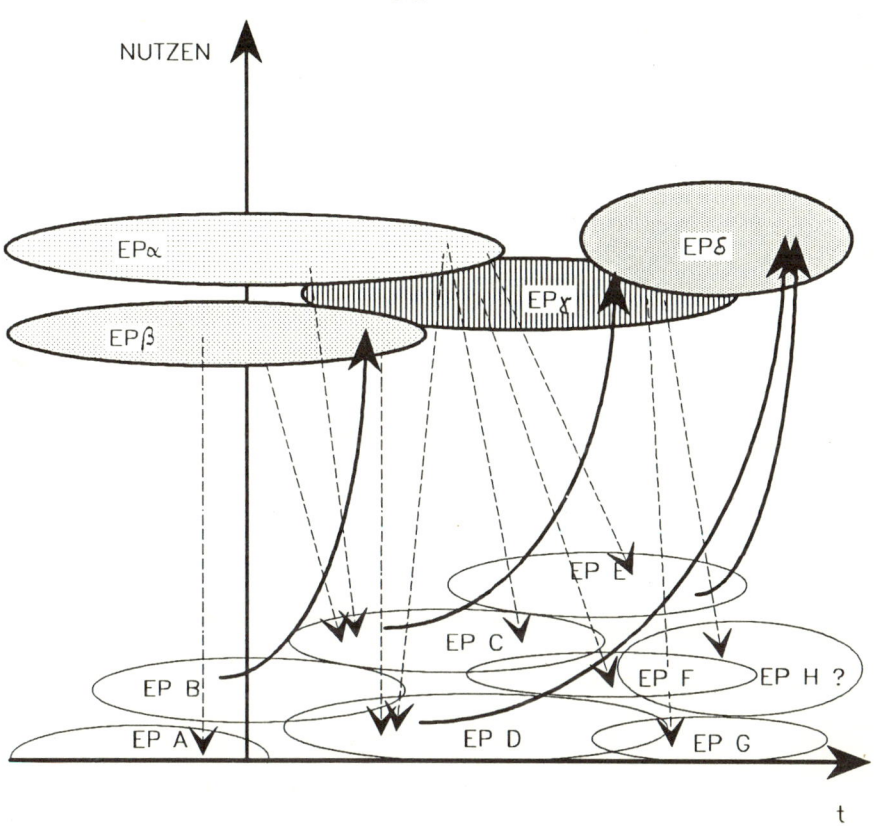

komplexen Vorgang handelt, wäre es vermessen, annehmen zu wollen, dass zu Beginn der Einführung alle relevanten Gegebenheiten, Strukturen, Prozesse und Verhaltensweisen erfassbar seien. Viele Details treten erfahrungsgemäss erst im Verlauf des umfassenden Prozesses zutage.

7.3.2 Grundsätze für die Entwicklung und Einführung eines Managementkonzeptes

Fredmund Malik hat für die Entwicklung und Einführung eines Managementkonzeptes aus der Praxis folgende Grundsätze aufgestellt:

Tabelle 7.3
Grundsätze für die Entwicklung und Einführung eines Managementkonzeptes
nach Malik (= Systeme = 54 f.)

1. *Das notwendige Minimum, nicht das mögliche Maximum*

Die Kunst der wirkungsvollen Managemententwicklung besteht darin, aus der Fülle der Möglichkeiten, welche die moderne Managementlehre anzubieten hat, gerade diejenigen Konzepte, Instrumente und Methoden auszuwählen, die für den speziellen Fall absolut notwendig sind. Man erlebt immer wieder, dass aus einem falsch verstandenen Perfektionismus heraus Dinge einzuführen versucht werden, die diesen Grundsatz gröblich verletzen.

2. *Maximale Übereinstimmung mit dem Bestehenden*

In jeder Unternehmung gibt es einen gewissen Bestand an praktizierten Führungsinstrumenten und -methoden, auch wenn dies äusserlich nicht besonders in Erscheinung tritt. Angewandte Führung liegt ja letztlich immer im konkreten faktischen Denken und Handeln der Mitarbeiter, unabhängig davon, ob es auch schriftliche Dokumente hierzu gibt. In vielen Fällen wird bei der Einführung neuer Systeme der Fehler gemacht, dass man zu wenig auf den vorhandenen und vielleicht über Jahrzehnte natürlich und organisch gewachsenen Bestand an praktizierter Führung abstellt. Die Erfahrung zeigt, dass Neuerungen um so leichter akzeptiert werden, je eher sie auf bereits Bekanntes abgestellt werden und je besser sie mit diesem verknüpft sind.

3. *Intensiver Einbezug der Mitarbeiter*

Werden wesentliche Änderungen eingeleitet, so genügen allgemein gehaltene Orientierungen für die Mitarbeiter nicht. Man muss von Anfang an sehr sorgfältig überprüfen, in welcher Weise und in welchem Ausmass die verschiedenen, von Änderungen direkt oder indirekt betroffenen Mitarbeiter einzubeziehen sind. Die Erfahrung zeigt, dass man dieses Problem immer wieder unterschätzt. Wie schon erwähnt, müssen Führungsmodelle im Denken und Handeln der Mitarbeiter verankert werden. Ohne deren entsprechende Mitwirkung können die gewünschten Änderungen nicht erreicht werden.

4. Anpassung an die Erfassungs- und Lernfähigkeit der Mitarbeiter

Man erlebt immer wieder, dass Konzepte und Systeme vorgeschlagen werden, die einfach die intellektuellen Fähigkeiten der Mitarbeiter überfordern. Zwar setzt die Mitwirkung der Mitarbeiter verständlicherweise ein gewisses Mass an Kenntnissen über Führungsprobleme und ihre Lösungsmöglichkeiten voraus. Ohne ein gewisses Minimum an konkretem Wissen ist nicht nur die Mitwirkung der Mitarbeiter in Frage gestellt, sondern später auch die Handhabung eines Management-Systems. Die Beschäftigung mit Management-Systemen, ihrer Entwicklung und Einführung darf aber dennoch nicht in eine Spezial- oder Geheimwissenschaft ausarten, die nur von wenigen Experten und Stabsfachleuten beherrscht wird. Daher ist jede Form von Fachjargon zu vermeiden und eine möglichst klare und einfache, mit der unmittelbaren Arbeits- und Erlebniswelt der Mitarbeiter verbundene Sprache zu verwenden.

5. Mehrdimensionale Lösungsansätze

Führungsprobleme haben selten nur eine Ursache. Fast immer gibt es ein Ursachenbündel oder ein Ursachennetzwerk, das zu bestimmten Problemen führt. Daher kann man solche Probleme auch nicht lösen, indem man nur auf eine Ursache abstellt. So ist beispielsweise ein Organisationsproblem eben selten nur ein Organisationsproblem. Deshalb gilt es, nach Möglichkeit das gesamte Ursachenbündel zu erfassen und in diesem Sinne ganzheitliche Lösungen zu konzipieren.

Selbst wenn man bestimmte Massnahmen nur für einzelne Unternehmungsbereiche entwickelt oder wenn man nur bestimmte Teile eines Management-Systems realisieren will, so hat dies Wirkungen in der Regel auf viele andere Bereiche. Wird dies nicht von vornherein berücksichtigt und als Teil des gesamten Problems betrachtet, so sind mit Sicherheit Schwierigkeiten zu erwarten.

6. Volle Berücksichtigung des Zeitbedarfs

Entwicklungen, die mit wesentlichen Änderungen für die Mitarbeiter eines Unternehmens verbunden sind, brauchen in der Regel erheblich mehr Zeit, als man gemeinhin annimmt. Dies ist auch völlig einleuchtend, wenn man bedenkt, wieviele Gewohnheiten und eingeschliffene Verhaltensweisen geändert werden müssen. Fehlt die Bereitschaft, die erforderlichen Zeiträume zur Verfügung zu stellen, wird man kaum mit nachhaltigen Erfolgen rechnen können.

7. Revidierbarkeit

Aus früher bereits genannten Gründen, insbesondere aufgrund des evolutionären Charakters von Managemententwicklungsprozessen, muss immer damit gerechnet werden, dass in ihrem Verlauf Fehler gemacht werden. Management-Systeme müssen daher revidiert werden können. Es wäre falsch, auf erforderliche Modifikationen zu verzichten, selbst wenn das mit dem Eingestehen einer Fehlentscheidung oder Fehlbeurteilung verbunden ist.

7.3.3 Formen des Umangs mit dem Managementkonzept

Der Umgang mit dem Managementkonzept richtet sich danach, welche Art der Arbeitsteiligkeit in einer Unternehmung vorliegt. Zwei Extreme sind dabei denkbar. Bei geringer Arbeitsteiligkeit und starker Konzentration der unternehmerischen Kompetenz in einer Person, dem Unternehmer einer Einzelfirma mit wenigen Hilfskräften beispielsweise, sind andere Anwendungsverhältnisse gegeben als bei einer hocharbeitsteilig organisierten Unternehmung mit vielfältig qualifizierten Führungskräften und Experten.

Grundsätzlich stehen verschiedene Formen für den Umgang mit dem Managementkonzept zur Verfügung:

1. Eigenreflexion: Liegt eine starke Konzentration der unternehmerischen Kompetenz in einer Person vor, wie sie vor allem bei Kleinunternehmungen häufig gegeben ist, sollte sich der Unternehmer selbst Gedanken über die Positionierung seiner Unternehmung machen. Das vorgelegte Managementkonzept sollte ihn dazu befähigen, diese Gedanken systematisch zu ordnen, die Ergebnisse seines Nachdenkens auf ihre gegenseitige Verträglichkeit hin zu überprüfen und zu einem tragfähigen Gesamtkonzept zu integrieren, das ihm als Leitlinie für sein weiteres Vorgehen dient.

Die Eigenreflexion wird jedoch auch bei stärker arbeitsteiligen Verhältnissen eine gewisse Rolle spielen. In Phasen eines grundsätzlichen Wechsels von normativen Vorstellungen, die einen Strategiewechsel nach sich ziehen, empfiehlt es sich, die Problemstrukturierung zunächst in Eigenreflexion gründlich zu durchdenken, bevor alle Konsequenzen im Dialog ausgelotet werden.

2. *Umgang im Dialog:* Da die Eigenreflexion nicht sicherstellen kann, dass alle relevanten Faktoren, die eine Positionierung im Normativen, Strategischen und Operativen ermöglichen, erfasst und realistisch beurteilt werden, empfiehlt sich grundsätzlich der Dialog, der eine Mehrzahl von Erfahrungen und Meinungen für eine Beantwortung der durch das Modell aufgeworfenen Fragen zum Tragen bringt. Dies kann beim Einzelunternehmer in der Weise der Fall sein, dass er sich einen kompetenten Gesprächspartner sucht, mit dem er seine, in Eigenreflexion gewonnenen Vorstellungen überprüft.

In arbeitsteilig organisierten Unternehmungen ist grundsätzlich das Wissen über die gesellschaftliche, marktliche und technologische Entwicklung auf viele Köpfe verteilt. Um zu den dargestellten Schritten einer Ist- und Soll-Profilierung von Problemlösungen bis hin zur Entwicklung von temporalisierten Nutzenpotentialen zu kommen, bedarf es eines breit angelegten *Dialogs*, um dieses Wissen für eine sachgerechte Beurteilung zu aktivieren. Dies hat wesentliche Konsequenzen, die über die rein sach-logische Problemerkennung und -lösung hinausgreifen: Über den Dialog wird zugleich die Voraussetzung für einen sozio-kulturell gestützten Konsens über gemeinsam zu verfolgende Aktionskurse und die Übernahme von Verantwortlichkeiten bei deren Realisierung geschaffen. Wenn es darum geht, Mitarbeiter mit der Unternehmung und ihren Vorhaben zu identifizieren, ist ein dialog-orientiertes Verfahren, das Betroffene zu Beteiligten macht, der Schlüssel für ein erfolgreiches Vorgehen.

Im Rahmen eines dialogorientierten Umgangs bei der Anwendung des Modells sind je nach Intensität des steuernden Eingriffs drei denkbare Formen zu unterscheiden:

a) Dialog mit Tutoren: Für diejenigen, die sich verantwortlich um die Erarbeitung eines Managementkonzeptes bemühen, wird eine »Schattenrolle« eingerichtet, die für eine Art »Fremdreflexion« der eigenen Gedanken und Vorstellungen dient. Diese Rolle kann von einem aussenstehenden Berater, von Mitgliedern des Aufsichts- oder Verwaltungsrates sowie von sonstigen Vertrauenspersonen übernommen werden. Innerhalb einer tief gestaffelten Organisation, bei der das Managementkonzept zur Erarbeitung von geschäftsfeld-bezogenen Positionierungen herangezogen wird, können auch Tutoren aus der Geschäftsleitung der Gesamtunternehmung diese Rolle einnehmen. Andere Zielsetzungen, wie die der Personalentwicklung, lassen sich mit derartigen »Schatten«strukturen eines Konzeptdialogs verbinden. Die Gewürzfirma McCormick wurde beispielsweise vor Jahren durch die Einrichtung sogenannter *Junior Boards* bekannt, die auf Zeit wesentliche Entscheidungen der Leitungsspitze parallel bearbeiteten, um ihre eigenen Konzepte an denen des verantwortlichen Managements zu messen. Im Ergebnis entstand ein beidseitig befruchtender Dialog. Dieser kann im übrigen dann besonders funktionell sein, wenn in ihm generationengeprägte Unterschiede in den Werthaltungen deutlich werden, wie sie sich vor allem im normativen Bereich von Unternehmungskulturen und in den Grundannahmen einer Managementphilosophie zeigen.

b) Dialog mit Moderatoren: Als das übliche Verfahren eines Umgangs mit Managementkonzepten gilt der Dialog unter Einschaltung von Moderatoren, die für einen geordneten Ablauf der Diskussion und eine ausreichend tiefe Auslotung aufgeworfener Fragen sorgen. Die typische Form eines durch Moderatoren gesteuerten Dialogs ist der *Workshop*. In ihm werden alle Mitarbeiter zusammengeführt, die für die erarbeitete Lösung einen direkten Beitrag leisten können und von ihr selbst betroffen werden. Im Workshop werden im Gegensatz zu sonstigen Schulungsveranstaltungen in Gruppen reale und aktuelle Probleme gelöst. Fredmund Malik sieht die Vorteile dieser Vorgehensweise wie folgt (Malik = Systeme = 54):

- Man erarbeitet gemeinsam Lösungen für reale Probleme und nicht für Fallstudien, die für die Teilnehmer letztlich immer fiktive Probleme wiedergeben.
- Die Vermittlung und Einführung von an sich bewährten Problemlösungsmethoden erfolgt anhand der realen Problemstellung. Damit werden mit den Vorteilen einer Methode auch gleich ihre Grenzen deutlich, und allenfalls bestehende Illusionen bezüglich der Durchschlagskraft der Methode werden sehr schnell und schmerzlos korrigiert.
- Die Vermittlung von Fach- und Führungswissen erfolgt ebenfalls im Zusammenhang mit der tatsächlich gegebenen Problemstellung. Damit scheidet sich sehr schnell brauchbares von unbrauchbarem Wissen.
- Es erfolgt eine intensive Förderung des gegenseitigen Verständnisses; man lernt zu tolerieren, dass andere Menschen andere Meinungen haben; man erkennt die Notwendigkeit der Korrektur der eigenen Meinungen zum Zwecke einer gemeinsamen Problemlösung, ohne dass man dies immer im Licht von Sieg und Niederlage sieht.
- Es kommt zu einer deutlich feststellbaren »unité de doctrine«.

- Es entstehen echte Teams.
- Es ergibt sich in aller Regel eine weitgehende Ausschöpfung des internen Know-hows, das meist auf viele verschiedene Köpfe verteilt ist und kaum auf andere Weise zusammengebracht werden kann.

c) Selbststeuerungs-Dialog: Im Extrem der Selbststeuerung wird auf die Rolle des Moderators beim Umgang mit dem Managementkonzept gänzlich verzichtet. Wenn auch dieses Verfahren für eine gesamte Anwendung des Modells nicht unbedingt empfehlenswert ist, findet es dennoch seinen Platz bei der Bearbeitung von Modulen in Gruppen, deren Ergebnisse in moderierten Workshops zusammengefügt und im Dialog zu einem Gesamtkonzept verdichtet werden.

Je nach zu bewältigender Problemlage und der personellen Struktur, die beim Umgang mit einem Managementkonzept zu beachten ist, sind *Kombinationen* der dargestellten Formen denkbar. Die *Eigenreflexion* ist stark mit dem visionären Erkennen ganzheitlicher Zukunftsmöglichkeiten durch den Unternehmer verbunden. Um sich selbst über Problemstrukturen und Entwicklungstendenzen in ihrer gegenseitigen Vernetzung Klarheit zu verschaffen, kann bei aussergewöhnlichen Leistungen nach Ansicht des Verfassers auf diese Form nicht verzichtet werden. Dies bedeutet jedoch nicht, dass diese Rolle auf einzelne Personen, den Leiter einer Unternehmung, eines Bereiches oder einer Arbeitsgruppe beschränkt bleiben sollte. Die Zukunftsbewältigung unter dem Einfluss der Dynamik verlangt gerade, dass die Eigenreflexion bei einer Vielzahl von Mitarbeitern stattfinden sollte. Erst wenn hierfür Voraussetzungen geschaffen worden sind, kann sinnvollerweise der Anspruch auf Verbreitung unternehmerischen Denkens und Handelns in der Organisation gestellt werden. Die selbstbezogene Auseinandersetzung mit der Zukunft sollte durch einen dialogorientierten Umgang mit dem Managementmodell ergänzt werden, um die Zukunftsvorstellungen des visionären Unternehmers auszutesten und Ergebnisse der Eigenreflexion einer Mehrheit von unternehmerisch Denkenden und Handelnden miteinander zu harmonisieren. Vollzieht sich dieser dialogorientierte Umgang in der Form eines Suchens und weisen alle Beteiligten einen als gleichartig zu beurteilenden Erkenntnisstand auf, der durch die Hinzuziehung weiterer Mitglieder kaum erweiterbar ist, kann dabei die teamorientierte, kollegiale Form der *Selbststeuerung* Platz greifen. Ist dies nur bedingt der Fall, so bedarf es einer vorsichtigen Steuerung der ja nicht immer von Unterschieden in der Perzeption und Interessen freien Diskussion. Ist dabei ein Ausloten der Problemtiefe nicht sichergestellt, weil sie von Argumenten verdeckt bleibt, dürfte ein *moderierter* Umgang mit einer Konzeptdiskussion zu empfehlen sein. Bestehen schliesslich erhebliche Erfahrungs- und Informationsunterschiede zwischen den an einer Konzeptdiskussion Beteiligten, so sind »Schattenstrukturen« eines durch *Tutoren* gesteuerten Dialogs vorzusehen, die zumeist ein nicht unerhebliches Gewicht für den Vollzug eines Lernprozesses über eine dialogorientierte Vermittlung neuer Anstösse, anderer Betrachtungsperspektiven und Ebenen legen. Mit ihnen lässt sich eine Schleife zu einem künftigen Erarbeiten weiterführender Konzepte durch Selbstreflexion ziehen.

7.3.4 Die Entwicklung eines Managementkonzeptes ist ein gemeinschaftlich vollzogener Lernprozess

Die Erarbeitung eines Managementkonzeptes ist ein Lernprozess, der in Gruppen von Beteiligten auf allen Unternehmungsebenen gemeinschaftlich vollzogen werden sollte:

»Im Zuge dieser vielschichtigen Lernvorgänge müssen sowohl Unternehmungsstrukturen verändert, wie auch Wissensinhalte vermittelt und Verhaltensweisen beeinflusst werden. Dazu kommt, dass dies alles neben bzw. zusätzlich zum laufenden Geschäft stattfindet und daher niemand Zeit haben wird, gewissermassen vollamtlich zu lernen« (Malik = Systeme = 53).

Im folgenden wird ein Vorgehen im Umgang mit dem Managementkonzept beschrieben. Es sollen die dargestellten Formen sinnvoll miteinander verbunden werden, so dass sie der Erarbeitung von normativen, strategischen und operativen Inhalten des Managements dienen. Vor allem bei wiederholter Anwendung soll ein gemeinsam vollzogener Lernprozess im Dialog möglich werden, indem die Erfahrungen mit der tatsächlich eingetretenen Unternehmungsentwicklung ausgewertet werden.

Am Anfang kann die Beschäftigung mit den Grundsatzfragen des Managements der eigenen Unternehmung in *Eigenreflexion* stehen. Um Anstösse zu geben, die ein Hinterfragen des Konventionellen durch die Beschäftigung mit neuen Denkmustern auslösen, kann es zweckmässig sein, einen provozierenden und neue Perspektiven aufzeigenden *Vortrag* über die Herausforderung eines zukunftsweisenden Managements der Eigenreflexion voranzustellen. Die weitere – dadurch vorbereitete – Arbeit kann dann in der Form des Workshops organisiert werden. Dabei ist es beispielsweise denkbar und bereits praktisch vielfach erprobt, einzelnen Arbeitsgruppen bereichsspezifische und anderen unternehmungsspezifische Aufgaben zu einer Skalierung und Profilierung zu stellen. Nach einer Einführung im Seminar in den Gesamtzusammenhang eines integrierten Managements gelangen die Teilnehmer im Dialog in etwa 90 bis 120 Minuten zu einem Konsens über die Ist- und Sollprofile im jeweiligen Modul und zu einem Vorschlag für einen Massnahmenkatalog. Werden parallel arbeitende Gruppen an eine derartige Aufgabe gesetzt, gibt es drei *Wege zu ihrer Konstituierung*:

1. Die Gruppen bearbeiten die *gleiche Aufgabenstellung*, also etwa die Modulprofilierung der Unternehmungskultur. Dieses Vorgehen ermöglicht, während der anschliessenden Gruppenpräsentation in einem kreativen Dialog die Facetten von Unternehmungskultur, welche die einzelnen Gruppen unterschiedlich wahrgenommen haben, zu diskutieren und konsensfördernd zu moderieren.

2. Die Gruppen bearbeiten das *gleiche Modul*, aber in *unterschiedlicher Sichtweise*. Dabei sind zwei Varianten denkbar:
   a) Die *horizontale* Differenzierung der Betrachtung, wonach die Gruppen jeweils ihren eigenen Geschäfts- oder Arbeitsbereich in den Modulen strategischer Programme, Organisationsstrukturen, Managementsysteme oder Problemverhalten profilieren, wobei die Unterschiedlichkeit von Ist-Profil-Wahrnehmung und Soll-Profil-Vorstellung in der Präsentation herausgestellt und Erfahrungen über die Stärken und Schwächen einzelner Sollprofile und die Realisierbarkeit von Massnahmen zur Soll-Ist-Überbrückung ausgetauscht werden. Ein Konsens im Hinblick auf eine gemeinsame Profilierung ist nur dann erforderlich, wenn eine in dieser Richtung zielende unternehmungspolitische Vorgabe zu beachten ist.
   b) Die *vertikale* Differenzierung der Betrachtung, wonach die Gruppen unterschiedliche Ebenen eines Moduls skalieren und profilieren. Dies wäre etwa dann der Fall, wenn eine Gruppe die Betrachtung der Unternehmungskultur der gesamten Unternehmung zum Gegenstand hat, eine zweite Gruppe sich der Frage der Kulturen der Geschäftsbereiche und eine dritte Gruppe denen einzelner Tochterge-

sellschaften widmet. Dass sich bei einer derartigen vertikalen Differenzierung vielfältige Möglichkeiten der Verbindung auch in der Art einer horizontalen Gruppengestaltung bieten, leuchtet ein, denn das vertikale Muster ist auf der Unternehmungsebene am eindeutigsten, dagegen auf den darunter liegenden Ebenen der Subsysteme eher stärker differenziert. Dies trifft insbesondere für separat gewachsene oder akquirierte Tochtergesellschaften innerhalb von Konzernstrukturen zu.

Die Präsentation von Gruppenergebnissen sollte im Anschluß an die Gruppenarbeit nicht nur die für weitere Überlegungen wesentlichen Unterschiede aufzeigen, sondern sich insbesondere den Problemen der »interlinkages«, der Verkoppelung einzelner unterschiedlicher Subsysteme zuwenden. Dabei geraten sofort weitere Module in den Bereich des Interesses, wie etwa die Integration durch Managementsysteme oder das Problemverhalten. Schliesslich können Fragen einer notwendigen Reorganisation ins Blickfeld geraten und damit Anlass für eine nächste Runde von Profilarbeit an anderen, für die weitere Entwicklung kritisch gewordenen Modulen geben.

3. Schliesslich ist ein drittes Konzept denkbar, die *parallele Bearbeitung unterschiedlicher Module* in Gruppen; also etwa in der Form, dass eine Gruppe strategische Programme, eine andere Strukturen und Systeme und eine dritte Gruppe die Verhaltensseite des Managements bearbeitet.

Damit ist der Übergang zur Harmonisation vom Basis- und horizontalen »Fit« zu einem vertikalen »Fit« markiert. Der vertikale »Fit« lässt sich nach dem gleichen Muster in Gruppenarbeit im Rahmen von normativen, strategischen und operativen oder diese übergreifenden Workshops organisieren. Dabei sind Gruppen denkbar, die im normativen Bereich arbeiten und zu Klausuren über normative Fragen der Unternehmungspolitik, -verfassung und -kultur zusammentreten und die aus Mitgliedern des Verwaltungs- oder Aufsichtsrates mit Angehörigen der Geschäftsführung oder des Vorstandes bestehen; in strategischen Fragen sind es vor allem Mitglieder der Direktion und der Bereichs- und Geschäftsfeldleitungen. Schliesslich gehören Arbeitstagungen von Arbeitsgruppen und Führungskräften im operativen Bereich ebenso dazu. Dabei hat sich das Vertikalprinzip einer Verkoppelung verschiedener Ebenen, die von Vertretern unterschiedlicher Ränge und Altersgruppen repräsentiert werden, besonders bewährt. Eine Durchmischung der Teilnehmer an konzept-entwickelnden Workshops bietet nicht nur Möglichkeiten der schnittstellen-überwindenden Verkoppelung einzelner Dimensionen und Ebenen, sondern führt zur Kenntnisnahme anderer Einschätzungen und Beurteilungen, die einen sachgerechten Dialog ausserordentlich fördern können.

Beispielsweise hat es sich in der Praxis bei der Auseinandersetzung mit wertebezogenen Fragen bewährt, dass Mitglieder des Verwaltungsrates, der Direktion, des mittleren Managements im gehobenen und mittleren Lebensalter mit einer Gruppe von jüngeren Mitarbeitern an oder nahe der Basis konfrontiert werden, die in vielfältiger Weise andere Wertungen in einen unternehmungspolitisch strategischen Dialog einbringen.

Eine besonders hochkarätige Aufgabe stellt die *Synthese und Temporalisierung von Erfolgspotentialen* im Prozess der Konzeptentwicklung und -implementation dar. Ihr sollte eine gründliche professionelle Analyse durch interne und externe Fachleute vorangehen, die als Grundlage für Gestaltungsansätze, die die weitere Unternehmungsentwicklung entscheidend beeinflussen, dienen kann. Die eigentliche Konzeptarbeit ist allerdings kaum anders zu organisieren und zu moderieren, als dies für die Skalierung und Profilierung von Modulen und ihrer Harmonisation bereits dargestellt wurde. Das hier vorgestellte Konzept soll dabei als eine Stütze für die Lokalisierung von Problemen unter Berücksichtigung ihrer gegenseitigen Abhängigkeit dienen. Lösungen müssen die Beteiligten auf der Grundlage ihrer Erfahrungen und Kenntnisse auf der Basis einer intimen und kontinuierlichen Auseinandersetzung mit den Problemen der Unternehmungsentwicklung, die sie in Erfolgen und Misserfolgen erleben, selbst finden.

Schliesslich ist noch einmal die *Ganzheitlichkeit* als erstrebenswertes Ideal der Entwicklung und Implementierung von Managementkonzepten herauszustellen. Dabei macht es wenig Sinn, einzelnen Teilen dadurch besondere Aufmerksamkeit zu widmen, dass sie besonders detailliert ausgearbeitet und eingeführt werden. Vielmehr sollten *alle Teile des Systems* gewissermassen im *Gleichschritt* wachsen und Form annehmen. Man kann zwar mit beliebigen Teilen anfangen, jedoch »sollte die Einführung ganz wesentlich von der Entwicklung aller erforderlichen Teile des für die Unternehmung konzipierten Management-Systems geleitet sein« (Malik = Systeme = 51).

7.3.5 Integrale Steuerung von Management-Entwicklungsprozessen

Unternehmungsentwicklung wird entscheidend von der Ausgestaltung und der Entwicklung des Managements geprägt. Vom Management wird ein geplanter und kontrollierter Entwicklungsprozess in Gang gesetzt, der durch das hier dargestellte Managementkonzept unterstützt werden soll. Bei grundsätzlichen Veränderungen in den Konstellationen von Um- oder Inweltverhältnissen sind die in einem Durchgang erzielten Ergebnisse des Konzeptes wieder in Frage zu stellen, ebenso wenn die Erkenntnis reift, dass die vorgesehenen Massnahmen zur Überführung von unzeitgemässen Ist-Profilierungen zu anvisierten Soll-Positionierungen nicht die unterstellten Fortschritte aufweist. Eine Analyse der Ursachen für das Ausbleiben beabsichtigter Veränderungen kann eine Veränderung grundsätzlicher Annahmen über verhaltensbestimmende Faktoren und die Wirkungsweise von eingeleiteten Massnahmen, deren Zielsetzungen jedoch unrealistisch sind, enthüllen, die letztlich in einer ungünstigen Unternehmungsentwicklung zum Ausdruck kommen. Die wiederholte Inangriffnahme einer Überprüfung der vom Managementkonzept definierten normativen, strategischen und operativen Vorstellungen dürfte zu vertieften Einsichten in Veränderungstendenzen und -mechanismen im Verhältnis der Unternehmung zu ihrer Umwelt und in die Wirkungsweisen von gestaltenden und lenkenden Eingriffen in die Unternehmungsentwicklung führen.

7.4 Konsistente Management-Philosophie – das integrative Band des Managements

Die Profilierung und Harmonisation normativen, strategischen und operativen Managements als Grundlage für eine Fokussierung und Temporalisierung von Erfolgspotentialen der Unternehmung zeigen, was die sachlogische Ebene und die sozio-kulturelle Verknüpfung der Problemlösung anbelangt, zwei Muster in der Art des Umgangs mit dem Managementkonzept und im Darstellungsdesign. Diese Muster sind paradigmatisch geprägt und verdeutlichen ihre Nähe zu in sich konsistenten Management-Philosophien. Um ihre sinnstiftende Wirkung voll entfalten zu können, müssen diese in sich »stimmig« sein, d. h. sie müssen sich durch ihre innere Logik als übergreifendes Band einer Integration begreifen lassen.

> In ihrer integrativen Konsistenz enthüllt sich in jeder Management-Philosophie in idealer Weise ein Geflecht von aufeinander abgestimmten, in sich schlüssigen, konsistenten Erfahrungen und Annahmen, den Umgang des Managements mit einer hoch-komplexen und sich verändernden Umwelt betreffend.

Als paradigmatischen Kern einer Management-Philosophie lassen sich dabei in extremer Form reduktionistische und holistische Vorstellungen des Managements in den realitätsbezogenen Grundlagen, dem Struktur- und Mitarbeiterbild und dem Führungsverständnis unterscheiden (vgl. Tab. 7.4 unter Einbezug von Gedanken von Walter Krieg). In dieser Darstellung ist unschwer zu erkennen, dass ausgehend von den gesellschaftlich geprägten Paradigmen des Managements, eine Management-Philosophie die Integration der normativen Dimension und des strategischen Managements und ihrer einzelnen Module trägt (vgl. Abb. 7.13) und damit prägend für das operative Management wirkt.

Tabelle 7.4
Inhalte von Managementphilosophien

REDUKTIONISTISCHES WELTBILD	HOLISTISCHES WELTBILD
erklärbare Welt	verstehbare Welt
Lebensweltliche Grundlagen	
• Menschenbild	
ökonomisch-rational	ganzheitlich-komplex
• Raumbild	
Suche nach Distanz, konzentrisch	Suche nach Nähe, föderalistisch

• Zeitbild

linear, kurzzeitlich	zirkular, langzeitlich

Strukturbild

Mono-Interessenabhängigkeit	Multi-Interessenbezug
Stabilität	Flexibilität
inweltorientiert	umweltorientiert
arbeitsteilig gegliedert	integrativ vernetzt
Misstrauen	Vertrauen

Mitarbeiterbild

hierarchisch	professionell-vernetzt
repetitiv-standardisiert	innovativ-differenziert
Suche nach Lebenserhaltung	Suche nach Sinngebung
Isolation	sozialer Kontakt
Spezialisierung (Tiefe)	Generalisierung (Breite)
Mensch als Ware = Instrumentalität	Mensch als intelligenter Träger der Entwicklung

Führungsverständnis

Machbarkeit	Kultiviertheit
harte Instrumentenorientierung	weiche Kulturorientiertheit
autoritative Vorgabe durch wenige	partizipative Vereinbarung durch viele
analytische, ergebnisorientierte reaktive Problemlösung	synthetische, musterorientierte pro-aktive Problemlösung
Intervention	Moderation

Wie Abbildung 7.13 verdeutlicht, kommt der paradigmatisch-geprägten Management-Philosophie eine Integrationswirkung zu, jedoch sind kontext- und situationsbedingte Brüche nicht immer vermeidbar. So kann die durchgehende Verwirklichung einer holistischen Management-Philosophie über alle drei Dimensionen hinweg aufgrund bestimmter Konstellationen, wie sie sich beispielsweise beim kritischen Übergang von einer Etappe der

Abbildung 7.13
Entwicklung einer Management-Philosophie aus ihren paradigmatischen Grundlagen

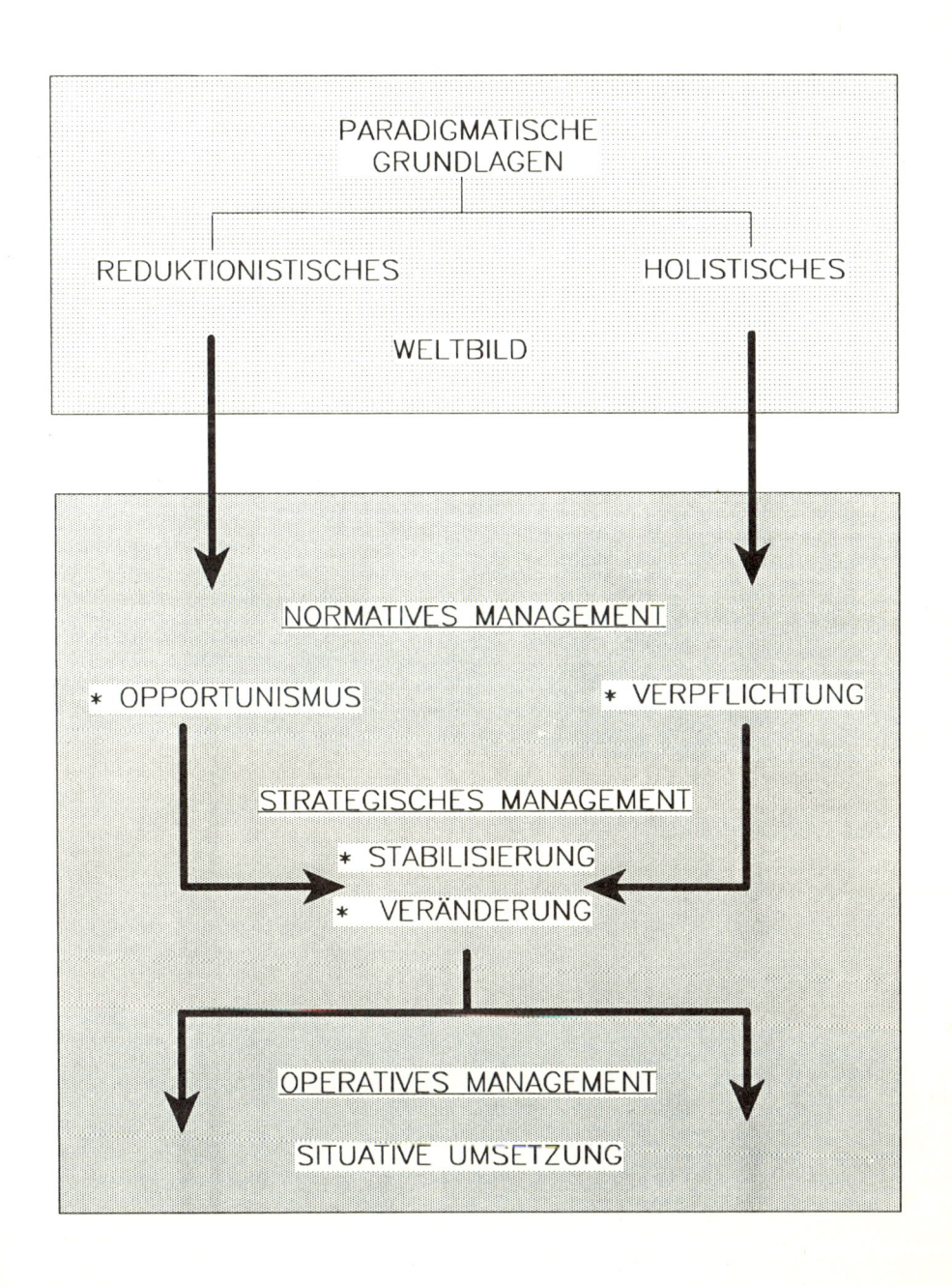

PARADIGMATISCHE GRUNDLAGEN

REDUKTIONISTISCHES   HOLISTISCHES

WELTBILD

NORMATIVES MANAGEMENT

* OPPORTUNISMUS   * VERPFLICHTUNG

STRATEGISCHES MANAGEMENT

* STABILISIERUNG
* VERÄNDERUNG

OPERATIVES MANAGEMENT

SITUATIVE UMSETZUNG

Unternehmungsentwicklung zu einer anderen ergeben, durchbrochen sein. Eine Sicherung der Überlebensfähigkeit kann dann beispielsweise ein Abgehen von der an sich verfolgten Verpflichtungspolitik sinnvoll erscheinen lassen. Dies ist zu beobachten, wenn ein Rückgriff auf reduktionistische Stabilisierungsstrategien zur Sanierung mittels starker Hinwendung zu einer ökonomischen Rationalisierung erfolgt. Dies kann jedoch als eine unter zeitlich befristetem Druck zustande gekommene Abweichung von einer an sich angestrebten Management-Philosophie verstanden und als solche im Hinblick auf eine spätere Rückkehr und Weiterverfolgung einer in sich konsistenten Management-Philosophie deutlich gemacht werden.

Wird sich ein Management dieses grundlegenden paradigmatischen Zusammenhanges bewusst, dürfte der erste Schritt für eine konsistente Verfolgung eines derartigen Musters, das vielfältige Korrekturen im Einzelfall durchläuft, getan sein. Damit ist schliesslich ein Vorgehen zur Beeinflussung der Unternehmungsentwicklung in einer als zukunftsführend erkannten Richtung eingeleitet.

Zitierte Literatur zu Kapitel 7

Ansoff, H. I.: – Management –
  Strategic Management. New York 1979.
Bleicher, K.: – Unternehmungsentwicklung –
  Unternehmungsentwicklung und organisatorische Gestaltung. Stuttgart und New York 1979.
Bühl, W. L.: – Konflikte –
  Theorien sozialer Konflikte. Darmstadt 1976.
Grochla, E.: – Unternehmungsorganisation –
  Unternehmungsorganisation. Neue Ansätze und Konzeptionen. Hamburg 1972.
Krüger, W.: – Hier irren –
  Hier irren Peters und Waterman. In: Harvard manager 11 (1/1989), S. 13–18.
Lehmann, H.: – Integration –
  Integration. In Handwörterbuch der Organisation, hrsg. v. E. Grochla. 1. Aufl., Stuttgart 1969, Sp. 768–774.
Malik, F.: – Systeme –
  Management-Systeme. Die Orientierung Nr. 78, Schriftenreihe der Schweizerischen Volksbank. Bern 1981.

Probst, G.; Gomez, P.: – Vernetztes Denken –
Vernetztes Denken im Management – eine Methodik des ganzheitlichen Problemlösens. Die Orientierung, Schriftenreihe der Schweizerischen Volksbank Nr. 89. Bern 1987.

Probst, G.; Gomez, P.: – Methodik –
Die Methodik des vernetzten Denkens zur Lösung komplexer Probleme. In: Vernetztes Denken – Unternehmen ganzheitlich führen, hrsg. v. G. Probst u. P. Gomez. Wiesbaden 1989. S. 1–18.

Pümpin, C.: – Dynamik-Prinzip –
Das Dynamik-Prinzip: Zukunftsorientierungen für Unternehmer und Manager. Düsseldorf 1989.

Quinn, R. E.; Cameron, K.: – Organizational Life Cycles –
Organizational Life Cycles and Shifting Criteria of Effectiveness: Some Preliminary Evidence. In: Management Science 29 (1983), S. 33–51.

Ulrich, H.; Probst, G.: – Anleitung –
Anleitung zum ganzheitlichen Denken und Handeln. Ein Brevier für Führungskräfte. Bern und Stuttgart 1988.

8
INNOVATIONSMANAGEMENT
Bewältigung des Übergangs von einer obsoleten zu einer zukunftsweisenden Managementphilosophie

»Change has always been a part of the human condition. What is different now is the pace of change ... So swift is the acceleration, that trying to make sense of change will become our basic industry«.

Max Ways

Stellt sich eine Managementphilosophie als nicht mehr zeitgerecht heraus, so ergibt sich die nicht leicht zu bewältigende Herausforderung nach der Suche und Konzipierung einer neuen, zukunftsführenden Managementphilosophie und der Bewältigung des Übergangs.

Eine solche Problemstellung stellt Unternehmungen und ihr Management vor eine der schwierigsten Aufgaben, die in ökonomisch orientierten, sozialen Systemen überhaupt denkbar ist. Hierbei sind tradierte Strukturen und liebgewonnene Gewohnheiten des Verhaltens in Frage zu stellen, weil andersartige Aktivitäten, die im Widerspruch zum bislang Praktizierten und Erlernten stehen können, gefordert sind. Hinzu kommt, dass Veränderungen sachlich und zeitlich so angesetzt werden müssen, dass die ökonomische Nutzenproduktion während der Zeit des Übergangs nicht gefährdet wird. Gelingt dies nicht, können sich kaum absehbare negative Folgen für die kurz- und mittelfristige Überlebensfähigkeit der Unternehmung einstellen. Werden dagegen vorsichtige Teilanpassungen an eine neue Management-Philosophie vollzogen, ergeben sich vielfältige Inkonsistenzen zwischen dem Alten und dem Neuen. Sie generieren neue Probleme von Orientierungslosigkeit, die einer Integration und Koordination seitens des Managements bedürfen, was zu dessen zusätzlicher Belastung führt. Die sich ergebenden Inkonsistenzen haben im Sozio-Kulturellen eher negative Einflüsse auf die Identifikation mit der Aufgabe, Gruppe und Unternehmung zur Folge. Eine Beantwortung der aufgeworfenen Fragen eines Übergangs zu einer neuen Management-Philosophie machen eine kurze Auseinandersetzung mit Fragen eines derartigen »Managements of Change« erforderlich, das letztlich nichts anderes darstellt als eine Art »Meta-Innovationsmanagement«.

8.1 Innovationsmanagement – Kern eines »Management of Change«

> Es ist ein trivialer Satz, dass es für individuelle wie für soziale Systeme Grenzen der Innovationsverarbeitungskapazitäten gibt. Es ist eine nicht-triviale Vermutung, dass wir uns heute im Bereich dieser Grenzen bewegen.
>
> Hermann Lübbe

Der durch ein Innovationsmanagement zu vollziehende Übergang von einer erprobten Management-Philosophie zu einer neuen erfordert eine kritische Überprüfung einzelner Dimensionen im Hinblick auf ihre konsistente Ausgestaltung, insbesondere im Hinblick auf den Weg, der zu den erarbeiteten Soll-Vorstellungen führen soll. Erkennbare Differenzen von Ist und Soll machen Schwächen deutlich, die subjektiv von den Beurteilenden wahrgenommen werden und die es zu überwinden gilt. Da eine Unternehmung im Laufe ihrer Entwicklung sich fortwährend neuen und schnell verändernden Herausforderungen ihrer Um- und Inwelt gegenübersieht, erfolgen ständig Anstösse, die nicht nur die Ist-Bewertung, sondern vor allem auch die Einschätzung erstrebenswerter Soll-Positionierung verschieben können. Werden die dabei erkennbaren Differenzen zwischen beiden – heute eher auseinanderdriftenden – Profilen im Sinne eines erstrebten Fliessgleichgewichtes nicht abgebaut, entwickeln sich im Laufe der Zeit »aufschaukelnde« Problemlagen. Diese lassen im Zuge der Unternehmungsentwicklung schliesslich nur noch eine revolutionäre Restrukturierung als »ultima ratio« des Überlebens offen.

Eine Pflege der Innovationsfähigkeit und ihre permanente Nutzung werden damit zu Voraussetzungen für die Entwicklung von Unternehmungen. In der Wirtschaftspraxis trifft zuweilen die Erkenntnis notwendiger Innovation auf scheinbar unüberwindliche Schwierigkeiten. Entsprechende Forderungen nach einem Innovationsverhalten übersehen gelegentlich einen trivialen Tatbestand: Es fehlt oft weniger an schöpferischen Ideen und sorgfältig geprüften Neuerungsvorschlägen als vielmehr daran, dass der Innovationserfolg in seinem Vollzug durch Verhaltensweisen gefährdet wird, die das Bisherige sichern wollen.

> Wandel schafft Verunsicherung und lässt das Sicherheitsstreben zur dominanten Verhaltensweise werden.

Besonders deutlich werden Innovationshindernisse in reifen Unternehmungen mit ihrer häufig feststellbaren Inweltorientierung. Die Regelanhäufung im Kleid bürokratischer Organisation und die Orientierung an einer glanzvollen Vergangenheit erweisen sich als ernstzunehmende Hindernisse für Veränderungen.

Der Begriff der *Innovation* hebt auf diesen Wandel ab und ist zunächst unabhängig vom Gegenstand zu sehen, der einer Veränderung unterliegen soll. Horst Geschka (= Innovationsmanagement = 823) versteht unter Innovation das »kreative *Schaffen* und das innerorganisatorische und marktmässige *Durchsetzen* von Veränderungen mutativen Charakters«. In dieser Definition sind zwei Aspekte von besonderer Bedeutung:

- Das kreative Schaffen von Ideen für Neuerungen ist zwar eine wesentliche Voraussetzung für jeden Wandel, es reicht aber allein nicht aus, um die Herausforderungen einer ungewissen Zukunft bewältigen zu können. Gerade der Kreative neigt dazu, die Welt bereits durch seine Idee verändert zu sehen, und übersieht leicht die Beharrungskräfte des Bestehenden und bisher Erfolgreichen. Zudem ist die Durchsetzung ohnehin meistens nicht seine Stärke. Bei ersten Widerständen, die seine ganze Kraft zu ihrer Überwindung in Anspruch nehmen würden, zieht er sich lieber auf das kreative Produzieren weiterer neuer Ideen zurück. In dieser Weise verändert er die Welt nicht oder nur sehr selten: dies insbesondere nur dann, wenn sich ein Promotor für seine Ideen findet. Dem mit Machtinstinkten ausgestatteten Vollzieher von Ideen dagegen fehlt es häufig an einer Palette eigener kreativer Ideen, er wird sich deshalb hinter eine Idee stellen und mit aller Kraft versuchen, sie »durchzudrücken«. Er hat dann zwar den Veränderungswiderstand dadurch gebrochen, dass er das soziale System nicht mit einer Kaskade von Änderungsimpulsen überschüttet, sondern einen »konzentrischen Aktionsfokus« hergestellt hat. Dennoch geht er an der ganzen Breite denkbarer und verwertbarer Veränderungen vorbei.

Aus dieser Betrachtung lassen sich zwei Erkenntnisse eines jeden Innovationsmanagements ableiten:
- *erdacht ist noch nicht durchgesetzt.* Entdecker und Erfinder sind zumeist keine Vollzieher. Eine »Invention« ist deshalb noch lange keine »*Innovation*«.
- *Innovationen* als vollzogene Änderungen ergeben sich zweckmässigerweise aus dem Zusammenspiel von erfindenden *Fachpromotoren*, die sich in der Materie auskennen, und *Machtpromotoren*, die in den komplexen Eigenheiten der Organisation und dessen Management zu Hause sind. Sie können die »windows of opportunity« für Veränderungen abschätzen und das komplizierte Gefüge personeller Interessen auf eine Veränderung hin bewegen. Auf das Zusammenspiel von Fach- und Machtpromotoren, entweder interpersonal oder multipersonal, in Form einer »Gespannstruktur« hat Eberhard Witte (= Organisation =) in einer frühzeitigen Untersuchung bahnbrechend hingewiesen.

• Innovationen ist ein *mutativer* Charakter eigen: Die häufig in der Praxis zu hörende Aussage, »Wir reden nicht über Innovation, das ist unser Tagesgeschäft. Jeder von uns schafft Innovationen in gleitender Anpassung an den Wandel im Kleinen und im Stillen«, ergibt keinen klaren und identifizierbaren Fokus für ein Innovationsmanagement als engeren Teil eines »Managements of change«. Bei der Innovation geht es demzufolge um prinzipielle Veränderungen, die notwendig werden, um sich in Sprüngen einer neuen Technologie, neuen Produkten, Organisationsformen, Führungssystemen usw. anzupassen.

Dabei darf jedoch nicht übersehen werden, dass die *inkrementale, ständige Verbesserung* von Strategien und Operationen eine Grundwelle der Anpassung von Unternehmungen an ihre sich verändernde Umwelt produziert, die von tragendem Wert für ihre Überlebensfähigkeit ist. Letztlich müssen für ein erfolgreiches Innovationsmanagement beide Dinge zusammentreffen: die laufende, inkrementale Verbesserung aller Vorgänge zur Sicherung der Überlebensfähigkeit *und* die fokussierte Veränderung von Grundtatbeständen in mutativen Sprüngen zur Förderung der Entwicklungsfähigkeit, wenn sich Veränderungen im Umfeld nicht nur kontinuierlich vollziehen.

> Innovationsmanagement umfasst die laufende Verbesserung aller Vorgänge und das fokussierte kreative Schaffen und Durchsetzen von Veränderungen durch die Gestaltung und Lenkung der Unternehmungsentwicklung.

8.2 Sachliche Aspekte eines Innovationsmanagements: Promotion von Veränderungen und Stabilisierung ihrer Ergebnisse

»Die einzigen Konstanten des Erfolges sind Flexibilität und die permanente Bereitschaft zur Veränderung.«

G. A. Luedecke

Im Rahmen einer Veränderung der Management-Philosophie im Übergang von einem nicht mehr als zukunftsweisend eingeschätzten Ist-Profil zu einer erstrebenswerten Soll-Positionierung durch Innovationen, sind grundsätzliche Überlegungen zur Innovationsfähigkeit der normativen, strategischen und operativen Bedingungen durch das Management anzustellen.

Unternehmungen sehen sich sowohl vor *sachliche* wie *zeitliche* Probleme beim Übergang von der einen auf die andere Management-Philosophie gestellt, die eine Auseinandersetzung mit der Frage des Innovationsmanagements unabdingbar machen. Dabei wachsen die Schwierigkeiten eines Übergangs in Abhängigkeit von der Dauer der Prägung und dem Erfolg, den ein Umgang mit den bisherigen Profilen errungen hat, und mit der Grösse der Unternehmung oder der Einheit, die von einer notwendigen Änderung betroffen ist.

Ziel der Promotionsanstrengungen eines Innovationsprozesses zur

Bereinigung von Soll-Ist-Differenzen in der Management-Philosophie ist das veränderte Mitarbeiterverhalten. Dies wird im normativen Bereich vor allem durch die Unternehmungskultur gestützt. Ansatzpunkte für eine Promotion von Innovationsprozessen lassen sich bei der Wahl strategischer Programme, den Organisations- und Managementsystemen und der Entwicklung eines Problemverhaltens erkennen.

8.2.1 Schaffen der kulturellen Voraussetzungen für eine Promotion der Innovation

In der normativen Dimension sind zunächst hinlängliche Voraussetzungen für eine Promotion der Innovation zu schaffen. Dies betrifft neben der Überprüfung der verfassungsmässigen und unternehmungspolitischen Voraussetzungen vor allem die verhaltensprägende Ausrichtung der Unternehmungskultur.

Eine *Kulturveränderung* zur Innovationsförderung wirft eine Reihe von Problemen auf. In gewachsenen Unternehmungskulturen treten diese vor allem im Kontext der Überwindung von tradierten Verhaltensweisen auf.

Die Überwindung tradierter Verhaltensweisen als Voraussetzung für Innovationen

Bei einem Übergang von einer gegebenen Ist- auf eine angestrebte Soll-Position ist in einem »Management of Change« eine *wechselnde Balance* zwischen einer Überwindung änderungs*hemmender* und einer Aktivierung änderungs*fördernder* Kräfte herzustellen.

Da die Implementierung von Strategien in Abhängigkeit von ihrem Innovationsgrad eine mehr oder weniger grosse Anpassung von den Beteiligten und Betroffenen verlangt, ist mit Dieter Gebert (= Organisationsentwicklung = 25) sowohl die äussere Situation, die durch die Gestalt der Organisationsstrukturen und Managementsysteme gegeben ist, als auch die innere Disposition des Mitarbeiters – seiner Fähigkeiten und seiner individuellen und sozialen Einstellungen – zu verändern, um den neuen Strategien eine Chance zur Akzeptanz und Verwirklichung zu geben (vgl. auch Abschnitt 7). Neben »Mängeln und Unzulänglichkeiten« sind es »methodische Pro-

Abbildung 8.1
Änderungshemmende und -fördernde Kräfte
(Kobi/Wüthrich = Unternehmungskultur = 161)

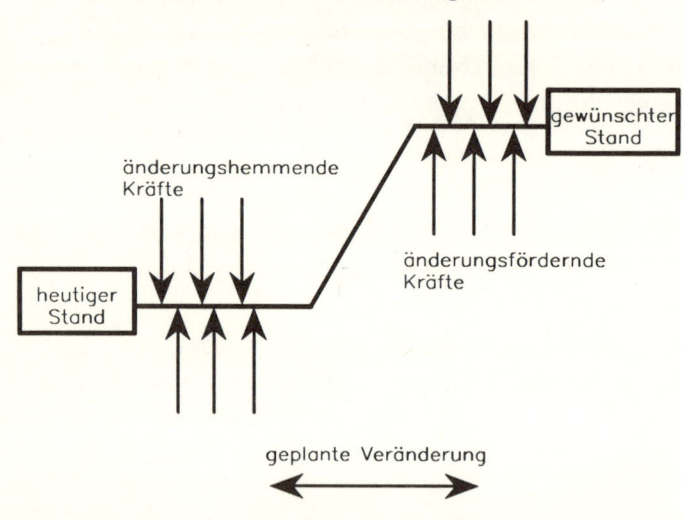

bleme«, welche die Durchsetzung von Strategien erschweren, wie Werner Kirsch, Werner Michael Esser und Eduard Gabele ausführen (= Reorganisation = 22):

- erklärter Widerstand
- mangelndes Anpassungsvermögen (Trägheit)
- unzureichende Macht der Akteure
- Gefährdung bestehender Positionen.

Roland Huber (= Überwindung = 133f.) unterscheidet in Anlehnung an Igor Ansoff (= Resistance =), J. P. Kottler und L. A. Schlesinger (= Change = 107ff.) zwischen einem *Verhaltens-* und einem *Systemwiderstand* bei der Durchführung von Veränderungen:

Tabelle 8.1
Verhaltenswiderstand bei Veränderungen

Offener oder versteckter *Verhaltenswiderstand* (Ansoff = Resistance =; Kottler/Schlesinger = Change = 107ff.) kann von einer einzelnen Führungskraft, aber auch – was bedeutend schwerwiegender ist – von ganzen

Gruppen ausgehen. Die Gründe für den Verhaltenswiderstand sind jedoch in beiden Fällen weitgehend dieselben:
- Bedrohung der Machtposition der Führungskraft (Gruppe)
- Informationsmangel
- unterschiedliche Vorstellungen von der Realität seitens der Führungskraft (Gruppe)
- unerwünschte Risiken, die es einzugehen gilt
- allgemein anerkannte Wertvorstellungen, die mit der Veränderung durchbrochen werden
- die Führungskraft (Gruppe) fühlt sich den neuen Anforderungen nicht gewachsen.

Tabelle 8.2
Verhaltensträgheit bei Veränderungen

Die *Verhaltensträgheit* kann nicht eigentlich als Widerstand bezeichnet werden. Bei ihr handelt es sich vielmehr um ein Unvermögen, Veränderungen anzunehmen. Die Wirkung auf den Anpassungsprozess bleibt jedoch weitgehend dieselbe wie beim erklärten oder passiven Widerstand. Der Ursprung für die Verhaltensträgheit, wie sie hier definiert ist, liegt dann auch nicht unmittelbar in der Tendenz zur Selbsterhaltung (wie z. B. beim Widerstand), sondern vielmehr in einer mangelnden Flexibilität der Unternehmungsangehörigen. Diese manifestiert sich vor allem in
- festgefahrenen Denkstrukturen
- unbewussten, tradierten Wertvorstellungen bzw. Verhaltensnormen, welche das Anpassungsvermögen der Betroffenen beeinträchtigen. Der Widerstandseffekt der Verhaltensträgheit wird demzufolge nicht durch »bösen Willen«, sondern unbewusst durch die Unternehmungsangehörigen erzeugt.

Tabelle 8.3
Systemwiderstand bei Veränderungen

- Der *Systemwiderstand* (Ansoff = Resistance = 385 ff.) resultiert aus dem Fehlen strategischer Fähigkeiten sowohl der Unternehmung als auch der Führungskräfte. Die wesentlichsten systemimmanenten

Widerstände basieren auf folgenden Systemeigenschaften:
- Orientierung des Managements an kurzfristigen Gegebenheiten (statt an strategischer Flexibilität)
- die Macht der Leitung ist unzureichend, da die effektive Macht auf Subsysteme verteilt ist (Tradition).

Tabelle 8.4
Systemträgheit bei Veränderungen

- Die *Systemträgheit* umfasst eine personale und eine infrastrukturelle Trägheitskomponente. Bei der *personalen* Komponente sind es z. B. Hemmnisse, wie
  - Fähigkeiten/Ausbildungsstand der Mitarbeiter
  - Bequemlichkeit, eine Routine, die notwendige Innovationen verdrängt,

  welche das System (Unternehmung) als ganzes in seiner Handlungsfähigkeit einengen.

  Bei der *infrastrukturellen* Komponente geht es um die während vieler Jahre eingespielten Prozesse, Strukturen und die aufgebauten (evtl. spezifischen) Kapazitäten (Anlagen, Produktionsstätten, Personal) mit Tendenz zur Selbsterhaltung. Hinzu kommen Führungssysteme, an die sich das Management gewöhnt bzw. deren Ausrichtung (auf die Erzielung kurzfristiger Erfolge) sich in den Augen des Managements in der Vergangenheit scheinbar bewährt hat.

Voraussetzungen für eine Kulturveränderung

Damit eine Veränderung von Unternehmungskulturen in Richtung einer Förderung der Innovationsbereitschaft erfolgen kann, sind eine Reihe von Voraussetzungen erforderlich.

Tabelle 8.5
Voraussetzungen für eine Kulturveränderung

- Kultursensible Unternehmungsleitung
- Positiv eingestellte Kulturinseln

- Klar definierte Managementphilosophie, Unternehmungspolitik und Strategien
- Einheitlicher Aktionsfokus
- Möglichkeit, über Erfolgserlebnisse zu verstärkter Motivation zu gelangen
- Mythen, Symbole und andere kulturelle Signale weisen in die gleiche Richtung.

Ansatzpunkte für eine Förderung innovationsfreundlicher Unternehmungskulturen

Eine *Kulturveränderung* zur Innovationspromotion wirft zwei Fragenkreise auf: (1) den *sach-rationalen Gestaltungsaspekt* und den (2) *sozio-emotionalen Entwicklungsaspekt*, der eher die Grenzen der Gestaltung betrifft. Wenn die Wahl und der Einsatz geeigneter Persönlichkeiten einerseits und die abgestimmte Anwendung von Managementsystemen andererseits die Unternehmungskultur in Richtung einer Innovationsfähigkeit veränderbar werden lassen, so richten sich die *kulturgestaltenden* Massnahmen auf beide Aspekte.

Im Hinblick auf die kulturverändernden Wirkungen aufgrund von Personalselektion und Personaleinsatz kommt vor allem dem Management eine tragende Rolle zu. Die Auswahl, der Einsatz – und hier ist vor allem an das Rotationsverfahren gedacht –, die kulturelle Werte und Normen in der Organisation weiterverbreiten, aber auch abschleifen können, sind bei der Förderung und Beförderung zusätzlich zu den üblichen Qualifikationsmerkmalen der *Träger von Verhaltensweisen* deutlicher zu beachten. Im Mitarbeiter- und Beurteilungsgespräch sind korrigierende Eingriffe möglich und wünschenswert. Aber erst das eigene Vorbild und Vorleben verschafft diesen Beeinflussungsversuchen Glaubwürdigkeit. Für die gesamte Unternehmung ist sicherzustellen, dass die »Pipeline« mit Nachwuchskräften gefüllt ist. Staus, vor allem an ihrem Ende, sind zu vermeiden und ein evolutionäres Austragen von Wertkonflikten zwischen den Generationen auch innerhalb einzelner Organisationseinheiten ist sicherzustellen. Dabei müssen sich Unternehmungen die folgenden Fragen stellen:

- Welche Persönlichkeits- und Verhaltenstypen können eine Kulturveränderung in welcher Richtung auslösen?

- Wie engt sich der Kreis der derart »tonangebenden« Personen, insbesondere bei den Führungskräften ein, um eine »kritische Masse« für die Auslösung von Kulturveränderungen im Spannungsverhältnis von Führer und Geführten zu erreichen?
- Wodurch lässt sich die Wirkung dieser kritischen, personellen kulturverändernden Massnahmen erhöhen, wie etwa durch gezielte Rotation zur Kulturdissemination, Bildung von »tonangebenden« Eliten und ihrer sichtbaren Positionierung zugunsten einer Steigerung der Verbreitung veränderter kultureller Werte?

Dies sind nur einige, aber zentrale Fragestellungen, die sich bei der Selektion und dem Einsatz von »Kulturträgern« dann ergeben, wenn über sie *Kulturpolitik* betrieben werden soll.

Im Hinblick auf die kulturverändernde Wirkung des Einsatzes von Managementsystemen lassen sich *Informations*massnahmen nennen zur Entwicklung einer »corporate identity« sowohl nach innen (Mitglieder) als auch in der Öffentlichkeitsarbeit nach aussen (Teilnehmer), wie Instrumentarien der *Personalentwicklung* im kognitiven (Wissen über Unternehmung, Leistung und Arbeit) und im affektiven Bereich (Veränderung von Einstellungen zur Unternehmung, Leistung und Arbeit, Motivation, Steigerung der Gruppenkohäsion – »Teamgeist«).

Zur Überwindung von Verhaltens- und Systemwiderständen arbeitet Roland Huber in Anlehnung an Chin/Benne (= Strategien = 43 ff.) vier Ansätze eines auf Veränderungen zielenden Handelns zur Überwindung denkbarer Diskrepanzen von strategischem Wollen und der Bereitschaft zu seiner Implementation in der operativen Dimension heraus (Huber = Überwindung = 145 f.):

- *Die »Bombenwurf«-Umsetzung*
  Der Ansatz, der auf Igor Ansoff (= Verwirklichung = 76 ff.) und Werner Kirsch (= Führungssysteme = 170 ff.) zurückgeht, lässt sich auch als *»Fähigkeit folgt Strategie«*-Vorgehen kennzeichnen. Die neue Strategie wird der Unternehmung aufgezwungen und mögliche Widerstände werden gebrochen. Ein strategisches Konzept wird nach dem Prinzip des Schaffens vollendeter Tatsachen schlagartig und unwiderruflich ohne breite Beteiligung der Betroffenen überraschend in Kraft gesetzt. Dieses Vorgehen wird allgemein bei Implementierungen mit hoher Dringlichkeit und vielfältigen personellen Konsequenzen bevorzugt, die sonst in

einem politischen Prozess des Interessenausgleichs das Konzept sachlich und zeitlich verwässern könnten.

- *Die Lern- und partizipative Umsetzung*
  Mit der Umsetzung der Strategie wird unter Beachtung der Zeitkonstanten, die für eine Partizipation bei der Strategiekonkretisierung und des Erlernens der Fähigkeiten zu ihrer Implementierung notwendig sind, solange gewartet, bis alle Voraussetzungen für eine erfolgreiche Realisierung gegeben sind. Durch das partizipative Vorgehen soll möglicher Widerstand zwar nicht gebrochen, aber minimiert werden. Es wird bei strategischen Anpassungen präferiert, bei denen durch eine rechtzeitige Bekanntgabe beabsichtigter Veränderungen keine kritischen politischen Prozesse ausgelöst werden, die einer Strategierealisierung entgegenstehen.

- *Die krisengeprägte Umsetzung*
  Eine krisenhafte Situation wird genutzt, oder eine als notwendig erkannte strategische Änderung wird auf eine Krise hin geplant. Mit Verweis auf die kritische Überlebenssituation des Gesamtsystems oder eines betroffenen Bereiches wird der Widerstand gegen die Änderung auf ein absolutes Minimum reduziert. Dieses Vorgehen kann als »ultima ratio« eines Veränderungsvorgehens bezeichnet werden.

- *Die Lern-Aktions-Vernetzung*
  Zur Strategieimplementierung wird die Entwicklung einzelner Fähigkeiten in einzelnen Lernschritten alternierend bzw. parallel zum Agieren vorangetrieben. Als Ergebnis wird das Entstehen einer Atmosphäre der Akzeptanz und einer »strategischen Mentalität« unterstellt. Auf diesem Wege werden mögliche Widerstände zwar nicht gebrochen, doch minimiert. Ein derartiges Vorgehen bietet sich an, wenn die strategische Richtungsänderung und die mit ihr einhergehenden Veränderungen tiefgreifender Natur sind.

Die Überwindung von Widerständen und Trägheit im systembestimmten Verhalten setzt ein *Schaffen von Veränderungsbereitschaft durch Promotoren* voraus. Sie geht vom operativen Verhalten des Managements aus, das angemessene Veränderungssignale faktisch und symbolisch setzen muss. Thomas J. Peters (= Mastering = 48ff. in deutscher Übersetzung zit. n. Huber = Überwindung = 143) gibt einen Katalog mit Beispielen derartiger Veränderungssignale durch das Management:

Tabelle 8.6
Signale des Managements zur Schaffung von Veränderungsbereitschaft

Diese Prioritäten können (auch im Rahmen des täglichen Unternehmungsgeschehens) beispielsweise wie folgt zum Ausdruck gebracht werden:

- Der Aufbau und Ablauf von Sitzungen wird von Themenkreisen dominiert, die für die Erreichung der strategischen Ziele ausschlaggebend sind. Dadurch manifestiert das Top-Management das Ausmass der Bedeutung, welche es dieser Zielerreichung beimisst.
- Führungsinstrumente und insbesondere Kontrollmechanismen werden ganz spezifisch zur Unterstützung bzw. Überwachung der für den Erfolg ausschlaggebenden Aktivitäten (Funktionen) konzipiert und eingesetzt.
- Die persönliche Arbeitsgestaltung des Managements sollte sich demonstrativ auf Problemkreise konzentrieren, die es in bezug auf die Implementierung (Anpassung, Durchsetzung) zu lösen gilt.
- Das Top-Management sollte – geschrieben oder ungeschrieben – Normen etablieren, nach denen zielgerichtete, änderungsfreundliche Verhaltensweisen belohnt und opponierende sanktioniert werden.
- Träger von Funktionen, die für die Realisierung der Veränderungsstrategie besonders wichtig sind, sollen besondere Unterstützung durch das Top-Management erhalten und mit Statussymbolen ausgestattet werden.
- Das Top-Management sollte jene Anpassungs-Aktivitäten, die für das Gelingen eines Veränderungsvorhabens wesentlich sind, insbesondere durch demonstratives Aussprechen von Anerkennung honorieren.

Mit diesen Signalen manifestiert das Management die Bedeutung, die es den auf Veränderung ausgerichteten Prozessen zumisst.

8.2.2 Strategische Promotion der Innovation

Auf der Grundlage der Kulturpolitik einer Unternehmung sind strategische Ansätze zur Promotion der Innovation zu schaffen. Sie sind sowohl von den strategischen Programmen, von den Strukturen und Systemen des Managements, als auch von der Verwirklichung kulturpolitischer Vorgaben zur Verhaltensveränderung her zu diskutieren.

Strategische Programme zur Promotion der Innovation

Zunächst ist es der Inhalt der strategischen Programme selbst, der den Grad erforderlicher Innovationen bestimmt. Stark auf eine Stabilisierung ausgerichtete strategische Programme erfordern nur dann einen Innovations- »schub«, wenn die bisherige kulturelle Entwicklung von einem chaotischen »Entrepreneurship« getragen war. Sie zielen dann auf Struktur- und Systeminnovationen, um auf diesem Wege eine Konsolidierung zu erreichen. Im umgekehrten Fall von auf Veränderung ausgerichteten strategischen Programmen zielt die Innovation dagegen auf das Schaffen von Freiräumen, in denen sich kreative Prozesse für Veränderungen entfalten können. In dieser Weise sind strategische Programme durch einen phasenspezifischen »lag« gegenüber den Erfordernissen der bereits fortgeschrittenen Unternehmungsentwicklung geprägt.

Um eine derartige Anpassung durch phasenspezifische gebundene Innovationen zu erreichen, bedarf es einer Veränderung von Erfolgspotentialen. Diese lässt sich ebenfalls über Programme steuern, die häufig den Charakter von Projekten annehmen. Sie beziehen sich weitgehend auf die nachfolgend skizzierten Promotionsvorhaben.

Promotion der Innovation durch Organisationsstrukturen und Managementsysteme

Mechanistische und organische Organisationsstrukturen

Der Weg zur Veränderung von Management-Philosophien wird nicht nur von einem Einzelnen beschritten, sondern er verlangt das »In-Marsch-Setzen« einer ganzen Mannschaft. Innovative Veränderungen bedürfen der Zusammenarbeit im Team, zumeist in interdisziplinärer Zusammensetzung. Hier werden Anstösse gegeben, Assoziationen ausgelöst, laterales Denken gefördert, Wissen erlernt und aggregiert. Neue Wege werden entdeckt, Grenzen eines Vorgehens erkannt, das nicht erfolgversprechend ist.

Zudem erhöht die im Team erzielbare Betroffenheit aller Beteiligten, sich mit Nachdruck in gemeinsamer Arbeit einer Lösung zu stellen, die Realisierungschancen innovativer Vorgaben. Eine zunehmende Ersetzung der Hierarchie durch Teamstrukturen verändert die Organisationslandschaft nachhaltig: Statt einer routinierten und isolierten Aufgabenerfüllung gewinnt die interdisziplinäre Zusammenarbeit bei neuen Problemlösungen an Bedeutung. Die dem alten Paradigma folgende, zur Hierarchisierung und Erstarrung neigende Routineorganisation muss vermehrt mit zeitlich begrenzten Formen einer Auseinandersetzung mit innovativen Vorhaben durchzogen werden. Dies verlagert letztlich ihren Schwerpunkt vom zeitlich unbefristeten *Aufgaben*bezug im Rahmen klar *abgegrenzter* Zuständigkeitsbereiche zu einem befristeten und im Wandel befindlichen *Problembezug* in *interdisziplinärer* Zusammenarbeit.

Es gilt in der Organisationstheorie als bewährt, dass zur *Ideenfindung* andere Organisationsstrukturen geeignet sind als zu ihrer *Implementierung*. Während in der Phase der Ideenfindung nach kreativitätsfördernden, offenen, lateralen Team-Strukturen gesucht wird, sind für eine schnelle Umsetzung der erarbeiteten Konzepte eher machtgebundene Organisationsformen förderlich. Dies können eher rigide Strukturen mit einer Neigung zur Formalisierung und Kontrolle mit individuellen Zügen sein (T. Burns und G. M. Stalker = Innovationen =, Götz Schmidt = Produkt-Innovation =). Die Organisationspraxis hat diese Antinomie heute dadurch tendenziell aufgelöst, dass sie durch interdisziplinäre Projektgruppen und -kollegien die Aspekte der Ideengenerierung und der Ideendurchsetzung zunehmend zeitlich simultan verzahnt hat. Damit werden Informations- und Motivationsmängel, die für einen getrennten Ablauf in der Sukzession beider Phasen charakteristisch sind, abgebaut. Eine völlige Simultaneität lässt sich zwar kaum herstellen; die Struktur wird jedoch durch diesen Ansatz einer stärker partizipativ-kooperativen Form angepasst.

In ablauforganisatorischer Betrachtung ist von einem Wechsel zwischen »mechanistischen« und »organischen« Organisationsstrukturen in den Phasen der Planung, Invention, Entwicklung, Adaption und Diffusion von Innovationen auszugehen, wie ihn Abb. 8.2 veranschaulicht.

E.B. Roberts und A.R. Fusfeld (= Staffing =) haben in empirischen Untersuchungen festgestellt, dass es während des Innovationsprozesses fünf kritische Funktionen oder Rollen gibt, von denen der Innovationserfolg massgeblich abhängt. Die erste kritische Rolle bezieht sich auf die Generierung von Ideen für neue Produkte und Dienstleistungen (*Idea Generating*). Die

Abbildung 8.2
Phasen und Strukturen des Innovationsprozesses

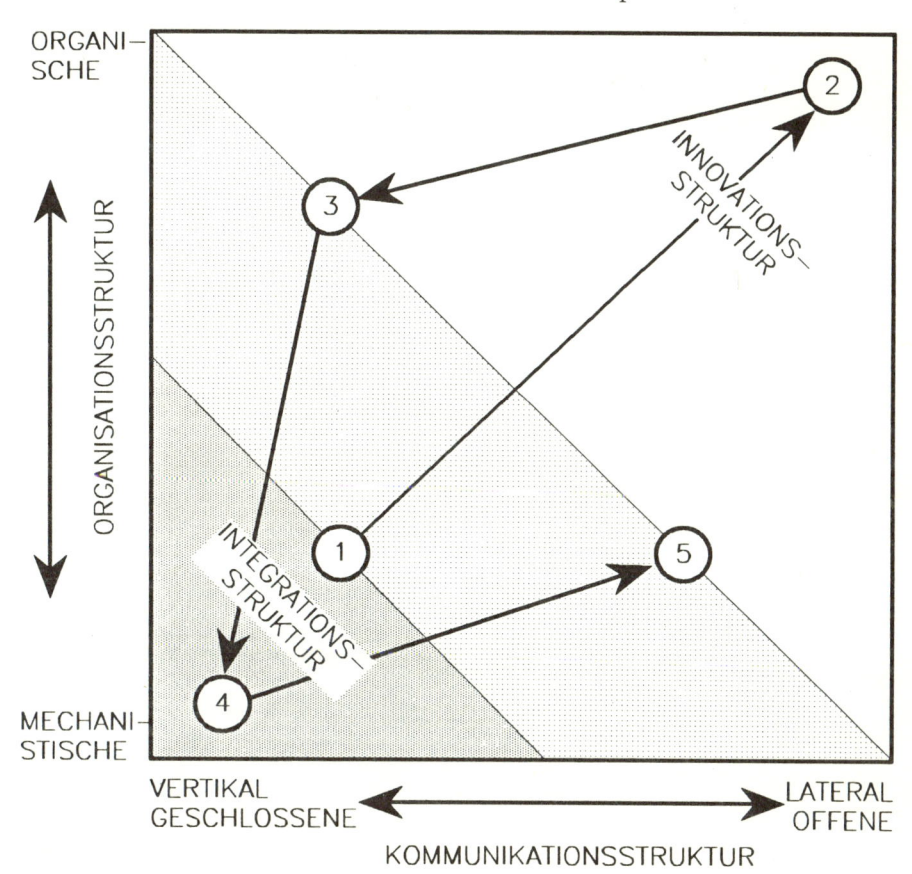

ORGANI-
SCHE

ORGANISATIONSSTRUKTUR

MECHANI-
STISCHE

INNOVATIONS-
STRUKTUR

INTEGRATIONS-
STRUKTUR

VERTIKAL
GESCHLOSSENE ⟷ LATERAL
OFFENE

KOMMUNIKATIONSSTRUKTUR

1 Planungsphase
2 Inventionsphase
3 Entwicklungsphase
4 Adaptionsphase
5 Diffusionsphase

neue Idee muss von der Organisation akzeptiert und gefördert werden (*Intrapreneuring/Championing*). Um dem neuen Projekt zum Erfolg zu verhelfen, sind zahlreiche Planungs- und Koordinationsaktivitäten erforderlich (*Project Leading*). Während des Entwicklungsprozesses sind Informationen über Veränderungen der internen und externen Umwelt zu sammeln und auszuwerten (*Gatekeeping*). Letztlich müssen weniger erfahrene Mitarbeiter im Hinblick auf die kritischen Funktionen geführt und unterstützt werden (*Sponsoring/Coaching*). Jede dieser Rollen stellt spezifische Anforderungen an den Rolleninhaber. Roberts und Fusfeld haben ferner nachgewiesen, dass ein Mitarbeiter mehrere Rollen gleichzeitig ausüben kann. Die Art und Weise, wie diese kritischen Rollen während des Innovationsprozesses wahrgenommen werden, bietet Ansatzpunkte für das Management von Innovationsprozessen, das sich auf deren Träger und ihr Verhalten ausrichtet.

Hier wird die These vertreten, dass eine Voraussetzung für Invention und Innovation eine *beherrschbare, überschaubare Grösse organisatorischer Einheiten* ist, die Raum gibt für persönliche Entfaltung, Gruppenarbeit, informelle Kontakte unter weitgehender Befreiung von bürokratischen Formen, Status- und Hierarchieprägungen und eine Atmosphäre für zielbezogene statt politische Problemlösungen.

Promotion der Innovation durch eine Veränderung von Managementsystemen

> »What we need is an entrepreneurial society in which innovation and entrepreneurship are normal, steady and continuous.«
>
> Peter Drucker

Der Marsch einer ganzen Mannschaft in Neuland stellt dabei besondere Anforderungen an die Führung und ihre Unterstützung durch Managementsysteme.

»Grundsätzlich gilt, ... möglichst flexible Personen mit dem Innovationsvorhaben zu betrauen. Im Mittelpunkt stehen die kognitiven Fähigkeiten und das schöpferische Denken in Problemlösungsprozessen«, stellt Heribert Meffert (= Durchsetzung = 84) fest, der zugleich folgende wesentliche individuelle Eigenschaften des Innovators aufzählt: aussengeleitet, personenorientiert, kognitiv offen, niedriges Alter bei grosser Vitalität, hoher Ausbildungsstand, positive Einstellung zum Risiko und leistungsorientierte Motivation. Dabei kann allerdings die Annahme, daß Kreativität mit zunehmendem Alter nachlasse, durchaus in Zweifel gezogen werden.

Zudem wird nicht nur eine Harmonisation von Organisationsstrukturen und Managementsystemen verlangt, sondern auch eine Harmonisation der einzelnen Teilsysteme von Managementsystemen. Erfahrungsgemäss sind bei älteren und grösseren Unternehmungen die Managementsysteme stärker auf eine Zielsetzung und Zielerreichung im Rahmen eines rationellen, repetitiven und teil-standardisierten Arbeitsvollzugs ausgerichtet. Die Informations- und Berichtssysteme geben laufend Auskunft über Fortschritte bei der Zielverwirklichung und liefern Daten für provisorische Zielüberprüfungen und -veränderungen. Die Leistungsbeurteilung, wie die Anreiz- und Belohnungssysteme stellen auf Leistung und Bewährung bei der Aufgabenerfüllung innerhalb des in Stellenbeschreibungen festgelegten organisatorischen Rahmens ab, und sie gratifizieren das Mitarbeiterverhalten aufgaben- und beurteilungsgerecht. Damit werden für die weitere Entwicklung des Mitarbeiterverhaltens und der Unternehmungskultur Signale gesetzt, die deutlich machen, welche Einstellungen und welches Verhalten »systemgerecht« ist und durch die Leitung positiv beurteilt wird.

Eine solche von Managementsystemen getragene Betonung des Erstrebten setzt eindeutige, aber auch sehr einseitige Akzente auf die Verbesserung der Leistung im Rahmen des Erprobten und Bewährten. Es schränkt den Blick zugunsten einer weiteren Vervollkommnung von liebgewordener Routine ein, ohne den Blick auf Neues zu lenken und zu öffnen. Dieser »*Routine-Reduktionismus*«, der durch traditionelle Managementsysteme Mitarbeiterverhalten in eine Richtung »einspurt«, kann als der grösste Feind einer Innovationsorientierung gelten.

Um diesem Zwang zu entrinnen, der für viele Unternehmungen charakteristisch ist, sind in den Managementsystemen andere oder zumindest ergänzende Akzente zu setzen, um die Anpassungsfähigkeit von Unternehmungen zu problematisieren. Dies gilt besonders für die Innovationsorientierung der Mitarbeiter, die in einer Zeit zunehmender Dynamik kritisch wird. Im Rahmen von Zielvereinbarungssystemen eines »management by objectives« sollte neben die Vereinbarung und Vorgabe von *Leistungszielen* diejenige von *Innovationszielen* treten, denen sich die Mitarbeiter zeit- und ergebnisbezogen widmen. Grosse Bedeutung kommt dabei einer innovationszielorientierten Leistungsbeurteilung zu. Informationssysteme haben nicht nur notwendige Informationen bereitzustellen, sondern auch ein laufendes Feedback über erreichte Fortschritte oder eingetretene Fehlentwicklungen im Entwicklungsprozess der Innovation zu vermitteln. Ganz entscheidend ist dabei das Gewicht, das dem Erreichen innovativer Ergebnisse gegenüber routinegeprägten Leistungszielen gegeben wird. Die Ausrichtung von Anreiz- und Belohnungssystemen unterstreicht die Bedeutung, welche der Innovation im Rahmen der Unternehmungsphilosophie eingeräumt wird. Variable Vergütungsanteile, Boni u. a. im Materiellen, Aufstieg und Status im (teils) Immateriellen, können von erreichten Innovationszielen abhängig gemacht werden, damit über Innovationen Diskrepanzen zwischen Ist- und Soll-Profilen überwunden werden können. *Tab. 8.6* gibt einen Überblick über Ansatzpunkte für eine innovationsfreundliche Gestaltung von Managementsystemen.

Tabelle 8.7
Managementsystemische Voraussetzungen für ein erfolgreiches Innovationsmanagement

1. Ausrichtung auf neue Zielfindung statt ausschliessliche Sammlung von Informationen über das routinierte Erreichen von Standardzielen.
2. Informationssysteme sind aussenorientiert und greifen frühzeitig »schwache« Signale auf, die Veränderungen andeuten.
3. Zweckbezogene und benutzerorientierte Differenzierung von Informationsbedürfnissen.
4. Ergebnisorientierte Ausrichtung von Managementsystemen (»Meritokratie«), welche die Fristigkeit (»Zeitkonstanten«) von Veränderungsvorhaben berücksichtigt.
5. Anreiz-, Leistungsbeurteilungs- und Belohnungssysteme sind auf das Finden neuer Ziele und ihre kreative Verwirklichung ausgerichtet.

Kooperation und Wettbewerb

Innovative Organisationsstrukturen zeichnen sich durch eine hochgradige Vernetztheit, eine Tendenz zur Auflösung von traditionell engmaschigen Antrags- und Berichtsverfahren und eine Neigung zum »Intrapreneurship« aus. Hinzu tritt ein grundsätzlicher Bruch mit der bislang vorherrschenden Gestaltungstendenz, Synergien durch Vermeiden von Überschneidungen in den Aufgaben und Arbeitsvollzügen zu erreichen. Die sich daraus ergebende Suche nach segmentierten Organisationsmustern führte zu der Notwendigkeit einer Korrektur, indem entweder die Rolle der Leitung (hierarchisch) betont werden muß oder aber die lateral-horizontale (nicht hierarchische) Kooperation zu verstärken ist. Insbesondere die sozialwissenschaftlich orientierte Organisationsliteratur hat den *Kooperationsgedanken* stark in den Mittelpunkt gestellt und das *Wettbewerbsverhalten* von Individuen oder Gruppen eher als Störgrösse im Entstehungsprozess kooperativen Verhaltens verstanden.

Im Zusammenhang mit dem Innovationsmanagement bietet es sich jedoch an, *Kooperation und Konkurrenz* (Grunwald/Lilge = Kooperation =) in einem etwas anderen, nämlich positiven Verhältnis zueinander zu sehen. Praktische Beispiele erfolgreichen Innovationsmanagements zeigen den Wert, den eine Parallelarbeit verschiedener Projektgruppen für eine qualifizierte und schnelle Problemlösung haben kann, wenn diese im Wettbewerb zueinander an einer gleichen Aufgabe arbeiten. Erst der Wettbewerb scheint Motivation, überdurchschnittliches Engagement, hohe Gruppenkohäsion und herausragende Ergebnisse zu produzieren. Werden zur Erzielung von Gruppenkohäsion, Teamgeist und einem besonders forcierten Klima der Problemlösung, das häufig keine Arbeitszeitgrenzen kennt, bewusst parallel Gruppen mit der Lösung der gleichen Aufgabe betraut, treten neben dem Vorteil der Projektbeschleunigung durch den Leistungseinsatz und der Wahlmöglichkeit zwischen alternativen Problemlösungen auch wesentliche Nachteile hinzu: Neben der Vergeudung knapper und teurer Ressourcen führt die endgültige Entscheidung über das Projektergebnis auch zu nachhaltigen Demotivationseffekten bei denjenigen, die sich »umsonst« eingesetzt haben. Nur eine der im Wettbewerb arbeitenden Gruppen kann ja als »Sieger durchs Ziel gehen«. Damit sind kontraproduktive Effekte, Enttäuschung und Gesichtsverlust bei den »Verlierern«, die das Ergebnis nicht rechtzeitig oder weniger qualifiziert zustandebringen, zu verzeichnen. Es ist keine leichte Aufgabe für das Management, diese Negativeffekte aufzufangen und erneut in Motivation umzusetzen, die deshalb notwendig wird, damit man sich nicht der Gefahr aussetzt, dass ganze Teams mit ihrem Wissen eines nahezu erreichten Projektendes die eigene Unternehmung verlassen und sich selbständig machen oder zum Wettbewerb überwechseln.

Promotion der Innovation durch das Problemverhalten

Letztlich zielen alle strategischen Promotionsbemühungen auf die Förderung eines innovativen Verhaltens. Sie beziehen sich auf Aspekte der Motivation, der Personalstruktur und – nach erfolgter Veränderung – der Stabilisierung des veränderten Verhaltens.

Promotion durch Motivation

»Tell me and I'll forget; show me and I may remember; involve me and I'll understand«.

Amerikanisches Sprichwort

Eine Veränderung der Mitarbeitermotivation zur Promotion von Innovationsprozessen lässt sich mit E. W. Morse und K. G. Martin (= Implement Strategy = 4ff.) durch eine Beeinflussung der »*kurzfristig motivierenden Umgebung*« und durch Massnahmen der *individuellen und Gruppenmotivation* erreichen.

Der erste Ansatz geht eher von betriebsklimatischen Bedingungen, von Stimmungslagen in der Mitarbeiterschaft aus, die innovationsfördernd zu beeinflussen sind: »Der Aufbau dieser ›Umgebung‹ hat in erster Linie zum Ziel, kurzfristig eine Veränderungsbereitschaft ... zu schaffen, und damit die Akzeptanz für die beabsichtigte Anpassung der Gesamtkonfiguration der Unternehmung zu steigern« (Huber = Überwindung = 221). Mit E. W. Morse und K. G. Martin (= Implement Strategy = 6) sind dabei vier Elemente einer derartigen Beeinflussungsstrategie zu unterscheiden:

- Auszeichnung von Mitarbeitern
- Einsatz von Sprache und Symbolen
- Installation von Kommunikationsprogrammen
- weitere Elemente unternehmungskultureller Förderung.

Bei der Beeinflussung der Motivation von Individuen und Gruppen gilt es, die Mitarbeiter unter Berücksichtigung ihrer Bedürfnisse mit Massnamen, die in die Richtung einer Veränderung zielen, anzusprechen und zu Handlungen zu motivieren. Mit E. W. Morse und K. G. Martin (= Implement Strategy = 9f.) lassen sich hierbei im einzelnen unterscheiden:

- *Anerkennung*
  Über eine auch sichtbar werdende Anerkennung werden vor allem Mitarbeiter angesprochen, bei denen in ihrer Bedürfnislage Defizite in der Wertschätzung durch ihre soziale Umwelt vermutet werden können. »Manager mit diesem Bedürfnis werden vor allem dann hervorragend motiviert, wenn die Anerkennung und Unterstützung in aller Öffentlichkeit ausgesprochen wird« (Huber = Überwindung = 222).

- *Herausforderung zur Meisterschaft*
  Die Meisterung herausfordernder Aufgaben kann bei Führungskräften und Experten eine hochgradige intrinsische Motivation bewirken, der durch entsprechende Aufträge zur Bewältigung von Änderungsprozessen entsprochen werden kann. »Manager werden sehr effektiv, wenn sich ihnen durch die Übertragung einer solchen Aufgabe die Chance bietet, hochstehende Fähigkeiten zu erwerben oder die Kontrolle über eine komplexe Herausforderung zu gewinnen« (Huber = Überwindung = 223).

- *Risiko und Abenteuer*
  Mit diesem Ansatz wird vor allem der Rollentyp des Unternehmers angesprochen, der sich mit einer eigenen Vision in das Abenteuer von etwas völlig Neuem und Unerprobtem begibt. Ihn mag es dabei besonders reizen, in einer Welt der Ungewissheit Risiken zu begegnen und sie zu bewältigen. Der Gefahr des Scheiterns wird in seinem emotionalen Kalkül die Möglichkeit herausragender Belohnungsmöglichkeiten gegenübergestellt.

- *Macht und Einfluss*
  Dieser Ansatz greift auf das Rollenbild von Managern und Menschenführern zurück, die vor allem durch Macht und Einfluss motivierbar erscheinen. Die Forderung nach innovativer Veränderung wird hier begleitet von der Möglichkeit, über eine erfolgreiche Aufgabenbewältigung Positionen mit einem Machtzuwachs und erweitertem Einflussbereich aufbauen zu können. Ein derartiger Ansatz wird beispielsweise dann verfolgt, wenn sich »Intrapreneure« aus einem erfolgreich abgewickelten Projekt ihren eigenen Geschäftsbereich aufbauen können, dessen Leitung sie übernehmen. Mit dem geschäftlichen Erfolg wachsen sie zugleich in die Ranghierarchie hinein.

- *Altruismus*
  Die Befriedigung sozialer Bedürfnisse anderer, die Hinwendung auf deren Entwicklung kann eine wesentliche Triebkraft für Veränderungen bei derartig motivierten Menschenführern sein.

Promotion durch Veränderung der Personalstruktur

Eine Veränderung der *Personalstruktur* in quantitativer und qualitativer Hinsicht kann ebenfalls Innovationen fördern. Im Quantitativen kann die Personalausstattung unzureichend sein, um den Anforderungen an eine Transformation von einem Ist zu einem Soll der Profilierung zu genügen. Personalbeschaffungs- oder Umsetzungsmassnahmen können sich als Konsequenzen dieser Erkenntnis ergeben. Im Qualitativen lassen sich mit Huber (= Überwindung = 227) unterscheiden:

- *Massnahmen zur Verhaltensbeeinflussung* durch
  - einmalige Aktionen
  - repetitive Verhaltensbeeinflussung
  - flankierende strukturelle Massnahmen
- *Aus- und Weiterbildung*

Unter »*einmaligen Massnahmen*« sind vor allem Einzelprojekte zu verstehen, die Veränderungen zum Ziel haben. Dazu ist eine Überzeugung der Mitarbeiter von der Notwendigkeit einer Veränderung notwendig. Dies ist dann besonders wirkungsvoll, wenn es gelingt, sie mit der latenten Gefahr zu konfrontieren, die droht, wenn keine Schritte der Veränderung unternommen werden (Deal/Kennedy = Cultures = 175). Hinzu treten Interventionen vor allem im Gruppenzusammenhang. Mit der *repetitiven Verhaltensbeeinflussung* sind die Führungskräfte angesprochen, die durch sichtbares und in sich konsistentes Verhalten Vertrauen und Verlässlichkeit ausstrahlen müssen. Die stete – zuweilen penetrante – Betonung der Notwendigkeit der ausgelösten Prozesse muss hier gegen alle Bequemlichkeit eines Rückgriffs auf den alten, vertrauten Weg der Problembewältigung obsiegen. Die *flankierenden strukturellen Massnahmen* können darin bestehen, innovationshindernde Strukturen und Regelungen ausser Kraft zu setzen und neue Organisationsmuster zu installieren, wie etwa »task forces« zur Überleitung von Bisherigem zu etwas Neuem. Interessant sind dabei strukturelle Massnahmen, die einen Rückzug auf alte Verhaltensweisen verhindern. Der *Ausbildung* schliesslich kommt eine zentrale Bedeutung für die innovative Veränderung des Mitarbeiterverhaltens zu, weil durch sie alte Verhaltensmuster aufgegeben und neue erlernt werden müssen.

8.2.3 Stabilisierung der erreichten Veränderung

Ist der neue, gewünschte Zustand schliesslich erreicht und ist abzusehen, dass dieser die Unternehmung für voraussehbare Zeit befähigen wird, ihre

Entwicklungsproblematik effektiv zu bewältigen, sind *Massnahmen eines »Einfrierens«* der neuen Strukturen, Systeme und Kulturen im Verhalten der Mitarbeiter zu ergreifen. Insofern lässt sich der Prozess der Veränderung auch in die drei Phasen eines *»unfreezing«* gewohnter, dem *Erlernen* neuer zukunftsführender Verhaltensweisen und einer Stabilisierung des Erreichten in einem erneuten *»freezing«* einteilen (Lewin = Frontiers = 5).

Jeder Versuch, eine Kulturveränderung zu bewirken, bedarf der kritischen, analytischen *Diagnose* einer Ist-Kultur und der visionären *Konzeption* einer zu erreichenden Soll-Kultur (Pümpin/Kobi/Wüthrich = Unternehmenskultur = 26). Zwischen der ist- und einer angepeilten soll-kulturellen Prägung ergibt sich über das »unfreezing«, das Verändern und das erneute »freezing« ein schwieriger und unsicherer Übergang, den James March einmal treffend wie folgt charakterisiert hat: »Man kann hier die Herde nur ungefähr nach Westen treiben« oder »Schneezäune einziehen, die verhindern, dass der Pfad in der Zukunft nicht zugeweht wird«. Die Rolle von Führungskräften verschiebt sich hier von der eines entscheidungsfreudigen *Machers* zu der eines *Kulturpflegers* einer spontanen Ordnung (v. Hayek = Recht =).

8.3 Zeitliche Aspekte eines Innovationsmanagements

Zu den sachlichen Problemen treten zeitliche Aspekte hinzu, die im Rahmen eines Innovationsmanagements zu lösen sind.

> Die Wahl des geeigneten *Zeitpunktes (»Kairos«)* eines Vorhabens zur Überwindung der Soll-Ist-Diskrepanz von Managementphilosophen und der Versuch, seine mögliche *Zeitdauer* abzuschätzen und in der Zielvorgabe zu terminieren, wie die zeitliche Gestaltung des Handlungsablaufs während der Veränderung stellen die beiden wesentlichen Fragen eines zeitlichen *Innovationsmanagements* dar. Damit verbinden sich Fragen einer *Zeitharmonisation* unterschiedlicher Vorhaben, die in einem sachlichen Zusammenhang stehen.

8.3.1 »Kairos« oder das »window of opportunity« – Die zeitliche Wahl von Handlungsanlässen

> Auf den Zufall bauen ist Torheit, den Zufall nutzen ist Klugheit.
>
> Sprichwort

Die Bewältigung des »Kairos« in einer sich vernetzenden Welt

Eine zunehmende Vernetztheit macht heute ein »Bewegen« im Sinne eines gestaltenden Handelns, das Veränderungen bewirkt, immer schwieriger. Gesetzliche, soziale, ökonomische und technische Restriktionen, denen allen ein Zeitaspekt eigen ist, können so viele Änderungswiderstände aufbauen, dass eine Unternehmungsführung feststellen muss: »rien ne va plus« – nichts geht mehr und deshalb in eine apathische Verwaltungsstrategie inkrementaler Resignation verfällt. Dies ist zwar nicht im Sinne eines heute geforderten hohen Anspruchsniveaus bei der Suche nach Spitzenleistungen, sondern eher das Gegenteil. Das nicht von der Hand zu weisende Szenario einer an ihrer Komplexität erstickenden Welt, in der ein noch so lauter Schrei nach einem alles verändernden »leadership« schliesslich am mangelnden Willen scheitert, individuelle wie Gruppeninteressen zugunsten eines übergeordneten Gemeinwohls zurückzustecken, erscheint nicht unrealistisch zu sein.

Mag auch der kulturelle Trend in diese Richtung laufen, so verbleiben dennoch Zeiträume und Zeitpunkte, die sich in besonderer Weise für tiefgreifende Akte der Veränderung eignen. Sei es eine günstige sachliche oder personelle Konstellation im Einzelfall oder ein gesamthaft geschärftes Krisenbewusstsein, das vielfältige Vorhaben auf Einsicht und den Willen, auch unangenehme Änderungen zu akzeptieren, stossen lässt: »Kairos« ist der günstige und vielleicht, wenn der Gestaltungsakt auch von »Fortune« getragen ist, der glückhafte Augenblick. Es ist bemerkenswert, dass sich frühere Vorstellungen zum »Kairos« als einem markanten Datum im Kalender heute eher auf prozessuale Interessen an Beschleunigungen und zeitsparende Einrichtungen verlagern (Koselleck = Zukunft =; Luhmann = Temporalisierung =). Heute würde man statt mit dem Begriff des »Kairos« eher mit dem aus der Raumfahrt entlehnten Ausdruck *window of opportunity* arbeiten: Das Treffen eines Zeitraums für Möglichkeiten der Gestaltung oder eines förderlichen Ereignisknotens. Die Festlegung dieser Zeiträume kann in der ökonomisch-sozialen Welt selbst hoch-komplex sein: Eine frühzeitige Einführung eines neuen Produktes kann in einem Fall eine dauerhafte Marktführerschaft begründen, aber in einem anderen Fall auch zum völligen Scheitern führen, wenn der Abnehmer in seiner Vorstellungskraft darüber, was er mit diesem zukunftsweisenden Angebot alles anstellen kann, überfordert ist. Aber wer weiss das schon ganz genau, wenn er sich als Pionierunternehmer über die Grenze des »state of the art« hinausbewegt?

> Das Treffen des günstigen Augenblicks zur Einleitung eines verändernden Handlungsprozesses setzt Überblick, ja Vision voraus.

Dies ist zunächst rein technisch zu sehen. Unsere Vorväter bauten Burgen besonders hoch, um gefährliche Entwicklungen – den im Tal heranrückenden Feind – besonders frühzeitig erkennen zu können. Die Idee der Frühwarnung ist noch heute in der »zeitgenössischen« Form des AWACS zu entdecken, auch hier wird durch die Höhe der »Warte« die Zeitspanne, die einem zum Reagieren verbleibt, verlängert.

Zu einer mehr technischen Bewältigung des günstigen Augenblicks kommt die persönliche Qualität hinzu: Einer, der im Umgang mit Komplexität geübt und erfahren ist, filtert und wertet auf ihn zukommende Ereignisse in seiner Perzeption und verdichtet sie zu einem Lagebild für Zukünftiges, das man als »visionär« bezeichnet. Schliesslich kann die personale Einstellung zum auslösenden Handlungsanlass in einzelnen nationalen Kulturen der Umwelt und in Unternehmungskulturen durchaus unterschiedlich ausgeprägt sein. Würde ein soziales System auf alle denkbaren und in der Praxis in Fülle auftretenden Signale reagieren, die eine Veränderung andeuten, würde es in einer Zeit hoher Dynamik schnell überfordert sein. Dies ist vor allem vor dem Hintergrund der ganzheitlichen Vernetztheit aller Grössen wichtig: Die Einzelreaktion im System auf Aussenanstösse der Umwelt kann leicht einen verstärkenden Effekt im Netzwerk der Beziehungen annehmen, indem bislang als sicher und unveränderlich angesehene Tatbestände (Datenzusammenhänge) plötzlich problematisiert werden. Dadurch wird die Komplexität für einzelne Mitarbeiter derart erhöht, dass ihre Aufmerksamkeitsspanne und ebenso die Arbeits- wie Managementkapazität weit überfordert werden. Aus dem an sich berechtigten Wunsch nach einer Beschleunigung der Anpassung an Veränderungen durch ein frühzeitiges In-Angriff-Nehmen von Veränderungsvorhaben wird dann leicht eine unbeabsichtigte Verzögerung durch zeitliche Überforderung der Träger von Anpassungsmassnahmen.

Zeitlicher Opportunismus des Operativen gegenüber Normativem und Strategischem unter dem Einfluss zunehmender Dynamik

Eine Betrachtung der zeitlichen Verkraftbarkeit von Innovationen durch das soziale System der Unternehmung enthüllt aus der zeitlichen Perspektive heraus ein Meta-Gestaltungsproblem des Verhältnisses von normativem und strategischem Management einerseits und operativem Management andererseits. Das Vordringen des Normativen und Strategischen in der wissenschaftlichen und praktischen Auseinandersetzung mit einer Zukunftsgestaltung von Unternehmungen wird aus dem wachsenden Einfluss des Zeitlichen, der sich in einer dynamischen Veränderung unseres gesellschaftlichen und wissenschaftlichen Verhältnisses niederschlägt, deutlich und verständlich. Die wachsende Bedeutung der normativen und strategischen Dimension in Konzepten für ein fortschrittsfähiges Management lässt sich als die Einsicht interpretieren, dass im Sinne eines Zeitmanagements jedes System bei zunehmender Dynamik überfordert wird, wenn es sich vordringlich mit dem Operativen beschäftigt.

> Eine Schwerpunktverlagerung auf das normative und strategische Management vermeidet nicht nur Dysfunktionalitäten des Operativen unter dem Druck des Zeitlichen, sondern gewinnt an Funktionalität, indem es Zeitverkürzungen bei notwendigen Anpassungen *und* ein ganzheitliches, integriertes Vorgehen ermöglicht.

Dass unter den gegebenen Verhältnissen in allen hochentwickelten Gesellschaftssystemen die Bewältigung des arbeitsteilig bedingten Harmonisationsproblems zunehmend Eigenkomplexität erzeugt, wird darin deutlich, dass sich Phänomene der zeitlichen Überlastung am deutlichsten bei Trägern der Unternehmungsführung, und hier vor allem im Spitzenmanagement, äussern. Niklas Luhmann (= Knappheit = 9) sieht einen Mechanismus, der sich durch die Strukturen weiter nach unten hin fortsetzt. Unter der »Vordringlichkeit des Befristeten« gewinnt die operative Dimension gegenüber dem normativen und strategischen Management an Gewicht. Das operative Geschehen wird von Zeitstrukturen dominiert. Termine werden gesetzt, die in ihrer interaktiven Bezogenheit neue Termine multiplizieren. Die Qualität der Entscheidungen sinkt, die Eigenkomplexität verzögert notwendige Anpassungen, was neue »Notfall«situationen generiert, entstehende schädliche Wirkungen situativ unter Kontrolle bringen zu müssen. Der Grad normativen und vor allem strategischen, präsituativen Handelns nimmt laufend ab, man läuft den tatsächlichen Handlungserfordernissen zunehmend hinterher, was nicht nur zeitlich zu sehen ist, sondern gleichfalls die Tendenz zu arbeitsteilig-isolierten Lösungen und Ausblendung ganzheitlich integrierter Ansätze verstärkt. Schliesslich wird der Bestand des Systems über stetig weiter auseinanderdriftende Soll- und Ist-Profilierungen kritisch erschüttert. Das Operative hat schliesslich alles Normative und Strategische auf diesem Wege »ausgeblockt«: »Die Ereignisse waren halt stärker!« Von einem permanenten Krisenmanagement geschüttelt, versinkt eine Unternehmung im »Problemschlamm« nicht mehr integrierbarer Einzelmassnahmen, die weder strategisch Sinn machen, noch den normativen Erwartungen nach einer zweckbezogenen Nutzengenerierung für Bezugsgruppen entsprechen.

Eine derartige unter dem Druck der Zeit entstandene Entwicklung zum Operativen lässt sich unschwer auf die situative Bewältigung von Ereignissen und Problemen durch die Handlungsträger zurückführen. Da beim Auslösen von Handlungsprozessen bis zum Eintritt situativer Ereignisse gewartet wird, bleibt kaum Zeit für eine rationale Bewältigung des Willensbildungsprozesses. Partizipativ-kooperative Erarbeitungsformen von Entscheidungen bleiben auf der Strecke, und die Willensdurchsetzung erfolgt aus Zeitgründen weitgehend autoritär. Man greift im Hinblick auf die Realisation weit später – vielleicht zu spät – in das Geschehen ein mit einer weit weniger qualifizierten Problemlösung: Sie kann nur kurzfristig realisierbare Alternativen berücksichtigen und dies nicht in einer Art, die die übrige Problemlandschaft integriert, die zudem für Konsensbildungsprozesse keinen Raum lässt.

Niklas Luhmann hat die Gefahren einer situativen Auslösung von Dispositionen treffend umschrieben:

»Aus der knappen Entscheidungszeit ergibt sich zum Beispiel

1. *eine Bevorzugung des schon Bekannten,*
2. *der eingefahrenen Denkbahnen,*
3. *eine Bevorzugung der Informationen, die man hat, vor denen, die man erst suchen muss,*
4. *eine Bevorzugung der Kommunikationspartner, mit denen man sich rasch verständigen kann, vor solchen, mit denen zeitraubende Verhandlungen erforderlich wären*

– alles in allem eine Tendenz zur Entscheidung aus dem Inneren des Systems heraus. Derjenige, der über Erfahrungen verfügt und Gewesenes zitieren kann, derjenige, der fertige Entwürfe aus seiner Schublade ziehen kann, derjenige, der suggestiv und prägnant formuliert ... hat dann einen Vorteil in der Bestimmung des Entscheidungsergebnisses« (= Knappheit = 12).

> Aus dieser Entwicklung lässt sich die dem operativen Management grundsätzlich inhärente Gefahr ableiten, dass bei einer unzureichenden Bildung eines normativen und strategischen Gegengewichtes ein sich selbst verstärkender Entwicklungsprozess in Gang gesetzt wird, der zu einem Rückfall in ein atavistisches, autoritäres Management und zu zentralistisch-bürokratischen Organisationsstrukturen und Managementsystemen führt.

(vgl. *Tab. 8.7*).

Tabelle 8.8
Gefahr einer Zeitbewältigung durch Rückfälle in autoritäres Management und zentralistische-bürokratische Organisationsstrukturen und Managementsysteme unter dem Primat der Zeit

- *»Einsame Entschlüsse«* statt im Konsens gewonnener, aber langsamer Entscheidungen,
- *Beschleunigung von Entscheidungsprozessen durch Absenken des Anspruchsniveaus,*
- *Sukzessives Behandeln von Willensbildung und Willensdurchsetzung*, da eine simultane Einbeziehung der Betroffenen in den Entscheidungsprozess als zeitlich zu aufwendig erscheint,

- *Befehle gewinnen die Oberhand*, weil sie die Willensdurchsetzung beschleunigen,
- *Rezentralisierung* von Entscheidungen an der Unternehmungsspitze
- Ausbau von *zentralen Stäben* zur Unterstützung überforderter Spitzenorgane der Leitung,
- Verstärkung einer Entwicklung technokratischer Managementinstrumente,
- *Schriftliche und technische Konservierung von Informationen* statt zeitraubender »face-to-face«-Kommunikation,
- *Standardisierte Fremdkontrollen* ersetzen zeitintensives, interaktives Lernen aus gelungenen oder misslungenen Problemlösungen.

Diese Entwicklungsrichtung ist nicht nur im Hinblick auf das gesunkene Anspruchsniveau an sich problematisch. Diese Herabsetzung kann sich nämlich als ein teurer Wechsel auf die Zukunft erweisen, der zwar kurzfristig entlastend wirkt, dies aber zu Lasten einer weit schwieriger zu bewältigenden Zukunftsproblematik. Der Rückfall in eine autoritäre Organisation und Führung kann nur dann funktional sein, wenn die Unternehmungskultur eine entsprechende Akzeptanz für ein derartiges Führungsverhalten aufweist. Dies ist jedoch heute für Unternehmungen in entwickelten Gesellschaften kaum mehr zu unterstellen. Unter den unternehmungskulturellen Bedingungen eines hohen Motivationsanspruchs, der die Mitgliedschafts- und Leistungsentscheidungen von Mitarbeitern in Unternehmungen prägt, sind Konzepte zur Lösung des Zeitproblems in anderer Richtung zu suchen.

Ein derartiger Rückfall macht Fortschritte auf dem Weg von einer *opportunistischen* zu einer *verpflichteten Unternehmungspolitik* und einer auf *Veränderung* statt auf eine *Stabilisierung* ausgerichteten Gestaltung der strategischen Dimension genauso hinfällig, wie er eine stärkere Berücksichtigung humaner Aspekte beim operativen Management zurückdrängt.

Zeitliche Entlastung des operativen Managements durch normatives und strategisches Management

Um diesem »Teufelskreis« der Selbstverstärkung des Operativen zu entrinnen, lassen sich zwei grundsätzliche Möglichkeiten formulieren, die für die weitere Kulturentwicklung einer Unternehmung von hoher Bedeutung sind. Beide verlagern – wie bereits vorausgehend angedeutet wurde – das *Gewicht auf die normative und strategische Dimension* des Managements.

1. Präsituative Entkoppelung durch Managementsysteme: Der Handlungsanlass kann durch das Auslösen von planenden Überlegungen gegeben sein und zwischen der *situativen* Erkenntnis eines akuten Handlungsbedarfs und der vorausschauenden *präsituativen* Definition eines zukünftigen Handlungsbedarfs angesiedelt sein. Abb. 8.3 zeigt mögliche Wirkungen beider Extreme der Gestaltung von Handlungsanlässen.

Durch Entkoppelung des Handlungsanlasses vom situativen Ereignis wird *ausreichend Zeit* für die Sensitivierung, Planung und Implementation geschaffen, um für den eigentlichen Eintritt des situativen Ereignisses bereits eine hochqualifizierte Lösung bereitzustellen. Dieser Ansatz entspricht deshalb einem hohen *Anspruchsniveau*, weil im Sinne einer ganzheitlichen Betrachtung auch Alternativen Berücksichtigung finden können, die selbst relativ lange Bereitstellungszeiten erfordern. Damit besteht die Möglichkeit, die gefundene Problemlösung nach einer Erarbeitung im Konsens in ein Gesamtbündel anderer Problemlösungen zu integrieren.

Ein derartiges Vorgehen verlangt eine entsprechende Ausgestaltung von Managementsystemen auf der strategischen Ebene, denn ohne diese haben Handlungsträger unter dem Druck des operativen Tagesgeschäftes kaum Veranlassung zu einer präsituativen und ganzheitlichen Vorgehensweise. Dieser managementsystem-gestützte Ansatz akzentuiert zudem die Entwicklung von strategischen Erfolgspotentialen und zukünftigen unternehmungspolitischen Nutzenpotentialen in Abschwächung der operativen Ausbeutung bestehender Potentiale.

2. Strukturelle Entlastung durch eine strategische Auslegung der Organisation: Die präsituative (Vor-)Verlagerung von Handlungsanlässen muss zusätzlich zu den Managementsystemen durch Organisationsstrukturen abgestützt werden, um unabhängig vom situativen Druck des Operativen eine Art »künstliche« Provokation zu frühzeitigem Handeln zu schaffen. Der Gefahr von Rückfällen in autoritative Muster der Führungskräfte und in eine zentralistisch-bürokratische *Organisationsstruktur* kann durch eine gleichmässigere und von strategischen Notwendigkeiten geprägte Verteilung der Informations- und Handlungsknoten in der Organisationskonfiguration erreicht werden. Die erreichte bessere Verteilung der zeitbeanspru-

Innovationsmanagement 453

Abbildung 8.3
Unterschiedliche Gestaltung des Handlungsanlasses

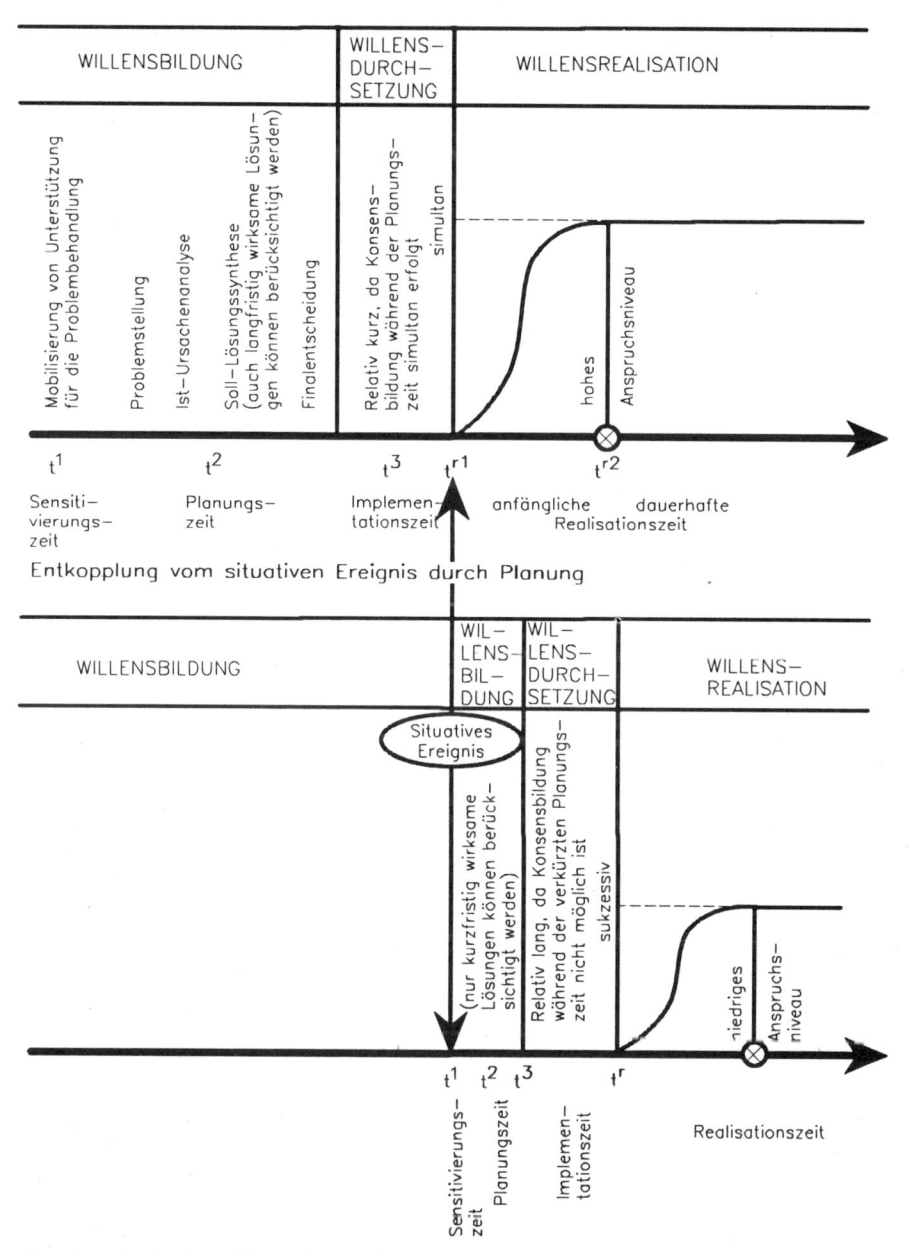

WILLENSBILDUNG	WILLENS-DURCH-SETZUNG	WILLENSREALISATION

- t^1 Sensitivierungszeit
- t^2 Planungszeit
- t^3 Implementationszeit
- t^{r1} anfängliche Realisationszeit
- t^{r2} dauerhafte Realisationszeit

Beschriftungen im Diagramm:
- Mobilisierung von Unterstützung für die Problembehandlung
- Problemstellung
- Ist-Ursachenanalyse
- Soll-Lösungssynthese (auch langfristig wirksame Lösungen können berücksichtigt werden)
- Finalentscheidung
- Relativ kurz, da Konsensbildung während der Planungszeit simultan erfolgt
- hohes Anspruchsniveau

Entkopplung vom situativen Ereignis durch Planung

WILLENSBILDUNG	WILLENS-BILDUNG	WILLENS-DURCH-SETZUNG	WILLENS-REALISATION

Situatives Ereignis

- (nur kurzfristig wirksame Lösungen können berücksichtigt werden)
- Relativ lang, da Konsensbildung während der verkürzten Planungszeit nicht möglich ist, sukzessiv
- niedriges Anspruchsniveau

- t^1 Sensitivierungszeit
- t^2 Planungszeit
- t^3 Implementationszeit
- t^r Realisationszeit

Situative Ereignisse lösen Dispositionen aus

chenden Handlungsknoten in der Konfiguration der Organisation sollte der Spitze zeitliche Freiräume verschaffen und in der Mitte der Figur eine stärkere Möglichkeit zu einer durch Managementsysteme unterstützten *Selbstintegration* eröffnen.

8.3.2 »Chronos« – Die zeitliche Gestaltung von Handlungsfolgen

> Die Notwendigkeit des Handelns reicht weiter als die Möglichkeit des Erkennens.
>
> A. Gehlen

Hatte die Problematisierung des »Kairos« der kulturellen Präferierung des Handlungsanlasses gegolten, verlagert »Chronos« den Fokus auf Einstellungen zum Handlungsablauf in der Zeit und seiner zeitlichen Reichweite. Damit rücken *Entwicklungs-* und (End-)*Terminierungsaspekte* im Aufgabenspektrum des Managements in den Mittelpunkt der kulturellen Betrachtung. Da sich die Entwicklung einer Unternehmung durch das Werden, Bestehen und Vergehen von Erfolgs- und Leistungspotentialen im Zeitablauf und ihrer Aggregation unter dem harmonisierenden Einfluss des Managements vollzieht, soll an diese im folgenden angeknüpft werden.

1. Potentiale als Kristallisationspunkte von Zeit- und Handlungsautonomie: Potentiale schaffen dadurch, dass ihre Eigenschaften im Zeitablauf vielfach aktiviert werden können, ohne sich beim einzelnen Nutzungs- oder Leistungsakt aufzuzehren, die Voraussetzungen dafür, dass ein soziales System Abstand von situativen Ereignissen hält. Damit gewinnt und bewahrt es sich die Autonomie zum Agieren und Reagieren in der Zeit. Die *Zeitautonomie* ist jedoch die Voraussetzung für die *Handlungsautonomie* eines Systems. Eine kulturell geprägte Überlebenssicherung von Unternehmungen hat daher zunächst die Zeitautonomie der Handelnden herzustellen. Sie ist gleichwohl von der Überblendung des Sachlichen und Sozialen durch die Prioritäten des Zeitlichen gefährdet, ebenso durch den Druck, Vergangenheits- und Gegenwartspotentiale zu Lasten der Entwicklung und des Aufbaus von Zukunftspotentialen zu erhalten. Einmal erstellte Potentiale schaffen während ihrer Erfolgs- oder Leistungsperioden im Management von Systemen *zeitliche Freiräume*, die sowohl zum *Aufbau* neuer Potentiale als auch zum *Abbau* von obsolet werdenden Potentialen genutzt werden können.

Im *normativen* Bereich ist es die Nutzenstiftung, die unter zeitlichen Aspekten zu gestalten ist. Dieser wohnt die Fähigkeit zur Integration sowohl des Umsystems als auch des Inneren des gegliederten, arbeitsteiligen Systems inne. Nach der sogenannten »Instrumentalthese« liegt eine konfliktlösende Potenz in der Harmonisation häufig widerstreitender Interessen an der Unternehmung mit den Möglichkeiten, die eine Unternehmung in ihrem Inneren zu ihrer Befriedigung bieten kann. Dies setzt wiederum die innere Harmonisation ihrer unterschiedlichen Bereichsinteressen voraus. Eine solche konfliktlösende Potenz entfaltet sich jedoch erst dann, wenn das allgemeingültige Bündel von Zwecken und Zielen transparent und handlungsanleitende Informationen im Systeminneren abrufbar werden. Erst als greifbare Leistungs-Informationen werden diese Ziele zum nutzenstiftenden Potential.

Wird ein Konsens im Sachlichen, Sozialen und Zeitlichen durch Interessenausgleich zwischen relevanten Bezugsgruppen an der Unternehmung entwickelt, besitzt die Unternehmungsführung eine nutzbare Informationsbasis für ihr leitendes Handeln. Sie wird damit von vielfältigen Störgrössen befreit, die im Gefolge schwelender nicht harmonisierter Zielkonflikte aufzutreten pflegen und ausserordentlich zeitkonsumierend sein können: Die Führung gewinnt Zeit- und Handlungsautonomie und verlagert implizite, kulturelle Prägungen vom Zeitlichen zum Sachlichen und Sozialen.

Es gibt viele Beispiele für eine beeinträchtigte Zeit- und Handlungsautonomie des Managements, sie reichen vom Zielkonflikt unter Familienstämmen in Familienunternehmungen bis zum politischen Einfluss unterschiedlicher »relevanter gesellschaftlicher Gruppen« in »quasiöffentlichen« Unternehmungen (Ulrich = Institution =). Ein von Schlichtungsversuchen gekennzeichnetes Tagesbudget und unklare Handlungsorientierungen führen das Management auf einen riskanten »Drahtseilakt« statt auf den Weg eines zielklaren, präsituativ ausgerichteten, zukunftsbezogenen Managements. Der häufig der obersten Leitung bei Debatten um eine Revision der Spitzenverfassung von Unternehmungen gemachte Vorwurf, sie versuche auf den unterschiedlichsten Wegen ihre Autonomie gegenüber externen Interessen zu stabilisieren, wird von diesem Gegenszenario her relativiert:

Das kritisierte Streben erheischt unter dem Aspekt der Gewinnung von Zeit- und Handlungsautonomie zumindest erhöhtes Verständnis.

Es wäre naiv anzunehmen, dass schwelende Zielkonflikte lediglich auf eine verfassungsmässig geprägte »politisierte« Atmosphäre im Umsystem der Unternehmung zurückzuführen seien. Das vielgliedrige soziale System Unternehmung weist auch in seinem Inneren eine politische Dimension auf, die seine Kultur entscheidend mitprägt: die Interessen einzelner Führungskräfte, Abteilungen und Bereiche können genauso divergieren wie die einzelner Mitglieder der obersten Unternehmungsleitung selbst.

Hinzu tritt also in der normativen Dimension die Unternehmungskultur in ihrer Beeinflussung des »Chronos«. Differenzierte Unternehmungskulturen betonen den Aspekt starker Subkulturen und deren Ringen um die Durchsetzung ihrer Wertvorstellungen. Undifferenzierte Einheitskulturen betonen dagegen das Gemeinsame und den Konsens und sind dabei häufig weniger anpassungsfähig als differenzierte Unternehmungskulturen (Bleicher = Unternehmungskultur =). Besonders virulent werden Zielkonflikte dann, wenn sich die internen Interessengegensätze mit denen der externen Interessengruppen verbinden und Zielkonflikte von aussen das Innere der Unternehmung durchziehen – zuweilen gepaart mit unübersichtlichen und wechselseitigen Koalitionen. Das sich daraus entwickelnde Führungsproblem entspricht dem von Henry Mintzberg (= Power =) an das Ende möglicher Unternehmungsentwicklung gestellten Stadium der »political arena«, aus der nur selten überhaupt ein Ausweg führt und wenn, dann als ein Rückweg zur Autokratie. Die Unternehmungskultur ist dann politisch geprägt: Das Zeitbudget der Führungskräfte wird zur Lösung politischer Prozesse verbraucht und kann sich weder dem Sachlichen noch dem Sozialen einer notwendigen Zukunftssicherung der Unternehmung zuwenden.

In der *strategischen* Dimension sind es zunächst die strategischen Programme, die zeitlich zu betrachten sind. Eine auf Zeit abgesicherte *Produkt-/Marktstellung* gegenüber dem Wettbewerb lässt sich als strategischer Freiraum begreifen, um anderen Alternativen nachgehen zu können, sei es im Aufbau von Zukunftspotentialen oder in der »Entsorgung« des Systems von Vergangenheitspotentialen, welche die begrenzten Ressourcen der Unternehmung über Gebühr in Anspruch nehmen. Die auf Zeit gefundenen strategischen Erfolgspositionen gewähren dem Management zeitliche Freiräume, sich den Aufgaben des Aufbaues oder Abbaues von Potentialen im Sinne einer optimalen Strukturierung des Produkt-/Marktprogrammes zu widmen (Bleicher = Zeitkonzeptionen =).

Ausser Erfolgspotentialen müssen in der Unternehmungsentwicklung *Leistungspotentiale* auf- und abgebaut werden. Durch Kauf- und Einstellungsentscheidungen werden Bestände an Leistungspotentialen technischer und humaner Art aufgebaut, durch Verschrottung und Verkauf bei den technischen oder Austritt und Entlassung bei den humanen Potentialen, werden sie nach einer Verweilzeit im System wieder abgebaut. Auf- und Abbau-, wie Verweilzeiten von Leistungspotentialen sind abhängig von unternehmungspolitischen, strategischen und operativen Entscheidungen, die ihre Wurzeln wiederum in den Perzeptionen und Präferenzen eines kulturgeprägten Managements haben.

2. »Chronos«: Kulturgeprägte Unternehmungsentwicklung in der Zeit: In der Unternehmungsentwicklung werden im Zeitablauf Stärken einer Unternehmung aufgebaut, die sich aus der Beeinflussung von Entscheidungen Dritter bei Ziel- und Mittelkonflikten ergeben. Diese Stärken werden über unterschiedlich lange Zeiträume in vielen einzelnen Aktivitäten nutzbar, befreien das Management vom situativen Druck der Zeit und gewähren ihm zeitliche und handlungsmässige Freiräume für eine Auseinandersetzung mit der Zukunft. Sie schaffen die Möglichkeit, eine Entwicklung einzuleiten oder zu verfestigen, die ein Management vom Druck des Zeitlichen befreit und es ihm erlaubt, seinen Blick auf die Bewältigung des Sachlichen und Sozialen zu richten. Dabei ist jedoch grundsätzlich zu bedenken: Je länger die Zeitdauer ist, über die ein Nutzungspotential seine entlastende Wirkung auf das Zeitbudget des Managements entfalten kann, desto grösser ist die später einzulösende »Hypothek« einer zeitlichen Entsorgung. Hier liegt der tiefere Grund für die Problematik reifer Unternehmungen: Die *abzulösenden »Hypotheken« vergangenen Zeitgewinns* können derart kumulieren, dass die »rationalisierte« Kapazität des inzwischen geschrumpften Managements restlos mit der Aufgabe überfordert wird, eine »Organisationshygiene« durch den Abbau von Vergangenheitspotentialen vorzunehmen.

8.3.3 Die Harmonisation individuellen Zeitbewusstseins zur Zeitkonzeption des Managements

Das Erkennen und Harmonisieren der Zeithorizonte des Managements in dessen vieldimensionaler, individueller und kollektiver Schichtung stellt selbst eine formidable Aufgabe dar. Vieles spricht für eine Funktionalität relativ homogener Zeitkonzeptionen des Managements, also eines hohen Harmonisationsgrades: Er erleichtert die *Generalisierung von Verhaltenserwartungen* und erfüllt damit eine wesentliche Voraussetzung für eine effiziente Systementwicklung.

Dem ist entgegenzuhalten, dass eine weitgehende Homogenität der Zeitkonzeptionen in einem System, das sich in einer wandelnden Umwelt bewegt, von der Anlage her eine zu starke Filterwirkung im Hinblick auf das Unübliche ausüben kann, die eine Verschiebung zu neuen Anforderungen nur schwerlich bewerkstelligen lässt.

Die Harmonisation individuellen Zeitbewusstseins für die Zeitkonzeption des Managements muss im Hinblick auf die intendierte Unternehmungsentwicklung massgeblich sein. Zwei Aspekte, die zugleich Ansatzpunkte für eine potentielle Gestaltung der Zeitkonzeptionen des Managements bilden, seien aus diesem Zusammenhang herausgegriffen:

1. Zunächst ist die Frage zu stellen, ob das kollektive Konglomerat unterschiedlichen individuellen Zeitbewusstseins den *paradigmatischen Annahmen der Management-Philosophie* im Hinblick auf Zeitorientierung und Zeithorizont entspricht. Über die Messung eines bestehenden Zeitbewusstseins und seiner Relativierung in Richtung auf die zeitlichen Implikationen von Unternehmungspolitik und strategischem Management liegen bislang kaum Untersuchungen vor. Dennoch muss diese Relativierung eine Beurteilung möglich machen, ob im Hinblick auf die individuellen Gegebenheiten des Zeitbewusstseins des Managements dessen Politik als realisierbar erscheint. Fällt das Urteil darüber negativ aus, sind entweder die Intentionen der Unternehmungspolitik zu verändern, oder aber es muss nach zusätzlichen Harmonisationsmöglichkeiten Ausschau gehalten werden, die auf eine Veränderung der Zeitkonzeptionen des Managements gerichtet sind, wenn nicht gar ein Austausch von personellen Systemelementen mit einem kompatibleren Zeitbewusstsein ins Auge gefasst werden soll.

2. Eine *Veränderung in der Gestaltung* der Rahmenbedingungen, unter denen sich Zeitkonzeptionen des Managements bilden, will deren Entwicklung in bestimmte Richtung lenken, die mit der Unternehmungspolitik kompatibel sind. Dies scheint vom Ansatz her am ehesten über die Ausgestaltung von Anreizsystemen des Managements möglich zu sein,

die in einem Mix von strategischen und operativen Zielen und Ergebnissen, an die jeweils »Belohnungen« geknüpft werden, unterschiedliche Zeithorizonte auch in durchaus differenzierter, aber über die strategische Planung integrierter Form in der Zeitkonzeption des Managements verankern (Becker = Anreizsysteme =, Bleicher = Ausgestaltung =, Hahn/Willers = Führungskräftevergütung =).

Zitierte Literatur zu Kapitel 8

Ansoff, H. I.: – Resistance –
  Managing the Process of Discontinuous Change – Behavioral Resistance. Working Paper 80–26 des European Institute for Advanced Studies in Management. Brüssel 1980.
Ansoff, H. I.: – Verwirklichung –
  Methoden zur Verwirklichung strategischer Änderungen. In: Strategisches Management 1. Schriften zur Unternehmungsführung Bd. 29, hrsg. v. D. Jacob. Wiesbaden 1982, S. 69–87.
Becker, F. G.: – Anreizsysteme –
  Anreizsysteme für Führungskräfte. Stuttgart 1990.
Bleicher, K.: – Ausgestaltung –
  Zur strategischen Ausgestaltung von Anreizsystemen für die Führungsgruppe in Unternehmungen. In: Zeitschrift Führung + Organisation 54 (1/1985), S. 21–27.
Bleicher, K.: – Unternehmungskultur –
  Unternehmungskultur und strategische Unternehmungsführung. In: Strategische Unternehmungsplanung – Stand und Entwicklungstendenzen, hrsg. v. D. Hahn u. B. Taylor. 4. Aufl., Heidelberg und Wien 1986, S. 757–797.
Bleicher, K.: – Zeitkonzeptionen –
  Zeitkonzeptionen der Gestaltung und Entwicklung von Unternehmungen. In: Zukunftsaspekte der anwendungsorientierten Betriebswirtschaftslehre, hrsg. v. E. Gaugler, H. G. Meissner u. N. Thom. Stuttgart 1986, S. 75–90.
Burns, T.; Stalker, G. M.: – Innovation –
  Management of Innovation. 2. Aufl., London u. a. 1966.
Chin, R.; Benne, K. D.: – Strategien –
  Strategien zur Veränderung sozialer Systeme. In: Änderung des Sozialverhaltens, hrsg. v. W. G. Bennis, K. D. Benne u. R. Chin. Stuttgart 1975, S. 43 ff.
Deal, T. E.; Kennedy, A. A.: – Corporate Cultures –
  Corporate Cultures. The Rites and Rituals of Corporate Life. Readings (Mass.) u. a. 1982; dt. Übers.: Unternehmenserfolg durch Unternehmenskultur, hrsg. und eingeleitet von Albert Bruer, Bonn 1987.

Gebert, D.: – Organisationsentwicklung –
Organisationsentwicklung. Probleme des geplanten organisatorischen Wandels. Stuttgart 1974.

Geschka, H.: – Innovationsmanagement –
Innovationsmanagement. In: Management-Enzyklopädie. 2. Auflage, Landsberg/Lech 1983, S. 823–827.

Grunwald, W.; Lilge, H. G.: – Kooperation –
Kooperation und Konkurrenz in Organisationen. Bern und Stuttgart 1981.

Hahn, D.; Willers, H. G.: – Führungskräftevergütung –
Führungskräftevergütung. In: Strategische Unternehmungsplanung – Stand und Entwicklungstendenzen, hrsg. v. D. Hahn und B. Taylor. 4. Aufl., Heidelberg und Wien 1986, S. 494–503.

v. Hayek, A. A.: – Recht –
Recht, Gesetzgebung und Freiheit. Band 1: Regeln und Ordnung. Eine neue Darstellung der liberalen Prinzipien der Gerechtigkeit und der politischen Ökonomie. München 1980.

Huber, R.: – Überwindung –
Überwindung der strategischen Diskrepanz und Operationalisierung der entwickelten Strategie. Diss. St. Gallen 1985.

Kirch, W.: – Führungssysteme –
Organisatorische Führungssysteme. Bausteine zu einem verhaltenswissenschaftlichen Ansatz. München 1976.

Kirsch, W.; Esser, W. M.; Gabele, F..: – Reorganisation –
Reorganisation. Theoretische Perspektiven des geplanten organisatorischen Wandels. München 1978.

Kobi, J.-M.; Wüthrich, H.: – Unternehmungskultur –
Unternehmungskultur verstehen, erfassen und gestalten. Landsberg 1986.

Kosellek, R.: – Zukunft –
Vergangene Zukunft – Zur Semantik geschichtlicher Zeiten. Frankfurt/M. 1979.

Kottler, J. P.; Schlesinger, L. A.: – Change –
Choosing Strategies for Change. In: Harvard Business Review 57 (2/1979), S. 106–114.

Lewin, K.: – Frontiers –
Frontiers in Group Dynamics. In: Human Relations I/1947, S. 5–41.

Luhmann, N.: – Knappheit –
Die Knappheit der Zeit und die Vordringlichkeit des Befristeten. In: Die Verwaltung (1/1968), S. 1–30.

Luhmann, N.: – Temporalisierung –
Temporalisierung von Komplexität: Zur Semantik neuzeitlicher Zeitbegriffe. In: Gesellschaftsstruktur und Semantik, Bd. 1., hrsg. v. N. Luhmann. Frankfurt/M. 1980, S. 235–301.

Meffert, H.: – Durchsetzung –
Die Durchsetzung von Innovationen in der Unternehmung und im Markt. In: Zeitschrift für Betriebswirtschaft 46 (2/1967), S. 77–100.

Mintzberg, H.: – Power –
Power and Organization Life Cycles. In: Academy of Management Review 9 (2/1984), S. 207–224.

Morse, E. W.; Martin, K. G.: – Implement Strategy –
Motivating the Organization to Implement Strategy.
In: The Strategic Management Handbook, hrsg. v. K. J. Albert. New York 1983, S. 17/1–17/14.

Peters, Th. J.: – Mastering –
Mastering the Language of Management Systems. In: The McKinsey Quarterly, 1981.

Pümpin, C.; Kobi, J. M.; Wüthrich, H.: – Unternehmenskultur –
Unternehmenskultur. Basis strategischer Profilierung erfolgreicher Unternehmen. Die Orientierung Nr. 85, Schriftenreihe der Schweizerischen Volksbank. Bern 1985.

Roberts, E. B.; Fusfeld, A. R.: – Staffing –
Staffing the Innovative Technology-Based Organization. In: Sloan Management Review, Frühjahr 1981, S. 22 ff.

Ulrich, P.: – Institution –
Die Grossunternehmung als quasi-öffentliche Institution. Eine politische Theorie der Unternehmung. Stuttgart 1977.

Witte, E.: – Organisation –
Innovationsfähige Organisation. In: Zeitschrift für Organisation 42 (1/1973), S. 17–24.

9
MANAGEMENT-PHILOSOPHIEN IM GLOBALEN WETTBEWERB

»A new theory must begin from the premise that competition is dynamic and evolving; it must answer the questions: Why do some companies based in some nations innovate more than others?«.

Michael E. Porter

Die herausgestellten, unterschiedlichen paradigmatischen Prägungen von Management-Philosophien, die das Profil des normativen und strategischen Managements und dessen Integration prägen, sind abhängig von den gesellschaftlich-politischen, wirtschaftlichen und rechtlichen Bedingungen, die sich im Laufe der kulturellen Entwicklung im Umfeld einer Unternehmung geschichtlich herausgebildet haben. Es überrascht daher nicht, dass wir in einzelnen, wirtschaftlich besonders entwickelten Regionen der Welt ausserordentlich unterschiedliche Management-Philosophien vorfinden. Dies akzentuiert die Bedeutung dieser Betrachtung für die Gewinnung von Überlebens- und Entwicklungspositionen im internationalen Wettbewerb: Management-Philosophien sind nicht nur zum nationalen Erfolgsfaktor, sondern zu einem internationalen Wettbewerbsfaktor geworden.

9.1 Paradigmenwechsel im Management – Versuch einer Standortbestimmung

Am Anfang dieser Darstellung wurde die These aufgestellt, dass wir uns in einer Phase des Übergangs von Paradigmen im Management befinden. Die vorangegangenen Betrachtungen zum Paradigmenwechsel im Management sind zum Abschluss in ihrer Bedeutung für die Positionierung von Unternehmungen, von Kulturkreisen und Wirtschaftsräumen im Wettbewerb um die Durchsetzung ihrer Werte und Normen bei einer fortschreitenden Globalisierung zu werten.

9.1.1 Management-Philosophien als Wettbewerbsfaktor

> »Die Einstellungen zur Zeit, die Dichte der informellen Informationsnetze, Botschaften, Aktionsketten, das Verhältnis zum Raum und die Anpassungsfähigkeit an andere Kulturkreise – all dies prägt die Mentalität eines Volkes ebenso wie den Charakter eines Unternehmens.«
>
> Edward T. Hall/Mildred Reed Hall

Der Umgang mit knappen Ressourcen und ihr gezielter Einsatz zur Erzielung eines grösseren Nutzens ist Kern jeder ökonomischen Denk- und Handlungsweise. Es ist Aufgabe des Managements, einen Entwicklungsprozess derart zu gestalten und zu lenken, dass dies in einer Weise gelingt, die die Überlebens- und Entwicklungsfähigkeit einer Unternehmung auf Dauer gewährleistet. Mit der Zeit verändern sich dabei Gegebenheiten und Erwartungen im Spannungsfeld von Um- und Inwelt eines Systems, die einer hohen Sensitivität und eines visionären Erkennens von Strömungen, die Chancen aber auch Risiken bieten, und eines Willens zur Durchsetzung von notwendigen Massnahmen bedürfen. Die Qualität des Managements entscheidet dann darüber, ob dies gelingt oder nicht.

Die Normen und Werthaltungen einer Management-Philosophie, welche das Denken und Handeln eines Managements bestimmen und die Konzeption und den Vollzug des Unternehmungsgeschehens durchdringen, stellen dabei gleichsam den sensiblen Bereich für das Erfassen von Veränderungen und das Erkennen der Notwendigkeit korrigierender Eingriffe in die Unternehmungsentwicklung dar. Das hier vorgestellte Konzept dient vor allem dazu, dieses Sensorium zu stärken, um einen Beitrag zur Stärkung der Wettbewerbsfähigkeit von Unternehmungen zu leisten. So gesehen, treten aber nicht allein Unternehmungen mit ihrem Management miteinander in Wettbewerb, sondern auch ihre Denk- und Handlungsphilosophien:

> Management-Philosophien werden gegenüber allen sichtbaren und expliziten Faktoren eines Wettbewerbs damit letztlich implizit zum eigentlichen, entscheidenden Wettbewerbsfaktor.

9.1.2 Vor einer globalen Arbitrage der Management-Philosophien?

Vor dem Hintergrund unterschiedlicher Umweltverhältnisse haben sich als Ausdruck von Paradigmen verschiedene Management-Philosophien entwickelt. Diese geraten unter dem Zwang zu einer globalen Betrachtung weltwirtschaftlicher Verflechtungen in einen Wettstreit ihrer Bewährung.

In einer stark vereinfachten Betrachtung lassen sich zwei relativ polarisierte Management-Philosophien unterscheiden. Auf der einen Seite sind es relativ *opportunistisch* ausgerichtete Vorstellungen zur Betätigung von Unternehmungen zugunsten einer Nutzensteigerung der Eigentümer. Ihnen stehen auf der anderen Seite *verpflichtete* Anschauungen von der Rolle der Unternehmung in der Gesellschaft gegenüber (vgl. Tab. 9.1). Beide werden von unterschiedlichen Zielen und Voraussetzungen getragen und führen in der Folge zu einer unterschiedlichen Prägung des Managements, wie diese bereits beschrieben wurde.

Tabelle 9.1
Management-Philosophien im Wettbewerb

Opportunistische Management-Philosophie	Verpflichtete Management-Philosophie
Ziel	
Wertsteigerung für Eigentümer erzielen (»maximizing share-holders' value«) Restrukturierung über Auflösung stiller Reserven	Überlebens- und Entwicklungsfähigkeit der Unternehmung als System erhalten über Nutzenstiftung gegenüber Interessenten

durch »asset stripping«, Verkauf von »under-performing units« Zukauf unterbewerteter Aktiva und Geschäftseinheiten	(Mitglieder und Teilnehmer) durch Zuteilung der Wertschöpfung

Voraussetzung

Kurzfristige Rationalisierung keine Verpflichtung gegenüber einer Sachzielsetzung, sondern Ausschöpfen finanzieller Möglichkeiten	*Langfristige Sicherung der Autonomie* hohe Verpflichtung gegenüber einem sachlich gebundenen Leistungsangebot

Folgen

Uni-dimensionale *Zielsetzung*: Profit-, Cash-flow-, Return-Maximierung	Multidimensionale *Zielsetzung*; Zielbündel von Wert-, Leistungs- und Sozialzielen harmonisieren
Ausbeutungs*strategien* mit Konsumneigung	Entwicklungs*strategien* mit Investitionsneigung
Orientierung, an Kapitalmarktbewertungen angelehnt: kurzfristiger Austausch von »non-performing« *Führungs*kräften wahrscheinlich: Aktionäre stimmen mit den Füssen ab	Identifikation mit der Entwicklung von Nutzenpotentialen durch eine strategische Fokussierung auf Markt-, Technologie- und Managementpotentiale
Geringe Solidarität, Loyalität und Motivation der Mitarbeiter (ausgesprochene Misstrauens*organisation*): Job-Denken unterstrichen durch »hire and fire«-Praktiken	Grössere Mitarbeitersolidarität, Loyalität und Motivation (Ansätze zur Vertrauens*organisation*) mit Risiko der Mittelmässigkeit

Kulturprägung durch Verfolgen individueller Interessen, hoher Zwang zur flexiblen Anpassung und Mobilität	*Kulturprägung* durch Appelle an den Gemeinschaftsgeist, geringer Zwang zur flexiblen Anpassung

Eine grobe Betrachtung von sich regional unterscheidenden Management-Philosophien lässt beispielsweise vermuten, dass in Anlehnung an das Schema der Abb. 9.1 *nordamerikanische* Prägungen des Management-Verständnisses eher mit opportunistischen, *asiatische* dagegen eher mit verpflichteten Prägungen einhergehen. *Europäische* Management-Philosophien weisen demgegenüber aufgrund der grösseren national- und regionalkulturellen Differenzierung eine weit grössere Streubreite auf; sie tendieren eher zu einer Mittellage. Dies lässt darauf schliessen, dass die nationalen Kulturen auf die *Wettbewerbsfähigkeit* der Unternehmung determinierend einwirken. Die erfolgreiche Durchsetzung kultureller Werte und Normen nach innen wie nach aussen gibt ja erst die Möglichkeit, nationalen Wohlstand zu schaffen, diesen zur Lösung ökonomischer und sozialer Probleme einzusetzen und damit die Evolution des eigenen Gesellschaftssystems voranzutreiben. Die besondere Problematik einer internationalen Unternehmung liegt in diesem Tatbestand begründet: Soll ein – zumeist vor dem kulturellen Hintergrund des Stammhauses gewachsenes – Paradigma die alleinige Grundlage der Management-Philosophie und damit des Handelns des Managements bilden, oder ist gerade die Anwendung unterschiedlich paradigmatisch legitimierter Verhaltensweisen der Schlüssel zum Erfolg für die Unternehmung?

Mit Hinweis auf das Paradigma, wie es vom *St. Galler Management-Modell* und diesem Beitrag vertreten wird, eines Verständnisses von der Unternehmung als einem produktiven, sozialen System, (Ulrich/Krieg = Modell =) verweist Peter A. Wuffli (= Wertsteigerung =) auf die Gegensätzlichkeit, die derzeit den Management-Philosophien einzelner Länder zugrunde liegt. Ein mehrdimensionaler Zielkatalog, dessen Erfüllung die Überlebens- und Entwicklungsfähigkeit einer Unternehmung im Zeitablauf sichern soll, ist die eine Vorstellung:

»Oberster Zweck« *des Systems ist demnach sein Überleben. Der institutionelle Fortbestand steht im Vordergrund, und oberste Führungsaufgabe ist es, die Zuteilung der Wert-*

Abbildung 9.1
Amerikanische, japanische und europäische Management-Philosophien
im Wettbewerb

indirekte, implizite,
weiche Faktoren

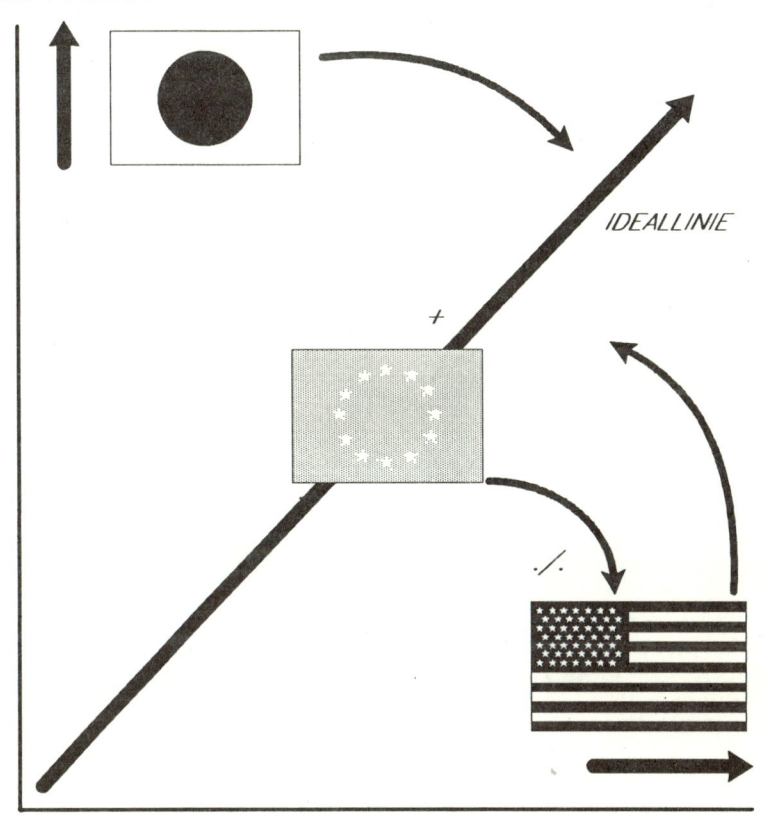

IDEALLINIE

direkte, explizite,
harte Faktoren

schöpfung auf die interessierten Kreise so vorzusehen, dass diese abgesichert werden kann« (Wuffli = Wertsteigerung = 41).

Ganz im Gegensatz zu dieser Unternehmungs-Philosophie füllt die paradigmatische Prägung der Lehre an *amerikanischen Business Schools* und im Verhalten von Führungskräften in amerikanischen Unternehmungen unter dem Druck einer sie umgebenden, andersartigen (finanziell geprägten) Umwelt aus:

Ausgehend von der Prämisse eines effizienten Kapitalmarktes muss sich ein Investment »auch auf kürzere Sicht so rentieren, dass der Ertrag in einem angemessenen Verhältnis zum Risiko steht ... Oberstes Ziel für die Unternehmungsführung ist es demnach, eine Wertsteigerung für den Aktionär zu erbringen und so sein Vermögen zu mehren. Diesem Ziel sind alle anderen, auch das Überlebensziel der Unternehmung als selbständige Organisation, klar untergeordnet« *(Wuffli = Wertsteigerung = 41).*

Peter A. Wuffli thematisiert den Wettbewerbsgedanken zwischen beiden Management-Philosophien im Zuge einer Globalisierung des internationalen Wettbewerbs:

»*Die Gegensätze zwischen diesen beiden Unternehmungsverständnissen beruhen neben geographisch-kulturellen und historischen Aspekten vor allem auf* unterschiedlichen Voraussetzungen *bezüglich der Effizienz der Kapitalmärkte. Sie konnten so lange nebeneinander existieren, als die Finanzmärkte noch weitgehend national organisiert waren. Erst mit deren* Globalisierung *in den achtziger Jahren wurden Transmissionsmechanismen geschaffen, welche sie miteinander in Wettbewerb treten liessen*« *(Wuffli = Wertsteigerung = 41).*

Wir sehen mit Peter Wuffli auf der einen Seite die hohe Durchsetzungskraft marktwirtschaftlicher Prinzipien, insbesondere dann, wenn diese von einer reduzierten Nominalisierung von Werten in monetären Geldeinheiten in kurzfristiger Perspektive getragen sind, auf der anderen Seite verweisen wir darauf, dass diese eine Entwertung der Arbeit und der sozialen Kooperation zur Folge hat, die sich aber nicht ausreichend im kurzfristigen, nominalen Zahlenspiegel niederschlägt. Gerade sie dürfte aber für die längerfristige Zukunft von Unternehmungen von entscheidender Bedeutung werden.

9.1.3 Konsequenzen für Management-Philosophien im Wettbewerb

»Foreign trade is a war in that each party seeks to extract wealth from the other«.

Rimei Honda
Tokugawa Philosoph 1744–1821

Wie sollen sich Unternehmungen auf den dargestellten Wettbewerb von paradigmatisch getragenen Management-Philosophien einstellen? Bei der Beantwortung dieser Frage ist zunächst eine grundlegende Prämisse zu prüfen:

Haben wir bezüglich der Problembewältigung sozio-ökonomischer Systeme bei allen gegebenen Unterschieden einzelner Kulturen auf nationaler und auf Unternehmungsebene bereits einen Grad der Internationalisierung erreicht, der es erlaubt, von einem undifferenzierten Management zu sprechen, oder unterscheiden sich die kulturgeprägten Perzeptionen und Präferenzen (noch) derart stark, dass einzelne Kulturelemente bewusst zur strategischen Stärkenbildung im Wettbewerb herangezogen werden können?

Ich möchte hier von der zweiten Prämisse ausgehen. Es ist anzunehmen, dass sich auch bei einer zunehmenden Annäherung unterschiedlicher nationaler Kulturen und Unternehmungskulturen die Bemühungen um die Verbindlichkeit gemeinsamer Werte und Normen und der Drang zur Differenzierung durch die Betonung des Anderssein-Wollens die Waage halten werden. Dabei darf nicht darüber hinweggesehen werden, dass es natürlich eine Reihe von *kultur-neutralen Managementmethoden und -instrumenten* gibt, die unabhängig von spezifischen nationalen Kulturbedingungen einsetzbar sind. Aber gerade die bei der Auswahl, dem Einsatz und der Berücksichtigung für strategische und strukturelle Überlegungen zum Ausdruck kommenden verhaltenssteuernden *Perzeptionen* und *Präferenzen* sind es, welche die kulturgeprägten Unterschiede des Managements von Unternehmungen einzelner Kulturkreise ausmachen.

Wie aber können wir uns unter dem Druck des Vordringens kurzfristig an der nominalen Bewertung durch Finanzmärkte orientierten Management-Philosophien mit unserer eigenen längerfristig angelegten und der damit schwer zu bewertenden Intelligenz (Simon = Unternehmungsentwicklung = 349) durchsetzen, die in einer Harmonisation von Strategien, Strukturen, Systemen und Verhaltensprägungen im Ökonomischen und Sozialen angelegt ist?

Eine Antwort auf diese Frage kann nur in einer differenzierten Aussage bestehen: Um die Chance zu haben, die Überlebens- und Entwicklungsfähigkeit zur Grundlage und zum Ziel eines Systems machen zu können, bedarf es der Wertsteigerung für alle Mitglieder und Teilnehmer auch im Bereich der kurzfristigen, operativen Ergebnisgestaltung. Die Multidimensionalität dieses Zielanspruchs im Hinblick auf einen die Eigentümer (Aktionäre) überschreitenden Interessenkreis kann in sich spannungsgeladen sein und den nominalen Ergebnisausweis dann mindern, wenn in ihr nicht implizit eine Ertragssteigerung angelegt ist, die sich über Dialog, Konsens, Motivation und Kohäsion im sozialen System ergibt. Unternehmungen, die sich dennoch diese Voraussetzung für eine langfristig, auf Überleben und Entwicklung angelegte Management-Philosophie schaffen wollen, sind daher wie nie zuvor darauf angewiesen, ihre Ressourcen besonders effizient einzusetzen, denn sie müssen den Nachteil eventuell sinkender Ergebnisausweise oder Ertragsausschüttungen an die Eigentümer durch eine vermehrte Bedienung mehrerer, anderer Interessentengruppen durch einen gesteigerten Nutzen, der zu zusätzlichen Ergebnissen führt, kompensieren.

9.2 Paradigmenwechsel – Eine Transformation birgt Chancen und Risiken in sich

Zu Beginn dieses Abschnittes wurde die Frage aufgeworfen, ob wir uns derzeit im Übergang von einem reduktionistischen zu einem neuen, von holistischen Weltbildvorstellungen getragenen, Paradigma befinden. Mit wachsender Komplexität und Dynamik unserer gesellschaftlichen Entwicklung liessen sich tieferliegende Ursachen für eine Suche nach neuen Politiken, Strategien, Strukturen, Systemen, Rollen und Verhalten für den Umgang mit Komplexität und Dynamik in sozialen Systemen finden, die eine Transformation von dem einen zu einem anderen Paradigma wahrscheinlich und auch notwendig machen. Dies ist vor allem dann der Fall, wenn Grenzen und Dysfunktionalitäten des alten Paradigmas in der Handhabung von Problemen deutlicher werden.

Während einer Zeit des Ringens eines neuen Paradigmas um seine Durchsetzung gibt es nach Thomas Kuhn (= Revolution = 218) jedoch eine schwierige Übergangssituation, welche die Leitung von sozialen Systemen vor besonders schwierige Anpassungszwänge stellt. So ist davon auszugehen, dass sich das neue Paradigma in den Erwartungshaltungen der Mitglieder und Teilnehmer eines Systems über den allgemeinen Wertewandel eher bemerkbar macht, als in der Veränderung der institutionellen Rahmenbedingungen der politisch-gesetzlichen und ökonomischen Umwelt und ihren Belohnungs- und Bestrafungsmechanismen.

Für Unternehmungen bieten sich unter diesen Umständen *Strategien eines »sowohl als auch«* an, nämlich in dem Versuch, möglichst den Forderungen beider Paradigmen genüge zu leisten. Dies verlangt beispielsweise zugleich den visionären Weitblick und die missionarische Umsetzung der erkannten Veränderungsnotwendigkeiten, die durch das neue Paradigma erforderlich werden, durch den Unternehmer einerseits, wie das professionelle Streben nach routinegeprägter Effizienz durch eine Standardisierung arbeitsteilig organisierter Leistung durch ein professionelles Management andererseits, das sich an nominalen, ausweisbaren Ergebnissen orientiert. Es bedingt ein Suchen nach partizipativ-kooperativen Möglichkeiten der Förderung prozess-orientierter Zusammenarbeit im Rahmen selbstorganisatorischer Entwicklungen genauso wie einen autoritätsgebundenen Zentralismus im Hinblick auf Grundsatzentscheidungen innerhalb fremdorganisierter Hierarchien.

Diese *Dualität* der gleichzeitigen Berücksichtigung von Facetten gegenläufiger Paradigmen kann nicht ohne Widersprüche und Risiken bleiben. Deshalb scheint es mir gerade für diejenigen sozialen Systeme mit einer grossen und erfolgreichen *Vergangenheit*, die vor dem Hintergrund des alten Paradigmas gestaltet wurden – den *Traditionsunternehmungen* – wesentlich zu sein, diejenigen Dimensionen, Funktionen und Bereiche des Unternehmungsgeschehens zu definieren, an denen bewusst angesetzt werden soll, um neuen paradigmatischen Vorstellungen zum Durchbruch zu verhelfen. Dies dürfte ganz allgemein vor allem bei den Bereichen der Fall sein, die sich an der Peripherie einer Unternehmung besonders deutlich dem Zwang zu marktlichen und technologischen Innovationen ausgesetzt sehen und die über eine direkte und flexible Vernetzung mit ihren relevanten Umsystemen verfügen müssen. Bei ihnen sind aber auch Massnahmen zu definieren, die es gestatten, Spannungsverhältnisse zu den Traditionsfeldern alter Paradigmen zu überwinden. Wohl denen dagegen, die eine Unternehmung auf der »grünen Wiese« planen: Sie können den Paradigmen*wechsel* vermeiden, indem sie von Anfang an auf das Entwicklungsfähige und Fortschrittliche eines zukünftigen Paradigmas setzen!

Gerade diejenigen Unternehmungen, die sich frühzeitig als Pioniere mit dem Neuen auseinandersetzen, werden auch in Zukunft Wettbewerbspositionen erringen, ausbauen und festigen, solange andere mit eingeschränkten Wahrnehmungen die Zeichen der Zeit zu spät erkennen und versuchen, den Pionieren hinterherzulaufen. Die »Kunst« des Managements besteht also darin, sowohl in der Sache als auch im »Timing« des Zeitbezuges den dargestellten Prozess eines paradigmatischen Übergangs auszusteuern: An den Stellen des Systems, an denen der Wandel besonders deutlich ansetzt, sind Veränderungen, die den neuen paradigmatischen Vorstellungen entsprechen, zügig zu vollziehen. An jenen Stellen jedoch, an denen das Bisherige sich weiterhin als effizient erweist, sind vorsichtige Schritte hin zum Neuen zu wagen, ohne das Erreichte durch zu weitreichende und zu rasche Schritte zu gefährden. Der Ausgleich beider Aspekte, der Veränderung und der Bewahrung in der zeitlichen Abfolge von Aktivitäten wird damit zur prinzipiellen Erfolgsformel für die Handlungen des Managements.

> »Es ist eine Besonderheit des Menschen und gewisser sozialer Systeme, in denen er einen Teil bildet, dass sie Ergebnissen und Zuständen nachstreben, von denen sie wissen, dass sie unerreichbar sind. Und dennoch verschafft es ihnen Befriedigung, solche Zustände anzustreben. Dieses Streben wird »*Fortschritt*« genannt, und der Endzustand ist dann das »*Ideal*« ... Das Streben nach Idealen kann ausgedehnten und unvorhersagbaren Prozessen, dem Leben und der Geschichte Zusammenhalt und Kontinuität verleihen. Damit werden die Formulierung von und das Streben nach Idealen zu einem Mittel, mit dem der Mensch seinem Leben und der Geschichte, von der er selbst ein Teil ist, Bedeutung geben kann. Sie ermöglichen auch Befriedigung aus einem Leben, das enden muss, das aber einen Beitrag zur Geschichte leisten kann, die nicht enden muss.«
>
> R. L. Ackoff und F. E. Emery

Zitierte Literatur zu Kapitel 9

Kuhn, Th.: – Revolution –
Die Struktur wissenschaftlicher Revolutionen. Frankfurt/M. 1967.
Simon, V.: – Unternehmungsentwicklung –
Soziale Unternehmungsentwicklung. In: Organisation. Evolutionäre Interdependenzen von Kultur und Struktur der Unternehmung. Festschrift zum 60. Geb. von K. Bleicher, hrsg. v. E. Seidel u. D. Wagner. Wiesbaden 1989, S. 339–352.
Ulrich, H.; Krieg, W.: – Modell –
St. Galler Management-Modell. 3. Aufl., Bern und Stuttgart 1974.
Wuffli, P. A.: – Wertsteigerung –
Wertsteigerung oder Überleben als Institution. In: Neue Zürcher Zeitung vom 16. Nov. 1988, Nr. 268, S. 41.